Hubensteiner · Bayerische Geschichte

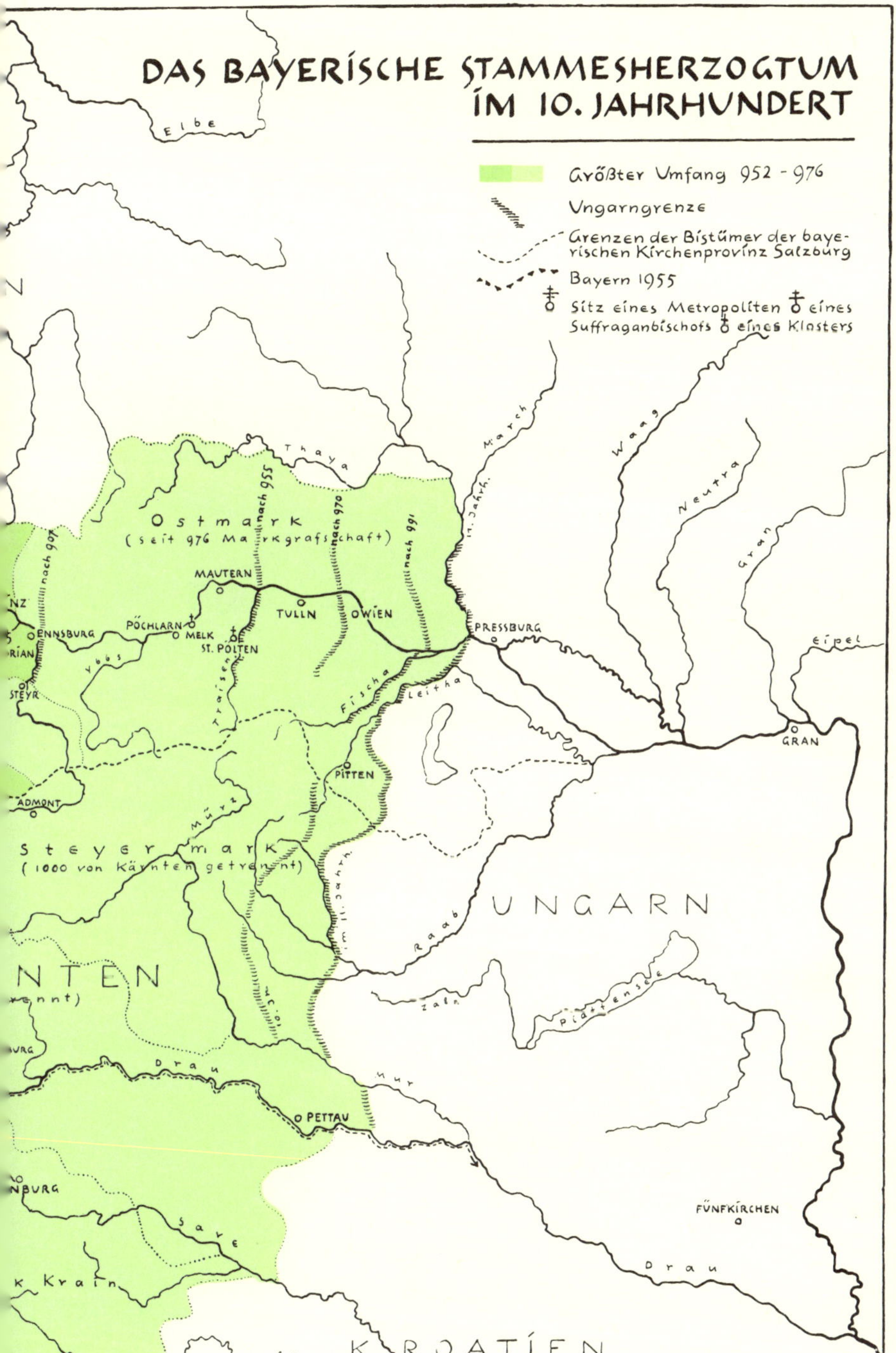
DAS BAYERISCHE STAMMESHERZOGTUM IM 10. JAHRHUNDERT
Größter Umfang 952 - 976
Ungarngrenze
Grenzen der Bistümer der bayerischen Kirchenprovinz Salzburg
Bayern 1955
Sitz eines Metropoliten eines Suffraganbischofs eines Klosters
Elbe
Thaya
March
Waag
Neutra
Gran
Eipel
Ostmark
(seit 976 Markgrafschaft)
nach 907
nach 955
nach 970
nach 991
11. Jahrh.
MAUTERN
TULLN
WIEN
PÖCHLARN
MELK
ST. PÖLTEN
ENNSBURG
STEYR
Ybbs
Traisen
Fischa
Leitha
PRESSBURG
GRAN
PITTEN
ADMONT
Mürz
Steyermark
(1000 von Kärnten getrennt)
UNGARN
Raab
Zala
Plattensee
Mur
Drau
PETTAU
Save
Krain
Kulpa
KROATIEN
FÜNFKIRCHEN

Benno Hubensteiner

BAYERISCHE GESCHICHTE

STAAT UND VOLK
KUNST UND KULTUR

Ludwig

Die Karten »Das Bayerische Stammesherzogtum im 10. Jahrhundert« und »Kurbayern und die Pfälzischen Lande im Jahre 1777« auf den Vorsatzblättern zeichnete Gertrud Diepolder.

2. Auflage 1999

Umschlaggestaltung: Manuela Hutschenreiter, München
Druck und Bindung: Wiener Verlag, Himberg
Printed in Austria

ISBN 3-7787-3789-9

INHALT

SIEBENTES BUCH: DAS NEUE KÖNIGREICH

ACHTES BUCH: BAYERN IM 20. JAHRHUNDERT

ANHANG

VORWORT

Die erste Auflage der »Bayerischen Geschichte« ist zu Weihnachten 1950 herausgekommen, und sie ist im Alt-Salzburger Südosten daheim gewesen – im stillen Neumarkt-St. Veit, wo ich zwei harte, aber glückliche Jahre über dem Manuskript zugebracht hatte. Freilich, ich war damals ganze 26 Jahre jung. Aber hinter mir stand der Auftrag und die Autorität meines Lehrers Professor Max Spindler, sein Rat, das freie Gespräch, wenn ich ihn etwa nach der Vorlesung quer durch den Englischen Garten nach Bogenhausen heimbegleiten durfte. Dazu kam das frische Wissen aus den Hörsälen der Münchener Universität und die sozusagen klassische Literatur zur bayerischen Geschichte mit ihrem Mut zum Erzählen. Die innere Kraft aber mußte das alte Land selber abgeben, wie ich es mir unterm Krieg und gleich nach dem Krieg erwandert hatte, in Jahren, wo noch einmal alles auf die Eisenbahn und das Pferdefuhrwerk, das Fahrrad und den Fußweg zurückgefallen war.

Natürlich blieb diese »Bayerische Geschichte« auf weiten Strecken altbayerische Geschichte. Es ging um die mehr als tausend Jahre, auf die sich die Präambel der Verfassung von 1946 bezog; um das Anknüpfen an Traditionen, die man nach 1933 mit Gewalt abgeschnitten hatte oder die für viele Neubürger überhaupt nicht dasein konnten. Aber wer immer sich in die bayerische Geschichte einlesen möchte, wird bei der Geschichte des altbayerischen Kernlandes anfangen müssen. Dabei wird jedem ganz von selber der Blick dafür aufgehen, wie schon von Anfang an die Fäden zwischen Altbayern, Ostfranken und Schwaben hin- und herschießen; wie selbst die Stammes- und Mundartgrenzen zu fließen beginnen; wie letztlich auch das Hineinwachsen Bayerns in die schwäbischen und fränkischen Provinzen mehr war als bloß eine dynastische Zufälligkeit. Nicht als ob das hochmittelalterliche Bamberg oder das altfränkische Nürnberg, der Glanz der Schönborn-Zeiten oder der Ruhm des reichen Augsburg ins Altbayerische herübergezogen werden sollten: öfter als einmal war auch darauf hinzuweisen, wie Schwäbisches oder Fränkisches aus ganz anderen Voraussetzungen erwachsen sind, öfter als einmal mußten Schwäbisches oder Fränkisches dazu helfen, das eigentlich Altbayerische schärfer herauszutreiben. Wie dann Altbayern, Franken und Schwaben zum neubayerischen Staatsvolk verwachsen sind, wie sie gerade in ihrem Zusammenklingen ein gutes Geläut gegeben haben, ist ohnedies ein Grundthema unserer inneren Entwicklung seit Montgelas ... Und selbstverständlich durfte eine moderne »Bayerische Geschichte« nicht bei den Fürsten stehenbleiben, sondern mußte auch weitergehen zum Volk, sollte sie den ganzen kulturellen Reichtum des Landes auslegen, hatte sie der Vergangenheit das Leben wiederzugeben und die Farbe. Subjektivität oder gar Willkür bei der Auswahl des Stoffes mußten freilich zurücktreten: was wirklich wichtig war – gerade auch Daten und Fakten! – sollte dastehen, und am richtigen Platz dastehen.

Die Zeit nach 1950 brachte für mich Jahre in der Kulturredaktion und der Fernsehdirektion des Bayerischen Rundfunks, die den Blick schärfen konnten für die bunte Fülle Schwabens und Frankens; Jahre des Lehrens und Lernens in Passau, die das alte Österreich näherrückten und damit die ganze, nur scheinbar versunkene Welt der einstigen Donaumonarchie. Sicher ist manches von diesem Erleben den vier weiteren Auflagen des Buches zugute gekommen. Aber auch ein breites Echo in Besprechungen, wohlmeinenden und grimmigen, in herzhaften Leserzuschriften aus dem ganzen Land. Mein Freund, der Münchener Genealoge Adolf Roth (1900–1964), hat die Stammtafeln der Wittelsbacher erstellt, Dr. Gertrud Diepolder Nachträge zum bayerischen Mittelalter gebracht und tüchtige Karten gezeichnet. Nicht zuletzt hat der Nestor unter den bayerischen Historikern das Buch von Auflage zu Auflage mit seinen kritischen Anmerkungen begleitet: Professor Ludwig Steinberger (1879–1968), noch Riezler-Schüler und ein Ortsnamenforscher aus Leidenschaft.

Wenn jetzt die sechste Auflage des alt-neuen Buches hinausgeht, möchte auch sie eine »durchgesehene und ergänzte Auflage« sein. Wo die Forschung, eigene wie fremde, die Fronten begradigt hat, bin ich ihr gefolgt; wo etwas besser oder klarer gesagt werden konnte, habe ich es versucht. Die Entwicklung seit 1918 wurde wenigstens im Umriß skizziert und bis zum Gründungsjahr der Bundesrepublik heraufgeführt, auch wenn es hier auf weiten Strecken noch nicht möglich ist, ein pralles Bild zu geben. Freilich, der alte Block als solcher ist auch diesmal stehengeblieben, und ich habe es mir versagt, hineinzupressen, was ich in vier, fünf anderen Büchern neu umschrieben habe. Auch der Leser erwirbt ja, um mit Schiller zu reden, an einem Buch sein »verjährtes Eigentum«, und zu dämpfen, was einmal hell und farbig gewesen ist, sah ich keinen Grund.

So bleibt mir nur ein schlichtes Wort des Dankes: für meine liebe Frau, die mich und die »Bayerische Geschichte« schon so lange tapfer ertragen hat und erträgt; für Dr. Karl Hausberger, Wissenschaftlichen Assistenten am Institut für Kirchengeschichte der Universität München, der mir bei der Drucklegung geholfen hat; für die Herren des Süddeutschen Verlags, die mit mir um das Buch selber gerungen haben und um die Vorlagen für die durchlaufende Porträt-Galerie des alten Bayern.

München, im Sommer 1977 Benno Hubensteiner

Zur zehnten Auflage

Als zu Weihnachten 1950 die »Bayerische Geschichte« erschien, war es nicht zuletzt die jugendliche Frische der Sprache und des Zugriffs auf den Stoff, die dem Buch Freunde gewann. Dabei wußten freilich die wenigsten, daß der Autor, als er sein erstes Vorwort schrieb, gerade 26 Jahre alt geworden war.

Über die Jahre und Jahrzehnte hin lag die Bayerische Geschichte dann immer wieder auf seinem Schreibtisch. Immer wieder mußte das Jugendwerk für die nächste Neuauflage durchgesehen und ergänzt, vom jeweils erreichten Stand der Forschung aus überprüft, mit einem neuen Vorwort zu neuen Lesern auf den Weg gebracht werden.

Wie Benno Hubensteiner es dabei zu halten pflegte, hat er selber oft gesagt: »Ein Buch das auf knapp vierhundert Seiten den ganzen Reichtum der Bayerischen Geschichte auslegen möchte – Staat und Volkstum, Kunst und Kultur! – ist eigentlich nie fertig« – so hat er sein Vorwort zur zweiten Auflage 1952 begonnen, um dann aber schon fortzufahren: »Schließlich geht es bei einem Buch wie diesem gar nicht so sehr um das historische Detail an sich: das letztlich Entscheidende müssen die einmal gezogenen Grundlinien bleiben.« Noch entschiedener hat er es 1963 der vierten Auflage mit auf den Weg gegeben: »Freilich der Block als Ganzes ist auch diesmal stehengeblieben, und zu dämpfen was einmal hell und farbig gewesen ist, sah ich keinen Grund.«

Wie er es gerne tat, wenn er überzeugt war, daß er etwas nicht mehr besser oder klarer sagen könne, hat er diese Formulierung dann auch in das Vorwort übernommen, das von der sechsten bis zur neunten Auflage im wesentlichen unverändert blieb.

Es steht nun auch vor dieser zehnten Auflage, für die sich im Handexemplar des Autors nur noch wenige Korrekturen und Nachträge fanden. Benno Hubensteiner ist am 4. Februar 1985 gestorben. Möge seine »Bayerische Geschichte« bleiben, was sie von jeher war: wirklich ein »Volksbuch«.

März 1985 Erna Hubensteiner

ERSTES BUCH

Vor der Landnahme

I. KAPITEL

FRÜHES VOLK

Die ersten Spuren des Menschen, die wir in Bayern finden, weisen auf die Kelheimer und Nördlinger Gegend, wo Jäger und Sammler der Eiszeit auf ihren Streifzügen in den Klausennischen, im Schulerloch und in den Ofnethöhlen Unterschlupf suchten. Gab es ja hier eine Menge jagdbarer Tiere: den Höhlenbären und die Höhlenhyäne, das Nashorn und den Wisent, vor allem aber größere Rentier- und Mammutherden. Dabei müssen wir uns diese Jäger der Altsteinzeit vom Typus des Neandertalers denken: klein, gedrungen, flachschädelig, mit wulstartigen Brauenbögen und massigem Unterkiefer. Sie kannten bereits das Feuer und einfache Steinwerkzeuge; auch begruben sie ihre Toten.

Eine zweite Stufe dieser Altsteinzeit bringt reichere Funde aus dem ganzen Gebiet der schwäbisch-fränkischen Jurahöhlen, ja sogar die ersten Darstellungen von Jagdtieren auf Knochen und Stein, wie etwa den Wildpferdkopf aus den Klausen bei Neuessing. Träger dieser Kultur war bereits eine schlankgewachsene, langschädelige Menschenrasse, ähnlich den Europäern von heute. Das Land freilich lag noch ganz im Schatten der Alpen, die als blaue Kette am Sehkreis standen und ihre Schutt- und Gletscherfelder weit ins Vorland herausschoben. Es gab Eiszeiten und Zwischeneiszeiten, und wo der Gletscherpanzer schmolz, blieben in launischer Verspieltheit weite Geröllhalden, steile Moränenwälle, einzelne erratische Blöcke zurück.

Erst um das 10. Jahrtausend vor Christus wichen die Eisfelder für immer zurück, sammelte sich das Schmelzwasser in den Flußtälern und Voralpenseen, überzogen sich die Moränenbuckel mit einer almartigen Wiesennarbe. Zwergbirken flogen an, seit etwa 8000 auch Föhre und Hasel, bis sich dann seit dem 5. Jahrtausend mit Eiche, Fichte und Buche ein regelrechter Mischwald ausbreiten konnte. Nur, daß dieses struppig-feuchte Moränenland siedlungsfeindlich blieb und die wenigen Menschen der Mittelsteinzeit lieber auf die trockenen Sandböden Nordbayerns auswichen...

Mit dem 4. Jahrtausend zogen bereits die Bauern der Jungsteinzeit aus den Löß- und Schwarzerdegebieten des Ostens und Südostens donauaufwärts in unseren Raum und brachten das Getreide, den Pflug und den Wagen, die Haustiere und eine erste Seßhaftigkeit. Das bevorzugte Siedelgebiet waren nun die fruchtbaren waldfreien Lößflächen des Straubinger Gäubodens; man kam aber auch isaraufwärts bis ins tertiäre Hügelland von Landshut und Freising. Erst mit dem Ende der Jungsteinzeit zwang eine Klimaverschiebung zum stärkeren Weidebau und zum Vorstoß ins Moränengebiet. Und finden wir zunächst nur die großen Gruppen, so läßt sich bei näherem Hinsehen doch deutlich erkennen, wie der deutsche Süden auch damals schon Durchgangsland der Völker war. Es gab immer wieder Stöße von Ost nach West oder von West nach Ost, mitunter auch eine Nord-Süd-Bewegung. Schon verschmolzen da und dort der westliche und der donauländische Kreis zu örtlichen Sonderkulturen wie der von Altheim bei Landshut.

Im Kreis der Altheimer Kultur tauchen am Ende der Jungsteinzeit die ersten Kupfergeräte auf, und als man schließlich Kupfer und Zinn legieren konnte, brach mit dem neuen, härteren Werkstoff für das ganze Land die Bronzezeit an. Gebirge und Bergbau wurden interessant, und die Kupfergruben im Pongau konnten bald an die zweitausend Menschen beschäftigen. Für das Schotter- und Moränenland aber war diese Bronzezeit eine Zeit der Hirten und der Weidebauern, die nun den größten Teil dieses 2. Jahrtausends bestimmten. Noch oft genug steht im Voralpenland der mächtige Umriß ihrer Grabhügel gegen den Himmel, und der Spaten kann hier auf zeitlos schöne Funde stoßen – Schwerter, Gefäße, Frauenschmuck, Gerät. Wie Julius Naue, der »bayerische Schliemann«, schon 1887 meinte: »Ernst und würdevoll, wie die Berge, welche die Wohnstätten und Friedhöfe der frühesten Bewohner unseres Gebietes umrahmen, muß auch ihr Sinn, fest und entschlossen ihr Tun, und einfach und gediegen ihr Leben gewesen sein.«

Erst um 1200 vor Christus – es ist die Zeit der homerischen Griechen und des trojanischen Krieges! – drang von Westen her eine neue, kraftvolle Menschenwelle in unser Land vor. Es war ein Volk von Ackerbauern, das zunächst auf dem Lößboden um Main, Wörnitz und Donau sein Siedelgebiet fand, sich aber auch bergwärts wandte und zwischen die Hügelgräberleute schob. Die Toten wurden nun verbrannt und in Urnenfeldern bestattet. Auch die Fibel, eine kunstvolle Gewandspange nach Art der heutigen Sicherheitsnadel, kam erst mit diesen Urnenfelderleuten in Süddeutschland auf. Und war tausend Jahre lang das Rind Symbol des Zeitalters gewesen, so fuhren jetzt die Fürsten, Krieger und Priester mit edlen Pferden und bronzebeschlagenen Prunkwägen daher, nahmen das Gespann sogar noch mit ins Grab.

Mit fließenden Übergängen lenkte dann diese Spätstufe der Bronzezeit in eine neue Epoche hinüber, der das Eisen den Namen gab. Man lernte, wie man dieses Eisen im sogenannten Rennverfahren ausschmelzen konnte, wie sich dieses neue Metall durch Abschrecken mit kaltem Wasser härten ließ – und es war eine Revolution, die Gewicht und Verteilung der Völker neu bestimmen sollte. Der berühmteste Fundort für diese erste Eisenzeit ist das oberösterreichische Hallstatt, das seinen Reichtum und seine Bedeutung dem lebenswichtigen Salz verdankte. Indes war nicht Hallstatt selber Ausgangspunkt der neuen Kultur, sondern jenes Ostalpengebiet, wo nach antiker Überlieferung ein Illyrisch sprechendes Volk lebte. Diese Illyrier müssen auch für unser Gebiet, wenn nicht die Träger, so doch die Vermittler der Hallstattkultur gewesen sein. In manchen Ortsnamen klingt ihre Sprache heute noch nach: Foetibus (Füssen) und Likias (Lech); im Inntal Umiste (Imst) und Veldidena (Wilten); im Gebirge Scarbia (Scharnitz) und Parthanum (Partenkirchen). Selbst der Name des Inns – Aenus – ist vielleicht illyrisch. Die Grabfunde bringen uns besonders schöne Tongefäße; aber auch der Bronzeguß erreichte jetzt erst seinen Höhepunkt, wofür etwa die prächtige Schnabelkanne vom Dürrnberg bei Hallein mit ihren fast »barocken« Zierformen zeugen kann.

Im 5. Jahrhundert setzte noch einmal eine vom hallstättischen Formkreis deutlich geschiedene Kultur ein, die man nach dem Fundort am Neuenburger See La-Tène-Zeit nennt. Kennzeichen: die langen Schwerter, die nur zum Hauen und nicht zum Stechen gehören, und die merkwürdigen, aus Gold gedrehten Halsringe der Männer, die sogenannten »Torques«. Kostbare Grabbeigaben, wie

Dreifüße, Schnabelkannen und bemalte Schalen, weisen auf Beziehungen zum griechisch-etruskischen Mittelmeerkreis; ja man hat schon gesagt, die La-Tène-Kultur sei eine Umformung des Hallstatt-Stiles, ausgelöst durch die zunehmende Einfuhr von Erzeugnissen des altgriechischen Kunstgewerbes... Treffender ist aber die andere Deutung, die diese neue Kultur mit einem neuen Volk in Beziehung bringt, eben den Kelten.

2. KAPITEL

DIE WELT DER KELTEN

Als Urheimat der Kelten erscheint heute das Land um die obere Mosel, die obere Donau, den oberen Rhein, und es gibt kaum einen Zweifel, daß sie eigentlich ein Volk von Völkern waren – Hügelgräberleute und Urnenfelderleute zur neuen Einheit verschmolzen. Die räumliche Nähe und das verwandte Volkstum ließen dann unser Gebiet noch im 5. Jahrhundert wie selbstverständlich keltisch werden, so daß wir mit den Vindelikern und Norikern zwischen Donau und Alpen, den Boiern zwischen Donau und Main, die drei großen einheimischen Stammesgruppen fassen können. Nur im Gebirge blieb der keltische Anlauf stecken, und in Bergstämmen wie den Breonen im Tal des oberen Inns und der Sill lebte das illyrische Volkstum ungebrochen fort. Überhaupt soll man bei all dem Hin und Her der vorgeschichtlichen Jahrhunderte die bewahrende Kraft des Landes selber nicht geringschätzen: ganz gleich, wer Herr des Landes war, ob Illyrier oder Kelten, ob Römer oder Baiwaren, der Bauer ließ die Stürme über sich hinwegbrausen und blieb. Und zumal den Kelten war das innere Durchdringen eines Raumes Nebensache. Ihr unruhiges Blut trieb sie hinaus in die Ferne und löste seit etwa 400 die großen Wanderzüge aus: über Gallien nach Iberien und den britischen Inseln; über die Alpen nach Oberitalien; über Böhmen und den Donauraum bis Kleinasien und an das Schwarze Meer. 387 vor Christus stand der ältere Brennus vor Rom,

279 vor Christus bedrohte der jüngere Brennus das griechische Nationalheiligtum von Delphi.

Für die antike Welt mußten die Kelten als das große, gefährliche Volk des Nordens erscheinen, und griechische wie römische Autoren befassen sich immer wieder mit der äußeren Erscheinung und dem inneren Wesensbild dieser »Keltoi« oder »Galli«. Merkwürdig dabei, daß man sie fast als Zwillingsbrüder der noch weiter nördlich sitzenden Germanen empfand – als hochgewachsene Recken, blauäugig, blond, voll wilder Tapferkeit. Aber ihr blondes Haar war eine wilde Mähne, die durch das stete Einreiben mit Seife die helle Färbung angenommen hatte, und ihr ursprüngliches Indogermanentum brach und wandelte sich, nahm auf den weiten Wanderzügen alle Blutströme des vorindogermanischen Alteuropa in sich auf. Diese Kelten waren eben ein merkwürdig vielgesichtiges Volk, erregt und noch leichter erregbar, phantasievoll, hochfahrend, theatralisch, und es erschien geradezu als ihr Wesen, »selber keines zu haben, aber jedes scheinen zu können«. Dabei zeigten sie wenig Sinn für staatliche oder stammesmäßige Zusammenschlüsse, und es ist nur dieselbe Sprache, die uns die einzelnen Völkerschaften von den Briten auf den fernen Inseln bis zu den Galatern in Kleinasien als Einheit erscheinen läßt. Dieses Fehlen von Staat und Zentralgewalt mußte dann freilich zum Verhängnis werden, als die einzelnen Stämme zwischen die Mahlsteine des römischen Imperiums und des freien Germaniens gerieten.

Immerhin, unser Gebiet lag bis zum Abzug der Boier im Binnenraum der keltischen Welt, und das keltische Volkstum hat fast ein Jahrtausend lang das Gesicht des ganzen Landes bestimmt. Die Flüsse und Bäche tragen heute noch die keltischen Bezeichnungen, wie sie einst ohne römische Vermittlung an die Baiwaren übergegangen sind: Main und Altmühl, Isar und Ilz, Glonn und Amper, Vils und Zusam – man müßte an die hundert Namen nennen. Auch von den rund fünfzig Ortsnamen römischer Herkunft sind vier Fünftel eigentlich keltisch: etwa Lauriacum (Lorch) oder Abodiacum (Epfach), Cambodunum (Kempten) oder Sorviodurum (Straubing); Boiodurum (Beiderwies-Passau) bewahrt den Namen der keltischen Boier, die vielleicht über den »Goldenen Steig« nach Böhmen hineingestoßen sind und auch diesem Land den Namen gegeben haben. Für viele andere Keltenorte – etwa die Höhensiedlung auf dem Hesselberg bei Wassertrüdingen oder die gewaltige Anlage von Manching bei Ingolstadt – sind uns die alten Namen verlorengegangen. All diese stadtähnlichen Siedlungen (oppida) waren umschlossen von jenem festen Mauerwerk keltischer Art, das uns Cäsar in seinem Buch über den »Gallischen Krieg« genau beschrieben hat: ein quergestelltes fachwerkartiges Balkengefüge, durch mächtige Eisennägel verklammert, mit regelmäßigen, mörtellosen Steinlagen ausgefüllt. Wenn auch die Größe solcher Oppida schwankte, neben dem bloßen Zufluchtsort ein Stammes- und Kultmittelpunkt wie das alte Manching stand, zum Städteland konnten sie das Keltengebiet nirgends prägen. Vorherrschend blieb der Ackerbau, das Leben auf den Einzelhöfen, eine Agrarverfassung, die große Herren und leibeigene Untertanen kannte. So finden wir noch überall im Land, meist vom Wald überwachsen, die Spuren keltischer Viereckschanzen mit vorgelegten Gräben und Seitenlängen von achtzig Metern und mehr. Ob man sie als umwallte Herrensitze deuten darf, ob sie Fliehburgen waren oder doch Kultstätten – wer kann es mit Sicherheit sagen?

Mit dem ersten vorchristlichen Jahrhundert erreichte auch im Land zwischen Alpen und Main das Handwerk eine erstaunliche Höhe. Die Kelten erwiesen sich als hervorragende Gerber, Sattler und Schuster, als geborene Drechsler, Zimmerleute und Wagenbauer. Wenn die Mittelmeervölker den Wein noch in tönernen Amphoren lagerten, so brachten sie jetzt die hölzernen Fässer auf. Die Eisenverhüttung aber entwickelte sich zu einer Art Industrie, der ein Oppidum wie jenes Alkimoënnis auf dem Michelsberg bei Kelheim seinen Wohlstand, ja Reichtum, verdankte.

Spärlich bleiben daneben die Zeugnisse keltischer Kunst, beschränkt auf Kleinplastiken vom Schlag eines merkwürdig abstrakten Stierfigürchens aus Weltenburg oder auf bizarre Schmuckstücke nach Art der bronzenen Maskenfibel aus Parsberg in der Oberpfalz. Mag dabei zehnmal sein, daß Tempel und Königshallen aus dem vergänglichen Holz gebildet waren, auch die Götterbilder bloß rohgeschnitzte Idole waren – im Grunde haben die Kelten, wie alle

Nordvölker, die Prägnanz des Steines und das Abbild der schaubaren Wirklichkeit gar nicht gesucht. Man kannte etwa die hellenischen Gold-Statere und prägte nach ihrem Vorbild eigene Hohlmünzen aus Gold oder Goldlegierung; die Münzbilder aber – Reiter, Pferde, Gesichter – löste man auf in Ornament und Linie, ins Spiel der dichtenden Phantasie. So haben unsere alten Bauern, wenn sie irgendwo eine solche Keltenmünze aus dem Boden ackerten, von den »Regenbogenschüsselchen« gesprochen, und gemeint, es handle sich um die goldenen Spuren, die der Regenbogen dort zurückließe, wo er auf der Erde aufsitze.

Voll innerer Spannung, erfüllt von wolkenhaft sich ballenden und wieder verschwimmenden Gesichten, muß auch der Götterglaube der Kelten gewesen sein. Und hier standen die Druiden am Heiligtum, eine Priesterkaste voll Macht und Einfluß, Lehrer, Hüter, Bewahrer, erzogen zum Geheimwesen und eisernen Schweigen. Die Götter selber ahnen wir nur: die drei Urmütter etwa, dann Epona auf dem Pferd oder den dreigesichtigen Teutates, der die Menschenopfer liebte... Haben auch die Druiden eifersüchtig darüber gewacht, daß die alten Überlieferungen nirgends dem toten Buchstaben anvertraut wurden, der seltsam stilisierte Schwur des Königs Conchobar drüben von den fernen Inseln läßt uns doch einen Hauch keltischer Frömmigkeit und Weltsicht spüren: »Der Himmel ist zu unseren Häupten, die Erde zu unseren Füßen, und uns umgibt das Meer. Wenn nicht der Himmel mit seinen Sternenschauern auf das Antlitz der Erde fällt, wenn nicht die Erde sich bebend auftut, wenn nicht das Meer mit seinen graublauen, einsamen Weiten die bewachsene Stirn des Lebens überdeckt, werde ich, Conchobar, siegreich in Kämpfen und Schlachten, die Kühe in ihre Ställe und die Frauen in ihre Häuser heimführen.«

3. KAPITEL

DIE RÖMER IN BAYERN

Wie eine schwarze Wolke hatte die Keltengefahr den Aufstieg des römischen Reiches begleitet. Erst Cäsar konnte Gallien erobern, erst Augustus gegen die Alpenstämme vorgehen und das Land bis zur Donau dem Imperium einfügen. Wenn dabei die Noriker die friedliche Unterwerfung vorzogen, die Vindeliker ließen es auf das Schwert ankommen, so daß Tiberius und Drusus, die beiden Stiefsöhne des Kaisers, mit dem Sommerfeldzug des Jahres 15 vor Christus zu einer weiten Zangenbewegung über Bodensee und Alpen ausholen mußten. Damals ist das Oppidum von Manching als der Vorort der Vindeliker für immer untergegangen. Das Ackerland kam an römische Grundbesitzer; die waffenfähige Jugend wurde abexerziert und in weitentfernten Reichsteilen unter die Legionen gesteckt.

Nach der »Befriedung« wurde das Land selber in zwei Provinzen aufgeteilt: in Rätien, das von den Rheinquellen und dem Bodensee bis zum Inn reichte, und in Norikum, das vom unteren Inn bis zum Wienerwald ging. Im Osten dann Pannonien. Nur im Norden biß sich die Grenze an der Donau fest, denn ein großer Aufstand der Völker in Dakien und die Niederlage im Teutoburger Wald verhinderten das Ausgreifen gegen das freie Germanien. Es blieben auch keine Legionen in den beiden neuen Provinzen stehen, und das Land wurde durch bloße Hilfstruppen und ein weitmaschiges Kastellsystem abgedeckt. Erst Kaiser Vespasian ging, um die Grenzlinie zu verkürzen, gegen den einspringenden Landwinkel zwischen Donau und Rhein vor – eine Bewegung, die unter Hadrian (117 bis 138) mit dem Ausbau des Limes ihren Abschluß fand. Über Meilen hin Palisaden, dazwischen feste Wachtürme, dahinter Kastelle, das war der Grenzwall, der Limes. Bei Hienheim oberhalb Kelheim begann er, setzte bei Kipfenberg über die Altmühl, bei Ellingen über die Schwäbische Rezat; bei Lorch an der Rems sprang er im scharfen Winkel zum Main und erreichte dann bei Andernach den Rhein.

Nördlich von Donau und Limes aber saßen die ungebärdigen germanischen Nachbarn: die Chatten und die Hermunduren, die Naristen, die Markomannen und die Quaden. Ihre ganze Gefährlichkeit zeigte bereits der große Markomannensturm von 166, bei dem Marc Aurel, der »Philosoph auf dem Kaiserthron«, fünfzehn Jahre und die Kraft des ganzen Weltreiches brauchte, um die Donaulinie zu sichern. Damals wurde die dritte italische Legion ins rätische Regensburg gelegt, die zweite ins norische Lorch. Regensburg und Lorch deuten nach Norden, doch unter dem schwunglosen Kaiser Commodus begnügte sich Rom endgültig mit der Abwehrstellung, und der Limes wurde nun ausgemauert. Was darüber hinaus zu tun war, überließ man dem feinen Spiel der Diplomatie. Rätien, an sich schon italienferner als Norikum, dazu auch bei der Eroberung schwerer angeschlagen, blieb ein Randgebiet des Reiches, und seine Provinzkultur konnte sich nicht messen mit dem römischen Leben am Mittelmeer oder an Mosel und Rhein.

Von den Städten im Land war Augsburg (Augusta Vindelicum) die wichtigste, »die glanzvollste Koloniestadt der Provinz Rätien«, wie sogar Tacitus sagte. Hier war der Sitz des römischen Statthalters und der Mittelpunkt von Gewerbe und Handel; seit Kaiser Hadrian führte man auch das römische Stadtrecht. Die benachbarten Hermunduren, die auch während des Markomannenkrieges stillgesessen waren, durften sogar bis Augsburg zum Markt kommen. Ein ganz anderes Gesicht als Augsburg muß dagegen die Militärstadt Regensburg (Castra Regina) gezeigt haben, das Standquartier der dritten italischen Legion. Vorher eines jener Donaukastelle, für die das benachbarte Eining (Abusina) als klassisches Beispiel gelten kann, wurde Regensburg seit 179 nach Christus durch den Proprätor Dextrianus großzügig ausgebaut. Außerhalb des Legionslagers aber ließ sich nieder, was durch und mit dem Soldaten lebte: Händler, Schankwirte, Handwerker, Weiber und Kinder...

Auch viele Siedlungen zweiten Ranges gehen auf Kastelle zurück: Günzburg (Guntia) etwa oder das wichtige Passau (Castra Batava), wo, dem alten Boiodurum gegenüber, die batavische Kohorte den Altstadthügel besetzte. Nördlich der Donau erwuchsen zwei größere Orte mit Nassenfels an der Schutter (Vicus Scuttarensium) und Faimingen bei Dillingen (Ponione?). Im südlichen Donauhinterland aber lagen die offenen Handelsorte wie Pons Aeni (Pfaffenhofen-Pfunzen) am Inn, Bedaium (Seebruck) am Chiemsee, Iuvavum (Salzburg) an der Salzach, das als Stadt nicht viel hinter Augsburg zurückstand.

Ein großartiges Straßennetz verknüpfte diese Orte untereinander und mit dem fernen Italien. Die berühmte Via Claudia Augusta lief von Augsburg über Füssen und Reutte, den Fernpaß und den Reschenpaß, nach Italien hinunter; eine zweite Alpenstraße ging durch das Inntal und über den Brenner. Ebenso wichtig war die Straße, die Gallien mit den Donauprovinzen verband und über Augsburg–Seebruck–Salzburg quer durch Südbayern zog. Dazu kamen eine Straße von Augsburg über Oberföhring zum Inn, die Donaustraße und das dichte Wegnetz hinter dem Limes. Wo sie der Pflug nicht eingeebnet hat, kann man diesen »Hochstraßen« heute noch auf Meilen folgen. Zu der großzügigen Planung kam die Technik der römischen Ingenieure, die alle natürlichen Gegebenheiten ausnutzten und an Stelle der primitiven Karrengeleise den festen Unterbau aus Bruchstein und Schotter setzten. Es klingt unglaublich, aber man konnte zur Römerzeit schneller und gefahrloser von Paris nach Konstantinopel reisen als etwa um 1800.

Nach dem Zeugnis des heiligen Hieronymus wurde noch im 4. Jahrhundert in der Kaiserstadt Trier Keltisch gesprochen, und in Augsburg wird es kaum anders gewesen sein. Im übrigen aber legte der Kelte, immer neuerungssüchtig und begierig aufs Fremde, erstaunlich schnell sein eigenes Volkstum ab und ließ sich romanisieren. Das Latein war auch in den Donauprovinzen Amtssprache, und die ausgedienten Soldaten, die man allerorts ansiedelte, trugen die römische Zivilisation in den letzten Landeswinkel hinaus. Noch eine kleine Provinzstadt wie Kempten (Cambodunum) wollte den staunenden Barbaren ein kleines Rom vorexerzieren; man hatte auch hier Forum und Ratsgebäude, Markthalle, Tempel, öffentliche Bäder – mit einem Wort städtische Kultur. Auf dem flachen Lande gab's dafür römische Gutshöfe, mitunter auch die luxuriöse Villa eines reichen Geldsacks oder eines hohen Beamten.

Die eingesessene Bevölkerung aber nahm von den Römern an, was ihr gut dünkte. Wenn auch die Kelten tüchtige Ackerbauern waren, so brachten die neuen Herren dafür die Gartenkultur, die Obstbaumzucht und den Weinbau mit. Ähnlich war's mit dem Mauerwerk, das die Kelten bisher nur für Befestigungen verwendet hatten. Nun kamen italische Architekten, entstanden bei Abbach an der Donau römische Ziegeleien, baute man mit Quadersteinen und mit Ziegeln. Freilich haben sich von alledem nur im alten Regensburg die Reste der Stadtmauer und eines mächtigen Torbaues (Porta praetoria) über der Erde erhalten.

In bescheidenem Umfang blühte sogar die Kunst. Wenn auch die großen Standbilder der Götter und Kaiser aus Italien geholt wurden, die ganze Alltagsplastik ging aus heimischen Werkstätten hervor. Eine Fülle von Weihealtären, Denksteinen und Grabmälern, die uns hier überkommen ist: meist biederes Handwerk – keltische Steinmeißel, die mühsam genug die fremde Form suchen und das naive Abbild des Menschen und seiner Tätigkeit. Daneben kam die Keramik in Schwung, und schon im zweiten Jahrhundert konnten die Werkstätten von Westerndorf bei Rosenheim ihr hartgebranntes, hellklingendes Terra-Sigillata-Geschirr im ganzen Binnenland vertreiben. Mosaikböden römischer Villen hat man vor allem im bereits norischen Chiemgau ausgegraben. Der schönste – teppichartig bunt, mit springenden Hirschen und spielenden Delphinen – wurde in Westerhofen bei Ingolstadt gefunden.

Zur römischen Kultur kam der römische Kult mit seiner Kaiserverehrung und seinen Reichsgöttern, der das Druidenwesen nicht mehr dulden konnte. Nachsichtiger als mit den keltischen Priestern aber war man mit den keltischen Göttern, die man ohne weiteres ins römische Pantheon einließ – so etwa Epona oder die drei großen Mütter. Zum heiltätigen Grannus wallfahrtete man nach Faimingen; Bedaius war wohl der Gott des Chiemsees selber; der gutmütig-verschmitzte Genius cucullatus konnte sogar noch als »Goggolori« an die Baiwaren übergehen. Kleine und kleinste Heiligtümer lagen über die ganze Siedelflur verstreut, und der Kult der heiligen Quellen und Bäume muß bereits jetzt angeklungen sein.

Mit der flackernden Religiosität der späten Kaiserzeit kam auch die Verehrung des persischen Lichtgottes Mithras nach Rätien, und Kaufleute, Handwerker und Legionäre trugen das junge Christentum ins Land. Noch war es die Zeit der Christenverfolgungen, von denen die Martergeschichten der heiligen Afra in Augsburg und des heiligen Florian in Lorch erzählen können. Auch in Regensburg hat man eine Inschrifttafel gefunden, die auf die Grabstätte der frühen Blutzeugen verweist: »Der Sarmannina, die im Frieden ruht, den Martyrern beigesellt...« Erst das 4. Jahrhundert brachte den endgültigen Sieg des Christentums. Zumindest für Augsburg und Regensburg dürfen wir jetzt feste Bischofssitze annehmen, ja in Augsburg konnte man das Taufhaus der alten Bischofskirche ausgraben, in Regensburg den Mauerkern von St. Emmeram als Teil einer frühchristlichen Basilika erweisen. Im 5. Jahrhundert führte der heilige Severin auch im Donau-Alpenland das Mönchtum ein und gründete in Boiodurum-Passau eines der ersten Klöster.

Doch der Name Severins weist bereits in die letzten Tage der römischen Donauprovinzen. Schon um die Mitte des 3. Jahrhunderts, als sich Rom mit beiden Händen gegen das neupersische Reich der Sassaniden wehren mußte, hatten die Alamannen den Limes überrannt und waren bis Italien vorgeprellt (259–60). Wie einst beim Markomannensturm waren Kastelle, Städte, Landsitze in Flammen aufgegangen, hatte die verängstigte Bevölkerung Geld und Schmuck vergraben, oft ohne die Schätze je wieder heben zu können. Doch die Soldatenkaiser konnten den Einbruch noch einmal abriegeln und, auf Iller und Donau gestützt, wenigstens die Provinz Rätien sichern. Der Limes selber wurde aufgegeben. Immerhin bekamen jetzt auch die offenen Städte einen Mauerring, wurde die Legion von Regensburg in einzelne Abteilungen auseinandergelegt, wurden die Provinzen in Ufer- und Binnennorikum und in Raetia prima und Raetia secunda aufgeteilt. Das Land ließ sich damit nochmals zweihundert Jahre halten, und man weiß nicht, worüber man sich mehr wundern soll: über die Diplomatie der Römer oder über die Unfähigkeit der Germanen, sich zusammenzuschließen.

Das war dann das Donau-Alpenland nach der Mitte des 5. Jahrhunderts: eine Reichsprovinz mit loser Bindung an Rom, einer Handvoll versprengter Soldaten in den Kastellen und einem nichtigen Krämervolk in den Handelsplätzen, alles voll Feigheit, Aberglauben, Genußsucht und Angst. Ringsum drängten Ostgoten, Heruler, Rugier, Thüringer; im Westen bröckelten die Alamannen ein Stück Rätiens nach dem anderen ab. In diesem Chaos stand eine einzige Persönlichkeit voll Tatkraft und Würde: Severin. Niemand, der seine Herkunft kannte, und auch er selber wollte nicht mehr sein als ein einfacher Mönch. Er leitete die Räumung der unhaltbar gewordenen Provinzstädte, knüpfte die Verbindung mit Odoaker in Ravenna, trat den rugischen und alamannischen Königen furchtlos entgegen, suchte überhaupt zu retten und zu helfen, wo es ging. Severin starb 482 im norischen Favianis (Mautern), und ein paar Jahre später mußte Odoaker die Reste der römischen Bevölkerung nach Italien zurücknehmen. Severins Schüler Eugipp, der nachmalige Abt von Lukullanum bei Neapel, hat uns das Leben des Meisters beschrieben. Mit seinem Buch endet auch unser Wissen über das römische Bayern. Rätien und Norikum sinken zurück in ein Niemandsland zwischen rivalisierenden germanischen Völkern.

ZWEITES BUCH

Das bayerische Stammesherzogtum

4. KAPITEL

BAYERISCHE ANFÄNGE

Als Venantius Fortunatus, der berühmte christlich-lateinische Dichter, ums Jahr 565 seine Wallfahrt zum heiligen Martin von Tours unternahm, führte ihn der Weg zurück mitten durch das Baiwarenland südlich der Donau. Aber schon vor Venantius hatte Jordanis 551 in seiner Gotengeschichte schreiben können, daß das Schwabenland im Osten die Baiwaren zu Nachbarn habe: »Regio illa Suavorum ab oriente Baibaros habet.. .« Und weil Jordanis mit seinem Geschichtswerk wieder auf Cassiodor zurückgeht, dürfen wir diesen Ansatz nochmals um gute zwanzig Jahre hinaufrücken, womit wir dann auf die Zeit zwischen 526 und 533 nach Christus kommen. So gehören die Anfänge der eigentlich bayerischen Geschichte sicher ins erste Viertel des 6. Jahrhunderts, ja neueste Bodenfunde weisen noch weiter zurück – in die Zeit gleich nach dem Abzug der letzten Römer.

»Das Land der Schwaben hat im Osten die Baiwaren zu Nachbarn. ..« In unseren Schriftquellen jedenfalls tauchen die Bayern um 550 ganz unvermittelt auf. Sie müssen ein Bauernvolk gewesen sein, gutmütig und jähzornig, sinnenfroh und aufwenderisch, eigensinnig und beharrend wie noch heute. In ihrer Eigenart immerhin so ausgeprägt, daß sie sich von ihren Nachbarn, den Schwaben, deutlich unterschieden. Das Gesicht der aufgehenden Sonne zu, liegen sie zu Hunderten in ihren Reihengräbern, die Männer das Schwert an der Seite, die Frauen mit dem schönen Schmuck der Völkerwanderungszeit angetan. »Ich weihe den Sax – ich heiße Ald...«, ließ sich auf einem rostzerfressenen Kurzschwert aus dem Gräberfeld von Steindorf am Lechrain entziffern. Sonst aber schweigen sich die Zeugnisse alle aus, und es bleibt nur jenes geheimnisvolle Dämmern, das die Anfänge allen Volkstums umgibt.

Den einzigen Hinweis scheint der Stammesname zu geben, und »Leute aus Baiaheim, aus Beheim, aus Böhmen«, hat hier der große Keltist Kaspar Zeuß schon 1837 deuten können. Freilich, die keltischen Boier, die Böhmen den Namen gegeben hatten, waren schon um Christi Geburt von den Markomannen überrannt worden, die zum großen westgermanischen Gesamtvolk der Sueben gehörten und unter König Marbod ihrerseits ein machtvolles Reich gründeten. Wenn auch Marbods Reich bald in Trümmer gegangen war, so hatten die Markomannen doch noch im großen Krieg von 166–172 die besten Streitkräfte Roms in Atem gehalten. Erst mit dem Hunnensturm versickert der Markomannenname aus unseren Quellen. Ob nicht jetzt die Markomannen, die »Leute aus Böhmen«, unter dem neuen Namen »Baiwarii« wieder in die Geschichte eintreten? Die Forschung der letzten Jahrzehnte hat aber diese »Markomannentheorie« schwer erschüttert. Nach Lage der Dinge dürften nämlich die Markomannen nur ein Volkssplitter gewesen sein: zu ihnen mußten noch die nordungarischen Sueben stoßen, die illyrischen Osi, ostgermanische Volksreste wie die Rugier oder die Skiren... Wir können eigentlich nur sagen, daß die Baiwaren ein Volk von Völkern waren; daß sie nicht in einer einzigen großen Wanderung gekommen sind, sondern in einzelnen Schüben; daß sie wohl erst zwischen Donau und Alpen zum eigentlichen Stamm zusammengewachsen sind.

Trotz eines Jahrtausends keltisch-römischer Kultur war damals unser Land noch ganz vom Wald bestimmt, und eine Vielzahl von Ortsnamen läßt uns seine weite Ausdehnung heute noch erahnen. Doch dieser Wald muß nicht immer siedlungsfeindlich gewesen sein, denn im Gegensatz zu heute überwog der Laubwald mit seinen Buchen- und Eichenbeständen, die für große Schweineherden Mast und Weide gaben. Bei den vielen Linden bot auch die Bienenzucht – die »Zeidelweide« – reichen Ertrag, und im Isengau gab's noch um 1050 als Unterabteilung einen eigenen »Zeidlergau«. Nirgends aber wird diese Waldverbundenheit der ersten bayerischen Jahrhunderte deutlicher als in den vielen Abfärbungen für die eine Bezeichnung »Wald«. Da ist »Holz« als das ganz allgemeine Wort, »Hart« als der Weidewald, »Forst« als der gebannte Wald; »Loh« bezeichnet das schüttere Laubgehölz, »Tann« ist der düstere Nadelwald, während im lateinischen »Eremus« der Klosterbrüder von Schliersee und Metten, Freising und Salzburg die ganze Öde und Einsamkeit des Urwaldes anklingt.

Die Siedlungen der Frühzeit – es sind die vielberufenen Orte mit der Endung auf -ing – mieden den Wald und suchten dafür die trockenen Talgründe und Flußraine mit ihrem alten Kulturboden. Freilich muß nicht jeder Ing-Ort ins fünfte, sechste Jahrhundert zurückdeuten. Wirklich zählen können nur jene »echten« Ing-Orte auf freiem Ackerboden, die schon von alters her Pfarrsitze sind und die Namen der Wandergeschlechter bis in unsere Tage herüberklingen lassen. Sendling meint so »bei den Leuten des Sentilo«, Haching bei denen des Hacho; Vötting deutet auf einen Vatto, Giesing auf einen Kieso, und oft schließen sich noch die Reihengräber der Frühzeit dem alten Dorfkern unmittelbar an. Eine Karte dieser echten Ing-Orte aber umreißt zugleich das erste bayerische Siedelland: die Gegend um Ingolstadt, das Donaugäu von Regensburg bis Pleinting, die Inngegend um Mühldorf, die Münchener Ebene, seit alters das »Gefild« geheißen; dazu kommt im heutigen Oberösterreich das Land von der Aschach bis über die Traun. Weitgehend ausgespart bleibt Niederbayern zwischen Isar und Inn, das ganze Oberland, das Moos- und Waldgebiet an Ilm und Paar und nördlich der Donau; auch die Hallertau wurde erst in der Karolingerzeit erschlossen.

Neben die Ing-Orte traten bald die -ham und -kam, die -hofen und -kofen, die -stetten und -hausen, die das neue Siedelland ausbauten. Auch sie gehören meist in die urkundenlose Frühzeit, aber sie zeigen schon in der Endungsform, wie bereits die Bindung an den Ackerboden die von Mensch zu Mensch überwog. Eine neue Rodungswelle setzte dann mit den großen Wirtschaftsklöstern des 8. Jahrhunderts ein.

Aber die Einwanderer des frühen 6. Jahrhunderts waren keineswegs in ein völlig menschenleeres Land gekommen. Das Süddonauland war ja der Boden des alten Rätien und Norikum, und die Baiwaren schoben sich hier überall zwischen fortlebende keltisch-romanische Bevölkerung hinein. Zwar hatte noch Odoaker den Befehl gegeben, die unhaltbar gewordenen Donauprovinzen zu räumen, aber abgezogen waren daraufhin höchstens die verstreuten Truppenverbände, die Vornehmen und die Reichen; das keltisch-romanische Bauernvolk blieb sitzen. Man war doch zu sehr der Scholle verhaftet, auch hatte man kaum etwas zu fürchten oder zu verlieren...

Wohl stießen die neuen Herren mit der Faust am Schwert in die Donauprovinzen vor, aber die Landnahme selber erfolgte, wie es scheint, ohne Krieg und Waffenlärm. Das römische Staatsgut wurde Herzogsgut; wo einst römische Grundherren gesessen waren, hausten jetzt baiwarische Edelinge; die zurückgebliebenen Romanen – die »Walchen«, wie die Baiwaren sagten – wurden weder vernichtet noch verknechtet, sondern gingen auf im großen Heer der hörigen oder halbfreien Landbevölkerung. Daneben hielten sich vereinzelt sogar freie romanische Grundbesitzer, und der überwiegende Teil der Freisinger Geistlichkeit trug noch im 8. Jahrhundert romanische Namen. Das bei der Landnahme ausgesparte Gebiet aber mußte ganz von selber zum Zufluchtsort der Urbevölkerung werden, und wir können es fast mit den Händen greifen, wie gegen das Seenland und die Berge zu das romanische Siedlungsgebiet immer dichter und geschlossener wird. In den frühen Salzburger Urkunden ist ein Drittel aller Namen romanisch; in Tirol bildeten die Walchen vielleicht noch im 8. Jahrhundert die Mehrheit der Bevölkerung, und die Breonen hausten immer noch in ihren Tälern wie einst zur Zeit des Horaz.

Freilich darf man den Kulturstand dieser sitzengebliebenen Romanen nicht überschätzen, denn vieles, was die Höhe des römischen Provinzlebens ausgemacht hatte, war in den Stürmen des 5. Jahrhunderts untergegangen. Nur Regensburg, der Herzogssitz, muß nach der Schilderung Bischof Arbeos noch im 8. Jahrhundert ganz das Bild der Römerzeit geboten haben: eine unbezwingliche Stadt, von festen Quadersteinen erbaut und gewaltig in ihren Türmen; Brunnen hatte sie die Fülle. Daneben konnten die Baiwaren von ihren Walchen im Donaugebiet den Weinbau, im Gebirge die Almwirtschaft, um Reichenhall und Hallein die Salzpfannen übernehmen. Auch die wenigen Handwerker dieser frühen Zeit waren gewöhnlich Romanen.

Mit der fremden Sache übernahm man auch die fremden Namen. Die altbekannten hochdeutschen Lehnwörter aus Hausbau und Gartenwirtschaft, Küche und Werkstatt, können zwar nicht viel besagen, aber es gibt eine ganze Reihe bayerischer Mundartwörter, die man bequem mit dem romanischen Sprachgut zusammenbringen kann: etwa das »Lagl«, worin man die Fische aufbewahrt, mit lagena, die »Gred« des Bauernhauses mit gradus, das alte »Gugl« für Kapuze mit cuculla und die Gabeldeichsel, die »Anzn«, mit ansa; vielleicht daß sogar in dem Schimpfwort »Lattirl« ein verderbtes Latinulus steckt. Am stärksten für das Weiterleben des romanischen Sprachelements zeugen aber doch die Ortsnamen – die zahlreichen Namen von Flüssen, Bächen und Siedlungen, die in lebendiger Überlieferung an die Baiwaren weitergegeben wurden. Man darf nur einmal auf Salzburger Ortsnamen horchen: Gols (collis) und Plain (plagina), Gnigl (glanicula), Muntigl (monticulus), Anif (Anava). Selbst heraußen im Flachland gibt es noch ein Irsching und einen Irschenberg (Ursus), ein Marzling (Martialis) und andere Namen römischen Ursprungs.

Die erdrückende Mehrzahl aller frühen Ortsnamen aber hat den unverkennbar baiwarischen Klang, wie auch die zurückgebliebenen Romanen im Laufe der Jahrhunderte ihre eigene Sprache verloren und vom bayerischen Volkstum aufgesogen wurden. Nicht nur zahlenmäßig, auch in der unverbrauchten Kraft ihres Blutes waren die Baiwaren die Stärkeren. Höchstens, daß im ganzen Volkscharakter ein Stück keltischer Phantasie und Formenfreude, ein Stück keltischer Lust am Auftrumpfen, Rankeln und Raufen zurückgeblieben ist. Eine Statistik dieses germanisch-romanischen Mischverhältnisses wird sich freilich nie erstellen lassen. Aber zuerst die ostgermanische Blutsbeimischung aus der Wanderzeit, jetzt die keltisch-romanische im Süddonauland: sie genügt, Eigenart und Eigenwillen bayerischen Volkstums wenn nicht zu begründen, so doch zu erklären.

5. KAPITEL

AGILOLFINGER UND FRANKEN

Die ganze Frühgeschichte des bayerischen Landes zeigt immer wieder, wie der Mittelmeerraum kulturell bis zur Donau hin ausstrahlt, wie die Donau dem Po näher liegt als der Weser oder der Elbe. Um Christi Geburt kam dann ohnedies das ganze Süddonauland unter römische Herrschaft, und die späte Kaiserzeit schlug Rätien sogar zur italischen Diözese des Römischen Reiches. Erst Odoaker konnte die beiden Donauprovinzen gegen die Ränke der Oströmer und die Kriegszüge der Ostgoten nicht mehr halten. Die Ostgoten waren aber kaum Herren Italiens geworden, als das Eigengesetz des Raumes auch ihnen die römische Donaupolitik aufzwang. Wohl blieben dabei die Alpenkämme selbst für Theoderich den Großen die Nordgrenze des Reiches, aber sein Interessengebiet griff doch weit in die alten rätisch-norischen Provinzen hinein. Theoderichs ganze Sorge waren hier die Franken und ihr rheinisch-gallisches Reich, wie es sich seit 486 unter der brutalen Faust König Chlodwigs zusammenzuschließen begann.

Auch die Anfänge des bayerischen Herzogtums weisen in dieses Mächtespiel hinein, denn gerade der Raum zwischen Alpen und Main war ein Gebiet, in dem sich ostgotische und fränkische Interessen vielfach überkreuzten und stießen. Entscheidend wurde dabei das Jahr 531, als die Franken das Herzogtum Thüringen aus dem Feld schlugen und ihren Machtbereich bis zur Donau vorschoben: das Land zwischen Jura und Thüringer Wald war mit einem Mal für die fränkische Bauernsiedlung aufgebrochen und wurde im Fluß der Jahrhunderte zur »Francia orientalis« – zum Frankenland beiderseits des Mains. Mit dem Vorstoß von 531 muß aber auch das bayerische Stammesgebiet selber unter die fränkische Oberherrschaft gekommen sein. Bereits der Frankenkönig Theudebert (534 bis 548) konnte ja an Kaiser Justinian schreiben, seine Herrschaft erstrecke sich von der Donau und den Grenzen Pannoniens bis zu den Küsten des Weltmeeres, und Paulus Diakonus, der Geschichtsschreiber der Langobarden, nennt schon für die Mitte des 6. Jahrhunderts Agunt an der Drau als eine Stadt des fränkischen Reiches. Bayern wurde aus der jahrhundertelangen Bindung an den Süden herausgelöst und in den germanischen Weststaat der Franken einbezogen.

Trotzdem soll man nicht freiweg behaupten, der bayerische Staat des 7. Jahrhunderts sei kein Volksherzogtum gewesen, sondern ein fränkisches Amtsherzogtum wie Alamannien oder das thüringische Herzogtum am Main. Wir hören nichts, daß Bayern mit Waffengewalt dem Reich eingefügt wurde, und dürfen annehmen, daß man sich auf friedlichem, vertragsmäßigen Weg dem Frankenkönig untergeordnet hatte. Zweifellos war dieser Entschluß auch dadurch erleichtert worden, daß der bayerische Stamm ganz allein einer unsicheren Ostgrenze gegenüberstand und deshalb den Rückhalt an den Franken wohl brauchen konnte. Die Bayern zahlten dem Frankenkönig keinen Tribut wie andere westgermanische Stämme, und das Volk hielt an seinem Recht auf die Herzogswahl fest. »Der Herzog aber, der dem Volke vorsteht, ist allezeit aus dem Geschlecht der Agilolfinger gewesen und muß es sein...«, sagt das bayerische Stammesrecht.

Und immer noch lockte der Süden. Die Alpenkämme waren für die jugendliche Kraft des Stammes kein unüberwindliches Hindernis, und noch vor dem Ende des 6. Jahrhunderts stiegen bayerische Siedler über den Brenner ins Eisacktal hinunter, gewannen um 650 auch die Rebenhänge um Bozen und Meran. Die Bayern waren wieder unmittelbare Nachbarn der Langobarden, die seit 568 in Italien saßen, und schon Garibald, der erste Bayernherzog, den wir überhaupt mit Namen kennen, knüpfte verwandtschaftliche Verbindungen mit dem langobardischen Königshaus. Seine Tochter Theodelinde wurde die Gemahlin des Langobardenkönigs Authari. Und wer möchte hier Paulus Diakonus missen, der uns die schöne Sage von Autharis Brautfahrt erzählt? Ohne sich zu erkennen zu geben, sei Authari an der Spitze einer Gesandtschaft am bayerischen Herzogshof erschienen – Brautwerber in eigener Sache. Erst beim Heimritt, als man der Langobardengrenze nahekam, »richtete sich Authari, so sehr er konnte, auf dem Pferde auf und stieß mit aller Macht die Streitaxt, die er in der Hand trug, in einen nahe stehenden Baum und ließ sie darin stecken und sprach: ›Solche Hiebe führt Authari!‹ Wie er das gesprochen hatte, erkannten die Bayern, die ihm das Geleit gaben, daß er der König Authari selber sei...«

Hatte schon der Frankenkönig Childebert II. die enge Freundschaft zwischen Herzog Garibald und den Langobarden mit Unbehagen gesehen, so lassen uns die spärlichen Quellen des 7. Jahrhunderts erahnen, daß es dem König Dagobert I. (622–39) wirklich gelang, die Bayern auf ein stärkeres Abhängigkeitsverhältnis herabzudrücken. Doch es blieb bei einer Episode, denn nach Dagobert wurde das merowingische Königshaus zum Spielball der fränkischen Adelsfamilien und trieb mit Familienstreit und Meuchelmord, Schwachsinn und Laster, dem Ende zu. Der Bayernherzog Theodo, der erste Agilolfinger, der wirklich bedeutend hervortritt, regierte um das Jahr 700 wie ein unabhängiger Fürst. Er ging mit einer bayerischen Gesandtschaft über die Berge und verhandelte mit Papst Gregor II. wegen der Errichtung einer bayerischen Kirchenprovinz; er griff in den langobardischen Thronstreit ein; er konnte, ohne den Frankenkönig zu fragen, das Herzogtum unter seine Söhne teilen. Mit Herzog Theodo beginnt für uns die lückenlose Folge der bayerischen Herzöge und fällt auf die ganze bayerische Geschichte ein volleres Licht.

Im Frankenreich hatten inzwischen, gestützt auf das Hausmeieramt, die Pippiniden die Macht in die Hand bekommen, und sie suchten auch wieder über den Rhein herüberzugreifen. Schon zu Herzog Theodos Zeiten hatte Pippin der Mittlere den fränkischen Heerbann zweimal gegen die Alamannen geführt, während dann sein Sohn Karl Martell die fränkische Reichspolitik wieder in großem Stil aufnehmen konnte. Ein Familienzwist im agilolfingischen Haus gab ihm Gelegenheit, auch in die bayerischen Verhältnisse einzugreifen. Von Herzog Theodos vier Söhnen hatten hier nur Theodebert und Grimoald den Vater überlebt. Als nun auch Theodebert starb und ihm der junge Hugibert als Herzog nachfolgte, kam er sofort mit seinem Oheim Grimoald ins Streiten; vermutlich machte Grimoald, der seit der Landesteilung in Freising regierte, dem Neffen die Erbfolge streitig. Hugibert suchte beim fränkischen Hausmeier Hilfe, und Karl Martell brach von Schwaben her zweimal in Bayern ein. Grimoald fiel durch Meuchelmord und Hugibert bekam das ganze Herzogtum in seine Hand. Natürlich trat mit Hugibert, dem Schützling der Hausmeier, auch die fränkische Oberhoheit wieder in Kraft. Damals muß auch der südwestliche Teil des bayerischen Nordgaues fränkisches Interessengebiet geworden sein – eben das ganze Gebiet des späteren Bistums Eichstätt mit den Königshöfen Ingolstadt und Lauterhofen als den drohenden Ausfallspforten. Erst Hugiberts Tod und der Regierungsantritt Herzog Odilos (737) konnten die fränkische Machtstellung nochmals ins Wanken bringen.

Karl Martell selber war von seinem Bayernfeldzug nicht nur mit reicher Beute sondern auch mit zwei Frauen ins Frankenreich zurückgekehrt: mit Pilitrud, der Gemahlin Grimoalds, und ihrer Nichte Sunnihild. Und schön, ehrgeizig und berechnend, gewann die junge Sunnihild als Geliebte des alternden Mannes bald größten Einfluß. Grifo, der illegitime Sohn aus dieser Verbindung, wurde Karl Martells erklärter Liebling, und seinetwegen stieß er sogar die Erbfolgeordnung um. Karl Martells eheliche Söhne, Pippin und Karlmann, wollten aber dem Halbbruder vom Erbe nichts herausgeben, und Grifo suchte sich, von der Mutter bestärkt, mit Gewalt durchzusetzen.

Für die Aquitaner und Sachsen, Alamannen und Bayern gab Grifos Empörung nur das Signal zum neuen Kampf um die Unabhängigkeit. Selbst Hiltrud, die Schwester der beiden Hausmeier, stellte sich auf Grifos Seite und floh zum Bayernherzog Odilo, dem sie sich sogar anvermählte. Doch Pippin und Karlmann warfen die Gegner der Reihe nach nieder, nahmen Grifo gefangen, rückten noch im selben Jahr 743 gegen Odilo vor, an dessen Hof ja die Fäden des Aufstandes zusammenliefen. Bei Epfach am Lech lagen sich die zwei Heerhaufen fünfzehn Tage gegenüber, bis schließlich die Franken einen nächtlichen Flußübergang wagten und die Bayern im Rücken faßten. Mit knapper Not, daß der Herzog mit etlichen Begleitern hinter den Inn entkam. Odilo konnte zwar mit dem Friedensschluß von 744 sein Herzogtum behalten, mußte aber die fränkische Oberhoheit aufs neue anerkennen.

Herzog Odilo starb 748, und sein Tod bot Grifo noch einmal die große Möglichkeit. Er knüpfte mit der bayerischen Unabhängigkeitspartei um den Grafen Swidger vom Nordgau an, bemächtigte sich der Witwe Herzog Odilos und des Herzogssohnes Tassilo, ja in Grifos Person schien sich wirklich die ganze Widerstandskraft des Landes zu sammeln. Aber auch dieser Versuch, von Bayern aus dem Frankenreich die Spitze zu bieten, brach zusammen wie jener von 743. Grifo, gefangen, begnadigt, mit etlichen Grafschaften und dem Herzogstitel abgefunden, blieb bis zuletzt voll Trotz und verwegener Pläne. Noch 753 suchte er sich mit einer Handvoll junger Leute über den Mont Cenis zum Langobardenkönig durchzuschlagen, fiel aber in heißer Schlacht gegen die fränkischen Grenzgrafen. Er, der halbbayerische Karolinger, der schon den Zeitgenossen wie ein Sagenheld erscheinen mußte, galt den Nachgeborenen als einer der Paladine Karls des Großen: er wurde zu jenem »Herzog Naims von Baierland«, der vom 11. bis zum 16. Jahrhundert in der französischen und bayerischen Dichtung immer wieder auftaucht.

Wild heranpreschende Reiter und Geschrei um die Herzogspfalz; verstörte Wachleute, die der erste Anprall niederwirft; ein derbes Zupacken harter Kriegerfäuste und ein jähes Aufschrecken aus blauen Knabenträumen – dies alles mochte der Handstreich von 748 für den jungen Tassilo bedeutet haben. Und unmittelbar nach Grifos Niederlage – noch im gleichen Jahr 748 – setzte Pippin den siebenjährigen Knaben als Tassilo III. zum Herzog ein und legte die Vormundschaft in die Hand Hiltruds, der bayerischen Herzogswitwe und fränkischen Prinzessin. Als Hiltrud nach wenigen Jahren starb, nahm Pippin selber die vormundschaftliche Regierung in die Hand. Freilich dieser Pippin, der eben den letzten Merowingerkönig entthront hatte, war für den jungen Tassilo nicht nur der Oheim von der Mutterseite sondern als Frankenherrscher auch der Oberherr. Tassilo mußte auf dem fränkischen Reichstag erscheinen, den vor ihm noch kein Bayernherzog besucht hatte, mußte mit seinen vierzehn Jahren dem König Pippin sogar gegen die befreundeten Langobarden Heerfolge leisten. 757 wurde dann Tassilo wehrhaft gemacht und bekam die Alleinregierung in die Hand; vorhergegangen war die Reichsversammlung von Compiègne, wo Tassilo

Pippin den Vasalleneid geschworen und ihm und seinen Söhnen die Treue gelobt hatte.

Ein fränkisches Lehen war aber das bayerische Herzogtum selbst jetzt noch nicht. Tassilo behielt in den inneren Angelegenheiten freie Hand, nur daß er immer wieder zum fränkischen Hoflager und in die Reichskriege zu reiten hatte. Bei der Weite des fränkischen Reiches und Pippins beständigem Ausgreifen nach allen Seiten war freilich die Heerfolge ein drückender Dienst. Statt die eigenen Grenzen zu schützen, stand der bayerische Heerbann wieder an der fernen Loire und schlug sich mit dem Herzog Waifar von Aquitanien herum. Man kann verstehen, wie man in Bayern ungehalten war, und auf dem vierten aquitanischen Feldzug kam es 763 zum offenen Bruch: Herzog Tassilo verließ eigenmächtig das Heer und zog mit seinen Bayern nach Hause. Und es gelang dem Herzog, sich zu behaupten. Während Pippin bis in seine letzten Tage mit Waifar Krieg führte, seine Söhne Karl und Karlmann durch ihren Familienstreit das Reich aufsplitterten, fand Tassilo seinen Rückhalt beim Langobardenkönig Desiderius, dessen Tochter Liutbirga er zur Frau nahm. Abt Sturmi, der Bayer auf dem Stuhl von Fulda, vermittelte zwischen Tassilo und dem neuen König Karl sogar ein Verhältnis leidlicher Freundschaft, das soviel wie die stillschweigende Anerkennung der bayerischen Unabhängigkeit bedeutete.

Die glücklichen Jahrzehnte von Tassilos eigentlicher Regierung waren dann der Höhepunkt des agilolfingischen Hauses. Die Donau entlang und an den Seen des Vorlandes hin blühten die Wirtschaftsklöster auf, in den Bergwäldern tönte der Axtschlag rodender Bauern, in Salzburg, Regensburg und Freising sprudelten die ersten Quellen deutscher Kultur. Mit den kirchlichen und weltlichen Großen hielt der Herzog immer wieder seine Landtage ab, die den geistlichen Namen »Synoden« führten. Vor allem aber wurde jetzt die zusammengefaßte Kraft des Stammes für die große Ostaufgabe frei.

Seit dem Abzug der Langobarden nach Italien hatten sich nämlich die karantanischen Alpenslaven Schritt für Schritt gegen die Drau und das Pustertal, gegen die Enns und die Traun vorgeschoben, und man hatte mit einem Mal eine unruhige, fließende Grenze bekommen, die seit Garibald allen Bayernherzögen zu tun gab. Stand ja hinter diesen Karantanen das wilde hunnisch-tatarische Steppenreich der Avaren, und der Kaghan drüben an der Theiß war auch der Oberherr über die Alpenslaven. Erst Herzog Odilo war es dann gelungen, die Karantanen auf die bayerische Seite herüberzuziehen. Gleichzeitig hatte er auch regenaufwärts das Siedelwerk vorangetragen und mit der neugegründeten Klosterzelle von Chammünster den Weg nach Böhmen gewiesen. Nach Odilos Tod hatten sich freilich die Verhältnisse wieder gelockert, und als um 770 auch der Karantanenherzog Cheitmar starb, stand der ganze Südosten in vollem Aufruhr.

Hier griff nun Tassilo eisern durch, und im Feldzug von 772 warf er den Widerstand mit einem Schlag nieder. Karantanien war damit endgültig dem Christentum und der bayerischen Kolonisation zurückgewonnen, und die Jahrbücher von St. Emmeram vermerken voll Stolz, daß es um dieselbe Zeit war, als Karl der Große in Sachsen die Eresburg und die Irminsäule zerstörte. Das neugewonnene Gebiet wurde großzügig ausgebaut. Eigens zur Bekehrung der Alpenslaven gründete Tassilo in der Öde des Pustertales das Kloster Innichen und zwischen Traun und Enns das fürstliche Kremsmünster mit seinem schier unermeßlichen Besitz im Bergland gegen den Almsee zu und in der Ebene zwischen den Ipfbächen draußen. Und nicht zufällig weihte in jenen Tagen auch Salzburg seinen Dom ein: dem jungen Bistum war schon seit Odilos Tagen die Richtung nach Südosten gewiesen.

Trotz seiner stolzen Erfolge und einer Machtstellung, wie sie vor ihm kein Agilolfinger besessen hatte, war Tassilo eigentlich kein politischer Kopf. In seiner beharrenden Bayernart, der die eigene Freiheit alles, das schrankenlose Ausgreifen in die Weite aber nichts bedeutet, fehlte ihm die Fähigkeit zur politischen Konstruktion und zum rücksichtslosen Nützen der Lage. Die bayerische Unabhängigkeit hätte auch Tassilo nur behaupten können durch ein Leben im Sattel und ein unbekümmertes Paktieren mit allen Frankenfeinden von Aquitanien und der Lombardei bis zum Sachsenland. Er hätte wissen müssen, daß ihm weder vergeben noch vergessen war, und ihm Pippin, und hernach Karl und Karlmann, den Abfall von 763 nur hatten hingehen lassen, weil ihnen die freie Hand gefehlt hatte.

Tassilo aber war es genug, daß man ihn in Ruhe ließ. Während der Herzog an seinem Land arbeitete, warf König Karl die Aquitaner nieder und faßte das ganze Frankenreich in seiner Hand zusammen; während Tassilo in Karantanien stand, begann Karl den Sachsenkrieg und zerschlug 774 das Langobardenreich. Und selbst jetzt hielt sich Tassilo still, obwohl er beim Sturz des Königs Desiderius mit dem Schwiegervater auch den wichtigsten Rückhalt der bayerischen Selbständigkeit verlieren mußte. Als dann auch der Widerstand der Sachsen so weit zurückgedämmt war, daß man das Land in Missionsbezirke einteilen konnte, war Tassilos Schicksal besiegelt.

Zunächst begann die diplomatische Offensive. Zu Ostern 781 erschien, von Papst und König gemeinsam abgestellt, eine Gesandtschaft und erinnerte Tassilo an die alten Eide. Ganz auf sich selbst angewiesen, wohl auch durch den plötzlichen Angriff überrascht, konnte Tassilo an keinen Widerstand denken, und auf der Reichsversammlung zu Worms mußte er den Vasalleneid erneuern und zwölf Geiseln stellen. Trotzdem blieb eine unerträgliche Spannung. 785 kam es bei Bozen zu einem Zusammenstoß zwischen Bayern und Franken; 787 brach in Süditalien ein Langobardenaufstand los, geführt von Tassilos Schwager, dem Herzog Arichis von Benevent; dazu wurde König Karl hinterbracht, Tassilo habe gesagt, selbst wenn er zehn Söhne hätte, wollte er lieber alle opfern als an den Verträgen festhalten. Immerhin suchte Tassilo noch einmal den Sturm zu bannen und schickte den Bischof Arn von Salzburg und den Abt von Mondsee eigens nach Rom, um die päpstliche Vermittlung anzurufen. Der Augenblick schien günstig, denn auch König Karl weilte gerade in der Ewigen Stadt. Es gab einen dramatischen Auftritt. Zuletzt erklärte sich auch der Papst entschieden für den Frankenkönig und drohte dem Herzog mit dem Kirchenbann, wenn er die Eide nicht halte.

Von einem Reichstag in Worms hielt sich jedoch Tassilo trotz Aufforderung fern: auch er traute dem König nicht mehr. Als daraufhin die Franken in vier Heersäulen gegen Bayern anrückten, blieb dem Herzog nur mehr der Gang in das königliche Heerlager am Lech. Unter der päpstlichen Banndrohung begann eben auch Tassilos innere Stellung zu wanken. Und diesmal mußte er nicht nur den Vasalleneid erneuern, sondern sein ganzes Herzogtum von Karl zu Lehen nehmen. Unter den Geiseln, die Tassilo stellte, war der eigene Sohn.

Im Oktober 787 hatte sich also Tassilo zum dritten Male unterworfen. Als er im Sommer darauf wie die anderen königlichen Vasallen auf dem Reichstag von Ingelheim erschien, wurde er in offener Versammlung entwaffnet und festgenommen. Bayerische Parteigänger König Karls erhoben gegen den Herzog die offene Anklage des Hochverrats. Sofort eilten auch fränkische Königsboten nach Bayern, schleppten Liutbirga mit ihren Kindern, das Herzogsgesinde und den Herzogsschatz nach Ingelheim.

Es ist möglich, daß Tassilo – wie es die Anklage wahrhaben wollte – eine Annäherung an die Avaren versucht hatte; vielleicht auch, daß er von den Vorgängen in Benevent ein Wissen hatte, wo sich über Arichis' Witwe Verbindungen zum oströmischen Kaiser knüpften. Beweise für die Schuld des Herzogs sind aber nie erbracht worden. Selbst König Karl mußte, um den »bösen Menschen Tassilo« überhaupt verurteilen zu können, bis auf das Jahr 763 zurückgehen. Weil der Herzog damals vor fünfundzwanzig Jahren das Heer König Pippins eigenmächtig verlassen hatte, sprach man ihm jetzt wegen Fahnenflucht das Todesurteil; erst die »Gnade« König Karls verwandelte dann den Spruch in lebenslängliche Klosterhaft. St. Goar am Rhein, Jumièges an der Seine, Lorsch an der Bergstraße: es war überall die gleiche stille Zelle, die nach einem stolzen Leben für den Herzog die ganze Welt bedeuten mußte. Auch Tassilos Söhne wurden zu Mönchen geschoren, und Gattin wie Töchter hatten den Nonnenschleier zu nehmen. Vielsagend, wie Einhard, der Biograph Karls des Großen, mit einem einzigen Satz über den Prozeß hinweggeht: »Tassilo wurde später vor den König geladen und ihm nicht erlaubt, zurückzukehren...«

Auf bayerischen Herrenhöfen aber saßen immer noch altergebene Anhänger des agilolfingischen Hauses. Obwohl man jeden, der sich nicht fügen wollte, »ins Elend« schickte, kam es noch 792 in Regensburg zu einer Verschwörung, unter deren Trägern wir wohl Parteigänger des Herzogs suchen dürfen. Um dem Urteil von 788 wenigstens nachträglich den Schein des Rechtes zu geben, wurde 794 der Mönch Tassilo noch einmal aus der Klosterzelle geholt. Man zwang den Herzog, vor der gesamten Reichsversammlung ein Reuebekenntnis abzulegen und für sich und seine Kinder auf Bayern zu verzichten. Es ist das letzte Mal, daß wir von Tassilo hören: wir kennen nicht einmal sein Todesjahr und wissen nur, daß er an einem 11. Dezember in irgendeinem fränkischen Kloster gestorben ist.

In Bayern selber hat man den letzten Agilolfinger nie vergessen. Fater, der erste Abt von Kremsmünster und einstige Hofkaplan, beschrieb sein Leben, und jedesmal am 11. Dezember begingen die Tassilo-Klöster von Kremsmünster bis hinüber nach Wessobrunn den Jahrestag ihres Stifters. Das Volk aber erzählte sich vom geblendeten Herzog Tassilo, den im Kloster Lorsch zum Staunen Kaiser Karls ein Engel von Altar zu Altar geführt habe. Im 13. Jahrhundert hat ein Chorherr von Polling die Sage erstmals aufgezeichnet. Aber auch im Schwäbischen drüben wußte der Graf Froben Christoph von Zimmern noch 1566 zu erzählen, die alten Freiherrn von Gundelfingen hätten ihre Abstammung auf eine Seitenlinie der Agilolfinger zurückgeleitet und wären die letzten Sprossen aus Herzog Tassilos Haus gewesen.

6. KAPITEL

DAS AGILOLFINGISCHE BAYERN

Herzog und Volk

Für die frühe Geschichte des bayerischen Herzogtums, zumal für die Erkenntnis seiner inneren Verhältnisse, müssen wir immer wieder auf das älteste und wichtigste Denkmal des Stammes zurückgreifen: auf das sogenannte »Volksrecht der Bayern«, die lateinisch geschriebene Lex Baiuvariorum.

Das Rechtsbuch beginnt mit einem langen Vorspruch, der es für wahr haben möchte, daß noch der Frankenkönig Dagobert (623 bis 639) der Lex Baiuvariorum die letzte Form gegeben habe, und man könnte diese Angabe vielleicht hinnehmen, stünde hinter ihr nicht allzu deutlich das Bestreben, die Abhängigkeit der Bayern von den Franken stark herauszustreichen und dem Ganzen den Anschein des ehrwürdigen Alters zu geben. Tatsächlich wird auch die Lex Baiuvariorum in verschiedenen Stufen entstanden sein, bestimmt vom langen Ringen zwischen Herzogsgewalt und Königsmacht, so daß sich das Westgotenrecht des Königs Eurich, das fränkische Königsrecht und die davon abhängige Lex Alamannorum in ganzen Kapiteln widerspiegeln. Erst die Schlußredaktion ist ziemlich aus einem Guß, und weil sie nach Stil und Auffassung stark geistliche Züge trägt, wird sie im Schreibraum eines Klosters entstanden sein. Als Zeitansatz gilt die zweite Regierungshälfte des Herzogs Odilo, und man hat schon auf Niederaltaich verwiesen, das älteste Benediktinerkloster im Land, das zudem gerade ums Jahr 740 gegründet worden ist. Man kann aber genausogut an St. Emmeram in Regensburg denken oder an das Bischofskloster auf dem Freisinger Berg.

Wenn auch die fremden Vorbilder überwiegen, so soll man doch die bayerische Seite des Rechtsbuches nicht übersehen. Als Kenner des einheimischen Gewohnheitsrechts wurden auch bayerische Rechtssprecher bei der Abfassung beigezogen, und immer wieder schimmert die sinnfällige Bayernart zwischen den Zeilen durch. Der alte Herzog etwa braucht so lange den Sohn nicht zum Mitregenten nehmen, als er selber nach Mannesart zu Pferd steigen und die Waffen kraftvoll schwingen kann; bei Rechtsgeschäften werden die Zeugen am Ohr gezogen, damit sie sich das Gesehene und Gehörte um so besser merken; die Kühe tragen bereits Herdenglocken, und wer hier eine Schelle stiehlt, büßt es mit einer ordentlichen Summe Geldes. Und bei allen Abstrichen zugunsten des Frankenkönigs spiegelt sich noch die ganze Machtfülle des Herzogs wider, die der Königsgewalt kaum etwas nachgab. Wenn Tassilo III. in seinen Urkunden dieselben Titel führte wie der fränkische König, war es nur folgerichtig. Auch die Grundlage der Herzogsgewalt war eben das alte Bannrecht: »Wenn einer den Befehl seines Herzogs mißachtet oder das Zeichen, welches der Herzog zu übersenden pflegt, oder seinen Ring oder sein Siegel, wenn er es unterläßt, zu kommen oder zu tun, was ihm befohlen wird: der soll dem Fiskus 15 Schillinge für seine Nachlässigkeit leisten und so den Befehl erfüllen.«

Weil es aber noch keine Steuerpflicht gab und als Staatseinnahmen nur Zölle und Tribute, Straf- und Friedensgelder in Frage kamen, mußte sich die Herzogsmacht in erster Linie auf das Staats- und Hausgut stützen. Grund und Boden galten als der Reichtum der Zeit, und die Agilolfinger waren nicht zufällig die ersten Grundherren des Landes. Ingolstadt, Lauterhofen auf dem Nordgau, Aiterhofen und Osterhofen an der Donau, im Bereich der Isar Aschheim, Neuching, Dingolfing und Reisbach, im Inn-Salzachgebiet Aibling, Ötting, Ranshofen, Ostermiething und Mattighofen – das waren einige der bedeutenderen Herzogshöfe der Agilolfingerzeit. Hier fanden die Synoden statt, hier hielt der Herzog Hof, wenn er als oberster Gerichtsherr nach dem Rechten sah.

Die Zusammenballung des Herzogsgutes wie der Alltag der Gerichts- und Verwaltungspraxis hatten aber schon früh erfordert, daß man das Land in einzelne Gaue aufteilte. Dabei richtete man sich gerne nach den natürlichen Siedlungsräumen, und manche alte Gaubezeichnung hat sich deshalb bis auf unsere Tage erhalten – nehmen wir nur den Chiemgau oder den Isengau, den Traungau oder den Donaugau. Größer wurden diese Gaue drinnen im Gebirg, wo sie dann einfach nach den Flußtälern hießen, wie der Gau Poapintal am oberen Inn oder der Gau Nurichtal um den Südtiroler Eisack; über der Donau lag das weite Rodungsland des Nordgaues mit seinen offenen Grenzen gegen Ostfranken hin. Zum lückenlosen System hat sich diese Gauverfassung freilich nie geschlossen. Es gab immer wieder Gaue mit fließenden Grenzen; gaufreie Gebiete, die anderen weltlichen Großen unterworfen waren; Grafschaftsbezirke, die sich mit den Gauen überschnitten. Überhaupt gehören »Gau« und »Graf« keineswegs so eng zusammen, wie man bisher gemeint hat. Die vom Herzog eingesetzten Grafen hatten sich zwar in ihrem Bereich um das verstreute Herzogsgut zu kümmern, hatten im Kriegsfall den Heerbann aufzubieten, wohl auch im Frieden Ruhe und Eigentum zu wahren, aber Verwaltungsbeamte mit allen Befugnissen waren sie nicht, konnten sie gar nicht sein, da dem allein schon die Ungleichheit des Volksverbandes im Wege stand.

Nach dem Stammesrecht gliederte sich das Volk in vier Geburtsstände: Geschlechtsadel (genealogiae), Freie (liberi), Freigelassene (frilaza) und Knechte (servi). Zum Geschlechtsadel gehörten neben den Agilolfingern noch die fünf hohen Adelsgeschlechter der Huosi, Fagana, Hahilinga, Drozza und Anniona – wohl die einstigen Königsfamilien jener Völkerschaften, die schon in der Wanderzeit im Bayernstamm aufgegangen waren. Wirklich greifbar und sogar durch Jahrhunderte in den Urkunden zu verfolgen sind aber nur die Huosi und die Fagana. Die einen saßen in jenem Gebiet zwischen Lech, Isar und Amper, das dann im 9. Jahrhundert kurzhin der Huosi-Gau hieß, die anderen hatten ihr Kernland im alten Sundergau, also dem Gebirge zu. Vielleicht, daß uns ein Ortsname wie Vagen an der Mangfall den Fagana-Namen sogar in unsere Tage hereingetragen hat.

Die »Liberi« aber sind nicht Freie schlechthin, sondern in der Mehrzahl »Herzogsfreie«: Wehr- und Rodungsbauern, deren Freiheit darin bestand, daß sie dem Herzog direkt untertan waren. Sie saßen voll trotziger Abgeschiedenheit auf ihren Höfen, gaben den Kreis der Umstehenden ab, wenn Gericht gehalten wurde, rückten ins Feld, wenn der Heerbann aufgeboten war. Wer einen Freien erschlug, mußte an dessen Sippe oder an den Herzog selber 160 Goldschillinge Wergeld zahlen; die Geschlechter aber hatten das doppelte Wergeld, Angehörige des agilolfingischen Hauses das vierfache.

Nach den Freien kam das bunte Volk der Halbfreien und Freigelassenen, der Leibeigenen und Knechte. Ohne politische Rechte, waren sie an den Boden gebunden oder am Herrenhof in irgendeinem ständigen Dienst festgehalten. Der Leibeigene oder Knecht stand dabei rechtlich ganz der Sache gleich, und der Herr konnte mit ihm tun, was er wollte. Tatsächlich war aber bei den patriarchalischen Verhältnissen dieser frühen Zeit das Leben eines Knechtes meist viel erträglicher als etwa das eines römischen Sklaven der Kaiserzeit. Die Leibeigenen galten als Mitglieder der Familie des Herrn, genossen dessen Schutz, konnten auch eigenes Vermögen

erwerben; große Güter boten sogar die Möglichkeit, in die Standesgruppe der Freigelassenen aufzusteigen. Ihrer Herkunft nach werden natürlich viele dieser Halbfreien oder Leibeigenen romanischen Blutes gewesen sein; dazu kamen die Kriegsgefangenen, fürs 8. und 9. Jahrhundert meistens Slaven, von den Bayern »Winden« geheißen. Die mit Wind- und -winden zusammengesetzten Ortsnamen zeigen ja heute noch an, wo man kriegsgefangene Slaven geschlossen ansiedelte. Bei den fließenden Übergängen waren bald Freigelassene und Leibeigene kaum mehr zu unterscheiden, und zuletzt führten sämtliche Zinsbauern ohne Rücksicht auf Volkstum, Freiheit oder Unfreiheit den Namen Kolonen. Schon im 9. Jahrhundert machten sie die breite Masse der Landbevölkerung aus.

Wie auf der einen Seite die Freigelassenen und Knechte zur Einheit der Zinsbauern verschmelzen, so bildet sich auf der andern, zwischen den Geschlechtern und Herzogsfreien, die Schicht der Edlinge oder »Nobiles« immer deutlicher aus. Der Titel taucht erstmals 765 auf und meint einen Mann, der an mehreren Orten Grundbesitz hat und größere Höfe und Besitzungen an die Kirche verschenken kann. Mit den Geschlechtern versippt, der Kirche durch ihre geistlichen Söhne verbunden, dem Herzog durch Hofdienst und Grafenamt, konnten die Nobiles geradezu als Träger des Staates gelten.

Überhaupt lassen uns schon die ältesten Quellen zur bayerischen Geschichte auf die voll ausgeprägte Grundherrschaft schließen, und der Herzog, der Adel, bald auch die Kirche, hatten fast den gesamten Grund und Boden in Händen. Dieser Großgrundbesitz teilte sich dabei in das eigentliche Herrenland, das der Eigentümer mit seinen Leibeigenen selber bewirtschaftete, und ins Zinsland, das an Unfreie oder Halbfreie ausgetan war. Das Zinsland überwog bei weitem. Dieser Sieg des Privateigentums muß schon zur Zeit der Stammesbildung entschieden gewesen sein, und nicht die »Sippenverbände« oder »Markgenossenschaften« bestimmten das Bild der bayerischen Frühzeit, sondern die großen Grundherren. Selbst die Ing-Orte leiten ihre Namen von den Grundherren ab, ja für die zweite Schicht der Ing-Orte ist der grundherrliche Ursprung mitunter sogar urkundlich nachzuweisen.

Dabei wird dieses bayerische Leben auch schon im 8. Jahrhundert geprägt von der nicht zu bestreitenden Bauerneigenschaft des Stammes, von einem Verwachsensein mit dem Boden, das hier vielleicht stärker war als anderswo. Allein schon die Fülle der alten Ortsnamen und ihr tausendfältiges Spiel mit den Bezeichnungen von Feld und Wald, Berg und Tal, Acker und Flur kann einiges verraten. Am Affalterbach (755: Affoltrapah) blühen die Apfelbäume und im Ornautal (788: Aharnouwa) rauscht der Bergahorn; das Röhrmoos (804: ad rorac Musson) ist ein Moossumpf voller Röhricht und die Hallertau (Hâlhart und Ouwa) erscheint als der finstere, unwegsame Wald, der den Zutritt wehrt und sein Inneres »hehlt«. Und was ebenfalls noch bis in unsere Tage hereinreicht: die Größe eines mittleren Bauerngutes ist heute noch die gleiche wie in den frühesten Zeiten.

Kirche und Klöster

Am Anfang bayerischer Kirchengeschichte stehen die Iro-Schotten und ihre Mission. Voll Leidenschaft hatten die Kelten drüben auf den Inseln das Christentum aufgegriffen und es durch alle Stürme des 5. und 6. Jahrhunderts getragen – auch wenn die Zeitläufte jede Verbindung mit Rom unterbrechen mochten. Für ihre quälende Spannung von Ich und Welt bedeutete ja das Christentum Erlösung und Erfüllung zugleich: Flucht aus irdischer Unzulänglichkeit, Bindung mit dem Jenseitigen, neue geistige Ausdrucksform schlechthin. Aber immer noch trieb das keltische Blut in die Ferne, und in den Tagen des heiligen Kolumban wurden iro-schottische Wandermönche zu den weitreichendsten Vertretern des Christentums überhaupt. Mit langem Haar und gefärbten Augenlidern, den ledernen Quersack auf dem Rücken, zogen sie truppweise durchs Frankenreich, rüttelten das laue Gewohnheitschristentum wach und gründeten ihre vorgeschobenen Missionsklöster: Luxeuil in Burgund, St. Gallen im Alamannenland, Bobbio in der Lombardei.

Mit dem politischen Wiedererstarken des Frankenreichs unter Chlotachar II. und Dagobert I. konnte dann die iro-schottische Mission auch nach Bayern ausstrahlen. Abt Eustasius von Luxeuil, der

Nachfolger Kolumbans, ging 616 zu den burgundischen Warasken, dann zu den Bayern. Freilich wissen wir über diese iro-schottische Frühmission kaum mehr, als uns die Lebensbeschreibung des Eustasius erzählt: der ehrwürdige Abt habe die Bayern eifrig mit dem Worte Gottes erfüllt, sie nach der Regel des Glaubens zurechtgewiesen und viele von ihnen bekehrt; nach einiger Zeit sei er zwar nach Luxeuil zurückgegangen, habe aber einige Brüder abgeordnet, das Bekehrungswerk zu vollenden. Damals muß Kloster Weltenburg gegründet worden sein. Vielleicht auch, daß das alte Jakobspatrozinium von Hörbering im Rottal noch auf eine Pilgerherberge hinweist, vielleicht daß Marin und Annian, die zwei Heiligen vom Irschenberg, Iro-Schotten waren – aber eigentlich zu fassen sind die Spuren dieser Frühmission kaum mehr.

Doch selbst Eustasius wird in Bayern nicht lauter Heiden vorgefunden haben. War der Stamm schon in der Frühzeit mit dem arianischen Christentum der Goten und Langobarden in Berührung gekommen, so lebte man jetzt im Donauland mit christlicher Bevölkerung unmittelbar zusammen, denn die sitzengebliebenen Romanen hielten nicht nur an ihrer Sprache fest sondern auch an ihrer Religion. Daß man in Augsburg das Grab der heiligen Afra aufsuchte, im Gebirg den Bischof Valentin verehrte, erzählt Venantius Fortunatus; im Ennsland lebte die Erinnerung an den heiligen Florian weiter. Auf kühnem Felsvorsprung hoch überm Eisacktal hatte sich mit der Bergkirche von Säben selbst ein altes Römerbistum behaupten können. Zweifellos gab es bereits da und dort Bayern, die das Christentum angenommen hatten; auch die Agilolfinger waren katholisch.

Freilich wird man im Bayern des 7. Jahrhunderts noch kein schlackenreines, innerlich erlebtes Christentum suchen dürfen. Richtige Bauernart hält zum Hergebrachten, spürt kaum den Drang, von heut auf morgen den Väterglauben zu wechseln, und Christliches und Heidnisches mochten oft in seltsamer Wirrnis nebeneinanderstehen. In der Lex Baiuvariorum handelt ein Kapitel vom Verhexen der Erntefelder, und die Lebensbeschreibung des heiligen Korbinian erzählt, wie selbst die Herzogin Pilitrud ein zauberkundiges Bauernweib kommen ließ, als ihr Söhnlein auf den Tod erkrankt war; über die Quellen des 8. Jahrhunderts oder des Hochmittelalters hinaus, lassen Volksglaube und Brauchtum selbst heute noch ahnen, wie der dunkle Strom heidnischer Vorstellung weiterschwingt bis herein in unsere Tage. Wurden auch die großen Götter entthront, es blieb das tausendfältige verschmitzte und vertrollte Geistervolk der Halbgötter und Kobolde. Die Schrazen und Truden, Hojemännlein und Holzweiblein, spukten und weizten noch immer fort. Man braucht dabei nicht in verbohrter Deutschtümelei hinter allem und jedem das Heidnische und Germanische suchen, aber mit seinen Rauhnächten und Sunnwendfeuern, Umritten und Leonhardifahrten, bringt das Bauernjahr immer noch Brauchtum, das in die Baiwarenzeit zurückreichen mag. Ähnlich ist es beim Wallfahrtsbrauchtum mit seinen Votiven und Weihegaben, seinen heiligen Brünndln und Bäumen.

Und irgendwie greifen wir hier bereits jene angeborene Religiosität des Stammes, wie wir sie bei jeder Fahrt durchs alte Bayern an den vielen Kirchen und Kapellen, Kreuzsäulen und Bildstöcken, ablesen können. Nur aus dieser inneren Religiosität heraus wird es verständlich, wie mit dem 8. Jahrhundert das Christentum auf einmal zum machtvollen Durchbruch kam, und allein schon die Regierungsjahre der Herzöge Odilo und Tassilo genügten, um Bayern zum geistlichen Land zu prägen. Träger dieser zweiten und durchgehenden Missionswelle waren jene drei »Apostel der Bayern«, deren Gedächtnis unsere alten Bischofsstädte durch die Jahrhunderte hochgehalten haben: Emmeram, Rupert, Korbinian. Alle drei kamen sie aus dem gallischen Westen, alle drei hatten sie in Lebensart und Gehabe noch viel von iro-schottischen Wanderbischöfen an sich und zweifellos stand hinter ihnen auch das Frankenreich mit seiner bezeichnenden Verquickung von religiösem und politischem Ausdehnungsstreben.

Der heilige Emmeram muß noch vor Anfang des 8. Jahrhunderts mit seinem Dolmetscher und etlichen Begleitern zu Herzog Theodo nach Regensburg gekommen sein. Sozusagen Hofbischof des Herzogs, zog der hohe, stolze Mann drei Jahre predigend im Land herum und gründete in Regensburg selber jenes Klösterlein, aus dem nachmals die Reichsabtei St. Emmeram erwachsen sollte. Sein eigenes Wirken aber fand ein jähes Ende: falsch angeschuldigt, hat er zu Kleinhelfendorf bei Aibling den Martertod erlitten.

Bald nach Emmeram ist Rupert anzusetzen. Auch er erschien am Regensburger Herzogshof, wirkte aber dann im bayerischen Südosten, wo die reißenden Bergflüsse aufwärts und an den einsamen Seen des Vorlandes noch geschlossen romanisches Volkstum siedelte. Salzburg – das alte Iuvavum der Römerzeit – wurde Mittelpunkt seiner Tätigkeit, und der Herzog schenkte das umliegende Land und seine Salzquellen. In der Stadt selber unter Ruperts Obhut die Anfänge der Klöster: die Mönche zu St. Peter beim alten Friedhof, das Frauenstift der heiligen Erentrud auf dem Nonnberg und an Stelle der Herzogsburg.

Deutlicher tritt die Persönlichkeit Korbinians hervor. Er war von der Seine zu Hause und hatte von der Mutter her keltisches Blut in den Adern: ein stolzer Mann, unbeugsam und auffahrend, voll Freude an Geschenken und schönen Pferden. Als er um 715 nach Bayern kam, hatte Herzog Theodo bereits das Land unter die Söhne geteilt, und Korbinian wurde Hofbischof bei Grimoald in Freising. Auf dem Weihenstephaner Berg bildeten sich die ersten Klosteranfänge. Ein Mordanschlag der Herzogin Pilitrud aber zwang Korbinian zur Flucht ins Bergland um Mais an der Langobardengrenze, und erst nach Grimoalds Sturz und dem Regierungsantritt Herzog Hugiberts konnte er wieder zurückkehren. Bald darauf muß er gestorben sein, vielleicht noch im Jahr 724.

Dem reichen Wirken dieser Emmeram, Rupert und Korbinian fehlte nur eines, die Verbindung mit Rom. Herausgewachsen aus dem geistigen Bereich der iro-schottischen Mission, standen auch Regensburg, Salzburg und Freising auf eigenen Füßen und hielten in der Meßliturgie, im Taufritus und in der Osterfeier an den kolumbanischen Eigenheiten fest. Für den Herzog aber galt es, seine Kirche aus der Hinneigung zum fränkischen Westen herauszulösen und den Rückhalt an Rom zu suchen. Schon 716, wohl um Ostern, reiste Herzog Theodo mit seinen Großen zum Grab des heiligen Petrus, und in Verhandlungen mit Papst Gregor II. schälte sich der Plan der bayerischen Kirchenprovinz heraus: ein Erzbischof, die Suffraganbistümer nach den Teilherzogtümern, dazu das ganze Kirchenwesen nach römischer Art geregelt. Für Bayern war es ein Heraustreten aus der Vereinsamung und ein freiwilliges Sich-Einfügen in die römisch-kirchliche Welt des alten Europa.

Mochten auch Herzog Theodos früher Tod und die Wirren hernach die Ausführung verzögern, der Weg war vorgezeichnet. Noch unter Herzog Hugibert wurde auch zu Passau ein Bistum errichtet, und unter Herzog Odilo brachte das Jahr 739 die endgültige Regelung der bayerischen Verhältnisse. Sie war das Werk des heiligen Bonifatius. Wohl blieben die alten Bischofssitze, aber ihre Sprengel wurden gegeneinander abgegrenzt. Um dem iro-schottischen Kirchenwesen allen Einfluß abzuschneiden, wurden überall neue Bischöfe eingesetzt; nur Vivilo in Passau, der bereits vom Papst Weihe und Sendung bekommen hatte, durfte bleiben. Im Süden bestand das Bistum Säben-Brixen weiter, und der Landstreifen am Lech blieb beim alten Bistum Augsburg. Ohne unmittelbare fränkische Einmischung war die bayerische Kirchenordnung von 739 erwachsen – die erste Landeskirche rechts des Rheins.

Trotzdem ließen sich neben der päpstlichen und stammesbayerischen Kirchenpolitik die fränkischen Einflüsse spüren. Nach der bayerischen Kirche wurde auch die ostfränkische durchorganisiert, und droben im Mainland, wo der Iro-Schotte Kilian gewirkt hatte, konnte Bonifatius 741 das Bistum Würzburg abgrenzen. Für das fränkische Ausgreifen nach Osten eine wichtige Station! Aus dem bayerischen Nordgau, wo schon Karl Martell Fuß gefaßt hatte, wurde das Bistum Eichstätt herausgeschnitten: ein neues fränkisches Bistum unter Mainz, an seiner Spitze Willibald, der weitgereiste Angelsachse und tatkräftige Mitarbeiter des heiligen Bonifatius.

Für Bayern war das Organisationswerk von 739 von kaum zu überschätzender Bedeutung. Jetzt bekam das Christentum den Schwung einer jungen schöpferischen Bewegung und eroberte sich in einem einzigen Menschenalter noch den letzten Flecken bayerischer Erde. Herzog Odilo und sein Sohn Tassilo schritten voran, die Großen des Landes folgten, und mit beiden Händen schenkte man Liegenschaften und Leibeigene, Besitztümer und Zehentrechte an die Kirche weg. Überall im Land wurden Gotteshäuser erzimmert. Allein im Freisinger Sprengel sind vor 800 über sechzig Kirchen genannt, und die runde Hälfte davon war erst unter Tassilo neu erbaut worden. Und fast überall Laien als Stifter und Gründer, nur in sechs Fällen Geistliche allein! Auch die Bischofsstädte änderten ihr geistiges Antlitz. Hatten ihre Klöster bislang nach der Kolumbanerregel gelebt, so kam mit den neuen Bischöfen das benediktinische Mönchtum und mit ihm, erwärmend, beruhigend, lösend, die Sphäre des Südens.

Noch Herzog Odilo gründete 741 ein Benediktinerkloster draußen im Land: Niederaltaich, am Altwasser der Donau. Die Mönche holte man von der Reichenau. Chammünster dagegen wurde dem Kloster St. Emmeram überwiesen. Unter Tassilo folgte dann eine Welle von Klostergründungen, wie sie kaum ein anderes Land verzeichnen kann. Das Herzogshaus, die Bischöfe, der Adel, niemand wollte zurückstehen. Wenn man nur auf die agilolfingischen Klöster schaut: der Donau entlang Münchsmünster, Niedermünster, Pfaffmünster, Niederaltaich, Osterhofen und Niedernburg; gegen den Lechrain zu Thierhaupten, Polling und Wessobrunn; an den Seen des Vorlandes hin Chiemsee, Mondsee und Mattsee; im Slavenland Innichen und Kremsmünster. Die Huosi waren die Stifter von Scharnitz und Schäftlarn, von Tegernsee und Benediktbeuern. Das typische Familienkloster stellt aber Metten dar, die Stiftung des Edlen Gamelbert.

Die meisten dieser Abteien erstanden mitten im Ödland: in der Leere der Bergwildnis, im Sumpfgebiet der Flußniederungen, in der Waldeinsamkeit des Flachlandes. Mit diesen Klöstern des 8. Jahrhunderts setzte ja nochmals eine große Rodungswelle ein. Wenn man auch nicht – wie einst Fastlinger – den Kultureifer der weltlichen Grundherren unterschätzen darf, es war doch der Geist des benediktinischen Mönchtums, der jetzt »das Angesicht der bayerischen Erde erneuerte«. Nach großem Plan schoben die Klöster ihre Wirtschaftszellen vor und schlugen Wohninseln ins weite Holzland hinein. Kein Kloster gibt hier ein geschlosseneres Bild als das im Herzen des Landes gelegene Freising. Der große Ansatz der Freisinger Wirtschaftsgeschichte begann mit Bischof Joseph (748–64), und bald legte sich um das Domkloster ein Kranz von Wirtschaftszellen. Im weiteren Umkreis die Freisinger Tochterklöster: Isen im

Faganaland, Schäftlarn im Isartal, im Gebirg Scharnitz-Schlehdorf und Schliersee; sogar das Tassilo-Kloster Innichen kam an Freising, und vom Pustertal aus stieß man germanisierend und kolonisierend nach Karantanien hinein. Im 10. Jahrhundert gab es selbst in Venetien noch freisingische Gebietssplitter, wie etwa jenes Cadore-Tal, in dem ein halbes Jahrtausend später Tizian geboren wurde. Dabei war es ein einziges Domkloster, das all diese Gründungen durchhalten und mit frischem Leben speisen konnte. Wie Freising könnte man auch Salzburg verfolgen, wo schon zu Herzog Odilos Zeiten der Bischof Virgil seine Stützpunkte ins Karantanenland vortrieb, oder das Kloster Niederaltaich, das bereits unter Tassilo in den Nordwald hineinzuroden begann.

Aus dieser weitgespannten Kulturarbeit erwuchs dann jenes gesegnete Bayern des 8. Jahrhunderts, das uns Bischof Arbeo von Freising voll Überschwang und Heimatliebe geschildert hat: »Herrlichstes Land, erstrahlend in Anmut, überreich an Wäldern, fruchtbar an Wein, ergiebig an Eisen, an Gold und Silber und Purpur; die Männer hochgewachsen und strotzend in Kraft, aber gutmütig und handsam; das Erdreich gesegnet mit Garben, Zugvieh und Herden, so viel, daß sie fast den Boden bedecken; Bienen und Honig in Mengen; in den Seen und Flüssen ein Gewimmel von Fischen; das Land bewässert durch Quellen und Bäche; Salz, was man nur braucht; auch das Bergland fruchtbar und für die Weide bereitet; gute Kräuter im Überfluß; die Wälder prachtvoll besetzt mit Hirschen und Elchen und Auerochsen, mit Gemsen und Steinböcken und mit Wildzeug aller Art.«

Kunst und Kultur

Mit dem geistlichen Bayern des 8. Jahrhunderts hebt für uns auch die bayerische Kultur- und Geistesgeschichte an – haben ja hierzulande vielleicht stärker als andernorts gerade Kirchen und Klöster die Entwicklung beeinflußt. Die Kunstgeschichte der Klöster und Bischofssitze beginnt dabei mit ihrer Gründung, denn es gehörte zu ihrem eigensten Wesen, Kirchen und Baulichkeiten nicht für den bloßen Nutzzweck allein hinzustellen, sondern etwas zu schaffen, das weit darüber hinausgriff. Grundriß und Verhältnisse, Zierwerk und Linienführung, alles suchte schon in der Erscheinung seinen Eigenwert, wollte Gleichnis sein für das Unsagbare. So hat um 740 Bischof Gaubald von Regensburg die römische Georgskirche draußen vor den Mauern umgebaut und sie zur Grabstätte des heiligen Emmeram gemacht; so hat Bischof Arbeo von Freising 768 den Leib des heiligen Korbinian aus Mais heimgeholt und ihm hinter dem Hauptaltar der Kathedralkirche die prunkvolle Grablege gerichtet; so hat nicht zuletzt Bischof Virgil von Salzburg das Jahrzehnt darauf einen Dombau vollendet, der an Gewalt und Größe gleich hinter der fränkischen Königskirche von St. Denis kam.

Den ersten Freisinger Dom kennen wir lediglich aus schriftlichen Quellen, den Salzburger durch Ausgrabungen der letzten Jahre, und auch sonst gibt es nur wenige Stellen, wo aus dem Dunkel der Anfänge ein sichtbarer Weg ins Heute herüberführt. Auf dem Römerberg über Linz liegt das alte St. Martin: eine offene Bogenhalle, die um 791 zur Nischenkirche ausgemauert worden ist. In Passau steht der Stadt gegenüber, wo der Beiderbach in den Inn fällt, die Friedhofskirche St. Severin, zwar gotisch umgebaut, aber im Mauerkern noch aus der Mitte des 8. Jahrhunderts. Ähnlich ist es in Altötting mit der »uralten, hayligen Capel unser lieben Frawen auff der grünen Matten«. Ihr ehrwürdiger Rundbau – wohl ein altes Taufhaus – mag noch aus jener Zeit um 748 stammen, da Ötting zum erstenmal als Herzogshof in den Urkunden erscheint. Trotz mancher technischer Unbeholfenheit ein Bau von edlen Proportionen und ein Raum voll schöner menschlicher Geborgenheit – das ist Art und Stimmung der Öttinger Kapelle, ja der agilolfingischen Kunst. Das kostbarste Denkmal birgt freilich Kremsmünster mit seinem Tassilo-Kelch: ein mächtiges Rund aus vergoldetem Kupfer, medaillonartige Silberplatten aufgelegt, am Fußrand die stolze Inschrift »Tassilo dux fortis – Liutpirc virga regalis«. Wohl in Salzburg gearbeitet, noch stark vom Ornamentalen her bestimmt, ist der Tassilo-Kelch ein bayerisches, kein karolingisches Werk. Und am äußersten Rand des alten Herzogtums, in der Proculuskirche von Naturns bei Meran, haben sich noch Fresken des 8. Jahrhunderts erhalten: Engel und deutende Gestalten; Paulus, wie er in einem

Korb über die Mauern von Damaskus herabgelassen wird; sozusagen als Votivbild ein Hirte mit seiner Rinderherde. Es sind die ältesten deutschen Fresken überhaupt, und man spürt dasselbe iroschottische Element wie bei der gleichzeitigen Salzburger Buchmalerei, dem berühmten Cutbercht-Evangeliar etwa.

Die gleiche Zufälligkeit, die uns hier ein Denkmal bewahrt, dort ein anderes verschüttet hat, bestimmt auch das Bild der Geistesgeschichte dieser frühen Jahrhunderte. Ganz naturgemäß waren es die Bischofssitze, die sich als erste mit geistigem Leben füllten. Belesenheit in der Schrift und den Kirchenvätern müssen wir ja schon bei Emmeram, Rupert und Korbinian voraussetzen, und tatsächlich weist das älteste Freisinger Evangeliar noch in Korbinians Tage. Schon unter Ermbert, dem zweiten Freisinger Bischof, schrieb dann auf dem Domberg selber ein irischer Mönch eine Predigtsammlung ab, und unter dem wiederholt genannten Bischof Arbeo, 765–83, erreichte Freising sogar eine führende Stellung. Arbeo war Südtiroler und in der Gegend um Meran zu Hause; daß er den langobardischen Klosterschulen, vor allem dem Kreis um Paulus Diakonus, nahestand, dürfen wir als sicher annehmen. Von Oberitalien hatte Arbeo auch den »Abrogans« nach Freising gebracht – ein spätantikes Wörterbuch, das er jetzt mit deutschen Glossen versehen ließ. Nur ein Schulbuch, dieser Freisinger Abrogans, aber immerhin das erste deutsche Buch! Doch Arbeo griff auch selber zur Feder. Voll Wunderglauben und Heimatstolz verfaßte er in seinem verwilderten, aus allen Satzfugen gerenkten »bayerischen« Latein die Lebensbeschreibungen des heiligen Korbinian und des heiligen Emmeram und wurde damit zu unserm ältesten Geschichtsschreiber.

Neben Arbeo, geistig sogar bedeutender als er, Virgil von Salzburg. Er war Ire, und Herzog Odilo hatte ihn 748 auf den Bischofsstuhl erhoben, wenn auch nicht zur reinen Freude des Papstes. Virgil wurde in langer Regierung der große Förderer der Slavenmission, der seinen Landsmann und Chorbischof Modest zum Gründer von Maria-Saal und »Apostel Kärntens« machte. Er regte Arbeo zu seinen Geschichtswerken an und ließ das Salzburger Verbrüderungsbuch anlegen, das die Namen all derer verzeichnete, die mit dem Peterskloster in Gebetsgemeinschaft standen. Als glänzender Vertreter irischer Gelehrsamkeit verfocht Virgil die Lehre von der Kugelgestalt der Erde und den Gegenfüßlern auf der anderen Weltseite; Bonifatius, der in Salzburg manchen Widerstand fand, hat ihn wegen dieser »Ketzereien« sogar in Rom angeschuldigt.

Wohl mußte Bonifatius in Virgil den stärksten Gegenspieler finden, aber ebendieses Bayern stellte ihm auch den treuesten unter allen seinen Schülern: Sturmi, den jungen Feuerkopf und Gründerabt des Klosters Fulda. In den bewegten Jahrzehnten seiner Regierung machte er Fulda zur Pflanzstätte von Missionstätigkeit und Wissenschaft, von Kunst und Kultur. Sturmis Schüler Eigil, aus blutsverwandter Familie und als Abt von Fulda sein dritter Nachfolger, hat uns schlicht und warm das Leben des Meisters beschrieben.

Nach der älteren Generation der Arbeo, Virgil und Sturmi kam dann schon eine jüngere direkt aus den bayerischen Kloster- und Domschulen heraus. Die Tassilo-Synode von Neuching setzte 774 ausdrücklich fest, daß jeder Bischof an seinem Sitz einen weisen Lehrer bestelle, der nach Überlieferung der Römer schulhalten könne. Es war das erste deutsche Schulgesetz überhaupt. Virgil von Salzburg richtete auf der Chiemsee-Insel sogar eine recht berühmte Schule ein, der er seinen Landsmann Dobdagrec als Lehrer vorsetzte. Vor allem aber wuchs die Domschule von Freising mit ihren größten Schülern unmittelbar in den Kreis von König Karls Aachener Hofakademie hinein.

Da ist zunächst Arn, im Isengau geboren, in Freising herangebildet, seit 782 Abt von St. Amand in Belgien. Nicht umsonst war er der Freund Alkuins, des führenden Kopfes aus dem Gelehrtenkreis um König Karl; auch als ihn Herzog Tassilo auf den Bischofsstuhl von Salzburg holte, blieb er mit Alkuin im Briefverkehr. In Salzburg selber ließ Arn nicht weniger als 150 Bücher abschreiben und legte damit den Grund zur Salzburger Dombibliothek und Schreibschule. Laitrads Aufstieg war ähnlich. Er erscheint zunächst in Freising als Kleriker und Notar, schrieb noch 782 eine Urkunde für Herzog Tassilo, als ihn die Gunst König Karls plötzlich emportrug. Der Bayer Laitrad wurde zum Königsboten in Südfrankreich und schließlich zum Erzbischof von Lyon.

Wenn auch Arn und Laitrad erst nach 788 den Scheitelpunkt ihres Lebens erreichten, sich ihr Wirken erst in der Weite des Frankenreiches erfüllte, kann doch kein Zweifel sein, daß beide nach Herkommen und Bildungsgang noch ganz in der Tassilo-Zeit wurzelten. Es ist ja keineswegs so, als ob für die bayerische Kulturentwicklung des 8. Jahrhunderts erst der große Karl maßgebend geworden wäre. Der Weg war bereits mit Virgil und Arbeo und mit den glücklichen Jahren unter Tassilo vorgezeichnet. Die eigentliche »Karolingische Renaissance« kam mehr dem westlichen Teil des Frankenreiches zugute als Altbayern.

Und was für Bischofssitze wie Salzburg oder Freising gilt, gilt zumal für die Klöster, und man wird hier das Muspilli wie das Wessobrunner Gebet, diese großartigen Bruchstücke ältester deutscher Dichtung, noch ruhig ins Kulturbild der Agilolfingerzeit stellen dürfen. Beide greifen den Nachhall germanischer Stabreimdichtung auf und suchen in seltsamer Verknüpfung von Christlichem und Heidnischem Dinge von letzter Größe auszusagen. Das Muspilli selber – der Name meint wohl den großen »Weltenbrand« – ist auf den Rändern einer kostbaren Handschrift eingezeichnet, die Erzbischof Adalram von Salzburg Ludwig dem Deutschen geschenkt hatte; aus den Händen des Königs mochte sie dann an das Reichsstift St. Emmeram gekommen sein. Und in seltsamem Doppelspiel zu dieser Dichtung vom Ende der Welt bringt eine Handschrift aus dem Tassilo-Kloster Wessobrunn das berühmte »Gebet« – neun Langzeilen mit dem machtvollen Bild vom Anfang aller Dinge:

»Das erfragte ich unter den Menschen als der Wunder größtes,
Daß die Erde nicht war noch darüber der Himmel,
Noch irgendein Baum noch Berg nicht war,
Daß die Sonne nicht schien...
Noch der Mond leuchtete, noch das herrliche Meer:
Als da noch nichts war von Enden und Wenden,
Da war schon der allmächtige Gott,
Der Männer mildester, und mit ihm viele
Göttliche Geister, und der heilige Gott...«

7. KAPITEL

UNTER DEN KAROLINGERN

Wenn man weiß, wie das agilolfingische Haus dem bayerischen Land mit tausend Fäden verbunden war, berührt es sonderbar, daß König Karl den Herzog Tassilo so leicht aus dem Sattel heben konnte. »Tassilo wurde vor den König geladen und ihm nicht erlaubt, zurückzukehren«: nichts von Krieg und Belagerung wie beim Sturz des Langobardenkönigs, nichts von einem trotz- und haßerfüllten Widerstand wie bei den Sachsen, ja nicht einmal das verbissene Rebellentum wie einst in Grifos Tagen. Bei aller scheinbaren Geschlossenheit des Herzogtums war die Macht Tassilos doch innerlich aufgesplittert. Schon unter Karl Martell hatten sich einzelne bayerische Große, um im Reichsdienst voranzukommen, in die Lehensabhängigkeit des Frankenkönigs begeben, und mit dem Wachsen des fränkischen Einflusses wurde ihre Stellung dem Herzog gegenüber immer fester und freier. Durch ihr persönliches Interesse König Karl aufs engste verbunden, mußten sie geradezu »die Totengräber des bayerischen Herzogtums und der bayerischen Selbständigkeit« werden.

Zu diesen fränkischen Lehensträgern kam die aufstrebende Macht der bayerischen Bischöfe und ihr Kampf um die volle geistliche Oberhoheit in ihren Bistumssprengeln. In erster Linie ging es um die Eigenkirchen, denn nach germanischem Recht behielt jeder Grundherr, der auf eigenem Boden und aus eigenen Mitteln eine Kirche erbaut hatte, auch das freie Verfügungsrecht darüber. Die Bischöfe hatten freilich schon auf der Synode von Aschheim (756) dem Eigenkirchenwesen den Kampf angesagt und ihre Oberaufsicht über die geistlichen Schenkungen nachdrücklich betont, aber wenn auch die weltlichen Grundherren zurückgedrängt wurden, so konnten doch die Klöster ihre Eigenkirchen durchwegs behaupten. Und als die Klöster am Herzog, die Bischöfe am Frankenkönig ihren Rückhalt fanden, spielte dieser Kirchenstreit ganz von selber in die große Machtpolitik hinein. Aus Freising erhalten wir für dieses gespannte Verhältnis sogar einen deutlichen Hinweis, wenn eine spätere Urkunde klagt, Tassilo und Liutbirga hätten dem Bischof Arbeo viele Gotteshäuser entzogen und ihn beschuldigt, daß er »König Karl und den Franken getreuer sei als ihnen«. Eine ähnliche Haltung nahm Arn von Salzburg ein. Die frankenfreundlichen Bischöfe auf den bayerischen Stühlen, die fränkischen Lehensträger im Land: sie erst schlugen Tassilo die letzte Waffe aus der Hand, und sie waren jene »dem König getreue Bayern«, die den Herzog des Hochverrats beschuldigten.

Mit der Katastrophe von 788 sank das bayerische Herzogtum zu einer bloßen Provinz des Frankenreichs herab. Aus dem agilolfingischen Hausbesitz wurde fränkisches Königsgut, und in Gericht und Verwaltung folgte eine Flut fränkischer Einrichtungen und fränkischen Wesens. Aber man spürte doch, wie dem Land der Herzog abging. Dem fränkischen Statthalter fehlte es an eigener Verfügungsgewalt, und König Karl war weit weg. Wenn auch die Königsboten auf ihren Ritten über Land die Amtsführung der Grafen und Richter zu überwachen hatten, so blieb doch der Willkür viel Raum. Bischof Arn von Salzburg ist hier gewiß ein unverdächtiger Zeuge: »Was den guten Willen des Kaisers anlangt, so bin ich dessen ganz sicher, daß er in dem ihm von Gott verliehenen Reiche alles nach Recht und Gerechtigkeit geordnet haben will; aber er hat nicht so viele Förderer als Vernichter des Rechtes, nicht so viele Verkünder des Rechtes als Plünderer.«

Am schwersten traf der Umschwung natürlich die bayerischen Klöster. Chiemsee kam an den Bischof Angilram von Metz, Mondsee an Hildebald von Köln; Tegernsee mußte seine Pfarreien im Holzland dem Bischof von Freising übergeben und Benediktbeuern bekam fünfmal nacheinander einen fremden Abt vorgesetzt. Und hatten sich Odilo und Tassilo mit dem Errichten von Klöstern nicht genugtun können, so ist aus den Tagen Kaiser Karls auf bayerischem Boden keine einzige Klostergründung mehr nachzuweisen. Der mähliche Niedergang der bayerischen Urklöster begann sich abzuzeichnen.

Als entscheidende Tat König Karls aber bleibt sein machtvolles Ausgreifen gegen den Osten, gegen das Avarenland. Seit die Avaren auf Tassilos Sturz mit zwei wilden Einfällen ins Ennsland geantwortet hatten, stand für Karl die Notwendigkeit der Grenzbereinigung fest, und tatsächlich konnte er schon 791 den ersten Schlag führen. Nicht der bayerische Heerbann allein stand dabei im Feld, sondern ein Aufgebot aller deutschen Stämme. Trotzdem mußte Karl nach fünf Jahren Atempause einen zweiten Feldzug führen, bis endlich 796 der Markgraf von Friaul den Hauptring der Avaren erstürmte und um die Jahrhundertwende auch zwischen Donau und Theiß der letzte Widerstand zusammenbrach. Das ganze Land vom Wienerwald bis zum Donauknie wurde zur pannonischen Mark. Und doch ist ein grundlegender Unterschied zwischen der bayerischen Ostbewegung und dem fränkischen Reichsimperialismus: Odilo und Tassilo hatten die Alpenslaven unterworfen, christianisiert, germanisiert, Karl dagegen die Avaren vernichtet. Das Land zu besiedeln und auszubauen, reichte die Volkskraft des 8. Jahrhunderts nicht annähernd hin, und zwischen Donau und Theiß blieb die »Avarenwüste« als weite Wildnis liegen.

Der bayerischen Kirche stand jetzt freilich ein unermeßliches Missionsfeld offen, und um den Bischöfen für ihre Ostaufgabe den nötigen Rückhalt zu bieten, erhob Papst Leo III. auf Wunsch König Karls Salzburg 798 zum Erzbistum und zur Metropole der bayerischen Kirchenprovinz. Regensburg, Passau, Freising, dazu auch Säben-Brixen, wurden zu Suffraganen. Es war der krönende Abschluß der Ordnung von 739. Was Wunder, daß dabei Karl die älteren Rechte der anderen Bistümer einfach beiseite schob und gerade den Salzburger zum Metropoliten erhob: Erzbischof Arn war ja unter den bayerischen Bischöfen nicht nur der hellste Kopf, sondern auch der vörderste Parteigänger des Frankenkönigs.

Daß Karl den bayerischen Osten mit so fester Hand gesichert hatte, brachte selbst alte bayerisch-fränkische Gegensätze zum Abklingen. Dazu kam der Eindruck von Karls machtvoller Persönlichkeit. Und bald nach seinem Tod begann auch die Sage ihr Spiel: man erzählte vom Kaiser im Untersberg, ja man machte den »Herrn Großvater Karl« sogar zum Sohn des Bayerlandes und ließ ihn auf der Reismühle bei Gauting geboren sein.

Aber nicht, daß Bayern im Frankenreich aufgegangen wäre, eher zog die staatserhaltende Kraft des Landes die fremde Dynastie in ihren Bann. Schon unter Ludwig dem Frommen, dem Sohn Kaiser Karls, war Bayern ein Unterkönigtum des fränkischen Reiches, und als dann unter den Enkeln der Streit um die Reichsteilungen ausbrach, wurde Bayern zum Stützpunkt Ludwigs des Deutschen, des Stammherrn der ostfränkischen Karolinger. Ludwig – er nannte sich selber »König der Bayern« – regierte schon seit 826 in Regensburg und brach jetzt immer wieder aus Bayern vor. Auch als er durch den Vertrag von Verdun die deutschen Länder bis zum Rhein, durch den Vertrag von Mersen noch Friesland, das Elsaß und halb Lothringen bekommen hatte, blieb Bayern das Kernland seines ostfränkischen Reiches. Zu Regensburg verwandelte sich der Herzogshof am Kornmarkt in die neue Königspfalz; draußen im Land wurden die Herzogshöfe von Ranshofen und Ötting, Osterhofen und Aibling zu Pfalzen ausgebaut. Geradezu königlich war auch, was Ludwig der Deutsche im Bereich von Mur und Drau, in der Wachau und um den Neusiedler See, der Salzburger Kirche an Reichsgut schenkte. Nicht in schmaler Spitze der Donau entlang, sondern auf breiter Front zwischen Donau und Drau sollte der bayerische Siedelboden ostwärts wachsen.

Ludwig der Deutsche starb am 28. August 876. Noch im November kamen die drei Söhne zusammen und teilten das väterliche Reich. Bayern mit seinen Nebenländern fiel dabei an Karlmann, den ältesten der Brüder, der bisher die Wacht im Osten gehalten hatte. Er war ein fähiger Mann, schön, stark, tapfer, der echte Karolinger. Doch auch ihn rief Italien, Rom, die Kaiserkrone. Es wurde ein Feldzug voller Sieg und Ruhm, nur daß man den König bereits im November schwer krank über die Alpen zurücktragen mußte. Nach drei Jahren des Dahinsiechens starb er 880 in seinem geliebten Ötting. Seit der Heirat Ludwigs des Deutschen mit der Welfin Hemma trugen eben die ostfränkischen Karolinger eine Krankheit im Blut, die ihre Tatgewalt und Lebenskraft frühzeitig erlahmen ließ – die Arteriosklerose.

Nach kurzem Zwischenspiel erbte jetzt Karl der Dicke, der jüngste unter den Söhnen Ludwigs des Deutschen, das ganze Ostreich zusammen; dazu kam der gallische Westen mit der Kaiserkrone. Zum letztenmal, daß eine Hand fast das ganze Frankenreich um-

 Denkstein der Herzöge Berthold und Heinrich – Niederaltaich (III)

+ PERHTOLDVS·DVX·
ET·HAINRICVS·DVX·FILIVS·EIVS·O·NONO·KALENDAS
DECEMBRIS·QVI
CONTVLERVNT·HVIC·CELLE·SILVAM·OSTERNAWE·

Kaiser Heinrich II., der Heilige (IV)

schloß! Aber Karl der Dicke, fromm, gelehrt, immer kränkelnd, war nicht der Mann, dieses weltweite Reich zusammenzuhalten oder gar die bedrängten Grenzmarken abzuschirmen. Wie sich der fränkische Westen immer wieder der Normannen zu erwehren hatte, so sah man sich auch im bayerischen Osten einer unruhig brodelnden Grenze gegenüber. Die slavischen Mährer waren sogar eine ernste Gefahr. Durchs Vorrücken von 796 hatte man sie zu ungestümen Nachbarn bekommen und ihr Gebiet in den Interessenraum des Frankenreiches einbezogen. Trotzdem blieb das Bestreben der Mährer, sich um jeden Preis der fränkischen Oberhoheit zu entwinden. Der große Name wurde dabei Herzog Swatopluk, der schon 870 die volle Macht an sich gerissen hatte und sie gegen alle Angriffe zu behaupten wußte. Und Swatopluk, der ehrgeizige Barbarenfürst mit der deutschen Leibwache und der Vorliebe für westliche Kultur, schob seine Pflöcke immer weiter vor: er brachte die Böhmen und Sorben unter seine Herrschaft, griff gegen die obere Weichsel und mittlere Donau aus, fiel »wie ein Wolf« über die pannonischen Marken her...

Zum besorgten Hinstarren auf die Ostgrenze kam der Groll über die Zurücksetzung in den Reichsgeschäften, denn wenn Bayern bis zum Tode König Karlmanns Kernland des ostfränkischen Reiches gewesen war, so stützte sich jetzt Karl der Dicke ganz auf Alamannien und weilte am liebsten im Schatten seiner Abteien zu St. Gallen und auf der Reichenau. Der Erzkanzler, Bischof Liutward von Vercelli, war ein offener Bayernfeind. So wurde gerade der bayerische Laienadel Träger jener Empörung, die 887 zur Absetzung des regierungsunfähigen Kaisers führte.

An seiner Stelle wurde Markgraf Arnulf von Kärnten erhoben, der uneheliche Sohn König Karlmanns, der von der Mutterseite her eng mit dem bayerischen Hochadel verbunden war. In Regensburg empfing er die Huldigung der deutschen Stämme, und Arnulf allein konnte in die Waagschale werfen, was damals einen Herrscher ausmachte: Kriegsruhm, Tatkraft, persönlichen Mut. Sein Normannensieg bei Löwen an der Dyle gehört genau so in die Reichsgeschichte wie seine beiden Stöße nach Mähren hinein. Und wie Ludwig der Deutsche kehrte auch Arnulf immer wieder zum Südosten zurück, und er konnte es noch erleben, daß mit Swatopluks Tod (894) das slavische Großreich zusammenbrach wie ein Kartenhaus.

Aber auch Arnulf trug an dem schlimmen Erbe der Karolinger, und beim Römerzug von 896 warf ihn ein Schlaganfall nieder. Es blieben nur noch trübe Jahre des Dahinsiechens: überall das Abbröckeln der Reichsgewalt, Windbeuteleien einzelner Grafen, der Ehebruchsprozeß gegen die eigene Gemahlin. Als Arnulf im Dezember 899 starb und sein Sohn Ludwig, noch keine sieben Jahre alt, zum König gekrönt wurde, trieb das karolingische Reich dem Ende zu. Die Regierung Ludwigs des Kindes blieb ein bloßer Schatten, und schon drohte wieder der Osten, wo das Ödland um Donau und Theiß ein neues Reitervolk angesaugt hatte: die Ungarn.

Die ungarische Reiterwelle, die 906 die letzten Reste des mährischen Staatswesens wegfegte, begrub aber auch den großen Streit um die slavische Kirchenprovinz, der die Bischofskanzleien zu Salzburg und Passau über ein halbes Jahrhundert lang in Atem gehalten hatte. Wie bei der Auseinandersetzung mit Swatopluk um den Einflußraum der bayerischen Markgrafen, so ging es hier um den Missionsbereich der bayerischen Bischöfe. Schon der von Ludwig dem Deutschen eingesetzte Mährerherzog Rastislav hatte ja versucht, sich der Salzburger Kirchenhoheit zu entwinden und dafür den Anschluß an den griechischen Osten zu finden. Es war die Zeit, wo Cyrill und Method, die beiden Slavenapostel, von Byzanz her nach Mähren kamen und das Missionswerk begannen. In Rom war man natürlich mit allen Mitteln bestrebt, die neue slavische Kirchenprovinz von Byzanz zu lösen, und Papst Hadrian II. erhob 869 Method über die Köpfe der bayerischen Bischöfe hinweg zum Erzbischof von Mähren und Pannonien. Salzburg und Passau konnten sich aber ihren Missionsraum nicht so leichthin abschnüren lassen, und unter Ausnützen jeder politischen Schwankung traten sie temperamentvoll für ihre älteren Rechte ein. Noch im Juli 900, fünfzehn Jahre nach dem Tod Methods, erhob ein Schreiben der bayerischen Bischöfe in Rom den schärfsten Einspruch.

Immerhin verdanken wir diesem Kirchenstreit die bedeutendste literarische Leistung, die Bayern in der Karolingerzeit hervorgebracht hat: die Salzburger Denkschrift über die »Bekehrung der

Bayern und der Karantanen«. Sie ist um 870 entstanden und erzählt ruhig und maßvoll, wie die Nachfolger des heiligen Rupert schon längst vor dem Auftreten eines »gewissen Griechen Method« das Christentum nach Kärnten und Unterpannonien verpflanzt hätten.

Überhaupt zeigen die bayerischen Schreibarbeiten der Karolingerzeit immer wieder den besitzfrohen Bauernsinn des Stammes, der auch bei der literarischen Arbeit stets aufs Praktische und Handgreifliche schaut. Man hat zuviel beharrendes Traditionsgefühl, als daß man der Vergangenheit noch eigene Denkmäler errichten müßte, und schreibt sich dafür lieber alle Besitztitel zusammen, um beim Prozessieren Beweismittel in Händen zu haben. Unmittelbar nach Tassilos Sturz ließen Arn von Salzburg und der Abt Urolf von Niederaltaich ihre berühmten Güterverzeichnisse erstellen. Um 830 legte Bischof Hitto von Freising durch seinen Schreiber Kozroh das älteste bayerische Traditionsbuch an: eine eingehende Aufzeichnung aller Schenkungen an die Freisinger Domkirche, für uns von unschätzbarem Quellenwert für die Erkenntnis der bayerischen Zustände des 8. und 9. Jahrhunderts. Regensburg und Passau folgten dem Beispiel Freisings nach.

Hitto von Freising war selber ein Kopf von feiner Bildung, und neben ihm muß ein Baturich von Regensburg stehen, der Erzkaplan Ludwigs des Deutschen und Freund des Hrabanus Maurus; auch Bischof Ermenrich von Passau mit seiner selbstgefälligen Freude am Bücherwissen war in Fulda und auf der Reichenau in die Schule gegangen. Die Anregung von außen weckte eine rege Tätigkeit und das Streben nach Vertiefung des Christentums und nach Belehrung des Volkes. Man schrieb auch im karolingischen Bayern überall Bücher ab, verdeutschte katechetische Lehrstücke, machte Verse in einem erträglich guten Latein. Um 850 bringt Freising mit dem Bittgesang zum heiligen Petrus das älteste deutsche Kirchenlied. Aus derselben Zeit stammen die hoheitsvollen Fresken der Torhalle von Frauenchiemsee, die wohl Äbtissin Irmingard hat malen lassen, die Tochter König Ludwigs des Deutschen. Trotzdem soll man diese Dinge nicht überschätzen: nicht so gewandt in der Form, aber dafür eigenwilliger und kraftvoller bleiben die Leistungen aus dem geistigen Umkreis der Tassilo-Zeit.

DRITTES BUCH

Die Zeit der Kaiser

8. KAPITEL

LUITPOLDINGER UND OTTONEN

König Ludwig mochte wohl seit 900 die Krone tragen, die eigentlichen Reichsregenten aber blieben Bischöfe aus vornehmen Schwabengeschlechtern: Hatto von Mainz vor allem, daneben Salomon von Konstanz und Adalbero von Augsburg. Unter den wenigen weltlichen Großen, die sich daneben behaupten konnten, waren die fränkischen Konradiner und der bayerische Markgraf Luitpold. Dieser Luitpold war über König Arnulfs Mutter Liutswinda eng mit den letzten Karolingern verwandt, und noch Arnulf selber hatte ihn 895 zum Grafen auf dem Nordgau und im Donaugau erhoben; dazu kam Karantanien. Es war eine beherrschende Stellung, denn der Donaugau mit dem wichtigen Regensburg galt als Herzstück des Landes.

Aber der bayerische Osten war bereits ein schwanker Boden geworden. Schon im Herbst 900 brach ein ungarischer Reiterschwarm über die Enns, und mit dem endgültigen Zusammenkrachen des Mährerreiches wurde der Druck auf die Grenzmarken immer stärker. Dem Markgrafen blieb 907 nur das letzte Mittel: der Gewaltstoß des bayerischen Heerbannes. Das Unternehmen endete mit der Niederlage von Preßburg, der schwersten, die die bayerische Geschichte kennt. Der Erzbischof von Salzburg, die Bischöfe von Freising und Säben, Markgraf Luitpold und fast der gesamte bayerische Hochadel, alle blieben sie auf dem Schlachtfeld, und darüber hinaus war mit einem Schlag verloren, was die Avarensiege an Landzuwachs gebracht hatten. Selbst die Ennslinie bot vor den Raubzügen, die jetzt bis zum Rhein hinfegten, keine Sicherheit mehr. Eindringlicher als alle Berichte spricht es für die Schwere der Niederlage, wenn sich in Passau für ein halbes Jahrhundert alle Quellen ausschweigen oder selbst das im Herzen des Landes gelegene Freising kaum mehr bringt als dann und wann die dürre Notiz über einen neuen Einfall ungarischer Reiter.

Schon seit 900 war es eigentlich Luitpold gewesen, der sich um Bayern gekümmert hatte, und trotz Preßburg galt es als Selbstverständlichkeit, daß die Führerstellung jetzt an Luitpolds Sohn Arnulf überging. In sturmbewegter Notzeit, bei einer Reichsgewalt, die weder zu raten noch zu helfen wußte, stand auf einmal voll trotziger Kraft der alte Herzogsstaat wieder da. Wohl mochte sich auch bei den anderen deutschen Stämmen das Volksherzogtum wieder regen, aber nirgends erhob es sich zu solch stolzer, königsgleicher Stellung wie im bayerischen Raum. »Arnulf, durch Gottes Vorsehung Herzog der Bayern und der angrenzenden Gebiete«, hebt auf einmal eine Urkunde an, und mit den »adiacentes regiones« sind wohl Böhmen und Kärnten gemeint, das Engadin, der Vintschgau und das Land um Verona.

Aber wie der karolingische Hof die Dinge treiben lassen mußte, so ging es auch Arnulf nicht um ein Wegstreben vom Reich, sondern um das Abdecken des bayerischen Ostens. Kirchengüter wurden eingezogen, um statt der schwerfälligen Fußtruppen ein Reiterheer aufzustellen; auf dem flachen Land warf man überall Ringwälle auf, hinter die man Vieh und Fahrnis flüchten konnte, wenn immer die wilden Steppenreiter über die Enns hereinbrachen. Und schon konnte der junge Herzog die Ungarn in mehreren Treffen zurückschlagen: 909 an der Rott, 910 bei Neuching, 913 am Inn – Erfolge, die nicht größer, aber auch nicht kleiner waren als der vielgenannte Sieg der Sachsen zu Riade bei Merseburg. Doch man wollte nicht den Krieg, sondern den Ausgleich. Es genügte, wenn die ungarischen Feldzüge jetzt für Jahrzehnte das Land verschonten und der bayerische Handel mit Byzanz wieder in Schwung kam. Wir dürfen sogar annehmen, daß Arnulf selber eine ungarische Fürstin zur Frau nahm. Wie einst Tassilo, so stand ja auch Herzog Arnulf wieder einem ausgreifenden Reichszentralismus gegenüber und mußte, wenn er seine Stellung halten wollte, mit den Ungarn das gute Auskommen suchen.

Schon 911 hatten die vier deutschen Hauptstämme – die Sachsen, Franken, Bayern und Schwaben – Konrad von Franken zum König erhoben: zu einem König, der sich wohl anfangs mit den Herzögen auf guten Fuß stellte, aber bald nach einem straffen Regiment strebte. Auseinandersetzungen zwischen Königtum und Herzogsmacht waren an der Tagesordnung. Doch König Konrads bayerische Kriegszüge blieben Stöße ins Leere: Herzog Arnulf verlegte sich jedesmal auf die rasche Flucht und kehrte wieder zurück, wenn der König abgezogen war.

Als König Konrad nach dem völligen Zusammenbruch seiner Reichspolitik 918 starb, hielten sich die Bayern wie die Schwaben von der Wahl des Sachsenherzogs Heinrich mißtrauisch zurück und gaben deutlich zu verstehen, daß sie sich dem neuen König nicht unterordnen wollten. Ja, die großen Jahrbücher von Salzburg – Ernst Klebel hat sie erst 1921 im Kloster Admont aufgefunden! – werfen mit einem einzigen Satz auf Bayern das grellste Schlaglicht: »Die Bayern huldigten freiwillig dem Herzog Arnulf und trugen ihm auf, zu herrschen im Reiche der Deutschen.« Wie die Sachsen, beanspruchten auch die Bayern das Königtum für sich, und es ist zum erstenmal, daß wir »Regnum Teutonicorum« lesen, statt »Regnum Francorum« – »Reich der Deutschen« statt »Reich der Franken«. Arnulf war immerhin der einzige deutsche Fürst, der sich dem Gegner aus dem Osten gewachsen gezeigt hatte, und wir dürfen mit guten Gründen annehmen, daß nicht nur die Bayern allein hinter ihm gestanden sind.

König Heinrich antwortete mit ein paar Feldzügen nach Oberdeutschland. Er unterwarf den Herzog Burchard von Schwaben und berannte Regensburg. Bezeichnend dazu die Stimme des Chronisten von St. Emmeram: »Da fiel also dieser sächsische Heinerich feindlich in das Königreich Bayern ein, wo man keinen seiner Vorfahren gesehen hat, der auch nur einen Fußbreit Bodens besessen hätte, und so glaube ich, daß Gott selbst es gefügt hat, daß er von den Einwohnern einer einzigen Stadt ist geschlagen worden und mit vielen Verlusten besiegt hat abziehen müssen.«

Schließlich bequemte man sich zum Vertrag von 921. Arnulf leistete dem neuen König den Lehenseid, behielt aber in seinem Herzogtum völlig freie Hand und schaltete mit einer Machtfülle, die noch über Tassilo hinausging. Die Urkunden wurden nach ihm datiert und die Münzen auf seinen Namen geschlagen, er berief die Landessynoden und führte auf eigene Faust Krieg. Gleich den burgundischen Königen griff auch Arnulf über die Alpen und erhob seinen Sohn Eberhard sogar auf den lombardischen Königsthron –

ein Unterfangen, dem das notgedrungene Scheitern nichts von seiner Großzügigkeit nehmen kann. Der Gedanke eines bayerisch-langobardischen Staates von der Eger bis zum Po, vom Engadin bis zur Enns! Dabei verstand es Arnulf, auch den bayerischen Hochadel zu gewinnen und selbst die anfangs widerstrebenden Bischöfe auf seine Seite zu bringen. Erzbischof Udalperd von Salzburg zog 933 sogar mit nach Italien. Freilich, es war dann noch der alte Herzog Arnulf, der 936 nach Aachen ritt und, getreu seinem Vertrag, dem neuen König Otto bei der Krönung die Marschalldienste leistete.

König Otto – 962 erhielt er die Kaiserkrone – war aber nicht gewillt, sich wie der Vater mit einer losen Oberhoheit zu begnügen, und in einem verwegenen Spiel über Jahrzehnte hin konnte er wirklich die Herzöge zu bloßen Reichsvasallen herabdrücken. Schon gleich nach Arnulfs Tod (937) kam es zum Zusammenstoß mit den Bayern, und ehe sich der junge Herzog Eberhard überhaupt sichern konnte, machten ihn zwei blitzartige Feldzüge zum länderlosen Flüchtling. Wenn der Sachse Widukind von Corvey dazu meint, Eberhard hätte aus lauter Überheblichkeit dem König die Lehenshuldigung verweigert, so wird das kaum mehr sein als die übliche Schönfärberei des Siegers, der hinterher leicht alle Schuld dem Unterlegenen zuschieben kann. Man soll gerade hier einmal einen tschechischen Historiker hören: »Es war in der Tat eine Rettung für Böhmen, daß in der ersten Hälfte des zehnten Jahrhunderts in Deutschland die sächsischen Fürsten die Herrschaft an sich rissen und systematisch das Herzogtum Bayern schwächten. Sachsens Sieg und Bayerns Unterwerfung ist als das größte Glück Böhmens anzusehen... Man muß wissen, was Bayern im 9. Jahrhundert war, damit klar werde, wie wirklich heilbringend für die tschechischen Stämme die Tatsache war, daß sich der Schwerpunkt des Deutschen Reiches nach Sachsen verschob« (Jan Slavik).

Nun setzte auch in Bayern wieder der König allein die Bischöfe und Grafen ein; der Nordgau wurde aus der unmittelbaren Verbindung mit dem Herzogsamt überhaupt gelöst und den jüngeren Babenbergern oder Schweinfurtern zugeschoben, die im ostfränkischen Volkfeld- und Radenzgau schon lange das Grafenamt führten. Die karolingischen Königshöfe zog man für das Reich ein, und zur Verwaltung dieses Krongutes und als Gegengewicht gegen die Herzogsgewalt wurde auch in Bayern ein eigenes Pfalzgrafenamt eingerichtet und an Arnulf den Jüngeren, den Bruder des abgesetzten Eberhard, übertragen. In Regensburg saß als der neue Herzog von Königs Gnaden der Markgraf Berthold von Kärnten, der Bruder des alten Herzogs Arnulf. Die Ungarn antworteten zwar mit ein paar neuen Einfällen, holten sich dabei aber nur die Niederlage auf der Welser Heide.

Doch die ottonische Reichspolitik wollte mehr, als bloß die bayerischen Luitpoldinger ihren Zwecken willfährig machen: Bayern sollte überhaupt ganz dem Reiche eingegliedert werden. Als Berthold starb, schob König Otto dessen unmündigen Sohn einfach zur Seite und übertrug das Herzogtum an seinen eigenen Bruder Heinrich, der sich nicht umsonst mit Judith, der Tochter Herzog Arnulfs vermählt hatte. Man kann verstehen, wie der landfremde Herzog den Bayern zuwider war und wie bitter man den Schlag fühlte, der dem Selbstgefühl des Stammes versetzt worden war. Sperrte sich ja jedes bayerische Domkapitel, dem man einen sächsischen Bischof vorsetzen wollte, und beredete man es in St. Emmeram noch im 11. Jahrhundert, daß Kaiser Otto, so freundlich er auch beim Weine gewesen sei, doch norddeutsch gesprochen habe! Aber auch für die Sachsenkaiser war Bayern das Schicksalsland des Reiches: hier saß man an einer der großen Heerstraßen nach Italien, hier war man enger als vielleicht anderswo mit dem Süden verbunden und hatte man eine wichtige Brücke zum langobardischen Königreich. So stieß der neue Herzog nicht nur ins Theißland vor sondern auch gegen Aquileja. Als Heinrich seinem königlichen Bruder in Oberitalien gegen Berengar von Ivrea beisprang, erhielt er zum Dank auf dem Augsburger Reichstag von 952 das ganze alte »Herzogtum Friaul«, das die Markgrafschaften Istrien, Aquileja und Verona zum großen Sperriegel zusammenschloß. Der bayerische Herzogsstaat hatte die Adria erreicht!

Dieses starke Bevorzugen Herzog Heinrichs war aber der unmittelbare Grund zum Aufstand des Königssohnes Liudolf, des Herzogs von Schwaben. Es wurde ein Aufstand, der noch einmal alle Gegner der ottonischen Reichspolitik mit sich fortriß: Pfalzgraf Arnulf und die ganze luitpoldingische Sippe, Erzbischof Herold von Salzburg, den Patriarchen Engilfried von Aquileja. Dazu ein leidenschaftlicher Ausbruch des bayerischen Stammesgefühls und von Osten her die Ungarn. Regensburg war eine Zeitlang Standquartier der Aufrührer. Doch König Otto wurde mit wunderbarer Schnelligkeit der ganzen Bewegung Herr, und mit dem Frühjahr 955 brach auch in Bayern der letzte Widerstand zusammen. Das Strafgericht Herzog Heinrichs I. fiel schwer auf das Land: Herold von Salzburg wurde geblendet, Engilfried von Aquileja entmannt, der ganze Aufstand im Blut erstickt. Zum Nachspiel fielen auch noch die Ungarn mit aller Macht ins Land, stürmten über ganz Bayern hin bis zum »Schwarzwald« hinüber. Lediglich vor Augsburg, wo Bischof Ulrich selber auf den Wällen stand, brach sich ihr Anlauf. Als zuletzt König Otto mit dem zusammengerafften Aufgebot aller deutschen Stämme heranrückte, kam es am Laurenzitag 955 auf dem Lechfeld zur großen Schlacht. Die Ungarn wurden vernichtend geschlagen und bis zur Enns hin erbarmungslos verfolgt. Und hatten die Bayern auf dem Lechfeld von den acht Haufen des Reichsheeres drei selber gestellt, so fiel ihnen auch der eigentliche Siegespreis zu: die Niederlage von Preßburg war wettgemacht und die zweite Welle bayerischer Ostkolonisation konnte ihren Anfang nehmen.

Trotzdem dauerte es nach dem Tode Ottos des Großen noch Jahrzehnte, bis sich Bayern wenigstens halbwegs dem Reich einfügte. Es gab immer neue Aufstände, immer neue Versuche, das »sächsische« Reich zu überspielen und der sächsischen Reichslösung eine bayerische entgegenzustellen. Gerade Herzog Heinrich II., der Sohn des sächsischen Heinrich und der Luitpoldingerin Judith, war ganz beherrscht vom Gedanken eines süddeutschen Königtums, und man hat dem betriebsamen, ehrgeizigen Mann nicht umsonst den Beinamen des »Zänkers« gegeben. Kaiser Otto II. suchte demgegenüber Bayern zu schwächen, wo er nur konnte. Er setzte die Babenberger, die bereits auf dem Nordgau schalteten, auch in der Ostmark als Markgrafen ein; Kärnten und Friaul aber entließ er 976 überhaupt aus dem bayerischen Staatsverband und machte daraus ein eigenes Herzogtum.

Der Zänker selber konnte, als Rebell abgefangen, abgesetzt,

schließlich verbannt, erst beim Tod Ottos II. wieder in sein Herzogtum zurückkehren. Aber die Jahre waren auch an Heinrich II. nicht spurlos vorübergegangen, und aus dem »Zänker« wurde der »friedestiftende Vater des Vaterlandes«. Nach zwei Menschenaltern voll Streit und Hader begann für Bayern wieder eine Zeit ruhiger stammesstaatlicher Entwicklung, für die etwa die Gesetze des Landtages von Ranshofen zeugen können.

Herzog Heinrich IV., der Heilige, konnte 995 ohne Schwierigkeiten die Erbfolge antreten, und dem Sohn fiel in den Schoß, was einst der Vater so heiß erstrebt hatte: die Kaiserkrone. Der frühe Tod Kaiser Ottos III. machte ihn ja zum alleinigen Erben des sächsischen Hauses, und, auf seine Bayern gestützt, drückte Heinrich am Rhein, in Schwaben und in Sachsen seine Anerkennung durch. Unter dem Jubel des Volkes kehrte er im Spätherbst 1002 wieder heim nach Regensburg. Mit Heinrich dem Heiligen war für die Bayern endlich wieder einer der Ihren Träger des Reiches geworden, und noch in der berühmten Tegernseer Briefsammlung des Abtes Ellinger klingt in zwei Gedichten der ganze Stolz auf diesen Kaiser nach. Für das mittelalterliche Reich war die große Stunde des Bayerntums angebrochen.

9. KAPITEL

VON BISCHOF WOLFGANG ZU KAISER HEINRICH

Hatte schon Karl der Große begonnen, einzelne bayerische Klöster an die Bischöfe auszutun, so wurde unter seinen Nachfolgern, was vorher Ausnahme gewesen war, zur glatten Regel. Unter Ludwig dem Deutschen brachte allein Baturich von Regensburg von Münchsmünster bis hinüber nach Mondsee ein halbes Dutzend Klöster an sich, und noch rücksichtsloser griffen später Erchanbold von Eichstätt und Drakolf von Freising zu. Mit ihrer freien Stellung verloren die Klöster aber auch ihre Spannkraft und Schaffensfreude, und bald waren sie nur noch Versorgungsanstalten für ein paar adelige Kapitelherren. Schon mindestens fünfzig Jahre vor dem ersten Ungarneinfall hatte kaum ein bischöfliches Eigenkloster noch einen Abt, ja manche alte Abtei war zur bloßen Bauernpfarrei herabgesunken.

Was die Bischöfe noch übriggelassen hatten, nahm Herzog Arnulf heim wie ein erloschenes Lehen, um für seinen Kampf gegen die Ungarn und gegen König Konrad den wirtschaftlichen Rückhalt zu finden. Es war ein Niederbruch der Klöster, wie ihn kein Land des Reiches kannte, ja mit den Ungarnstürmen verliert sich eine ganze Reihe von Klöstern überhaupt aus den Urkunden. Kein Wunder, daß mönchische Jahrbuchschreiber Herzog Arnulf nur »den Bösen« nennen, und eine Tegernseer Aufzeichnung meint, mit dem 10. Jahrhundert habe in ganz Bayern der Mönchsstand aufgehört. So war die Stunde, als Bischof Wolfgang von Regensburg sein großes Reformwerk begann.

Wolfgang stammte aus schwäbischem Adel, hatte sich auf der Reichenau und in Würzburg seine Bildung geholt, hatte dann im moselländischen Trier jahrelang die Domschule geleitet – in eben jenem Trier, das mit der Abtei St. Maximin die Keimzelle der deutschen Reform bildete. 972 zum Bischof von Regensburg erhoben, gab erst Wolfgangs Persönlichkeit der Regensburger Stadtenge die geistige Blickweite.

Mit einer Klosterreform begann Wolfgang sein Lebenswerk: er löste das Domkloster St. Emmeram vom Bistum los, gab ihm die volle Selbständigkeit und setzte ihm seinen Freund Ramwold von St. Maximin als Abt vor. Schon hob auch eine neue Blüte des Klosters an, die man am großzügigen Bauen und am Bücherfleiß heute noch ablesen kann. Erzbischof Friedrich von Salzburg griff mit seinem Peterskloster das Beispiel Wolfgangs auf, und bald schwang die Regensburger Reform weit ins Land hinaus und erweckte überall die abgegangenen Klöster zu neuem Leben. Mittelpunkte wurden Tegernsee und vor allem Niederaltaich, das unter dem jugendlichen Gotthard einen neuen Aufschwung nahm. Gotthard hob auch Kremsmünster aus dem Verfall, besetzte Ostrov in Böhmen mit seinen Mönchen und hielt enge Verbindung mit dem neugegründeten Kloster Břewnow bei Prag.

Ein Vierteljahrtausend nach Tassilo setzte die zweite Welle bayerischer Klostergründungen ein. Die Pfalzgrafen aus dem Aribonenhaus gründeten Michaelbeuern im Salzburggau und das Inselkloster von Seeon, dazu Göß in der Steiermark; mit Ebersberg, Kühbach und Geisenfeld eiferten die Grafen von Ebersberg ihnen nach; von Freising aus wurde Weihenstephan aufgerichtet, von Regensburg aus Prüll. Mehr als jede Aufzählung sagt aber das Beispiel des Einsiedlers Gunther. Ihn, den Thüringer Grafensohn, hielt es nicht in der Niederaltaicher Klosterzelle und er suchte lieber das Eremitendasein drinnen im Nordwald, wo es am unwirtlichsten war. Und der »ungelehrte Weise« zog durch Wort und Beispiel von überall her die Suchenden an, und mit gleichgesinnten Gefährten rodete er an der Rinchnach den Platz für ein Klösterchen aus. Als Kirche und Klause für sich allein leben konnten, übergab er sie dem Kloster Niederaltaich und zog noch tiefer in die Einsamkeit des Waldes hinein und über den Goldenen Steig ins Böhmische hinüber. Als Greis von neunzig Jahren ist er drüben gestorben.

Was so in Altbayern, gefördert von den Herzögen aus dem sächsischen Haus, in aller Stille heranreifte, gewann mit dem Regierungsantritt Kaiser Heinrichs II. des Heiligen die Weite des Reiches. Nicht umsonst war dieser bayerisch-sächsische Kaiser im Reformkreis von Regensburg herangewachsen und nannte einen Bischof Wolfgang seinen Lehrer, einen Abt Ramwold seinen Freund. Das Reich verlor mit einem Schlag den sächsisch-einseitigen Zug, den es unter den drei Ottonen angenommen hatte, und Dutzende von süddeutschen Bischöfen kamen jetzt auf die ersten Stühle Italiens, Sachsens und der Rheinlande. Tagino von Magdeburg könnte man nennen, der fromm und doch welterfahren dem Kaiser am nächsten stand, oder noch einmal Gotthard von Niederaltaich, der 1005 auch Hersfeld in Thüringen bekam und 1022 als Nachfolger des großen Bernward Bischof von Hildesheim wurde. Zeitweilig waren mit einer einzigen Ausnahme sämtliche deutschen Erzbistümer in bayerischen Händen. Wie Riezler einmal sagte: es war eine glänzende Reihe bayerischer Männer, feingebildet, sittlich hochstehend, tatkräftig und klug.

Zum großen Verbindungspunkt zwischen Nord und Süd aber

wurde das neugegründete Bamberg mit seiner Domschule und seinem Kloster auf dem Michelsberg. Als hier Kaiser Heinrich II. aus dem Würzburger und Eichstätter Sprengel ein neues Bistum herausschnitt, konnte freilich von Rodungs- und Christianisierungsaufgaben kaum mehr die Rede sein; man übernahm an die dreißig alte Mutterkirchen und fast durchwegs lauter ausgebaute Pfarreien. Nur daß Würzburg den entlegenen Landwinkel doch etwas vernachlässigt hatte und die slavischen Zwangskolonisten, die seit alters an Rednitz und Obermain saßen, auf Sonntagseifer und Fastenpflicht nicht sonderlich hielten und ihre Toten noch unter heidnischen Leichenhügeln bestatteten. So mögen bei der Gründung Bambergs Bekehrungsaufgaben der Anlaß gewesen sein, machtpolitische Erwägungen stark mitgesprochen haben, im letzten aber ging es dem Kaiser darum, seinen Namen mit einer großen kirchlichen Stiftung zu verbinden und, kinderlos, »Gott zu seinem Erben zu erwählen«.

Mit Urkunde vom 6. Mai 1007 schenkte Heinrich II. seiner neuen Gründung alles, was er im Rednitz- und Volkfeldgau an Grund besaß; noch wichtiger aber war das alte Herzogs- und Königsgut auf dem bayerischen Nordgau und südlich der Donau. Im Bereich von Isar und Inn etwa erhielt Bamberg zwischen 1011 und 1017 eine dichtgedrängte Fülle von Gütern, darunter so altberühmte Herzogspfalzen wie Dingolfing oder Mattighofen. Dazu kamen Besitzungen in Kärnten und der Steiermark. Das geliebte Bamberg sollte eben mit einem Federstrich erhalten, was den alten Bistümern in langen Jahrhunderten zugewachsen war.

1012 war in Bamberg der neue Dom unter Dach; zu Ostern 1020 mußte der Papst selber die Kirche des neuen Kollegiatstiftes St. Stephan weihen. Auch die Domschule kam rasch in die Höhe und wurde zur ersten Diplomatenschule des Reiches. Erzbischof Anno von Köln ging durch sie wie Adam von Bremen, der Geschichtsschreiber des hohen Nordens; selbst Lampert, der Mönch von Hersfeld und Verfasser berühmter Jahrbücher, scheint sich die bildhafte Kraft seiner Sprache in Bamberg geholt zu haben. Das hellste Licht aber fällt auf die Schule mit dem Domscholaster Meinhard (1057–85), dem federgewandten Briefschreiber und Frankensproß vom Untermain. Es war die Zeit, wo die Bamberger Schätze an Klassikerhandschriften in ganz Deutschland nicht ihresgleichen fanden.

»Drinnen und draußen wollen wir alles Nötige wieder herstellen, zuvörderst aber die Pflege der Bücher« – so hatte es einst Abt Ramwold an die Spitze seines Reformprogramms gestellt, und auch die altbayerischen Klöster waren hinter Bamberg nicht zurückgeblieben. In Froumund von Tegernsee tritt uns nach langem wieder ein Mann der Feder greifbar deutlich entgegen. Als Mönch weit herumgekommen, ließ er sich im Kloster als Kellermeister und Schulmann brauchen und schrieb uns in einem Sammelband von sich und andern Briefe zusammen. Dazwischen lateinische Verse, voll Wohllaut und Form, derber Lebendigkeit und breitem Lachen. Um 1008 ist Froumund gestorben, die Briefsammlung aber hat Abt Ellinger weitergeführt. Und aus dieser geistigen Atmosphäre des Klosters am Tegernsee, wie sie nicht zuletzt Froumund mitgeschaffen hatte, erwuchs auch der erste deutsche Roman, der »Ruodlieb«. Bald nach 1050 wurde er in lateinischen Versen niedergeschrieben: ganz die Geschichte vom guten König, der den treuen Diener neben dem Gold auch mit zwölf Weisheitslehren belohnt. Wie diese der Reihe nach ihre Wahrheit erweisen, gibt dem Roman Inhalt und Rahmen. Freilich, was wir vom Ruodlieb in Händen haben, sind nur Bruchstücke, aber ganz gleich, ob wir in hohe Schloßhallen kommen oder niedrige Bauernstuben, ob uns die Fischsorten des Tegernsees vorgeführt werden oder ein vornehmes Mittagsmahl – immer bleibt der Erzählerton voll altbayerischer Lebensnähe. Hoch auf dem Kirschbaum sitzt der Bub, der nach dem Herren ausspät, und das »Fräulein« kommt mit einem frohen Minnegruß:

»Sag ihm von mir aus treuem Herzen,
Des Guten so viel, wie das Laub am Baum,
Der Liebe so viel, wie die Vögel fliegen,
Der Ehren so viel, wie die Gräser sprießen!«

Neben Tegernsee stand St. Emmeram. Der Mönch Otloh war hier der bedeutendste Kopf, ein Vielschreiber, weitum gesucht, wenn es galt, einem Heiligenleben die literarische Form zu geben. Otlohs

»Buch von den Versuchungen« aber ist das ergreifende Selbstbekenntnis eines bayerischen Menschen aus dem 11. Jahrhundert, geschrieben nach schwerem inneren Ringen um die letzte Wahrheit christlicher Religion. Geschichtsschreibung großen Stils bringen dagegen die »Annales Altahenses«, die Jahrbücher von Niederaltaich. Bald nach 1073 erhielten sie ihre endgültige Form, und weit entfernt von aller Lokalhistorie lebt in diesen Jahrbüchern der ganze geistige Wirkungskreis des Donauklosters. Immer wieder geht der Blick nach Böhmen hinein, nach Ungarn hinunter, über die Alpen nach Italien. Dazu kommen lebhafte Auffassung und warme Anteilnahme, überhaupt eine Grundeinstellung, bayerisch zugleich und reichisch.

War auch mit Erzbischof Poppo von Trier 1047 der letzte unmittelbare Vertreter des Regensburger Reformkreises hinweggestorben, Bayern blieb auch unter den ersten Saliern das Kernland des Reiches. Es gab Mönche von Niederaltaich, die Äbte von Monte Cassino wurden, und Poppo von Brixen und Gebhard von Eichstätt kamen sogar kurz nacheinander auf den päpstlichen Thron. Als dann 1076 der große Kirchenstreit losbrach, ergriff man gerade in Bayern leidenschaftlich für den Kaiser Partei, freilich nicht mit tönenden Programmen oder grundsätzlichen Schriften, sondern mit der schlichten Tat.

10. KAPITEL

BAYERN UND DER OSTEN

Bei Pförring über die Donau und auf dem rechten Flußufer bis Passau; dann über Eferding und Enns nach Pöchlarn zu Markgraf Rüdiger; weiter über Melk und Mautern, Tulln und Wien, hinab ins Ungarnland: so zieht die Nibelungenstraße mitten durchs alte Bayern und in den Osten hinein. Und die Orte stehen hier nicht von ungefähr, denn schon von aller Anfang an ist die Donau Schwerlinie des Landes. Lech, Isar, Inn, Enns von Süden, Wörnitz, Altmühl, Naab und Regen von Norden – die Flüsse alle eilen ihr zu.

Die Donau sammelt die Kraft des Landes und weist dem Bayern den Weg, denn die Flüsse sind es, denen die Völker folgen.

So war es ein Hinhorchen auf den Anruf der Geschichte, wenn noch die beiden letzten Agilolfinger mit ihren Grenzklöstern das Vorfeld im Osten abzustecken begannen: Kremsmünster, das war der Weg die Donau hinunter; Innichen im Pustertal wies in die Bergtäler des Südostens hinein; Chammünster deutete gegen Böhmen. Noch in der Agilolfingerzeit wurde vilsaufwärts bis Amberg und naabaufwärts bis Nabburg der Nordgau erschlossen, vor allem aber wurde Karantanien dem Herzogtum eingefügt. Dabei umgriff dieses alte Karantanien das ganze Gebiet, das die Römer einst Binnennorikum genannt hatten: also nicht nur das heutige Kärnten sondern auch die Steiermark und Krain. Die Avarensiege Kaiser Karls fügten zu Karantanien noch jene pannonische Mark, für die es in der Weite der Pußta kaum eine fest umrissene Grenze gab. Und überall gingen Rodung und Siedelwerk mit der Ausbreitung des Christentums Hand in Hand. Von Tegernsee aus wurde das Kloster St. Pölten gegründet, von Salzburg aus wurden in zwei Jahrzehnten allein im Land um die Leitha mehr als fünfundzwanzig Kirchen erbaut.

Doch das Jahr 907 brachte dann die Katastrophe von Preßburg und mit ihr das jähe Abreißen einer ganzen Entwicklungskette. Die pannonische Mark ging überhaupt verloren, und die Grenze wurde auf die Ennslinie zurückgeworfen. Erst die Schlacht auf dem Lechfeld machte die Bauernkraft des Stammes zum Gegenstoß frei, und nach fünf langen Jahrzehnten setzte die zweite Welle bayerischer Ostsiedlung ein. Um 970 hatte man über die Enns hinaus wieder die Traisen erreicht, und als 976 die ostfränkischen Babenberger das Markgrafenamt übernahmen, drängte man bald über das Tullner Feld und den Wienerwald hinaus der March und der Leitha zu. Es war nicht ein Land, das zum erstenmal unter den Pflug genommen wurde, sondern alles längst bereiteter Boden, den man nur vorübergehend der Kulturarbeit entfremdet hatte. In einer Urkunde von 996 fällt dann zum erstenmal der neue Name dieser babenbergischen Ostmark: Ostarrichi – Österreich. Und neben Leopold, dem babenbergischen Markgrafen, stand Piligrim, der große Bischof von

Passau. War Passau in der Karolingerzeit nur auf schmalem Landstreifen vorgegangen, so machte jetzt Piligrim seine Bischofskirche zur Herrin des ganzen österreichischen Donautals. Er ließ sich auf der Synode von Mautern die alten Passauer Zehentrechte wieder aufweisen, baute überall Kirchen, trieb das Siedelwerk voran; der weltberühmte Wiener »Steffel« bewahrt heute noch das Stephanus-Patrozinium seiner Passauer Mutterkirche.

Doch Piligrims Blick flog weit über die babenbergische Ostmark hinaus und in die ungarische Ebene hinunter, wo sich für Passau ein gewaltiges Missionsfeld aufzutun schien. Festgebannt zwischen den Kraftfeldern Ost-Roms und des Reiches, blieb den Ungarn nach 955 ja keine andere Wahl, als das Christentum anzunehmen und in der Theißebene einen Staat aufzubauen. Géza, der erste Ungarnfürst aus dem Arpadenhaus, der sich taufen ließ, konnte höchstens schwanken zwischen römisch-katholischem oder griechisch-orthodoxem Christentum, zwischen dem byzantinischen Osten oder dem abendländischen Westen. Hier fühlte sich nun Piligrim ganz als der Erbe des abgegangenen Römerbistums von Lorch, und in seiner Kanzlei wurden jene falschen Papstbullen zu Pergament gebracht, die aus dem alten Lorch noch nachträglich das Erzbistum und die Metropole des pannonischen Ostens machten. Gewiß mochte es Piligrim mit den »Lorcher Fälschungen« darum gehen, die Salzburger Kirchenhoheit abzuschütteln, aber ebensosehr sprach auch der Gedanke mit, den Ungarn ein Passauer Patriarchat des Ostens schmackhaft zu machen. Wenn uns darüber hinaus berichtet wird, Piligrim habe als erster das Nibelungenlied »in latînischen buochstaben« aufzeichnen lassen, so paßt auch das zu den großen Ostplänen des stolzen Kirchenfürsten.

Piligrim starb 991, und etliche Jahre später kam in Gran Gézas Sohn, Stephan der Heilige, zur Regierung, der erste König von Ungarn. Bei ihm ist die Hinordnung nach Rom und zur abendländischen Kultur eindeutig – war er ja seit 995 mit der seligen Gisela vermählt, der Schwester des Bayernherzogs und späteren Kaisers Heinrich II. Es kamen bayerische Grafensöhne, die zu den Ahnherren berühmter ungarischer Geschlechter wurden, bayerische Münzmeister, die die ersten Münzen mit dem Bildnis Stephans des

Heiligen prägten. Mönche aus Niederaltaich traf man in der Abtei Bél im Bakonjerwald, und Siedler, die nach der Lex Baiuvariorum lebten, gab es überall im Land.

Auf die Dauer war aber das pannonische Vorfeld nicht zu halten. Um 1000 erstand das nationalungarische Erzbistum Gran, so daß Piligrims Vermächtnis nicht zur Tat wurde; 1038, nach dem Tod Stephans des Heiligen, konnte sich auch Gisela nicht mehr behaupten. Kaiser Heinrich II. wie die beiden ersten Salier hatten immer wieder zu tun, Ungarn in Botmäßigkeit zu halten oder die Grenzpflöcke von neuem einzuschlagen. Man kämpfte um die Wieselburg und bei Ménfö an der Raab. Erst Kaiser Heinrich III. konnte für Jahrhunderte hinaus an March und Leitha die feste Grenze ziehen. Und wie im Osten Ungarn, so kam im Norden Böhmen zu staatlicher Selbständigkeit. Wenn noch Bischof Baturich 845 fünfzehn böhmische Häuptlinge zu Regensburg getauft hatte, Bischof Michael (942–72) die Veitskirche auf dem Hradschin weihen und die Böhmen als seine Diözesanen betrachten konnte – Bischof Wolfgang gab 975 mit der Gelassenheit eines Heiligen dem national-tschechischen Bistum Prag den Weg frei. Etwa um die gleiche Zeit begann der Aufstieg des böhmischen Herzogshauses der Przemysliden, die dann unter Kaiser Heinrich IV. sogar den Königstitel bekamen. Die Babenberger waren nicht stark genug, um die langgestreckte Südflanke des Przemyslidenstaates aufzubrechen, und mit den Rodungen der Zisterzienser von Zwettl und der Benediktiner von Altenburg biß sich in der Stauferzeit die österreichische Grenze endgültig an der Thaya fest.

Den Rückschlag von 907 hatte man aber nicht nur im Donauland verspürt sondern auch in Karantanien, wo die Grenzlinie auf die Berge zurückgeworfen wurde und der Zustrom aus dem Altsiedelland mit einem Mal versickerte. Erst nach 955 konnte man ins Hügelland um Mur und Raab vorstoßen, überhaupt das ganze Land bis zur Drau hin innerlich durchdringen. Dieses Karantanien – seit 976 war es eigenes Herzogtum – galt seit den Tagen Herzog Odilos als das große Missionsfeld der Salzburger Kirche, die nun mit Gurk, Seckau und Lavant ihre eigenen Hilfsbistümer einrichtete. Dazu lockten die Bergwiesen, wie sie zu Tausenden von Tagwerken in der

Stille des Almsommers dalagen ... Südlich der Drau aber, wo die Patriarchen von Aquileja die kirchliche und seit 1077 auch die politische Führung hatten, glich das bayerische Siedelwerk mehr »einem Wassergeäder, das hier in breiter, geschlossener Strömung, dort in dünnen, weit verzweigten Fäden vordrang« (Doeberl). Etwa, daß Freising im 10. Jahrhundert bayerische Bauern nach Bischoflack bei Laibach führte oder das steirische Zisterzienserkloster Reun 1132 das Tochterkloster Sittich gründete mit seinen 28 Pfarreien im Land um die obere Save. Doch mit dem Tode Bertholds von Andechs endete 1251 auch die stolze Reihe der deutschen Patriarchen von Aquileja, die den bayerischen Siedlern zweihundert Jahre lang Schutzherren und Gönner gewesen waren. Es blieb bei etlichen Sprachinseln mitten unter den Slowenen der Krainer Mark, bei verstreuten bayerischen Herrenburgen in der Ebene von Friaul wie Neuhaus (Castelnuovo) oder Spengenberg (Spilimbergo).

Neben der babenbergischen Ostmark und der karantanischen Siedelfront um Save und Drau gab es aber noch ein drittes Rodungsgebiet, das sozusagen vor der Haustür lag: den Nordwald über der Donau. Wie Kaiser Heinrich III. die Ostmark gegen Ungarn sicherte, so tauchen unter ihm hier, gegen Böhmen zu, die Marken von Cham und Nabburg auf. Ob es sich dabei um völlige Neugründungen handelt oder um die Überreste einer alten, schon karolingischen »Markgrafschaft auf dem Nordgau«, läßt sich bei unserem Quellenstand kaum bündig auseinanderlegen. Schon in der zweiten Generation zogen dann die Diepoldinger als Markgrafen auf, und im Kirchenstreit von 1076 kamen sie rasch in die Höhe: während sich Heinrich von Hildrizhausen, der Erbe der Schweinfurter, auf die kirchliche Seite warf, standen sie bedingungslos zum Kaiser. Um 1077 erhielten sie das Egerland, und, gestützt auf die zusammengefaßte Macht seiner Markgrafschaften, konnte hier Diepold III. der bayerischen Siedlung eines ihrer schönsten Länder erschließen. Es war die Zeit, wo man den Nordwald in seiner ganzen Länge mit Hauen und Bauen anpackte und sich auch die anderen Grundherren ihre Wildgrafschaften ausbrachen: die Andechser im Frankenwald und im Fichtelgebirge, die Sulzbacher im Oberpfälzer und die Bogener im Bayerischen Wald, die Vornbacher um Ilz und Ohe. Wer die vielen Burgen des alten Nordgaues abwandert, kann heute noch etwas spüren von diesem selbstbewußten Nebeneinander der hochfreien Geschlechter, ihrem harten Wetteifern und ungestümen Vorwärtsdrängen.

Spätestens seit der Wende zum 12. Jahrhundert stieg man von den Kämmen des Böhmerwaldes in das Quellgebiet der Wottawa, der Amsel und der Mies hinab. Den ganzen Ostabfall des Gebirges entlang lag ja noch meilenweit der Urwald da, denn die böhmischen Herrscher hatten mit ihren Rodeverboten das eigene Siedelwerk jahrhundertelang zurückgehalten. Jetzt kam unter dem Schutz seiner Herrenburgen der Bayer dem Tschechen zuvor. So wurden die Witigonen zu den Herren der oberen Moldau oder gründeten die Zisterzienser von Waldsassen zwischen Eger und Erzgebirge das Tochterkloster Osseg, das mit seinem Grundbesitz bis Leitmeritz reichte...

Und ob auf dem Nordgau, in Krain oder sonstwo im Markenland: nirgends waren die Herzöge als solche Träger des Siedelwerkes, sondern die Grundherren, weltliche und geistliche nebeneinander. Wo bereits Winden oder Karantanen Fuß gefaßt hatten, blieben sie sitzen wie einst die Romanen um Salzburg oder in Tirol. Nirgends gab es ein Austreiben der Slaven wie jenseits der Elbe. Eine Grenze, die Almzaun war und Ackerrain, mußte trotzdem dauerhaft bleiben bis herauf zum heutigen Tag! Die Grundherrschaft der bayerischen Bistümer und Klöster wie die Macht der altbayerischen Adelsgeschlechter wurzelte bald in den Marken ebenso wie im Altsiedelland. Und selbst wenn von großen Familien wie den Ottokaren in der Steiermark oder den Eppensteinern in Kärnten die Rede ist: die einen stammten aus dem Chiemgau, die anderen waren in der Gegend um Landshut daheim. Hinter Bayern aber stand Franken, das der Ostmark nicht nur die Babenberger gab sondern auch manchen Siedler schickte. Von Bamberg liefen die Fäden nach Kärnten wie ins Egerland; Reun in der Steiermark ist eine Tochtergründung von Ebrach; eine Abtei wie Plaß bei Pilsen wurde von Langheim aus besetzt. Freilich, Hauptträger des Siedelwerkes, bestimmend für Volkstum und Sprache, blieben doch die Altbayern, und noch von den Sudetendeutschen gehört ein guter Teil zum bayerischen Stamm. Nach sechs Generationen von Markgrafen und Bauern konnte aus dieser Weite des Lebensraumes die erste Hochblüte deutscher Dichtung erwachsen – neben dem Siedelwerk die andere Großleistung der Zeit, und auch sie getragen von der jugendlichen Frische des Stammes.

Bayern und der Osten, es ist ein Thema, das viel mehr umgreift als nur die rasch hingeworfene Faustskizze des bayerischen Siedelwerks. Wie Bayern die Wasserscheide hält zwischen der Nordsee und dem Schwarzen Meer, so steht das ganze Land zwischen dem Osten und dem Westen, »kreuzen sich auf diesem Erdsaum Kulturwirkungen der lateinischen und der griechischen Welt« (Nadler). Hier das Ost-Rom der Byzantiner, dort Theoderich der Große als Erbe West-Roms, zwischen ihren Machtbereichen das umstrittene Niemandsland an der Donau – so war schon die Lage zur Zeit der Landnahme gewesen. Es ist kein Zufall, wenn im 9. Jahrhundert in Mähren bayerische und byzantinische Mission aufeinanderstießen; wenn sich Bulcsu, der große Horka der Ungarn, schon Jahre vor der Augsburger Schlacht in Konstantinopel hatte taufen lassen; wenn noch in der Stauferzeit Herzog Heinrich Jasomirgott oder Graf Berengar von Sulzbach byzantinische Prinzessinen heirateten. Byzantinische Vorbilder bestimmen die uralte Gottesackerkirche von St. Severin am Beiderbach, und das Reichsstift Niedernburg zu Passau, wo Gisela von Ungarn ihre Ruhe fand, war »ein syrisch anmutender Komplex von Kirchen und Zellen« (Karlinger). Ähnlich ist es mit der bayerischen Dichtung der frühen Zeit, wo syrische Überlieferungen selbst im Muspilli durchschimmern.

Keine bayerische Stadt aber stand dem Osten näher als Regensburg mit seinem schwungvollen Handelstreiben. Das Kloster St. Emmeram hatte bis zum Mongolensturm seinen Vertreter in Kiew, und der bayerische Denar galt in ganz Niederpolen und Masovien als das gängige Zahlungsmittel. Selbst die Sklavenhändler der Kalifen von Córdoba vergaßen nie, sich in Regensburg mit Silbergeld zu versehen, ehe sie über Prag und Breslau in die Heidenländer Hinterpommerns hinaufreisten. Im Handel mit byzantinischen Stoffen war Regensburg seit dem 9. Jahrhundert Stapel- und Umschlagplatz für das ganze Reich. Bald zogen auch die ersten Kreuzheere die Donau hinunter, den Wundern des Morgenlandes entgegen.

Dieses bunte Leben färbte auf die ganze bayerische Kulturentwicklung ab. Regensburger Goldschmiede verstanden das Geheimnis des byzantinischen Zellenschmelzes nachzubilden, und mit den Werken der Buchmalerschule von St. Emmeram wird der byzantinische Einfluß auch noch uns Heutigen greifbar; im Steinmetzwerk romanischer Säulenkapitäle und im verschwenderischen Reichtum der Regensburger Münzbilder erwachte die Tierornamentik byzantinischer Gewebe zu seltsamem Leben. Gerade im Kleinwerk der Kulturgeschichte wird man dutzendweise die Zeugnisse dafür finden, wie immer wieder Byzantinisches die Donau heraufgetrieben wurde. Den Ungarn wie den Süd- und Westslaven hat Bayern mit beiden Händen gegeben, vom andern Rom am Bosporus aber hat es empfangen. Bayern und Byzanz – man könnte die Linie weiterspinnen bis zu den griechischen Flüchtlingen, die der Fall von Konstantinopel 1453 nach Regensburg verschlug, oder bis zu Philipp Jakob Fallmerayer, der noch im 19. Jahrhundert die »Wasserfahrt von Regensburg nach Trapezunt« machte.

II. KAPITEL

PAPST UND KAISER

Die große Kirchenbewegung

Kaiser Heinrich II. und seine Gemahlin Kunigunde, Wolfgang von Regensburg und Gotthard von Niederaltaich, der selige Ramwold und Gunther der Eremit – sie alle haben ihr Leben hineingehoben in eine letzte geistige Wesenheit, sind, ganz im Sinn des Mittelalters, zu Heiligen geworden. Glaubenseifer und Reichsgeschäfte, gerade Frömmigkeit und weltoffene Art, waren dabei für den Regensburger Reformkreis nie getrennte Dinge gewesen. Im Gegenteil, wo der Sinn des Reiches sich geradezu deckte mit dem Geist der christlichen Vollkommenheit, konnte getrost auch der Kirchenfürst aufgehen in der Sorge ums Reich. Wenn es später zur Ausnahme wurde, daß Tagino von Magdeburg nicht wie die andern Bischöfe mit Schleppen und Pelzwerk den Boden fegte, braucht man sich nicht wundern: mit der Weite der Geschäfte stellt sich die große Herrengeste von selber ein.

Aber schon nach einem guten Menschenalter wehte von Burgund her ein neuer Geist über die süddeutschen Stifte und Klöster hin. Alles Diesseitige erschien auf einmal seltsam brüchig und schal, und eine weltverschlossene Innerlichkeit gewann Gewalt über die Seelen. Im Ringen eines Otloh von St. Emmeram greifen wir etwas von dieser Stimmung. Und Otlohs Freund und Mitbruder Arnold erlebte es wie ein Damaskus: »So wandte ich mich voll Schrecken ab von den heidnischen Büchern, denen ich aus weltlicher Ruhmsucht bisher angehangen, und versenkte mich ganz in die Heilige Schrift. Jetzt erst fing ich an zu erkennen, welch ein Unterschied ist zwischen Licht und Finsternis, zwischen Gott dem Herrn und dem Baal.«

Mit einem dritten Emmeramer Mönch gewann dann diese innere Wendung für ganz Oberdeutschland bestimmende Gewalt: mit Wilhelm von Hirsau. In oder bei Regensburg geboren, ein hervorragender Kenner von Astronomie und Musik, gehörte der hohe, hagere Mann längst zu den ersten Köpfen des Klosters, als ihn 1069 eine Gesandtschaft des Grafen von Calw nach Hirsau holte. Und einmal Abt dieses Schwarzwaldklosters, zeigte der schlichte, selbstlose Bayer, daß er berufen war, zu gründen und zu herrschen wie nur wenige. Er suchte die Verbindung mit der berühmten Reformabtei von Cluny, und bald konnte er sein Hirsau auf eigene Füße stellen. Gebet und Studium, Gehorsam und Enthaltsamkeit, kurz strengster mönchischer Geist, das war die neue Forderung, vorgetragen voll Kraft und Begeisterung. Hirsau wurde zum großen Musterkloster, und allein auf schwäbischem Boden konnte Abt Wilhelm in kurzer Zeit fünf neue Klöster unter Dach bringen.

Von der Gräfin Haziga von Scheyern gerufen, waren die Hirsauer schon 1077 nach Bayern gekommen und hatten in Bayrischzell ihre erste Niederlassung aufgemacht. Aber das Klösterlein konnte in der rauhen Bergwildnis nicht hochkommen, und schon zehn Jahre später wich man etliche Stunden talwärts auf Fischbachau zurück. 1103 folgte ein neuer Umzug nach dem Petersberg bei Eisenhofen, und erst zwischen 1119 und 1123 fand das Kloster auf dem Burghügel von Scheyern seinen angemessenen Platz. Aber gerade die Zelle am Fuß des Wendelsteins zeigt ganz die Hirsauer Art: hatten die alten Klosterstifter das sanfte Gehügel gesucht oder das weiche Seegelände, so wählten die neuen Mönche das entlegene Hochtal, wo es weder Heerstraße noch Ortschaft gab, sondern nur Gebirge und Wald.

1077 ist nicht nur das Stichjahr für das Kloster Bayrischzell-Scheyern, sondern auch das Jahr von Canossa. Was bisher die Männer in den stillen Klosterzellen bewegt hatte, war auf einmal zur kirchenpolitischen Tagesforderung geworden. Man ging gegen Priesterehe und geistlichen Ämterschacher vor und bestritt vor allem den Laien das Recht, Bischöfe und Äbte einzusetzen, zu »investieren«. Für das Reich aber, das getragen wurde von den Bischöfen aus dem hohen Reichsadel, war das Recht auf Laieninvestitur eine Lebensfrage, und so prallten mit Heinrich IV. und Gregor VII. wirklich zwei Welten aufeinander, Kaisertum und Papsttum. Es ist selbstverständlich, daß im großen Kirchenstreit Wilhelm von Hirsau auf seiten des Papstes stand; Gregor VII. zog den Abt zu kirchenpolitischen Geschäften heran und Wilhelm selber nahm Einfluß auf den deutschen Gegenkönig Rudolf von Rheinfelden. Die Hirsauer Mönche wurden zu den Sturmtruppen des Papsttums in Oberdeutschland.

In Bayern suchten Altmann von Passau, Gebhard von Salzburg und Adalbero von Würzburg der päpstlichen Partei Bahn zu brechen; zu ihnen kam, mehr aus kalter Berechnung als innerer Überzeugung, der neue Herzog Welf I. Sonst gab es höchstens noch zwei oder drei Grafengeschlechter, auf die der Gregorianismus abfärben mochte. Aber Altmann war Westfale, Gebhard Schwabe, Welf Halbitaliener: die Bayern standen zum Kaiser wie nur je in den Hochtagen unter Heinrich II. Als Altmann auf der Diözesansynode von 1074 die Entlassung der Priesterfrauen verlangte, mußten ihn seine Leute mit gezogenem Schwert vor dem eigenen Klerus schützen, und zwei Jahre später, als der Bischof vom Altar aus die Exkommunikation Heinrichs IV. verkünden wollte, trat ihm der eigene Dompropst entgegen.

Wohl hielt Altmann voll Zielstrebigkeit an seiner Auffassung fest, aber es blieb ihm schließlich nur der Rückzug in den österreichischen Teil seines Sprengels. »Es riß der Strick entzwei, von ihm sind wir nun frei...«, höhnte man ihm nach. 1095 ist Altmann in der Verbannung gestorben. Aber auch Gebhard von Salzburg, der Mann voll ernstem Verantwortungsbewußtsein und schwäbischer Nachdenklichkeit, mußte dem kaiserlichen Gegenbischof weichen, und seinen beiden Nachfolgern Thiemo von Megling und Konrad von Abenberg ging es kaum besser. Konnte ja nicht einmal Welf I. sein Herzogtum halten, sondern mußte zusehen, wie der König das Land in eigene Verwaltung nahm.

Neben den Bürgern vom Rhein und dem Herzog von Böhmen, waren gerade die bayerischen Ritter die getreuesten Parteigänger Heinrichs IV. Mochte auch ringsum alles wanken: aus der bayerischen Ritterschaft konnte Heinrich IV. seine Heere sammeln, und von seinen Bayern begleitet kehrte er aus den Feldzügen zurück. Trotzdem spürte man auch in Bayern das Hin- und Herfluten des Kampfes draußen im Reich und brach die Woge von Plünderung und Brand, Haß und Rache, immer wieder über die eigenen Grenzen herein. Als 1084 Herzog Welf das kaisertreue Augsburg nahm, gingen Kirchen und Gebäude in Flammen auf und wurden Klöster und Gotteshäuser zum Schauplatz wüsten Soldatentreibens; als 1095 die Kaiserlichen den Erzbischof Thiemo in den Tauern abfingen, banden sie den Kirchenfürsten vor Friesach kurzerhand an eine Belagerungsmaschine hin: es waren die Greuel eines großen deutschen Bürgerkrieges, vor denen das Schlagwort »Investiturstreit« kaum mehr ist als abgezogene Schulbuchweisheit.

Als sich zuletzt sogar im Kaiserhaus der eigene Sohn gegen den Vater erhob, war es freilich eine Adelsgruppe auf dem Nordgau, die dabei die Hauptrolle spielte. Markgraf Diepold III. von Vohburg und Cham und Graf Berengar von Sulzbach konnten für den jungen Heinrich V. geradezu als die Königsmacher gelten. Altbayern in seiner Breite aber hielt sich von dieser Nordgauer Verschwörung gänzlich fern. Erst als der junge König tatsächlich die

Reichsgewalt in Händen hielt, diente man auch ihm mit jener selbstverständlichen Treue, die fast als Kennzeichen des ganzen Stammes gelten konnte.

Trotzdem ließ sich das Gedankengut eines Wilhelm von Hirsau nicht aussperren, und seit den achtziger Jahren fand der Ruf nach Reform auch in Bayern stärkeren Widerhall. Und man antwortete auch hier mit der Tat. Über Österreich, Kärnten, die Steiermark und den Nordgau wurden jetzt die Klöster ausgeschüttet wie einst über das Altsiedelland zwischen Lech und Enns. Es war eine Kette, die von 1080 bis 1150 kaum einmal abzureißen schien. Den Anfang machten die Gregorianer: Altmann von Passau und Gebhard von Salzburg; in der Ostmark die Babenberger; zwischen Schwarzwald und Inn allein die Welfen mit sieben Klöstern. Schon früh tauchen aber auch die kaisertreuen Geschlechter in den Gründungsurkunden auf: die kärntnischen Eppensteiner und die steirischen Ottokare, die Sponheimer und Bogner, die Diepoldinger und Sulzbacher. Wo einem weltlichen Großen die Mittel nicht ausreichten, sprang immer wieder Bischof Otto von Bamberg ein. Ganz Mann des Friedens und »Vater der Mönche«, gründete er im Fränkischen Münchaurach und Michelfeld, reformierte er Banz und Michelsberg, griff er mit zehn altbayerischen Klostergründungen bis zur Donau und zum Inn.

Die Benediktiner nach der Hirsauer Regel zogen vor allem in der Ostmark auf: in Millstatt in Kärnten und St. Paul im Lavanttal, in Göttweig und Admont, in Melk, Seitenstetten und Garsten. Und immer wieder haben wir den Fall, daß die Klöster zunächst als weltliche Chorherrenstifte gedacht waren, aber erst mit den Benediktinern in die Höhe kommen. Im eigentlichen Altbayern gewannen die Hirsauer erst nach 1100 so recht an Boden, fanden aber in Otto von Bamberg einen entscheidenden Förderer. Man darf nur an Ensdorf, Prüfening, Biburg, Mallersdorf oder Asbach erinnern.

Mit dem strengen Auslegen der Benediktinerregel brach aber auch der alte Gegensatz zwischen Mönchtum und Seelsorge neu hervor, und gerade im Kreis um Papst Gregor VII. suchte man nach einer Form, die Weltpriestertum, Ordensgelübde und gemeinsames Leben zur Einheit zusammenzwingen konnte. Das Ergebnis war die Augustinerregel, die Bischof Altmann als erster über die Alpen brachte. Noch vor 1073 gründete er in seiner Stadt Passau mit St. Nikola das Musterkloster der Augustinerchorherren; 1085 holte Herzog Welf den Orden nach Rottenbuch im Ammergau. Die beiden Stifte überstanden alle Fährnisse des großen Kirchenstreites, und nach seiner Rückkehr aus der Verbannung nahm Konrad von Salzburg das Werk Bischof Altmanns wieder auf. Von St. Nikola aus konnten St. Florian, Klosterneuburg und Herrenchiemsee besetzt werden, von Rottenbuch aus Berchtesgaden, Baumburg, Gars, Dießen und Rebdorf. Allein in der Salzburger Kirchenprovinz wuchsen in diesem 12. Jahrhundert vierzig Chorherrnstifte aus dem Boden, so daß Bayern geradezu als Heimstätte des neuen Ordens gelten durfte.

Mönchtum und Seelsorge hieß das eine Problem, das die Reform aufwarf – Mönchtum und Armut das andere. Wenn noch Wilhelm von Hirsau über den Büchern gesessen war, gegründet und geherrscht hatte, so zog 1115 der heilige Bernhard mit einem Trupp Getreuer das Seitental der Aube hinauf und schuf mit eigener Hände Arbeit das »Tal der bitteren Kräuter« um zum »lichten Tal« – zu Clairvaux. »Was ist das für ein Mönchtum: den Acker pflügen, den Wald roden, den Mist fahren!« höhnte man in Cluny und umriß damit doch nur das großartige Arbeitsethos des neuen Ordens der Zisterzienser. Und wie die Zisterzienser die strengere Richtung des benediktinischen Mönchtums darstellen, so formten die Prämonstratenser die Augustinerregel schärfer aus. Freilich, beide Orden waren viel stärker von Frankreich und Lothringen her bestimmt als die Augustinerchorherren oder die Hirsauer Reformbenediktiner, und ihre neuen Mönche zogen unmittelbar vom französischen Westen her in Süddeutschland ein.

Ebrach am Steigerwald und Salem am Bodensee wurden die beherrschenden Zisterzienserabteien des deutschen Südens. Ebrach konnte schließlich auf acht Tochter- und 23 Enkelgründungen hinweisen, darunter Aldersbach im Vilstal, Plaß in Böhmen, Eytheeren in Holland, die fränkische Dreiheit von Langheim, Heilsbronn und Bildhausen. Das Musterkloster zisterziensischer Bodenkultur aber war Waldsassen auf dem Nordgau, die Gründung Diepolds III. von Vohburg. Daneben griffen die Prämonstratenser aus und machten vor allem zwischen 1130 und 1150 ihre Eroberungen: Osterhofen, Windberg, Schäftlarn, Neustift, Speinshart, Steingaden. Hinter jeder Gründung standen dabei befruchtend und fördernd die schwäbischen Prämonstratenserabteien Ursberg und Rot.

Von den Benediktinern in Millstatt bis zu den Zisterziensern von Waldsassen: selbst wenn man nur die Namen der Klöster herzählt, ist es mehr als eine dürre Übersicht – nämlich ein Stück bayerischer Kulturgeschichte selber. Man müßte einmal den einzelnen Klöstern nachgehen, müßte aufzeigen, wie sich in jedem der Ruhm und der Glanz einer ganzen Landschaft wie in einem Brennspiegel sammelt, dann könnte man ungefähr ausmessen, welch innerer Reichtum Bayern mit dieser dritten Klosterwelle zugewachsen ist.

Im großen Streit zwischen Kaiser und Papst war es das erste Mal im Mittelalter, daß man nicht nur die Spieße und Schwerter zählte sondern auch jede scharfe Feder als willkommenen Zuzug rechnete. Eine hohe Zeit für alle Streitschriftenschreiber und Traktatverfasser! Aber Bayern blieb merkwürdig still. Erst als die Wetter verrollt waren, fühlte man auch hier den Drang, sich in den Anfang des großen Kirchenstreites zurückzuversetzen und Männer und Leidenschaften noch einmal vorüberziehen zu lassen. Man beschrieb das Leben Altmanns von Passau und Gebhards von Salzburg; Propst Gerhoch von Reichersberg aber wurde nach 1130 zu einem der führenden Polemiker und Publizisten der Zeit. Voll Eifer für die Reform stritt er für das Chorherrnwesen und die Augustinerregel; voll Mißtrauen gegen das Neue stand er der heraufkommenden scholastischen Theologie schroff entgegen. In Propst Folmar von Triefenstein fand Gerhoch schließlich den Gegner fürs Leben: hier er, der breite Altbayer, kauzig, derb, griesgrämig selbst im Humor, dort der bewegliche Mainfranke, gescheit und eitel, voll ironischer Lichter ...

Die ganze Fülle der Zeit aber greifen wir erst im Werk des Bischofs Otto von Freising. Als Sproß des babenbergischen Hauses und Halbbruder des Staufers Konrad wurde er schon im Knabenalter Propst von Klosterneuburg, ging dann auf die hohe Schule nach Paris und hörte dort die bedeutendsten Philosophen und Theologen seiner Zeit. Auf der Heimreise nach Österreich kam er zufällig ins Waldkloster Morimund an der Grenze von Lothringen und Burgund, und das strenge Leben der Zisterzienser ergriff ihn mit solcher Macht, daß er selber das Ordenskleid nahm. 1139 wurde er Abt von Morimund, noch im selben Jahr holte man ihn auf den Freisinger Bischofsstuhl. Er jagte dem aufsässigen Adel das Kirchengut ab, brachte die Domschule zu neuem Glanz, führte auf dem Zweiten Kreuzzug ein Ritterheer durch die anatolischen Berge. Ein Frühvollendeter, ist Otto von Freising auf dem Weg zum Generalkapitel 1158 in Morimund gestorben, erst 46 Jahre alt.

Und dieser Mann mit seiner Blickweite und seinem Anhang unter den Großen des Reiches schrieb zwischen 1143 und 1146 seine berühmte »Chronica« – eine Weltgeschichte von Anfang der Zeiten bis zu König Konrad III. Es ist das erste Geschichtswerk des Mittelalters, das nicht Einzelheiten aneinanderreiht, sondern die ganze Vielfalt des Geschehenen von einem großen Grundgedanken her zu durchleuchten sucht. »De duabus civitatibus« heißt der Untertitel, »Von den zwei Staaten«, und wie einst Augustin, so begreift auch Otto von Freising alle Geschichte als ein tragisches Ringen zwischen Gut und Böse, zwischen Weltstaat und Gottesstaat. Für ihn, den Reichsbischof und Angehörigen des Kaiserhauses, zielt letztlich die ganze Weltgeschichte hin auf die Verwirklichung des staufischen Reiches – ja der Begriff des Gottesstaates und der Reichsgedanke sind ihm eigentlich eins. Und doch: je näher Otto den eigenen Tagen kommt, desto deutlicher werden ihm die Risse und Sprünge im Bau dieses Reiches. Er erkennt, wie unheilvoll Gut und Böse ineinander verstrickt sind, sieht bereits den Antichrist und das Ende der Zeiten. So liegen über den acht Büchern der »Chronica« tiefe Schatten. Es ist weher Pessimismus, Greisenstimmung, aber doch jener schöpferische, hoffnungsüberstrahlte Pessimismus des gläubigen Menschen, der immer wieder versucht ist, die Dinge dieser Welt prüfend gegen das Ewige zu halten.

Otto von Freising erlebte aber noch die ersten glücklichen Jahre seines Neffen Friedrich Barbarossa, und es war ihm dabei, als ob nach langer, finsterer Nacht noch einmal ein reiner Morgen heraufstiege. Das Reich schien Wirklichkeit zu werden. Diese Stimmung trägt das zweite Geschichtswerk Ottos von Freising, die »Gesta Fre-

Kaiser Friedrich Barbarossa und Bischof Otto –
Freising, Dom (V)

Herzog Ludwig der Kelheimer und Ludmilla von Bogen –
Kloster Seligenthal (VI)

clerici«. Es ist die »heitere Historie« von den Taten des Kaisers. Rahewin, sein Hofkaplan, Geheimschreiber und Notar, hat nach Ottos Tod das Werk fortgesetzt.

Er habe den unseligen Sinn der Ereignisse ausgesponnen wie ein Trauerspiel, konnte Otto von Freising im Begleitbrief zu seiner »Chronica« schreiben, und tatsächlich schreitet sein Buch der bedeutendsten dramatischen Dichtung des Mittelalters, dem »Antichristspiel«, deutlich voraus. 1189, als Kaiser Friedrich Barbarossa auf dem Weg ins Heilige Land auch den stillen Klosterwinkel durchzog, werden die Tegernseer Klosterschüler das Spiel vor der Abteikirche zum erstenmal aufgeführt haben. Auch hier das Gegenüber von Gut und Böse und die apokalyptische Vision vom Ende der Zeiten und vom Trugreich des Antichrists. Aber schon schlug jetzt, am Ausgang der großen Klosterzeit, das Neue durch die lateinischen Verse: Schwertstolz und Ritterart, der Glanz des staufischen Weltkaisertums.

Das Jahrhundert der Welfen

Bald der Kaiser als Träger der Herzogsgewalt, bald ein naher Verwandter des Herrscherhauses, stammfremde Lothringer und Sachsen, unmündige Königsknaben, auf knapp siebzig Jahre zehn leere Namen und Daten – das ist bayerische Fürstengeschichte von Kaiser Heinrich II. zum Investiturstreit. Erst 1070 wurde wieder für ein oberdeutsches Geschlecht der Weg zur Herzogsgewalt frei: für die Welfen. Zu Goslar im Harz übertrug Kaiser Heinrich IV. dem Grafen Welf das bayerische Herzogtum und mit ihm, wie die Zeitgenossen meinten, die »glänzendste und am höchsten geachtete Würde im Reich«.

Eigentlich ein schwäbisches Geschlecht, diese Welfen, um Ravensburg daheim. Aber schon von alters her griff ihr Hausgut auch weit ins Bayerische herüber, ballte sich um Lech und Ammer zum geschlossenen Besitztum zusammen. Dazu kam eine stolze Ahnenreihe, die bis in die Karolingerzeit zurücklief. Freilich, der welfische Mannesstamm war schon 1055 erloschen, und der neue Bayernherzog war strenggenommen kein Welfe, sondern ein Este: der Sohn aus der Ehe der Welfin Kunizza mit dem Markgrafen Azzo II. von Este. Und immer wieder sollte in dieser jüngeren Welfenlinie das italienische Erbe durchschlagen, rein äußerlich in der kleinen Gestalt und dem dunklen Haar, wesensmäßig in der unbeugsamen Härte und einem fast römischen Stolz.

Weit entfernt von der selbstverständlichen Reichstreue der bayerischen Großen, versuchte der neue Herzog sofort ein doppeltes Spiel und tat insgeheim dem König Abbruch, wo er nur konnte. Für Welf I. war der Beginn des großen Kirchenstreites wie die Befreiung von einem Alp. Der innere Gegensatz zur Reichsgewalt, Bindungen der Este an die römische Kurie, vielleicht auch die Erinnerung an die königsgleiche Stellung der alten Bayernherzöge – alles mußte ihn ins päpstliche Lager hinüberziehen. Aber im Widerspruch mit den eigenen Großen konnte diese Politik dem Welfen nur sein Land kosten. Es ist das Bild, das wir im vorigen Kapitel zeichneten: während der abgesetzte Herzog grollend auf seinen schwäbischen Gütern saß, warfen sich die bayerischen Kriegsleute in die Schlachten Heinrichs IV. Trotzdem schien sich dem Welfen die große Wendung zu bieten, als 1089 der Papst zwischen dem 17jährigen Herzogssohn und der 43jährigen Markgräfin Mathilde von Tuszien eine Heirat vermitteln konnte. Und mochte man sich in Regensburg oder Köln ausschütten vor lauter Lachen: die Markgrafschaft Tuszien von Perugia bis zum Po, die oberitalienischen Hausgüter der Este, dazu die bayerisch-schwäbische Stellung der Welfen, das war jener oberdeutsch-langobardische Machtblock, der schon seit Agilolfingertagen immer wieder durch alle politischen Konzepte schimmert.

Doch die großen Pläne zerrannen, als Herzog Welf erkennen mußte, daß die Mathildischen Güter nicht ihm zugedacht waren, sondern dem Papst. Der Sohn löste die Vermählung; der Vater war in seiner Enttäuschung sogar bereit, seine ganze Politik herumzuwerfen und den Frieden mit dem Kaiser zu suchen. 1096 erhielt er das Herzogtum zurück. Und ihn, den kühlen Rechner, riß jetzt in seinen alten Tagen auf einmal die Kreuzzugsbegeisterung mit sich fort. Auf die Kunde vom Fall Jerusalems ließ auch er sich das Kreuz an den Mantel heften und brach nach dem Heiligen Lande auf. Es war der erste deutsche Kreuzzug überhaupt. Doch es gab ein grelles Ende. Der Erzbischof Thiemo von Salzburg wurde vor Askalon abgefangen und zu Tode gemartert; der Herzog selber starb bei der Heimreise auf Zypern. Im französischen »Chanson d'Antioche« klang lange die Erinnerung nach, wie die Bayern und Provenzalen Schulter an Schulter gegen die Heiden gefochten hatten.

Daheim folgte Herzog Welf II., der einstige Gemahl der Mathilde von Tuszien. Er war ein richtiger Hamlet-Typ, gutmütig und dick, mehr Freund der langen Unterhandlungen als der offenen Gewalt. An seinem Hof zu Regensburg, wo bayerisches, schwäbisches und italienisches Wesen sich seltsam mischte, holte sich der ganze junge Reichsadel den letzten Schliff. Und selbst als Kaiser Heinrich V. die umstrittenen Mathildischen Güter kurzerhand fürs Reich einzog, behielt die bayerische Politik ihre ruhige Stetigkeit, die nur bestimmt war von der unbedingten Treue zum salischen Haus.

Es war eine Linie, die auch Herzog Heinrich der Schwarze, 1120 bis 1126, der Bruder und Nachfolger, weiterführte. Wie Welf II. suchte auch er immer wieder zwischen Papst und Kaiser ins Mittel zu gehen. Bezeichnend, wie gerade dieser Heinrich der Schwarze als alter Mann ruhig die Mönchskutte nahm und ins Kloster Weingarten als Laienbruder eintrat. Und doch ist es gerade Heinrich der Schwarze gewesen, der die Stellung des welfischen Hauses für Generationen festlegte. Nach dem Aussterben der Salier war er nämlich auf der Mainzer Königswahl von 1125 im letzten Augenblick von der Partei seines staufischen Schwiegersohnes abgesprungen und zu Lothar von Sachsen übergegangen. Der Lohn war jetzt die Vermählung des Herzogssohnes mit Gertrud, der Erbtochter Lothars: die bayerisch-sächsische Doppelstellung des Welfenhauses begann sich abzuzeichnen und mit ihr der scharfe Gegensatz zwischen Welfen und Staufern.

Heinrich der Stolze, der neue Herzog und Schwiegersohn Kaiser Lothars, war dann der machtvollste Fürst, der seit langem über Bayern regiert hatte, ein harter, herrischer Mann, schroff im Auftreten wie im Gebieten. Wo immer Kaiser Lothar das Reichsbanner im Felde aufwarf, konnte er auf den Herzog zählen. Zunächst im großen Kampf mit den staufischen Brüdern, dann auf dem Römerzug von 1137. In Bologna wurde das Heer geteilt, und Heinrich der Stolze führte den Stoß in die Toskana hinein, dann seitwärts an Rom vorbei. Schon im August stand er vor Salerno. In seinem Gefolge der Papst und der heilige Bernhard von Clairvaux. Als auf dem Rückmarsch von Italien Kaiser Lothar in einem Bauernhaus zu Breitenwang bei Reutte plötzlich verstarb, stand Heinrich der Stolze auf einer Machthöhe, die ihn ganz von selber weit über sein Herzogtum hinausheben mußte. Sachsen mit allen Hausgütern der Supplinburger, dann Bayern und die oberitalienischen Besitzungen; dazu die Mathildischen Güter, die Heinrich seit 1137 als Reichslehen führte – es war ein Machtbereich, der sich von der Nordsee bis vor die Tore Roms erstreckte. Über der Herzogsstadt Regensburg aber, wo eben eine ganze Schule geistlicher Dichter an der Kaiserchronik schrieb, lag ein volles Schlaglicht bayerisch-welfischer Herrlichkeit.

Aber dieselbe Fürstenpartei, die bei der Wahl von 1125 Lothar auf den Thron gebracht hatte, überging jetzt Heinrich den Stolzen und erhob den Staufer Konrad zum König. Der Welfe war eben zu mächtig geworden und hatte sich – wie Otto von Freising meint – auf der Italienfahrt durch seinen Hochmut den Haß aller zugezogen. Wollte aber der erwählte Staufer gegen Heinrich den Stolzen überhaupt aufkommen, mußte er ihm eines der beiden Herzogtümer abfordern – also den offenen Kampf wagen. Trotz Reichsacht nahm Heinrich der Stolze alle Gegner an, und seine Stellung in Sachsen war kaum zu erschüttern, während sein Bruder, der Graf Welf, die bayerisch-schwäbischen Besitzungen zu behaupten suchte. Es waren jene sagenerfüllten Tage, wo die treuen Weiber von Weinsberg ihre Männer zur Burg hinaustrugen und der Schlachtruf »Hie Welf! – Hie Waibling!« durch ganz Oberdeutschland gellte.

Freilich, Heinrich der Stolze starb mitten im Ringen 1139 zu Quedlinburg im Harz, und der Herzogin-Witwe blieb kein anderer Ausweg als der Frankfurter Vergleich, der ihrem Sohn wenigstens Sachsen rettete. Bayern selber hatte König Konrad schon 1139 an den Babenberger Leopold IV. gegeben, den gut staufisch gesinnten Markgrafen von Österreich. Als Leopold schon nach wenigen Jahren starb, folgte ihm sein Bruder Heinrich, der Jasomirgott. Zudem saß der dritte babenbergische Bruder, der große Otto, bereits seit 1137 auf dem Bischofsstuhl von Freising. Aber wie schon Kaiser Otto II. die Erhebung Heinrichs des Zänkers benutzt hatte, um Kärnten von Bayern abzusprengen, so gab dieser Herzogswechsel von 1139 den Staufern Gelegenheit, auf dem Nordgau Fuß zu fassen. Und jede Vogtei, die man hier einsteckte, jede Burg, die man hier gewann, ja noch der letzte Bodenstreifen, der zu erraffen war, wurde zum Baustein für die große staufische Landbrücke von Eger hinüber nach Nürnberg. Den unmittelbaren Schaden mußten die Diepoldinger tragen, denen von ihrer Machtstellung auf dem Nordgau und im Egerland kaum mehr blieb als der leere Markgrafentitel und die Herrschaft um Vohburg, Nabburg und Cham.

Doch der Streit um das Herzogtum war trotz Frankfurter Vergleich nicht aus der Welt geschafft, denn mochte auch die Herzogin auf Bayern verzichten und selber den Jasomirgott heiraten, Graf Welf hielt die Ansprüche seines Hauses aufrecht bis zuletzt. Und kaum mündig geworden, fing auch der Sohn Heinrichs des Stolzen an, sein zweites Herzogtum zurückzufordern – es war jener junge Heinrich, den man bald »den Löwen« nennen sollte. Der Kreuzzug 1147/48 hielt noch einmal die Waffen auseinander, aber solange Konrad III. regierte, wurde keine Ruhe mehr. Für Friedrich Barbarossa, den neuen König, konnte es deshalb nur eine Aufgabe geben: Welfen und Babenberger miteinander aussöhnen und dem Reich den Frieden geben. Otto von Freising stand ihm dabei mit ehrlichem Herzen zur Seite. Nach langen Verhandlungen 1156 der glänzende Reichstag zu Regensburg, wo Heinrich Jasomirgott Bayern an Heinrich den Löwen zurückgab. Die babenbergische Markgrafschaft Österreich aber wurde aus dem Landesverband gelöst, zum selbständigen Herzogtum erhoben und mit Privilegien ausgestattet, die den Jasomirgott zum ersten Eigenherrn des Reiches machten.

Gewiß, diese Trennung von Ostmark und Altsiedelland hatte sich seit Jahrhunderten vorbereitet und war auf die Dauer kaum zu vermeiden, aber jetzt nahm das neue Herzogtum dem alten Bayern doch Luft und Weite, ja überhaupt jede Möglichkeit, nach Osten auszugreifen. Und wie sollten die Welfen einen neuen

Schwerpunkt bilden, wenn ihr ganzer Hausbesitz am äußersten Westrand des Herzogtums lag und Grafen wie die Wittelsbacher oder die Andechser inzwischen schier mächtiger geworden waren als sie selber! Nicht Bayern wurde so für den jungen Herzog Heinrich das Exerzierfeld seiner Politik, sondern Sachsen mit seinem zukunftsträchtigen Elbeland. Wenn um den Erzstuhl von Bremen oder Magdeburg gewürfelt wurde, es um Wagrien oder Pommern ging, konnte Bayern dem Löwen kaum mehr bedeuten als ein fernes Nebenland drunten am Alpensaum. Vielleicht dreimal in seinem ganzen Leben, daß sich der Herzog für etliche Monate in Bayern aufhielt; sonst blieb es bei flüchtigen Besuchen, wenn es nach Italien ging oder ein kaiserlicher Hoftag rief. Dieser Heinrich der Löwe, in dessen Person sich das welfische Blutserbe in so großartiger Einseitigkeit ausformte, schien fast vergessen zu haben, daß er der ferne Enkel eines Azzo von Este war.

Wo der Löwe dennoch in Bayern zupackte, ging es ihm um den Einfluß auf die großen Fernstraßen und den süddeutschen Warenhandel – um bayerische Hilfsquellen für seine sächsischen Aufgaben. Man machte Salzpolitik – etwa wenn der Herzog die Hand auf die Salzpfannen von Reichenhall legte oder mit dem Einziehen der Grafschaft Burghausen die Hallfahrten auf der Salzach unter seine Kontrolle brachte. Dazu sicherte er die Salzstraße, wie sie quer durchs Land lief bis hinüber zum Lech und den Welfenbesitzungen in Oberschwaben. Nur in Oberföhring, wo ebendiese Salzstraße über die Isar setzte, hatten seit alters die Bischöfe von Freising Markt und Zollstätte und wollten keinen Schritt zurückweichen. So der gelle Überfall des Frühjahrs 1158. Föhring wurde niedergebrannt, die Brücke abgeworfen, Handelsplatz und Salzstraße eine Stunde flußaufwärts nach dem herzoglichen München verlegt, einem bloßen Bauerndorf, das seinen Namen von den Tegernseer Mönchen herleiten mochte. Wie droben an der Ostsee Lübeck, so kam auch hier an der Isar der neue Ort rasch empor und erhielt noch unter Heinrich selber die erste Ummauerung. Und ob es Otto von Freising war oder Wichmann von Magdeburg, der gegen den Löwen Klage erhob, der Kaiser suchte immer wieder in Güte zu vermitteln und den Welfen zu decken. Die stillschweigend anerkannte

Abgrenzung eines norddeutsch-welfischen und eines süddeutsch-staufischen Einflußgebietes gab den Verhältnissen im Reich auf Jahre hinaus ein ruhiges Gleichgewicht. »Fülle des Friedens« können die Jahrbücher der bayerischen Klöster immer wieder anmerken.

Zum Bruch kam es erst 1176 in Chiavenna, als der Kaiser den Herzog, der sich schon seit fünfzehn Jahren von jedem Römerzug ferngehalten hatte, um Waffenhilfe bitten mußte und zur Antwort nur ein hartes Nein bekam. Vom Glück verwöhnt, im Vollgefühl eigener Kraft, war der Welfe längst über die Stellung eines Reichsfürsten hinausgewachsen. Als jetzt 1180 die sächsischen Großen mit neuen Klagen kamen, ließ auch der Rotbart dem Recht seinen ruhigen Lauf, und die Welfenmacht brach zusammen wie ein Kartenhaus. Am Ende die Verbannung. Voll eiserner Willenskraft und stolzem Selbstbewußtsein, rücksichtslos in seiner Selbstsucht und erbarmungslos in seinem Haß, war Heinrich der Löwe ein Mann, der kein kleines Maß verträgt – und unter allen Bayernherzögen des Mittelalters zweifellos »die stärkste und eigenartigste Persönlichkeit« (Riezler). Doch in Bayern war der Herzog längst so fremd geworden, daß man jetzt seinen Sturz nur mit einem Achselzucken hinnahm. Man hatte den Löwen da bewundert, dort gefürchtet, geliebt hatte ihn keiner.

Mag auch dieses große Widerspiel zwischen Friedrich Barbarossa und Heinrich dem Löwen in seinen Einzelheiten mehr in die Reichsgeschichte gehören als in die bayerische, das Jahr 1180 bleibt in der Geschichte des Herzogtums doch ein entscheidender Einschnitt. Schon der September 1180 brachte ja den Tag von Altenburg in Thüringen, wo der Rotbart den Grafen Otto von Wittelsbach mit dem bayerischen Herzogtum belehnte. Freilich, der Kaiser mußte nicht nur die Wittelsbacher für ihre Treue belohnen sondern auch die Ottokare drüben in Steyr. Sie waren die Herren im alten Traun- und Attergau, hatten dazu seit 1050 auch ein gutes Stück von Karantanien erworben: jetzt wurde ihr ganzes Gebiet als Steiermark zum eigenen Herzogtum erhoben.

Im Grunde war es ein ständiges Abbröckeln. Zuerst Kärnten und Friaul, dann Österreich, jetzt die Steiermark, später Tirol. Bayern war nicht mehr das machtvolle Stammesherzogtum zwischen Etsch und Eger, Lech und Leitha, sondern der abgeschlossene, festgefahrene Binnenstaat, dessen Enge zu sprengen, sich die Herzöge des 13. und 14. Jahrhunderts genauso zu mühen hatten wie später die Kurfürsten des 17. und 18. Jahrhunderts.

12. KAPITEL

AUF DER HÖHE DES MITTELALTERS

Adel und Bauern

Die Geschichte des hohen Mittelalters ist nicht Volksgeschichte, sondern Adelsgeschichte, eine Geschichte der Kaiser und Herzöge, Grafen und hochfreien Herren. Wenn auch die Lex Baiuvariorum bis in die Stauferzeit weiterlebte, so hatte sich doch seit Karl dem Großen eine wichtige gesellschaftliche Umschichtung vollzogen: nämlich das Absinken der sogenannten »Herzogsfreien« und der steile Aufstieg eines engen Clans miteinander versippter und verschwägerter Geschlechter. Kriegsdienst leisten hieß ja jetzt Reiterdienst tun, auf lange Zeit und an fernen Grenzen, und wie hätte dafür ein einzelnes Hofgut die Grundlage abgeben können? So suchte man den Schutz eines mächtigen Herrn, eines Gotteshauses womöglich, und ließ sich die lästige Heerespflicht gegen Zins und Gilt abnehmen. Jahraus, jahrein hinterm Pflug, der Waffen entwöhnt und verbauert, waren die alten Herzogsfreien bald nicht mehr von den anderen Hörigen zu unterscheiden. Höchstens, daß ihnen ein besseres Besitzrecht blieb und die Bezeichnung »Barschalken« in den Urkunden auf die einstige Herzogsfreiheit deutete. Und war die Grundherrschaft schon für die Anfänge der bayerischen Geschichte bestimmend gewesen, mit dem Ende des 8. Jahrhunderts wurde sie zur durchgängigen Wirtschaftsform.

Aus den alten »Nobiles« aber wuchs jetzt der bayerische Hochadel heraus – jene stolzen Geschlechter mit oder ohne Grafentitel, die den Staat eigentlich in Händen hielten, die Klöster gründeten, das Siedelwerk vorantrieben. Überall, wo sich ihr Grundbesitz zusammenballte, reckten sich ihre Höhenburgen auf, und seit 1100 führten die Grafen und Herren, die man früher nur mit dem Rufnamen gekannt hatte, auch den Namen der Burg, auf der sie saßen. Gerade bei den machtvollsten dieser Dynasten mochten die Blutströme bis in die Heldenzeit der bayerischen Wanderung zurückreichen, und in einer Familie wie den Ebersbergern dürfen wir unbedenklich die Nachkommen der Fagana sehen. Die Grafen von Andechs aber trugen – ebenso wie die Wittelsbacher – das Erbe der Huosi weiter, und ihre Tatgewalt lebte sich aus in der ganzen Weite des Reiches. Graf Rasso war einer der Ersten im Kampf gegen die Ungarn gewesen; der sechste Berthold hatte auf dem Kreuzzug von 1189 dem dritten Heerhaufen das Reichsbanner vorangetragen, sich im Kampf gegen Türken und Byzantiner mit Ruhm bedeckt; Otto wurde 1208 Graf von Burgund; der siebte Berthold war Parteigänger Kaiser Friedrichs II. und Patriarch von Aquileja. Das ganze Streben dieser Andechser aber zeigt sich in den Heiraten ihrer Töchter: Agnes wurde Königin von Frankreich, Gertrud Königin von Ungarn, Hedwig aber, die junge Hedwig, folgte 1186 dem Herzog Heinrich nach Liegnitz und wurde zur Herzogin und Mutter Schlesiens.

Im selben Maß, wie sich die hochfreien Herren abschlossen, wuchs ihnen von unten der Stand der Dienstmannen oder Ministerialen entgegen. Es waren durchwegs Unfreie, nur daß sie für einen Großen das Schwert führten, Reiter- oder Ritterdienst taten, sich auch in der Verwaltung brauchen ließen und damit ganz von selber aus der Masse der Zinsbauern und Hörigen hervortraten. Die geistlichen Hochstifte, die weit mehr als die weltlichen Herren dem Dienste des Reiches verpflichtet waren, prägten sehr früh den Stand der Ministerialen aus. Schon um 900 galt der Reiterdienst am Freisinger Bischofshof als eine Auszeichnung, und unter dem großen Bischof Abraham wurde der Freisinger Hofstaat ganz nach dem Muster des kaiserlichen ausgestattet. Erzbischof Konrad I. von Salzburg, selber ein Herr von Abenberg, soll 1106 mit nicht weniger als tausend Rittern in seine Residenzstadt eingezogen sein. Die weltlichen Herren griffen das Vorbild der geistlichen auf, und zuletzt gab es kaum ein größeres Dorf, in dem nicht ein Dienstmann gesessen wäre. Freilich, der Herr konnte auch über den Ministerialen verfügen wie über jeden anderen Unfreien, konnte ihn verkaufen, verpfänden, verleihen, vertauschen. Es waren Rechtsverhältnisse, die uns Heutige eigentümlich berühren, aber es wird schwer sein, auch nur ein einziges Beispiel beizubringen, daß ein Höriger als Ware behandelt oder gar ein Geschäft mit ihm beabsichtigt worden wäre.

Und gerade die ritterlichen Dienstleute waren alles andere als ein entrechteter Haufen. Sie besaßen Güter zu Lehen und hatten oft ein bedeutendes persönliches Eigentum; in den Hochstiften haben sie die Bischofswahlen wohl stärker beeinflußt als der Klerus selber. Mit Siegfried von Fraunberg, dem Erben der Gurren zu Haag, kam 1245 ein herzoglich bayerischer Dienstmann sogar zum Grafenamt. Immer häufiger mögen auch Sprossen hochfreier Geschlechter ins Ministerialenverhältnis übergetreten sein. Die mit den Fagana versippten Preysing finden wir schließlich im Gefolge der Wittelsbacher; die Törring, die ihren Stammbaum bis in die Tage Tassilos zurückführten, wurden Dienstmannen der Markgrafen von Kraiburg und der Erzbischöfe von Salzburg. Man kann verstehen, wie sich die Geltung des Standes entscheidend hob. Gerade die Reichsministerialen spielten eine bedeutende Rolle. Schon seit der Mitte des 12. Jahrhunderts führten die Ministerialen den Titel »Herr« wie einst nur freie Personen. Erfüllt von Schwertstolz und Berufsadel, haben Dienstleute aus bayerischem Stamm die erste Blüte deutscher Dichtung getragen. Das Geschlecht Wolframs von Eschenbach etwa muß zur bayerischen Ministerialität der Grafen von Hirschberg gehört haben; nach Pleinfeld und Eschenbach versetzt, wird schließlich die Familie mit dem dortigen Besitz an die Grafen von Wertheim gekommen sein.

Während die Grafen und Reichsbischöfe mit ihren Gefolgsmannen in die Lombardei hinabritten oder auf Kreuzfahrt gingen, führten daheim ihre hörigen Bauern den Pflug, als ob es auf der ganzen Welt nichts gäbe außer ihrem Stück Ackerland und den ziehenden Wolken darüber. Schlichte, wortkarge Bauernarbeit hat den

Osten erschlossen und in einer letzten Rodungswelle auch im Altsiedelland frischen Boden gewonnen. Hinter den Bauern stand dabei die festgefügte Grundherrschaft, und ihre wirtschaftliche Kraft erst ließ das Werk auch gelingen. Mit der Hände Arbeit allein war es nicht getan; man brauchte Saatgut und Getreide, Vieh und Fahrnis, Hilfe in allen Rückschlägen, bis dann der neue Boden selber seine Früchte trug. Abt Gotthard von Niederaltaich gewann so allein am Helmgersberg, dem heutigen Hengersberg, dreißig Mansen neues Land; Benediktbeuern und Schlehdorf rangen nach 1098 die Lichtung am Westufer des Walchensees dem Urwald ab, die Klöster Polling und Wilten stießen gegen Ende des 12. Jahrhunderts in die Leutasch vor; wie Graf Hermann von Kastl das Leitzachtal mit Axt und Feuer der Kultur gewann, hat uns Konrad von Scheyern erzählt. Aber selbst im Waldhügelland zwischen Isar und Inn gehören viele Einzelhöfe auf –ing, die man lange in die Zeit der Landnahme verwies, erst diesem Landausbau des 11. Jahrhunderts an.

Erst mit dem 13. Jahrhundert trat ein Stillstand ein. Kaum, daß noch da oder dort eine bäuerliche Ortschaft neu erwuchs. Und gleichzeitig begann das Sterben der alten Adelsgeschlechter. Nicht nur der Blutzoll auf den Schlachtfeldern der Lombardei oder Palästinas trug daran die Schuld sondern auch die Machtpolitik der einzelnen Häuser, die ihre nachgeborenen Söhne vom Heiraten abzuhalten suchten. Man darf nur auf Niederbayern sehen: 1100 hatte es hier an die 100 hochfreie Familien gegeben, 1200 waren es noch 27, 1300 nur noch sechs. Wie Erich von Guttenberg einmal sagte: »Was die erloschenen Namen und den wetteifernden Ehrgeiz ihrer Träger überlebt, ist das stille Bauernwerk der inneren Kolonisation, dem sie als Führer und Hüter die Wege gewiesen.«

Bayerische Romanik

Die spärlichen Zeugnisse früher Kunst: hier ein paar verstreute Baunotizen, da oder dort ein Stück altes Mauerwerk, der Tassilo-Kelch oder die Fresken von Naturns – meist ist es mehr ein Raten als ein Wissen. Erst mit dem 11. Jahrhundert setzt eine feste Werkreihe ein, geprägt vom romanischen Stil, seiner herben Größe und weltentrückten Weihe.

So erstand nach der Jahrtausendwende der Neubau des Domes von Augsburg, dessen Langhaus, schlicht und gelassen, auch heute noch die Klarheit seiner einstigen Ordnung ahnen läßt. 1035–41 errichtete Tegernsee seine neue Abteikirche, die an Größe in ganz Süddeutschland nicht ihresgleichen hatte. Zum eigentlichen Kunstmittelpunkt, zur Stadt der Bauherren und Baumeister, wurde aber Regensburg. Kaiser Heinrich der Heilige baute die dreischiffigen Pfeilerbasiliken des Obermünsters und der Alten Kapelle; zu St. Emmeram fügte Abt Reginward dem alten Langhaus das gewaltige Westwerk an, und Papst Leo IX., der bedeutendste unter den deutschen Päpsten des Mittelalters, nahm am 7. Oktober 1052 selber die Weihe vor...

Freilich, im breiten Altbayern, wo das Leben langsamer schreitet als etwa drunten in der Lombardei oder drüben am Rhein, wurde der romanische Stil erst mit dem 12. Jahrhundert zur vollen Erlebtheit. Vor der Himmelsweite der gestreckte Langhausbau, dazu das machtvolle Steigen romanischer Doppeltürme: so stellten jetzt einheimische Meister ihre Kirchen und Münster ins Land.

Die Frühe des Jahrhunderts wurde beherrscht von den Klöstern der Hirsauer Mönche, bei denen etwas wie Kampfstimmung auch über ihren Kirchenbauten lag. Unter der Obhut Ottos von Bamberg erbauten Reformbenediktiner das Münster von Prüfening, querschiffig, steil in den Verhältnissen. Über dem Hochschiff eine flache Balkendecke. Die übliche Krypta fehlt. In Niederbayern griffen Biburg und Windberg das Vorbild von Prüfening auf, in Kärnten St. Paul im Lavanttal; auch die Münsterbauten der neugegründeten Oberpfalzklöster von Kastl, Plankstetten und Reichenbach ließen etwas vom Geist des Hirsauer Mönchtums spüren.

Die eigentlich bayerische Romanik aber ist nicht so sehr vom Westen her bestimmt als vielmehr vom Süden, von der Lombardei. Nicht als ob die bayerische Kunst ein Ableger der lombardischen wäre: sie ist Ausfluß einer Werk- und Sinnesgemeinschaft, die bis in die Formen der Bauzier hineinreichte. Wie die Welfen das Ziegelwerk über die Berge holten, in Regensburg und Salzburg welsche

Meister bezeugt sind, so arbeiteten auch Bayern und Schwaben drunten in der Lombardei. Und ganz gleich, ob Regensburg oder Freising, Como oder Verona, das Verwandte ist überall abzulesen. Welfen- und Stauferwerk am Nord- und Südrand der Alpen! Im Kirchenbau hat man geradezu von einem »alpenländischen Grundrißschema« gesprochen: die dreischiffige Basilika ohne Querhaus, flachgedeckt und mit massigen Pfeilern, im Osten die drei halbrunden Altarräume in einer Flucht nebeneinander. Regensburg baute so die Basilika des Frauenstiftes Niedermünster. Draußen vor den Mauern erstand St. Jakob bei den Schotten, ein Kirchenbau, der lombardische Anregungen und die Kunst der Schottenmönche zu einem Werk voll körniger Eigenart zusammenschloß. Die Führung im 12. Jahrhundert aber hielt Salzburg.

Nach einer Reihe von Dombränden konnte hier Kardinal Konrad von Wittelsbach 1181 den neuen Bau beginnen: eine machtvolle Anlage mit vier Türmen, das Langhaus fünfschiffig wie Alt-St.-Peter in Rom, eine bleigedeckte Achteckkuppel über der Vierung. Auch das Zeno-Münster von Reichenhall und die Stiftskirche von Berchtesgaden gehören zur Salzburger Baugruppe, die sich vor allem nach Kärnten und in die Steiermark hinein auswirkte. Man darf nur an den Dom von Gurk erinnern, der mit seiner einzigartigen Krypta den säulenreichen Unterkirchen Norditaliens nacheifert.

Auf der schwäbisch-bayerischen Ebene dagegen wurde nicht in Haustein gebaut, sondern in Backstein. Die Abteikirche von Thierhaupten am Lechrain – noch vor 1170 – machte den Anfang. Das eindrucksvollste Bild aber gibt die Baugruppe um den Stauferdom von Freising mit Isen, Ilmmünster, Hohenwart und Moosburg.

Eine dritte Gruppe bilden die Welfenbauten im westlichen Landeswinkel: Steingaden mit seinem Münster, seinem Kreuzgang und der Grablege Graf Welfs VI.; Altenstadt am Lech, vom Welfensitz Peiting eine knappe Stunde entfernt, heute noch von einer überraschend geschlossenen romanischen Stimmungseinheit.

Und während man zu Gotteszell im Bayerischen Wald noch 1285 eine Kirche ganz nach der alten Grundrißordnung aufmauerte, fühlt man beim Hallenbau der Klosterkirche von Walderbach am Regen bereits um 1180 den Zug zur Gotik. Aber Walderbach ist eben ein Zisterzienserbau, und wo soll man französische Einflüsse besser spüren als hier! Das breite Land aber hielt mit stammeseigener Zähigkeit bis in die Zeit Kaiser Ludwigs hinein am romanischen Formengut fest.

Ja, die Landkirchen! Noch Bischof Altmann von Passau hatte in seinem Sprengel nur lauter Holzkirchen vorgefunden, und es mußte erst allerorts das Ziegelbrennen aufkommen, bis man auch in Keferloh oder Johannesbergham eine gemauerte Kirche bekam. Dabei blieb sich die Anlage immer gleich: ein rechteckiges Langhaus, flach gedeckt, meist so breit wie hoch, davor ein halbrunder oder rechteckiger Chor. Abgeschlossen und leutefern, lassen die Kirchenräume heute noch etwas ahnen vom Geist einer Zeit, die stets die Faust am Eisen hatte. Der ganze trotzige Mut des Sich-Wehrens verkörpert sich aber erst in den Turmkirchen mit ihren Zufluchtsräumen über dem Langhaus und den Schartenschlitzen in den Wänden. In Piesenkofen bei Mühldorf steht der stattlichste Bau dieser Art. Kirche und Wehrturm sind hier eins geworden... Von den Turmkirchen ist es dann nicht mehr weit zum anderen Steinwerk der romanischen Zeit, zu den Oberpfalzburgen. Da sind so klotzige, ins Würfelige gewachsene Blöcke wie Leuchtenberg oder Obermurach, da sind Raublöcher wie Wolfstein oder Prunn an der Altmühl, da ist Hirschberg mit der Faustgewalt seiner Torbauten. Burglengenfeld aber – hier saßen seit 1119 die Wittelsbacher über der Stadt! – kann heute noch eine Vorstellung geben, wie ein Ortsbild der Stauferzeit ausgesehen haben mag.

Wenn wir nun neben die Baukunst die Bildhauerei stellen, müssen wir uns noch einmal ins Regensburg des 11. Jahrhunderts zurücktasten. Der bereits genannte Abt Reginward von St. Emmeram ließ hier um 1052 für das Westportal seines Münsters die Monumentalfiguren von Christus, St. Emmeram und St. Dionys anfertigen – in Süddeutschland die ersten großen Steinbildwerke, die uns aus salischer Zeit überkommen sind. Ein gutes Jahrzehnt später richtete Wilhelm, der Hausastronom und nachmalige Reformabt von Hirsau, im Kreuzgarten von St. Emmeram sein Astrolab auf: ein hoher Steinpfeiler mit einer Kreisscheibe darauf, vor der ein

Mann kniet und nach den Sternen sieht. Viel mehr als nur ein astronomisches Lehrgerät, ist es eines unserer reifsten romanischen Bildwerke überhaupt. Nur einmal noch im 12. Jahrhundert klingt mit dem Barbarossa vom Westwerk des Freisinger Doms dieser Grundton an. Nicht das äußerliche Menschenbild oder die zufällige Wirklichkeit will man hier in Freising: das Persönliche wird ausgelöscht und alle Erinnerungen verdichten sich zu einem einzigen Bild, zu dem des Kaisers schlechthin.

Wichtiger erscheint aber, wie mit der staufischen Wiedergeburt auch das ganze Volksgut der Wanderzeit traumhafte Gestalt annimmt und sich auslebt im Zierwerk bayerischer Münster, ihren Portalen und ihren Säulenkapitälen. Nicht daß man dabei eine gerade Verbindung ziehen dürfte von den Gürtelscheiben und Schmuckplatten der Baiwarenzeit bis zum Bandwerk und Fabelgetier an den Wänden romanischer Münster, aber man spürt doch, wie diesen Steinmeißeln des 12. Jahrhunderts Erleben und Zierform vergangener Generationen noch zutiefst im Blut lagen. Dem eigenen Volksgut wurden die Anregungen der Fremde eingeschmolzen: die krause Phantastik iro-schottischer Buchmalerei oder die Löwen- und Greifsornamentik des byzantinischen Webwerks.

Wir könnten nach Biburg gehen oder Gögging bei Abensberg, nach Berchtesgaden oder nach Schöngrabern im Weinviertel. Über allem aber steht die starre Feierlichkeit des Regensburger Schottenportals oder die dämonische Kraft jener Mittelsäule in der Freisinger Domkrypta. Die Freisinger Bestiensäule: um vier Kanten herum der schreckhafte Kampf zwischen staufischen Rittern und drachenähnlichen Ungeheuern – Hände und Krallen ineinander verschlungen, grauenhafte Zähne und kalte Glotzaugen, Menschen, die als Opfer dunkler Mächte schicksalsergeben hinuntersinken. Es ist eine Kunst, der es nicht um Abgeglichenheit geht, sondern um eine letzte, fast barock übersteigerte Kühnheit des Ausdrucks. Nicht umsonst hat man gesagt, daß mit dem 12. Jahrhundert »das Wesen des Stammeseigentümlichen in der Kunst zum erstenmal eine noch faßbare Prägung erhielt« (Karlinger).

Um zu verstehen, wie das gemeint ist, darf man nur einmal die Kunst des fränkischen Bamberg gegen die Altbayerns halten. Nach dem Brand von 1185 erlebte ja Bamberg unter den Bischöfen aus dem Andechser Haus eine zweite große Dombauzeit, deren entscheidende Jahre sich etwa mit der Regierung Bischof Ekberts (1208 bis 1237) decken. Noch ganz in romanischen Formen fing ein oberrheinischer Meister mit dem Ostchor an, und unter immer neuen Planänderungen schritt der Bau nach Westen voran. Seit 1225 arbeitete ein Meister, der bei den Zisterziensern von Ebrach gelernt hatte und hinter aller Romanik schon das Gotische spüren läßt; um 1235 brach dann von Reims her die gotische Formenwelt selber ein. Und wie Bischof Ekbert fast sein ganzes Leben den Fuß im Steigbügel hatte, so bestimmt auch seinen Dom jene Weltläufigkeit fränkischen Blutes und staufischer Zeit, die weit abliegt von der schweren, eigensinnigen Bauernart altbayerischer Landmünster.

Regensburg beherrschte das 11. Jahrhundert, Salzburg das 12., im Bildhauerwerk des Bamberger Domes aber erfüllte sich das 13., das staufische Jahrhundert. Zwischen 1220 und 1230 entstanden die Schranken des Ostchores – je zwei Apostel oder Propheten, die im Streitgespräch einander gegenüberstehen. Am größten sind Hosea und Jonas: Hosea, der, schon zum Gehen gewandt, mit steiler Gebärde seinen Gedanken zu Ende führt, Jonas, der mit vorstoßendem Kahlkopf und loderndem Auge den andern gerade noch ausreden läßt...

Und neben den älteren Meister trat ein jüngerer, eine reiche, großartige Persönlichkeit, geschult in den Bauhütten um die Kathedrale von Reims. Seine Maria, hoch und stolz, im Faltenspiel des Mantels von reinster Musik; seine Elisabeth aber von solch schicksalswissender Ausdruckskraft, daß es »in der abendländischen Skulptur keinen Vergleich mehr gibt« (Jantzen). Dieser Meister war es auch, der um 1235 den »Reiter« meißelte – eine Gestalt voll bezwingender Größe und Einheit, kaum auszuloten in ihrer Spannung von äußerer Ruhe und innerer Bereitschaft zur Tat. Es war die reife Mittagsstunde deutscher Kunst, ihr »antiker Augenblick«, als dem Bamberger Meister das zeitlose Maß griechischer Bildwerke förmlich ins Blut fiel. In Altbayern mochte man höchstens in Regensburg von diesen Dingen ahnen, wo der Meister des Erminold-Grabmals die Entwicklung von Bamberg und Naumburg mit einem

 Manessesche Liederhandschrift, Wolfram von Eschenbach (VII)

her wolfran von Eschilbach. xlui

hinreißenden Finale beschließt. Ansonsten war das 13. Jahrhundert die Zeit der archaischen Lettnerfiguren von Wessobrunn und der volkstümlichen Holzkruzifixe von Haidstein oder Forstenried.

Das bayerische Bildhauerwerk hält eben nur selten den Vergleich aus mit dem, was die gleichzeitigen Malerschulen geschaffen haben. Ist uns schon für die Agilolfingerzeit die Wandmalerei überall bezeugt, so wurde jetzt, aus der geistigen Triebkraft der großen Reformen heraus, ein neuer Monumentalstil ausgebildet, der in Kraft und Größe »mit den Mosaiken der frühchristlichen Zeit verglichen werden kann« (Schindler). Das Bedeutendste bringt wieder Regensburg: den reichen, gedrängten Freskenzyklus der Allerheiligenkapelle am Dom und die düstere Glut der Prophetenbilder von Prüfening. Am Ende der Entwicklung die schon freieren, gelösteren Freskenkreise im Karner von Perschen bei Nabburg oder der Schloßkapelle zu Hocheppan im Überetsch. Die berühmten, auch in der Erhaltung einzigartigen Fresken von der Bischofsempore des Gurker Doms gehören in die Mitte des 13. Jahrhunderts; sie sind berührt vom Hauch der ersten Gotik und haben etwas geradezu Tänzerisches an sich.

Möchte man die geschlossene Entwicklungsreihe, so muß man freilich die ehrwürdigen Pergamentbände aus den bayerischen Klöstern aufschlagen und sich versenken in die Welt der alten Miniaturen. Waren ja bis zum Ende des 12. Jahrhunderts die Buchmaler oft zugleich die Meister der großen Wandmalerei. Am Anfang steht auch hier die Weltweite des Regensburger Heinrichskreises. Zu St. Emmeram, wo man schon seit Karolingertagen den berühmten »Codex aureus« in der Bücherlade hatte, ließ der Kaiser um 1010 für sein geliebtes Bamberg ein Sakramentar schreiben, ein Werk voll männlicher Kraft, durchdrungen von einem hohen Maß byzantinischen Kunstgeschmacks. Daneben steht die fraulich verklärte Gottesminne des Evangelienbuches der Äbtissin Uota von Niedermünster. Die gängige Form, langweiliger, aber auch derber und naturnäher, wurde dann von den Schreibstuben der bayerischen Landklöster gefunden. Tegernsee, wo Abt Ellinger selber der große Buchmaler war, schritt voran. Die anderen Klöster, wie Niederaltaich oder Seeon, folgten nach. Ein Buchmalerstil entstand, der ganz Bayern und Schwaben beherrschte und auch noch ins Böhmische hinübergriff.

Mit der Stauferzeit übernahm aber auch hier Salzburg die Führung, und zwischen 1140 und 1180 lebte sich eine einzigartige Schule aus. Jener große Wandmaler, der die Heiligenbilder von Kloster Nonnberg schuf, war ihr Lehrmeister, Erzbischof Konrad I., der Freund eines Gerhoch von Reichersberg, ihr Hauptförderer. Jetzt erst nahm man die byzantinischen Anregungen in letzter Tiefe auf, sprengte die Starrheit eingefahrener Formen und suchte nach neuem Leben. So entstanden Werke, wie die zweibändige Riesenbibel von Kloster Admont mit ihren 31 blattgroßen Buchgemälden oder das Chorbuch von St. Peter mit seinem Zyklus von 50 Federzeichnungen. Nach Kärnten, in die Steiermark, nach Altbayern strahlte diese Salzburger Schule machtvoll aus. Wie am Rhein die Kaiserdome, so bedeutete in Altbayern die Malerei die reife Höhe staufischer Zeit.

Das bayerische Wort

In der Lebensbeschreibung Bischof Altmanns erzählt der Mönch von Göttweig auch von jener großen Jerusalemreise, zu der 1064 Siegfried von Mainz und Wilhelm von Utrecht, Otto von Regensburg und Gunther von Bamberg mit Tausenden von Geistlichen und Laien die Donau hinuntergefahren waren. Unter den vielen Bayern und Franken in Bischof Gunthers Gefolge hätten aber zwei Männer hervorgestochen: Konrad, der spätere Propst von Göttweig, und »Ezzo, der Domscholaster, ein Mann, erfüllt von Wissen und Beredsamkeit, der auf der Fahrt in heimischer Sprache und voll Erhabenheit das Lied von den Wundern Christi dichtete...«

Dieses Bamberger Ezzo-Lied, das die Zeitgenossen so fortriß, daß alle »eilten, sich zu mönchen«, bezeichnet den großen Wendepunkt der deutschen Dichtung jener Zeit. Die lebenssatten Bilder des Ruodlieb-Dichters verblassen, und aus den Tiefen der Seelen löst sich eine neue geistliche Dichtung, verschlossen und herb wie die Kirchenbauten der Hirsauer Mönche. Und man schrieb nicht mehr Latein, sondern ein hartes, schmuckloses Deutsch, das kaum mehr sein wollte als eine gereimte Predigt. Der Stoffkreis ging dabei vom Anfang aller Dinge, »dem Anegenge«, bis hin zum Jüngsten Gericht.

Bezeichnend auch, wie von den fünf großen Sammelhandschriften der Zeit wohl eine aus Straßburg stammt, die andern vier aber alle aus dem bayerischen Osten, wo man von Bamberg und Salzburg her den neuen Mönchsgeist am machtvollsten spüren mochte. Hier, in den weltfremden Klöstern Kärntens und der Steiermark, war die Bibeldichtung zu Hause, und draußen im offenen Stromland von Melk lebte die Klausnerin Ava, mit ihrem »Leben Jesu« die erste Frau, die deutsche Verse fügte. Die am schärfsten umrissene Dichterpersönlichkeit ist aber Heinrich von Melk, der Zeitgenosse eines Otto von Freising und Laienbruder im Kloster, dem in langem Weltleben nichts Menschliches fremd geblieben war. Voll dröhnender Wortgewalt schwingt er über Geistliche und Ritter, Bauern und Handelsleute die Geißel seiner Scheltrede oder zeichnet barocke Bilder von Ekel und Verwesung: »Von des tôdes gehügede« – »Die Erinnerung an den Tod«.

Doch neben aller geistlichen Dichtung schwärmte immer noch das bunte Volk der Fahrenden und Spielleute durchs Land, im Burghof wie in der Baustube gern gesehen und wohlgelitten. Treuer als andere deutsche Landschaften hatte ja der bayerische Boden die Sagen der Frühzeit bewahrt, und nirgends konnte der Spielmann mit seinen Mären von König Etzel oder Herzog Ernst mehr Beifall finden als im Alpen- und Donauland. Schon bei Otloh von St. Emmeram werden die Spielleute genannt, und Meinhard von Bamberg hat selbst seinen geliebten Bischof Gunther einmal tadeln müssen wegen seiner eitlen Freude an Dietrich von Bern und den anderen »Lügengeschichten«. Natürlich wird Gunther, der Anreger des Ezzo-Liedes, das Heldenepos weniger auf dem Bamberger Domhügel gepflegt haben als auf seinen Besitzungen in Altbayern und Kärnten.

Mit den Stauferkaisern kam dann ohnedies die Zeit des höfischen Rittertums mit ihrer Freude am Schwert und am Aventüre-Reiten. Frau Welt trat wieder über die Schwelle. Frankreich wurde die Heimat der höfischen Sitte und der ritterlichen Troubadours, vorab die Provence, »dieses Land von Wein, Wald und fließenden Wassern«. Der Kreuzzug Herzog Welfs I. ließ die oberdeutsche Ritterschaft staunend zu den weltgewandten Provenzalen aufblicken, stieß den kargen Altbayern mit einem Mal das Tor auf zur Wunderwelt des Morgenlands. Wollte der geistliche Dichter daheim noch Zuhörer finden, so blieb ihm keine andere Wahl, als auch für seine Zwecke den Spielmannston und das französische Buchepos aufzugreifen.

In diese fließende Zeit des Überganges gehört das welfische Regensburg. Die großen Förderer hier Herzog Heinrich der Stolze und Bischof Kuno, der bayerische Adelssproß und frühere Abt von Siegburg bei Köln. Rheinische Anregung und St. Emmeramer Bücherwissen, Kreuzzugseifer und Welfenstolz auf die verwandten Karolinger – alles strömte in Regensburg zusammen. Und nicht nur daß der Herzog 1131 das französische Rolandslied aus Paris mitbrachte und der Pfaffe Konrad es in deutsche Verse gießen mußte, auch die »Kaiserchronik« gehört nach Regensburg. Es ist ein krauses Buch von Kaisern und Päpsten, Heiligen und Martyrern, mit über 17000 Versen das erste deutsch geschriebene Geschichtswerk überhaupt. Aus der deutsch-römischen Lebenseinheit wird hier eine lückenlose Kaiserfolge von Cäsar und Augustus »unze an disen hiutegen tac«; die bayerisch-welfische Machtstellung baut dazu den Hintergrund. Wir hören von St. Ulrich und St. Emmeram, oder von der Schlacht am Haselbrunnen, wo der Herzog Adelger den Römern das Etschland abgewinnt und jauchzend seinen Speer in die Erde stößt:

»Daz lant han ich gwunnen
den Beiern zu êren.
Die marke diene in immer mêre.«

Von bayerischem Wesen durchleuchtet sind aber auch die zwei Spielmannsepen vom Herzog Ernst und vom König Rother. Wie sich im Herzog Ernst die Märchenlust der Kreuzfahrer auslebt, so schimmert im König Rother das Erinnern an Autharis Brautfahrt durch. Den Rother-Dichter können wir vielleicht näher fassen: es ist ein rheinischer Spielmann am Hofe des Grafen Welf.

Und wie den Blütenblust von der Sommerlinde, so wehte es vor und neben dieser Welfendichtung die neue Lyrik übers Land. Da gab's vor allem die fahrenden Kleriker – die »Goliarden« –, die nach Frankreich hinüber auf die hohen Schulen zogen. Ohne viel Fragen luden sie sich abends bei Prälaten und Pfarrern zu Gast und zahlten dafür mit dem Gold ihrer Lieder. Fernweh und Heimatsehnsucht, Frühling und Liebe, auch rohe Gier, Würfelrollen und Becherklang: der Gehalt dieser Dichtung war Gemeingut einer ganzen Welle europäischer Jugend. Die Sprachform selbstredend Latein, und zwar das keckste und sprühendste der Zeit. Aber vielleicht war es kein Zufall, daß uns gerade ein Mönch von Benediktbeuern nach einem durchstürmten Leben diese Goliarden-Lieder zu einem Buch zusammenschrieb, wie es kein zweites mehr gibt, zu den »Carmina Burana«. Und auf einmal kann dabei ein romanisches Rondo ins Mittelhochdeutsche herübergehen:

»Süezer rôsevarwer munt,
chum und mache mich gesund,
chum und mache mich gesund,
süezer rôsevarwer munt.«

Schon erwuchs auch aus dem Ennsland, taufrisch und voll Ursprünglichkeit, das deutsche Minnelied. Der Kürenberger – westwärts von Linz, bei Kloster Wilhering, war er daheim – ist uns der erste Name. Weicher als er, zart und voll leiser Entsagung. Herr Dietmar von Aist, zwischen 1143 und 1170 urkundlich bezeugt. Hoch überm Waldland der unteren Aist saß er auf einer Burg, die weit über die Riedmark hinschaut. Ihm gehört das erste Taglied: »Liebster! Liebster! Schläfst du noch?« Es ist dieselbe Tonart, die herüben der Burggraf von Regensburg aufgriff. Und selbst mitten unter den Briefen des Werinher von Tegernsee findet sich als köstlicher Irrgänger jener sechszeilige Liebesgruß, den man gerne an den Anfang des deutschen Minnegesanges stellt:

»Dû bist min, ich bin dîn:
des solt du gewis sîn.
dû bist beslozzen
in mînem herzen:
verlorn ist das slüzzelîn:
dû muost immer drinne sîn.«

Zuerst die Hirsauer mit ihrer weltfremden Innerlichkeit, dann die spröde Welfendichtung, daneben das kecke Vagantenlatein und der frühe Minnesang – der Boden für das Neue war bestellt. Allen voran gingen jetzt die großen Herren und ihre Höfe: die Babenberger, die Andechser, die Wittelsbacher. Ehe der Bruch zwischen Ostmark und Altsiedelland endgültig wurde, ehe die alten Geschlechter erloschen, erwuchs die erste Hochblüte deutscher Dichtung. Es war die Zeit eines Walther von der Vogelweide und eines Wolfram von Eschenbach.

Es ist eigentlich wenig, was wir von Walther wissen. Als jüngster Sohn eines ritterlichen Dienstmannes um 1170 geboren, lernte er am dichterfrohen Babenbergerhof »singen unde sagen«. Nach dem Tod Herzog Friedrichs I. warf auch er die Fiedel auf den Rücken, und ein buntes und oft bitteres Wanderleben führte ihn von der steirischen Mur bis zur französischen Seine, von der Trave bis zum Po. Immer wieder aber schlägt Bayerisches durch seine Verse: er verkehrt bei Ludwig dem Kelheimer, bei Leopold VI. von Österreich, bei Bernhard von Kärnten. In den Reiserechnungen des Bischofs Wolfger von Passau wird uns Walther das einzige Mal urkundlich faßbar: »Dem Sänger Walther von der Vogelweide fünf lange Solidi zu einem Pelz.« Kaiser Friedrich II. schenkte ihm dann um 1220 ein kleines Lehensgut, wohl jenen »Hof, genannt zu der Vogelweide« bei Würzburg. Und hier in Würzburg, im Lusamgärtlein beim Neumünster, wird der Vielgewanderte auch seine letzte Stätte gefunden haben.

Walthers Lieder aber klingen aus Staufertagen herein in unsere Zeit. Da sind die Lieder hoher Minne, wie sie der Babenbergerhof liebte, jedes glänzend, als ob die Sonne darinnen spiele; aber neben die hohe Fraue tritt das Mädchen aus dem Volk, das »herzliebe frouwelîn«, mit seinem gläsernen Ringlein und seinem hellen Lachen. Und doch ist dieser Walther kein Mann der leichten Schulter, sondern im Innersten gläubig, vergrübelt wie später Grillparzer. Immer wieder greift er mit seinen politischen Sprüchen in den Tagesstreit ein – Stimmführer der Zeit und staufischer Reichsgänger wie nur je ein Bayer. Ergreifend auch die Schwermut des alt und einsam Gewordenen, der fühlt, wie die Schatten heraufsteigen:

»Owê, war sint verswunden alliu mîniu jâr!
ist mir mîn leben getroumet, oder ist ez wâr?«

Noch auf der Mittagshöhe seines Lebens hatte Walther 1203 am Thüringer Hof den einzigen kennengelernt, der würdig war, als Dichter neben ihm zu stehen: Wolfram von Eschenbach. Sein Geschlecht schrieb sich nach Eschenbach bei Ansbach, war aber zweifellos bayerischer Abkunft. Wolfram hat sich selber einen Bayern genannt, und nicht umsonst sind auch zwei Schwestern Herzog Ludwigs des Kelheimers seinem Werk nahegestanden: Sophie, die Gemahlin des Landgrafen Hermann von Thüringen, und Elisabeth, die Markgräfin von Vohburg und Cham, auf deren Schloß Haidstein er sich gerne sehen ließ. Für uns lebt Wolfram weiter als der Schöpfer des »Parzival«, der tiefsten Dichtung des deutschen Mittelalters. Ein kindlich reiner Tor, so zieht Parzival hinaus in die Welt, und durch Irrsal und Wirrnis führt sein Weg empor zu lichten Höhen – zum heiligen Gral.

Langsam und zögernd, nur Buch um Buch, rang sich Wolfram sein Gedicht ab. Immer wieder, daß ihm die Not des Sagenmüssens alle Form sprengte und ihm die Verse seltsam schwer und dunkel wurden. Und doch ist Wolfram bei aller Tiefe wieder der scherzhafte Umdeuter aller Dinge, schreibt er eine Sprache, durchsättigt von Weltlaune und Bildhaftigkeit. Ob seine windige Burg, sein wackliges Französisch, seine schwerfällige Bayernart – über alles fährt gutmütiger Selbstspott hin. Es ist ganz die Art eines Stammes, der zuinnerst weiß, wie dunkle Tiefe und helles Lachen so nahe beieinanderstehen.

Neben den beiden Großen drängt sich ein Heer kleinerer Geister. Vielleicht, daß man Hiltbold von Schwangau nennen sollte oder die Herren auf den Tiroler Schlössern, die Walthers Erbe weitertrugen. Der Wirnt von Grafenberg aber, ein Dienstmann der mainfränkischen Henneberger, saß gerade über seinem »Wigalois«, als ihm der »Parzival« auf den Tisch flog und er nach 6235 Versen mit einem Mal in die neue Tonart übersprang. Vor allem lebten sich die Altbayern in Wolframs dunkeldeutige Sprachkunst ein. So schrieb der Reinbot von Dürne für Herzog Otto den Erlauchten die

Geschichte des heiligen Georg, und Albert von Scharfenberg spann mit seinem »Titurel« die Geschichte des heiligen Grals weiter aus.

In dieser Zeit um 1200 war es auch, daß ein bayerisch-österreichischer Spielmann die rheinische Burgundersage mit dem alten Gedicht von »der Nibelunge nôt« zum großen Heldenepos des Nibelungenliedes verknüpfte. Und Namen wie Ortskenntnis weisen uns immer wieder auf Passau. Hier, wo »daz In mit vluzze in die Tuonouwe gât«, mag auch der Nibelungendichter am Bischofstisch gesessen sein. Bischof von Passau war damals der große Wolfger, ein Herr von der Erla östlich der Enns, den man aber gewöhnlich nach dem Dorf Ellenbrechtskirchen bei Dingolfing nennt. Er, der einen Walther von der Vogelweide in seiner Nähe hatte, später als Patriarch von Aquileja den »welschen Gast« Thomasin von Circlaria förderte, wird auch das Nibelungenlied angeregt haben. Im geistlichen Passau daheim ist auch die Fortsetzung des Nibelungenliedes, die »Klage«, und beeinflußt vom Nibelungen-Dichter, gießt noch vor 1250 ein Bayer die Kudrun-Sage zum großen Epos um. Das Volk um Etsch und Gardasee aber war erfüllt vom Ruhm eines Dietrich von Bern, des gotischen Helden der bayerischen Alpenländer. Allein Tirol bringt ein rundes Dutzend von Dietrich-Epen, eines mit dem anderen verwoben, so daß man darüber fast glauben möchte, die Ostgoten hätten sich wirklich zu ihrer Rettung in die Alpentäler geworfen und die Sarntaler oder Passeirer wären die Letzten von König Tejas Heer.

Auch wenn wir den Riesenfolianten bayerischer Dichtung nur flüchtig überblättern, drängt sich uns eine Fülle von Namen und Werken entgegen. Erst mit dem Ausgang der Staufer und dem Niederbruch der alten Geschlechter steigt eine neue Zeit herauf. Da geigt im Salzburgischen der Tannhäuser den wilden Kehraus des Minnesangs, und Ulrich von Liechtenstein, »der Don Quijote der steirischen Ritterschaft«, unternimmt seine närrische Venusfahrt von Venedig bis hinauf zur böhmischen Grenze; den Wienern aber erzählt der Stricker, ein ostfränkischer Fahrender, die Schwänke vom »Pfaffen Amis«. In Altbayern kamen dafür Herr Neidhart von Reuenthal und Wernher der Gärtner, und mit ihnen schob sich der Bauer in den Vordergrund.

Ein Niederbayer, dieser Neidhart von Reuenthal, vielleicht um Vilsbiburg oder Landshut daheim. Als er die Gunst Herzog Ottos verliert, geht er hinüber zu Friedrich dem Streitbaren nach Wien, kommt in die Steiermark und zum Erzbischof von Salzburg. Aber was ist dem Reuenthaler schon hohe Minne und höfische Art: er geht auf die Tanzböden und tut beim Frühjahrsreigen mit, schwenkt die Bauernweiber herum und bleibt bei jeder jungen Dirn stehen, die hinterm Haus draußen den Flachs schwingt. Da sind die geliebte Friederun und der eifersüchtige Engelmar; die großmächtigen Hofbauern mit ihren feststehenden Messern und ihren Röcken von vierundzwanzigerlei Tuch; die jungen Burschen, die sich ganz höfisch geben und bei der Rede flämische Brocken mitlaufen lassen: die ritterlichen Zuhörer hielten sich vor Lachen, wenn Neidhart seinen Spott über das Bauernvolk ausschüttete. Und doch sind Neidharts Verse nichts anderes als die Verbindung von Tanzlied und Trutzstrophe, oft erfüllt von dröhnender Lustigkeit:

»Rûmet ûz die schämel und die stüele!
heiz die schragen
vürder tragen!
hiute sul wir tanzens werden müeder.
Werfet ûf die stuben, so ist ez küele,
daz der wint
an diu kint
sanfte waeje durch die übermüeder!«

Wernher der Gärtner, der Dichter des »Meier Helmbrecht«, stellte die Bauerngeschichte daneben, holzschnitthaft, unerbittlich, voll zeitloser Wucht. Der junge Helmbrecht schlägt ganz aus der Art, läuft dem Vater davon und geht unter die Strauchritter; selbst der eigenen Schwester verdreht er den Kopf und führt sie seinem Herz- und Saufbruder, dem Lamplwürger, zu. Doch die Hochzeit bricht mit einem schrillen Mißton ab: selbfünft sprengt der Blutvogt in den Hof und hebt das Raubnest aus. Während die andern alle baumeln müssen, wird dem Helmbrecht zwar das Leben geschenkt, aber die Schergen drücken ihm beide Augen aus und schlagen ihm Hand und Fuß ab. Ein Krüppel, blind und krumm, mühsam am Stecken humpelnd, so klopft er daheim am Hoftor. Der Alte weist ihm die Tür. Für den Meier Helmbrecht gibt es nur ein friedloses Herumirren und ein scheues Sich-Verschliefen, bis ihn ein paar Bauern am nächsten Baum aufknüpfen. »Hie endet sich daz maere...« Im Innviertel, um den Weilhart herum, muß sich die Geschichte zugetragen haben. Ein Laienbruder im Kloster Ranshofen, ein welterfahrener Mann, der sich für den Abend seiner Tage in die stille Zelle zurückgezogen hatte – das mag dieser »Wernher der Gartenaere« gewesen sein.

Und was heißt hier schon »Verfall der höfischen Dichtkunst«? Nachdem der Bayer dem Besten seiner Zeit mehr als genug getan hatte, brach um 1250 sein frisches Bauernblut nur um so machtvoller durch. Wenn auch die nächsten Jahrhunderte den Versen eines Walther oder eines Wolfram nichts mehr an die Seite setzen konnten, so haben doch gerade sie den Sprachatem der bayerischen Prosa ausgeformt.

VIERTES BUCH

Das Werden des Fürstenstaates

13. KAPITEL

UNTER DEN ERSTEN WITTELSBACHERN

Otto von Wittelsbach und seine Nachfolger

Nahe dem Lechrain, mittwegs zwischen dem alten Königshof Neuburg und dem Welfensitz Mering, stand über dem Paartal jene Burg Wittelsbach, von der das neue Herzogshaus den Namen führte. 1115 wird dieses »Wittelinespach« zum erstenmal erwähnt, während sich vorher das Geschlecht nach der Stammburg Scheyern genannt hatte. Die Familientradition greift freilich noch viel weiter zurück, und es gilt als ausgemacht, daß die Grafen von Scheyern das Blutserbe der Luitpoldinger weitertrugen. Sie hatten es sich leisten können, mit den Welfen zu wetteifern, und hatten die Welfen gleichwohl das bayerische Herzogtum gewonnen, so hielten dafür die Wittelsbacher seit 1120 das wichtige Pfalzgrafenamt in Händen. Die Treue zum staufischen Haus trug jetzt die Wittelsbacher zur höchsten Stelle des Landes empor – wenn auch nicht »vom hintersten Platze weg«, wie Kaiser Friedrich II. später gemeint hat.

Diese Verbundenheit mit dem bayerischen Land und der bayerischen Erde machte es Otto von Wittelsbach verhältnismäßig leicht, sich durchzusetzen. Nicht umsonst war sein Bruder Konrad Erzbischof und Kardinal von Salzburg, ein anderer Bruder bayerischer Pfalzgraf. Den neuen Herzog selber aber kennen wir aus der Reichsgeschichte. Er hatte auf dem Rückmarsch vom ersten Römerzug mit seinen bayerischen Gemsenjägern die Veroneser Klause erstiegen und dem Kaiser die Wegsperre aufgebrochen; er hatte als heißblütiger Verfechter des staufischen Reichsgedankens zu Besançon gegen den päpstlichen Legaten das Schwert gezogen; er hatte als königlicher Gewaltbote in Italien Umsicht, aber auch Schroffheit gezeigt. Und zu den Taten paßte die äußere Erscheinung: ein hoher Mann von kräftigem Wuchs, das Gesicht von frischer Röte, dazu fast schwarzes Haar. Die drei Jahre, die Otto für Bayern noch blieben, fanden ihn meist auf Land- und Gerichtstagen. »Zu seiner Zeit genoß Bayern Frieden und ungestörten Wohlstand«, hat Abt Konrad von Scheyern zusammengefaßt.

Als Otto I. auf dem Heimritt vom Konstanzer Reichstag auf der Burg Pfullendorf starb, war sein Sohn Ludwig noch ein unmündiger Knabe, für den der Pfalzgraf und der Salzburger die Regierung führen mußten. Als Mann aber erwies sich Ludwig hart und klug, schloß 1204 die wohlüberlegte Heirat mit der böhmischen Ludmilla, der Witwe des letzten Bogeners, die ihm die große Donaugrafschaft zubrachte. Dabei war der Herzog unter dem Rotbart, unter Heinrich VI. und Philipp von Schwaben, der getreue Parteigänger des staufischen Hauses.

Doch 1208 stieß der Vetter des Herzogs, der Pfalzgraf Otto VIII., in auffahrendem Wittelsbacher-Jähzorn Philipp von Schwaben zu Bamberg nieder. Und war auch die Mordtat aus rein persönlichen Gründen geschehen, die veränderte Lage veranlaßte den Herzog jetzt doch, zum Gegenkönig Otto von Braunschweig überzugehen. Ludwig war damit der erste süddeutsche Fürst, der den Welfen anerkannte. Otto überwies dafür dem Herzog alle Güter des geächteten Königsmörders und bestätigte ihm die Erblichkeit des bayerischen Herzogtums. Was dann folgte, war ein fast allzu gewandtes Hin- und Herspringen zwischen der welfischen und der staufischen Partei, wobei man aus Liebe oder Furcht, für Geld oder Landgewinn bald diesem, bald jenem zuschwor. Aber gerade aus diesem staufisch-welfischen Widerspiel erwuchs dem Haus Wittelsbach die »erste und dauerhafteste Erwerbung außerhalb des bayerischen Stammesgebietes«: die Pfalz.

Hatte es zur Zeit Karls des Großen nur einen Pfalzgrafen gegeben, den nachmaligen Pfalzgrafen von Lothringen, so hatten unter Otto dem Großen auch die einzelnen Stammesherzogtümer ihre eigenen Pfalzgrafen bekommen, wenngleich der rheinische seinen Vorrang behauptete. Diese Pfalzgrafen hatten Vollmachten wie die alten Königsboten und sollten sich vor allem um die Rechtspflege und das verstreute Königsgut kümmern. Als in der Stauferzeit auch die Pfalzgrafen versuchten, sich zu Landesherren aufzuschwingen, erreichte freilich nur der »Pfalzgraf bei Rhein« dieses Ziel. Nicht umsonst war hier das Pfalzgrafenamt von 1155 bis 1195 in der

Hand des Staufers Konrad gewesen, eines Stiefbruders Barbarossas. Das Pfalzgrafenland um den Mittelrhein wurde so zur »Pfalz« schlechthin. Durch Heirat folgte dann der Welfe Heinrich der Lange, ein Sohn des Löwen, dem Staufer nach. Hier setzte nun die wendige Politik Herzog Ludwigs I. ein: als Parteigänger Ottos von Braunschweig erreichte er die Verlobung seines einzigen Sohnes mit der noch minderjährigen Erbtochter des welfischen Pfalzgrafen; als Parteigänger des Staufers Friedrich II. die direkte Belehnung mit der erledigten Pfalzgrafschaft bei Rhein (1214). Und wie in Altbayern Landshut zum festen Herzogssitz ausgebaut wurde, so erhielt die Pfalz mit Heidelberg ihren Mittelpunkt.

Auch Herzog Ludwig I. verbrachte einen großen Teil seines Lebens im Dienste des Reiches, wenn er auch das Schwert nicht immer glücklich führte. Aus der Gefangenschaft des niederländischen Fürstenbundes mußten ihn erst seine Untertanen für 10000 Mark Silber loskaufen, und beim Kreuzheer wagte er als Stellvertreter des Kaisers 1221 von Damiette aus jenen Vorstoß auf Kairo, der mit der vollen Niederlage endete. Trotzdem wurde der Herzog 1225 Reichsverweser und Vormund des Kaiserssohnes Heinrich, der, während Friedrich II. in Sizilien Hof hielt, in Deutschland regieren sollte.

Es war ein unglückliches Verhältnis, voll dauernder Reibereien mit dem jungen König. Dazu kam seit dem Kirchenstreit von 1227 auch ein merkliches Hinneigen des Herzogs zur päpstlichen Seite. Das Jahr 1230 brachte zwar den Frieden zwischen Kaiser und Papst, aber ein Jahr darauf wurde Herzog Ludwig I. auf der Kelheimer Donaubrücke meuchlings erstochen. Das aufgebrachte Volk schlug den Mörder auf der Stelle tot, so daß seine Person und seine Beweggründe nie aufgedeckt worden sind. Die Zeitgenossen brachten den Kaiser selber mit dem Verbrechen in Verbindung – eine Behauptung, die immerhin einen leisen Hauch von Wahrscheinlichkeit haben könnte. Für Herzog Ludwig I. aber blieb der zufällige Beiname »der Kelheimer«, während die Herzogin-Witwe zum ewigen Gedenken den Zisterzienserinnen das Kloster von Seligenthal bei Landshut stiftete.

Auch der dritte Wittelsbacher Herzog ist eine Persönlichkeit von scharfem Profil: Otto II., den man später, als man das »Illustris« in den Urkunden nicht mehr verstand, »den Erlauchten« nannte. Er war unter den frühen Wittelsbachern der große Städtegründer und der Freund der ritterlichen Dichtung. An seinem Hof weilten Neidhart von Reuenthal und der Reinbot von Dürne; der Tannhäuser hat den Herzog sogar überschwenglich gefeiert. Vor allem lagen drei große Aufgaben vor dem Herzog: sich im eigenen Land gegenüber Bischöfen und Dynasten durchzusetzen; die alte Ostmark zurückzugewinnen; im Kampf zwischen Kaiser und Papst die eigene Stellung zu finden. Die erste Aufgabe hat der Herzog gelöst; die beiden anderen aber waren von der europäischen Weite staufischer Politik und konnten dem Herzog nur ein zähes Ankämpfen gegen Widerstände bringen, die mächtiger waren als er.

Es ist klar, daß Otto II. in seinen Anfängen den Staufern mit schlecht verhehltem Mißtrauen gegenüberstand. Auch hatte er im eigenen Land und gegenüber einem so unruhigen Nachbarn wie Friedrich dem Streitbaren von Österreich alle Hände voll zu tun. Aber in die Auseinandersetzung mit dem Babenberger griff zuletzt auch der Kaisersohn Heinrich ein, der ja der Schwager Friedrichs des Streitbaren war und dem Bayernherzog verheerend ins Land fiel. Um sich wenigstens einigermaßen zu sichern, mußte sich Otto enger an den Kaiser anschließen, und als 1236 Friedrich der Streitbare in die Reichsacht kam, führten gerade die Bayern und Böhmen den Hauptstoß gegen Wien. Bei der Kinderlosigkeit des letzten Babenbergers schienen sich dem Haus Wittelsbach die größten Aussichten zu bieten...

Doch Kaiser Friedrich II. zog die Steiermark fürs Reich ein, schien auch mit Österreich ein Ähnliches zu planen, und Herzog Otto II. spürte auf einmal erschreckend deutlich die Gefahr einer staufischen Umklammerung: das Herzogtum Schwaben, der Nordgau, die Alpenländer und Österreich! Schon 1238, im Jahr des lombardischen Sieges vor Brescia, stellten so Bayern, Böhmen und der geächtete Babenberger die stauferfeindliche Partei im Reich. Dazu suchte Albert von Beham, der Passauer Domdekan und päpstliche Legat, die Agitation der Kurie auch ins Reich zu tragen. Aus altbayerischem Rittergeschlecht geboren, ein Pfründenjäger und Grundsatzreiter, war Beham der unbeugsame Sachwalter des Papsttums, schneidend in seiner Schärfe des Worts. Und die innerbayerischen Fronten zeigten dabei ein seltsames Gegeneinander: der Herzog mit dem Legaten an seinem Hof stand ganz auf seiten des Papstes, die umsitzenden Bischöfe waren staufisch bis ins Mark.

Als aber Böhmen und Österreich noch einmal schwenkten, wurde die Lage des Herzogs unhaltbar, und Otto der Erlauchte näherte sich zum zweitenmal der staufischen Partei. Schon 1241 mußte der Herzog den Legaten ausjagen; 1246 vermählte er seine Tochter Elisabeth mit dem Kaisersohn Konrad und übernahm damit die Führung der staufischen Partei in Süddeutschland. Wohl war diese zweite Schwenkung politisch ein Fehler gewesen, aber Otto hielt nun mit dem Starrsinn eines Mannes, der seine letzte Wahl getroffen hat, am staufischen Hause fest. 1246 starben mit Friedrich dem Streitbaren die Babenberger tatsächlich aus und Otto konnte sich für Österreich wenigstens eine Art Statthalterschaft sichern. Aber schon im Jahr nach dem Tod des Kaisers strich er vor dem Böhmen Ottokar die Flagge: den Herzog, der sehen mußte, wie alles gegen ihn war, hatte eine seltsame Resignation überkommen. 1253 ist er gestorben. Der berühmte Prediger Berthold von Regensburg hatte sich vergebens bemüht, ihn mit der Kirche auszusöhnen: seinem staufischen Schwiegersohn Konrad IV. ist Otto bis zuletzt wie ein Vater gewesen, und Konradin, der letzte Hohenstaufe, ist auf der Burg Wolfstein bei Landshut zur Welt gekommen.

Mit den Söhnen Ottos des Erlauchten schwang eine Politik aus, der es nie an schlauer Geschäftigkeit, aber meist am Atem eines großen Unternehmens gefehlt hatte. Die beiden Brüder erhoben sogar gleichen Anspruch auf das väterliche Erbe, und 1255 teilten sie das Herzogtum wie einen Privatbesitz. Der ältere Ludwig II. bekam die Pfalz und das bayerische Oberland, der jüngere Heinrich XIII. das reiche Unterland mit Landshut und dem fruchtbaren Donaugäu. Es gab auf einmal ein Ober- und Niederbayern. Freilich darf man die Grenzen von 1255 nicht mit den heutigen Regierungsbezirken gleichsetzen. Niederbayern reichte von der Further Senke bis zum Wolfgangsee, behauptete noch Städte wie Erding, Kufstein oder Reichenhall; Oberbayern umfaßte die alten Hausgrafschaften der

Wittelsbacher und Andechser und griff über Ingolstadt weit in den Nordgau hinauf. Und irgendwie standen die beiden Teilherzogtümer Rücken gegen Rücken. Oberbayern in seiner Verbindung mit der Pfalz ragte ins Reich hinein, mußte den Blick auf Schwaben richten, wo der Niederbruch der staufischen Macht gewaltige Aussichten eröffnete; Niederbayern dagegen konnte nur durch Einfluß auf Österreich, Böhmen und Ungarn frisches Leben erhalten. Die beiden Brüder glichen nun die Gegensätze keineswegs aus, sondern standen sich zeitlebens feindselig gegenüber. Es waren zwei harte, unbeugsame Männer, der Landshuter neidisch auf den Bruder und voll flackerndem Ergeiz, der Münchner voll auffahrender Leidenschaft und erzwungener Besonnenheit. Wenn man bei Ludwig II. an die Mordtat von Donauwörth denkt, wo er 1256 auf einen kleinlichen Verdacht hin die Gemahlin auf der Stelle hinrichten ließ, erscheint der Beiname »des Strengen« sogar wie eine Beschönigung.

Unter diesen Umständen war natürlich nicht daran zu denken, daß Heinrich von Niederbayern einem Ottokar von Böhmen den Widerpart halten konnte. Im Gegenteil, als sich Ottokar auch auf Passau und Salzburg Einfluß verschaffte, stand Niederbayern gegen ihn in der Verteidigung. Ähnlich ging es bei der späteren Auseinandersetzung zwischen Ottokar von Böhmen und König Rudolf von Habsburg um den Besitz der österreichischen Herzogtümer. Während Ludwig der Strenge von vornherein zum König stand, hatte Heinrich von Niederbayern wenigstens eine Ahnung, welche Gefahr ein Habsburgerstaat im Osten für Bayern bedeuten mußte. Mehr als je nach Umständen zwischen den Gegnern hin- und herwechseln, konnte freilich auch er nicht. Als König Rudolf 1278 auf dem Marchfeld entscheidend siegte, stand Heinrich XIII. ausgerechnet im böhmischen Lager. Er mußte froh sein, daß er sein Herzogtum behalten durfte, und als König Rudolf 1282 seine Söhne mit Österreich, Steiermark und Krain, 1286 den Grafen Meinhard von Tirol mit Kärnten belehnte, blieb dem Niederbayern nur das Intrigieren. Für Bayern war ein großer Augenblick ungenutzt verstrichen, und in Zukunft saß der Habsburger Donaustaat dem alten Herzogtum vor der Tür.

Aber Ludwig der Strenge, der eigentlich mehr rheinischer Pfalzgraf war als bayerischer Herzog, ließ den Bruder auch dann im Stich, als es darum ging, wer die siebte Kurstimme haben sollte, Bayern oder Böhmen. Als Rudolf von Habsburg so fest im Sattel saß, daß er Heinrich nicht mehr brauchte, schob er die strittige Kur seinem böhmischen Schwiegersohn zu. Bayern, das größte Fürstentum im Reich, blieb vom unmittelbaren Einfluß auf die Königswahl für dreihundert Jahre ausgeschlossen.

Was mit dem Bild Ludwigs des Strengen aussöhnen kann, ist höchstens die geradlinige Treue, mit der er zu seinem Neffen Konradin stand. Auf Wolfstein und Landshut, Wasserburg und Hohenschwangau, war Konradin herangewachsen und selbst in späteren Jahren hat er gerühmt, daß der Herzog ihn erzogen habe »in väterlicher Weise wie einen einzigen Sohn«. Als dann beim italienischen Abenteuer von 1267 der junge Konradin mit seinen bayerischen und schwäbischen Rittern schon in Verona stand und voll Jugendmut nach Süden weiterdrängte, hat Ludwig der Strenge freilich vergebens versucht, den Neffen zur Umkehr zu bewegen.

Noch Konradin selber hatte die beiden Bayernherzöge zu seinen Erben eingesetzt, und nach der Katastrophe von Tagliacozzo ging es wieder einmal ums schnelle Zugreifen. Tatsächlich konnten aber die Herzöge nur einen Bruchteil des staufischen Erbes behaupten: das alte Welfenland um Schongau, Landsberg und Mering; ein paar Städte wie Lauingen und Donauwörth; die Güter auf dem Nordgau. In Nürnberg und Nördlingen drückten sie sich nicht mehr durch. Wenn man den Summenstrich zieht: man gewann Burgen und kleinere Städte, deren Einnahmen man wohl spüren mochte, aber kein Land, wie es die alte Ostmark gewesen war.

Hatte ein Mann wie der Herzog-Pfalzgraf Ludwig der Strenge, ja selbst Heinrich XIII. von Niederbayern, im Reich noch etwas gegolten, so gab es nach dem Tod der beiden Herzöge nur noch eine absurde Vielregiererei. In Niederbayern regierten gleich drei Brüder nebeneinander, und für ihre Hofhaltungen zu Landshut, Straubing und Burghausen mußte man Schulden machen und Ländereien verpfänden. So ging etwa Gastein an Salzburg über. Trotzdem mochte es vorkommen, daß König Albrecht 1295 in Regensburg die drei niederbayerischen Herzöge im »Einlager« vorfand – im

Zwangsaufenthalt, weil sie ihre Schulden nicht bezahlen konnten.

Die markanteste Gestalt unter den drei niederbayerischen Brüdern war der ältere Otto III.: antihabsburgisch wie der Vater, hatte auch er die Hand in allen österreichischen Umtrieben, und als Sohn einer ungarischen Prinzessin ließ er sich nach dem Aussterben der Arpaden sogar die Stephanskrone aufsetzen. Es war ein Unternehmen, das ganz von selber die grellen Farben des Abenteuers annehmen mußte. 1305 schlug er sich, als Kaufmann verkleidet, nach Ungarn durch und spielte für ein knappes Jahr den König, wurde dann vom Woiwoden von Siebenbürgen in die Falle gelockt, gefangengesetzt, schließlich aus dem Lande gejagt. Otto trieb sich noch einige Zeit am schlesischen Herzogshof herum, bis er 1308 mit leeren Taschen nach Landshut heimkehrte. Schon bei lebendigem Leibe eine Sagengestalt!

Auch in Oberbayern und der Pfalz regierten nach dem Tod Ludwigs des Strengen zwei Brüder weiter. Der ältere Rudolf hielt in Heidelberg und München Hof, der jüngere Ludwig in Ingolstadt. Und doch sollte mit dem steigenden 14. Jahrhundert gerade der jüngere Ludwig noch einmal die Kraft des bayerischen Herzogtums zusammenfassen und die Bahn des wittelsbachischen Hauses steil nach oben führen: dieser kleine Teilherzog von Ingolstadt war nämlich Ludwig der Bayer, der spätere Kaiser.

Das neue Herzogtum

Wir machen oft den Fehler, daß wir uns das Reich der Kaiserzeit zu sehr als geschlossenen Staat im modernen Sinn vorstellen. Nicht nur, daß das Reich in fünf Herzogtümer zerfiel, sich jedes dieser Herzogtümer in einzelne Grafschaften aufspellte: auch die Grafschaften waren immer wieder durchbrochen von den Sprengeln geistlicher oder weltlicher Herren, die vom Grafengericht ausgenommen waren, die »Immunität« besaßen. Und wie das Königsgut, waren auch die Besitzungen der Großen nicht an ein geschlossenes Gebiet gebunden, sondern zersplitterten sich über weite Strecken hin. Die Grafen von Andechs saßen nicht nur in Altbayern und Franken, sondern auch in Tirol, Istrien und Krain, in der Schweiz und in Burgund; das Kloster Heilsbronn hatte seine Güter in 312 verschiedenen Orten der Diözesen Bamberg, Würzburg und Regensburg. Genauso buntscheckig wie die einzelnen Besitzfetzen waren auch die jeweiligen Rechtstitel: der zur Macht gekommene Adelige war hier Graf, dort Klostervogt, hier Lehensträger, dort Lehensherr, anderswo Grundherr auf eigenem Gut. Die Macht der einzelnen Herren kannte wohl Mittelpunkte, Verdichtungen, Ballungen, aber sie war nirgends flächenmäßig geschlossen, sondern die eigenen Rechte überkreuzten, rieben und stießen sich immer wieder mit denen des Nachbarn.

Erst seit der Mitte des 12. Jahrhunderts begann sich das Bild zu verschieben, suchten aus der großen Zahl der Fürsten und Herren, Bischöfe und Äbte, einzelne ihre Standesgenossen auszustechen und in klar umgrenzten Gebieten die eigene Herrschaft restlos durchzudrücken. Man riß fremdes Gut an sich, maßte sich die Reichsgewalt an, beugte das Recht, wie man es brauchte. Auf dem Boden der alten Grafschaften und Vogteien erwuchsen die neuen territorialen Gerichtsbezirke; aus den alten Lehensträgern des Reiches wurden die neuen Landesherren. Die bekannten Reichsgesetze Kaiser Friedrichs II. von 1220 und 1231/32 zogen nur noch den Schlußstrich und schlossen den neuen Stand der »Landesfürsten« nach unten ab.

So ist für die bayerische Geschichte das Jahr 1180 ein entscheidender Einschnitt. Das Herzogtum verlor nicht nur den alten Traun- und Attergau, sondern drohte sich auch selber in eine Vielzahl von Ländchen aufzulösen. Jetzt glaubten auch die kleinen Herren, sich dem eisernen Griff entwinden zu können, mit dem der Löwe sie gehalten hatte, während die großen Grafengeschlechter in den Wittelsbachern kaum mehr als ihresgleichen sahen. Auf dem bayerischen Stammesboden gab es jetzt eine ganze Reihe von Territorien, von denen »Bayern« selber nur eines war. Es hing ganz von den Persönlichkeiten dieser ersten Wittelsbacher ab, ob das bayerische Herzogtum künftig ein leerer Titel sein sollte oder blutvolle Wirklichkeit.

Zwar suchten noch Otto I. wie der Kelheimer am alten Stammesherzogtum festzuhalten: sie traten als Friedenswahrer auf, sprachen auch außerhalb der eigenen Grafschaften Recht, luden Bischöfe und Grafen auf ihre Hoftage. Doch die alten Machtmittel allein verfingen nicht mehr, denn auch das neue Herzogtum war nur als Landesfürstentum möglich. Gut, daß sich die Wittelsbacher dabei auf ein ziemlich geschlossenes Hausgut stützen konnten. Die Schwerpunkte lagen im Winkel von Lech und Donau, an der Isar, um Freising und Wartenberg, auf dem Nordgau um Schwandorf und Burglengenfeld; Nebenlinien saßen zu Dachau und Valley. Dazu kam das Kammergut an Inn und Salzach. Von hier aus mußte man sich ein Herzogtum erobern!

Wie aber die Fügung immer vor der Berechnung den Ausschlag gibt, so kam gerade den Wittelsbachern der Umstand zu Hilfe, daß bis zum späten 13. Jahrhundert von den alten Grafengeschlechtern eines ums andere erlosch. Man darf nur einen flüchtigen Blick auf die Totenliste werfen: schon vor 1180 die Vornbacher und die Burghauser, dann die Sulzbacher, die Burggrafen von Regensburg und die Landgrafen von Stefling, die Vohburger, Peilsteiner, Meglinger, die von Bogen, Wasserburg und Neuburg-Falkenstein. Gerade in jenem kritischen Jahr, wo man um das österreichische Herzogtum würfelte, starben 1248 die gefährlichsten Rivalen der Wittelsbacher aus: die Andechser, die seit 1180 mit den dalmatinischen Ländern am Meer den Herzogstitel von »Meranien« führten. Die Güter an Isar und Ammersee, die Grafschaft im Inntal, das Zweimainland mit Bayreuth, Kulmbach und Hof waren ihr Kernbesitz gewesen. Dasselbe Jahr besiegelte auch das Absinken der mächtigen Grafen von Ortenburg, die sich mit Erbteilungen und Familienzwisten selber zugrunde gerichtet hatten. In sprunghaftem Zupacken zogen die Wittelsbacher nicht nur die erledigten Grafschaften ein, sondern griffen auch, ohne Rücksicht auf etwaige Erben, nach den Eigengütern, Lehen und Klostervogteien der ausgestorbenen Geschlechter. Weil man mit den meisten Häusern ohnedies versippt oder verschwägert war, konnte man dabei sogar den Schein des Rechtes wahren.

Viel verbissener dagegen mußte der Kampf mit den Bischöfen werden, die sich bereits 1180 innerlich vom Herzogtum gelöst hatten und ihr eigenes Landesfürstentum auszuformen suchten. Der Erlaß Kaiser Friedrichs von 1220 gab ihnen den reichsrechtlichen Rückhalt, und als im Endkampf zwischen Papst und Staufern Otto der Erlauchte in den Kirchenbann kam, hatten sie auch einen formellen Grund, den herzoglichen Landtagen fernzubleiben. Brixen, Salzburg, Passau, Bamberg, Eichstätt, Augsburg: wie Glieder einer Kette legten sich die Bischofsstädte ums Herzogtum; Freising und Regensburg aber staken ihm wie ein Pfahl im Fleisch.

Landsässig konnten die Herzöge zwar keinen der Bischöfe machen, aber im allgemeinen gelang es doch, die Bischofsterritorien niederzuhalten und ihren Streubesitz einzutun; in der Zeit des Interregnums kamen dann die entscheidenden Grenzverträge unter Dach. Zwei wirklich ebenbürtige Gegner standen sich hier nur mit dem greisen Eberhard von Salzburg und dem jugendlichen Herzog Otto II. gegenüber. Erzbischof Eberhard II., ein Graf von Regensberg im Aargau, hatte seit 1200 seine Pflöcke weit ins bayerische Flachland vorgetrieben, und nun begann das stille Ringen um jeden Fußbreit Bodens, nur eingedämmt durch jene Grenzen, die Ehrfurcht und Würde ziehen können. Erst nach Eberhards Tod fehlte in Salzburg die sichere Führung, und der zweite Vertrag von Erharting brachte 1275 den Vergleich: das Erzstift behielt das Salzachland um Tittmoning und Laufen, gab aber die Innlinie und den Chiemgau preis; einzig die Exklave von Mühldorf zeigte noch, welch weiten Anlauf Eberhard II. einst genommen hatte. Nur Augsburg hielt ähnlich Stich. Als hier Herzog Ludwig der Strenge als Erbe der Staufer über den Lech drängte und schon die Hand nach Füssen ausstreckte, schlug ihn Bischof Hartmann auf der ganzen Linie zurück.

Leichteres Spiel hatte die Kleinarbeit der Herzöge bei den Klöstern, da die Wittelsbacher als Nachfolger der Grafengeschlechter auch deren Klostervogteien an sich brachten; höchstens, daß die Erzbischöfe von Salzburg in ihrem Gebirgswinkel ein paar Vogteien einstecken konnten. Wirklich reichsunmittelbar blieben nur Obermünster, Niedermünster und St. Emmeram als die alten Kaiserstifte in Regensburg, dazu kamen Waldsassen auf dem Nordgau, Kaisheim an der Grenze zum Schwäbischen, das ganz von Bergen umschlossene Berchtesgaden.

Als sich die neuen Grenzen endgültig festgelegt hatten, gab es außer den Hochstiftssprengeln nur ein paar dürftige Gebietssplitter, die ihre Reichsfreiheit bis in die Neuzeit herein wahren konnten. Bedenklicher war dagegen, daß man sich am Alpenrand festgefahren hatte: die Grafen von Tirol hatten auf Kosten von Brixen und Trient ein großes Landesfürstentum ausbilden können, das Werdenfelser Land war fürstbischöflich-freisingisch geworden; nur am Inn hatten sich die Wittelsbacher um Kufstein, Rattenberg und Kitzbühel durchsetzen können.

Immerhin, es war gelungen, das ganze Land zwischen Böhmerwald und Alpen, Lech und Inn, in einer Hand zusammenzufassen, den altbayerischen Fürstenstaat zu jenem geschlossenen Fünfeck zu prägen, das man das »konstante Fünfeck der deutschen Geschichte« genannt hat. Daß sich hier Stamm und Staat noch genauso deckten wie einst im 8. Jahrhundert, gab eine innere Geschlossenheit, wie sie kein anderes Land des Reiches aufweisen konnte. So bleibt gerade die zähe Kleinarbeit der ersten Wittelsbacher in ihrem Zusammenspiel eine wichtige Tat, eine Art »zweiter Landnahme« durch den Herzog.

Freilich, wenn das glücklich erraffte Territorium zum Fürstenstaat im eigentlichen Sinne werden sollte, mußten jetzt dem schnellen Zugriff der innere Ausbau und die planmäßige Durchdringung folgen. Grundlegend war dabei das eine: daß man die neugewonnenen Gebiete nicht mehr als Lehen austat, sondern darüber bloße Landverwalter bestellte, die man jederzeit wieder absetzen konnte. Meist waren sie aus dem Ministerialenstand, und für ihren Titel eines »Officialis« würden wir heute »Beamter« sagen. Was einst die Grafschaften gewesen waren, wurden jetzt die Landgerichte, die sich, je nach Größe, wieder in Schergenämter unterteilten. Später kamen noch die einzelnen Haupt- oder Obmannschaften hinzu – die Vorläufer unserer Gemeinden.

Der Beamte des 13. Jahrhunderts schlechthin ist der Richter, wie auch das Grafengericht – der »Blutbann« – die wesentliche Grundlage der Landeshoheit war. In seinem Amt führte der Richter Justiz und Verwaltung, hatte die Militärhoheit und die Steuergewalt, war überhaupt ein allmächtiger Mann – noch über dem »Gnaden Herrn Landrichter« des 19. Jahrhunderts lag ja ein Abglanz der einstigen

Machtfülle. Mit dem späten 13. Jahrhundert trat fast überall dem Landrichter der Pfleger an die Seite: er mußte die Herzogsburg im Stand halten, nahm dem Richter die Verwaltungsgeschäfte ab oder verdrängte ihn überhaupt. Unter dem Richter standen die Schergen oder Amtsleute. Sie mußten die Untertanen vor Gericht laden und die Zeugen aufrufen, zum Scharwerk aufbieten und die Abgaben einsammeln, die Durchführung der Polizeiordnung überwachen und bei Wirtshausraufereien ins Mittel gehen. Mit einem Wort: sie waren, was später Gendarm und Polizeidiener zusammen.

Auch sonst bildeten sich die verschiedensten Amtsstellen heraus. Der Kastner mußte das herzogliche Urbarsgut betreuen und die Aufsicht über den Getreidekasten führen, der Mautner die Binnenzölle einheben, der Gerichtsschreiber die Protokolle führen; zur Verwaltung des Herzogsgutes brauchte man Pröpste, Kastellane, Forst- und Kellermeister. Ostwärts von Burghausen, in der Meier-Helmbrecht-Gegend des Weilharts und des Lachforstes, bildete sich ein größeres Forstgericht heraus. Und waren anfänglich all diese Ämter mit einem liegenden Gut verbunden, so fand man bald eine bequemere Art, den Beamten abzulohnen: man setzte einen festen Betrag in Geld oder Naturalien fest, und der Gehaltsempfänger war fertig.

Über all diesen Außenstellen stand der Vitztum – wie schon sein Name, das lateinische Vice-Dominus, sagt, der Stellvertreter des Herzogs selber. Der Vitztum war oberste Aufsichts- und Finanzbehörde, setzte die Richter und Pfleger ein, hatte das Hofgericht über die Großen des Landes, die sich nur dem Urteil eines Standesgenossen zu unterwerfen brauchten. Schon 1204 wird uns der erste wittelsbachische Vitztum genannt, und mit der Landesteilung von 1255 kamen sogar vier Vitztumämter auf: in Oberbayern eines südlich der Donau mit München, eines nördlich mit Burglengenfeld, in Niederbayern das untere Vitztumamt an der Donau mit Straubing, das obere an der Rott mit Pfarrkirchen.

Weniger klar zeigte sich das Ausbilden der Zentralbehörden. Hier brachte erst die Zeit des Humanismus und der Renaissance mit ihren gelehrten Juristen und schreibseligen Aktenschleppern die Vollendung. Immerhin gab auch schon das 13. Jahrhundert der herzoglichen Kanzlei alle Hände voll zu tun, und ihr Vorsteher, der Protonotarius, schaute bereits dem Vitztum in die Rechnungen und hielt auch sonst eine Stelle voll Einfluß und Verantwortung. Im 14. Jahrhundert gab man ihm dann den Titel »Kanzler«. Daneben zog der Herzog Männer von gutem Adel als Räte an seinen Hof und ließ auch die alten Erzämter weiterbestehen; noch unter dem Kelheimer erscheinen so der bayerische Pfalzgraf als Truchseß, der Graf von Wasserburg als Kämmerer, der von Hirschberg als Schenk, der von Ortenburg als Marschall.

Doch beim Aufbau eines Staates entscheiden nicht die Fürsten und Beamten allein. Es kam darauf an, es auch dem breiten Volk klarzumachen, daß das bayerische Land weiter ging als bis zur nächstbesten Grundgemarkung oder Landgerichtsgrenze. Man mußte danach streben, daß an die Stelle des bloßen Hörigkeitsverhältnisses die lebendige Mitarbeit am Staate trat. Freilich wußte dieses 13. Jahrhundert mit dem Fuß im Bügel und der Faust am Schwert nichts von Selbstverwaltung oder Repräsentativ-Demokratie, und der Pfleger saß in seinem Amtsbezirk wie vordem der Graf. Aber der Rechtsschutz wurde nicht einseitig gewährt, sondern die ganze Gerichtsgemeinde nahm daran tätigen Anteil. Die Gerichtsinsassen mußten die »schädlichen Leute« anzeigen, mußten als Schöffen unter dem Vorsitz des Richters das Urteil finden; noch nach dem Rechtsbuch Kaiser Ludwigs hatte der Richter in Zweifelsfällen fünf Dingleute von der Schranne aufzurufen – die vielberedeten »Bauernfünfer«. Ähnlich hielt man es bei Grenzstreitigkeiten, wo man angesehene Landleute zur Flurbegehung beizog. Selbst wenn die herzoglichen Beamten kamen, um an Ort und Stelle die Steuer festzusetzen, werden sie ihre Anschläge zunächst mit der Bevölkerung ausgehandelt haben.

Der Fürstenstaat selber blieb die eigenste Schöpfung der Herzöge: sie hatten das Land zur Einheit zusammengezwungen, hatten das Beamtentum überhaupt erst geschaffen. Was Wunder, wenn bei ihnen der Gedanke Wurzel schlug, daß diese ihre Schöpfung nun auch ihr ganz persönliches Eigentum wäre, und sich eine privatrechtliche Auffassung des Staates durchzusetzen begann. Damit lauerte im Dunkeln bereits jene Gefahr, die das Herzogtum von seiner Machthöhe in die Krisen der Landesteilungen hinabschleudern sollte. Aber vielleicht hatten auch diese Teilungen seit 1255 ihren verborgenen Sinn. In einem Ober- oder Niederbayern mußte die Entwicklung schneller laufen als im größeren Raum: hier wurden die letzten Adelsherrschaften aufgesogen, ausgekauft oder abgewürgt, wurden die Städte und Märkte gegründet, die neuen Vitztumämter eingerichtet. Und gerade die Notlagen, wie sie aus den ewigen Teilungen erwuchsen, gaben den Ansatzpunkt zur Ausbildung der Landstände, mit denen sich das Volk in seiner Oberschicht dem Herzog an die Seite setzte.

Natürlich ging es zunächst um die Steuer. Der Herzog konnte nämlich nur seine unmittelbaren Grundholden heranziehen, wie er wollte; von den übrigen Untertanen aber stand ihm lediglich die Grafschaftssteuer zu, und die Grundherren betrachteten jede weitere Forderung als Eingriff in ihre Rechte. Als die Herzöge nicht nachgaben, schloß man sich zusammen und wehrte sich seiner Haut. Die Entwicklung lief dabei in Ober- wie Niederbayern ziemlich gleich: die stets geldverlegenen Herzöge mußten schließlich den oberen Schichten das Recht der Steuerbewilligung einräumen, um ihre außerordentlichen Land- und Viehsteuern wenigstens auf diese Weise hereinzubekommen. Adel, Prälaten und Bürger wurden zu den drei »Landständen« schlechthin. Die Marksteine der Entwicklung sind in Oberbayern die Schnaitbacher Urkunde von 1302, in Niederbayern die Ottonische Handfeste von 1311.

Otto III. von Niederbayern, der über seinen ungarischen Plänen vor lauter Schulden nicht mehr ein und aus wußte, ging noch einen Schritt weiter und sicherte sämtlichen Grundherren, die ihm die Steuer bewilligten, auf ihren zusammenliegenden Gütern auch die niedere Gerichtsbarkeit zu. Diese Hofmarksgerichtsbarkeit umgriff alle Straf-, Zivil- und Polizeisachen, mit Ausnahme der Verbrechen, so »zum Tode ziehen«, und der Prozesse um Grund und Boden. Mochte auch die Mehrzahl der Prälaten auf Grund älterer Privilegien die niedere Gerichtsbarkeit längst innehaben, das Ausdehnen dieser Gerechtsame auf den Adel wirkte jetzt wieder auf Oberbayern zurück, wo man zwar keinen allgemeinen Freibrief ausstellte, aber dafür viele Einzelprivilegien.

Von diesen ersten Freibriefen bis zur Ausbildung einer förmlichen Ständeverfassung war es noch ein weiter Weg, aber wie in keinem anderen deutschen Fürstenstaat sollten gerade in Bayern immer wieder die Stände auf die Entschlüsse der Herzöge bestimmend einwirken. Als sich Herzog Rudolf nach üblicher Fürstenpraktik durch eine Münzverschlechterung die Taschen füllen wollte, erzwangen die Stände schon 1307 die Kontrolle der Münzstätten von München und Ingolstadt; auch 1315, als die Brüder Rudolf und Ludwig hart aneinandergerieten, warfen sich die Landstände ins Mittel. Von dem Augenblick an aber, wo die Stände dem Landesfürsten als Sprecher des Landesvolkes entgegentraten und neben dem eigenen auch das allgemeine Interesse verfochten, war der moderne Staat im Werden.

14. KAPITEL
DIE ZEIT LUDWIGS DES BAYERN

Wittelsbacher Kaisertum

»Jetzt schärfe deinen Geist, Schreiber! Denn ein schweres Stück Arbeit harret deiner, willst du schildern den langen und langsamen Flug eines gewaltigen Adlers, der töricht zugleich und klug, niedergeschlagen zugleich und heiter, kleinmütig zugleich und tapfer, bei allem Unglück doch glücklich, noch aufstieg, während ihm schon die Flügel versengt waren...«, so beginnt einer der alten Chronikschreiber sein Kapitel über Ludwig den Bayern, und wir spüren es heute noch aus den Worten, wie rätselhaft und widerspruchsvoll hier Mensch und Persönlichkeit den Zeitgenossen erschienen.

Ludwig der Bayer, das war der Mann auf der Paßhöhe des Mittelalters, von der der Blick zurückschweift über den bisher begangenen Weg und doch wieder voranfliegt über neues, unbetretenes Land. Dabei war Ludwig noch kein kühler Stubengelehrter wie sein Nachfolger auf dem deutschen Kaiserthron, sondern ganz der alte

Wittelsbacher, schneidig, jähzornig, leutselig, ein rotgesichtiger Mann mit scharfer Adlernase, um die Lippen ein leises Lächeln. Das Neue an diesem Wittelsbacher war nur seine Meisterschaft in den politischen Praktiken und seine Gabe, zuzuwarten und die Dinge heranreifen zu lassen. Weil er seinen Mut und seine Ehre nicht auf der Schwertspitze trug, ging es ihm stets um den Kern der Sache, nicht um das Blenden mit äußeren Erfolgen.

Dabei war Ludwig der Bayer eigentlich gar nicht zum Regieren bestimmt gewesen, und während sein älterer Bruder Rudolf längst die Herzogshaube trug, stand er, der Sohn einer Habsburgerin, noch immer in der Zucht seines Wiener Hofmeisters. Doch Ludwig ließ sich nicht auf die Seite schieben. Von den Habsburgern bestärkt, erzwang er sich 1302 die Mitregierung, und 1310 erhielt er nach einer neuen Auseinandersetzung sogar halb Oberbayern mit Ingolstadt als Hauptstadt; 1312 kam noch Niederbayern dazu, wo eben Herzog Otto III. gestorben war und dem Ingolstädter Vetter die Vormundschaft über seine drei Söhne übertragen hatte.

Freilich, die Vormundschaft übernehmen, hieß auch den alten niederbayerisch-habsburgischen Gegensatz aufgreifen, und bald standen sich Ludwig der Bayer und Friedrich der Schöne von Österreich schroff gegenüber. Die aufsässige niederbayerische Ritterschaft wollte nämlich das Land und die Vormundschaft dem Habsburger zuspielen, und Friedrich der Schöne fühlte sich dabei dem bayerischen Vetter gegenüber weder durch die Verwandtschaft noch durch die gemeinsamen Jugendjahre verbunden. Doch im Zupacken erwies sich Ludwig als der schnellere, und am Morgen des 9. November 1313, als noch dichte Nebel über der Isar lagen, sprengte er bei Moosburg den österreichisch-steirischen Heerhaufen völlig auseinander: es war die Schlacht von Gammelsdorf. Der sagenberühmte Ritter Seifried Schweppermann hatte dabei sein Bestes getan; nicht zuletzt aber waren es die Bürger von Landshut und Straubing gewesen, die dem Herzog die Entscheidung erfochten hatten...

Der Ruhm von Gammelsdorf klang wider im ganzen Reich und trug Ludwig schon im nächsten Jahr die Königskrone ein. Die Wahl selber war aber zwiespältig, denn während Ludwig als Platzhalter der Lützelburger Partei galt, wählte die habsburgische Minderheit

Friedrich den Schönen von Österreich; selbst Ludwigs eigener Bruder gab seine Pfälzer Kurstimme dem Habsburger. Es blieb nur die Entscheidung der Waffen. Die Waagschalen standen sich ziemlich gleich. Friedrich der Schöne hatte die stärkere Hausmacht, und was ihm an Zuschnitt der Persönlichkeit abging, ersetzte ihm der Bruder Leopold, der, fähig und tatkräftig, das eigentliche Haupt der habsburgischen Partei war. Ludwig der Bayer dagegen hatte die Mehrzahl der Fürsten und Reichsstädte auf seiner Seite; dazu konnte er mit Hilfe der oberbayerischen Stände den Bruder Rudolf aus dem Land jagen und zur Abdankung zwingen.

Der Thronstreit selber war ein jahrelanges Hin und Her mit Brennen und Sengen, Leuteschinden und Lösegelderpressen. Erst im Sommer 1322, als Friedrich der Schöne vom Inn und Leopold vom Lech her gegen Bayern vorrückten, zeichnete sich die Entscheidung ab. Für Ludwig gab es nur eines: den Zuzug der eigenen Verbündeten abwarten und dann die Vereinigung der feindlichen Heerhaufen nach Kräften verhindern. Noch ehe Leopold eingetroffen war, kam es so auf der Gickelfehenwiese vor Mühldorf zur Schlacht – der letzten großen Ritterschlacht auf deutschem Boden. Wieder gab das niederbayerische Fußvolk den Ausschlag, und als zuletzt der Burggraf von Nürnberg aus dem Hinterhalt brach, war die Niederlage der Österreicher besiegelt. »Vetter, wir sehen Euch gerne!« soll Ludwig gerufen haben, als man Friedrich den Schönen gefangen vor ihn führte.

Der Sieg von Mühldorf hatte mit einem Schlag die ganze Lage verändert. Ludwig der Bayer konnte es sich nun leisten, als König aufzutreten und in Italien die Rechte des Reiches energisch in die Hand zu nehmen. Die nächste Folge war der Zusammenprall mit Johannes XXII., dem zweiten Papst von Avignon, der in Ludwigs Vorgehen seine eigenen Italienpläne durchkreuzt sah. Er sprach Ludwig den Königstitel ab und lud ihn zur Rechtfertigung vor; nach Ablauf der gesetzten Frist folgten Exkommunikation und Kirchenbann. Für den Papst war der König nur noch der »Bavarus« – ein geringschätziger Beiname, der zum Ehrentitel werden sollte.

Ludwig selber holte zu einer umfangreichen Gegenklage aus, und es begann nun jenes Wechselspiel der diplomatischen Vorstöße und militärischen Aktionen, das, voll von Finten und Kniffen, Ludwigs ganze weitere Regierungszeit in Anspruch nahm. Von 33 Regierungsjahren sollte der »Bayer« keine sechs in seiner Hauptstadt zubringen, denn der Kampf weitete sich aus zur letzten Machtprobe zwischen Kaisertum und Papsttum. Gleich 1325 das großartig gewagte Spiel, mit dem Ludwig das vom Papst heraufbeschworene Bündnis zwischen Frankreich, Böhmen und Habsburg auseinandersprengte. Er ritt selber zu Friedrich dem Schönen, der schon seine zweieinhalb Jahre auf der oberpfälzischen Trausnitz gefangensaß, und versprach ihm die volle Freiheit, wenn er dafür nachgeben und zur wittelsbachischen Partei überschwenken wollte. Als Friedrichs Bruder Leopold diesen Trausnitz-Vertrag nicht anerkannte, ging Ludwig noch einen Schritt weiter: er sicherte mit dem Münchener Vertrag von 1326 Friedrich dem Schönen die Mitregierung zu und schlug damit den Habsburgern die Waffen aus der Hand.

Zwei Jahre später wagte Ludwig der Bayer, lediglich auf die Schwerter seiner italienischen Parteigänger gestützt, sogar einen der letzten Italienzüge. Trotz der eigenmächtigen Kaiserkrönung war es ein Abenteuer, unüberlegt und voller Fehlschläge. Aber gerade diese Italienpolitik eröffnet europäische Ausblicke: daß Ludwig der Bayer hier die Pläne Johannes' XXII. zuschanden machte, hat den französischen Einfluß auf Italien abgebremst und für das Werden der Renaissance eine wichtige Voraussetzung geschaffen.

Der Streit zwischen Kaiser und Papst wurde aber nicht nur mit dem Schwert geführt sondern auch mit der Feder. Von Anfang an hatte ja Ludwig der Bayer seinen Kampf gegen Avignon mit jenem anderen verbunden, den die Brüder des heiligen Franziskus um die evangelische Armut führten. Schon 1323 tauchten die ersten italienischen Barfüßer in München auf; 1326 kamen die Pariser Professoren Johann von Jandun und Marsiglio von Padua, die schärfsten Verteidiger des Staatskirchentums und Verfasser des »Defensor pacis«, die jetzt zu den Ratgebern des Kaisers wurden. Seit dem Italienzug vollends gingen im Münchener Franziskanerkloster die großen Ordensrevolutionäre aus und ein: Michael von Cesena, Bonagratia von Bergamo, der Engländer Wilhelm von Occam. »Schütz du uns mit dem Schwert, wir wollen dich mit der Feder schützen!« hatten sie sich dem Kaiser angetragen.

Die Prediger aus dem Minoritenorden und die Ratsherren in den Städten hielten Ludwig auch eine freie Stellung im Reich; 1338 erließen sogar die deutschen Kurfürsten eine Erklärung, daß der von ihnen mit Mehrheit Gewählte die königlichen und kaiserlichen Rechte auch ohne päpstliche Bestätigung ausüben dürfe. Es war der vielberufene »Kurverein von Rhens«. Was dann Ludwigs Übergewicht doch ins Schwanken brachte, waren die Erfolge seiner Hausmachtpolitik. Wie die Habsburger und die Lützelburger suchte auch er, seine Machtstellung auszunützen, und mit drei großen Erwerbungen griff er weit über das bayerische Territorium hinaus: 1324 schob er seinem ältesten Sohn Ludwig die erledigte Mark Brandenburg zu, 1342 folgte Tirol, 1346 erbte er von seinem Schwager die reichen Grafschaften von Holland, Seeland, Friesland und Hennegau.

Gerade um das wichtige Tirol wurde mit rücksichtslosem Einsatz gespielt. Die Erbin des Landes, jene Gräfin Margareta, die man nur die »Maultasch« nannte, führte nämlich mit dem Sohn des Böhmenkönigs eine unglückliche Ehe, die der Kaiser eigenmächtig trennte, um Margareta mit seinem Sohn Ludwig, dem Brandenburger, zu verheiraten. Damit war der Bruch mit den böhmischen Lützelburgern fertig, und als der Papst nach einem Gegenkönig suchte, fand er 1346 im anderen Sohn des Böhmenkönigs einen willigen Kandidaten. Ein neuer Bürgerkrieg blieb dem Reich nur durch den plötzlichen Tod des Kaisers erspart.

Doch entscheidender als der Erwerb weit abliegender Gebiete war, daß Ludwig auch viel für seine Stammlande tat, daß er auch als Kaiser »der Bayer« blieb. Freilich mußte er hier zunächst das Unrecht an seinem Bruder Rudolf aus der Welt schaffen. 1329 im Hausvertrag von Pavia überwies er den Söhnen Rudolfs die Rheinpfalz und den Großteil der Besitzungen auf dem Nordgau. Damit war die Pfalz aus der jahrhundertalten Vereinigung mit Oberbayern gelöst, der Nordgau aber zu einem eigenen Fürstentum erhoben, der späteren »Oberpfalz«; die Kurstimme sollte zwischen München und Heidelberg wechseln.

Hans Multscher, Herzog Ludwig im Bart (IX)

Im übrigen konnte Ludwig der Bayer, als 1340 die Landshuter Linie ausstarb, wenigstens die Einheit der altbayerischen Lande wieder schließen. Und wie im Reich, so tat Ludwig auch in Bayern viel für die Städte, gab Privilegien, schützte die Juden, förderte den Italienhandel über Tirol hin! Nürnberg allein genoß von München bis in die Niederlande hinab in 70 Städten die Zollfreiheit. Mit dem Landrecht Kaiser Ludwigs erhielt Bayern sein erstes deutsch geschriebenes Rechtsbuch, das dann bis ins 16. Jahrhundert hinein in Geltung blieb. Merkwürdig auch, daß dieses Rechtsbuch, das seit der Stauferzeit aufkommende Römische Recht genauso außer acht ließ wie die alte Lex Baiuvariorum; als einzige Quelle läßt sich das Gewohnheitsrecht der Zeit nachweisen.

Über alle Urkunden und Gesetzbücher hinaus können wir aber die Bestrebungen Ludwigs des Bayern heute noch an einem lebendigen Fleck bayerischer Erde zusammenfassen: am Marienmünster zu Ettal. Als der Kaiser 1330 über den Fernpaß heraufzog und nach langem wieder bayerischen Boden betrat, wollte er, der über allen Kämpfen mit dem Papst doch der treue Sohn der Kirche geblieben war, hier »got ze lob und unser frawen ze ern« ein Kloster gründen; neben zwanzig Mönchen sollten auch dreizehn Ritter mit ihren Frauen Aufnahme finden. Als machtvoller Rundbau, der in der bayerischen Kunst der Zeit einzig dasteht, wuchs in der wilden Bergeinsamkeit die neue Kirche empor. Vielleicht, daß man hier wirklich, wie es die Romantiker getan haben, Erinnerungen an den heiligen Gral und seine Ritter suchen darf? Und doch zeugt auch dieses neugegründete Ettal für den wirklichkeitsnahen Blick des Kaisers: es wies den Weg über die Alpen, sicherte das welfisch-staufische Reichsgut im Ammergau für das bayerische Haus, erhielt als einziges Kloster den Blutbann, so daß sich auf dem Umweg über Ettal die fremden Hochgerichtsbarkeiten im weiten Umkreis beseitigen ließen.

So ist das Leben Ludwigs des Bayern ein grelles Nebeneinander befeuernder Erfolge und drückender Fehlschläge. In allen Wechselfällen aber gab es einen Bundesgenossen, der dem Kaiser bis zuletzt die Treue hielt: das Volk. Es hatte ihm bei Gammelsdorf und Mühldorf die Bahn gebrochen, und die Persönlichkeit des Kaisers war volkstümlich wie kaum eine zweite. Man erzählte von den Münchener Sauerbäckern, die ihn bei Mühldorf herausgewalkt hatten, oder vom Pfleger Rindsmaul von Neustadt, der Friedrich den Schönen eigenhändig gefangengenommen hatte. Und es ist wie eine Fügung des Schicksals, daß Ludwig der Bayer in den Armen eines einfachen Bauern starb, als ihn im Oktober 1347 auf der Bärenjagd bei Fürstenfeld der Schlag streifte. »Süezze künigin, unser fraue, bis pei meiner schidung!« waren seine letzten Worte.

Mit dem Tod Ludwigs des Bayern fehlte die feste Hand, um die wittelsbachischen Lande zusammenzuhalten, und zwischen den sechs Kaisersöhnen kam es zu immer neuen Teilverträgen. Zuletzt gab es vier selbständige Linien: Ludwig der Brandenburger in Oberbayern und Tirol, Stephan mit der Hafte in Niederbayern; von den Stiefbrüdern Ludwig der Römer und Otto der Faule in der Mark Brandenburg, Wilhelm und Albrecht in den niederländischen Grafschaften und im Straubinger Ländchen. Aber nicht nur, daß kein einziger der Söhne das große Format des Vaters hielt, mit ihren zersplitterten Länderfetzen waren sie einem Karl IV. von vornherein unterlegen. So schlug ihnen der Lützelburger mit glatter Diplomatie eine Waffe nach der anderen aus der Hand: durch die Heirat mit der Tochter des Pfalzgrafen trieb er einen Keil zwischen die bayerischen und die pfälzischen Wittelsbacher, dann brachte er den als Gegenkönig vorgeschobenen Grafen Günther von Schwarzburg zu Fall, und als mit dem Reichsgrundgesetz der »Goldenen Bulle« die Wahlfrage endgültig geregelt wurde, drängte er die bayerischen Wittelsbacher auch vom Mitbesitz der Pfälzer Kurstimme ab.

Zu alledem kam das Abbröckeln der neuen Provinzen, wo die Wittelsbacher nirgends richtig Fuß gefaßt hatten. Den Anfang machte Tirol, das nach dem Aussterben der oberbayerischen Linie durch die letzte Heirat der Maultasch 1363 an Habsburg kam; 1373 ging Brandenburg an Karl IV. verloren; verhältnismäßig lang konnten nur die mit Straubing verbundenen niederländischen Grafschaften behauptet werden, die erst nach dem kinderlosen Tod Herzog Johanns III. (1425) dem aufstrebenden Burgund zum Opfer fielen.

Ein Glück, daß sich wenigstens die altbayerischen Lande fest um Niederbayern zusammenschlossen, wo Herzog Stephan ein tatkräftiges Regiment führte. Er hatte gleich nach dem Aussterben der oberbayerisch-tirolischen Linie Oberbayern besetzt, den Verlust Brandenburgs sich wenigstens mit gutem Geld aufwiegen lassen. Wegen Tirol zog er sogar vom Leder und schlug sich volle sechs Jahre mit den Habsburgern und den Bischöfen von Salzburg, Passau, Freising und Bamberg herum. Man kämpfte im Niederbayerischen und zog immer wieder das Inntal hinauf; bei der Belagerung des salzburgischen Städtchens Mühldorf wurde bayerischerseits zum erstenmal mit Kugelbüchsen geschossen. Überhaupt führte Stephan den Krieg hartnäckig und nicht ohne Ruhm, aber Innsbruck oder Hall zu nehmen, reichte seine Kraft nicht aus.

Mit dem Frieden von Schärding blieben für Bayern nur Kitzbühel, Kufstein und Rattenberg, während das »Land im Gebirg« endgültig an Habsburg fiel. Mit Tirol war die wertvollste Erwerbung Kaiser Ludwigs verloren und Habsburg hatte sich den festen Zusammenhang seiner österreichischen und schwäbischen Lande gesichert. Der Besitz von Tirol erst prägte Habsburg zur Macht ersten Ranges.

Städte, Bettelmönche, frühe Gotik

Der Mönch hatte das 10. und 11. Jahrhundert beherrscht, das 12. und 13. Jahrhundert der Ritter, nun, mit dem Zeitalter Kaiser Ludwigs, kam der Bürger an die Reihe. Ein eigentliches Städteland sollte Altbayern freilich nie werden, denn, ganz abgesehen von der schlechten Handelslage und der dünnen Bevölkerung, stand dem schon von vornherein das Bauernblut des Stammes entgegen. »Achten nit der Kaufmannschaft, kommen auch die Kaufleut nit viel zu ihnen...«, konnte noch Aventin schreiben.

So sind die ersten Städte des Landes an den fünf Fingern herzuzählen: es sind die alte Hauptstadt Regensburg und Bischofsstädte wie Passau, Freising oder Salzburg. Für königliche Städte hatte Bayern mit seiner straffen Herzogsgewalt nie Raum geboten. Nur auf dem Nordgau konnten in staufischer Zeit zwei Königsstädte erwachsen: Nürnberg und Eger. Doch Eger war 1322 an Böhmen gefallen, und auch Nürnberg wuchs seit 1300 mehr und mehr aus dem bayerischen Stammesverband hinaus.

Weitaus die meisten bayerischen Städte sind Gründungen der Herzöge und gehören hinein in jenes bewegte Jahrhundert, in dem sich auch das wittelsbachische Landesfürstentum ausformte. Die beiden Voraussetzungen für das Städtegründen, das Markt- und Befestigungsrecht, waren ja Königsrechte, die erst mit der Reichsgesetzgebung Kaiser Friedrichs II. an die Fürsten übergingen. So sind im 12. Jahrhundert in ganz Altbayern nur drei Städte entstanden, nämlich München, Kelheim und das salzburgische Mühldorf, während das 13. Jahrhundert dann eine Stadt an die andere reihte: Landshut, Straubing, Vilshofen und Landau unter Ludwig dem Kelheimer; unter Otto dem Erlauchten Burghausen, Neuötting, Braunau, Ingolstadt, Deggendorf, Dingolfing und Weilheim; später Kitzbühel, Cham, Amberg, Nabburg, Neustadt, Landsberg, Friedberg und Rain. Die Hallgrafen gründeten Wasserburg, die Erzbischöfe von Salzburg Laufen, die späten Staufer Schongau. Nach 1300 kamen die Marktflecken, denen zur Stadt nur wirtschaftliche Bedeutung und der feste Mauerkranz fehlten. Das amtliche Verzeichnis aus dem späten 16. Jahrhundert nennt 34 Städte und 93 Märkte. Immer waren diese Fürstenstädte und Fürstenmärkte ganz bewußte Gründungen, beherrscht von der herzoglichen Burg über der Stadt oder draußen vor den Mauern. Die Städte erst gaben die Mittelpunkte für Wirtschaft und Verwaltung, boten Schutz vor feindlichen Einfällen, klammerten das Territorium fester zusammen.

Dabei trug die altbayerische Stadt immer dasselbe Gesicht: die langgestreckte Hauptstraße erweiterte sich zum großen, saalartigen Platz, der an den Schmalseiten von klobigen Tortürmen gehalten wurde. Und man hatte den Mut zu breitlagerndem Mauerwerk und zum stoßenden Gegensatz von Platzstille und Gasseneile. Freilich, noch bis ins 15. Jahrhundert hinein wurden die eigentlichen Wohnbauten auf steinernen Zargen aus Holz erzimmert, und nur eine Stadt wie Regensburg hatte schon im 13. Jahrhundert Steinhäuser in großer Zahl. Die Regensburger Patrizier wohnten sogar in festen Geschlechterburgen, die mit ihrem Quaderwerk und ihren Wehrtürmen ein Stück Lombardentrotz über das Stadtbild legten.

Regensburg war eben die einzige Stadt im altbayerischen Kernland, die etwas von der Weite des großen Handels spüren ließ und

»des Heiligen Römischen Reiches Hantierung« bis zum Balkan und zur Levante trug; dazu kamen Handelsbeziehungen zu Köln und den flandrischen Städten. Auch nach den Kreuzzügen, als Venedig den Orienthandel in die Hände nahm, behielten die Regensburger Kaufleute in der deutschen Handelsniederlassung am Rialto den Vorrang. Erst mit dem Ende des 14. Jahrhunderts setzte der Niedergang der Stadt ein: Wien im Osten, Nürnberg, Augsburg und Ulm im Westen liefen ihr den Rang ab.

Dabei war Regensburg seit dem 12. Jahrhundert eine halb königliche, halb bischöfliche Stadt, bei der sich der Bayernherzog als Nachfolger der Burggrafen und der Bischof als Stadtherr das Regiment teilen mußten. Was Wunder, daß die Stadt aus den beständigen Reibereien ihren Vorteil zog und sich schon unter den Staufern ihre großen Freiheiten errang. Im 14. Jahrhundert konnten die Regensburger den Bischöfen und den Bayernherzögen auch noch die letzten Rechtstitel abkaufen und sich die volle Reichsfreiheit sichern.

Wenn auch Regensburg seine Stadtherren abschüttelte, die übrigen Bischofsstädte blieben mit ihren Reichsstadtgelüsten schon im Anlauf stecken, ja, in Passau oder Eichstätt mußte man förmliche Straßenrevolten wagen, um auch nur die städtische Selbstverwaltung durchzudrücken. Die altbayerischen Landstädte vollends konnten überhaupt nicht daran denken, gegen den Herzog aufzumucken, aber beim Nachhinken der bayerischen Stadtentwicklung fiel ihnen schon bei der Gründung ein Gutteil jener Rechte zu, die man sich anderwärts erst bitter hatte erkämpfen müssen. Man hatte sein schriftlich festgelegtes Stadtrecht und seinen eigenen Stadtrat. Bei den Städten waren es meist zwölf Ratsherren, bei den Märkten vier, an der Spitze stand der Bürgermeister; in wichtigen Angelegenheiten wurden Bürgerversammlungen berufen, die man aber schon im 14. Jahrhundert durch ein zweites Kollegium, den »Äußeren Rat«, ersetzte. Wie draußen im Land die Hofmarksherren, so hatte im Burgfrieden einer Stadt der Rat die niedere Gerichtsbarkeit; dazu regelte er Wohlfahrtspflege und innere Verwaltung, übte er das Recht der Besteuerung.

Wenn man den Blick auf die Kleinwelt der altbayerischen Landstädte gerichtet hält, möchte man über all dieser wohlgeordneten Vielfältigkeit und stillen Beschaulichkeit leicht den anderen Zug gotischen Wesens übersehen. Wenn in Passau oder Eichstätt der Straßenkampf um den Dom brandete, war es keine Zufälligkeit, denn gerade die gotischen Jahrhunderte sind auch eine Zeit der flackernden Erregtheit und des wilden Gärens. Mit dem breiten Heer der Handwerker, Krämer und kleinen Grundbesitzer, die sich zu Zünften und Innungen zusammenschlossen und den selbstherrlichen Patriziern das Stadtregiment aus der Hand zu winden suchten, läßt sich die erste soziale Massenbewegung fassen. Gewiß stießen im Altbayerischen, wo der Herzog für die Ruhe sorgte und überhaupt die Unterschiede zwischen arm und reich nicht so kraß waren, die Gegensätze weniger schroff aufeinander als in den Städten draußen im Reich. Immerhin rottete man sich 1335 auch in Straubing zusammen oder rissen 1397 auch in München die Zünfte für sechs Jahre die Herrschaft an sich.

Eine andere Seite dieser sozialen Erregung war der Haß auf die Juden, die in fast jeder größeren Stadt ihr abgesondertes Viertel hatten und eine privilegierte Gemeinde von Wechslern, Pfandleihern und wohl auch Wucherern bildeten. Als die einzigen Bankiers der Zeit standen sie unter dem besonderen Schutz der immer geldbedürftigen Landesfürsten und brachten es, trotz harter Besteuerung, zu Wohlstand, ja heimlichem Reichtum. Es kam zu Straßenaufläufen und ersten Judenverfolgungen: 1285 in München, 1298 in Eichstätt, Berching, Amberg und Neumarkt; 1337 in Deggendorf und 1338 in Straubing. Bei den späteren »Judenbränden« sprach nicht zuletzt die Angst vor dem großen Sterben mit, für das man mit dem albernen Märchen vom Brunnenvergiften ebenfalls den Juden die Schuld in die Schuhe schob. Mit dem Ingolstädter Pogrom von 1397 beginnt dann ohnedies auch in Bayern die schändliche Folge der »endgültigen« Judenaustreibungen, so daß sich nur in Regensburg eine Gemeinde bis 1519 halten konnte.

Überhaupt stand immer wieder die Schrecknis über den gotischen Jahrhunderten: die alten Chroniken verzeichnen ein »Erdpim« um das andere; es gab Überschwemmungen, Eisstöße, Sturmkatastrophen; Feuersbrünste legten ganze Städte in Asche; zuletzt kam das

Grauen des großen Pestjahres. Die asiatische Beulenpest war aus dem Orient in Italien eingeschleppt worden, und über Tirol und das Inntal schlich sie sich ins Bayerische herauf. Um Micheli 1348 hatte sie bereits Mühldorf erreicht, und das Jahr 1349 wurde für ganz Süddeutschland das Jahr des großen Sterbens. Zwar ist es schwer, für diese Zeit Zahlen beizubringen, aber man kann sich das Ausmaß der Seuche vorstellen, wenn man liest, wie in Passau jeden Tag bei 180 Menschen starben oder die Abtei Kaisheim in vier Wochen 22 Mönche verlor. Es war, als ob ein rasender Taumel ganze Städte ergriffen hätte. »Sie zogen wie Kleriker hinter einer Fahne oder einem Kreuz in Zweier- oder Dreierreihen prozessionsweise dahin. Dreiunddreißigeinhalb Tage geißelten sie sich vor oder in einer Kirche zweimal am Tage unter Absingen von Liedern zu Ehren des Leidens und Sterbens des Herrn. Dabei warfen sie sich bald zur Erde nieder, bald reckten sie die nackten Arme zum Himmel empor, ohne sich dabei um Schmutz oder Schnee, Kälte oder Hitze zu kümmern. Ihr mitleiderregendes Benehmen und ihre harten Schläge rührten viele zu Tränen...«, erzählt Abt Hermann von Niederaltaich über die Bußfahrten der Geißelbrüder, wie sie bereits zu seiner Zeit durchs Land gingen.

In den Städten, wo sich die Menschen zusammendrückten, ließen sich aber auch die beiden neuen Orden nieder, die Kirche und Wissenschaft mit frischem Leben erfüllen sollten, die Bettelorden der Franziskaner und Dominikaner. Noch zu Lebzeiten des heiligen Franz von Assisi waren 1221 die ersten Brüder nach Augsburg, Regensburg und Salzburg gekommen, und bis 1305 hatte der Orden auch in München, Ingolstadt, Landshut und Amberg Fuß gefaßt. Die Franziskaner – man hieß sie nur die Barfüßer oder Minderbrüder – wurden die großen Meister der volkstümlichen Predigt. Bruder David von Augsburg, Novizenmeister und Theologielehrer zu Regensburg, ging hier voraus. Dann kam Bruder Berthold von Regensburg, der gewaltigste Volksprediger des deutschen Mittelalters, vielleicht der größte Kanzelredner deutscher Zunge überhaupt. Man darf nur eine seiner Predigten lesen, um etwas zu spüren vom lebendigen Atem seines Worts und der Sinnfälligkeit seiner Sprache. So hat Bruder Berthold ganz Mitteleuropa durchzogen, und noch fünfzig Jahre nach seinem Tode zählten Schweizer Bürger seine Predigt zu den stärksten Eindrücken ihres Lebens.

Ähnlich schnell wie die Barfüßer hatten auch die Dominikaner – die »Predigerbrüder« – an Boden gewonnen. Regensburg, Landshut, Eichstätt waren ihre ersten Klöster; in Altenhohenau bei Wasserburg erhielten sie schon früh einen Nonnenkonvent. Gerade aus den Dominikanerklöstern erwuchs die scholastische Theologie, die Glauben und Wissen zur großen Einheit zu verknüpfen suchte. In Lauingen an der Donau war Albertus Magnus geboren, der Obere der deutschen Ordensprovinz, der Lehrer des heiligen Thomas von Aquin und größte deutsche Scholastiker; für kurze Zeit saß er auch auf dem Regensburger Bischofsstuhl. Albertus umspannte nicht nur das ganze abendländische Wissen seiner Zeit sondern war auch einer der ersten Naturforscher des Mittelalters, dem sich zum Gesamtbild schloß, was man beim deutschen Adel in jahrhundetelangem Leben mit der Natur als Jäger und Vogelsteller, als Fischer und Bauer erlauscht und erschaut hatte. Dem gemeinen Volk mußte er freilich als ein Meister in der Schwarzen Kunst erscheinen, und man erzählte noch lange, wie er auf Schloß Donaustauf die Geister beschworen oder zu Köln mitten im Winter die Gärten erblühen gemacht hatte...

Neben und nach der Scholastik lebte sich in den Klöstern des Predigerordens die deutsche Mystik aus, die Gott nicht mit dem grübelnden Verstand, sondern mit dem gläubigen Herzen begreifen wollte. Es ging um den steilen, vielfach gestaffelten Höhenweg hin zur »Unio mystica« – zur geistlichen Vermählung mit dem Ewigen selber. »Liegen im strömenden Licht« wurde zu einer festen Empfindung. Dieses mystische Schauen legte seinen Feiertagsglanz über die abgeschlossenen Frauenklöster an der altbayerischen Grenze. In Maria-Mödingen bei Dillingen lebte Margarethe Ebner von Donauwörth, die in stammelnder Sprache mystische Gesichte aufzeichnete. Ihr Briefwechsel mit Heinrich von Nördlingen, ihrem geistlichen Seelenführer, ist der erste deutsche Briefwechsel. Von Mödingen liefen die Fäden hinüber zum fränkischen Engeltal, einem Kloster, über dem eine fieberhafte Luft mystischer Erregtheit zitterte. Hier starb 1356 Christine Ebner, die Nürnberger Patrizierstochter und Verfasserin des Büchleins »Von der Gnaden Überlast«. Der eigentliche Dichter der fränkischen Mystik aber war der Mönch von Heilsbronn, der sein »Buch von den sieben Graden« in Ansbacher Mundart schrieb. Wenn irgendein Land, so war es Franken, das ritterliche Bildung und frauliche Mystik ohne Fuge aneinanderschloß.

Auf altbayerischem Boden fand die Mystik wenig Widerhall. Man stand mit bauernhafter Festigkeit auf dem Boden des Seienden, suchte noch fürs innerste Erleben das sinnfällig-greifbare Bild: wo hätte man da Raum finden sollen für ein Hinabsinken in mystische Spekulation? Genauso blieb für Bayern völlig unfruchtbar, was unter Kaiser Ludwig Männer wie Wilhelm von Occam oder Marsiglio von Padua zusammendachten und zusammenschrieben, auch wenn es eine Literatur von Weltbedeutung war. Das altbayerische Wesen sträubte sich gegen das dürre Abziehen der Begriffe wie gegen allen einseitigen Radikalismus. Die Fremden fanden keinen einzigen Schüler, höchstens eine laute Gegenstimme: Konrad von Megenberg, den Domherrn von Regensburg und schreibseligen Vielwisser. Sein »Buch der Natur« war das erste naturwissenschaftliche Werk in deutscher Sprache.

Eigentlich bayerische Töne erklangen erst wieder am prunkfreudigen Hof des Erzbischofs Piligrim von Salzburg (1365–96). Hier standen zwei Dichter nebeneinander, beide in der Mühldorfer Gegend zuhause, aber grundverschieden in ihren Versen. Johann von Roßessing, der milde, fromme Abt von St. Peter, ist der eine:

»Maria, pis gegrüzzet,
dein zarter, hochgelobter nam
vor allen dingen süzzet,
du sälge hymelport...«

Martin Kuchlmeister, der herzhafte, fast etwas kecke »Leutpriester«, der andere:

»Erwach
in liber sach!
Dein ärmlin reck,
dein füzlin streck,
ich weck
dich auz der deck...«

Trotzdem hat dann eine spätere Zeit beider Lieder durcheinandergeworfen und unter dem Namen des »Mönchs von Salzburg« durch die Jahrhunderte getragen.

Sonst ließ sich überall im Land noch das alte Gut spüren. Wolfram von Eschenbach wurde eifrig gelesen, und in den Klöstern blühte der Bücherfleiß. Schon zur Zeit des Kelheimers hatte Abt Konrad von Scheyern in der Stille von Fischbachau die Geschichte seines Klosters und des wittelsbachischen Hauses geschrieben; in Niederaltaich regierte von 1242 bis 1273 der Abt Hermann, ein großer Bauherr, getreuer Diener Herzog Heinrichs XIII. und Verfasser berühmter Jahrbücher. Mit der Zeit Kaiser Ludwigs kamen die Chronikschreiber von Kloster Fürstenfeld...

Doch entscheidender als das weiterwirkende Alte erscheint das werdende Neue: die gotische Kunst. Auch sie kam mit den jungen Bettelorden. Mit der Dominikanerkirche von Regensburg stand um 1300 der neue Stil vollendet da, vollendet nicht nur für das bayerische Land, sondern für Deutschland schlechthin. Und mag man vorher ruhig da oder dort im Spitzbogen gemauert haben, jetzt erst wurde das neue Raumgefühl der Gotik Wirklichkeit, lag allein schon im Aufschnellen des Mittelschiffes eine Kraft der Raumhöhen, die sich nur noch mit Bruder Bertholds gesprochenem Wort vergleichen läßt. Und wo sonst im 13. Jahrhundert die Bettelorden ihre Kirchen bauten, in Ingolstadt oder Landshut, in Augsburg oder Würzburg, trug die frühe Gotik den Sieg davon.

Schon 1273 war auch in Regensburg der alte Dom niedergebrannt, und Bischof Leo aus dem Stadtgeschlecht der Thundorfer mußte mit dem Neubau beginnen. Es wurde ein Werk für Jahrhunderte, das uns heute noch etwas ahnen läßt von der Tragik der großen Kathedralen: das erste Jahrhundert baut mit fieberhaftem Eifer, das zweite aus voller Tradition, das dritte findet nicht mehr die Kraft zum Vollenden. Immerhin, 1313 war der Chor fertig, 1387 war man zum Nordwestturm vorgeschritten, um 1400 arbeitete man an der Fassade; die Baumeisterfamilie der Roritzer wölbte dann ein. Bestimmend bis zuletzt aber blieb der Plan, wie ihn der erste Meister ersonnen hatte – ein Mann, der im Frankreich der klassischen Gotik gelernt hatte, aber den deutschen Zug zum schlichten Maß nicht verleugnen konnte.

Sonst gibt es nicht allzu viele bedeutende Kirchenbauten im Land. Den freien, großen Raum der Pfarrkirche von Nabburg könnte man nennen oder die anmutige Johanneskirche auf dem Freisinger Domberg; im Schwäbischen brachten die Zisterzienser von Kaisheim ihre Abteikirche unter Dach, nach dem Dom von Regensburg das großartigste hochgotische Bauwerk im heutigen Bayern. Schon wies aber St. Jodok in Landshut, 1338 begonnen, hinüber zur Spätgotik, die für Altbayern zur eigentlichen Gotik werden sollte.

15. KAPITEL

HERZÖGE DER SPÄTEN GOTIK

Herzog Stephan II., den spätere Geschichtsschreiber »mit der Hafte« nannten, starb 1375 – im selben Jahrzehnt also wie Giovanni Boccaccio oder Francesco Petrarca. Aber während im Süden die italienische Renaissance heranreifte, lebte sich in Altbayern erst die Gotik richtig aus, die das Land in einer Tiefe und Breite erfaßte wie nur noch später der Barock. So mochte es noch seine gute Zeit dauern, bis auch in Bayern der humanistische Schulmeister und der gelehrte Renaissance-Architekt den Ton angaben. Nur in einem spürte man auch nördlich der Alpen den gewaltsamen Zug der Zeit: in den herrischen Persönlichkeiten der Herzöge zu Ingolstadt, Landshut und München, deren rücksichtslose Tatkraft sich beständig an den engen Grenzen ihrer Territorien stoßen mußte. Ruhmsucht, Streben nach Macht, die Lust, dem Gegner den Rücken zu hämmern, waren auch bei ihnen die hervorstechendsten Eigenschaften.

Noch führten die drei Söhne Herzog Stephans eine gemeinsame Regierung, und ihre zusammengefaßte Macht gab ihnen sogar in der großen Reichspolitik ein bedeutendes Gewicht. Dabei waren die drei Herzöge so verschieden, wie es Brüder irgend sein können. Der ältere, Stephan – wegen seiner Prunkliebe mit einem alten Mundartwort »der Kneißel« genannt –, war unter den dreien der eigentliche Blender: »ein froelich Man«, klein, leutselig, lebenslustig, voller Freude am Abenteuer; mit Widersachern, Weibern und Schulden hatte er sein ganzes Leben zu tun. Dabei hatte der Kneißel eine der sieben 100000-Gulden-Töchter des Barnabas Visconti von Mailand geheiratet, während er die eigene Tochter, die schöne »Isabeau de Bavière«, dem König Karl VI. von Frankreich anvermählte. Das ganze Jahr 1390 aber schlug sich der Kneißel in Italien herum, spielte in Padua den großen Herrn und bei italienischen Stadttyrannen den wilden Kondottiere, pilgerte zuletzt zum Jubeljahr nach Rom. Und weil ihm dabei in den italienischen Städten das Aveläuten so gefiel, erwirkte er ein päpstliches Breve, wonach es künftig auch in Bayern eingeführt werden sollte...

Der jüngere, Johann, war das genaue Gegenteil: still, haushälterisch, von einer gesunden Nüchternheit. Die Jagd war seine einzige Leidenschaft. So führte in Altbayern ganz der hochbegabte Herzog Friedrich die Zügel. Ehrgeizig und eitel, mit einer Visconti vermählt wie der ältere Bruder, war er ein rühriger Mann und der geborene Diplomat. Natürlich fühlte sich zuletzt der stille Johann durch die Brüder beiseite gesetzt und drängte 1392 auf die Landesteilung. Der Kneißel erhielt Oberbayern-Ingolstadt, Johann Oberbayern-München, Friedrich Niederbayern mit Landshut. Nach 1255 und 1349 war es die dritte Teilung der altbayerischen Lande.

Schon unter den Söhnen erwuchs dann aus der Landesteilung der beständige Familienstreit. Der Sohn des Kneißel, Ludwig im Bart von Bayern-Ingolstadt, gab dabei den Ton an. Der hochgewachsene Mann mit dem schönen Bart hatte von den mütterlichen Ahnen ganz das heiße Blut und die große Geste der Visconti geerbt, während ihm die Jugendjahre am französischen Hof das Geld reicher Heiraten, die Liebe zur Kunst und die Gewandtheit im Intrigieren zugebracht hatten. Ludwig im Bart hatte kaum die Regierung übernommen, als er auch schon mit dem Landshuter Vetter zusammenprallte: man habe bei der Teilung von 1392 die Ingolstädter Linie übertölpelt, und nun solle eben der Landshuter einen Teil seines Landes herausgeben.

Aber wenn irgendeiner, so war Heinrich von Landshut der Mann, um dem Ingolstädter Paroli zu bieten. Heinrich, der »kleine, braune, jähe, frische Herr«, hatte als Sohn Herzog Friedrichs einen anderen Zug der Visconti mitbekommen. Er war hart und berechnend, beugte das Recht, wie er es brauchte, und scharrte mit schmutzigem Geiz so viel Geld zusammen, daß er bald »der Reiche« hieß. Schon als junger Herzog hatte Heinrich im »Landshuter Handel« zugegriffen wie ein italienischer Stadttyrann. Er hatte die widerspenstigen Ratsherren zu sich aufs Schloß geladen und gefangengesetzt, hatte dann in der Karfreitagsnacht von 1410 im Röcklturm an der Stadtmauer das ganze Verschwörernest ausgehoben und ein grausiges Exempel statuiert.

1420 flammte die Ingolstädter Fehde auf, und zuletzt hatte Ludwig im Bart alle gegen sich: nicht nur den Landshuter Vetter, sondern auch den Burggrafen Friedrich von Nürnberg und die Herzöge von Bayern-München, wo die Brüder Ernst und Wilhelm gemeinsam regierten. Man fiel einander ins Land, sengte und brannte, und an der Wiener Universität prügelten sich die Bayern-Ingolstädter und die Bayern-Landshuter Studenten. Ein großer Schlag geschah nirgends, wenn auch der Ingolstädter im allgemeinen den kürzeren zog. Zwischendurch einigte man sich auch wieder, teilte 1429 das heimgefallene Straubinger Ländchen unter die drei altbayerischen Linien auf. Die Entscheidung fiel dann erst nach Jahrzehnten – grell, wie eine Shakespeare-Historie voller Trotz und Schuftigkeit. In Ingolstadt erhob sich nämlich Ludwig der Bucklige, der Sohn des Herzogs, gegen den eigenen Vater, berannte ihn im festen Neuburg und nahm ihn 1443 gefangen. Als aber ebendieser Ludwig der Bucklige schon nach anderthalb Jahren starb, entführte der Markgraf von Ansbach den alten Herzog auf die Cadolzburg und verschacherte ihn zuletzt an Heinrich den Reichen von Landshut. In der Haft von Burghausen ist Ludwig im Bart 1447 gestorben: ein achtzigjähriger Greis, der dem Todfeind bis zuletzt jedes Lösegeld und jedes Zugeständnis verweigert hatte. Doch die Gabe des Zuwartens hatte der Landshuter schon immer besessen, und jetzt konnte er dafür das ganze Ingolstädter Herzogtum in die Tasche stecken.

In dieser gegensatzreichen, eisernen Zeit steht auch das zarte Bild jener Agnes Bernauerin, die es dem jungen Herzog Albrecht von München angetan hatte. In Bayern-München führte nämlich seit dem Tod des bedächtigen Wilhelms III. der alte, hitzige Herzog Ernst die Regierung allein, während sein Sohn, der junge Albrecht, den münchnerischen Teil des Straubinger Ländchens verwaltete. In einer öffentlichen Badstube zu Augsburg, wo sie als Bademagd Dienst tat, lernte nun Albrecht die blonde, selten schöne Bernauerin kennen, und er, der zukünftige Herzog, ließ sich die junge Frau heimlich antrauen und nahm sie mit auf seine Schlösser. Herzog Ernst sah eine Weile zu; als er aber in dieser Verbindung das Hindernis für eine standesgemäße Ehe und eine Gefahr für die Erbfolge erkennen mußte, griff er im Herbst 1435 zur brutalen Gewalttat. Es ging, wie man es abgekartet hatte: während der Landshuter Vetter den jungen Albrecht zur Hirschjagd lud, ließ Ernst die Bernauerin gefänglich einziehen und zu Straubing über die Donaubrücke stoßen.

Wollte sich der Sohn im ersten Schmerz gegen Ernst selber wenden, so söhnte er sich doch bald – fast möchte man sagen zu bald – mit dem Vater wieder aus und heiratete die Prinzessin Anna von Braunschweig. Und auch als regierender Herzog zeigte dann Albrecht III., »der Fromme«, ein ähnliches Charakterbild: er war friedfertig und gutmütig bis zur Willensschwäche; ein Mann, der die Musik liebte und zeitlebens eine Neigung für zarte Frauen hatte. Nicht nur, daß er 1440 die böhmische Königskrone rundweg ausschlug, auch Heinrich der Reiche hatte nur dank der Einsicht des Münchener Vetters mit dem Ingolstädter Erbe ein so leichtes Spiel.

Während man in den altbayerischen Landen mit scheelsüchtigen Augen kaum weiter sah als bis zum »lieben Vetter«, stoben in Böhmen die Reichsheere vor den tschechischen Hussiten auseinander. Als der hussitische Gegenstoß über die Grenzen brach, lagen ihm die Oberpfalz und das Straubinger Ländchen völlig offen; selbst noch bis Nürnberg und Bamberg gingen die Streifzüge. Wohl flammte da oder dort ein energischer Widerstand auf, aber ohne einheitliche Leitung zerflatterte er nur allzuleicht. Nicht die bayerischen Herzöge standen ja an den Grenzen, sondern die Nürnberger, der Oberpfälzer Adel, der Pfalzgraf Johann von Neumarkt; höchstens daß sich die Herzöge einmal ein paar so unruhige Grenznachbarn wie den Przibik von Klenau oder den Ulrich von Janowitz für gutes Geld kauften. Einen bedeutenden Erfolg konnte man nur einmal erringen: 1433 zwischen den dunklen Waldbergen von Hiltersried. Das nächste Jahr brachte dann den entscheidenden Sieg der Reichsarmee bei Böhmisch-Brod.

Doch mit dem Ende der Ingolstädter Linie hatte auch die bayerische Entwicklung den Tiefpunkt überwunden, und unter Ludwig dem Reichen von Landshut und Albrecht dem Weisen von München griff man wieder machtvoll über das Territorium hinaus. Der Gegenspieler war Habsburg, besonders jener Friedrich III., der von allen Kaisern am längsten regierte und von dem man sagt, daß er das Reich am tiefsten heruntergewirtschaftet habe. Genauso zäh wie sich Friedrich III. den Glauben an sein Haus bewahrte, suchte er auch den wittelsbachischen Konkurrenten Abbruch zu tun, und er hatte dabei den Vorteil, daß er Haus- und Reichsangelegenheiten bequem in einen Topf werfen konnte.

Zu Landshut war 1450 Ludwig der Reiche seinem Vater Heinrich gefolgt und hatte eine Macht übernommen, wie sie seit Kaiser Ludwig kein Wittelsbacher mehr besessen hatte: die zwei schönsten Dritteile von Altbayern, dazu noch die Bergwerke am tirolischen Inn und die vollen Schatzgewölbe von Burghausen. Und hatte Heinrich noch vom letzten Zinsbauern einen geschenkten Pfennig zu Dank genommen, so sonnte sich jetzt Ludwig im vollen Glanz des Landshuter Reichtums, und wo der Vater seine Ränke gesponnen hatte, schlug er mit der Faust auf den Tisch. Bald gab es Reibereien mit den Reichsstädten, vor allem aber mit einem so mächtigen Nachbarn wie dem Markgrafen Albrecht Achilles von Ansbach. Albrecht Achilles galt als einer der ersten Fürsten im Reich. Er war ein wakkerer Turnierreiter, aber auch ein schlauer Fuchs und beredter Unterhändler. Als Parteigänger des Kaisers erreichte er, daß sein Nürnberger Landgericht als Reichsgericht galt und den Landshuter Gerichten die Prozesse wegziehen konnte. Gut, daß sich Ludwig der Reiche über diesen Händeln einen Rat gewann, der die Politik trieb wie ein Kartenspiel: den Pfälzer Martin Mair, der nicht nur einer der ersten Humanisten war, die sich auf die Kanzlei verlegten, sondern auch ein staatsmännischer Kopf von Rang.

Die Parteien waren längst gruppiert, als mit dem Streit um Donauwörth der Funke ins Pulverfaß flog. Die Stadt war nämlich in der Ingolstädter Fehde reichsfrei geworden, während sie jetzt Ludwig der Reiche im Handstreich wieder heimholte. Es gab ein langes Hin und Her, bis schließlich der Kaiser über den Landshuter und den Kurfürsten Friedrich den Siegreichen von der Pfalz die Reichsacht verhängte; Albrecht Achilles, der Graf von Württemberg und der Markgraf von Baden, wurden zu Reichshauptleuten ernannt. Aber die weißblauen Wecken behaupteten sich auch gegen das Reichsbanner, und im Juni 1462 holte sich Kurfürst Friedrich den Sieg von Seckenheim, im Monat darauf Ludwig der Reiche den von Giengen. Am Ende stand der Vergleich: der Landshuter verzichtete auf Donauwörth, der Ansbacher auf sein Reichsgericht.

So blieb Ludwig dem Reichen viel Ruhm, aber wenig greifbarer Gewinn. Der Kanzler Mair versuchte es nun mit Reichsreformplänen, die für Landshut etwas eintragen sollten, und zuletzt kaufte man wenigstens ein paar kleine fränkisch-schwäbische Herrschaften zusammen, Heideck etwa oder Wemding im Ries. Auch die innere Staatsarbeit stand nicht zurück. 1474 erschien die »Landesordnung«, die auch Niederbayern das geschriebene Recht brachte, und 1472 gründete der Herzog die Universität in Ingolstadt.

Trotzdem soll man aus Ludwig dem Reichen nicht den üblichen »Freund und Gönner von Wissenschaft und Kunst« machen, denn gerade Ingolstadt zeigt, wieviel der Humanistenkopf Martin Mairs beim Herzog vermochte. Ludwigs Platz ist nicht bei den gelehrten Schulfüchsen von Ingolstadt, sondern im lärmenden Trubel jener »Landshuter Hochzeit«, die er 1475 seinem Sohn Georg zurichten ließ. Braut war die sanfte Hedwig, die Tochter König Kasimirs IV. von Polen! Und der Kaiser zu Gast und der ritterliche Erzherzog Maximilian, Albrecht Achilles mit 1300 Rittern, dazu prunkende Aufzüge und scharfes Gestech, Fressen und Saufen, welsche und polnische Laute. Mitten in diesem spätgotisch-bunten Treiben der Herzog selber: ein alter Herr, etwas beleibt und podagrisch wohl, aber im Gesicht das blutvolle Leben.

Hans Christoph von Pienzenau im Reiterharnisch (XI)

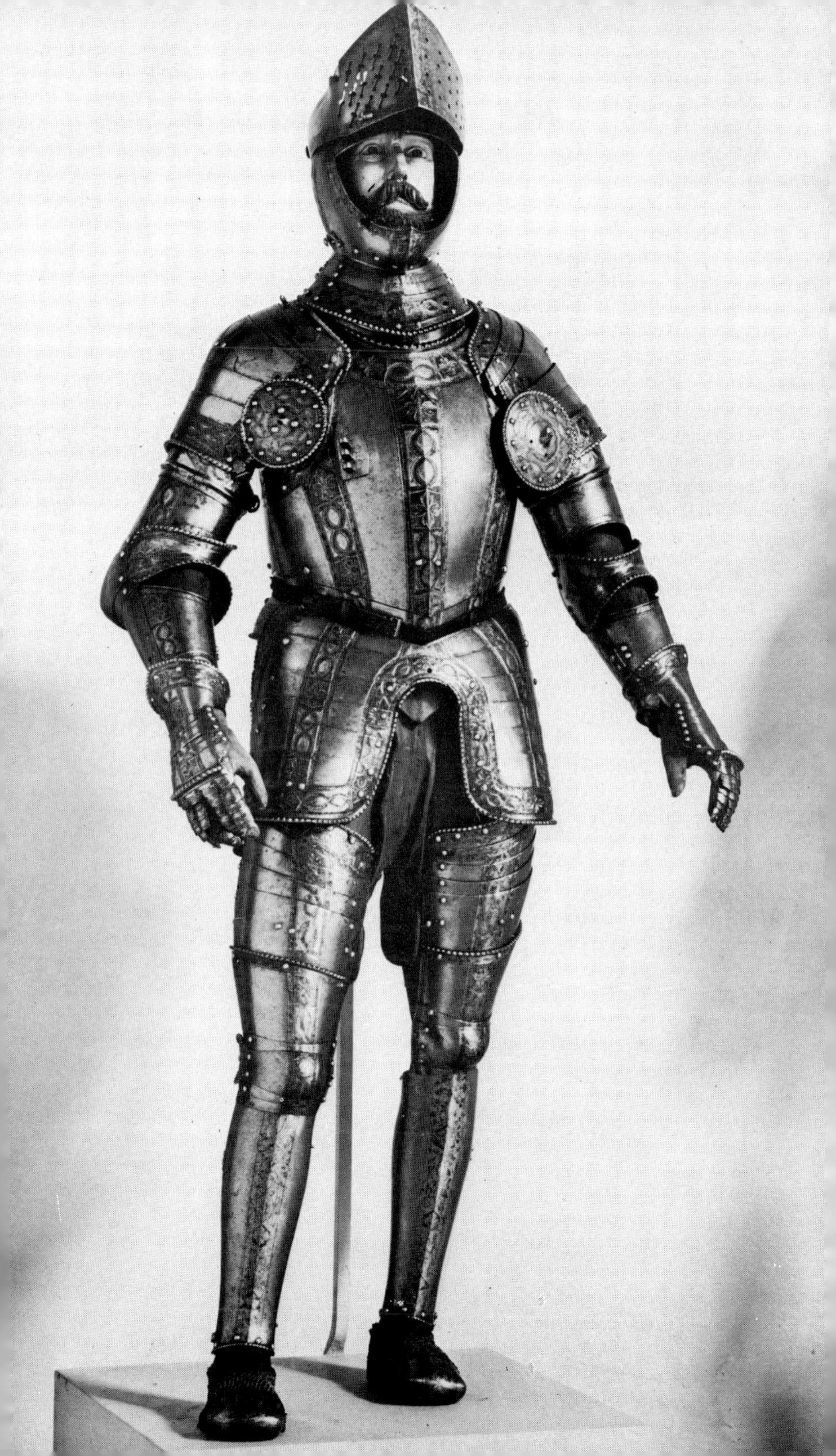

Barthel Beham, Leonhard von Eck (XII)

Auch Georg der Reiche hatte die typischen Züge der Landshuter. Er hielt aufs Turnieren und Jagen, aufs Essen und Trinken, und wie der Vater und Großvater, verbannte auch er seine Gemahlin ins entlegene Burghausen, daß er's in Landshut um so toller treiben konnte. Aber es fehlte ihm der Zug ins Große, der Eifer für die Geschäfte, und, selber ohne männlichen Erben, ließ er sich mehr und mehr vom Neid auf den Münchener Vetter bestimmen.

In München hatten, dem Testament Albrechts des Frommen gemäß, 1460 die Brüder Johann und Sigismund die Regierung übernommen; für die drei jüngeren Söhne dachte man an geistliche Pfründen. Als aber Johann schon nach ein paar Jahren an der Pest starb, eilte der drittälteste, Albrecht, sofort von Pavia heim und trotzte dem Bruder die Mitregierung ab. Ja, als Albrecht die Zügel anzog, verzichtete Sigismund überhaupt und ging auf seine Schlösser: nach Dachau, wo die Hirsche schrien, nach Grünwald über der Isar, nach Starnberg am See oder dem geliebten Blutenburg, denn »ihm war's wohl mit schönen Frauen, mit weißen Tauben, Pfauen, Meerschweinchen, Vögeln und allerlei seltsamen kleinen Tierlen, auch mit Singen und Saitenspiel«.

Um so energischer bestanden nun die beiden jüngeren Brüder auf der Mitregierung, vor allem jener Herzog Christoph, den man »den Starken« nannte. Aber von der Landschaft unterstützt, gab Albrecht keinen Deut nach, und Christoph hielt sich dafür an die aufsässige Ritterschaft im Straubinger Ländchen und im Bayerischen Wald. Es gab jahrzehntelange Plackereien, in denen freilich der kühle und besonnene Albrecht von vornherein die Oberhand hatte.

Als tüchtiger Finanzkopf und harter Verfechter der Fürstenrechte brachte Albrecht wirklich das Land in die Höhe und galt bald als der witzige, der weise Herzog. Und wie vorher Ludwig der Reiche, so suchte jetzt er sein Territorium abzurunden. Seit 1485 schien wirklich alles zu glücken: zunächst konnte Albrecht die Reichsherrschaft Abensberg einziehen; dann suchte Regensburg den Anschluß an Bayern; schließlich heiratete er noch die Kaiserstochter Kunigunde, um einen Erbtitel auf die habsburgischen Lande einzutun. Die reichste Beute aber trugen Habsburger Familienstreitigkeiten ein. In Tirol und Vorderösterreich regierte nämlich Siegmund der

Münzreiche, ein lässiger, leutseliger Herr, der in ewigen Geldnöten den Wittelsbacher Vettern ein Stück Land ums andere verpfändete; 1487 verschrieb er dem Münchener sogar ganz Habsburgisch-Schwaben (»Vorderösterreich«). Doch nun regten sich auch die schwäbischen Herren und Reichsstädte, Ulm vor allem, und schlossen 1488 den Schwäbischen Bund; dazu kamen die Ritter des Straubinger Ländchens, die, um ihre Freiheiten zu wahren, den Löwlerbund gründeten. Der Kaiser selber tat Albrecht und die Stadt Regensburg in die Reichsacht.

Als die Löwler zu früh losschlugen, brach ihnen Albrecht ihre Burgen der Reihe nach, mußte dann an den Lech, um sich dem Schwäbischen Bund entgegenzuwerfen. Wie jedoch Georg der Reiche den Münchener allein bei Landsberg stehenließ, wartete Albrecht den Ausgang nicht mehr ab, sondern fand es besser, seine ganze Politik zu liquidieren. Im Frieden von Augsburg (1492) gab er bis auf Abensberg alle Erwerbungen preis. »Uns ist das bedauerlichste, daß wir Regensburg wieder abtreten müssen«, war sein Wort.

Doch auch Albrecht IV. blieb der große Krieg nicht erspart. Nur ging es diesmal um die Landshuter Erbfolge. Der reiche Jörg hatte nämlich seine Erbtochter Elisabeth mit dem Pfalzgrafen Rupprecht verheiratet und schrieb, allen Hausverträgen entgegen, dem Schwiegersohn auch das ganze Herzogtum zu. Ehe er dem Albrecht von München das Land gäbe, wollte er lieber, es wäre ein See und er eine Ente darauf, soll der Landshuter gesagt haben. Als dann Georg der Reiche im Dezember 1503 zu Ingolstadt starb, streckte man wieder einmal von der Oberpfalz bis Tirol, von Schwaben bis zum Innviertel die Spieße vor. Rupprecht zog die Pfälzer und Böhmen auf seine Seite, Albrecht den Schwäbischen Bund und seinen Schwager, den König Maximilian. Es gab einen Krieg voll Mord und Brand, voll grotesker Episoden und handfester Greuel, aber ohne große Entscheidung. Zuletzt zog Maximilian selber mit seinen Landsknechten dem Münchener zu und holte sich recht dankbare Erfolge: am Wenzenbach bei Regensburg sprengte er die Böhmen auseinander, dann schoß er das feste Kufstein in Trümmer und ließ dabei den treuen Pienzenauer samt der halben Besatzung über die

Klinge springen. Ein winterlicher Vorstoß ins innerste Niederbayern, der »Kehrab« geheißen, beendete den Feldzug.

Der Pfalzgraf Rupprecht wie auch Elisabeth waren über den Strapazen und Aufregungen des Jahres 1504 weggestorben. Für die beiden unmündigen Söhne wurde jetzt aus dem bayerischen Gebiet über der Donau mit Neuburg als Residenz das Fürstentum der »Jungen Pfalz« gebildet. Daneben steckten die Verbündeten ihr »Interesse« ein. So kam etwa die Reichsstadt Nürnberg zu ihren oberpfälzischen Ämtern um Altdorf, Hersbruck und Lauf, und auch König Maximilian machte sich mit Kitzbühel, Kufstein, Rattenberg und dem Mondseeland recht anständig bezahlt.

Trotz schwerer Opfer war jedoch das Ziel erreicht, und nach zweieinhalb Jahrhunderten waren Ober- und Niederbayern wieder ein Land. Um dieses schwer erkämpfte Lebenswerk zu sichern, erließ Albrecht das Primogeniturgesetz von 1506. Künftig sollte das bayerische Herzogtum unteilbar sein und in der männlichen Linie nach dem Recht der Erstgeburt weitervererbt werden. Der Gedanke der staatlichen Einheit Altbayerns war zum wittelsbachischen Hausgesetz geworden!

Wie hier, so weist Albrecht der Weise auch mit anderen Zügen in eine neue Zeit. Ein Herzog über Büchern, Akten und Rechnungen, mit einem gepflegten Latein und dem leisen Mißtrauen um die Mundwinkel – dem niederbayerischen Raufadel erschien er wie ein »Stubenschreiber« und »Kranzlbinder«. Unter den bayerischen Herzögen war aber Albrecht der erste, der gelehrte Bildung besaß. Ulrich Fuetrer mußte ihm die Geschichte der bayerischen Herzöge schreiben, Augustin Kölner die des Erbfolgekrieges; Konrad Paumann aus Nürnberg, »der kunstreichist aller Instrument und Musica Maister«, erhielt ein Haus am Jägergaßl. Und nicht zuletzt standen gerade Humanisten wie Jakob Locher oder Johann Aventin bei Albrecht dem Weisen hoch in Gunst. Daß er Aventin auch zum Erzieher seiner Söhne bestimmte, mußte sich für das ganze Land auswirken.

16. KAPITEL

BAYERISCHES LEBEN IN DER SPÄTGOTIK

Die drei Stände

Wenn man verfolgt, wie von Ludwig dem Strengen und Heinrich XIII. bis hin zu Albrecht dem Weisen und Georg dem Reichen Ober- und Niederbayern immer wieder Rücken gegen Rücken gestanden sind, ist man versucht, auch hier mehr zu sehen als eine dynastische Zufälligkeit. Wie man heute noch in Menschenschlag und Volksliedklang, in Mundart und Kunst, das Niederbayerische herausspüren kann, müssen wir auch schon fürs späte Mittelalter und seine ewigen Vetternstreitigkeiten das leise Anderssein der beiden Teilherzogtümer in Rechnung stellen. Man darf nur die alten Landtafeln nebeneinanderhalten: die Georgs des Reichen bringt an die 800 Adelssitze, die Albrechts des Weisen 236, und davon wieder volle 72 im Straubinger Unterland. Spürte man in Oberbayern die weiche Stadtluft der schwäbischen Reichsstädte, so war Niederbayern das Bauernland mit den vielen eingestreuten Schlössern und Herrensitzen. Und dieser rauferische Schwertadel wußte auch in der Ständeversammlung das Seine zu sagen. »Denk dran, Herzog, daß du für die Untertanen da bist und nicht sie für dich!« hatte Wolf von Aham Ludwig dem Reichen zurufen können, und Albrecht der Weise brachte den ganzen Straubinger Löwlerbund in den Harnisch, als er die Gültigkeit der Ottonischen Handfeste anzufechten suchte.

Freilich, ob in Ober- oder Niederbayern: der Adel des 15. Jahrhunderts hatte nur wenig mit den Dynasten der Stauferzeit zu tun. Mit den Herren von Laaber und den Abensbergern waren die letzten hochfreien Familien erloschen; von den einst so mächtigen Grafenhäusern hielten sich nur die Ortenburger bis in die Neuzeit herein. Dafür rückte überall der niedere Adel nach. Die Unfreiheit der Ministerialen schwand aus der Erinnerung, und der ganze Adel wuchs zu einer einzigen Standesklasse zusammen. Er stellte fast ausschließlich dem Staate die Beamten und dem Heer die Hauptleute. Immer wieder begegnen Namen wie Preysing und Törring, Tauffkirchen und Gumppenberg, Leoprechting und Fraunhofen; nach 1450 kommen die Perfall oder Nothafft, Hundt oder Freyberg dazu. Der eigentliche Rangunterschied wurde dabei von den Vermögensverhältnissen bestimmt: die Familien, die es sich leisten konnten, an den Turnieren teilzunehmen, schlossen sich als die »großen Hansen« von den übrigen Edelleuten ab.

Träger einer neuen Zeitentwicklung war aber der bayerische Adel nicht, denn dazu fehlten ihm die feinen Humanistenköpfe und die gelehrten Liebhaber des Altertums. Man spöttelte über Herzog Albrechts »Stubenschreiberei« oder kreidete es Georg dem Reichen übel an, daß er – oder vielmehr sein Kanzler Kolberger – bei den Pflegern mehr auf die juristische Bildung als den alten Stammbaum sah. »Der adl wont auf dem land außerhalb der stet, vertreibt sein zeit mit hetzen, paißen, jagen; reiten nit zu hof...«, heißt es kurz und bündig bei Aventin. Bei der wirtschaftlichen Umschichtung des späten Mittelalters und dem Vordringen der Geldwirtschaft war das langsame Verarmen des Edelmannes nicht aufzuhalten, und von den Schlägen des Landshuter Erbfolgekrieges hat sich der bayerische Adel nie mehr erholt.

Das Vorwärtsdrängen zum Neuen lag zweifellos bei den Städten und Märkten, in denen Gewerbefleiß und Handel blühten. Die weitgehende Selbstverwaltung gab dem Rat alle Möglichkeiten, das Gemeinwesen zu fördern, und gerade die Gewerbepolizei wurde recht energisch gehandhabt; man unterdrückte den unlauteren Wettbewerb, setzte Löhne und Preise fest, führte die strengsten Warenkontrollen durch. Bäcker, die die Laibl zu klein machten, wurden kurzerhand »ab der Schupfen« in die Drecklache geworfen; nicht minder streng war die Bierpolizei, der das aufkommende bayerische Brauwesen seinen Ruf verdankte. 1493 erließ Herzog Georg der Reiche das berühmte »Reinheitsgebot«, wonach, bei Strafe an Leib und Gut, zum Bierbrauen nichts anderes verwendet werden durfte als Wasser, Hopfen und Malz. Eine Stadt wie München suchte auch sonst das Gewerbe zu heben, beschaffte gutes Rohmaterial, baute Tuchwalken und Färbhäuser, erkundigte sich nach der Gewerbetätigkeit in den Nachbarstädten. Die Mitgliedschaft in der Zunft war Zwang, und gerade diese Zünfte ließen das spätmittelalterliche Gewerbe aufblühen. Sie stützten den Schwachen und suchten den Überragenden zu beschneiden; der ausreichende Erwerb sollte gesichert, ein übermäßiger Gewinn hintangehalten werden.

Dieses lebendige Gemeinwesen der spätgotischen Stadt, wo die Menschen so eng beisammenhausten, brachte zudem eine Reihe von Einrichtungen hervor, die uns Heutigen wie selbstverständlich erscheinen. Man mußte Bauordnungen erlassen, sich um das Straßenpflaster kümmern, bei den Schmieden und Brauhäusern auf die Feuersicherheit sehen. Im 15. Jahrhundert hatten alle Städte und die meisten Märkte bereits ihren eigenen Schulmeister; ein Stadtarzt begegnet uns in München schon 1318. Auch die Armen- und Krankenpflege nahm der Rat in die Hände, und man kann sich kaum eine Stadt oder einen Markt ohne »Heiliggeistspital« oder »Bruderhaus« denken; hier hatte man Platz für die Fremden und Pilger, für Kranke und für Findelkinder, für Alte und Bresthafte. Weitab von Stadt und Straße, zumeist draußen an einem Wasserlauf, lag das Leprosenhaus, wo man die Aussätzigen oder »Sondersiechen« unterbrachte. Und all diesen Stiftungen kam der Wohltätigkeitssinn und die fromme Barmherzigkeit des späten Mittelalters reichlich zugute, und immer wieder wurden dem Spital Geld und Gründe, Zehenten und Gilten vermacht; selbst so unbekümmerte Herren wie Ludwig im Bart oder Georg der Reiche gaben mit beiden Händen. Und derselbe Geist, der sich hier nicht genugtun konnte im Gute-Werke-Üben, ließ auch wieder, heraus aus der Gassenenge und Alltagseile, die stolzen Stadtmünster aufwachsen: Bilder wie in Neuötting oder Straubing, Amberg oder Landshut.

Dieses Landshut der reichen Herzöge war überhaupt eine der ersten Städte des Landes, voll Wohlstand und buntem Leben, von Geschichtsschreibern wie Veit Arnpeck oder Angelus Rumpler überschwenglich gerühmt. Dazu war Landshut eine Stadt der Kürschner und Lederer, der Schwertfeger und Goldschmiede, eine Stadt, in der die Kunst blühte; die Landshuter Plattner lieferten sogar Rüstungen für den spanischen Hof. Erst mit dem Ausgang des Erbfolgekrieges sank Landshut zur Provinzstadt herab und konnte München unbestritten den ersten Platz halten. Auch hier hatten

Salzhandel und Tuchmacherei, bald auch das Bierbrauen, Wohlstand gebracht, und Patrizierfamilien wie die Ligsalz und Altmann, die Ridler und Pütrich, waren sogar reich zu nennen. Bezeichnend, wie ein venezianischer Reisebericht von 1492 das alte München schildert: »In dieser Stadt gibt es viele Handwerker und Künstler aller Art. Sie hat prächtige Straßen, alle mit Kieselsteinen gepflastert, und breite Plätze mit Brunnen in der Mitte. Da sind Paläste, nach deutscher Art reich verziert, große Kirchen, besonders die der heiligen Maria, die schön, hell und von überwältigender Hoheit ist... Beim Tor der Hofburg sind in zwei Verliesen drei Löwen – ein schönes Schaustück...«

Neben Landshut und München behaupteten auch Straubing, Burghausen und Ingolstadt bis in die Neuzeit herein den Namen von »Hauptstädten« und höhere Privilegien. Eine Stadt wie Freising aber zeigte das reinste Bild der geistlichen Stadt: ohne kraftvolles Patriziat und Zünfte, ohne Gewerbe und Handel, war Freising alles durch seine Geistlichkeit, seine Kirchen und Klöster. Die kleinen Städte und Märkte draußen auf dem Land waren vollends richtige Ackerbürgerstädte mit einer Einwohnerschaft, wie sie uns Aventin geschildert hat: Handwerksleute, Wirte, Bauern, etliche Kramer und Fragner; die Armen verdingten sich als Tagwerker und Taglöhner.

Aber gerade in Altbayern darf man über Adel und Bürgern die Prälaten nicht übersehen. Freilich hatte der Kirchenstreit unter Kaiser Ludwig die bayerischen Stifte schwer erschüttert, hatte sich auch hier die Klosterzucht gelockert und lag über den alten Abteien die Kirchhofstille des inneren Verfalls. Tegernsee galt nur noch als Versorgungsanstalt für den Landadel, in St. Ulrich und Afra waren »die schönen Weiber« Anlaß zum Sturz eines Abtes, in Weltenburg hauste Abt Andreas das Kloster so herunter, daß seine Mönche in den Bettel gehen mußten. Die Zeit war reif für Reformen. Den Anstoß gab das Kloster Kastl in der Oberpfalz, wo um 1380 Otto Nortweiner zur Regierung kam und von seiner Abtei aus alle Oberpfalzklöster mit geistigem und geistlichem Leben erfüllte. Und die Kastler Reform griff auch über die Donau herab bis Mallersdorf oder Weihenstephan.

Die zweite, machtvollere Reformwelle aber ging von Kloster Melk aus – hier eine reife Frucht des Konzils von Konstanz. In Bayern trugen dann die Wittelsbacher die Reform weiter: Herzog Wilhelm III. von Bayern-München, der auch Protektor des Konzils von Basel war, und Johann Grünwalder, der Generalvikar von Freising. Ein interessanter Kopf dieser Grünwalder: als natürlicher Sohn Herzog Johanns und einer Jägerstochter in Grünwald bei München geboren, studierte er in Pavia, wurde Pfarrer von St. Peter in München und Propst von Isen, später »Kardinal von Bayern« und 1448 stattdessen Bischof von Freising. Als dritten holten sich Herzog Wilhelm und Grünwalder den großen Reformprior von Melk, Pater Petrus Schlitpacher von Rosenheim.

1426 war das entscheidende Jahr. Grünwalder und Petrus von Rosenheim visitierten das Kloster Tegernsee, zwangen den alten Abt zum Rücktritt und ließen dafür den jugendlichen Kaspar Ayndorffer wählen. Wenn auch die ältere Mönchsgeneration anfangs widerstrebte, der neue Abt führte Tegernsee doch Schritt für Schritt zur Blüte, und im kraftvollen Stoß wurde ganz Altbayern für die Reform erobert. 1457 wurde die Reichsabtei St. Ulrich und Afra in Augsburg visitiert und nach einiger Verzögerung wurde sie im schwäbischen Bereich ein zweites Tegernsee; auch vor den Stiften der Augustinerchorherrn oder den Klöstern des Bettelordens machte die Reform nicht halt. Man kann ihren mitreißenden Schwung auch daran ablesen, wie immer wieder Welt- und Ordensgeistliche in Tegernsee um die Aufnahme nachsuchten, unter ihnen der Indersdorfer Chorherr Bernhard von Waging, der dann als Prior von Tegernsee und Freund des Nikolaus von Kues die Seele der bayerischen Reform wurde.

Überall ging dabei die Reform Hand in Hand mit dem geistigen und wirtschaftlichen Aufblühen, ja, manches kleine Kloster erhielt jetzt erst das Recht, Mitra und Krummstab zu führen. Was die großen Prälaten dieser Zeit für die Kunst bedeuteten, kann man heute noch an ihren Kirchen und Grabmälern sehen; für die Abtei Kaisheim malte der ältere Holbein einen seiner schönsten Altäre, Theoderich Mair von Moosburg und Johann Vent von Polling wurden die Förderer Leinbergers.

Gewiß, auch in dieses Bild fließen tiefe Schatten. Die verweltlichten Bischöfe, die als Reichsfürsten um das bayerische Territorium saßen, ließen nur wenig vom Geist der Reform spüren: Männer wie der fromme Sixtus von Tannberg in Freising oder Johannes von Eych in Eichstätt waren Ausnahmen. In den Domkapiteln machte sich der wilde Reichsadel breit, und in Augsburg konnte es vorkommen, daß die Domherren, noch wenn sie zur Kapitelsitzung kamen, den Raufdegen unterm Chorrock trugen. Die meisten Klagen aber gingen über die Pfarrgeistlichkeit. Schmutziger Gelderwerb, Unwissenheit, Anmaßung, Kleiderprunk, Spielwut, Trunksucht, Völlerei, öffentliches Konkubinat: es ist immer derselbe Ton. Nur zu oft waren mehrere Pfarreien in einer Hand vereinigt, und der Pfarrherr, der diese Kirchen nicht alle selber versehen konnte, oft nicht einmal auf dem Land leben wollte, bestellte sich ein paar unwissende Hungerleider als schlecht bezahlte Vikare, die von vornherein auf Nebenverdienste angewiesen waren, damit sie überhaupt leben konnten. Auch für Altbayern bringt eben das ausgehende 15. Jahrhundert jene kirchlichen »Mißstände«, wie sie jede Reformationsgeschichte dutzendweise herzählen kann.

Die drei Stände nun, Adel, Bürger, von der Geistlichkeit die Prälaten, fühlten sich den Fürsten gegenüber als die berufenen Sprecher des ganzen Volkes, als die »Landschaft«. Doch gerade diese Landstände verloren mit der Zeit den Blick fürs große, lebendige Ganze und klammerten sich nur noch ans eigene Interesse. Ihr Recht, die Steuern anzulegen, führte zu einem schreienden Mißbrauch: zur Steuerfreiheit des Adels und der Prälaten, die die ganze Landsteuer auf ihre Bauern abwälzten. Daß der Bürgerstand nicht das gleiche tat, erklärt sich nur daraus, daß er keine Bauernschaft unter sich hatte.

So fehlte der tragenden Schicht des bayerischen Volkes, dem Bauernstand, jede Vertretung und aller politische Einfluß. »Unsere armen Leut«, sagten Adel und Prälaten, wenn sie von ihren Hintersassen sprachen – eine Redewendung, die nicht auf die wirtschaftliche Not, sondern auf die politische Unmündigkeit anspielte. Überhaupt prägte die Grundherrschaft von Adel, Kirche und Landesherrn das ganze bäuerliche Leben. Dabei konnten die Besitztitel der

Bauern ganz verschieden sein. Im wesentlichen gab es vier Gruppen: Erbrecht, wo das Gut immer in der Familie blieb; Leibrecht, wo dem Bauern der Hof auf Lebenszeit zugeschrieben war; Neustift, die nur für die Lebenszeit des Grundherren galt; schließlich noch die Freistift oder Herrengnad, wo der Bauer jederzeit abgemeiert werden konnte. Praktisch kamen aber alle Besitzrechte dem Erbrecht gleich. Mit den Besitzrechten wiederum waren eng die »Handlöhne« oder »Laudemien« verbunden – Gebühren, die der Grundherr bei jeder Besitzveränderung einstrich: die »Abfahrt« vom alten Meier, der ging, den »Zuestand« vom neuen, der kam.

An Grund und Boden selber hing ein geradezu spätgotisch-spitzfindiger Schnörksel von Rechten und Gerechtigkeiten. Waren die jährlichen Abgaben an die Grundherrschaft – nach Natural- oder Geldleistung streng in »Stift« und »Gilt« geschieden – noch mäßig, so wurde vor allem das Scharwerk als drückend empfunden. Gerade zur Erntezeit oder im Heungert, wo's ohnedies die meiste Arbeit gab, mußte der Bauer auch noch für den herrschaftlichen Hofbau scharwerken; im Herbst gab's die Treiberdienste und Jagdfronden; im Winter mußten die herzoglichen Grundholden das Holz für den Münchener Hof bis zu sechs Meilen weit mit dem Schlitten führen. Zu alledem kamen noch die Zehenten, ursprünglich eine Abgabe an die Kirche, die aber im Lauf der Jahrhunderte oft in weltliche Hände übergegangen war. Der »große Zehent« begriff die zehnte Garbe vom »lieben Traid«, überhaupt von allem, was Halm und Stengel trieb; für das Gemüse und Obst mußte der »Krautzehent« entrichtet werden, für das Getier und Geflügel der »Blutzehent«.

Hingen all diese Lasten an Grund und Boden und blieb dabei der Grundholde persönlich frei, so bestand daneben auch die alte Leibeigenschaft fort. Freilich hatte sie längst alle praktische Bedeutung verloren. Nur beim Heiraten hatte der Eigenmann die Genehmigung der Herrschaft einzuholen, während bei seinem Tod die Hinterbliebenen das beste Stück Vieh an den Herrn abtreten mußten. Dieses »Besthaupt«, gewöhnlich »Todfall« genannt, konnte auch in Geld angeschlagen werden. Aber bei ihrer Findigkeit im Zusammensuchen von Rechtstiteln wußten die Herren den Todfall auch auf die nicht leibeigenen Grundholden auszudehnen. So konnte im 18. Jahrhundert der Freiherr von Kreittmayr in seinem Landrechtskommentar anmerken, daß ein Leibeigener und ein gewöhnlicher Bauer sich gleichsähen wie ein Wassertropfen dem andern.

Was die Lage des Bauern in der Spätgotik vollends drückend machte, war, daß mit dem Aufkommen des Frühkapitalismus und dem Niedergang des Adels sich das patriarchalische Verhältnis zwischen Grundherrn und Grunduntertan mehr und mehr löste, daß die Herren die Zügel straffer anzogen und ihre Rechte rücksichtsloser nützten. Trotzdem lagen in Altbayern die Verhältnisse immer noch besser als in Franken und Schwaben, wo die zahllosen kleinen Territorien der Herrenwillkür einen viel weiteren Spielraum ließen. In Altbayern gab es nicht so viele Leibeigene, und zwischen Isar und Inn saßen immer noch einzelne Freibauern; entlegene Gebiete, wie etwa die freisingische Grafschaft Werdenfels, hatten sich sogar die freie Jagd und Fischerei, das Recht auf Holz, Weide und Rodung bewahrt. In Niederbayern begegnet einem sogar mitunter der breite Wohlstand ganzer Obmannschaften. Wir hören von Hochzeiten, wo gleich mehr als 500 Gäste zusammenkamen, oder von den »Roßnarren«, die sich in echtem Bauernstolz mehr Pferde hielten, als sie zur Wirtschaft brauchten, und mit den Rössern ackerten, nicht mit den Ochsen.

So muß man neben die Aktenzeugnisse und Schulbuchphrasen immer wieder jenes klassische Bild des bayerischen Bauerntums halten, das uns Aventin für seine Zeit gezeichnet hat: »Der gemain man, so auf dem gäu und land sitzt, gibt sich auf den ackerpau und das viech, liegt demselbigen allain ob, darf sich nichts ongeschaft der öbrikait understên, wird auch in kainen rat genomen oder landschaft ervodert; doch ist er sunst frei, mag auch frei ledig aigen guet haben, dient seinem herren, der sunst kain gewalt über in hat, jerliche güld, zins und scharwerk; tuet sunst was er will, sitzt tag und nacht bei dem wein, schreit, singt, tanzt, kart, spilt; mag wehr tragen, schweinsspieß und lange messer. Große und überflüssige hochzeit, totenmal und kirchtag haben ist êrlich und unsträflich, raicht kainem zu nachteil, kumpt kainem zu übel...«

Adel, Bürger, Klerisei und Bauernstand, das ist das bayerische

Leben in der späten Gotik, wie es uns Heutigen genauso wichtig und entscheidend erscheint wie alles Fürstenwollen und Fürstenwerk. Und nur von hier aus kann man die Frage stellen nach Kunst und Kultur der späten Gotik, nach Bauernkrieg und Reformation.

Von der Fürstenchronik zu Aventin

Bei der Geistesgeschichte des 16. Jahrhunderts wird man zuvörderst auf eines sehen: ob man denn nördlich der Alpen gar nichts spürt von jener neuen europäischen Geistigkeit, die wir gewöhnlich mit den Schlagworten »Humanismus« und »Renaissance« umgreifen. Humanismus – so hieß ein tätiges Sich-Versenken ins heidnische Altertum; so hieß die eifervolle Pflege lateinischer Sprache und Schulberedsamkeit; so hieß nicht zuletzt ein energisches Anrennen gegen den verknöcherten Betrieb der alten scholastischen Philosophie und Theologie. Dazu schenkte diese neue Bewegung noch vieles nebenbei: einen geweckteren Blick für Welt und Menschen, eine feinere Geselligkeit und stilisierte Feste; nicht zuletzt den modernen Spott und Witz.

Und schon können wir die Mittler ahnen, die etwas von diesem neuen Wesen nach Altbayern vertrugen: die Wittelsbacher Herzöge mit ihren Mailänder Heiraten; die bayerischen Studenten auf den hohen Schulen von Bologna, Pavia oder Padua; die Regensburger oder Münchener Kaufmannssöhne, die zu Venedig italienische Sprache und Kaufmannschaft erlernten. Kaiser Friedrich III. gewann sich 1442 mit Enea Silvio Piccolomini – dem späteren Papst Pius II. – sogar den ersten Humanisten des Jahrhunderts für seine Schreibstube. In Enea Silvio lebte die ganze Fülle der Zeit, und er wurde zum eigentlichen Lehrer des bayerischen Ostens und der Alpenländer. Auch den Kardinal Nikolaus von Kues darf man nennen, den großen Mittler zwischen Mystik und Scholastik, zwischen alter und neuer Zeit. Er hatte um 1440 die Propstei Ilmmünster inne, ritt 1452 als Gast in Tegernsee ein, wurde Bischof von Brixen und päpstlicher Reformlegat für Deutschland.

An Schulen fehlte es nicht, und das Lesen und Schreiben war beim Adel- und Bürgerstand ziemlich allgemein, auch bei den

Bauern nicht allzu selten. Im Klosterbereich von Tegernsee gab es sogar eine Reihe von Landschulen, und von einem Bauersmann wie dem Ulrich Pächler von Enterbach hören wir, daß er es noch abends nach der Arbeit mit dem Lesen und Schreiben versuchte. Dazu kam nach 1450 die Buchdruckerkunst, und mit ihr erst erhielt das geschriebene Wort seine ungeheure Macht. Die fränkischen und schwäbischen Städte gingen voran. 1461 druckte Albrecht Pfister in Bamberg das erste Buch im heutigen Bayern; Augsburg und Nürnberg, Memmingen und Würzburg folgten. München kam erst 1482. Dieses späte Münchener Druckerdatum ist aber genausowenig von ungefähr wie das Gründungsjahr der Ingolstädter Universität (1472), denn so sehr man auch in Altbayern das Erwachen eines neuen Lebensgefühles verfolgen kann – zu einer wirklichen Breite kam der Humanismus erst mit dem letzten Viertel des 15. Jahrhunderts.

Doch an die bayerische Kultur der späten Gotik darf man sich nicht vom Humanismus aus herantasten und dabei wie ein lateinischer Schulmeister gebildet und ungebildet streng auseinanderscheiden. Die bayerische Volkskultur der Spätgotik wurde geformt vom Religiösen – von einer tiefreligiösen Ergriffenheit, wie sie niemals später, auch nicht im Barock, wiederkehrte. Dabei blieb es nirgends beim einfachen Kirchenglauben oder bloßen Gebotehalten, sondern es war ein wirkliches Sich-Einbezogen-Fühlen in den lebendigen Gnadenstrom. »Das baierisch volk – gemainlich davon zu reden – ist geistlich, schlecht und gerecht, gêt, läuft gern kirchferten, hat auch vil kirchfart...«, begann Aventin seine berühmte Schilderung des bayerischen Menschenschlages. Gerade dieses »Kirchfahrtlaufen« der späten Gotik brachte dem Land die Fülle seiner Wallfahrtsorte zu, ließ überall treuherzige Wallfahrerlegenden und Mirakelgeschichten aufblühen. Selbst die Wallfahrt zu Unserer Lieben Frau von Altötting setzte erst seit 1490 richtig ein, freilich mit einer Wucht, die in der ganzen Wallfahrtsgeschichte ihresgleichen sucht. Ähnlich war es in Franken mit Walldürn und Vierzehnheiligen. Geradezu zeitbezeichnend ist die Legende von Andechs, wo Anno 1387 eine Maus dem Franziskanerpater unterm Messelesen das Versteck der »Heiltümer« angezeigt haben soll. Nach 1400 begann dann eine so machtvolle Wallfahrt, daß Herzog Albrecht der Fromme hier auf dem »Heiligen Berg« das letzte bayerische Benediktinerkloster gründete. Genauso ist es mit dem Heiligblutkult und den Hostienwundern, den vielen Meß- und Andachtsstiftungen, der Verehrung des Viehpatrons Leonhard oder des heiligen Alban von Mainz. »Das baierisch Volk ist geistlich...«

In der Wissenschaft behauptete immer noch die Theologie den ersten Rang, zumal in den Klöstern der Kastler oder Melker Reform. Bayerische Benediktiner studierten in Wien, der großen Universität des Melker Reformkreises, und brachten Kirchenväterhandschriften und aszetische Werke mit nach Hause. Von Johann Grünwalder und Petrus von Rosenheim bis zu den großen Mönchen von Tegernsee haben uns dann alle Führer der Reform theologische Werke hinterlassen, und es war, als ob man in zwei Jahrzehnten nachholen wollte, was man in zwei Jahrhunderten versäumt hatte. Für viele andere Namen mag Ulrich von Landau stehen, neben Bernhard von Waging der bedeutendste Kopf Tegernsees. Er war Philosoph und Theolog, ein guter Bücherkenner und ein eifriger Seelsorger; vor allem aber beginnt mit ihm jene Kette ausgezeichneter Kanzelredner, die in Tegernsee bis zur Säkularisation nicht mehr abreißen sollte.

Auch in der Dichtung hatten sich die Wege von rückwärts her noch lange nicht verlaufen, und immer noch schwärmte man vom alten Ritterwesen – auch wenn es längst zur Donquichotterie geworden war. Zu Reichertshausen an der Ilm, mittwegs zwischen Ingolstadt und München, saß Jakob Pütrich, der Münchener Patriziersproß, Altertümler und Schartekenjäger. »Mit stehlen, rauben, auch mit leihen, geschenkt, geschrieben, gekauft und dazu gefunden« hatte er 164 alte Ritterromane »zusammengeraffelt«, und jetzt schrieb er selber 1462 seinen »Ehrenbrief«, der den ganzen bayerischen Turnieradel vorführte. Zur selben Zeit war Hans der Hesseloher Landrichter zu Weilheim und Pähl und verspottete seine Bauern in derben Rüpelliedern nach Art des Neidhart von Reuenthal.

Der Hesseloher soll bereits zu den Münchener Meistersingern gehört haben, aber ansonsten weist die ganze Münchener Zunft nur ein paar blutleere Namen auf, die mit Augsburg und Nürnberg keinen Vergleich zulassen. Das wirkliche Lied, frisch wie am ersten Tag, lag beim Volk selber, war Volkslied. Man begleitete die Zeitereignisse, sang vom Deggendorfer Judenmord und vom Landshuter Erbfolgekrieg, vom letzten Abensberger und von Herzog Christophs Meerfahrt. Dann kommen wieder Töne, sanft und ergreifend, zeitlos in ihrer Gemütstiefe. »Es reiten drei Reiter zu München hinaus ...« – das Lied von der schönen Bernauerin. Oder wenn der treue Pienzenauer aus dem Leben scheiden muß:

»Hab urlaub, liebe welte!
Gott gesegne dich, laub und gras!
Nun hilft mir heint kein gelte
Und wird mir nimmer baß.«

Ein selten reiches und geschlossenes Bild bieten auch die bayerischen Chronikschreiber. Ihr Werk spiegelt das bayerische Wesen des 15. Jahrhunderts bis in den Sprachklang hinein und läßt uns immer wieder spüren, wie Altes und Neues fast nahtlos ineinandergeht.

Den Anfang macht Andreas von Regensburg, der seit 1401 zu St. Mang im heutigen Stadtamhof als Chorherr lebte. Er war ein Mann, der von seiner Stube aus erkennen wollte, was draußen in der Welt vorging, und den durchreisenden Standespersonen »fast wie ein moderner Interviewer« die Neuigkeiten abjagte; die Vergangenheit aber setzte er sich aus fleißigen Exzerpten und alten Überlieferungen zu einem etwas krausen Bild zusammen. Uns interessiert vor allem seine »Chronik der bayerischen Fürsten«. Sie ist die erste Zusammenfassung bayerischer Geschichte, durchleuchtet von Heimatliebe, den Zeitgenossen gegenüber voll ehrlicher Wahrheit. Dazu hat Andreas seine Chronik auch ins Deutsche übersetzt und damit ein köstliches Denkmal bayerischer Sprache und Literatur geschaffen.

Auf den Geistlichen folgte der Ritter: Hans Ebran von Wildenberg. Er hatte bei Giengen als einer der Vordersten mitgefochten, war Stadtrichter in Landshut geworden und saß seit den siebziger

Jahren als Hofmeister in Burghausen. Die Persönlichkeit Herzog Ludwigs des Reichen begeisterte ihn zu seiner deutsch geschriebenen Chronik, die bei Noah anfing und bei der eigenen Zeit aufhörte. Dabei führte er jetzt die Feder genauso unbekümmert wie einst bei Giengen das Schwert: kein eigentlicher Historiker, aber ein gerader, grundehrlicher Mann.

Am weitesten verbreitet war jedoch die »Historie, Gesta und Getat von den edlen Fürsten des löblichen Hauses Bayern und Norigau«, die der Münchener Malerchronist Ulrich Fuetrer zusammenschrieb. Fuetrer – sein Vater hatte beim Landshuter Handel Hab und Gut verloren – war ein Weltkind durch und durch; er war vertraut mit Ritterdichtung und Minnesang und verstand es, Feste zuzurichten. Bei Albrecht dem Weisen galt er viel. Als Geschichtsschreiber war Fuetrer weder selbständig noch zuverlässig, aber er konnte dafür gut erzählen.

Der eigentliche Humanist unter diesen Chronikschreibern ist Veit Arnpeck. Er war in Freising daheim, hatte in Wien studiert und war seit 1468 Frühmesser zu St. Martin in Landshut. Von 1491 bis 1495 schrieb er an seiner »Chronica Baioariorum« und brachte dazu auch eine volksnahe Überarbeitung zu Papier. Wenn auch Arnpeck seine drei Vorgänger wacker auszettelte, so zeigt er in Anlage und Aufbau doch immer wieder, daß er bei Enea Silvio in die Schule gegangen ist.

Für Städtechroniken, wie in Nürnberg oder Augsburg, blieb im straffen Herrenstaat nicht viel Raum; höchstens daß man in Mühldorf oder Landshut ein paar dürre Notizen ins Stadtbuch setzte. In München beschrieb der Bürgermeister Kazmair sachlich und ein wenig umständlich den »Lauf« von 1397, als die Zünfte die Macht an sich gerissen hatten. Den meisten Reiz unter all diesen Aufzeichnungen hat aber das farbenbunte Reisebuch jenes Hans Schiltberger, der 1396 als junger Knappe in türkische Gefangenschaft geraten war und dann 32 Jahre in der »Heidenschaft« zugebracht hatte – beim Sultan Bajasid und bei Timur, unter Mongolen und Tataren, in Persien und im Kaukasus. Für Bayern war es die erste Reiseschilderung, die fremde Welten wie ein Bilderbuch aufblätterte.

Mit Humanismus im landläufigen Sinn hat dies alles wenig zu

tun. Hier mußte zuerst Ingolstadt dem neuen Geist erobert werden. Hatte die Universität schon etliche Jahre nach der Gründung 600 Studenten und 40 Magister und Doktoren gezählt, der Humanismus kam doch erst auf, als 1492 Konrad Celtis Professor der Poesie und Beredsamkeit wurde. Celtis, der deutsche »Erzhumanist«, war leichtes, bewegliches Frankenblut aus Wipfeld am Main. In Rom hatte er bei Pomponius Laetus gehört und in Florenz bei Marsiglio Ficino, aber vielleicht war er noch mehr ein Schüler des Horaz. Im Innersten grundheidnisch, war er nicht nur ein gewiegter Handschriftenkenner und anregender Lehrmeister, sondern auch ein lateinischer Epigrammdichter von brillierender Bosheit. 1497 ging er nach Wien und lud dafür seine ganze Humanistenschmähsucht auf Ingolstadt ab, wo ihm das Bier zu wässerig war und das Kraut zu fad, der Herzog zu ausschweifend und der Kanzler Kolberger zu aufgeblasen.

Celtis' Nachfolger wurde der Schwabe Jakob Locher, ein guter Versemacher und flotter Zechkumpan, der mit seinen Studenten gern auf die Bauerndörfer hinauslief oder sonst Allotria trieb; er führte in Ingolstadt das lateinische Schuldrama ein, und vielleicht war es kein Zufall, daß Locher 1498 den ersten Horaz herausgebracht hatte, denn bis zum späten Barock sollte gerade Horaz in Altbayern immer wieder anklingen. Locher kam freilich bald mit den Theologen bös hintereinander und fand es geraten, nach Freiburg überzusiedeln und dort etliche diesbezügliche Schmähschriften zu verfassen. Herzog Albrecht holte ihn aber 1506 wieder zurück, und um 1517 erreichte Lochers Lehrtätigkeit ihren Höhepunkt.

Daß mit Celtis und Locher Ingolstadt Vorort des Humanismus geworden war, spürte man im ganzen Land. Die Herzöge übten auf ihre Klöster geradezu einen Druck aus, daß man die Kleriker nach Ingolstadt schickte und nicht mehr nach Wien. So las man bald auch in Tegernsee wieder Terenz, Ovid und Catull, im kleinen Kreis auch Boccaccio und Petrarca. Die Tegernseer Bibliothek, reicher als die mediceische in Florenz oder die vatikanische in Rom, war um 1500 eine der ersten in ganz Europa.

Und Celtis fand auch in Bayern seine Schüler, einen der besten in Angelus Rumpler, dem späteren Abt von Vornbach. In den sechs

Büchern seiner »Calamitates Bavariae« schildert er, von tiefem Schmerz durchdrungen, fast an der Menschheit verzweifelnd, die entsetzlichen Greuel des Landshuter Erbfolgekrieges. Rumplers bedeutendstes Werk aber ist die Geschichte von Vornbach selber. Er führt uns durch die Abtei mit ihren weitläufigen Baulichkeiten, erzählt von den Vorfahrern im Amt, zeichnet uns die Klosterherrschaft von Gloggnitz am Semmering: bei Rumpler erst haben wir den Blick für das Einmalige an Menschen und Landschaft, überhaupt ein Lebensgefühl, das dem der Donauschule nahekommt.

Daß aber auch die andere, vagere Seite des Humanismus sichtbar werde, sei einem Mann wie Rumpler ein Josef Grünpeck aus Burghausen gegenübergestellt – auch er ein Weggenosse des Konrad Celtis und der vollendete Typ des humanistischen Herumtreibers und eitlen Windbeutels. Bald war er in Ingolstadt, bald in Regensburg, bald in Rom, bald in Wien. Er schrieb eine Geschichte Kaiser Friedrichs III., die keinen Schuß Pulver wert ist, und erging sich in Weissagung und Astrologie. Als mit dem Ende des 15. Jahrhunderts die Angst vor der Syphilis ganz Europa durchraste, fing er auch noch das Quacksalbern an und verfaßte billige Traktate, bis er zuletzt hinreichend Gelegenheit fand, seine Heilmethode an sich selber zu praktizieren.

Die humanistische Bildung mußte eben wachsen und reifen und konnte dem alten Bauernschlag nicht von heute auf morgen aufgepfropft werden. Erst wenn sich kraftvoll-gesunde Altbayernart und humanistische Bildungsweite zur Einheit verbanden, konnte der Humanismus für das Land wirklich fruchtbar werden, fruchtbar wie im Werk Aventins. Eigentlich Johann Turmair, Wirtssohn von Abensberg, nur daß er sich auf Humanistenart nach seiner Vaterstadt »Aventinus« nannte. Bei Celtis in Ingolstadt und Wien, hernach auf den Universitäten von Krakau und Paris, hatte er sich das ganze Wissen seiner Zeit geholt; seit 1509 war er Prinzenerzieher in Burghausen, reiste mit dem jungen Herzog Ernst studienhalber nach Italien, las an der Ingolstädter Universität. 1517 zum Hofhistoriographen des bayerischen Hauses ernannt, erhielt er den Auftrag, die große bayerische Geschichte zu schreiben.

Es folgen zwei randvolle Jahre, in denen Aventin Winter wie

Sommer, bei Frost und Hitze, Schnee und Regen, übers Land ritt, erfüllt von einem einzigen Rausch des Entdeckens. »Demnach hab ich das ganze Bayerland durchritten, alle Stifte und Klöster durchfahren, Buchkammern und -kästen fleißig durchsucht, allerlei Handschriften, alte Freiheits- und Übergabsbriefe, Chroniken, Sprüche, Reime, Lieder, Abenteuer, Gesänge, Betbücher, Meßbücher, Salbücher, Kalender, Totenzettel, Register, der Heilgen Leben durchlesen und abgeschrieben; Heiltümer, Monstranzen, Säulen, Bildnisse, Kreuze, alte Steine, alte Münzen, Gräber, Gemälde, Gewölbe, Kirchen, Inschriften besucht und besichtigt, alle Winkel durchschloffen«, erzählt er selber.

Das war Aventin, der bleiche Mann mit dem rötlich schimmernden Bart und dem leicht erregbaren Temperament, der im Gegensatz zu seinen Vorgängern wirklich kritische, auf Quellen gestützte Arbeit leisten wollte. »Lauter Merl, ist nit wahr«, mußte er bei Fuetrer immer wieder an den Rand notieren. An seinem eigenen Geschichtswerk aber schrieb er Jahre. 1521 war die lateinische Fassung – die »Annales ducum Boiariae« – fertig, ein Jahr vor seinem Tod die deutsche, »Bayerische Chronik« betitelt. Auch Aventin begann noch mit der Erschaffung der Welt und dem Alten Bund, sah im Mittelalter vor allem die Kaisergeschichte, brachte erst vom 7. Buch ab bayerische Geschichte mit Ausblick auf die deutsche, aber alles ist durchlebt von einem ruhig-warmen Bayernstolz auf Heimat und Fürsten.

Immer wieder weht auch eine scharfe Stimmung gegen Papst und Geistlichkeit, Kirche und Mönchtum, aber Aventin deswegen einen Anhänger der Reformation heißen, wäre zu viel gesagt. Er schlug wohl gegen die »Mißstände« los, zog 1528 aus dem bäuerlichen Abensberg ins halbprotestantische Regensburg, aber er brach nicht mit der alten Kirche. Es war auch bei ihm weniger die neugläubige Gesinnung als vielmehr jener eifernde Gerechtigkeitsfanatismus, den man bei so vielen großen Altbayern findet, und gegen die »stolzen Hansen und Geldnarren« oder die Verderbnis im eigenen Volk fiel er nicht minder heftig aus.

Schrieb Aventin in den »Annales« ein schönes, gewandtes Latein, so geht durch die »Bayerische Chronik« ein Sprachzug voll unvergleichlicher Lebensfülle, gewachsen und volksnah bis in die letzte Satzfuge hinein. Wieviel darüber hinaus Aventin als Bildungsmacht bedeuten kann, hat Goethe umrissen: »Wer das menschliche Herz, den Bildungsgang der einzelnen kennt, wird nicht in Abrede sein, daß man einen trefflichen Menschen tüchtig herauf bilden könnte, ohne dabei ein anderes Buch zu brauchen, als etwa Tschudis schweizerische oder Aventins bayerische Chronik.«

Kunstreiches Werk der Hände

Unterm 8. September 1338 bestätigte das Salzburger Konsistorium dem Heinrich von Lampoting, daß erst durch sein Bemühen das Langhaus der Laufener Pfarrkirche zustande gekommen sei – »ein aufwendiges Werk von wunderbarer Schönheit«. »Opus sumptuosum ac mirae pulchritudinis...« Wer weiß, wie bauernmäßig schweigsam die alten Urkunden über Kunst und Künstler sind, der kann wohl ermessen, wie groß der Eindruck dieser neuen Kirche gewesen sein muß. Es war ja nicht mehr das steile Aufschnellen des Mittelschiffes über geduckten Seitenschiffen, sondern das Nebeneinander dreier gleichhoher Schiffe, das einen Raum gab, still, gleitend, voll Licht. Mag sein, daß man in Laufen den Einfluß österreichischer Zisterziensergotik spürte, aber darüber hinaus stand mit diesem Bau die erste gotische Hallenkirche Bayerns, ja Süddeutschlands, fertig da. Von hier aus ging der Weg weiter zur großen Backsteinkunst der späten Gotik. Es ist sehr wohl möglich, daß noch Hans Stethaimer in seinem Frühwerk unter dem Eindruck des Laufener Innenraumes stand.

Stethaimer. Wir wissen von ihm kaum mehr, als uns die Grabschrift zu St. Martin in Landshut sagt: Anno 1432, am Laurenzitag, starb Hans, der Steinmetz, Meister der Martinskirche und der Spitalkirche zu Landshut, dazu der Kirchen von Neuötting, Salzburg, Straubing und Wasserburg. Darüber, unendlich schön, der Porträtkopf des Meisters: ein alter Mann mit hoher, gefurchter Stirn, tiefliegenden Augen, einem herben Zug um den schmalen, eingefallenen Mund. Jede weitere Frage verläuft sich in dürftigen Hinweisen auf Burghausen als Herkunftsort und auf die Einflüsse der Prager Parlerschule.

Was Stethaimer wirklich bedeutet, muß man an seinem Hauptwerk ablesen, der Landshuter Martinskirche, die 1459 bis auf den kühnen Turm vollendet war. Der Außenbau ist schlicht, bayerisch in seinem Mut zu großen Wandflächen, aber er ist mit feinstem Platzgefühl in die Straßenzeile eingestellt; das Innere dann von großartigem Hochdrang, virtuos in der raschen Abfolge der schlanken Pfeiler; dazu kommt eine Lichtführung voll milder, strömender Helle. Zusammen gibt es eine Beschwingtheit, Leichtigkeit, ja Zartheit, die einzig dasteht. Die Franziskanerkirche in Salzburg aber, wo der Meister dem dunklen Langhaus aus dem 13. Jahrhundert seinen weiten, lichtdurchfluteten Chor entgegensetzte, mag als Raumschöpfung wie ein Vorklang von Weltenburg erscheinen.

Die Salzburger Franziskanerkirche ist der einzige Bau, mit dem Stethaimer über das Niederbayerische hinausgriff. Doch diese heimatgebundene Kunst besaß eine solche überzeitliche, bodenfassende Kraft, daß nicht nur die nächste Generation, sondern die ganze spätgotische Backsteinkunst Niederbayerns Stethaimers Gepräge trägt. Geisenhausen, Vilsbiburg, Velden, Dingolfing – man erkennt die Landshuter sofort an ihren stolz aufsteigenden Türmen. Im Rottal, etwa in Eggenfelden, stößt die Landshuter Art mit der breitbrüstigen Schwere des Innviertler Stils zusammen, der von Stephan Krumenauer in Braunau bestimmt wurde.

Bestehen kann neben Stethaimer nur noch Jörg Ganghofer mit seiner Münchener Frauenkirche. 1468 wurde hier die alte Pfarrkirche niedergelegt, 1476 begannen sich über der neuen die Gewölbe zu schließen. Dieser »Jörg von Halsbach«, wie ihn seine Grabtafel heißt, war ein richtiger Bauernmeister, schwerblütig, ohne Stethaimers verwegenes Können, aber dem Landshuter über im Durchhalten großer Proportionen. Im Dienst der Bayernherzöge war er hochgekommen, in Polling besaß er ein Haus, in der Weilheimer Gegend Wiesengrund. Kaum daß wir sonst Näheres wissen. Höchstens, daß er noch das alte Münchener Rathaus gebaut und den Freisinger Dom gotisch eingewölbt hat.

Während Ganghofer an der Frauenkirche baute, brachte die

Reichsstadt Nördlingen ihre Pfarrkirche von St. Georg unter Dach – ein echtes Rieser Werk, herb, eigensinnig, ein wenig trocken. Die Meister der Stadtkirche von Dinkelsbühl griffen das Nördlinger Vorbild auf, steigerten es zu Glanz, Schwung und Größe. Das reiche Amberg stellte mit der machtvollen Halle von St. Georg den bedeutendsten gotischen Bau der Oberpfalz hin. In Ingolstadt wurde die Frauenkirche fertig, die schon Ludwig im Bart begonnen hatte. Ihr Meister hatte wohl manches von den Landshutern, aber er kannte auch viel Schwäbisches, schuf vor allem einen ganz bedeutenden Raum voll verschwebender Stille.

Will man aber die altbayerische Spätgotik in ihrer ganzen Handwerkstreue ausmessen, so darf man nicht in den Städten und Märkten bleiben, sondern muß einmal hinausgehen aufs flache Land. Nicht nur, daß die Residenzstadtkultur von Landshut, Burghausen oder München weithin ausstrahlte, dieses Bauernland selber wurde in der Folgegeneration der großen Stadtmünster von einer einzigartigen Bauwelle ergriffen. Und nie war es bloß eine versimpelte Stadtmode, sondern stets gewachsene Heimatkunst, reich an schöpferischer Kraft, an der Gabe, Massen zu gliedern, Raum zu schaffen...

Fast alle Meister bleiben für uns namenlos, und wenn wir auch die Fülle der Bauten lose auf Landshut und München, Regensburg und die Innviertelgruppe aufteilen, so bleiben doch die leisen Unterschiede, die von Gau zu Gau wechseln wie die Schattierungen der Mundart. Da ist das kräftige Satteldach im Seenland von Würm und Amper, da ist der Alt-Freisinger Blockhelm an der mittleren Isar und gegen die Hallertau zu, da ist der schlanke Achteckshelm, wie man ihn vom mittleren Inn bis zum Erdinger Moosland findet. Noch in den entlegensten Winkeln des Landes stehen so tüchtige Kirchenbauten wie St. Alban bei Mühldorf oder St. Leonhard bei Aigen am Inn; noch vor den Toren Münchens träumt eine so unberührte Stimmungseinheit wie die Dorfkirche von Pipping. Zwischen 1480 und 1510 müssen wir den Höhepunkt dieser Bauwelle ansetzen, aber noch bis in die Reformationszeit hinein klang sie nach; der Salzburger Weihbischof Berthold Pürstinger hat allein von 1511 bis 1524 an die 35 Kirchen und Kapellen weihen können.

Wie nachher im Barock, so baute Bayern auch in der Spätgotik Kirchen und wieder Kirchen. Und doch hat daneben auch der Profanbau in den Städten einiges zu sagen. Mit dem 15. Jahrhundert wurde überall der Steinbau die Regel, und was uns das 19. Jahrhundert an altbayerischen Stadtbildern übriggelassen hat, gehört in die spätgotische Zeit. Immer noch spannen die alten Tortürme ihre Bogen über die Straßen und bringen die trotzigen Senkrechten in das Bild unserer Städte und Märkte; dazu kommen breitlagernde Rathäuser wie in Wasserburg oder Straubing, Sulzbach oder Deggendorf. Voll reichsstädtischem Selbstbewußtsein die Gemeindebauten gegen Schwaben zu: Nördlingen mit seinem Rathaus, Memmingen mit der großen Laube seines Steuerhauses.

Demgegenüber war die Zeit der Burgen längst vorbei. Wo man trotzdem noch baute, stand nicht mehr die Tatgewalt der Stauferzeit dahinter, sondern der Ehrgeiz und Machtstolz des Landesherrn. In Füssen oder Dillingen bauten die Fürstbischöfe von Augsburg, in Tittmoning die von Salzburg; unter den reichen Herzögen erstand die langgestreckte Anlage von Burghausen, während die Trausnitz ob Landshut noch einem Angelus Rumpler wert schien, ein Königssitz zu sein. Und es ist, als ob in diesen Bauten etwas von der unbändigen Rauflust der ewigen Familienhändel nachklänge: klobige Baublöcke, stiernackiges Gemäuer, trotziges Getürm, ganz die bereits von Aventin gerühmte Freude am »Wehrtragen«. Anders ist das Gebaren der Landschlösser über dem Isargrund, im Dachauischen, drinnen zwischen den Bergen – Schlösser, oft ganz versunken in Obstbaumblühen und Himmelsweite. Die Blutenburg könnte man nennen oder Grünwald, Reichersbeuern bei Tölz oder Saulburg bei Straubing. Hier spürte man die erwachende Freude am Genuß der schönen Natur, bei der sich das alte Bauernblut mit der Daseinslust der Renaissance paarte.

Gleichzeitig mit Stethaimer und der vergleitenden Schönheit seiner Raumträume erobert sich von Böhmen her der »Weiche Stil« die altbayerische Plastik: ein malerischer Faltenstil voll Wohllaut und Melodik, anmutig und liebenswürdig auch in der Auffassung des Seelischen. Das Hauptthema ist die »Schöne Madonna«, mit dem sanften Neigen des Hauptes und dem feierlichen Blau-Weiß-

Gold. Daneben die stille Klage der Vesperbilder oder die Betulichkeit der Heimsuchungsgruppen. Wichtige Stützpunkte des neuen Stils sind Passau, wo mit dem Baubeginn am Domchor Hans Krumenauer seine Steinmetzhütte aufmachte, und das niederbayerische Straubing, wo die Tonplastik blühte. Entscheidend aber wird Salzburg. Man darf nur an den »Meister von Seeon« und seine Madonna im Bayerischen Nationalmuseum denken. Die Grabmalkunst erscheint geprägt von der verhaltenen Vornehmheit des Chiemgau-Meisters Hans Heider oder dem Straubinger Kastenmayr-Stein mit seinem unvergleichlichen Totenantlitz. Erst um 1450, mit der erschütternden Madonna aus St. Severin in Passau, zersplittert die adelige Form der Stethaimer-Zeit »wie brüchiges Glas« (Pinder).

Jetzt wurden dafür die großen Stadtkirchen fertig, bekamen die Zunftwerkstätten alle Hände voll zu tun, begann die Zeit der breiten Schnitzaltäre und der kunstreichen Chorgestühle. Die Plastik erscheint auf einmal bürgerlicher, aber auch bewegter, und im Spiel der Oberflächen stehen die Spannungen stärker gegeneinander. Die Entwicklung sammelte sich in der überragenden Persönlichkeit Erasmus Grassers, des Bildschnitzers von München. Ungewöhnlich gleich sein erstes Werk, die Moriskentänzer im Alten Rathaus. Es sind Prachtstücke eines Schnitzerhumors voll tollster Ausgelassenheit, der den Meister fortriß zu den kühnsten Wagstücken der Form. Auffallend ist, wie dann die späteren Werke einen ganz anderen Zug zeigen, nämlich eine großartige Ruhe und Gesammeltheit und einen reifen Schönheitssinn: der Aresinger-Grabstein zu St. Peter, der thronende Petrus für den Hochaltar ebendort, der Altar von Reichersdorf bei Miesbach. Grasser verwandt, nur weniger schnittig in der Charakterisierungskraft, ist Wolfgang Leeb in Wasserburg; seine Stiftergräber zu Rott, Attel und Ebersberg gehören zum wichtigsten Bestand unserer Plastik um 1500. Ganz für sich aber steht der namenlose Meister der Apostel von Blutenburg: ein Mann voll tiefer Ergriffenheit, traumhaft sicher im Stilgefühl. Vielleicht ist er von der Augsburger Art um Hans Beierlein berührt.

Die altbayerische Entwicklung aber erreichte den reifen Bewegungsstil der Zeit nach 1500, steigerte sich zu einer geradezu barocken Leidenschaft der Umrisse. Was bei den vielen nur dumpfes

Wollen war, verkörperte sich am reinsten im niederbayerisch-großartigen Werk Hans Leinbergers. Bei ihm war der Bewegungsstil nicht Manier oder bloßes Können, sondern reifster Ausdruck des Unsagbaren. Eine ganze Welt liegt allein in der Melodik seines Faltenwurfs: Kraft und Zorn, Güte und Milde, selige Feierlichkeit oder peitschender Aufruhr. Um 1511 taucht Leinberger erstmals in Landshut auf, und bis 1530 ist er uns dort als Bildschnitzer urkundlich bezeugt. Seine Hauptwerkc sind allbekannt: der Moosburger Altar, der Rast-Christus von St. Nikola in Landshut, der Chorbogenkruzifixus von Erding, der gewaltige Jakobus im Bayerischen Nationalmuseum, die Madonna von Polling. Wie aber in Leinberger das ganze Sehnen der Zeit zusammenströmt, zeigt sich nirgends deutlicher als bei seiner Muttergottes von St. Martin in Landshut – ursprünglich eine Madonna im Rosenkranz gleich der Nürnberger des Veit Stoß oder der Volkacher des Tilman Riemenschneider. Hier vor der Landshuterin überkommt es uns wie ein altes Kirchenlied, das brausend um die Pfeiler schlägt:

»Maria, bitt Gott für uns!
Du hertzogin in Bayrn bist,
Das hertzogthumb dein eigen ist...«

Alles vorausgegangene Schaffen erscheint wie ein Vorklang, alles nachfolgende bis hin zum Rokoko wie ein Nachhall jener Urgewalt, mit der Hans Leinberger das geschnitzte Werk seiner Hände zu strömendem Leben erweckte.

Vielleicht sollte man hier, um das Nebeneinander altbayerischer und altfränkischer Art zu zeigen, neben Leinberger seinen Zeitgenossen Tilman Riemenschneider stellen – jenen Riemenschneider, der Würzburg und dem ganzen Mainland die sanfte Gewalt seines Formwillens aufprägte. Ob die Altäre von Rothenburg oder Creglingen, ob die vielen Madonnen: es ist eine letzte Verfeinerung und eine hinreißend süße, wehmütige Melodik der Linie. Einem Leinberger mußte diese unnachahmliche Grazie fehlen; er bleibt herber, eckiger, auch unverbogener und gesünder. Riemenschneider war Ende und Vollendung spätgotischer Stadtkultur, Leinberger ungebrochene Bauernkraft.

In einem ganzen Kreis von Schülern wirkte Leinbergers Art weiter, ballte sich oft zu einem förmlichen »gotischen Barock«, wie etwa beim Münchener »Christophorusmeister« oder beim gleichfalls namenlosen »Meister von Staudach«. Verwandtes im Formtemperament spüren wir auch in der gleichzeitigen Grabsteinplastik, die vor allem im bayerischen Südosten zu Hause war. Hans Valkenauer in Salzburg ist hier ein vielgenannter Name; in Burghausen saß Siegmund Rueder; in Passau herrschte die breitspurige Kraftgebärde Jörg Gartners.

Wie die spätgotische Plastik im Werk der Bildschnitzer, so vollendete sich die spätgotische Malerei im Schaffen der Tafelmaler. Das kostbare Altärchen aus Schloß Pähl bei Weilheim, noch aus der Zeit der Enkel Kaiser Ludwigs, gehört zu den frühesten Werken. Und war der Pähler Altar noch voll hoher, weichschattender Vornehmheit, so lief die Entwicklung zum alltäglichen Erfassen von Natur und Leben. Man wollte die Wirklichkeit – auch auf Kosten der Haltung. Bezeichnend sind die Kreuzigungsbilder um 1450, wie sie noch da oder dort in den Landkirchen hängen: Bilder voll naiver Erzählfreude und derber Drastik, weit weg von der Eleganz der rheinischen oder fränkischen Schule. Bayerisches Werk!

München aber hatte mit dem Pseudo-Maleßkircher und mit Gabriel Angler zwei der bedeutendsten oderdeutschen Maler der Zeit. Der eine, ein titanischer Elementargeist, den man lange mit dem viel späteren, zahmeren Maleßkircher verwechselt hat, ballte die unheimlichen Passionsszenen des Tegernseer Hochaltars zusammen; der andere, rassig, scharf, helläugig, malte im Auftrag Herzog Albrechts III. den Marienaltar für Kloster Polling mit dem kühnen Hintergrundbild des Ammersees bei Gewitter. Seit 1480 dann war Jan Polack, ein Zugereister, wie schon der Name sagt, der führende Stadtmeister. Die Tafeln der großen Altarwerke für Kloster Weihenstephan oder die Münchener Franziskanerkirche zeigen seinen breiten, derbbürgerlichen Pinsel und seine Lust zur Farbe. Um 1490 entsteht noch der Hochaltar für die Peterskirche, »das machtvollste, hochmonumentale Werk des spätgotischen Altarbaues auf altbayerischem Gebiet« (Buchner).

Entscheidender aber ist ein anderes: daß sich seit den neunziger

Jahren im Donautal ein neuer Malstil Bahn bricht, bestimmt von innerster seelischer Erregtheit und leidenschaftlichem Sich-Einbezogen-Fühlen in die Natur. Man spricht von der »Donauschule«, aber die Wurzeln lagen letztlich in der Tiefe des Volkstums. Schon Meister wie Gabriel Angler oder Jan Polack waren Wegbereiter der neuen Art gewesen, und junge Wanderkünstler wie der Franke Lukas Cranach, der Schwabe Jörg Breu oder der Passauer Rueland Frueauf der Jüngere formten sie in Österreich weiter aus. Im Hintergrund stand die bäuerliche Größe des Pacher-Schülers Marx Reichlich, der von seiner Salzburger Werkstatt aus das Erbe der Pustertaler Meister vermittelte. Das Endergebnis: nicht der harte, heroische Formwille des Dürerkreises, sondern ausfahrende Bewegung, »waldeinsame Naturstimmung«, die Landschaft als Ausdruck des eigenen Erlebens.

Der überragende Meister der Donauschule war Albrecht Altdorfer. Nach österreichischen Wanderjahren war er seit 1505 Bürger von Regensburg, später auch Ratsherr und Stadtbaumeister. Auch er begann mit breitflockigen, monumentalen Frühwerken, wie etwa den »Beiden Johannes« im Museum der Stadt Regensburg, und endete mit so spitzpinseligen, juwelenhaften Bildern wie der Susannengeschichte. Was immer blieb, war die Tausendfältigkeit des Lebens. Dabei ging es Altdorfer nie um den Bedeutungsinhalt im alten Sinn, sondern ganz um die reine Malerfreude am farbigen Sein, um den romantischen Stimmungsgehalt. Er malte den heiligen Georg und meinte das geheimnisvolle Dämmern des Laubwaldes; er gab mit der Wunderquelle von St. Florian ein so köstliches Bild altbayerischen Volkslebens, wie es vor ihm keiner gemalt hat. Seine Regensburger Donaulandschaft mit Schloß Wörth und dem Scheuchenberg ist die erste reine Landschaft der europäischen Kunstgeschichte. Nirgends aber ist Altdorfer größer als mit seiner berühmten Alexanderschlacht, die das bis ins kleinste erzählte Kampfgeschehen mit einer grandiosen Weltlandschaft verbindet – »eine Ilias in Farben«, wie Friedrich Schlegel meinte. Auch um Altdorfer gruppierte sich ein ganzer Kreis von Schülern und Stilgenossen. Wolf Huber, der Hofmaler der Fürstbischöfe von Passau, stand nach Temperament und Können dem Regensburger Stadtmeister am nächsten. Sein Altersporträt des Humanisten Jakob Ziegler aus Landau ist eines der schönsten deutschen Bildnisse überhaupt.

Diese ganze bayerische Kunstentwicklung bis hin zu Leinberger und Altdorfer hat mit Renaissance im italienischen Sinn wenig zu tun. Sie war bis zuletzt von der Spätgotik getragen. Nicht ein einzelner Putto bei Erasmus Grasser oder ein antikisches Bauwerk bei Altdorfer machen die Renaissance: Renaissance ist ein eigenes Lebensgefühl, ein wohlabgewogener Sinn für das Ruhig-Schöne, der sich zuallererst in den Verhältnissen zeigen muß. Renaissance ist etwas Lateinisches. Erst wo das Blut der Gotik nicht mehr schlug, verschrieb man sich der fremden Ausdrucksform, auch wenn es mitunter kaum mehr war als äußeres Nachahmen und leere Phrase, ein geschäftiges, vielleicht auch gekonntes Nebeneinander. Bezeichnend dafür sind Loy Hering in Eichstätt oder Stephan Rottaler in Landshut, zwei vielbeschäftigte Bildhauer, die zeitlich neben Leinberger standen. Nur einmal, in seinem Willibaldsdenkmal im Eichstätter Dom, daß Loy Hering über das handwerkliche Gleichmaß hinaustritt und eine Ruhe und Monumentalität findet, die in der ganzen süddeutschen Kunst der Zeit selten ist. Es dauerte eben zwei Generationen, bis die übernommene Renaissance so mit dem eigenen Wesen zusammenklang wie in der Münchener Michaelskirche oder im Werk eines Elias Holl.

Das Volk aber blieb stumm. Wo man in der Zeit der Reformation und Gegenreformation auf dem Land wirklich etwas zu bauen hatte, tat man es in abgestandenen gotischen Formen. Wie sich einerseits bei Leinberger schon um 1520 das barocke Temperament regte, spürt man andrerseits in Dachauer Apostelfiguren noch um 1625 den spätgotischen Einschlag. Auf dem flachen Lande ging die letzte Gotik unmittelbar über ins früheste Barock.

17. KAPITEL

AUGSBURG UND NÜRNBERG

Wenn man an die Kaiserzeit des hohen Mittelalters zurückdenkt, mag einem die Geschichte von Bayern-München oder Bayern-Landshut oft vorkommen wie ein stilles Altwasser weitab vom großen Strom. Aber aus dieser scheinbar engen Welt erwuchsen ein Stethaimer und ein Leinberger, ein Altdorfer und ein Aventin – Köpfe von so großartigem Format, daß sie es nur ihrer ausgeprägt bayerischen Art verdanken, wenn sie nicht zu den Eckenstehern der gängigen Geschichtsbücher geworden sind. Und ein Blick auf das bayerische Spätmittelalter, der sich nicht verfängt in den engen Grenzen des wittelsbachischen Territoriums, ruht zuletzt ganz von selber auf der stolzen Größe des alten Augsburg und des alten Nürnberg. »Ein Schwesternpaar, Stiefschwestern vielleicht aus bayerisch-fränkischer und bayerisch-alamannischer Ehe« hat man die beiden Städte einmal genannt, und wie man Nürnberg noch im 13. Jahrhundert zum bayerischen Stammesboden rechnete, so hat man in Augsburg von den Leuten in der Jakobervorstadt noch bis auf unsere Tage behauptet, daß sie ohnedies schon halb baierisch sprächen. In Nürnberg ist die Zuwanderung aus der Oberpfalz bis heute nicht mehr abgerissen.

Aber auch von der Stammesart ganz abgesehen, haben Augsburg und Nürnberg ein seltsames Doppelspiel der Entwicklung gemeinsam. Beiden Städten wuchs als Parteigängern Heinrichs IV. das bürgerliche Selbstbewußtsein zu, und beide errangen sich in der Stauferzeit die Grundlagen ihrer Reichsfreiheit. In Augsburg war es der Rotbart, der 1167 die Schutzherrschaft über die Stadt in eigene Hände nahm, und in Nürnberg gab Friedrich II. den großen Freiheitsbrief. Und im gleichen Maß, wie dann jenseits der Alpen die Sonne Venedigs überm Mittelmeer aufging, hoben sich auch Augsburg und Nürnberg in die Höhe.

Augsburg ist natürlich von beiden Städten die weitaus ältere. Schon zur Römerzeit Provinzhauptstadt, hatte die Augusta Vindelicum einst bis zum Inn hin geherrscht, und auch im Mittelalter hatte sie als Bischofsstadt ihren vollen Klang behalten. Adalbero, der Reichsregent unter Ludwig dem Kind, Ulrich, der Ungarnsieger, Hartmann von Dillingen, der stahlharte Territorialpolitiker – es ist eine stolze Reihe von Kirchenfürsten, die uns hier bereits begegnet ist. Gerade das Format eines Hartmann läßt auch ahnen, wie kampferfüllt jene nachstaufischen Jahre gewesen sind, als Augsburg das bischöfliche Stadtregiment endgültig abschüttelte.

Der nächste große Einschnitt ist die Zunftrevolution von 1368. Freilich ging's dabei recht augsburgisch gemütlich zu, und die Stadtgeschlechter taten das in einer solchen Lage einzig Mögliche: sie machten gute Miene zum bösen Spiel und lieferten Stadtschlüssel und Sturmglocke ohne Schwertstreich den Zünften aus. Seither wurden auch in Augsburg die Ratsämter getreulich zwischen Geschlechtern und Zünften geteilt. Mit dem steigenden Italienhandel des 14. Jahrhunderts strömte von überall her das Geld zu, und manches kleine Vermögen ging sprunghaft in die Höhe. Die Meuting und Gossembrot, die Baumgartner, die Rem, die Adler, die Welser – das waren nur einige der großen Handelshäuser, und sie alle hatten irgendwie mit Venediger Baumwolle und Augsburger Barchent zu tun. Erst mit der zweiten Jahrhunderthälfte kam der ungeahnte Aufschwung des Hauses Fugger.

Ein biederer Webergeselle aus dem Lechfelddorfe Graben, das Ränzel auf dem Rücken, den Stecken in der Hand, so war der Hans Fugger 1367 zum Tor hereingewandert. Freilich war er nicht ganz so arm, wie es die treuherzige Legende wahrhaben möchte, sondern er trug immerhin ein kleines Vermögen in der Tasche und war klug genug, beim Heiraten auf die reiche Mitgift zu sehen; dazu kam die Beteiligung am Barchentgeschäft. Schon mit der dritten Generation stand dann seit 1488 Jakob Fugger der Reiche an der Spitze des Hauses, und auf seinen Antrieb schalteten sich die Fugger in das europäische Bergwesen und das fürstliche Kreditgeschäft ein. In Italien ausgebildet, vornehm, voll mächtiger Willenskraft, war Jakob Fugger ein Tatmensch großen Stils. Am alten Weinmarkt sein Haus voll Glanz und edler Prachtliebe. Nur ein einziger Nebenbuhler blieb: Bartholomäus Welser. Unter ihm erwarben die Welser Venezuela und kämpften sich Welsersche Feldhauptleute ins Stromgebiet des Amazonas vor. Von Augsburg aus beherrschten die Fugger und Welser die nassen und trockenen Straßen vom Baltikum bis zur Adria, von den westafrikanischen Negerstaaten bis zu den venezolanischen Urwaldströmen. Die deutschen Kaiser- und Königswahlen von 1519 und 1531 wären nicht denkbar gewesen ohne das Geld der beiden Augsburger Handelshäuser, und zuletzt nahm die Finanzpolitik der Fugger und Welser so abendländisch-universale Maßstäbe an, daß sie »dem Kaisertum Karls V. an europäischer Konzeption keineswegs nachstand« (Pölnitz).

Daß man in Augsburg, von wo einer notfalls in vier Tagen nach Venedig ritt, auch den Humanismus früher spürte, liegt auf der Hand. Sigismund Meisterlin, Benediktiner zu St. Ulrich und Afra und Verfasser der »Chronographia Augustensium«, war in Deutschland der erste humanistische Geschichtsschreiber überhaupt. Der Patrizier und Bürgermeister Sigismund Gossembrot war Meisterlins Gönner und Patron. In engstem Zusammenhang mit diesem frühen Stadthumanismus stand die Schwarze Kunst des Bücherdrukkens. Augsburg war hier nicht nur eine der ersten Druckerstädte, sondern hatte bald Offizinen, die an Schönheit des Satzes, Reinheit des Wortlautes und Güte des Papiers alles übertrafen.

Die eigentliche Verkörperung des Augsburger Stadthumanismus war freilich erst Konrad Peutinger. Aus alteingesessener Handelsfamilie geboren, hatte er sich zu Padua den Doktorhut geholt und dann 1490 das einflußreiche Stadtschreiberamt übernommen – Beamter nicht aus Daseinsnot, sondern aus natürlicher Anlage. Daneben führte er ein gastliches Haus und sammelte um sich eine ganze Gesellschaft humanistischer Köpfe. Aber mit nüchternem Hausverstand hielt sich Peutinger stets in engen Grenzen. Ein Büchlein über das römische Augsburg, gelehrte Tischgespräche, die Herausgabe alter Geschichtsquellen, das Sammeln von Münzen, Büchern und Altertümern, das war ihm genug. Als nach 1530 Augsburg mitten hineintrieb in den religiösen Tagesstreit, legte er das liebgewordene Amt nieder und zog sich ganz zu seinen Büchern zurück. Das war dann der alte Peutinger, wie ihn Christoph Amberger gemalt hat: ein wohlgesinnter Mann, behäbig und gesetzt, der wild daherbrausenden Zeit gegenüber ein kopfschüttelnder Philosoph.

Weltläufige Haltung und maßvolle Form, das begegnet uns auch immer wieder in der Augsburger Kunst. Viel zurückhaltender als Leinberger oder Grasser die großen Augsburger Bildhauer der Zeit: Gregor Erhart, der älteste und bedeutendste von allen; dann Hans Beierlein, den man als Grabsteinmeister in ganz Altbayern und Schwaben suchte; zuletzt Adolf Daucher mit seiner noblen Gebärde und seinem Zug zum schönen Ebenmaß.

Neben den Bildhauern standen die Maler, in deren Werk die schwäbische Schule ihre geniale Weite bekam: Hans Holbein der Ältere und Hans Burgkmair. Holbein trug noch viel Altes in sich, und die gehaltene Art seines Vortrags und der warme Schmelz seiner Farben waren schwer errungen. So malte er 1502 den Zisterziensern von Kaisheim die prächtigen Schilderungen ihres Choraltars oder schuf er 1516 für St. Katharina in Augsburg das reife Spätwerk des Sebastianaltars. Und mochten die Kaisheimer Tafeln noch in den Bereich der Spätgotik gehören, bei der Marterszene des Sebastianaltars war dann alles Grelle abgedämpft zum humanistisch-vornehmen Erzählerton. An Holbein gemessen, ist Burgkmair leichteren Bluts, wendiger, auch flacher. Trotzdem bleibt ein Werk wie der Kreuzaltar von 1519 mit seinem großen Atem und seiner gefaßten Trauer, der klaren Ferne bis hin zu den Schweizer Bergen. Aber Burgkmair war nicht nur Tafelmaler, sondern nach Dürer der fruchtbarste Illustrator seiner Zeit; von ihm lief die Linie weiter zu den vielen Kleinmeistern nach 1530.

Gelehrte und Künstler, dazu Kaufherren von wahrhaft fürstlichem Zuschnitt, das war das alte Augsburg. Und immer wieder befeuernd und fördernd Maximilian I., der Freund des alten Rittertums und des neuen Geschützwesens, der Humanistengönner und Jäger von der Martinswand, der Kaiser, in dem sich das Alamannenblut der Habsburger noch einmal mächtig regte. Schönsperger war sein Buchdrucker, Burgkmair sein Zeichner, Peutinger sein Freund; selbst ein gutes Stück Reichsgeschichte ließ der Kaiser in der Stadt sich abspielen. »Nun gesegne dich Gott, du liebes Augsburg und alle frommen Bürger darinnen! Wir haben manchen frohen Mut in dir gehabt...«, war sein Abschiedswort, als er nach dem Reichstag von 1518 zum letztenmal nach Innsbruck wegritt.

Albrecht Dürer, Willibald Pirckheimer (XIII)

BILIBALDI·PIRKEYMHERI·EFFIGIES
·AETATIS·SVAE·ANNO·L·III·
VIVITVR·INGENIO·CAETERA·MORTIS·
·ERVNT·
·M·D·XX·IV·
AD

Hubert Gerhardt, Herzog Wilhelm V. (XIV)

Aber auch Karl V. war der Stadt anfänglich gewogen, wenngleich dann die Zünfte rasch der neuen Lehre zufielen. Schon 1537 erzwangen sie die gewaltsame Unterdrückung der alten Kirche, und bald standen sie mit ihrem Bürgermeister Herbrot scharf gegen den Kaiser selber. Es kam zum Schmalkaldischen Krieg, und bereits 1547 mußte man dem siegreichen Karl V. die Tore öffnen. Wenn auch jetzt die Geschlechter wieder in den Sattel kamen, die Volkskraft der Reichsstadt war gebrochen. Doch gerade in der Späte des Jahrhunderts, als es schon überall abwärtsging und die großen Bankhäuser der Reihe nach fallierten, gaben die Enkel dem alten Ruhm der Stadt die reinste Verklärung: Augsburg wurde zur Stadt der Brunnen und zur Stadt des Elias Holl. Und Matthias Kager, der Stadtmaler und Bürgermeister, malte noch an seinen Häuserfresken, als draußen schon die ersten Kanonenschläge des Dreißigjährigen Krieges heranrollten...

Ist Augsburg Römerstadt, so wird Nürnberg erst 1050 zum erstenmal erwähnt. Als alter salischer Königsbesitz auf dem bayerischen Nordgau war es ein wichtiger Stützpunkt der Reichsgewalt, und die Königsburg auf dem Sandsteinfelsen über der Pegnitz wurde Ansatzpunkt der Stadt. Das 14. Jahrhundert war dann ein Jahrhundert des gewaltigen Handelsaufschwungs und ein Jahrhundert des Bauens. Es erstanden St. Lorenz und St. Sebald, die Frauenkirche, ja die ganze Stadt wurde ein einziges Denkmal gotischer Kunst, köstlich in seiner altfränkischen Lust an krauser Vielfältigkeit. Stadtherren waren ursprünglich die königlichen Burggrafen, aber die Nürnberger machten es wie die Regensburger und kauften ihre Grafen nach und nach zur Stadt hinaus. Noch 1504 brachte der Landshuter Erbfolgekrieg den Erwerb der »pfälzischen Ämter«, und zuletzt besaß Nürnberg ein Territorium von 20 Quadratmeilen mit 13 Pflegämtern und den Städten Altdorf, Hersbruck und Lauf. Aber während die Augsburger im ganzen Reich verschrieen waren als Schuldenmacher und flotte Lebeleute, behielten in Nürnberg selbst Familien wie die Holzschuher oder Tucher, Imhof oder Ebner ihre altfränkische Art: fromm, strebsam, nüchtern, haushälterisch. Auch sonst war Nürnberg ein straffer Polizeistaat, einer der wenigen, wo die Zünfte nicht zum Aufrecken kamen.

Doch bei allem Vorherrschen der großen Handelshäuser blühte in diesen Gassen das Metallgewerbe wie selten anderswo. Goldschmiede und Kandelgießer, Schwertfeger und Büchsenmacher, Rotgießer und Beckenschlager, Zirkelschmiede und Kompaßmacher gab's die Menge. Der »Nürnberger Witz« war sprichwörtlich und Peter Henleins erste Taschenuhr ist von den vielen Erfindungen, die im alten Nürnberg gemacht worden sind, nur die bekannteste. Hinter dem Handwerker stand ja der Mathematiker und Rechenmeister, und die Nürnberger Werkstätten haben für den »Aufstieg der Technik aus dem Geist der romanisch-germanischen Völker« einen ebenso großen Beitrag geleistet wie die Florentiner Architekten und Ingenieure in den dreihundert Jahren von Dante bis Galilei.

Bürgerlicher Gewerbefleiß und mathematische Wissenschaft: keiner faßte sie im alten Nürnberg enger zusammen als der große Regiomontan – eigentlich Johannes Müller aus Königsberg im Haßgau. Nach Studienjahren in Wien und Rom war er 1471 in die Stadt gezogen, wo man ihm eine mechanische Werkstätte und eine Sternwarte einrichtete. Mit seinem Namen wurden Nürnbergs astronomische Instrumente in der ganzen Welt bekannt; seine Sternlauftafeln aber, die sogenannten »Ephemeriden«, haben selbst einem Kolumbus oder einem Vasco da Gama gedient. Martin Behaim, den jungen Stadtadeligen und Schüler des Regiomontan, trugen dann Nürnbergs Handelsbeziehungen vollends hinaus in die Weite. Stallmeister Seiner portugiesischen Majestät, Entdeckungsfahrer, Schwiegersohn des Gouverneurs auf den fernen Azoren – so kehrte er 1490 auf ein paar Jahre in seine Vaterstadt zurück, und draußen in der Stille seines Stadtgartens baute er, der weitgereiste Mann, seinen staunenden Mitbürgern den ersten Globus zusammen.

Der frühe Stadthumanismus aber sammelte sich um einen Druckerherrn, wie es in ganz Oberdeutschland keinen zweiten mehr gegeben hat: um Anton Koberger. Er arbeitete mit über hundert Gesellen und hatte zeitweilig seine 25 Pressen in Betrieb; dazu ließ er selbst noch in Basel und Lyon auf seinen Namen drucken. Bis 1500 legte Koberger über 200 Werke auf, darunter 1493, lateinisch und deutsch, die buntgesprenkelte Weltchronik des Stadtarztes Hartmann Schedel. Mehr Dichtung als Geschichte, von viel Humanistenneugier durchleuchtet, mit fast 2000 Holzschnitten ausgestattet, war diese Chronik das große Zeitbuch – Weltgeschichte, gesehen von den Nürnberger Mauern aus.

Der Rat hielt sich zwar für eine Weile das ganze Humanistentreiben glücklich vom Leib, aber 1496 wurde auch in Nürnberg eine »Poetenschule« eingerichtet. Es war ungefähr um dieselbe Zeit, da Willibald Pirckheimer von den hohen Schulen zu Padua und Pavia wieder in die Vaterstadt zurückgekehrt war. Pirckheimer bedeutete für Nürnberg dasselbe wie Peutinger für Augsburg. Er war nicht nur der Humanist von umfassender Bildung, sondern wirkte auch als Staatsmann und Gesandter, saß seit 1497 im Rat, führte im Schweizerkrieg dem Kaiser das Nürnberger Aufgebot zu. Schon 1520 sprang er Luther bei und ließ gegen den Doktor Eck eine scharfe Satire pfeifen. Neben Pirckheimer stand seine Lieblingsschwester Charitas, die feingebildete, rührend bescheidene Äbtissin von St. Klara. Und als es wirklich ernst wurde und der Sturm auch gegen das Klara-Kloster losbrach, wandte Pirckheimer der Reformation enttäuscht den Rücken und zog sich zurück wie Peutinger. »Möge es doch nach meinem Tode dem Vaterland wohlergehn, möge doch die Kirche Ruhe haben …«, war sein letzter Wunsch.

Eine herzliche Freundschaft verband Pirckheimer, den vornehmen Patrizier, mit Albrecht Dürer, dem Nürnberger Goldschmiedssohn, der wie kein zweiter den Ruhm der Stadt durch die Welt tragen sollte. Dürers Vater war erst 1455 aus Ungarn zugewandert, und sein großer Sohn wurde ihm 1471 als zweites von achtzehn Kindern geboren. »Und sunderlich hatte mein Vater an mir Gefallen, ließ mich in die Schul gehen und lernet mich das Goldschmiedehandwerk. Und da ich nun säuberlich arbeiten kunnt, trug mich meine Lust mehr zu der Malerei. 1486 versprach mich mein Vater in die Lehrjahr zu Michel Wolgemut… Und da ich ausgedient hat', schickt mich mein Vater wieder hinweg, und bliebe vier Jahre außen, biß daß mich mein Vater wieder fodert. Und als ich wieder anheims kommen was, handelt Hanns Frei mit meinem Vater und gab mir seine Tochter mit Namen Agnes, und gab mir zu ihr 200 Gulden und hielt die Hochzeit im 1494 Jahr«, erzählt Dürer selber.

Wolgemut, das hieß gediegene Ehrbarkeit, saubere Arbeit, nüchterne Beschränktheit. Erst die Wanderjahre gaben Dürer die Weite: Kolmar, Basel, Straßburg, später Venedig. Gewiß, seit uns die Forschung Leben und Werk des Mainfranken Mathis Gothardt Nithardt, genannt Grünewald, wiedergegeben hat, sind wir mehr und mehr geneigt, den Meister des Isenheimer Altars über Dürer zu stellen. Angesichts dieses urgewaltigen Ausbruchs letzter deutscher Gotik, sieht man bei Dürer nur zu gern das goldschmiedmäßige »Kleibeln« oder das Gran trockener Bürgerart. Letztlich bleibt aber doch ein Lebenswerk von zeitloser Einmaligkeit. Die gotisch ausfahrenden Blätter der »Apokalypse« und dann wieder die eherne Klarheit von »Ritter, Tod und Teufel«, das heitere Rankenspiel im Gebetbuch Kaiser Maximilians und die monumentale Größe der »Vier Apostel«, dazu in immer neuen Selbstbildnissen die Frage nach dem Wesen der eigenen Persönlichkeit – es ist eine Spannweite des Geistes, wie sie erst wieder bei Goethe ihresgleichen findet. Dazwischen griff Dürer zur Feder, schrieb die »Vier Bücher von menschlicher Proportion«, die »Unterweisung der Messung«, sogar über die »Befestigung der Städte, Schlösser und Flecken«. Es war ein leidenschaftliches Ringen nach dem Maß des Schönen, nach der Herrschaft über die Zahl. Oder wie Dürer die ganze Welt um Nürnberg entdeckte: Bauern, Landsknechte, Liebespaare, Heroldsberg und Kalchreuth, fränkische Bauernhäuser und Weiherschlösser, die Mühlen vor der Stadt... Dürers letztes und reifstes Werk, die Riesengestalten der Apostel, waren nicht nur das fürstliche Geschenk an die Vaterstadt, sondern auch ein Zeitbekenntnis, ausgesprochen in brennender Sorge. »Alle weltlichen Regenten in diesen fährlichen Zeiten nehmen billich acht, daß sie nit für das göttlich Wort menschliche Verführung annehmen. Dann Gott will nit zu seinem Wort gethon, noch dannen genommen haben!« ließ er daruntersetzen.

In Nürnberg, einer Stadt »der edlen Künste voll«, stand auch ein Dürer nicht allein. Neben ihm die vielen Kleinmeister, vor allem aber das Format der Nürnberger Plastik. Da war Adam Krafft, der größte unter den Steinbildhauern; da war der Rotgießer Peter Vischer mit einer Gießhütte, die von Krakau bis Aschaffenburg, von

Lübeck bis Innsbruck den Ton angab. Kraftvoll und klar, in allem wirklich geadeltes Handwerk, so kamen Vischer und Krafft ganz von selber zu einer wahrhaft deutschen Renaissance.

Ganz anders dagegen war der um zwei Jahrzehnte ältere Veit Stoß, in dem sich Form und Lebensstil dieser Wendezeit zur dramatischen Höhe aufwarfen. Ihn hatte es nicht in Nürnberg gehalten, und er war schon als junger Meister in den Osten gegangen, nach Krakau, der polnischen Königsstadt. Unbehindert von Zunftschranken prägte er dort seinen eigenen Stil, vollendete 1489 für die deutsche Kaufmannskolonie seinen großen Marienaltar. Wohlhabend geworden, kehrte Veit Stoß 1496 nach Nürnberg zurück, suchte eine eigene Werkstatt aufzubauen, scheiterte aber im Konkurrenzkampf mit den kleineren Geistern. So schnitzte er eigenhändig seine Kruzifixe und Heiligen, arbeitete in Stein, stach in Kupfer, malte die Altartafeln von Münnerstadt, lieferte selbst für den Bronzeguß Modelle. Doch schon 1503 prallte er mit der engen Ordnung seiner Vaterstadt zusammen, wurde einer gefälschten Quittung wegen durch beide Backen gebrannt. Trotz Kaiser Maximilians Gnadenbrief blieb er für den Rat nur der »unruhige, heillose Bürger«, der »irrig und geschreiig Mann«. Selbst über seine Kunst schritt die Zeit hinweg, und der protestantische Prediger von St. Lorenz konnte von der Kanzel aus auf den berühmten »Englischen Gruß« hindeuten und Stoßens Madonna eine »güldene Grasmagd« schelten. Einsam, verbittert, erblindet, ist Veit Stoß 1533 gestorben. Aber nicht die ruhig klare Form eines Adam Krafft oder Adolf Daucher bezeichnet die Spätphase altdeutscher Bildhauerei, sondern jener leidenschaftlich erregte »spätgotische Barock«, wie er im Werk eines Hans Leinberger oder Veit Stoß noch ein Letztes an seelischem Empfinden aufwühlt.

Mit Dürer oder Pirckheimer allein ist eben das alte Nürnberg noch lange nicht ausgemessen, denn neben der fränkisch-vornehmen Art der Stadthumanisten und reichen Handelsherren stand die ganz anders geartete Welt der Handwerksstuben und Gassenschenken. Beim Schembartlaufen der Metzger und Messerschmiede oder beim Fastnachtsspiel der Handwerksgesellen spürte man auch in Nürnberg etwas von der dröhnenden, zupackenden Lustigkeit eines altbayerischen Tanzbodentreibens, und nicht umsonst hat Josef Nadler darauf hingewiesen, wie sich gerade in der Nürnberger Freude am derben Fastnachtsschwank das baierische Blutserbe mächtig regte. Weitab von allem Humanistenwesen wuchs hier der Stadt eine eigene Literatur zu, die sich auslebte in Reimsprüchen, Lügenmären und Schwänken. Der Gelbgießer und Büchsenmeister Hans Schnepperer, genannt »Rosenplüt«, war der erste dieser Volksdichter; dann kam, 1479 aus Worms zugewandert, der »Barbierer« Hans Folz. Er brachte von den rheinischen Städten den Meistergesang mit, der dann in Nürnberg zu einer seltenen Blüte kam. Freilich, auch in Nürnberg trieben diese poetischen Schneider und Sauerbäcker, Schuhmacher und Bierbrauer ihre »holdselige Kunst« nach braver Handwerkerart: sie zimmerten getreulich ihre Strophen zusammen und sahen fest darauf, daß keiner vom Schema abwich. Gleichwohl strahlte im 16. Jahrhundert der Nürnberger Meistergesang bis Ungarn und Mähren aus. Es war die Zeit Hans Sachsens, des kunstreichen Schuh- und Versemachers. Ein Biedermann durch und durch, witzig, lehrhaft, hausbacken, war Hans Sachs eigentlich alles andere als ein großer Dichter. Ihm war Dichten nicht ein Formen und Gestalten, sondern nur der unwiderstehliche Drang, alles Gelesene möglichst schnell in Verse umzugießen. Immerhin hat Hans Sachs erst den Schwank und das Fastnachtsspiel auf die volle Höhe gehoben und der deutschen Dichtung ein weites Stoffgebiet erschlossen.

Aber wie in Augsburg das Jahr 1547 der tiefe Einschnitt war, so ging es auch in Nürnberg seit den späten zwanziger Jahren entschieden abwärts. Luthers neue Lehre hatte man zwar jubelnd und stürmisch aufgegriffen, aber bei der Durchführung der Reformation gab es bereits manchen Mißton. Osiander, der erste lutherische Prediger zu St. Lorenz, war ein starrer Eiferer; im Kreis der Dürerschüler flackerte um Jörg Pencz und die Brüder Beham das Täufertum auf und zwang den Rat, den drei »gottlosen Malern« den Prozeß zu machen. Es war die Zeit, wo Dürer an seinen Aposteln malte und Pirckheimer die warnende Stimme erhob.

Auch der lebendige Strom künstlerischer und geistiger Schaffenskraft riß mit einem Male ab: 1528 starb Dürer, 1529 Peter Vischer,

1530 Pirckheimer. Es kamen dafür die Jamnitzer und die Flötner, die Kunsthandwerker und Kleinmeister. Im Mai 1552 fiel auch noch der Markgraf Albrecht Alkibiades von Brandenburg-Kulmbach ins Stadtgebiet ein, und im weiten Umkreis gingen Dörfer und Schlösser, Klöster und Mühlen, in Flammen auf: es war der wirtschaftliche Niederbruch der Stadt.

Bei Augsburg wie bei Nürnberg mag es auf den ersten Blick scheinen, als ob sich die ganze Stadtgeschichte auf ein paar kurze Jahrzehnte zusammendrängen wollte. Und tatsächlich, erst diese Wende vom Mittelalter zur Neuzeit prägte Augsburg wie Nürnberg zu einzigartigen, ja wirklich weltgeschichtlichen Städten.

FÜNFTES BUCH

Das Zeitalter der Glaubensspaltung

18. KAPITEL

DAS ALTE BAYERN UND DER NEUE GLAUBE

Geschichte ist das Abbild vergangenen Lebens: drängend, voll Widerspruch, nie auf eine dürre Formel zu bringen. Auch das kirchliche und religiöse Leben des frühen 16. Jahrhunderts läßt sich mit der Redensart von den »vorreformatorischen Mißständen« nicht ausschöpfen. Neben dem erschütternden Tiefstand eines Domkapitels steht wieder die ungebrochene Disziplin eines Klosters nach der Melker Observanz; entgegen dem düsteren Bild, das so viele Visitationsakten entwerfen, zeigen die Pfarrbucheinträge von Hilpoltstein oder Ingolstadt, wie mancherorts noch in den dreißiger Jahren die gutkatholische Atmosphäre mit großartiger Selbstverständlichkeit weiterlebte. Daß aber auch beim bayerischen Klerus die Mißstände überwogen, haben gerade Zeitgenossen von zweifellos katholischer Gesinnung offen ausgesprochen: Angelus Rumpler, der gelehrte Abt von Vornbach; Kilian Leib, der Prior des Altmühlklosters Rebdorf; vor allem der Bischof Berthold Pürstinger von Chiemsee mit seiner Flugschrift von der »Last der Kirche«.

Dazu kam die flackernde Erregtheit der Zeit um 1500, die oft wie ein Nachklingen der Geißelfahrerstimmung erscheinen mag. Vom altbayerischen Hang zum »Kirchfahrtlaufen« war es nur ein Schritt zu einer krankhaften Wallfahrts- und Wundersucht. Bezeichnend dafür, wie 1519 zu Regensburg die Juden ausgetrieben wurden und an den Platz der Synagoge die Wallfahrt zur »Schönen Maria« kam. Ein Holzschnitt des Altdorfer-Schülers Michael Ostendorfer bringt die breite Schilderung dieses Wallfahrertreibens: neben den geordneten Prozessionen mit ihren Rosenkränzen und Votivkerzen Beter, die mit ausgespannten Armen zusammensinken, Männer und Weiber, die ein wahnwitziger Taumel erfaßt. Es ist kein Zufall, daß gerade Balthasar Hubmaier, der Wallfahrtskaplan bei der »Schönen Maria«, zum führenden Kopf der oberdeutschen Wiedertäufer wurde. Aus dieser religiösen Erregtheit heraus entstand auch jene düstere Weltuntergangsstimmung, die wir in den Schriften

Grünpecks genauso finden wie bei Berthold Pürstinger; noch Dürers Holzschnitte zur Apokalypse lassen etwas davon ahnen.

So braucht man sich über den sozialen Radikalismus der Massen, über die Unzufriedenheit unter den Bauern, über die starke Stimmung gegen Kirche und Geistlichkeit nicht wundern. Am lautesten waren die Klagen über das Finanzgebaren der römischen Kurie. Hier ging es vor allem um die Annaten – bestimmte Abgaben, die bei der Verleihung einer geistlichen Pfründe nach Rom zu leisten waren und oft bis zur Hälfte eines Jahreseinkommens gingen. Passau etwa war mit seinem häufigen Bischofswechsel in höchste Bedrängnis gekommen, und wie überall suchte man auch hier die Lasten auf die Untertanen abzuwälzen.

Es ist durchaus verständlich, daß Martin Luther gleich bei seinem ersten Auftreten (1517) in ganz Bayern starken Widerhall fand und seine Schriften in München und Landshut nachgedruckt wurden. Im Salzburgischen begann der Augustiner Stephan Kastenpauer schon um 1520 mit dem Lutheranisieren, und in Altötting predigte der Gsellpriester Wolfgang Ruß gegen das Wallfahren; die Landshuter Hofkapläne wurden der Reihe nach lutherisch. Besonders rührig war man in Straubing, und gerade die Reformation kann zeigen, wie man in Niederbayern schon immer jäher und radikaler gewesen ist. Aber selbst an der Landesuniversität Ingolstadt regte sich die neue Lehre. Der Magister Arsacius Seehofer, ein Münchener Bürgersproß und Schüler des Melanchthon, leugnete die Willensfreiheit und sprach ganz im Sinne Luthers von der Rechtfertigung aus dem Glauben allein; im Kloster Altomünster aber saß seit 1520 der Schwabe Ökolampadius, der spätere Reformator von Basel, und trat mit Wort und Schrift für Luther ein.

Freilich stellte die Ingolstädter Universität mit dem Doktor Johannes Eck auch den ersten Vorkämpfer des Katholizismus in Deutschland. Eck war der Mann, der seit den Ablaßthesen in Luther den unbelehrbaren Feind des Papsttums witterte und voll Unnachgiebigkeit gegen den Reformator anrannte: »Dieweil ich leb, will ich allen Ketzern, Abtrünnigen, Zwiespältigen in unserm heiligen Glauben wider sein und wider sie streben nach meinem höchsten Vergnügen.« So drängte er in der berühmten Leipziger Disputation Luther und Karlstadt zur letzten Klarstellung der Fronten, ja, er erst hob den Theologenstreit um die Ablaßthesen heraus aus der Schulstubenenge und trug ihn hinein ins öffentliche Leben. Genauso energisch betrieb Eck dann in Rom den Erlaß jener Bulle »Exsurge Domine«, die Luther den Kirchenbann brachte.

In Bayern war der Widerhall dieser Bannbulle auffallend gering. Die Ingolstädter Universität mußte zu ihrer Verkündigung förmlich gedrängt werden, und auch die Bischöfe entschlossen sich erst nach langem Zögern; von den Herzögen – die Brüder Wilhelm und Ludwig regierten ja gemeinsam! – ermahnte einer den anderen, die neue Bewegung nicht zu überschätzen. »Von ganz Deutschland wäre Luther begünstigt, ja angebetet worden, hätte er sich auf seine ersten Aufstellungen beschränkt und sich nicht offen in Irrtümer verstrickt«, hat Herzog Wilhelm noch später bekannt.

Erst als sich auf dem Wormser Reichstag die Kirchenspaltung klar zeigte, gingen die Herzöge gegen die neue Lehre vor. 1522 erschien das erste bayerische Religionsmandat, und auf Drängen der Herzöge trat noch im selben Jahr in Mühldorf eine Bischofssynode zusammen. Überall im Land wurden die Wortführer eingesperrt und die »Schmach- und Schandbüchlein« eingezogen. Eigentlich strenge Maßnahmen kamen aber erst nach dem Bauernkrieg, und jetzt schritt man auch mit Landesverweisungen ein. So starb Kastenpauer als Pfarrer in Eisleben, Seehofer drüben im Württembergischen; auch Thomas Kirchmair aus Straubing, Naogeorgus genannt, mußte sein Bündel schnüren. Kirchmair war freilich geradezu der Typ des verstockten, altbayerisch-dickköpfigen Eiferers: als Pfarrer im Thüringischen kam er mit Luther genauso ins Hadern, flüchtete wieder, rastete, irrte, bis er 1563 in Wiesloch starb. Aber er war auch eine starke schriftstellerische Begabung, derb, leidenschaftlich, der größte Dramatiker der lutherischen Kirche überhaupt. Hinrichtungen wegen neugläubiger Gesinnung sind in Bayern zwei direkt nachzuweisen, beide durch erschwerende Umstände bedingt: das eine Mal handelte es sich um einen Münchener Messerschmied, der bei der Predigt vor versammelter Gemeinde darunter-geschrien hatte, das andere Mal um den Pfarrvikar Käser aus Raab bei Schärding, der nach geleistetem Widerruf rückfällig geworden war. Doch gerade Käser, dem sogar Luther einen Trostbrief in den Kerker geschickt hatte, gab ein ergreifendes Beispiel eines männlich-gefaßten, wahrhaft christlichen Sterbens. Nur gegen das Täufertum schritt man auch in Bayern, wie in den anderen Ländern des Reiches, mit Todesurteilen und rücksichtsloser Härte ein.

So wurde in Altbayern das Volk, trotz der breiten lutherischen Strömung, mit Gewalt bei der alten Lehre gehalten. Seit den dreißiger Jahren konnte dann der Protestantismus als überwunden gelten. Aber vielleicht bleibt die übliche Feststellung zu sehr am Äußeren hängen, denn ebendiese Jahre bringen ein trostloses Bild des altkirchlichen Lebens. Der Sturm der Reformation hatte vollends niedergerissen, was ohnedies schon morsch gewesen war, und mit dem Verfall der kirchlichen Autorität griff die Zersetzung immer weiter um sich. Jetzt erst kann man von einem durchgängigen Schwinden aller gutkatholischen Atmosphäre sprechen. »Das Konkubinat hat sich fast allgemein verbreitet«, mußte Eck 1540 schreiben, »und Geistliche trauen sich häufig ihre Konkubinen an als wären sie eheliche Weiber; die kirchlichen Fasten- und Abstinenzgebote werden von vielen Geistlichen, die heimlich mit der Häresie befleckt sind, gar nicht mehr gehalten; vom Breviergebet ist bei denselben gar keine Rede mehr; in den einfachsten Glaubensartikeln sind sie häufig so unwissend, daß es zum Erstaunen«. Selbst die Visitation von 1558–60 brachte nur die schlimmen Verhältnisse und die alten Klagen. Viele Pfarreien waren verwaist, und an geistlichem Nachwuchs fehlte es überall, denn die kirchlichen Schulen lagen so schmählich darnieder, daß in Ingolstadt bei Ecks Tod die theologische Fakultät nur noch einen einzigen Lehrer hatte. Dazu kam seit der Jahrhundertmitte ein unglaublicher Niederbruch der bayerischen Klöster. Mochten auch große Abteien wie St. Emmeram oder Tegernsee die Disziplin wahren, so versanken gerade die kleineren Konvente in einem Morast von Sittenlosigkeit und Schwelgerei. Münchsmünster und Biburg standen von ihren Mönchen verlassen, in Ebersberg war es kaum besser; der Abt von Osterhofen wurde selber lutherisch, und im Kloster Au am Inn fiel der Propst vom alten Glauben ab, hielt sich eine Konkubine und floh zuletzt mit dem ganzen Kirchenschatz nach Ungarn hinunter ...

Eigentliche Mittelpunkte der neuen Lehre waren die reichsunmittelbaren Herrschaften von Miesbach-Hohenwaldeck, Ortenburg und Haag: von hier aus flogen die protestantischen Flugschriften ins Land, hierher liefen am Sonntag die Bauern, um den lutherischen Prädikanten zu hören. Die Reichsstädte Augsburg und Regensburg aber galten der bayerischen Regierung als »Grube aller lutherischen und anderer verwandter Ketzereien«. Im fränkischen Kreis schien der Sieg des Luthertums ohnedies besiegelt: Nürnberg, die Reichsstadt, »nach der sich viele richten wollten«, hatte bereits 1525 die Reformation eingeführt; Markgraf Georg der Fromme von Ansbach war nachgefolgt. 1533 erschien die Brandenburg-Nürnbergische Kirchenordnung, die für das evangelische Franken die feste Organisationsgrundlage abgeben konnte.

In der Abwehrstellung dieser Jahre wandte sich nun Herzog Wilhelm IV. an den jungen Jesuitenorden, und schon 1549 kamen die ersten drei Patres nach Ingolstadt. Petrus Canisius aus Nymwegen war der führende Kopf – keine große Eigenpersönlichkeit, aber ein Mann von spielender Leichtigkeit des Begreifens und erfüllt von rastlosem Seeleneifer. In der dünnen Luft Ingolstadts wurde er zum Apostel im umfassenden Sinn; er predigte, missionierte, suchte Menschen und Seelen, ganz gleich, wenn sich auch das meiste dieser Arbeit in entmutigenden Mißerfolgen verlor. Doch in der großen Gemeinschaft geht die Gesundung nie mit einem Schlag: während ringsum noch Zerstörung und Verfall um sich greifen, muß sie aus dem demütigen Dunkel kleinster Anfänge heranreifen. So nur konnte mit Herzog Albrecht V. der Geist des Konzils von Trient auch für Bayern fruchtbar werden, und unter Herzog Wilhelm V. stand dann bereits die Münchener Michaelskirche als das sieghafte Wahrzeichen der Gegenreformation diesseits der Alpen.

Es bleibt eine Tatsache von europäischer Auswirkung: die Welle der Reformation, die von Ostpreußen bis Württemberg, von Friesland bis Böhmen, alles mit sich riß, brach sich an den altbayerischen Grenzen. Daß es so kam, war das Werk der Wittelsbacher Herzöge. Und diese Entscheidung eines Wilhelm IV. und eines Ludwig X., eines Albrecht V. und eines Wilhelm V. hatte letztlich nichts mit Politik zu tun, sondern lag in der religiösen Überzeugung. Auch für die bayerischen Wittelsbacher hätte die Reformation nur Vorteile gebracht. Die Hochstifte Salzburg oder Eichstätt hätten das eigene Landgebiet abgerundet, eine Säkularisation der bayerischen Klöster das Jahreseinkommen der Herzöge um gut 200000 Gulden aufgebessert. Trotzdem läßt sich nicht der leiseste Beweis erbringen, daß die Herzöge je an eine Trennung von der alten Kirche gedacht hätten. »Wir mögen mit dem allmächtigen Gott und ganzer deutscher Nation bezeugen: hätten die Geistlichen zur Erhaltung der Religion so viel als wir getan, daneben ihre Lehre und ihr Leben nach der Ordnung der christlichen Kirche gerichtet, so wären wir alle insgemein in deutscher Nation des erschrecklichen Abfalls in unserem heiligen Glauben wohl entübrigt geblieben«, konnte Herzog Wilhelm 1549 zusammenfassen.

Dieser Gegensatz mußte sich den Herzögen förmlich aufdrängen: auf der einen Seite ihr eigener Glaubenseifer, auf der anderen »der starke Schlaf und das Zusehen« der Bischöfe. Wenn immer wieder der weltliche Fürst den geistlichen zum Reformwerk treiben mußte, immer wieder die weltliche Macht rettend in den geistlichen Bereich eingreifen mußte, war es kaum zu verwundern, daß sich auch in Bayern ein straffes Staatskirchentum herausbildete und der Herzog Rechte an sich brachte, die eigentlich der geistlichen Gewalt zustanden. Selbst Rom mußte die Verhältnisse treiben lassen, und erst zwanzig Jahre nach Abschluß des Konzils von Trient konnte die wiedererstarkte Kirche auf ein Abgrenzen der Rechte drängen und das Konkordat von 1583 unter Dach bringen.

So war Bayerns Beharren beim alten Glauben eigentlich Fürstenwerk. Dennoch wird man, mehr als man es bisher getan, hinter diesem Ergebnis auch den Eigenwillen des altbayerischen Menschenschlages sehen dürfen. Man jubelte wohl Luther zu, griff die alte Kirche leidenschaftlich an, aber hinter alledem stand doch mehr das bayerische Aufbrausen und der Schrei nach Gerechtigkeit als eine eigentliche neugläubige Gesinnung. Selbst in den düstersten Jahren hielt sich jener spezifisch-bayerische Katholizismus, der gewiß auch Dogma ist, aber vielleicht noch mehr unbewußtes Lebensgefühl. Gewiß, die Oberpfalz ließ sich – wenn man vom Widerstand etlicher Dorfschaften absieht – von ihren Pfälzer Wittelsbachern ge-

 Anthonis van Dyck, Herzog Wolfgang Wilhelm von Neuburg (XV)

Niklas Prugger, Kurfürst Maximilian I. mit seinem Sohn Ferdinand Maria (XVI)

nauso reformieren wie etwa Ober- und Niederbayern beim alten Glauben gehalten wurden, aber man soll das Problem weniger am Fürstenstaat studieren, wo der Landesherr auch die Religion bestimmte, sondern an einer bayerischen Reichsstadt wie Regensburg. Hier war der Rat lutherisch wie nur noch in Straubing, führte man 1542 den Laienkelch ein, 1552 die eigentliche Reformation, und mehr als drei katholische Bürger durfte es in der ganzen Stadt nicht geben, aber am Ende war, nicht zuletzt unter dem Einfluß der alten Reichsklöster, der größte Teil der Einwohner doch wieder katholisch.

Auch eine Betrachtung der bayerischen Reformationsgeschichte kann nur ein Für und Wider herausstellen und nicht die Fäden gänzlich entwirren. Es bleibt das Geheimnis allen Lebens und das Sowohl-als-Auch aller Geschichte. Daß aber gerade Altbayern bei der katholischen Lehre verblieb, bestimmt die bayerische Geschichte bis herauf zum heutigen Tag.

19. KAPITEL

WILHELM IV. UND LEONHARD VON ECK

Herzog Albrecht der Weise war 1508 gestorben, und da die drei Söhne, Wilhelm, Ludwig und Ernst, noch unmündig waren, wurde eine Regentschaft eingesetzt. Sie bestand aus dem Oheim Wolfgang und sechs Vertretern der Landstände. Aber der alte Herzog Wolfgang war ein lässiger Herr, ohne Freude an Sitzungen und Geschäften, so daß die Landschaft bald einen Platz und Einfluß gewann, wie sie ihn nie mehr erreichen sollte. Als dann der achtzehnjährige Wilhelm IV. 1511 selber die Regierung übernahm, begann er gleich rücksichtslos an den Zügeln zu reißen und suchte den großen Herrn zu spielen. Den Landtag zu berufen, unterließ er überhaupt, und auch sonst tat er, als ob die Landstände für ihn nicht da wären. Hier der neue Herzog in seiner jähen, unsicheren Jungleuteart, dort die Landschaft in ihrer ganzen Selbstherrlichkeit: der Zusammenprall war unvermeidlich.

Doch die Landstände fanden in Ludwig, dem jüngeren Bruder des Herzogs, einen unerwarteten Bundesgenossen. Kaum der Burghauser Zucht des Magisters Aventin und des Hofmeisters Muckenthaler entwachsen, forderte nämlich Ludwig vom Bruder die Mitregierung oder ein Drittel des Landes: das Primogeniturgesetz könne auf ihn nicht angewendet werden, weil er schon vor dessen Erlaß geboren sei. Wie es dabei Ludwig verstand, die Leute auf seine Seite zu ziehen, charakterisiert niemand besser als der Geheimschreiber Kölner in seinem Brief an den Herzog: »Euer Gnaden Bruder hat heut gemeiner Landschaft mehrer Teils die Hand gereckt, ihnen gnädiglich zugesprochen. Das müssen Euer Gnaden auch tun und sich freien Munds gegen die Leut stellen, je zu Zeiten auch selber ein Red mitlaufen lassen; tut nit Not, daß die allweg mit zierlichen Worten geschehe…«

Herzog Wilhelm sah zuletzt keinen anderen Ausweg, als für den Februar 1514 einen Landtag zu berufen. Es wurde einer der denkwürdigsten der bayerischen Geschichte – hatten ja die Stände in dem Ritter und Doktor Dietrich von Plieningen einen Wortführer gefunden, der ihre Sache mit Geist und Nachdruck zu vertreten wußte. Eigentlich ein Schwabe, dieser Plieningen, früher Rat des Kurfürsten von der Pfalz; aber seit er um 1500 in die Dienste Albrechts IV. getreten war, wußte man auch in den Stuben der bayerischen Landstände, was humanistische Bildung und Schulberedsamkeit hieß. Wilhelm IV. mußte auf der ganzen Linie zurückweichen: in Zukunft also gemeinsame Regierung mit dem jüngeren Bruder, dazu ein ständiger Landschaftsausschuß, der den Herzögen in alle Töpfe schauen sollte.

Über diesem Erfolg der Landstände und der Beflissenheit, mit der Kaiser Maximilian seine Vermittlerdienste anbot, waren die beiden Brüder jedoch hellhörig geworden. Sie söhnten sich aus und einigten sich auf gemeinsame Regierung, aber getrennte Verwaltung, wobei Wilhelm die Rentämter München und Burghausen bekommen sollte, Ludwig (X.) Landshut und Straubing. Und über den bloßen Vertragsbuchstaben hinaus erwuchs sogar ein herzliches Einvernehmen, das sich in dreißig langen Jahren kaum trüben sollte.

Ludwig hielt in Landshut einen glänzenden Hof, der für die bayerische Renaissance-Kultur schier mehr bedeutete als die Münchener Neuveste. Stand ja der Herzog in engen Beziehungen zu seinem Lehrer Aventin wie zu Dietrich von Plieningen, verkehrte er mit Peutinger und mit Apian; sein eigener Rat war kein Geringerer als Johann Albrecht Widmannstetter, der große Kenner der morgenländischen Sprachen und einstige Haussekretär bei Päpsten wie Clemens VII. und Paul III. Tiefer aber ging die Liebe zur Kunst. Der Landshuter Porträtmaler Wertinger und der Nürnberger Barthel Beham, Stephan Rottaler, der Bildhauer, und die Schule Loy Herings, vor allem aber der große Hans Leinberger – das ist der eigentliche Umkreis Herzog Ludwigs X. Seine Stadtresidenz an der Ländgasse war der erste Renaissance-Palazzo auf deutschem Boden. In der großen Politik freilich hielt Ludwig ganz die Linie des älteren Bruders. Überhaupt war er in den diplomatischen Winkelzügen weniger gerissen, hatte aber dafür eine weltläufigere Art des Auftretens und machte auf den Reichs- und Fürstentagen die bessere Figur. Im Frühjahr 1545 ist er unvermählt zu Landshut gestorben und das »Herzogtum Niederbayern« stand künftig nur noch in der großen wittelsbachischen Titulatur.

Das eigentliche Politikmachen lag aber weder bei Wilhelm IV. noch bei Ludwig X., sondern ganz bei Leonhard von Eck, dem ersten Ratgeber des Münchener Herzogs. Aus altbayerischem Beamtenadel geboren, hatte Eck in Ingolstadt und Siena die Rechte studiert und war schon als junger Doktor dem Herzog unentbehrlich geworden. Und er war nicht nur ein Kopf ersten Ranges, er vereinigte gerade die Eigenschaften, die man in Altbayern so selten beisammen findet: glatte Berechnung, kühle Verschlagenheit und eine unglaubliche Gewandtheit in den Geschäften. Dazu war Eck ein gebildeter Humanist, klar und scharf in den Denkschriften, in der Sprache voll Anschaulichkeit und Mutterwitz. Daß man bei der Landschaft von Eck nur Schlechtes wußte, ist klar, denn wenn dieser Mann länger am Ruder blieb, war das stolze »Nichts über uns ohne uns« bald ein leerer Traum. Zum Prüfstein wurde die Steuerbewilligung. Doch schon 1526 drückte Eck erstmals eine eigene »Standsteuer« durch, die sich nicht auf die Bauern abwälzen ließ, und 1536 wie 1546 konnte es der Herzog, durch kaiserliche Mandate gedeckt, sogar wagen, eigenmächtig Steuern auszuschreiben.

Die Auseinandersetzung mit den Landständen trat aber bald zurück vor dem wechselreichen Diplomatenspiel um Reformation, Bauernkrieg und Habsburger Kaisertum. Die Frontstellung gegen das Luthertum war für Eck freilich von vornherein eine ausgemachte Sache, wenn er auch weniger die religiöse Seite sah als vielmehr die politische: für ihn konnte die gärende Unzufriedenheit im Reich über Nacht vom bloßen Kirchenstreit zum offenen Volksaufruhr umschlagen. »Ist den Fürsten je not gewesen, ihr Ansehen zu haben, so ist es jetzt und es gilt nimmer Lachens und mit halben Wind zu fahren... Es steht gleich an: hupfen oder springen«, mahnte er 1524, und schon im nächsten Jahr schien der oberdeutsche Bauernkrieg Eck vollauf recht zu geben.

Bauernkrieg: der Name umgreift eine Reihe einzelner Erhebungen, die bald das ganze Herzogtum umbrandeten. Schon im Frühjahr 1525 standen im Allgäu, in Schwaben und Franken die siegreichen Bauernhaufen im Feld; im April kam Eichstätt dazu, im Mai Tirol, wo der Bauernhauptmann Michel Gaismair einen kaum zu überbietenden Radikalismus vertrat. Von Tirol aus schlug der Aufruhr nach Salzburg über und erfaßte schlagartig das ganze »Ländl«, so daß sich der Erzbischof Matthäus Lang gerade noch auf die Hohensalzburg retten konnte. Nur in Altbayern blieben die Bauern hinter dem Ofen sitzen. Höchstens, daß es um Traunstein einen Rumor gab oder da und dort ein Pfleger nach München berichten mußte, wie man im Wirtshaus der Obrigkeit gegenüber den Mund etwas voller genommen hatte.

Dafür kam der Anstoß von außen. Am 10. Mai gingen die Niederallgäuer, bei 10000 Mann stark, über den Lech, brannten das Kloster Steingaden nieder und suchten auch die bayerischen Bauern in den Aufstand hineinzuziehen. Die Lage war um so ernster, als man die bayerischen Truppen alle nach Schwaben gezogen hatte, und nur Herzog Ludwig mit einem buntgewürfelten Ersatzhaufen in Landsberg lag, unsicher, wo der Feind »seinen Kopf herausstrekken werde«. Auf diesem Hintergrund spielt nun die berühmte Episode der treuen Bauern vom Peißenberg, die freiwillig zu den Waffen griffen, um den Allgäuern den Weg zu sperren. Gewiß konnten diese paar hundert Lechrainbauern zahlenmäßig nicht ins Gewicht fallen, aber sie gaben doch einen entscheidenden Anstoß. In der Hoffnung auf eine bayerische Volkserhebung gründlich enttäuscht, dazu durch die Bauernniederlagen in Württemberg eingeschüchtert, blieb den Allgäuern nur der Rückzug hinter den Lech. Jetzt erst wurde die volle Schlagkraft des Herzogtums für die Nachbarländer frei, und wie der Bund in Schwaben und Franken die Bauern zu Paaren trieb, warfen bayerische Truppen in Eichstätt und Salzburg den Aufstand nieder.

Für die Haltung der bayerischen Bauern lassen sich verschiedene Gründe finden: die etwas bessere soziale Lage; die beharrende Schwere des altbayerischen Stammes; die Kraft und Strenge, mit der Eck alle Aufstandsgelüste niederhielt. Auf das religiöse Moment haben schon die Zeitgenossen hingewiesen, und der bekannte Streittheologe Cochläus – übrigens ein Franke aus Wendelstein – ging in seiner Poltererart Luther selber an: »Hätten alle Fürsten deine Bücher, Diszipeln und Anhänger aus ihren Landen verjagt, wie die hochlöblichen Fürsten von Bayern getan, so wären ihre Bauern ebenso still gesessen wie die bayerischen!« Freilich, eine Belohnung für ihr »Stillsitzen« bekamen auch die bayerischen Bauern nicht, denn Eck trat allen Zugeständnissen mit schneidender Schärfe entgegen.

Andrerseits gab aber gerade der Bauernkrieg Veranlassung, strenger auf die Religionsmandate zu sehen und der neuen Lehre mit letzter Schärfe zu begegnen. Und hier haben wir ein seltsames Widerspiel: während die bayerische Regierung im eigenen Land rücksichtslos gegen das Luthertum vorging, stand sie in der großen Reichspolitik bald mit dem katholischen Kaiser gegen die protestantischen Landesfürsten, bald mit den protestantischen Landesfürsten gegen den katholischen Kaiser. Trotzdem bleibt es eine billige Redensart, hier von der »Doppelzüngigkeit und Verschlagenheit« der bayerischen Politik zu sprechen. Es war bei Eck – wie später bei Montgelas – nur die reine Notwehr dieses bayerischen Staates, der sich, auf drei Seiten von dem zwanzigmal größeren Habsburg umklammert, um den Fortbestand wehren mußte. In den gewaltigen Erschütterungen dieser Umbruchszeit blieb für das kleine Bayern überhaupt keine andere Wahl, als sich immer auf die Seite zu werfen, von der die wenigste Gefahr drohte.

Obwohl der Verlust von Kitzbühel, Kufstein und Rattenberg noch schmerzte, wollten es die beiden Herzöge zunächst doch mit den Habsburgern halten – Kaiser Maximilian war immerhin der Oheim von der Mutterseite her; sein Enkel und Nachfolger Karl von Spanien aber der Erbe eines Reiches, »in dem die Sonne nicht unterging«. Schon der württembergische Krieg gab dabei Gelegenheit zur Tat. Als nämlich Ulrich von Württemberg, das Haupt der französischen Partei in Süddeutschland, unbekümmert um Reichsacht und Reichsexekution, das freie Reutlingen überfiel, brachte Leonhard von Eck den ganzen Schwäbischen Bund auf die Beine, und Herzog Wilhelm rückte im Frühjahr 1519 als Feldhauptmann in Württemberg ein. Unter ihm Herr Jörg Frundsberg von Mindelheim mit seinen berühmten Landsknechten. Herzog Ulrich wurde fast kampflos aus dem Land geworfen, und wie damit auch die habsburgische Sache gewonnen hatte, konnte man nirgends deutlicher sehen als im Sommer darauf bei der Frankfurter Kaiserwahl, wo sich Karl von Spanien im harten Wettbewerb mit Franz I. von Frankreich die Kaiserkrone holte. Für Bayern blieb nur der Dank vom Hause Habsburg. Der neugewählte Kaiser nahm ganz Württemberg in österreichische Verwaltung und blieb den Herzögen auch noch die Kriegskosten schuldig.

Trotz aller Enttäuschungen hielten aber die Herzöge am Kaiser fest, und erst 1526 brachen die versteckten Gegensätze offen hervor. Als sich nämlich der böhmische Königsthron erledigte, luden die böhmischen Stände die Habsburger wie die Wittelsbacher ein, als Bewerber aufzutreten. Es wurde daraus ein scharfes Rennen zwischen Herzog Ludwig und Erzherzog Ferdinand, dem Bruder des Kaisers. Erst nach erbittertem und keineswegs aussichtslosem Wahlkampf mußte der Wittelsbacher zurückweichen. Und genau dasselbe wiederholte sich etliche Jahre später, als Herzog Wilhelm IV. nach der deutschen Königskrone trachtete und Ferdinand auch ihm den Rang ablief. Ob böhmische Königsfrage oder Nachfolge im Reich: letztlich lag der Ausschlag bei der größeren Finanzkraft des habsburgischen Hauses, denn wer tief genug in den Beutel griff oder gar das Haus Fugger hinter sich hatte, konnte sich seine Wahlmänner schon im voraus kaufen.

Angesichts dieser wachsenden Übermacht der Habsburger suchte nun Eck mit aller Vorsicht ins gegnerische Lager hinüberzulenken. Mit den Verträgen der frühen dreißiger Jahre wird dieser Stellungswechsel auch für uns greifbar: 1531 zu Saalfeld der Bund zwischen Bayern und den protestantischen Reichsfürsten und Reichsstädten; 1532 zu Kloster Scheyern das Bündnis Bayerns und der übrigen Saalfelder mit Frankreich. Nicht nur, daß jetzt französische Hilfsgelder zu fließen begannen, das Scheyrer Bündnis ist auch der Anfang einer europäischen Konstellation, die sich durch drei Jahrhunderte halten sollte. Wie künftig jeder große Träger der französischen Krone suchen mußte, Wittelsbach gegen Habsburg auszuspielen, kam auch jeder bayerische Staatsmann von Format immer wieder auf Frankreich als den gegebenen Verbündeten zurück. Aber Ecks geradezu unglaubliche Betriebsamkeit griff noch weit über Scheyern und Saalfeld hinaus. Man knüpfte Verbindungen mit den pfälzischen Vettern, verhandelte mit der römischen Kurie, hielt sich in Böhmen seine Freunde warm. Die große Karte im Spiel war der Fürst Zápolya von Siebenbürgen, der den Habsburgern in Ungarn alle Hände voll zu tun gab. Eck schürte auch hier nach Kräften, und Kaspar Winzerer von Tölz, der Landsknechthauptmann und Herumtreiber, spielte den Zwischenträger von München nach den unteren Donauländern.

Aber schon 1534 wechselte die Lage: die protestantischen Fürsten – seit 1531 im Bund von Schmalkalden vereint – näherten sich wieder dem Kaiser, und Bayern stand auf einmal allein. Auch den Herzögen blieb keine andere Wahl, als sich mit den Habsburgern zu vergleichen und Ferdinand als deutschen König anzuerkennen. Unter der Decke aber glomm die alte Feindschaft fort. Der päpstliche Nuntius Vergerio erkannte es 1535 auf den ersten Blick, wie gerade dieser versteckte bayerisch-habsburgische Gegensatz die katholische Front immer wieder auseinanderbrechen ließ. Wohl erschienen ihm die Bayernherzöge als die mächtigsten Fürsten im Reich, wohl war er von ihrer Glaubenstreue überzeugt, aber als Eck einem gewaltsamen Vorgehen gegen die Protestanten das Wort redete, witterte der Nuntius dahinter nur die Absicht, den Habsburgerstaat in böse Händel hineinzureiten. Und ganz gleich, ob gegen Türken, Protestanten oder Habsburger: seit 1537 wurde Ingolstadt mit modernen Erdwerken und festen Basteien zum ersten Waffenplatz des Landes ausgebaut.

Als aber schließlich Kaiser Karl V. zum großen Schlag gegen die Schmalkaldener ausholte, mußte auch Eck Farbe bekennen. Der Regensburger Geheimvertrag von 1546 brachte für Bayern das Rückschwenken zur habsburgischen Reichspolitik der Gegenreformation. Zwar lehnte Eck die Teilnahme am Angriff selber ab, versprach aber, Artillerie und Verpflegung zu stellen, überhaupt wohlwollende Neutralität zu wahren. Habsburg mußte sich dafür zu bedeutenden Zugeständnissen bequemen. Albrecht, der Sohn und Erbe Wilhelms IV., erhielt die Hand von König Ferdinands Tochter Anna und damit Erbaussichten auf Böhmen und die habsburgischen Lande – wenn auch nicht so viel in den Verträgen stand, als man beim Erbfall von 1740 herauslesen wollte. Zu dieser Anweisung auf die Zukunft versprach Karl V. den möglichen Rückerwerb der Pfalzgrafschaft Neuburg und der Pfälzer Kurwürde, denn zur Erbitterung des Kaisers neigte drüben in Heidelberg Kurfürst Friedrich II. der Weise immer mehr der Reformation zu.

Während Eck noch mit den Protestanten Fühlung hielt, konnten die Kaiserlichen ungestört in Bayern aufmarschieren. Unter dem Schutz der Ingolstädter Festungswälle lagen sich dann Kaiserliche und Schmalkaldener vierzehn Tage gegenüber. Obwohl dabei Schertlin von Burtenbach als Feldhauptmann der oberdeutschen Städte beständig zum Angriff drängte, wagten sich die Schmalkaldener nicht gegen Ingolstadt vor. Sie fühlten sich durch die bayerische Neutralität behindert und hatten vor der Festung selber zu viel Respekt. So warfen sie nur an die 3000 Kugeln in die Stadt und zogen dann ab. Die einmalige Gelegenheit zu Sieg und Angriff war vertan, und schon im nächsten Frühjahr machte die Schlacht von Mühlberg an der Elbe den Kaiser zum Herren im Reich. Der »Schmalkaldische Krieg« hatte mit der vollen Niederlage der deutschen Protestanten geendet.

Aber ein Karl V., der in stolzer Majestät über das Schlachtfeld von Mühlberg geritten war, konnte auch ruhig über die »deutsche Fürstenlibertät« hinwegsehen, und in München mußte man bald erkennen, daß von den Versprechungen des Jahres 1546 nicht viel übriggeblieben war. Die Hoffnung auf die Kurwürde schmolz dahin; für das Neuburger Ländchen aber verlangte der Kaiser eine so hohe Entschädigungssumme, wie man sie unmöglich beitreiben konnte. So fiel Herzog Wilhelm IV. ganz von selber in den alten Widerstreit gegen Habsburg zurück, und Eck tat sein möglichstes, das Augsburger Interim, das den Ausgleich zwischen den Bekenntnissen bringen sollte, genauso zu hintertreiben wie den Versuch eines kaiserlichen Reichsbündnisses. Wilhelm IV. ist darüber 1550 gestorben. Und es ist eine seltsame Fügung, daß ihm Leonhard von Eck, der treue Weggefährte durch vierzig bewegte Jahre, schon nach etlichen Tagen nachfolgen mußte.

Wilhelm IV. war nicht der feingebildete Humanistenkopf gewesen wie sein Bruder Erzbischof Ernst von Salzburg, auch nicht der große Kunstfreund wie Ludwig X. von Landshut, aber die renaissancehafte Freude am Prunk hatte auch er gehabt. Seinen Hofgarten rühmten selbst italienische Gäste, und als 1530 Kaiser Karl V. nach München gekommen war, hatte ihn der Herzog mit einem Gepränge empfangen, das es mit jedem römischen »Trionfo« hätte aufnehmen können. Bekannt ist auch, wie der Herzog für das Lusthaus im Rosengarten vor der Neuveste jene berühmte Reihe von Historienbildern bestellte, zu der Altdorfers Alexanderschlacht gehörte. Über alle Kunst aber ging bei Wilhelm IV. von der Jugend bis hinein ins Alter die Lust am Turnieren und die Freude am Jagen. Mit immer neuem Vergnügen ritt er zur Hirschfaist hinaus nach Grünwald oder auf die Perlacher Heide; oft auch hinein in den Isarwinkel, wo man noch Bären aufspüren konnte. Trotz aller Renaissance lebte gerade in Wilhelm IV. noch viel von jener derben Wittelsbacher Art, wie man sie in München oder Landshut von alters gewöhnt war.

20. KAPITEL

DIE BAYERISCHE GEGENBEWEGUNG

Albrecht V. und Wilhelm der Fromme

Man hat einmal gesagt, daß sich mit Albrecht V., der jetzt zur Regierung kam, das königliche Mäzenatentum der Wittelsbacher zum erstenmal regte. Es mag Übertreibung in dem Satz liegen, aber im München Albrechts V. prägte sich eine Kultur von solcher Geschlossenheit aus, daß man immer wieder an das München des Barocks oder der Ludwigszeit denken möchte. Gelehrte und Künstler aus aller Welt; Belesenheit in den alten Schriftstellern vom Fürsten bis herab zum letzten Schulmeister; deutsche und lateinische Dramen als Ansatz zur großen bayerischen Bühnenkunst des Barocks; dazu ein einziges Sammeln, Bauen und Musizieren – »der bayerische Pracht« war sprichwörtlich geworden.

Der Herzog selber hatte sich in Ingolstadt klassische Bildung geholt, und die Heirat mit der Erzherzogin Anna von Österreich gab dazu die Weite der spanisch-habsburgischen Kulturbeziehungen. So hatte Albrecht V. seine Kunstagenten in Venedig wie in Rom und konnte als erster deutscher Fürst ein eigenes Museum anlegen, um seine Schätze darin aufzustellen. Bis aber der Hofbaumeister dieses »Antiquarium« unter Dach brachte, blieb die Sammlung im Obergeschoß des neuen Marstalles: ganz im Zeitgeschmack ein buntes Durcheinander von Kunstsachen und Kuriositäten, Echtem und Falschem. Neben Gemälden und antiken Büsten auch Narwalhörner und seltene Gewebe, neben Münzen und geschnittenen Steinen die Abbildungen von Mördern, Narren und Mißgeburten. Wertvoller war die Bibliothek. Hier hatte Herzog Albrecht schon 1558 die Bücherei des Humanisten Widmannstetter aufgekauft, und 1571 kam die des Augsburger Patriziers Johann Jakob Fugger dazu, der wohl ein schlechter Geschäftsmann, aber dafür ein großer Sammler war. Wichtige Bestände der Münchener Staatsbibliothek reichen so heute noch auf Herzog Albrecht V. zurück. Und mag auch bei all diesen Bestrebungen Albrechts Gefühl für die Macht seines Hauses mitsprechen und der Wille, »alle anderen Fürsten durch die Menge der Bücher und Antiquitäten zu übertreffen«, so war ihm die Liebe zur Musik wirklich Herzenssache. Er hielt sich die beste Kapelle, die man damals in Europa hören konnte, zog vor allem einen Tonsetzer vom Range Orlando di Lassos an seinen Hof und verkehrte mit dem Meister wie mit seinesgleichen.

Die herzoglichen Räte, biedere Altbayernköpfe voll hausbackener Tüchtigkeit, standen dem neuen Treiben nur mit Kopfschütteln gegenüber, und als der Herzog im Sommer 1557 der Finanzlage wegen um ein Gutachten bat, antworteten sie mit einer Denkschrift voll ehrlicher Grobheit. Sie kritisierten das ewige Schuldenmachen, die Lässigkeit des Herzogs, das Zurücksetzen der Einheimischen. Überhaupt: »Was man Kostbares, Fremdes, Seltsames sieht, das muß man haben! Zwei oder drei Goldschmiede arbeiten ständig allein für den Fürsten; was sie in einem Jahre fertigen, wird im nächsten zerbrochen oder versetzt. Die Maler und Kontrafetter kommen fast das ganze Jahr nicht aus der Neuveste! Dazu die Bildschnitzer, Dreher, Steinmetzen, der außerordentliche Aufwand für Kleider, Tapezerei, Mummereien, das schädliche Übermaß in Essen und Trinken, Banketten und Ladschaften.« Es war der altbayerische Protest gegen die hochkommende Renaissance! Herzog Albrecht trug seinen Räten nichts nach, sondern ließ sie ruhig reden. Wohl wurde er später etwas eifriger in den Geschäften, aber es blieb sein Hang zur Ruhe und Bequemlichkeit, sein Schwelgen in Musik und Sammlerfreuden.

So lag ein Gutteil der Regierung in den Händen der herzoglichen Räte, wobei vor allem der Hofratspräsident Wiguleus Hundt den Ton angab. Ein Werk dieses Beamtentums war der Ausbau der Zentralbehörden: neben dem »Hofrat«, der sich jetzt auf die Justiz beschränkte, erstand die »Hofkammer« für die Finanzen, der »Geistliche Rat« für die Kirchen- und Schulangelegenheiten; später kamen noch ein »Geheimer Rat« für die auswärtigen Angelegenheiten und ein »Hofkriegsrat« dazu. In der großen Politik aber blieb die Linie Wilhelms IV. und Leonhards von Eck. Trotzdem hatte der Gegensatz zu Habsburg an Schärfe verloren. Mit dem Abdanken Karls V. und dem Auseinanderbrechen seines Reiches in eine österreichische und eine spanische Hälfte war eben die Übermacht des Kaisertums weggefallen, und nahe Verwandtschaft wie gemeinsamer Glaube führten München und Wien wieder enger zusammen.

Ein grundsätzlicher innerer Wandel ist dabei für Albrecht V. bezeichnend: von religiöser Lauheit, ja bloßer spätmittelalterlicher Konvention, ging der Weg hinüber zum gefaßten Eintreten für die Gegenreformation und ihren neuen Frömmigkeitsstil. Zunächst verlegte sich Albrecht V. freilich, wie er selber meinte, aufs »Temporisieren« und »Connivieren«: er führte die strengen Mandate seines Vaters nur lässig durch und suchte durch Zugeständnisse den religiösen Frieden zu erhalten. Die Jesuiten gaben Ingolstadt wieder auf; in Straubing war man wieder ganz lutherisch; vom bayerischen Adel bekannten sich an die fünfzig Familien zur neuen Lehre. Der Herzog aber kam von Landtag zu Landtag den Lutheranern mehr entgegen, um dafür seine Steuern durchzubringen. 1556 erlaubte er das Abendmahl unter beiden Gestalten und bemühte sich in Rom um ein entsprechendes Breve; auf dem Konzil von Trient ließ er sogar die Priesterehe fordern. Wichtig war auch das weltliche Zugeständnis vom Landtag des Jahres 1557, wo Albrecht mit dem berühmten Sechzigsten Freibrief das Hofmarksgericht der Edelleute auch über die »einschichtigen Untertanen« ausdehnte.

Aber man soll darüber das Gegenspiel nicht übersehen. Schon 1556 errichteten achtzehn Jesuiten in Ingolstadt ein neues Kolleg, und drei Jahre später holte sie Albrecht auch nach München, so daß der Orden mit einem Schlag stark an Boden gewann. Dazu hielt Rom durch dauernde Gesandtschaften mit dem Herzog Fühlung. Neben den nachgiebigen Wiguleus Hundt aber trat der Kanzler Simon Thaddäus Eck, der jüngere Stiefbruder des berühmten Theologen. Persönlich milde, von unbestechlicher Gerechtigkeit, war er ein treuer und unbedingter Anhänger der alten Kirche. »Zu München hat's ein scharpfes Eck, davon stürzt man Gottes Wort hinweg«, konnten sich seine Gegner bald den Vers machen.

So standen auch hier hinter dem Umschwung von 1563 religiöse Beweggründe, wenngleich rein äußerlich die Politik vorwiegen mochte. Auf dem Landtag zu Ingolstadt sah sich nämlich der Herzog auf einmal einer schroffen, unnachgiebigen Adelsgruppe gegenüber, geführt vom Grafen Joachim von Ortenburg und dem früheren Hofmarschall Pankraz von Freyberg zu Hohenaschau. Man forderte die Zulassung der Augsburger Konfession, und als der Herzog ablehnte, führte der Ortenburger in seiner Grafschaft eigenmächtig die Reformation ein. Im Frühjahr 1564 fiel dem Herzog auf dem ortenburgischen Schloß Mattighofen auch noch ein Briefwechsel in die Hände, der die ganze Oppositionsgruppe aufs schwerste belastete: Seite für Seite Schmähungen auf den Herzog und ein Andeuten dunkler Pläne. Aufgeschreckt durch die Händel im Fränkischen, wo eben der Reichsritter Wilhelm von Grumbach, ein alter Kumpan des Albrecht Alkibiades, den Bischof von Würzburg überfallen und ermordet hatte, glaubte Albrecht V. die Beweise für eine bayerische Adelsverschwörung in Händen zu halten.

Der Hochverratsprozeß gegen die protestantischen Edelleute mußte freilich aus Mangel an Beweisen niedergeschlagen werden, aber dafür begann jetzt, ein Jahr nach dem Abschluß des Konzils von Trient, auch in Bayern die große katholische Gegenbewegung. Man ordnete das ganze Schul- und Kirchenwesen nach den Konzilsvorschriften, stellte die Druckpressen unter Aufsicht, ließ die Staatsbeamten wie die Ingolstädter Professoren den Eid aufs Tridentinum schwören. Seit 1564 fanden Missionen statt, und der Herzog suchte Volk und Klerus für den Katholizismus in seiner ganzen Tiefe aufzuschließen. Wer sich nicht überzeugen ließ, mußte auswandern. 1571 wurde die Erlaubnis des Laienkelches widerrufen; schon ein paar Jahre vorher war die Reichsgrafschaft Haag an Bayern gefallen und rekatholisiert worden. Drüben im Augsburgischen übergab Kardinal Otto Truchseß von Waldburg seine neue Universität in Dillingen ganz dem Jesuitenorden. Der bedeutendste Bischof dieser Zeit war vielleicht Urban von Trenbach in Passau, der die Diözese »wie ein Babylon« vorgefunden hatte und nun der katholischen Gegenbewegung Bahn brach, soweit sein Einfluß reichte. Wenn man die Fülle des einzelnen übersieht, wird man sagen dürfen, daß mit dem Jahr 1572 der äußere Sieg der Gegenreformation entschieden war.

Und schon zeigte es sich, wie dieser bayerische Katholizismus seinerseits ausstrahlte. Vor allem suchte Albrecht V. auf seinen halbprotestantischen Schwager, den Kaiser Maximilian II., einzuwirken. Er schickte ihm den berühmten Prediger Eisengrein nach Wien und brachte die Jesuiten nach Graz. Wie dabei die österreichischen Verhältnisse gegenüber Bayern abfielen, beleuchtet ein spöttischer Brief Eisengreins aus Wien: vielleicht werde er bald durch den Pfarrer von Enns abgelöst, denn der solle sonst gut katholisch sein, nur daß er ein Weib halte, bei der Messe den Kanon weglasse und im Papst den Antichrist sähe. Aber auch in Baden und Schweden suchte der Herzog, seinen Einfluß auszuspielen, und mit Spanien, der katholischen Weltmacht der Gegenreformation, war er in steter Fühlung. So stand Bayern bereits unter Albrecht V. unbestritten an der Spitze der katholischen Partei im Reich. »Ist ein gottesfürchtiger, stattlicher und gar vernünftiger Herr gewesen, der gelehrte und kunstreiche Leute recht lieb hatte und Bayern zieren wollte von innen und außen ...«, schrieb ein Zeitgenosse bei seinem Tod (1579).

Der neue Herzog Wilhelm V. hatte bereits 1568 mit Renata von Lothringen zu München Hochzeit gehalten. Mit Jesuitentheater, Stegreifkomödie und der Musik Orlando di Lassos ist es eines der glänzendsten Feste gewesen, das München je gesehen hat. Und auf die Hochzeit folgten zehn glückliche Erbprinzenjahre auf der Landshuter Trausnitz, die an die Zeit der reichen Herzöge erinnern mochten. Die mittelalterliche Burg hoch über der Stadt wurde umgebaut und erhielt nach welscher Art Freitreppe, Hoflauben und Wandmalereien. Am Hofberg große Gartenanlagen und, wo Ringmauern und Türme noch ein Plätzchen freiließen, Blumenrabatten und Lusthäuser. Friedrich Sustris, der weitgereiste Maler und Alleskönner, spielte den Kunstintendanten; dazu kamen italienische Sänger und Komödianten, Orlando di Lasso als gerngesehener Gast und Briefschreiber voll Witz und Laune. Und auch der Erbprinz sammelte wie der Vater in München, aber nicht nur Altertümer, Kuriositäten, Kunstkammerstücke, sondern auch Hofnarren, Leibmohren, Kammerzwerge, eine ganze Menagerie exotischer Tiere mit Löwen und Leoparden, Elefanten, Papageien und Straußen. Das Jahrgeld reichte natürlich nicht im entferntesten hin, und 1575 mußte Wilhelm dem Vater eine Schuldenlast von 300 000 Gulden eingestehen. Dazu Sorge, Reue, ein heftiges Fieber und mit ihm der Schatten der Todesnähe... Auf einmal wurde für den Prinzen diese Welt seltsam brüchig und schal, und stärker als früher spürte man den anderen Zug seines Wesens: die leise Schwermut, den Hang zur Mildtätigkeit, zur frommen Betrachtung, zum Nachgrübeln über die jenseitigen Dinge.

Als Wilhelm V. vier Jahre später die Regierung antrat, zeigte er bereits jene strenge Kirchlichkeit, die ihm den Beinamen »des Frommen« eingetragen hat. Er war der Fürst, der sich noch zum Letzten herunterließ, Arme speiste und Dirnen eine Mitgift gab, sich geißelte, fastete, bei glühender Sonnenhitze, den Stecken in der Hand, nach Tuntenhausen wallfahrten ging. Die Jesuiten überschüttete er mit Gunstbezeigungen, so daß selbst die Ordensobern glaubten, ihnen wehren zu müssen. Trotz aller Demut und Nächstenliebe bewahrte sich aber Wilhelm V. stets das Hochgefühl seiner Fürstenwürde, und die Liebe zu Kunst und Prunk blieb ihm bis hinein ins hohe Alter. Inmitten der Residenz schuf ihm Sustris den köstlichen Grottenhof, das »stille, kunstgeweihte Plätzchen voll Blumenduft und Brunnengeplätscher«, und vorne an der Neuhauser Straße erstand der monumentale Bau von Jesuitenkolleg und Michaelskirche, der an Größe und Fensterzahl mit dem spanischen Escorial wetteifern wollte. Die Münchener Fronleichnamsprozession aber wurde unter Wilhelm V. zum großen Triumphzug erhoben: 1800 Kriegsleute als Spalier in den Gassen, Trompeter und Trabanten als lärmender Vortrab, dann die Bruderschaften mit ihren Kutten, die Zünfte mit ihren lebenden Bildern, die Geistlichkeit und der Hof, das Volk nach Tausenden. Selbst ein weitgereister Nürnberger mußte gestehen, »daß dergleichen Ding in der ganzen Welt nit gehalten noch gesehen werden«. Und man nahm es als Gleichnis, wenn 1584, im selben Augenblick, da der Zug aus der Kirche trat und Orlando das »Gustate et videte« anstimmte, die Sonne sieghaft durch die Wolken brach.

Kirchenpolitisch brachte die Regierung Wilhelms V. mit dem Konkordat von 1583 die vertragliche Regelung des Verhältnisses zwischen Kirche und Staat. Damit waren die beiderseitigen Bereiche wenigstens einigermaßen abgesteckt und die Streitigkeiten mit den

Bischöfen glücklich aus der Welt geschafft; an wichtigen Hoheitsrechten wie der staatlichen Aufsicht über das Kirchenvermögen oder der Einflußnahme auf die Prälatenwahlen hielt der Herzog freilich fest. Das Konkordat blieb damit bis über die Säkularisation hinaus die wichtigste Quelle des bayerischen Staatskirchenrechts.

Und stärker als der Vater griff nun der Sohn hinaus ins Reich. Schon unter Albrecht V. hatte Wilhelms Bruder, der Bischof Ernst von Freising, auch Hildesheim bekommen, und mit den achtziger Jahren begann der Entscheidungskampf um Köln und damit um den Katholizismus am Rhein und im Münsterland. Erzbischof Gebhard Truchseß von Waldburg war nämlich 1582 zum Protestantismus übergetreten und suchte sein geistliches Fürstentum in ein weltliches umzuwandeln. Um sich demgegenüber einigermaßen behaupten zu können, blieb dem Kölner Domkapitel keine andere Wahl, als Ernst von Freising und Hildesheim als Gegenbischof aufzustellen: seit 1581 auch Bischof von Lüttich, besaß er nicht nur eine feste Stellung am Niederrhein sondern auch den Rückhalt an Bayern und Spanien. Als Gebhard Widerstand leistete, warfen ihn bayerische und spanische Truppen in raschem Feldzug aus dem Erzstift hinaus. »Wir bemerken, wie wichtig der Katholizismus des Hauses Bayern nun auch für Norddeutschland wurde«, heißt es bei Leopold von Ranke. Für zweihundert Jahre erhielt jetzt immer ein nachgeborener Wittelsbacher Prinz den Kölner Erzstuhl. Dazu kamen die Nachbarbistümer Lüttich, Münster und Hildesheim, zeitweilig auch Paderborn oder Osnabrück. Es war nicht nur die Kurwürde und ein geistliches Fürstentum, größer als Ober- und Niederbayern zusammen: für die Gesamtpolitik des wittelsbachischen Hauses bedeutete Köln die Befreiung aus der binnendeutschen, von den Habsburgern umschlossenen Lage des bayerischen Herzogtums. Und bis ins 18. Jahrhundert hinein sollte die Verbindung München–Köln auch kulturell eine entscheidende Schwerlinie bleiben.

Im Hochgefühl des Sieges von Köln bestärkte Wilhelm V. auch die Gegenbewegung in Baden, in Bamberg, in der Steiermark. Vor allem hielt er die enge Fühlung mit Würzburg, wo damals der große Julius Echter von Mespelbrunn die Mitra trug – ein Mann vom selben Geist, nur herber im Zuschnitt der Persönlichkeit. Durch

Wolf Huber, Der Humanist Jakob Ziegler (XVII)

IACOBI, ZIEGLERI,
LANDAVI, ICON,

Gustav Amling, Der Kanzler Kaspar von Schmid (XVIII)

Bayern gedeckt, konnte Bischof Julius sein Hochstift wieder katholisch machen, sich gegen die Reichsstadt Schweinfurt durchsetzen, seine Universität gründen.

Bei aller Geschäftigkeit und einem Akteneifer, von dem heute noch die Archive zeugen, war aber Wilhelm V. ein schlechter Finanzverwalter. Hatte er vom Vater schon über 600000 Gulden Schuldenlast übernommen, so verstand er selber genausowenig hauszuhalten; dazu kamen das »Kölner Kriegswesen« mit 705933 Gulden, die Michaelskirche und das Jesuitenkolleg mit weiteren 200000... Auf einmal stand man vor dem »Generalanstand« – dem Staatsbankrott. Auch der welsche Goldmacher Marco Bragadino konnte da nicht mehr helfen, und als die Landschaft immer besorgtere Vorstellungen erhob, entschloß sich der Herzog, die Regierung mit dem Sohn zu teilen. Wenige Jahre später dankte er ganz ab (1597).

Aber nicht nur die Geldschwierigkeiten allein waren Schuld, wenn sich jetzt Wilhelm V. mit seinen knapp fünfzig Jahren wie ein Bauer aufs Altenteil setzte: immer mehr hatten bei ihm der melancholische Zug seines Wesens und der Ekel vor dem ganzen Treiben die Oberhand gewonnen, und der Friede seiner Einsiedeleien um Schleißheim und Schloß Neudeck ob der Au war ihm das Liebste geworden. Den Anteil an den Haus- und Staatsgeschäften aber hat sich Wilhelm V. bis zuletzt bewahrt, ja, wenn es um die Kirche ging oder das Wohl seiner Kinder, konnte plötzlich wieder die alte Vielgeschäftigkeit in ihm aufflackern. So erlebte er noch als Greis den Triumph seines Sohnes am Weißen Berg bei Prag, sah er noch den Kurhut bei seinem bayerischen Haus. Erst 1626 ist er gestorben und als erster bayerischer Herzog in der Gruft von St. Michael begraben worden.

Späthumanismus und Jesuitenstil

Weniger schroff war in Altbayern der Sturm der Glaubenserneuerung in die Studierstuben gefahren, und während auf anderen Universitäten das ganze Streben im Theologengezänk unterging, durfte Ingolstadt noch eine reife Nachblüte des Humanismus erleben. 1520 las der berühmte Johannes Reuchlin vor 300 Hörern über hebräische Grammatik und aristophanische Komödien; auch Locher lehrte noch bis 1528. Später erhielt Veit Amerpach aus Wemding seine Professur, ein Kenner der Alten von europäischem Ruf. Vor allem aber fanden Naturwissenschaften und Mathematik bedeutende Vertreter, und die beiden Apian können hier für eine ganze Reihe von Namen stehen. Schon der ältere Apian – eigentlich Peter Bienewitz und aus der Gegend von Meißen daheim – war ein tüchtiger Mathematiker und Astronom, der gesuchte Instrumente baute. Nach seinem Tod (1552) übernahm sein Sohn Philipp den Lehrstuhl. Im Auftrag Albrechts V. durchzog er mit seinen Meßgehilfen und Zeichnern sechs oder sieben Sommer lang das ganze Land und brachte dann, etliche hundert Quadratfuß groß, eine Karte von Bayern heraus, die damals auf der ganzen Welt nicht ihresgleichen hatte. Der erläuternde Text dazu bot die genaue Beschreibung aller vier Rentämter nach ihren Flüssen und Bergen, Grenzen und Ortschaften. Als Apian 1568 den Eid auf das Tridentinum verweigerte, mußte er freilich nach Tübingen auswandern. Den Gelehrten Apian aber ehrte der Herzog bis zuletzt, ließ ihm eine Leibrente auszahlen, holte ihn 1576 sogar für ein halbes Jahr nach München zurück, um sich von ihm für die Bibliothek einen gewaltigen Erdglobus anfertigen zu lassen.

Die Vorstufe zur Landesuniversität bildeten die lateinischen Ratsschulen in den Städten, die »Poetenschulen«, wie man sie nannte. Die Münchener Poetenschule – sie lag gleich neben der Frauenkirche, schräg gegenüber dem Marienbrünnlein – wies eine ganze Reihe bedeutender Schulmeister auf; einer von ihnen, Hieronymus Ziegler aus Rothenburg, wurde Professor in Ingolstadt und brachte 1554 Aventins Geschichtswerk endlich auch im Druck heraus. Doch wichtiger als alle lateinische Schulliteratur, die man von Ingolstadt bis Salzburg, von München bis Passau, in vielen Bänden sammeln könnte, ist die Übersetzerfreude der bayerischen Humanisten, die sich alle Mühe gaben, die gelehrte Bücherweisheit auch ihren nichtstudierten Landsleuten mundgerecht zu machen. Dietrich von Plieningen, der Wortführer der bayerischen Landstände, stand am Anfang; der Münchener Stadtschreiber Simon Schaidenreißer lieferte die erste deutsche Homerübersetzung; selbst in Burghausen setzte sich 1565 der Mautzahler Lorenz Kratzer hin und übertrug als Lehrbuch für den bayerischen Adel den »Hofmann« des Italieners Castiglione. Gerade mit dem schönen und kraftvollen Schriftbayerisch dieser Übersetzungen geht der Weg von Aventin her weiter zur Sprache der Prediger und Traktatschreiber der Gegenreformation und des Barocks.

Die bayerische Landesgeschichte aber fand in dieser Generation nach Aventin ihren besten Vertreter in Wiguleus Hundt zu Lauterbach. Aus landsässigem Adel, gelehrter Jurist und einflußreicher Rat Albrechts V., kam er erst in der Altersmuße zum Schreiben. Seine »Metropolis Salisburgensis« brachte eine kritische Geschichte der bayerischen Hochstifte und Klöster, sein »Stammenbuch« die weitläufige Genealogie des bayerischen Turnieradels. Beide Werke sind heute noch Fundgruben, vor allem das »Stammenbuch« mit seiner treuherzigen, behaglichen Freude am Erzählen.

Das übliche Schlagwort für die Geistesgeschichte der Reformationszeit heißt aber nicht Späthumanismus, sondern Theologie. Man hat längst vergessen, daß Wiguleus Hundt zu Ingolstadt lehrte, weiß kaum noch von Apian, Ziegler oder Amerpach: für das Ingolstadt der Reformationszeit steht im gängigen Geschichtswissen nur der Theologe Doktor Johannes Eck – eigentlich Hans Maier und ein Bauerssohn von Egg bei Memmingen, seit 1510 Professor an der Universität. Eck, der gelehrte Scholastiker mit dem Riesenwissen, war der größte deutsche Theologe des 16. Jahrhunderts; daneben gab es von der Geographie bis zur Rechtswissenschaft, von der Kalenderverbesserung bis zu den alten Handschriften, kaum ein Gebiet, auf dem er nicht beschlagen gewesen wäre. Nur in einem war ihm Luther über: im leidenschaftlichen Ringen um die Wahrheit und in der schöpferischen Tiefe des religiösen Erlebens. Aber mit seiner ungestümen Arbeitskraft war Eck auf katholischer Seite überhaupt der einzige, der im Herauswerfen der Streitschriften mit Luther einigermaßen Schritt halten konnte. Sein Handbuch (»Enchiridion«), bis 1600 an die fünfzigmal aufgelegt, benutzten alle katholischen Streittheologen. Im Auftrag der bayerischen Herzöge brachte er auch eine deutsche Predigtsammlung und eine Bibelübersetzung heraus. Natürlich mußte Ecks Bibel neben Luthers unvergleichlicher Sprache holprig wirken, aber die schlechteste aller Übersetzungen war sie deswegen noch lange nicht. Es wäre erst zu untersuchen, ob es nicht auch hier geht, wie mit so vielen abschätzigen Urteilen über bayerische Bücher zwischen 1550 und 1750, denn Ecks Bibelsprache ist kein Meißener Deutsch, sondern hat den Mundartklang der schwäbisch-bayerischen Hochebene. Als Eck 1543 starb, fehlte auf katholischer Seite ein Theologe von Format, und die Ingolstädter Fakultät blühte erst wieder auf, als endgültig die Jesuiten an seine Stelle rückten.

Das machtvolle Umsichgreifen der Gegenreformation bestärkte auch auf geistigem Gebiet einen alten Sonderzug des bayerischen Wesens: das starke Hinneigen zum romanischen Süden. Gerade der neue Jesuitenorden, zu Anfang fast ausschließlich von Spaniern, Italienern und Wallonen getragen, hatte einen sicheren Blick für das Wesensverwandte in der süddeutschen Volksnatur. Nicht Dragoner haben die neue Lehre aus Bayern »hinausgeritten« – es war der hochkommende Jesuitenbarock, der das bayerische Volk zur alten Kirche zurückzog. Doch allein deswegen, weil nun der protestantische Norden und der katholische Süden auch kulturell getrennte Wege gingen, kann man noch lange nicht von einer »geistigen Absperrung« oder »Rückständigkeit« Altbayerns sprechen. Bei aller Hochachtung vor den Großleistungen norddeutsch-protestantischer Kultur: weiter, umfassender, europäischer war die Luft des deutschen Südens. Von München aus spannten sich die Fäden nach Rom und Madrid, Paris und Wien, und auf dem doppelt gemeinsamen Boden von Volkstum und katholischer Religion erwuchs aus dem bayerisch-österreichischen Gebiet eine Kulturblüte von solch gewaltigem Umfang und reichem inneren Wert, daß sie den Vergleich mit dem Hochmittelalter nicht scheuen braucht.

Wie weit dieses Bayern der Gegenreformation von geistiger Absperrung und Verdumpfung entfernt war, zeigt ein einziger Blick auf Ingolstadt. Gregor von Valencia, in Kastilien geboren und unter den Jesuiten auf deutschem Boden der bedeutendste Theologe, gab seit 1575 den Ton an. Er war der Ratgeber und Reisebegleiter der bayerischen Herzöge, der große Kenner des Thomas von

Aquin, der Mann, der die Theologie von den Nebensachen weg wieder zur Selbstzucht, Sachlichkeit und Tiefe führte. Unter seinen Augen wuchs für ganz Deutschland eine neue Generation von Philosophen und Theologen heran. Valencias berühmtester Schüler war der Seeschwabe Jakob Gretser, ein Mann von umfassender Belesenheit, der über 200 Schriften zum Druck beförderte und schon um diese Zeit byzantinische Geschichtsschreiber heranzog. Bestaunt und bewundert, gefürchtet und gehaßt, war seine Schlagfertigkeit im Kampf der Geister. Der Tiroler Paul Laymann aber galt als der große Moralist, dessen klassische »Theologia moralis« bis ins 18. Jahrhundert hinein führend blieb. Für uns ist sie deshalb bemerkenswert, weil sich Laymann in der dritten Auflage des Werkes entschieden gegen die Hexenprozesse wandte. Neben den Theologen stand der Astronom Christoph Scheiner aus Wald bei Mindelheim. Als er 1611 vom Turm der Ingolstädter Kreuzkirche aus den Himmel beobachtete, entdeckte er, etwa gleichzeitig mit Galilei, die Sonnenflecken und berechnete danach die Umlaufszeit der Sonne. Dazu kam eine Reihe optischer Entdeckungen. Während eines Aufenthaltes in Rom schrieb Scheiner dann langatmig und voll deutscher Gründlichkeit sein astronomisches Hauptwerk.

Eine reine Jesuiten-Universität wie Dillingen – auch dort haben ja Valencia, Laymann und Scheiner gelehrt – war Ingolstadt aber selbst im 16. Jahrhundert nicht. Die juristische Fakultät hatte überhaupt keinen Jesuiten unter ihren Lehrern; von den theologischen Lehrstühlen hielt die Gesellschaft Jesu ganze drei. Ihre eigentliche Wirkung in die Breite bekamen die Jesuiten erst durch die Mittelschulen. Zunächst Gymnasien in Ingolstadt und München: frisch, jung, siegessicher, mit einer wohldurchdachten, gleichmäßigen Lehrweise und strenger Schulzucht. Die Herzöge förderten gerade im Schulwesen den neuen Orden, wo sie nur konnten, und in Burghausen, Landshut, Straubing, Amberg und Mindelheim entstanden bald neue Gymnasien. Zuletzt hatten die Jesuiten das ganze Schulwesen in der Hand und behaupteten ihren Einfluß bis ins späte 18. Jahrhundert hinein.

Schon die ältesten Schulregeln für die deutsche Ordensprovinz fügten jährliche Theateraufführungen in den festen Lehrplan ein, denn »ohne Theater friert die Poesie«. Als dann 1560 das Münchener Gymnasium erstmals vor dem Hof spielte, hatte das Jesuitentheater auch für Altbayern Gestalt gewonnen, und die Aufführungen häuften sich von Jahr zu Jahr. Man spürte den Anbruch einer Zeit, die sich so im Theater auslebte, wie es der Humanismus im gedruckten Buch getan hatte. Der große Gedanke der Erlösung war der Mittelpunkt dieses Jesuitentheaters, und was es immer auf Erden gab, wurde auf ihn vorausgedeutet oder zurückbezogen. Das Vergängliche war zum bloßen Gleichnis geworden. Da man lateinisch spielte, mußte vor jedem Akt ein Ehrenhold den Zuschauern in deutschen Reimen den Gang der Handlung auseinanderlegen. Aber es tat kaum etwas zur Sache, wenn die Jesuiten das gewohnte Latein schrieben: ihr Theater wurde ja nicht vom gesprochenen Wort allein getragen, sondern genauso von Musik und Tanz, Kostüm und Gebärde; dazu kam eine raffinierte Bühnentechnik, die alle Grenzen von Bewegung und Raum aufzuheben schien.

Das Münchener Jesuitentheater ist ein Höhepunkt europäischer Bühnengeschichte. Hof- und Stadttheater, Festspiel, Naturbühne, das war hier alles eins. Andreas Fabricius – 1581 als Präfekt in Altötting gestorben – verfaßte zur Hochzeit Wilhelms V. die Tragödie »Samson«, für die Orlando di Lasso die Chöre vertonte. Georg Agricola führte 1574 seinen »Constantinus« auf: man spielte zwei Tage und hatte über tausend Mitwirkende; in feierlicher Prozession wurde das Kreuz durch die Straßen getragen, und beim Triumphzug des Konstantin ritten an die vierhundert Reiter mit, jeder in der blanken Rüstung. All das aber tritt zurück vor der dunklen Wucht eines Jakob Bidermann. Seit 1606 Lehrer am Münchener Gymnasium, später Professor in Dillingen und am Kolleg in Rom, schrieb er viel und vielerlei, versuchte sich in der lateinischen Verserzählung, verfaßte eine Reihe von Dramen voll großartiker Wirkung. 1609 spielte man seinen »Cenodoxus« – »eine der stärksten Tragödien, die ein Deutscher schuf« (Nadler). Joachim Meichel aus Braunau, Bidermanns einstiger Schüler, hat sie uns 1635 verdeutscht. Es ist die Geschichte von Cenodoxus, dem Doktor von Paris, der schon bei Lebzeiten als Heiliger gilt und zuletzt doch verdammt wird, denn sein vor Menschenaugen so wohlgefälliges

Tun kann vor Gott nicht zählen, weil nur eitle Selbstgefälligkeit dahintersteht. Die ungeheure Wirkung dieses Stückes können wir heute noch fassen: nach der Aufführung eilen gleich vierzehn Vornehme aus Hof und Stadt vom Platz weg zu den geistlichen Übungen; der Hauptdarsteller wird selber Jesuit.

Wie Jakob Bidermann der große Theaterdichter, so ist Jakob Balde der große Lyriker des Ordens. Er war von Ensisheim im Elsaß daheim, hatte als Ingolstädter Rechtsstudent zur flotten Jugend gehört, war 1624 auf einmal Jesuit geworden. München sah ihn als Professor, Prediger, Prinzenerzieher, Neuburg als Hofpater. Die fünf Bücher seiner lateinischen Oden, die neun seiner »Lyrischen Wälder« gehören zur ganz großen Dichtung der Zeit. Es sind Verse auf den Kurfürsten Maximilian und seinen Feldherrn Tilly, auf die Madonna von der Mariensäule oder das Gnadenbild von der Waldrast, auf die Bienen von Haidhausen oder den Sommer von Ebersberg – alles in die antikische Form gezwungen, bald knappster Umriß der Gestalt, bald wortschwer dahinrollende Feierlichkeit. Volkhafte Weichheit steht neben gläubiger Kraft, die heroische Stimmung des großen Kriegs neben tiefer Friedenssehnsucht. Und immer wieder, daß der Pfeil mystischer Gottesliebe vom unsichtbaren Bogen schwirrt, ein heißes Herz aufs neue verwundet:

> »Träum' ich? Oder es rauschte durch die Lüfte
> Mir zum Herzen ein Pfeil? – Ich fühl', ich fühl' ihn,
> Und ich kenne die Hand, die mir aus goldnem
> Köcher ihn sandte...«

Auf der stolzen Höhe der Zeit um 1600 hatten die Jesuiten nicht nur das Theater und die Dichtung in den Händen sondern auch die Geschichtsschreibung. Zunächst hatte freilich Markus Welser, der gelehrte Augsburger Patrizier und Stadtpfleger, von Herzog Maximilian den Auftrag bekommen, eine Geschichte Bayerns zu schreiben. Gründlich, kritisch, kühl dem Stoff gegenüber, kam er bis zu den Karolingern. Nach seinem Tod setzte eine Reihe gelehrter Jesuiten das Werk fort. Balde war unter ihnen, der Tiroler Andreas Brunner, auch Matthäus Rader, der Verfasser der bayerischen Heiligenlegende »Bavaria Sancta«. Zusammenfassung und Abschluß aber brachte erst der Lothringer Johann Vervaux, der Beichtvater Maximilians I. 1662 kamen die drei mächtigen Folianten als die »Annales Boicae gentis« im Druck heraus – aus Ordensrücksichten allerdings unter dem Namen des Kanzlers Johann Adlzreiter.

Auch in deutscher Sprache wucherte bereits eine kaum übersehbare Fülle gegenreformatorischer Literatur und hielt in Dillingen, Ingolstadt und München alle Druckpressen in Atem. Ägidius Albertinus – ein Niederländer wie Sustris oder Canisius – war unter all den Schreibern der bedeutendste und vielseitigste. Er brachte die ganze italienische, spanische und französische Literatur ins Bayerische herüber und wurde noch im letzten Dorf gelesen. Es ist geradezu unglaublich, wie er, der Fremde, in München sich einlebte und zuletzt ein so schönes, bildkräftiges Oberdeutsch schrieb, als ob er irgendwo um Abensberg herum zu Hause wäre. Mit dem »Landstörtzer Guzman von Alfarache« führte er den spanischen Schelmenroman in Deutschland ein, und mit »Lucifers Königreich und Seelengejaidt« schuf er das erste Buch des volkstümlichen Barocks. Von hier lief die Linie weiter, einerseits zu Grimmelshausen und seinem »Simplicissimus«, andrerseits zu Abraham a Sancta Clara und seinem »Judas, der Erzschelm«.

Der eigentliche Volksprediger aber war Johann Nas. Zu Eltmann bei Bamberg geboren, kam er als Schneidergeselle nach München, kehrte hier zur alten Kirche zurück und wurde Franziskaner. 1560 stand er in Ingolstadt zum erstenmal auf der Kanzel. Scharf, unerbittlich, beißend vor Spott, war sein Deutsch das beste des späten 16. Jahrhunderts, auch wenn ihn die Gegner wütend anfielen und ihn nur den »Saubayern« nannten oder den »fränkischen, jesuwidrigen Esel«. Heute ist man geneigt, in Nas auch den Verfasser des Volksbuches vom Doktor Faust zu sehen, das eigentlich eine große gegenreformatorische Satire auf Luther sein wollte.

Als dritter der Jesuitenpater Jeremias Drexel, der bis tief in die Kriegsjahre hinein die Kanzel von St. Michael verwaltete. Er war als Prediger und Traktatenschreiber so berühmt und gefeiert, daß ihn selbst jeder durchreisende Protestant gehört haben mußte. Seine versöhnlichen, ganz vom Jenseits bestimmten Schriften erreichten

Auflagen, die in die Hunderttausend gingen, und sind, wie etwa die »Betrachtungen über die Ewigkeit« von 1620, zu einer Hauptquelle unserer Barockmystik geworden.

Über Wort und Schrift aber stand der Triumph der Musik. Schon Herzog Wilhelm IV. hatte hier den Schweizer Ludwig Senfl, den ersten deutschen Tonsetzer der Zeit, nach München gezogen und sich von ihm eine Hofkapelle einrichten lassen. Senfl war der Meister des vielstimmigen deutschen Liedes, vertonte aber auch Horaz und war der Stubenfreund des Homer-Übersetzers Schaidenreißer. Und nach kurzem Zwischenspiel kam Orlando di Lasso. Um 1530 zu Mons im Hennegau geboren und weit in der Welt herumgekommen, verdankte er Italien das meiste. Er war ein Mann von solch unerschöpflicher Fülle des Schaffens, daß sein Werk bald an die 2000 Nummern zählte. Die lateinische Motette war seine größte Stärke. Aber auch bei einem so sprühenden Geist wie Orlando di Lasso führte der Weg immer weiter ab von den leichten Dingen dieser Welt und hin zur Tiefe des religiösen Erlebens. Seine Sieben Bußpsalmen können als Gipfelwerke europäischer Tonkunst gelten. Um den Meister drängte sich ein Schwarm von Schülern, und die Münchener Musikkultur strahlte bis Augsburg und Graz machtvoll aus. Als Orlando 1594 starb, führte zunächst der Sohn, dann der Enkel die Münchener Hofkapelle weiter.

Genau wie Orlando di Lasso mußte auch die bildende Kunst schon in den früheren Kapiteln immer wieder gestreift werden. Sie blieb ja reine Fürstenkunst, die sich kaum einmal hinauswagte aufs flache Land. Und sie erscheint uns Heutigen nicht mehr als die klassische italienische Renaissance, sondern als der Spätstil des »Manierismus«, der sich nun auch den Norden erobert. Eigentlich war es Herzog Ludwig X., der mit seiner Landshuter Stadtresidenz die neue Art zu leben und zu bauen nach Bayern brachte. Das Vorbild war der Palazzo del Te in Mantua. Mühsam kamen die ersten Meister, biedere Augsburger, voran, bis sich der Herzog zuletzt einen Trupp Maurer aus Mantua verschrieb. 1543 war der Bau fertig: vier breitgelagerte Gebäudeflügel, stolze Säle, ein klingender Hof – italienische Grandezza, die Schule Giulio Romanos, nur auf deutschem Boden.

Ganz anders Wilhelm Egckl, der Hofmaurermeister Albrechts V. Auch er, der Altbayer, versuchte mit dem neuen Marstall – dem sogenannten »Münzhof« – eine Vierflügelanlage mit umlaufenden Arkaden. Aber Egckl, der Mann mit dem bedächtigen Blick und den schweren Händen, kam sichtbar in Widerstreit mit der eigenen Absicht. Säulen, die wuchten, aber nicht schwingen, überhaupt alles voll bäuerlicher Eckigkeit – schon Manierismus, aber einer im bayerischen Dialekt. Genau so ging es Egckl mit dem Antiquarium der Residenz. Es wurde ein niedriger Raum, der mehr an ein mittelalterliches Schatzgewölbe erinnern mochte als an die luftige Helle des »Italienischen Saales« in der Landshuter Residenz.

Das stimmungsmäßige Begreifen der südlichen Architektur und die große Herrengeste brachte erst Friedrich Sustris. Als Sohn eines niederländischen Wanderkünstlers in Italien geboren, hatte er bei Giorgio Vasari gelernt, dem Michelangelo-Schüler, Kunsttheoretiker und Erzmanieristen. Über die Fugger in Augsburg war er dann 1573 zu Wilhelm V. nach Landshut gekommen. Sustris baute die Trausnitz zu einem Bergschloß des Manierismus um und stellte in München um den Grottenhof die neue Sommerresidenz hin; auch den Hofgarten legte er an. Doch all dies trat zurück vor der Michaelskirche und dem Jesuitenkolleg. Sustris entwirft seit 1582 große, phantasievolle Pläne, ist überhaupt der entscheidende Anreger – wenn auch dann Männer, wie der einheimische Werkmeister Wolfgang Miller oder der Augsburger Kunstschreiner Wendel Dietrich, den Bau stark beeinflußt haben. Es entstand ein gewaltiger, einschiffiger Raum, hell und weit, mit freiem Blick zum Hochaltar; zwischen den eingezogenen Streben Seitenkapellen und darüber Emporen; dazu ein machtvolles Tonnengewölbe, das mit seiner Spannweite nur wenig hinter St. Peter in Rom zurückblieb. Gewiß hatten die Jesuiten und das Vorbild ihrer römischen Kirche von Il Gesù auf St. Michael eingewirkt, aber im großen Ganzen gingen Sustris und Miller doch ihre eigenen Wege, ließen selbst die Erinnerung an spätgotische Hallen nachklingen. 1597 waren Kolleg und Kirche glücklich unter Dach, und das Vorbild von St. Michael blieb für den oberdeutschen Kirchenbau bestimmend bis ins 18. Jahrhundert hinein. Ganz gleich, wo die Jesuiten bauten, ob in Dillingen oder Landshut, Hall in Tirol oder Konstanz am Bodensee – man spürte das Münchener Vorbild.

Im selben Jahr, als Sustris nach Landshut kam, wurde zu Augsburg Elias Holl geboren, der von der Jahrhundertwende bis in die ersten Jahre des Dreißigjährigen Krieges hinein drüben auf reichsstädtischem Boden Bauten hinstellte, die den Höhepunkt der Zeit bezeichnen. Wenn aber irgendeiner unter den deutschen Fürsten in der geschlossenen Kraft und dem herben Ernst der Baugesinnung Elias Holl verwandt sein mochte, so war es der Herzog und spätere Kurfürst Maximilian in München. Von 1606–18 erstand seine neue Residenz: sechs gewaltige Höfe, klar geordnete Raumfluchten, doppelläufige Treppen, die strenge Fassade mit der Heiligennische und Maria als Patrona Bavariae. Heute wird, wenn von der Münchener Residenz die Rede ist, immer Hans Krumpper genannt werden müssen. In Weilheim zu Hause, vom Kurfürsten in jungen Jahren nach Italien geschickt, dann Sustris' Schwiegersohn und Nachfolger im Hofbauamt, war er beim Residenzbau zweifellos der führende Kopf.

Unter den Hofmalern gehörte Hans Muelich, der bedeutendste Name unter Albrecht V., noch zum Schülerkreis Albrecht Altdorfers. Muelich war ein ungemein beschäftigter Meister, der in seinen Portraits ein achtbares Können zeigte. Berühmt ist auch der quellende Reichtum seiner Miniaturen zu den Bußpsalmen Orlando di Lassos. Muelichs Schüler Christoph Schwarz – sein Hauptwerk ist das Hochaltarbild für die Michaelskirche – ging dann schon nach Italien und lernte beim alten Tizian. Bei den Schloßbauten selber spielte die Wandmalerei die erste Rolle. Auch hier gab Friedrich Sustris den Ton an, und die vielen anderen Hände – einheimische wic Hans Donauer oder welsche wie Padovano – arbeiteten unter seiner weitgehenden Oberleitung. Eigentlicher Meister der Raumzier und des großen Altarbildes aber blieb bis in die Zeit des Dreißigjährigen Krieges hinein Sustris' jüngerer Landsmann Peter Candid. Auch er war Vasari-Schüler, behielt aber bis zuletzt seine warme deutsch-niederländische Art. Zu ihm gehören die vom Hauch der Tat durchlebten Wittelsbacher Gobelins in der Residenz oder große Altarblätter für die Münchener Frauenkirche und den Freisinger Dom.

Bezeichnend für die noble, repräsentative Art dieser Fürstenkunst um 1600 ist auch der Aufschwung der Erzgießerei, die die ganze bayerische Plastik der Zeit beherrschte. Ihre große Aufgabe waren Brunnen und Grabdenkmal. Auch die Münchener Gießhütte wurde von einem Niederländer dirigiert: von Hubert Gerhard aus Amsterdam. Er war Schüler des berühmten Giovanni da Bologna und brachte mit dem Augsburger Augustusbrunnen die südliche Brunnenanlage mit den liegenden Bronzegestalten nach dem Norden. Oder wenn wir sein klassisches Münchener Werk herausgreifen: die Bavaria auf dem Hofgartenpavillon mit dem Ährenkranz, dem Hirschfell und dem Salzkübel als den Wahrzeichen des Landesreichtums. Neben Gerhard stand Krumpper. Die kraftvolle Muttergottes an der Residenzfassade ist seine größte Leistung. Auch von Candid her wurde die Münchener Hütte beeinflußt. Doch letztlich gehörten alle diese Meister zu einer einzigen großen Werkgemeinschaft, und wie hier die Hände ineinandergriffen, kann am besten die Münchener Mariensäule zeigen, die 1638 zum Dank für die Errettung aus der Schwedennot errichtet wurde. Der Entwurf stammt vielleicht noch von Peter Candid, die Madonna sicher von Hubert Gerhard; der Weilheimer Rubensschüler Georg Petel soll die vier köstlichen Heldenputten modelliert haben, die herunten am Sockel gegen Hunger und Pest, Irrglauben und Krieg die Schwerter schwingen.

Mit der hochkommenden Gegenreformation begannen auch die Bischofsstädte wieder eine kulturelle Eigenrolle zu spielen. Augsburg und Würzburg sind zu nennen, vor allem aber der bayerische Südosten, wo sich Salzburg zur geistigen Vormacht des freien Landes zwischen München und Wien aufschwang. Eine seltene Herrennatur und ein Städtebauer von gewaltiger Größe war hier Erzbischof Wolf Dietrich von Raitenau: in Rom erzogen, der Vater kaiserlicher Feldobrist, die Mutter Mediceerblut, hielt er in Salzburg einen Hof voll verschwenderischer Pracht. Hinter seinen Bauten, wie der Residenz oder dem Schloß Mirabell, regt sich bereits der italienische Hochbarock; die Pläne zum neuen Dom schuf ihm der Venezianer Vincenzo Scamozzi. Bezeichnend dabei, wie der Erzbischof den Einwand des Kapitels, daß ja schon der heilige

Virgilius den Dom gebaut habe, mit einer Handbewegung zur Seite schiebt: »Was Virgil? Maurer haben den Dom gebaut!«

Der Nachfolger Marx Sittich von Hohenems besaß zwar nicht das Format eines Wolf Dietrich, aber er war ein eifriger Förderer der Gegenreformation und ihrer Kunst. Die Grundfesten des Domes ließ er wieder herausreißen und durch Santino Solari von vorn anfangen. Dazu baute er das Schloß Hellbrunn mit seinem berühmten Felsentheater – »ein Irrsal von Wassern, ein Spiel der Najaden, ein Theater der Blumen, ein Kapitol der Statuen« (Gisberti). Schon 1618, ein rundes Jahrzehnt vor dem Dresdner Hof, wurde hier auf deutschem Boden die erste Oper aufgeführt.

In dem nun ansetzenden Bildungsgang des Barocks sollten gerade die bayerischen Landschaften ihre große Bedeutung erhalten: sie erst bildeten die Hofkunst von München und Wien ins Volksmäßige um und hielten sie als dauerndes Eigentum fest. Ließ sich die Kunst der Gegenreformation noch mit den Namen einiger führender Hofkünstler umreißen, so gewann im 17. Jahrhundert diese Bewegung eine ungeahnte Tiefe und Breite. Der große Krieg war nur die Taktpause: in den Friedensjahren danach konnten sich alle jene Möglichkeiten des Barocks entfalten, die wir hinter dem Jesuitentheater oder der Michaelskirche bereits zu ahnen glauben.

21. KAPITEL

KURFÜRST MAXIMILIAN I.

Die innere Staatsarbeit

»Bis zur Wiesen ist er auf seinem Rapple geritten, alsdann ist er über die Wiesen mit uns nach Thalkirchen gangen und hat die lateinische Litaniam singen helfen; bei der Meß hat er drei Rosenkränz und für alle und jeden, dem er in seinem täglichen Gebet generaliter eingedenk, ein Spezial-Paternoster samt dem Ave

Maria gesprochen ...«, heißt es in einem Bericht, den der Präzeptor des siebenjährigen Erbprinzen Maximilian dem Herzog Wilhelm schickte. Ein Ausflug, der zur Wallfahrt wurde! So war schon die ganze Jugend des Erbprinzen geprägt von einer Erziehung streng im Geiste des Jesuitenordens und der Gegenreformation. Trotz aller Kinderspiele und Knabenfröhlichkeit: zuvörderst stand das herbe, tief im Religiösen verhaftete Gefühl für die Pflicht.

1587 bezog der Prinz für vier Jahre die Ingolstädter Universität, trieb Rechtswissenschaft und Geschichte, lernte ein flüssiges Französisch und Italienisch, ein gewandtes Latein. Nach München zurückgekehrt, holte er sich in den Sitzungen des Hofrates zur Schultheorie auch noch die Verwaltungspraxis; dazu kamen Reisen nach Prag zu Kaiser Rudolf II., nach Rom zu Papst Clemens VIII., nach Nancy zum Herzog Karl von Lothringen, dem Oheim von der Mutterseite. Hier in Nancy konnte er 1595 mit Elisabeth Renata, der Tochter des Lothringers, Hochzeit feiern – die zweite bayerisch-lothringische Heirat innerhalb weniger Jahrzehnte.

Als Maximilian 1597 die Regierung übernahm, erschien er, trotz seiner vierundzwanzig Jahre, vom ersten Tag an als eine geschlossene, fertige Persönlichkeit voll strenger Selbstzucht und eiserner Willenskraft. Er war kein Fürst von jener ungestümen Genialität, die um jeden Preis die Augen der Welt auf sich lenken möchte, sondern ein Mann von jener nüchternen Verstandesschärfe, die aufs engste mit Fleiß und Arbeit zusammenhängt. »Überflüssigem Essen und Trinken, Spielen, zu vielem Jagen, Ritterspielen und anderen Vanitäten fragen Ihre Durchlaucht nit nach, halten ein gutes Regiment, überlesen die Supplikationes und andere Schriften zum Unterschreiben selbst, korrigieren selbst, dekretieren oft selbst ...«, notierte sich der Augsburger Patrizier Hainhofer bei seinem Besuch in München. Obwohl sich Maximilians Selbsttätigkeit aufs Letzte erstreckte, er sich noch kümmerte, wie viele Zimmer in der Hofkammer täglich zu heizen waren, ging doch keine Anordnung hinaus, die der Herzog nicht vorher mit seinen Räten unendlich gewissenhaft erwogen und geprüft hatte. Freilich, Amtsschlendrian oder bürokratische Vielschreiberei gab es bei diesem Herrn, der von morgens vier Uhr bis tief in die Nacht hinein über den Akten saß, nicht mehr, und »etlichermaßen melancholici humoris« verstand es Maximilian sehr wohl, »guet Filz« auszuteilen. Immer wieder stehen derb und treffend, oft auch etwas mürrisch, seine Glossen an den Aktenrändern: »Man muß nit zweimal schreiben, was zu rechter Zeit auf einmal geschehen kann«, »Etliche junge Hofrät hören das Gras wachsen!«, »An wemb lauth das Schreiben? Man kanns nit schmöckhen!«

Es ist klar, daß auf die straffe Staatsverwaltung Maximilians die Landstände kaum mehr Einfluß hatten; sie traten wohl noch zweimal zusammen, aber es war nur folgerichtig, wenn der Herzog seit 1612 volle 39 Jahre ohne Landtag regierte. Die Stellung des Herzogs war praktisch unumschränkt, und im Niederhalten der Landschaft sah Maximilian ein »sonderbares Regierungsgeheimnis«, das vor allen anderen zu beachten war. So hatte man in Bayern den vollen Fürstenabsolutismus, nur gemildert durch jenes hohe Pflichtgefühl, das Maximilian einmal in einem seltsam barocken Bilde ausgedrückt hat: »Eifrige, arbeitsame Potentaten und Fürsten sind den brennenden Kerzen zu vergleichen, welche sagen könnten: Aliis lucendo consumor – Ich brauche mich auf im Leuchten.«

Unter den Leitsätzen für Maximilians innere Staatsarbeit stand immer wieder das Sparen und das »Wohlhausen« obenan – hatte er ja vom Vater nicht nur eine runde Million Schulden übernommen sondern auch einen finanziell völlig zerrütteten Staat. Freilich kann man diese ewigen Geldnöte der Fürsten des 16. Jahrhunderts nicht mit den üblichen Phrasen von Mißwirtschaft, Verschwendungssucht und Liederlichkeit abtun, auch bei Albrecht V. und Wilhelm V. nicht. Wenn das kleine Bayern den »Generalanstand« immer wieder vermeiden konnte, so erlebten gerade Weltmächte wie Spanien oder Frankreich seit 1557 einen Staatsbankrott nach dem andern; die großen oberdeutschen Handelshäuser krachten sogar der Reihe nach zusammen. Man stand inmitten einer europäischen Geldkrise, ausgelöst durch das Zuströmen der Edelmetallschätze Amerikas und durch das Gründungsfieber der großen Entdeckungen; dazu kam eine Umschichtung des ganzen Wirtschafts- und Finanzwesens, für die Fürsten auch die ungeahnte Erweiterung aller staatlichen Aufgaben. Nicht mit Halbheiten oder Besserungsversuchen war es hier getan, sondern nur mit einer grundlegenden Finanzreform.

So begann Maximilian wohl mit den üblichen Sparmaßnahmen und dem Anziehen der Steuerschraube; er führte aber auch in der Finanzverwaltung eine peinlich genaue Rechnungslegung ein und suchte vor allem die direkten Einkünfte, die sogenannten »Kammergefälle«, nach Kräften zu heben. Neben dem Weißbiermonopol bildete hier das Salzwesen »eine ansehnliche Gottesgabe und nit das wenigste Einkommen des Fürstentums«. Schon Georg der Reiche und Albrecht der Weise hatten den Reichenhaller Sudherren ihre Gewerksanteile abgekauft, und um die Mitte des 16. Jahrhunderts hatte man auch das Vertriebsrecht für das Berchtesgadener Salz erworben, so daß jetzt das ganze Salzwesen in der Hand des Herzogs war. Als einziger Konkurrent war Salzburg geblieben, aber auf die Salzach als einzigen Ausfuhrweg angewiesen, mußte sich das Erzstift immer wieder gütlich mit Bayern vergleichen. Erst mit dem selbstherrlichen Erzbischof Wolf Dietrich von Raitenau gab es ernste Irrungen. Zuletzt hob der Erzbischof die Salzausfuhr gänzlich auf, brach die alten Verträge über das bayerische Holzrecht in den Salzburger Bergwäldern, ja ließ sich sogar zum Einrücken ins Berchtesgadnische hinreißen (1611). Maximilian griff nun eisern zu: in einem schnellen Feldzug wurde das ganze Erzstift überrannt, der flüchtige Wolf Dietrich am Katschberg abgefangen und zur Abdankung gezwungen. Sein Nachfolger, Marx Sittich von Hohenems, mußte in einem neuen Vertrag dem Kurfürsten das alleinige Vertriebsrecht auf das Halleiner Salz einräumen. Aber Maximilian führte nicht nur diesen »Salzkrieg« mit Geschick zu Ende, er ließ sich auch von seinem Hofbaumeister Simon Reiffenstuel jene berühmte Soleleitung anlegen, die über sieben Brunnhäuser von Reichenhall nach Traunstein hinauslief. Der bayerische Salzhandel ging bald weit nach Böhmen und in die Schweiz hinein und konnte dem Wettbewerb des französischen und tirolischen Salzes mit Erfolg entgegentreten.

Daneben tat Maximilian alles, die Steuerkraft des Landes zu heben und suchte mit immer neuen Mandaten den Rückgang von Handel und Gewerbe aufzuhalten. Vor allem ging es um die Lode-

Anno 1616 den 23 Sep
tembris ist in Gott Ent
schlaffen Leonhart
Einfeltig gerecht vnd
schlecht Sinnes
Treu. Lieb vnnd
dem Gott genad
Amen

rer, die die Schafwolle aus dem Oberland zu grobem Tuch verarbeiteten und auf die Bozener Märkte lieferten. Der Herzog fühlte sich aber auch stark genug, den Bauern gegen die Willkür des Grundherrn zu schützen. Er setzte die Besitzveränderungsgebühr – das »Laudemium« – ein für allemal auf fünf Prozent vom Schätzwert der Grundgerechtigkeit fest, suchte die Wildschäden einzudämmen, ließ im schlechten Wachsjahr 1615 den Befehl ausgehen, daß jede Herrschaft ihren Untertanen mit Saatgetreide beizustehen habe; einen Bauernschinder wie den Augustin Lösch von Hilgertshausen entsetzte er einfach seiner Ämter und Würden und nahm ihm die Hofmarksgerechtigkeit weg.

Recht und Eigentum der Untertanen zu schützen, war wieder erste Staatsaufgabe geworden. Polizeimandate befahlen rücksichtsloses Durchgreifen: »Die gartenden Trossen, Stationierer und Gewalt übenden Soldaten sind von den Abwegen auf die offene Landstraße zu führen und an einem sichtbaren Baume ohne weiteres Malefizrecht aufzuhängen, wobei jedem sein Verbrechen auf einem pergamentenen Zettel auf die Brust zu heften ist.« 1616 kam das große Gesetzgebungswerk des »Codex Maximilianeus« heraus, der das gesamte bayerische Landrecht zusammenfaßte und revidierte, vor allem die Rechtseinheit zwischen Ober- und Niederbayern herstellte. Nach der Lex Baiuvariorum und dem Landrecht Kaiser Ludwigs war es das dritte allgemeine bayerische Rechtsbuch.

Hinter den vielen Mandaten, die tausendfältig ins Leben des gemeinen Mannes eingriffen, stand immer wieder die denkbar strengste katholische Haltung. Man führte an den Donnerstagen die Sakramentsprozession ein, forderte allen Untertanen den Beichtzettel ab, überwachte die Fastengebote und die Sonntagspflicht, schrieb den allgemeinen Gebrauch des Rosenkranzes vor. Die Beamten vom Hofrat bis herab zum letzten Drittelschreiber mußten jeden Tag in die Messe gehen, und zu den Donnerstagsprozessionen zogen selbst die Mitglieder der Münchener Kollegien mit brennenden Lichtern aus ihren Sitzungszimmern in die Kirche hinüber.

Eine straffe Sittenpolizei schritt gegen das »Heimgartengehen« wie gegen das »Gunkeln und Fensterln« energisch ein; das Tanzen war nur an Sonn- und Feiertagen erlaubt, und da winters nicht über vier Uhr und sommers nicht über fünf Uhr nachmittags hinaus. Und natürlich nur ein Tanzen ohne das »grobe Halsen, Drucken und Aufheben«! Ähnlich die Verordnungen übers Karten und Kegeln, Branntweintrinken und Zechemachen, Hochzeithalten und Kleidertragen. Man mag heute über die eine oder andere dieser Vorschriften lächeln, nicht zu bestreiten ist aber, daß ein hoher sittlicher Ernst diese Maßnahmen diktierte, die bei der sinnenfreudigen, festfrohen Art des Stammes selten ganz unberechtigt waren.

Überall wurden neue Klöster gegründet, und jetzt kamen auch die Paulaner nach München und die Unbeschuhten Karmeliten; die Englischen Fräulein erhielten im Paradeiserhaus an der Weinstraße eines ihrer ersten Institute überhaupt. Neben den Jesuiten förderte der Herzog vor allem die Kapuziner und baute ihnen das erste Kloster in Bayern. Blieb den Jesuiten immer die vornehm-kühle Hofleuteart, so wurden die Kapuziner mit ihren härenen Kutten und langen Bärten zum richtigen Volksorden. Sie machten draußen in den Ackerstädten und Bauernmärkten ihre bescheidenen Klösterchen auf; gaben gesuchte Beichtväter und polternde Prediger ab; kamen, den Bettelsack über dem Rücken, noch auf die letzte Einöde hinaus... Ganz bewußt suchte der Herzog wieder eine tragende katholische Atmosphäre zu schaffen. Der Name der Gottesmutter war dabei für Maximilian nicht nur Anfang und Ende, sondern geradezu ein Staatsprogramm. Knapp und klar hat er selber dafür die Formel geprägt: »Maria, Patrona Bavariae.«

Es liegt auf der Hand, daß ein Fürst vom Schlage Maximilians in einer so gegensatzreichen Zeit wie der seinen das Letzte tat, um die Wehrkraft des Landes auszubauen. Vor allem versuchte er es mit einer Reorganisation der bäuerlichen und bürgerlichen Landwehr, den sogenannten »Landfahnen«. Man hob ein eigenes Rüstgeld ein, um die nötigen Waffen bereitszustellen, und musterte den dreißigsten, zehnten, fünften oder dritten Mann zum Kriegsdienst aus. Jeden Sonntag nach dem Pfarrgottesdienst wurden dann die Leute mit Pike oder Muskete abgerichtet, wobei freilich den »Drillmeistern« das Zuschlagen und Sakramentieren streng untersagt war. Für die besten Schützen wurden Preise ausgesetzt, und wer auf dem Lande heiraten oder in der Stadt das Bürgerrecht erwerben wollte, mußte mit dem Gewehr umgehen können. Im Dreißigjährigen Krieg haben sich freilich diese Landfahnen nur in beschränktem Maße bewährt, und außer Lands war mit ihnen nicht viel anzufangen. Sie blieben, wie Maximilian selber meinte, doch ein »etwas eigenwilliges und stutziges« Volk, das bei »Unbescheidenheit« der Offiziere leicht zur Widerspenstigkeit neigte.

Die eigentliche Schlagkraft des Landes lag immer noch bei den Söldnerheeren und hing somit stark von den vollen Kriegskassen ab. Aber gerade die Soldtruppen des bayerischen Feldheeres – im Salzkrieg von 1611 sind sie zum erstenmal marschiert! – haben Großes geleistet. Nicht umsonst war es Maximilian gelungen, in Johann Tserclaes von Tilly einen Heerführer von Rang zu finden. Tilly stammte aus wallonischem Reichsadel und hatte sich in den niederländischen Feldzügen, die als hohe Schule des Kriegswesens galten, von der Pike auf emporgedient; in den Türkenkriegen war er kaiserlicher Feldmarschall geworden, 1609 aber ins bayerische Heer übergetreten. Und es muß wenig Menschen gegeben haben, die Maximilian so ähnlich waren wie sein neuer General: auch Tilly war Jesuitenzögling, ein schwärmerischer Verehrer der heiligen Jungfrau, ein Mann voll Treue gegen Kirche und Kaiser, dabei eisern im Willen, abgehärtet, sittenstreng, unerbittlich gegen sich wie gegen andere.

Überhaupt hat sich Maximilian im Krieg wie im Frieden eine Reihe bedeutender, tüchtiger und treuer Helfer gewonnen, zunächst vielfach Nichtbayern und Konvertiten, später mehr und mehr Einheimische. Da war etwa der Geheimsekretär Christoph Gewold, der gelehrte Oberpfälzer, der jahrzehntelang die ganze politische Korrespondenz führte und auch als Publizist und Historiker hervorgetreten ist; da haben wir den Hofratsvizekanzler Bartholomäus Richel, einen klugen, gewandten Diplomaten, der seine Laufbahn in eichstättischen Diensten begonnen hatte; da kommt der Hofratsvizepräsident Hans Christoph von Preysing, der Bayern auf zwei Dutzend Gesandtschaften vertrat und sich förmlich aufarbeitete im Dienst seines Landes.

Die Diener waren eben wie der Herr, Maximilian selber, in dessen unbeugsame Staatsarbeit nur von der Kunst und der Wissenschaft her ein paar freundliche Strahlen fallen. War schon beim jungen Erbprinzen das »Studierstübl« mit »Statuen und schenen Pildern« geziert, so griff sogar der Fürst noch gelegentlich zum Pinsel oder versuchte sich in seinem geliebten »Drehwerk«, der Elfenbeindrechselei. Oder man darf nur einmal das München um den großen Krieg ausloten: die fürstliche Residenz und die blühende Erzgießerschule, Candid und Krumpper, Balde und Bidermann, die großen Anregungen bayerischer Geschichtsforschung; Maximilian selber als ein Kenner und Sammler, der Ankäufe höchsten Ranges durchzusetzen verstand. Er knüpfte persönliche Beziehungen zu Peter Paul Rubens und gab dem Meister eine Folge großer Jagdstücke in Auftrag. In seiner Vorliebe für den herben Schnitt Dürerscher Gestalten erwarb er Bilder, wie die »Vier Apostel« oder die »Beweinung Christi« aus der Nürnberger Dominikanerkirche, den berühmten Paumgartner-Altar oder das Gebetbuch Kaiser Maximilians.

Auf den ersten Blick mag an Maximilian manches anders erscheinen, als man es sonst vom bayerischen Wesen gewöhnt ist. Aber gerade dieses Nebeneinander von unbeugsamer Willensstärke und haushälterischem Sinn, ernster Arbeit und tiefer Religiosität, heißer Liebe zu allerhand Künsten und steter Bereitschaft zum Sich-Wehren, ist ein einziges Gleichnis tüchtiger bayerischer Art. Und immer war es bei Maximilian ein Bayerntum, das die europäische Linie hielt und den kleinen bayerischen Staat ganz selbstverständlich neben die europäischen Großmächte setzen konnte. Unter ihm war die Münchener Residenz ein Schwerpunkt der katholischen Welt wie nur noch Rom oder der spanische Escorial.

Der große Krieg

Trotz seiner ausgeprägt katholischen Haltung, trotz seiner vollen Kassen und seiner unzweifelhaften Machtstellung, bewahrte Maximilian in der großen Politik eine auffallende Zurückhaltung. Höchstens, daß man einige Vorkehrungen gegen die Türken traf, sonst ging die innere Staatsarbeit vor. Nur zögernd und fast widerstrebend lenkte dann seit 1607 die bayerische Politik zu einem neuen Kurs hinüber. Es begann das Vorspiel des großen Krieges.

Den Anstoß gab die kleine schwäbische Reichsstadt Donauwörth mit ihren knapp viertausend Einwohnern. Hier, wo nach dem Augsburger Religionsfrieden beide Bekenntnisse gleichberechtigt nebeneinanderstanden, wollte nämlich die protestantische Mehrheit nach und nach alle Ratsstellen eintun und ihre altkirchlichen Mitbürger zur Stadt hinausdrängen; die Katholiken suchten dagegen Rückhalt beim Benediktinerkloster Heiligkreuz, das ganz getragen wurde vom Geist der Gegenreformation und der Dillinger Universität. Wie nun 1607 wieder eine katholische Bittprozession mit fliegenden Fahnen durch die Stadt zog, rottete sich ein Haufe protestantischer Bürger zusammen, fiel über die Prozession her und sprengte sie auseinander. Der Reichshofrat in Wien übertrug deshalb den Schutz der katholischen Bevölkerung dem Herzog Maximilian, und bei der Prozession im nächsten Jahr jagten dafür die Donauwörther auch die zwei bayerischen Kommissäre zur Stadt hinaus. Maximilian suchte die Sache gütlich beizulegen, aber als alle Bemühungen nichts fruchten wollten, präsentierte er die kaiserliche Achterklärung und rückte mit Truppenmacht vor die Stadt. Donauwörth mußte die Tore öffnen, und weil natürlich niemand die Kriegskosten ersetzen konnte, blieb die Stadt im bayerischen Pfandbesitz.

Dieser rasche Zugriff auf eine neugläubige Reichsstadt war Wasser auf die Mühlen jener protestantischen Bewegungspartei, die schon seit den Tagen Albrechts V. die Reichsverfassung zu sprengen suchte. Den Ton gab dabei weniger das Luthertum an als der politisch viel aktivere Kalvinismus, vor allem vertreten durch die Wittelsbacher von der Pfalz. So gelang es Christian von Anhalt, dem Statthalter der Oberpfalz und eigentlichen Leiter der pfälzischen Politik, das Bündnis der protestantischen Reichsstände zusammenzubringen: die »Union« von 1608, geschlossen im ehemaligen Kloster Ahausen an der Wörnitz. Es war der Gegenschlag auf Donauwörth.

Natürlich durfte auch ein katholisches Bündnis nicht ausbleiben, und bei der inneren Schwäche Österreichs mußte die Führung ganz von selber an Bayern fallen. Schon 1609 kam zwischen dem Herzog von Bayern und einigen Bischöfen und Reichsprälaten eine Vereinigung zustande, deren treibende Kraft nicht zuletzt der große Julius

Echter von Würzburg war. Das Jahr darauf traten mit Kurmainz auch die übrigen katholischen Reichsstände bei. Die »Liga« war gegründet. Hier der Herzog von Bayern als Bundesoberster der Liga, dort Kurfürst Friedrich V. von der Pfalz als Haupt der Union – das Haus Wittelsbach führte beide Lager.

Der Erbfolgestreit um die niederrheinischen Herzogtümer von Jülich und Cleve schien dann schon 1610 den Krieg zu bringen. Während nämlich der Kurfürst von Brandenburg und der Pfalzgraf von Neuburg als gemeinsame Erben auftraten, wollte der Kaiser die beiden Herzogtümer fürs Reich einziehen. Der Brandenburger und der Neuburger fanden dabei als Protestanten die Unterstützung der Union und des Königs von Frankreich; für den Kaiser aber stellte die Liga 20000 Mann ins Feld. Die Ermordung Heinrichs IV. von Frankreich und der Tod des Kurfürsten von der Pfalz hielten noch einmal die Waffen nieder. Dafür gerieten jetzt die beiden Erben aneinander, bis dann 1614 der Erbvergleich von Xanten die Länder endgültig aufteilte: der Brandenburger bekam Cleve mit Mark und Ravensberg, der Neuburger Jülich und Berg.

Aber gerade dieser Streit um das niederrheinische Erbe führte die Höfe von München und Neuburg eng zusammen; ohne die Hilfe des Münchener Vetters hätte sich ja der Neuburger nie durchsetzen können. Wolfgang Wilhelm, der älteste Sohn des Pfalzgrafen, trat sogar zum Katholizismus über und heiratete die Schwester Herzog Maximilians – ein Schritt, bei dem sich persönliche Überzeugung und politische Berechnung seltsam überkreuzen mochten. Für die katholische Seite eröffnete diese Konversion die weitesten Aussichten. Nicht nur, daß Jülich und Berg dem Katholizismus erhalten blieben, in Neuburg, Sulzbach und Hilpoltstein die Gegenreformation durchgeführt wurde: die katholischen Neuburger waren auch die nächsten Erben der pfälzischen Kurlande.

In den Jahren nach dem Xantener Erbvergleich wollten Kaiser Matthias und sein Kanzler Melchior Klesl noch einmal zwischen den Parteien vermitteln. Es kam darüber zur offenen Verstimmung zwischen München und Wien, und man war auf seiten der Union gleich bei der Hand, daraus Nutzen zu ziehen. Als es 1618 um die Nachfolge im Reich ging, suchten die Pfälzer sogar den Münchener Vetter als Kaiserkandidaten aufzustellen. Maximilian aber nahm das durchsichtige Manöver als das, was es war: als einen Versuch, die katholische Front aufzuspalten und die alte Reichsverfassung zu Tode zu reiten. »Den Rauch des Ruhmes sucht der Ehrgeiz, die große Seele spottet seiner«, soll er damals zitiert haben.

Schon gingen aber die Ereignisse über alle Verhandlungen hinweg. 1618 brach in Prag die Revolution aus, und die protestantisch gesinnten böhmischen Stände nahmen selber die Zügel in die Hand, ja, als im Jahr darauf Kaiser Matthias wirklich starb, schlossen die Böhmen den Nachfolger Ferdinand II. einfach von der Krone aus und wählten dafür den jungen Friedrich V. von der Pfalz. Schon standen böhmische Truppen vor Wien, neigten sich Ober- und Niederösterreich dem Aufstand zu, gärte es in Ungarn. Der habsburgische Donaustaat rang um seine Existenz. Wohl schienen sich einer nur-bayerischen Machtpolitik ungeahnte Möglichkeiten zu bieten, aber den Ausschlag für Maximilian gab nicht der persönliche Vorteil, sondern das Gefühl für die Pflicht. Für ihn ging es um den deutschen Katholizismus und um das Reich. Im Herbst 1619 schlossen Maximilian und Ferdinand II. den Vertrag von München: für Ferdinand die bayerische Waffenhilfe, für Maximilian der unbeschränkte Oberbefehl über das ligistische Heer und das Versprechen des Kaisers, alle Kriegskosten und etwaigen Landverluste voll zu ersetzen; eine mündliche Abmachung sicherte dem Herzog die Pfälzer Kurwürde zu. Man hatte wieder die Lage von 1546!

Großartig dann, wie Maximilian den Schlag gegen Böhmen vorbereitete. Nicht genug damit, daß er den Pfälzer völlig isolierte, sicherte er sich auch den Rückhalt an Frankreich und der Kurie und brachte gegen die Unterpfalz eine ganze spanische Armee in Marsch. Im Sommer 1620 stand dann auch Tilly mit 30000 Mann in Oberösterreich und führte zusammen mit den Kaiserlichen den Stoß nach Böhmen hinein. Am 8. November kam es zu der berühmten Schlacht am Weißen Berg bei Prag, wo in einer Stunde der ganze böhmisch-pfälzische Machttraum zusammenbrach. Während Maximilian als Sieger in Prag einzog, mußte der Winterkönig Friedrich V. nach Holland fliehen, und der Kaiser schickte ihm die Reichsacht hinterher. Die Union brach unter dem Eindruck der böhmischen Niederlage in der Mitte auseinander, und nur in den pfälzischen Erblanden hielten der Graf von Mansfeld, der Markgraf von Baden und der »Tolle Christian« von Braunschweig noch Truppen unter Waffen.

So mußte sich mit dem Jahre 1621 der Krieg fast zwangsläufig von Böhmen ins Reich hinüberspielen, denn für Maximilian galt es, dem Gegner die letzten Waffen aus der Hand zu schlagen. Tilly drängte den Mansfelder fast kampflos aus der Oberpfalz hinaus, und im nächsten Jahr warf er, zusammen mit den Spaniern, auch den Widerstand in der Rheinpfalz nieder. Am 19. September 1622 fiel Heidelberg. Ein Versuch des tollen Christian, am Niederrhein nochmals Boden zu gewinnen, wurde 1623 durch einen raschen Schlag bei Stadtlohn zunichte gemacht.

War Oberösterreich schon seit 1620 als Pfand für die Kriegskosten in bayerischer Hand, so kamen jetzt auch die Oberpfalz und die rechtsrheinische Unterpfalz in bayerische Verwaltung, und es war nur die Bestätigung einer tatsächlichen Machtstellung, wenn Maximilian auf dem Regensburger Deputationstag von 1623 mit der Pfälzer Kurwürde belehnt wurde. Einige Vorbehalte, die der Kaiser dabei machte, sollten lediglich das Widerstreben von Kursachsen und Brandenburg einschläfern. Nach drei kampferfüllten Jahren schien ein Augenblick des ruhigen Aufatmens gekommen.

Aber dieser böhmisch-pfälzische Krieg war kaum mehr gewesen als eine bloße Episode, denn das Bündnis mit dem Kaiser zog Bayern und die Liga ganz von selber in die europäischen Auseinandersetzungen des Hauses Habsburg hinein. Daß 1620 der General Spinola von den spanischen Niederlanden aus in die linksrheinische Pfalz eingerückt war, 1622 die Spanier auch die Alpenpässe im Engadin und Veltlin besetzt hatten, mußte auf Frankreich wie ein Alarmschuß wirken, und der Kardinal Richelieu ließ kein Mittel unversucht, um halb Europa gegen Habsburg aufzuwiegeln. Und wie Frankreich machte es König Jakob von England, der Schwiegervater des Winterkönigs. Das Äußerste an Verhetzung und Kriegstreiberei leistete aber die pfälzische Exilregierung selber, die von Kopenhagen bis Venedig, von Paris bis Konstantinopel nach Bundesgenossen suchte.

Auf diesem schwanken Boden tat Maximilian alles, den Sturm zu beschwören und drängte auf eine klare Scheidung der Reichsangelegenheiten von den spanisch-habsburgischen Belangen. Trotzdem nahmen 1625 die pfälzischen Wunschträume greifbare Gestalt an. Den Ansatzpunkt bot die Unzufriedenheit im niedersächsischen Reichskreis, wo seit der Schlacht von Stadtlohn immer noch die ligistischen Regimenter im Quartier lagen. So gelang es den vereinten Bemühungen Englands, Frankreichs und Hollands, den König Christian von Dänemark und die niedersächsischen Kreisstände zum Losschlagen zu bringen; dazu sollte noch der Graf von Mansfeld kommen, während der Fürst Bethlen Gábor von Siebenbürgen gegen Ungarn vorgehen wollte. In Oberösterreich standen ohnedies die lutherischen Bauern in vollem Aufruhr.

Aufgefangene Briefe und Berichte aus Paris erhellten dem bayerischen Kurfürsten blitzartig den ganzen Ernst der Lage, und Maximilian suchte den letzten Mann für den Entscheidungskampf freizumachen. Vor allem verlangte er, daß auch der Kaiser eine Truppe ins Feld stelle. Ferdinand II. wußte aber bei seinen ewigen Geldverlegenheiten weder aus noch ein. Schließlich nahm er das Angebot eines böhmischen Edelmannes an, der sich bereit erklärt hatte, gegen die Gewährung des Oberbefehls eine ganze Armee auf die Beine zu bringen. Die große Stunde Albrechts von Wallenstein hatte geschlagen.

Als dann im Frühjahr 1626 Wallenstein wirklich mit 30000 Mann in den niedersächsischen Reichskreis einrückte, fehlte es schon vom ersten Tag an zwischen ihm und Tilly am guten Einvernehmen. Trotzdem glückten große Schläge. Während Wallenstein den Mansfelder niederkämpfte, konnte Tilly bei Lutter am Barenberg den Dänenkönig zur Schlacht zwingen. Der Widerstand der niedersächsischen Kreisstände brach zusammen, und Kaiserliche und Ligisten stießen tief nach Jütland hinein. 1629 machte Dänemark Frieden. Der deutsche Protestantismus lag am Boden wie nach dem Schmalkaldischen Krieg, und der alte Tilly galt als der größte Feldherr seiner Zeit.

Gleichzeitig mit dem niedersächsisch-dänischen Kriege hatten sich auch die Bauern Oberösterreichs erhoben, und selten ist unnachgiebiger Baiwarentrotz so aufeinandergeprallt wie in diesem verspäteten Bauernkrieg. Der Generalwachtmeister von Pappenheim konnte den Aufstand zwar niederwerfen, aber Maximilian hatte an seinem oberösterreichischen Pfandbesitz alle Freude verloren. Im Vertrag von 1628 stellte er das Land dem Kaiser zurück und ließ sich dafür die Oberpfalz als eigenes Fürstentum übertragen. Und waren schon seit 1621 die Jesuiten und Kapuziner in die Oberpfalz geschickt worden, so wurde jetzt im ganzen Fürstentum die Gegenreformation mit aller Härte durchgedrückt. Widerstand erhob sich nur beim Adel und beim wohlhabenden Amberger Bürgertum, die breiten bäuerlichen Massen dagegen ließen sich ohne weiteres katholisch machen. Krieg und Quartierlasten, die Pfälzer Herrschaft mit ihrem religiösen Druck und ihrem Hin- und Herspringen zwischen Luthertum und Kalvinismus hatten die Widerstandskraft des Landes längst gebrochen.

Aber die Lage von 1628 war nicht mehr dieselbe wie nach den ersten Siegen. Neben den Ligisten und ihrem Einsatzwillen für Kirche und Reichsverfassung stand Wallenstein mit seinen selbstherrlichen Plänen und seinem nackten Ehrgeiz. Auch der Kaiser konnte nun mit Wallensteins 80000 Mann im Feld den Ligisten leicht die kalte Schulter zeigen, und Maximilian hatte das Gefühl, daß man ihm die Zügel mehr und mehr aus den Händen wand. Dabei erfuhr man auch in München durch Zwischenträger und Kapuzinerrelationen, wie es Wallenstein letztlich nur darum ging, den Fürsten und Kurfürsten das »Gasthütl« abzuziehen und den Kaiser zum alleinigen Herrn im Reich zu machen. »Ich habe es mit Händen gegriffen, daß der Friedländer und andere den Gedanken an eine Entwaffnung der Liga nähren«, versicherte ein Berichterstatter aus Wien. Und zum Mißtrauen gegen Wallenstein kam noch die Furcht, durch die Hofpraktiken von Madrid und Wien in einen großen »Universalkrieg« hineingezogen zu werden. Wenn der niederländische Krieg wieder aufflackerte, Graubünden zum Spielball zwischen den Mächten wurde, Spanien und Frankreich um die Erbfolge in Mantua bis aufs Messer kämpften, ging es nicht mehr um das Interesse des Reiches, sondern um die Vorherrschaft in Europa und über den Meeren.

Die klare Quersumme dieser Lage zog der Regensburger Kurfürstentag vom Sommer 1630, wo sich Maximilian eindeutig an die Spitze der deutschen Fürstenopposition stellte. Ein enges Zusammengehen zwischen Bayern und Frankreich ergab sich dabei von selbst, und der Kardinal Richelieu wußte recht wohl, warum er eigens den Pater Joseph nach Regensburg geschickt hatte. Um Maximilian nicht ganz in die Hände Frankreichs zu treiben, blieb dem Kaiser nur der Rückzug. Wallenstein wurde gestürzt, die kaiserliche Armee Tilly unterstellt, jede Einmischung in den Mantuanischen Erbfolgestreit hintangehalten. Bezeichnend, wie der pfälzische Gesandte in seinem Bericht anmerkt, der Kaiser und seine Räte hätten zu Maximilian wie zu ihrem Herrn aufgeschaut. »Ja, ich hätte«, schloß er, »nie gedacht, daß dieser Fürst so geachtet, geschätzt, geehrt und nicht ohne bange Furcht von allen verehrt wird.«

Und doch begann die Machtstellung Maximilians bereits zu wanken und neigte sich der beispiellose Siegeszug des bayerisch-ligistischen Heeres seinem Ende zu. War schon das »Restitutionsedikt« von 1629, das eine Reihe säkularisierter norddeutscher Bistümer und Abteien wiederherstellen wollte, nur angetan, den Widerstand der Protestanten von neuem anzufeuern, so fiel jetzt mit Wallenstein der einzige Mann, der in seiner rücksichtslosen Härte das Edikt hätte durchführen können. Und schon gingen in Pommern die Schweden an Land, um unter ihrem König Gustav Adolf in den deutschen Krieg einzugreifen. Mit seinem straffen Volksheer und der schöpferischen Genialität seiner Heerführung hatte Gustav Adolf von vornherein den Vorsprung; dazu drückte er auf Brandenburg und Sachsen, um die beiden Kurfürsten zum Anschluß zu bewegen.

Immerhin hatte bis zum Frühjahr 1631 auch Tilly seine Truppen zusammengezogen und warf sich nun auf das feste Magdeburg, das im tollen Gewaltsturm genommen wurde, noch ehe Gustav Adolf den Entsatz heranbringen konnte. Inmitten der greuelvollen Szenen von Plünderung und Sturm ließ der schwedische Kommandant die Stadt anzünden, so daß sie bis auf den Dom und etliche Fischerhütten niederbrannte. Die eigentliche Entscheidung des Feldzuges aber fiel im Herbst mit der Schlacht von Breitenfeld, die mit der

Katastrophe des ligistischen Heeres endete. Tilly selber konnte gerade noch von seinen treuen Wallonen aus dem Getümmel herausgehauen werden...

Nach Breitenfeld begann der schwedische Vorstoß nach Süddeutschland. Gerade um die Zeit der Weinlese fiel Würzburg in Feindeshand, und Gustav Adolf zog die »Pfaffengasse« des Mains hinunter und ging für den Winter nach Mainz. Als mit dem Frühjahr 1632 der Großangriff auf die bayerischen Kurlande begann, war die Lage verzweifelt: Tilly hatte seit Breitenfeld Selbstvertrauen und Spannkraft verloren, und die schnell zusammengeraffte Feldarmee war durchwegs junge Mannschaft; Wallenstein aber, der seit dem Winter wieder kaiserlicher Generalissimus war, blieb mit seiner ganzen Armee untätig in Böhmen liegen und hielt den Kurfürsten mit leeren Versprechungen hin. So wagte Gustav Adolf am 15. April 1632 beim Städtchen Rain tollkühn den Übergang über den Lech, und Tilly holte sich beim Gegenstoß nur die Todeswunde. Noch in der Nacht trat der Kurfürst den Rückmarsch auf Ingolstadt an. Als draußen vor den Mauern bereits das Belagerungsgeschütz spielte und die Schweden überall gegen die Basteien anrannten, ist Tilly in Ingolstadt gestorben.

Ingolstadt aber schlug alle Stürme ab, während der Kurfürst sich ins feste Regensburg warf, um wenigstens diese wichtige Stadt zu halten und Wallenstein näher zu sein. Das Land selber lag dem Feind offen, und am 17. Mai ritten Gustav Adolf und der pfälzische Winterkönig in München ein. Der Stadt wurde eine Kontribution von 300000 Reichstalern auferlegt, dafür blieben Leben und Eigentum verschont; um so ärger hausten die Schweden draußen auf den Dörfern, und in der Hallertau stand meilenweit das ganze Land verheert. »Was aber das arme Bayerland belangt, würden Eurer Liebden es nit mehr kennen und ohne Mitleiden mit ansehen khinnen; dergleichen Krudelität ist in diesem Krieg nit erhört worden ...«, schreibt Maximilian an seinen Bruder in Köln.

Erst als sich die Geheimverhandlungen mit Sachsen endgültig zerschlagen hatten, brach Wallenstein im Juni nach der Oberpfalz auf. Bezeichnend für die Selbstzucht Maximilians, wie er sich jetzt ohne ein Wort mit seiner ganzen Armee dem Generalissimus unterstellte und alle Launen des Friedländers mit Ruhe hinnahm. Bei Nürnberg lagen Kaiserliche und Ligisten monatelang den Schweden gegenüber, ohne daß Wallenstein eine Entscheidung suchte. Erst als sich die Armeen wieder trennten und Wallenstein nach Sachsen abzog, konnten ihm die Schweden die Schlacht von Lützen aufnötigen: hier fand Gustav Adolf im Kampf mit den Pappenheimern den Tod.

Aber schon das nächste Jahr zeigte, daß man die Auswirkungen von Lützen nicht überschätzen durfte. Der schwedische Kanzler Axel Oxenstjerna – der »Ochsenstern«, wie er im bayerischen Volksmund hieß – führte das politische Erbe Gustav Adolfs unbeirrbar weiter, und wieder lag der Krieg in seiner ganzen Schwere auf den bayerischen Kurlanden, wo nun Bernhard von Weimar und der General Horn vom Lech bis in den Gäuboden hineinstürmten. Wallenstein trieb mit dem Kurfürsten wieder das hohnvolle Spiel von 1632, ja dem General Aldringer, der mit einem starken Korps in Bayern lag, gab er den förmlichen Befehl zur Untätigkeit: »Sich auf Defensive beschränken, nichts hazardieren und nichts wagen!« Selbst als Regensburg verlorenging, rührte der Generalissimus keinen Finger.

Der Winter 1633/34 war der absolute Tiefstand: schwedische Streifzüge durch die Oberpfalz und den Bayerischen Wald, die eigenen Bauern wegen der Quartierbedrückung in offener Empörung, die Kassen alle leer. Dazu durchschaute Maximilian das Doppelspiel Wallensteins immer mehr, und die Beweise verdichteten sich, daß der Friedländer schon seit Beginn des Schwedenkrieges mit dem Feind in Verbindung stand. In ruhiger Sachlichkeit, aber entschieden, drängte jetzt der bayerische Gesandte in Wien auf den Sturz des Generalissimus. Als der Kaiser am Verrat des Friedländers kaum mehr zweifeln konnte, griff auch die Wiener Hofburg das dunkle Spiel der Ränke und Intrigen auf: Wallenstein, der Mann der schwindelnd kühnen Pläne und der halben Taten, wurde im Februar 1634 zu Eger ermordet.

Tatsächlich war es, als ob der Tod Wallensteins die gemeinsamen Operationen von Bleigewichten befreit hätte. Regensburg wurde zurückerobert. Über Tirol marschierte eine spanische Hilfsarmee an

– 15 000 Mann, die den Auftrag hatten, den Kardinal-Infanten Don Fernando als neuen Statthalter der Niederlande nach Brüssel zu bringen. Am 2. September 1634 vereinigten sich die Heere auf den Höhen über der belagerten evangelischen Reichsstadt Nördlingen. Als General Horn und Bernhard von Weimar endlich die Entsatzschlacht wagten, war es für sie zu spät. Die Spanier hielten allen Sturmläufen stand, und der Gegenstoß der ligistischen Reiterei warf die Schweden völlig über den Haufen. Wieder lag Oberdeutschland bis zum Rhein widerstandslos vor dem kaiserlich-ligistischen Heer, und der Krieg schien zu Ende. 1635 der Friede von Prag, der mit Ausnahme von Hessen-Kassel alle deutschen Fürsten zusammenschloß, katholische wie evangelische.

Aber das Reich war nur noch das Exerzierfeld der europäischen Großmächte, und Richelieu hielt es jetzt für gut, den Schweden offen beizuspringen. 1635 erklärte er dem Kaiser den Krieg. Für ein volles Jahrzehnt kämpfte jetzt Maximilian am Rhein, und für die »Bayerische Reichsarmada« brach noch einmal eine heroische Zeit an. Jan von Werth trug mit dem verwegenen Reiterstoß von 1636 die Offensive bis unter die Tore von Paris, und im Lothringer Franz von Mercy fand Maximilian einen Heerführer, der an Tilly heranreichte. Die Jahre seit 1634 brachten jene klassischen Feldzüge, die sich bei Grimmelshausen im »Simplicissimus« wiederspiegeln; dabei standen auf französischer Seite Gegner wie Turenne und der große Condé. Erst Mercys Tod in der Schlacht von Alerheim bei Nördlingen brachte den Wendepunkt, und 1646 begannen Schweden und Franzosen den Vorstoß gegen Kurbayern selber. »Seind etliche Städt, Märkt, Klöster, Kirchen, Gschlösser und Dörfer in Aschen gelegt, die Leut erbärmlich gemartert, die Klosterfrauen und geistlichen Herren schändlich behandelt worden, also daß viele sich in die Wildnus, Möser und Höhlen verschloffen und erbärmlich umkommen... Weilen halt der Winter vorhanden, ist die Flucht desto elender gewesen. Sind viel Personen, sonderlich die Kinder, erfroren, erhungert und erbärmlich umkommen«, schrieb sich die Äbtissin von Frauenchiemsee ins Tagebuch. Dabei hatte man es noch der diplomatischen Rücksichtnahme Turennes zu verdanken, daß der Feind an der Isar haltmachte.

Längst war man ja des ewigen Krieges müde geworden, und schon auf dem Regensburger Reichstag von 1640 hatte Maximilian den Frieden gefordert. Die Verbindung mit Frankreich war daneben, bei aller Rücksicht auf Kaiser und Reich, nie mehr abgerissen, und schon vor Alerheim hatte der Kurfürst selber den Pater Vervaux als Sondergesandten nach Paris geschickt. Nach zehn Jahren eines rastlosen Kampfes um die Westgrenze war Maximilian in nüchterner Erkenntnis der Lage bereit, auch auf die französischen Rheinpläne einzugehen. Immer wieder aber durchkreuzte die spanische Partei am Wiener Hof das Friedenswerk. Ein trostloser Winter 1646/47: der Feind im Land, die eigenen Generale unfähig, der Kaiser in der Hand der Kriegspartei. Nördlich der Donau lagen die kaiserlichen Regimenter im Winterquartier, und was hier die Soldateska allein im Amt Viechtach an Greueln verübte, gehört zum Entsetzlichsten, was die endlosen Blätter der Kriegsleiden erzählen können. Der »schwedische Trunk«, mit dem man die Leute zu Tode quälte; Ohrenabschneiden und »Mäulerschlitzen«; Bauern, die man totprügelte oder mit zusammengedrehten Stricken bis aufs Blut »raitelte«...

Der Kurfürst suchte den einzigen Weg, der noch gangbar schien: mit dem Ulmer Vertrag vom Frühjahr 1647 schlossen Bayern und Kurköln auf sechs Monate Waffenstillstand, um dadurch die allgemeinen Friedensverhandlungen voranzutreiben. Es war eine Atempause. Aber zwischen Frankreich und Habsburg gekeilt, war die bayerische Neutralität auf die Dauer nicht zu behaupten, und wenn man sich die Schweden vom Leib halten wollte, mußte man direkt ins französische Lager hinüberschwenken. Keine Rede davon, daß durch Neutralität das Friedenswerk zu fördern war.

Maximilian kündigte den Waffenstillstand und trat für den Feldzug von 1648 auf die kaiserliche Seite zurück. Man holte sich aber nur die neue Niederlage von Zusmarshausen, und es gab einen letzten wütenden Einfall von Schweden und Franzosen. Der wilde Beutezug fegte durchs ganze Gebiet zwischen Isar und Inn, suchte auch das Rottal schrecklich heim. Doch die Innlinie konnte gehalten werden, und als die Bayern und Kaiserlichen zum Gegenstoß ansetzten, drängten sie den Feind schrittweise zum Land hinaus. Jan von Werths Reiterüberfall auf Wrangels Jagdpartie im Dachauer Moos war die letzte Waffentat des großen Krieges. Drei Wochen später erscholl zu Münster und Osnabrück »das Fried- und Freudenwort«.

Der Friede von 1648 war nicht das Werk der Unentwegten auf beiden Seiten, sondern ein Kompromiß, den die ruhige Vernunft einfach erzwang. Gerade Maximilian, der den letzten Mann und Gulden für den Sieg der katholischen Sache hingegeben hatte, war der rückhaltlose Vertreter des ehrlichen Ausgleichs. Er ging energisch gegen die »Extremisten« unter den Dillinger Jesuiten vor, und seine Antwort auf den päpstlichen Protest gegen Münster und Osnabrück war voll schroffer Geradheit. Es sei besser, zu retten, was sich noch retten ließe, als mit augenscheinlicher Gefahr dem Verlorenen nachzujagen. Er, Maximilian, habe – dafür sei Gott sein Zeuge – das Menschenmögliche getan: wären diejenigen, die zum Schutze der Religion zuvörderst berufen seien, vom gleichen Eifer beseelt gewesen, würden die Dinge jetzt anders stehen ...

Die Bestätigung der Oberpfalz und der Kurwürde mag vielleicht, gemessen an den ungeheuren Opfern, als karger Gewinn erscheinen. Aber mit dem rückhaltlosen Einsatz dieser dreißig Jahre hatte Maximilian nicht nur den deutschen Katholizismus und die Reichsverfassung gerettet, sondern auch von Westfalen bis Franken die geistlichen Fürstentümer vor der Vernichtung bewahrt. Es war eine Tat, deren Rückwirkung auf die deutsche Kulturentwicklung wir nicht einmal annähernd abschätzen können!

Freilich, jetzt nach 1648 blieben für Maximilian kaum ein paar Jahre, um die ärgsten Wunden zu schließen. Immerhin ging Bayern durch die Finanzpflege des Kurfürsten als einziger deutscher Staat ohne Schulden aus dem langen Krieg hervor; die fünfeinhalb Millionen für den Friedensschluß und das Abdanken der Truppen waren schon nach drei Jahren wieder herinnen, und es begann der wohldurchdachte Wiederaufbau des zerstörten Landes. Für den Kurfürsten gab es ja bis zum letzten Atemzug nur die Arbeit und die Pflicht: »Aliis lucendo consumor!«

Im naßkalten Herbst des Jahres 1651 ließ dann Maximilian noch einmal einspannen, um Ingolstadt zu besuchen – die Studentenstadt seiner Jugendjahre, die Festung, die kein Feind hatte nehmen können. Auf der Wallfahrt zum nahen Bettbrunn hat sich dabei der alte Mann in der zugigen Kirche die tödliche Krankheit geholt, und am 27. September 1651, in der Morgenfrühe gegen halb vier Uhr, ist er im Ingolstädter Schloß gestorben, bereit und still wie einer, dem der Tod die letzte Erfüllung ist und nicht das große Vielleicht. Mit seinen 79 Jahren war er der einzige deutsche Fürst gewesen, der den großen Krieg vom Anfang bis zum Ende durchgekämpft hatte. Unter den bayerischen Wittelsbachern weitaus die markanteste Persönlichkeit, gehörte Kurfürst Maximilian zu den größten Herrschergestalten seiner Zeit. Sein geistiges und politisches Erbe aber ist für den bayerischen Staat bis weit ins 18. Jahrhundert hinein bestimmend geblieben.

SECHSTES BUCH

Das barocke Bayern

22. KAPITEL

NACH DEM DREISSIGJÄHRIGEN KRIEG

Die neuere Forschung hat wohl zu Recht die billige Redensart von der kulturzerstörenden Wirkung des Dreißigjährigen Krieges als Legende bezeichnet. Diese dreißig langen Jahre waren ja nicht ein einziger großer Krieg gewesen, sondern mehr eine Folge einzelner Kriege und Feldzüge, die wechselweise alle Länder des Reiches erfüllt hatten. Für Bayern waren die Jahre 1632/34, 1646 und 1648 am schlimmsten gewesen, aber auch hier waren das Innviertel und der Rupertiwinkel vom Feind verschont geblieben. Weniger durch Krieg und Mord als durch Hunger und Pest war allerorts die Bevölkerungszahl stark zurückgegangen, und es ist kein Zufall, wenn gerade im leidgeprüften Regensburg 1637 erstmals jene wehmütig-dunkle Melodie aufgeklungen ist, die seither nimmer vergessen werden konnte: »Es ist ein Schnitter, der heißt Tod, hat Gewalt vom großen Gott...« Trotzdem soll man die Zahlen nicht zu hoch greifen, und vielleicht kann gerade München das Durchschnittsbeispiel abgeben: 22 000 Einwohner hatte die Stadt um 1620 gehabt, 16 000 waren es noch um 1650.

Freilich, auch in Bayern standen von den nicht ganz 5000 Städten und Flecken des Landes an die 900 völlig ausgeplündert und bis auf den Grund niedergebrannt. Und überall fehlte es an Geld und Arbeitskräften, auch an Schaffensfreude und Mut zum Anpacken. Dazu kam eine unglaubliche Verwilderung der Sitten, ein Sich-Anklammern an derben Lebensgenuß, ans »Fressen, Saufen und Bankettieren«. In der Oberpfalz waren von den gut hundert Eisenhämmern noch rund vierzig in Tätigkeit; das Münchener Kunsthandwerk, das in den Tagen der Candid und Krumpper europäischen Ruf besessen hatte, lag genauso darnieder wie die Tuchmacherei und das Lodererhandwerk. Selbst die Universität in Ingolstadt zählte nur noch siebzehn Hörer und sollte sich von den Schlägen des Krieges nie mehr erholen. »Schulden und staubige Akten«, das war oft das einzige, was den Städten und Märkten verblieben war.

Die eigentlichen Verheerungen durch Krieg und Brand aber hatte zuvörderst das flache Land zu tragen: es war die Zeit der verödeten und abgemeierten Güter, wo man sich um 20 oder 50 Gulden einen ganzen Bauernhof kaufen konnte; Dienstboten waren kaum aufzutreiben, und um wieder anbauen zu können, blieb man auf den frischen Zustrom aus dem bayerischen Oberland, aus Tirol und Österreich angewiesen. Aus dem Land ob der Enns wanderten die protestantischen Bauern sogar truppweise ins Fürstentum Öttingen und in die weithin verödete Markgrafschaft Ansbach ein – eine Welle von rund 150000 »Exulanten«, die das Volkstum Mittelfrankens entscheidend beeinflußt hat. Doch es wäre gemeinplätzig, hier all jene Einzelheiten herzuzählen, die man ohnedies in jeder Ortschronik finden kann. Halten wir nur fest, daß Altbayern die Hofzahl von 1616 noch 1760 nicht wieder erreicht hatte oder daß man den Spuren des Dreißigjährigen Krieges noch in den Briefprotokollen des 18. Jahrhunderts begegnet.

Dabei erschien die Lage des Edelmannes um keinen Deut besser. Es war für ihn als Grundherrn einfach unmöglich, von seinen völlig verarmten Bauern die üblichen Stiften, Gilten und Laudemien hereinzubekommen, so daß die wichtigste Einnahmequelle rundweg ausfiel. Es blieb aber der anerzogene Hang zur Großtuerei und der Zwang zur standesgemäßen Repräsentation. So waren bald jede Hofmark und jeder Edelsitz mit Schulden überladen und die Vergantungen waren an der Tagesordnung. Ein Frondieren des Adels blieb damit in Altbayern von vornherein ausgeschlossen. Im Gegenteil, man drängte sich um Hofämter und Sinekuren, und es bestärkte sich damit jener Zug in der bayerischen Verwaltung, der am Ende des 18. Jahrhunderts die Kritik der Aufklärer geradezu herausfordern mußte: fast sämtliche Pfleggerichte waren als sogenannte »Haupt- oder Gnadenpflegen« dem Hofadel überwiesen, der seinerseits wieder die eigentlichen Amtsgeschäfte schlecht bezahlten »Pflegskommissären« überließ. Wenn dabei etwa die Gräfin Martinitz »ihr« Pfleggericht Kling auf der Landkarte hätte suchen müssen, hätte sie es wohl kaum gefunden.

Einzig dem Prälatenstand war trotz des Krieges eine gewisse Wirtschaftskraft verblieben. Gewiß hatten auch die Klöster schwer gelitten, hatten die Schweden gerade Kirchen und Abteien niedergebrannt oder ausgeplündert; von einzelnen Ordensleuten, die man viehisch ermordet hatte, erzählt fast jede Klosterchronik. Aber nun erholten sich die Klöster doch schneller. Ihr Grundbesitz war ausgedehnter, ihre Wirtschaftstradition steter und gefestigter. Die Jahre nach dem Dreißigjährigen Krieg waren auch die Zeit der eisernen Prälatennaturen, die als knauserige Haushälter und tüchtige Wirtschafter bald wieder Kapital in Händen hatten und bei den Vergantungen eine Hofmark um die andere einsteigerten. Wenn wir dem Kanzler Schmid – der freilich hier genauso Partei ist wie die Prälaten selber – glauben dürfen, kamen allein in diesem 17. Jahrhundert bei 70 Adelshofmarken an die »tote Hand«. So zeichnen sich auch in der Wirtschaftsentwicklung bereits die Hauptträger der werdenden Barockkultur ab. Ja, im windstillen Bereich des bayerischen Südostens hatten sich noch während des Krieges Ansätze zum Neuen herausgebildet: Erzbischof Paris von Lodron hatte bis 1634 am Salzburger Dom weitergebaut, hatte vor allem 1623, von den bayerischen, österreichischen und schwäbischen Abteien tatkräftig unterstützt, seine Benediktiner-Universität feierlich eröffnen können. 1641 war die Salzburger Benediktiner-Kongregation gegründet worden, die auch ins Kurbayerische ausgriff.

Bayerns innere Verhältnisse nach dem großen Krieg waren nur zu begreiflich. Maximilian hatte mit seinem kleinen Kurstaat durch dreißig bewegte Jahre eine europäische Stellung gehalten – eine Stellung, die, trotz Breitenfeld, nicht zuletzt auf der Schlagkraft der Armee beruht hatte. Von den 55 Millionen Gulden, die man für die ligistischen Truppen und die »Bayerische Reichsarmada« verausgabt hatte, waren gute 38 Millionen von Bayern allein aufgebracht worden. Was Wunder, daß jetzt das Land am Ende seiner Kräfte stand und man die Armee bis auf etliche Mann abdanken mußte. Und doch ging der Krieg zwischen Spanien und Frankreich nochmals zehn Jahre weiter, und, eingekeilt zwischen Bourbon und Habsburg, blieb Bayern keine andere Wahl, als dauernd zwischen den europäischen Kraftfeldern zu lavieren, um wenigstens die Erwerbungen von 1648 zu behaupten. Von hier aus wird man auch die konsequente, nur-bayerische Friedenspolitik eines Ferdinand Maria verstehen können. Doch bei einer Überschau der Ergebnisse des

Dreißigjährigen Krieges darf man auch jenes andere nicht vergessen, das freilich weit außerhalb aller dürren Pragmatik liegt: gerade das Leid eines schreckerfüllten, märtyrerreichen Religionskrieges hatte das Land innerlich geläutert und für das Werden der bayerischen Barockkultur die geistigen Grundlagen geschaffen.

23. KAPITEL

DIE BAYERISCHEN KURFÜRSTEN

Der Friedensfreund

Kurfürst Ferdinand Maria, der Sohn aus Maximilians zweiter Ehe mit der Habsburgerin Marianne, schlug eigentlich mehr dem Großvater nach als dem Vater. Er war weich, träumerisch, fromm, nicht unbegabt, doch mehr der Muße zugeneigt als den Staatsgeschäften. Seit 1652 war er mit Henriette Adelheid vermählt, der Tochter des Herzogs Viktor Amadeus von Savoyen, die, lebenslustig und geistvoll, als eine der schönsten Frauen ihrer Zeit gelten durfte. Für den erst fünfzehnjährigen Kurfürsten führte zunächst die Mutter zusammen mit den fünf höchsten Staatsbeamten die Regentschaft, aber auch nach seiner Mündigkeitserklärung (1654) blieb Ferdinand Maria stark von den Räten abhängig.

Hatte schon die Regentschaft ausgesprochen österreichfreundliche Züge gezeigt, so steuerte der junge Kurfürst den gleichen Kurs weiter, vor allem beeinflußt vom Geheimen Rat und späteren Kanzler Johann Georg Öxl. In dem scharfen Tauziehen, das nach dem Tode Kaiser Ferdinands III. zwischen Mazarin und den Habsburgern einsetzte, war diese bayerische Haltung von größtem Gewicht. Frankreich und Schweden wollten Ferdinand Maria unbedingt zur Annahme der Kaiserkrone bewegen, um damit Österreich aus dem Reich hinauszudrängen. Nach kurzem Schwanken trat aber Ferdinand Maria eindeutig auf die habsburgische Seite, nicht nur um den Frieden zu wahren, sondern auch um sich für seine Auseinandersetzung mit dem pfälzischen Vetter die Hilfe des Kaisers zu sichern. Schon seit dem Westfälischen Frieden führten ja die beiden wittelsbachischen Linien einen äußerst temperamentvollen Streit um das Reichsvikariat für die Rheinlande und die oberdeutschen Reichskreise: ob nämlich das Recht, während des Interregnums hier die Reichsgeschäfte zu verwalten, zu der an Bayern gefallenen Pfälzer Kurwürde gehöre oder zum rheinischen Pfalzgrafenamt.

Aber nach der Kaiserwahl war Wien für nichts mehr zu haben. Zu den vielfältigen Verstimmungen kam noch die Türkengefahr, und am Münchener Hof mußte so die frankreichfreundliche Partei immer mehr an Boden gewinnen. Es war die Zeit, wo die »französische Trinität« von Kurfürstin, Obersthofmeister Fürstenberg und Vizekanzler Schmid den Ton angab. Dieser Kaspar von Schmid – er war seit 1662 der eigentliche Leiter der bayerischen Politik und folgte 1677 Öxl auch formell im Kanzleramt nach – war unter den vielen ausgeprägten Persönlichkeiten um Ferdinand Maria der bedeutendste Kopf: ein tüchtiger Jurist und unverwüstlicher Arbeiter, ein Mann von staunenswertem Gedächtnis und großartiger Vielseitigkeit. »Ein Minister, wie in vielen Säkulis keiner gewesen«, hat noch Kurfürst Max Emanuel in später Erinnerung gemeint. Dabei blieb Schmid auch als Kanzler ganz der Mann, der aus niedrigen Verhältnissen in die höchsten Staatsämter hineingewachsen war. Das Haar schlecht gekämmt, in seinem Gebaren voll altbayerischer Behäbigkeit, war er eine durchaus bürgerliche Erscheinung.

Schon im Devolutionskrieg von 1667/68 tat dann Bayern alles, um das Reich aus dem Krieg herauszuhalten, und 1670 schloß man sogar ein förmliches Bündnis mit Frankreich, das beträchtliche Hilfsgelder ins Land brachte. Auch im Holländischen Krieg von 1672/79 gab es für Bayern nur eines: das Reich zu neutralisieren und den Kriegsbeschluß gegen Frankreich nach Kräften zu hintertreiben. Es gehe lediglich darum, was des Reiches Interesse, Ruhe und Wohlstand erfordere, und man habe jetzt, wo man den Frieden so notwendig brauche, keinen Grund, sich in die niederländischen Händel einzumischen, hatte Ferdinand Maria schon 1667 gemeint.

Aber auch in dieser Zeit war Bayern nie das bloße Werkzeug der französischen Politik, und Ferdinand Maria hielt trotz beträchtlicher Rüstungen an seiner Neutralität unbeirrbar fest. Überhaupt sind unter ihm nur zweimal bayerische Truppen marschiert – bezeichnenderweise das eine Mal gegen den türkischen Erbfeind aller Christenheit (1662/64), das andere Mal für den savoyischen Schwager gegen Genua. Während aber im Türkenkrieg die bayerische Reiterei zum Sieg von St. Gotthard an der Raab wesentlich beitrug, kam im Genueserkrieg das bayerische Hilfskorps gerade noch zum Friedensschluß recht.

Bei einem Blick auf die Innenpolitik Ferdinand Marias haben wir das typische Bild des deutschen Fürsten der Perückenzeit, der bestrebt ist, den Absolutismus französischer Prägung möglichst klar im eigenen Lande nachzubilden. Zwar mußte der Kurfürst angesichts der mißlichen Finanzlage 1669 noch einmal einen Landtag ausschreiben, aber von 567 berufenen Ständen erschienen ganze 317, und auch die legten die Befugnisse bald wieder in die Hände ihrer »Landschaftsverordnung« zurück. Mit der stolzen Machtstellung der alten Landstände war es endgültig vorbei. In der Hofkammer selber führte das fortwährende Defizit zum Sturz des Präsidenten Johann Freiherrn von Mandl, so daß auch hier für Kaspar von Schmid der Weg frei wurde. Man verlegte sich nun auf strenge Sparsamkeit und suchte die Einnahmen aus den Kammergefällen unter allen Umständen zu heben; das Tabakmonopol wurde neu geschaffen. Die letzten Regierungsjahre des Kurfürsten boten dann ein durchaus günstiges Bild.

Die eigentliche Wirtschaftspolitik war aber auch im Bayern Ferdinand Marias vom Merkantilismus bestimmt, und der kurfürstliche Rat Johann Joachim Becher, Hofmedikus und Hofmathematikus, ganz bewegliches Pfälzerblut, spielte sich als der große Projektenmacher auf. Tatsächlich gelang es, das Gewerbe wieder zu heben und Getreide und Vieh, Salz und Holz, wieder in größeren Mengen auszuführen; die neugegründete Tuchfabrik in der Au erlangte sogar eine gewisse Berühmtheit. Kaspar von Schmid stand freilich den Aufschneidereien Bechers voll Mißtrauen gegenüber und sprach es offen aus, daß ihm hundert wohlhabende Bauern lieber seien als sechshundert Tuchmacher. Für ihn, den Hofmarksherrn von Schönbrunn bei Dachau, war die Landwirtschaft »der wahre Reichtum des lieben Vaterlandes Bayern«. Wie recht er damit hatte, bewies das Ansteigen der Landsteuer, die vornehmlich auf bäuerlichen Schultern ruhte und in den siebziger Jahren von 160000 auf 628000 Gulden kletterte.

Wie Kaspar von Schmid die innere und äußere Staatsverwaltung, so bestimmte Henriette Adelheid die Münchener Hofkultur. Im Gefolge der Kurfürstin wanderten welsche Maler, Bildhauer, Architekten und Stukkateure, Musiker, Literaten, Hofgeistliche und adelige Nichtstuer zuhauf nach Bayern ein, und dem altbayerischen Wesen wurde, sehr zum Verdruß der alten Räte vom Schlage eines Baron Mandl, der italienische Barock aufgepfropft. Der schwerblütige Kurfürst ließ sich widerstandslos in das tolle Hoftreiben hineinziehen: Sauhatz und Fuchsklopfen, Turniere und Feuerwerke, Schlittenfahrten, Maskenfeste, inszenierte Bauernhochzeiten. Die Kurfürstin schrieb mit flotter Feder Komödien zusammen, und die leuchtenden Wasserfeste auf dem Starnberger See waren ihr »das größte Vergnügen der Welt«. Sogar der venezianische »Bucintoro« mußte nachgebaut werden: ein Lustschiff, 100 Fuß lang und 25 breit, überall vergoldetes Schnitzwerk, Wimpel und Fahnen, die Ruderknechte alle in Weiß und Blau. Selbst ein weitgereister Abenteurer wie der Franzose Chappuzeau war des Staunens voll. Dazu trat die italienische Oper ihren Siegeszug an. 1657 wurde das neue Opernhaus am Salvatorplatz fertig, und von 1653 bis 1673 dirigierte mit Johann Kaspar Kerll einer der ersten deutschen Opernmeister die Hofkapelle. Sein Nachfolger war der Römer Ercole Bernabei.

Das große Bauen setzte dann 1663 ein. Als Dank für die heißersehnte Geburt des Kurprinzen Max Emanuel baute der Kurfürst dem heiligen Kajetan die Kirche und das Kloster der Theatiner, der Kurfürstin aber das Lustschloß Nymphenburg. Natürlich verschrieb man sich den Architekten aus Italien: den Bolognesen Agostino Barelli, der mit Nymphenburg ein Gartenkasino Karl Eugens von Savoyen kopierte und mit der Theatinerkirche San Andrea della Valle, eine römische Schwesterkirche von Il Gesù. Doch schon 1674 wurde Barelli gestürzt und als sein Nachfolger kam der junge Enrico Zuccalli, der Sproß einer Graubündner Maurerfamilie, die nach dem Dreißigjährigen Krieg in Bayern eingewandert war. Er führte den Mitteltrakt von Nymphenburg zu Ende und gab der Theatinerkirche mit der mächtigen Tambourkuppel und den wunderbar-bizarren Türmen ihr heutiges Gesicht: ein Bau, der vielleicht nichts Neues brachte, aber für Altbayern doch den endgültigen Sieg des Barocks bezeichnete. 1669 stellte der Kurfürst mit beträchtlichen Geldopfern die 1556 säkularisierten Oberpfalzklöster wieder her und gab damit auch hier dem werdenden Barock einen machtvollen Auftrieb.

Und doch standen über Ferdinand Marias letzten Jahren düstere Schatten. 1674 brannte durch den Leichtsinn einer italienischen Kammerfrau die halbe Residenz nieder, und die Kurfürstin siechte über der Aufregung dahin, bis sie zwei Jahre später starb. Vereinsamt durch den Verlust der geliebten Frau, angewidert vom immer gleichen Spiel der Politik, saß der Kurfürst jetzt gerne draußen im alten Schloß zu Schleißheim und hing seinen Gedanken nach. Erst 43 Jahre alt, hat ihn hier 1679 der Tod überrascht. Der große Ruhmestitel Ferdinand Marias bleibt, daß unter ihm Bayern seine europäische Stellung durchaus hielt und dabei doch, wie kein anderes deutsches Land, nach dreißig Jahren Krieg auch dreißig Jahre Frieden hatte. Mit Recht konnte ein jesuitischer Lobredner dem Kurfürsten den Ehrennamen des »Pacificus« geben – des »Friedensfreundes«.

Der Blaue Kurfürst

Max Emanuel, der Sohn Ferdinand Marias und der savoyischen Adelheid, war eine faszinierende Persönlichkeit, ruhmsüchtig und ehrgeizig, leichtsinnig und verschwenderisch, voll Glauben an den Stern seines Hauses. Er war der geborene Soldat, der Liebhaber der Frauen und des Spiels, ein Mann, heute voll Mut und Feuer, morgen voll tiefer Niedergeschlagenheit. Und bei all seinen Schwächen und Unzulänglichkeiten blieb ihm doch der Zug ins Große, ist Max Emanuel der eigentliche Repräsentant des bayerischen Hochbarocks.

Als der junge Max Emanuel nach der kurzen Regentschaft des

Herzogs Max Philipp 1680 zur Regierung kam, war das erste, daß er der Heeresverwaltung mit furiosem Temperament in die Zügel griff. Schon nach zwei Jahren hatte das kleine Kurbayern eine stehende Armee französischen Musters, die mit ihren Neuerungen der kaiserlichen immer etliche Nasenlängen voraus war; dazu kam ein Staatsschatz, den noch Ferdinand Maria aufgehäuft hatte: Grund genug also, daß Kaiser Leopold wie König Ludwig XIV. den jungen Kurfürsten mit allen Versprechungen umwarben. Nach einigem Zögern brach Max Emanuel wirklich mit der überkommenen Neutralitätspolitik und schloß im Januar 1683 mit dem Kaiser die »Defensivallianz sowohl gegen der Türken als anderer zustoßender Gefahr«. Der frankreichfreundliche Kaspar von Schmid mußte gehen. Die Gründe für dieses Schwenken des Kurfürsten darf man freilich nicht so sehr in der Entrüstung über die französischen Reunionskammern oder den Straßburg-Raub suchen, als in Heiratsplänen. Das Waffenbündnis mit dem Kaiser eröffnete nämlich Aussichten auf die Hand der Habsburgerin Maria Antonia, die zwar grundhäßlich war, aber als einziges Kind aus der Ehe Kaiser Leopolds mit Margareta Maria Theresia von Spanien den nächsten Erbanspruch auf die spanische Krone hatte.

Wie dann noch im selben Jahr 1683 die Türken vor Wien erschienen, war Max Emanuel mit seinen Bayern beim Entsatz der Stadt einer der ersten, und als man im Jahre darauf die Gegenoffensive nach Ungarn hineinspielte, hielt ihn das Streben nach Waffenruhm für Jahre im Feldlager fest. Obwohl der junge Kurfürst bei der Belagerung von Ofen tagtäglich vorne in den Laufgräben stand, in der Schlacht von Mohács die Türken sogar entscheidend warf, hatte der Wiener Hofkriegsrat für seine Bitte um den Oberbefehl nur schlecht verhehltes Mißtrauen. Mit seiner kühnen Angriffskraft und seiner fortreißenden Tapferkeit paßte Max Emanuel kaum in die Reihe jener vorsichtigen Marschierer und behutsamen Taktiker, die das gute Mittelmaß der Zeit waren. Doch für den Sommerfeldzug von 1688 hat sich Max Emanuel das Kommando einfach ertrotzt, und am 6. September wagte er dann jenen tollkühnen Sturm auf Belgrad, der den Ruhm des »Blauen Kurfürsten« durch ganz Europa trug. Schon 1685 hatte sich Max Emanuel mit der Kaiserstochter vermählt, und wenn er auch auf die spanischen Erbrechte hatte verzichten müssen, so war ihm doch die Anwartschaft auf die Niederlande zugestanden worden.

Als Max Emanuel im Herbst 1688 vom Türkenfeldzug heimkam, stand man im Westen schon wieder mitten im Pfälzer Erbfolgekrieg, und bis 1692 hin kommandierte nun der Kurfürst am Rhein und in Savoyen die Reichsarmeen gegen Frankreich. Er brachte zwar von diesen Feldzügen keine besonderen Lorbeeren heim, aber sein Ruhm als Soldat bewirkte doch, daß ihm König Karl von Spanien die Statthalterschaft in den Niederlanden und das dortige Kommando übertrug.

Es ist klar, daß diese Reichsstellung Bayerns an Donau und Rhein das Selbstgefühl des Landes mächtig hob, ja, der Widerhall der Türkensiege läßt sich heute noch nachfühlen: in der Sage vom Kochelschmied oder in den Gedichten des Pfarrers Poißl von Truchtlaching, in den Deckenbildern altbayerischer Dorfkirchen und Landschlösser oder in der Tatsache, daß man eine erbeutete Türkenfahne selbst in die Münchener Frauenkirche hängte. Noch die berühmte Beschreibung der vier bayerischen Rentämter, von Michael Wening mit Kupfern ausgestattet und seit 1701 von der Landschaft auf eigene Kosten herausgebracht, ist von diesem Hochgefühl getragen. Und doch war der ganze Ruhm recht teuer erkauft. Allein im Türkenkrieg hatte Max Emanuel 30000 Landessöhne und 15 Millionen Gulden hingeopfert, und auch die niederländische Statthalterschaft war für Bayern nur ein Unglück. Der Kurfürst hielt in Brüssel großen Hof, tat einige schwache Anläufe, die trostlose Lage der belgischen Handelsstädte zu heben, und im übrigen »brockte er sein Bayern den Niederländern ein«.

Auch das Verhältnis zum Kaiser lockerte sich mehr und mehr. Leopold hatte keinen Finger gerührt, dem Schwiegersohn die niederländische Statthalterschaft zu verschaffen, und auch die Ehe des Kurfürsten war unglücklich. 1692, bei der Geburt des Kurprinzen, starb die Kaiserstochter im Kindbett. Max Emanuel heiratete drei Jahre später die Tochter König Johann Sobieskis von Polen und beteiligte sich mit aller Vorsicht am Diplomatenspiel um die spanische Königskrone. Der offene Bruch mit Wien war dann da, als wirklich

Karl II. von Spanien den kleinen Kurprinzen Josef Ferdinand ohne Rücksicht auf andere Abmachungen zum Universalerben einsetzte. Das Erbe Karls II.: das hieß nicht nur Spanien, sondern das waren auch Mailand, Neapel, Sizilien, die Niederlande und die beiden Indien! Und so ungeheuer die Aussichten waren, so jäh war dann der Sturz: 1699 starb der sechsjährige Kurprinz in Brüssel und ein ganzes Luftschloß großer Hoffnungen zerrann in Nichts. Die spanische Erbfolge aber wurde zum Waffengang zwischen Österreich und Frankreich.

Um sich wenigstens die Niederlande zu sichern, mußte sich Max Emanuel auf eine der beiden Seiten werfen. Ein unschlüssiges Schwanken am Münchener Hof, ein schäbiges Feilschen des Kaisers und das großzügige Werben Frankreichs. Am 21. August 1702 ging der Kurier mit dem Bündnisvertrag nach Paris. Max Emanuels Bruder, der Kurfürst Josef Clemens von Köln, war schon vorher auf die französische Seite geschwenkt.

Der Feldzug wurde bayerischerseits recht schmissig eröffnet. Nicht nur, daß sich Max Emanuel die Rückverbindung zum Rhein offenhielt und aus der inneren Linie die österreichischen Korps einzeln aus dem Felde schlug: er brachte auch die Vereinigung mit Marschall Villars zustande, unternahm 1703 einen Blitzvorstoß nach Tirol, bedrohte das Frühjahr darauf sogar Linz. Aber gerade diese heftige Aktivität mußte den Gegenschlag auslösen und Oberdeutschland zum großen Kriegstheater machen. Als Prinz Eugen und der Herzog von Marlborough ihre Armeen an der oberen Donau vereinigt hatten, fiel am 13. August 1704 bei Höchstädt und Blindheim die Entscheidung. Mit dem britischen Reiterdurchbruch ging nicht nur die Schlacht sondern auch ganz Bayern verloren.

Doch im Herbst 1705 begab sich dann das Unglaubliche: für ebendiesen Max Emanuel, dem, nach einem Wort seines eigenen Bruders, ein Heustadel in Belgien mehr wert war als in Bayern eine ganze Stadt, erhoben sich die Bauern des Ober- und Unterlandes. Freilich kam hier zur eingewurzelten Anhänglichkeit ans bayerische Kurhaus noch das Gewaltregiment der Kaiserlichen hinzu, das die Leute bis zur Verzweiflung brachte: überall Quartierlasten und Kontributionen, ein unerträglicher Steuerdruck, Zwangsaushebungen für die kaiserlichen Regimenter in Italien und Ungarn. Der Aufstand flackerte in der Oberpfalz auf, pflanzte sich windschnell zur Donau fort, fand seinen eigentlichen Herd im Rottal und am unteren Inn. Ausgerüstet mit »Morgensternen und Ländlerkolben, Spießen, Gabeln, großen knopfeten Stecken, auch Hacken«, kamen überall die Bauernhaufen in die Städte und Märkte herein, und Männer, wie der Student Georg Meindl oder Sebastian Plinganser, der »Mitterschreiber« beim Pfleggericht Pfarrkirchen, gaben die geborenen Fähndlführer ab. Selbst die adeligen Beamten und Grundherrn – die »Paruckenhanseln«, wie die Bauern so schön sagten – mußten mittun und die nötige Autorität geben. Von der Geistlichkeit standen nur die volksverbundenen Franziskaner dem Aufstand nahe, während die reichen Prälatenklöster sich mehr zurückhielten. In Niederbayern allein erzielte so die Bewegung nennenswerte Erfolge, brachte die Festungen Burghausen, Braunau und Schärding in ihre Gewalt und beherrschte als »Kurbayerische Landesdefension des Unterlandes« das ganze Gebiet zwischen Donau und Inn.

Von hier erst sprang der Funke auf das Oberland über, und in der Christnacht 1705 wagten die Isarwinkler, bei 3000 Mann stark, ihren vielberufenen Handstreich auf München. Doch es fehlte von vornherein an der einheitlichen Führung und am klaren Zusammengehen mit den Unterländlern; auch von München selber, wo der Oberst de Wendt seine Streiftrupps in allen Gassen hatte und alle Tore besetzt hielt, kamen nur schlechte Nachrichten, so daß tausend »Landesdefensoren« schon in Solln wieder umkehrten. Natürlich blieb der Angriff im ersten Anlauf liegen, und als von Anzing her der General Kriechbaum eintraf, gerieten die Bauern auch noch zwischen zwei Feuer. Am Ende das Gemetzel von Sendling, wo die letzten achthundert Mann, trotz zugesagter Gnade, von de Wendts Husaren erbarmungslos niedergesäbelt wurden. Hier am Friedhof von Sendling mag auch der Balthasar Riesenberger, Schmied vom Bach, den Tod gefunden haben. Gewiß keiner der Führer des Aufstandes, dieser Bauernschmied aus dem Mangfallgau, aber gerade aus ihm hat das Volk jenen bärenstarken Schmiedbalthes von Kochel gemacht, in dessen Person sich Kraft, Verwegenheit und Treue des Oberlandes so wundersam verklären.

Jean Delamonce, Kurfürstin Henriette Adelheid (XXI)

Pater Karl Meichelbeck von Benediktbeuern (XXII)

Als General Kriechbaum in den ersten Jännertagen des Jahres 1706 dann energisch nach Niederbayern vorstieß, hatte sich das revolutionäre Mütchen der Marktbürger und Adelsherren längst verflogen, und man beteuerte überall seine gut-kaiserliche Gesinnung. Die Bauernerhebung selber brach sich freilich erst mit jenem Gemetzel am Handlberg bei Aidenbach, das man kaum noch eine Schlacht nennen kann. Es war ein bitteres Ende. Aber wenigstens legte sich jetzt der Erzbischof von Salzburg für die Unterländler ein, und ein kaiserlicher Erlaß hob die Zwangsaushebungen auf. Die Steuern blieben.

Der Kurfürst selber, der an der bayerischen Volkserhebung keinen Teil gehabt hatte, schlug sich unterdessen an der Spitze französischer Armeen in Flandern herum, verlor auch noch die Niederlande, hielt in Lille und Mons, zuletzt in Compiègne, einen dürftigen Hof. Daneben knüpfte Max Emanuel Verhandlungen mit dem Kaiser und den Seemächten und machte jenes Angebot, das auf seinen Charakter das schiefste Licht wirft: er erklärte sich bereit, notfalls die bayerischen Stammlande gegen Sizilien und die Niederlande daranzugeben. Der Rastätter Friede brachte dann zwar keinen Kreuzer Entschädigung, gab aber dem Kurfürsten Bayern wieder zurück.

Als Max Emanuel 1715 nach München heimkehrte, war er um nichts klüger geworden. Er hielt bis zuletzt die Hand im diplomatischen Spiel und erträumte die Königskrone wenigstens für den Sohn. Neben der Verbindung mit Paris suchte man auch in Wien wieder anzuknüpfen. Am Türkenfeldzug Prinz Eugens war ein bayerisches Korps entscheidend beteiligt, und 1722 kam sogar die Hochzeit des Kurprinzen Karl Albrecht mit der Kaisertochter Maria Amalie zustande. Man konnte sich dabei ruhig der Pragmatischen Sanktion anschließen, da man die Erbansprüche auf Österreich durch den alten Vertrag von 1546 hinreichend gesichert glaubte. Daneben wurde 1724 die Münchener Hausunion geschlossen, mit der sich die bayerischen und pfälzischen Vettern die gegenseitige Erbfolge zusicherten; vor allem einigte man sich auf die gemeinsame Verwaltung des strittigen Reichsvikariats.

Aber auch in den zehn Friedensjahren, die Max Emanuel noch

verblieben, kam Bayern kaum zum Erholen. Es blieb ein in dreißig Kriegsjahren ausgesaugtes Land mit ewig zerrütteten Finanzen und einer verschranzten Bürokratie, der seit Kaspar von Schmids Sturz die feste Hand fehlte. Dabei kosteten allein die französischen Komödianten ihre jährlichen 20000 Gulden, oder man gab 1722 für zwei Festopern nahezu 200000 Gulden aus; aufs Bauen aber verschwendete der Kurfürst in zehn Jahren fast acht Millionen. Wir Heutigen sind es freilich nicht gewöhnt, die Leistungen der Vergangenheit an angejahrten Raittbüchern nachzumessen: uns erscheint die Max-Emanuel-Zeit als ein glänzendes Bild barocken Lebens, und wir fühlen auf Schritt und Tritt, wie die Schwere des Bernini-Barocks und des Jesuitenstils sich auflöste in die leichte Heiterkeit gallischen Esprits.

Schon 1684 hatte der junge Kurfürst den Hofbaumeister Enrico Zuccalli nach Paris geschickt und ließ ihn dann, kaum zurückgekehrt, draußen in Schleißheim das Gartenschlößchen Lustheim hinstellen; seit 1690 folgten die Pläne für das »Neue Schloß«, die seit 1701 in fieberhafter Eile verwirklicht wurden. Dieses Schleißheim war Max Emanuels Traum einer deutschen Kaiserresidenz: hier das alte Schloß Wilhelms V. und Maximilians, dort der gewaltige, fast überstreckte Neubau, dazu Flügeltrakte, die das Ganze zum Rechteck zusammenzwingen sollten. Alles massig und schwer, stark von Berninis Louvre-Entwurf bestimmt. Bis zum Herbst 1704 brachte man wenigstens den Hauptbau mühsam unter Dach, aber dann kam der Feind, und am 6. Juli 1706 mußte auch Zuccalli die Schlüssel zum »Baustübl« an die kaiserliche Administration abliefern...

Und nicht mehr der alte Zuccalli baute nach 1719 in Schleißheim weiter, sondern der junge Effner. Josef Effner war der Einheimische, der Dachauer Gärtnerssohn, den der Kurfürst zur Ausbildung ins Paris des werdenden »Style Regence« geschickt hatte. Er verwarf Zuccallis bernineske Fassadenprojekte und gab dem festlichen Prunkbau den französisch-heiteren Fluß der Linien. Die Innenausstattung aber gehört bereits in die erste Wertreihe des deutschen Barocks: das weite, lichtverklärte Treppenhaus etwa oder der Festsaal mit dem schäumenden Weiß der Stukkaturen und den dunklen Rechtecken der Schlachtengemälde des Joachim Franz Beich. Dabei plante Effner bis herab zum letzten Türgewände oder Spiegelrahmen und wurde ganz von selber zum Wiedererwecker des Münchener Kunsthandwerks. Schon vorher hatte er in Nymphenburg die Seitenflügel an den Mittelbau gestoßen und den italienischen Park mit Hilfe des Lenôtre-Schülers Dominique Girard zu einer Hauptleistung französischer Gartenkunst umgeschaffen. Mitten in das Grün des Parks setzte Effner, schon ganz im Sinn des Rokokos, die weißen Gartenschlößchen der Pagodenburg und der Badenburg.

Die Hofmalerei der Max-Emanuel-Zeit hat demgegenüber nicht viel zu sagen. Immerhin steht hier neben dem Venezianer Jacopo Amigoni oder dem Franzosen Vivien schon der Münchener Johann Andreas Wolff, der viel sauberes Können an die Großmeister unseres Rokokos weitergab. Entscheidender aber waren die französisch bestimmten Hofbildhauer: ein Volpini, ein Dubut, ein so brillierender Könner wie Wilhelm de Grof. Sie wurden zu den großen Anregern der Münchener Rokoko-Skulptur.

In der Hofkapelle war der Abbate Steffani, der Schüler von Kerll und Bernabei, die große Erfüllung. Er schrieb glänzende Arienopern, wie den »Servio Tullio« von 1686, ging aber schon 1688 nach Hannover weg. Evaristo Felice dall'Abaco dagegen, der Violoncellist des Kurfürsten, war der große Meister der hochbarocken Prunksonate, der sich selbst einem Corelli an die Seite stellen konnte.

Dazu galt der Kurfürst auch als großzügiger Gemäldesammler, seine Galerie in Schleißheim als eine der ersten Europas. Gerade die niederländische Statthalterschaft gab Gelegenheit zu so einzigartigen Ankäufen wie etwa der Rubenssammlung Gisbert van Colens. Oder es konnte vorkommen, daß nach einem Jagdritt durchs schönste Flandern Max Emanuel auf einmal die Lust zum Bilderkaufen überkam und er bei den Antwerpener Malern das Geld nach Zehntausenden sitzen ließ. Und vielleicht das Schönste: hier in den Niederlanden entdeckte Max Emanuel François Cuvilliés, den Erzzauberkünstler des höfischen Rokokos. Mit elf Jahren war der kleine, schmächtige Bub als Kammerzwerg nach Mons an den Hof gekommen, doch als der Kurfürst merkte, welch heller Geist in diesem schwachen Körper steckte, schickte er Cuvilliés auf eigene Kosten zu Blondel nach Paris. 1724 kam der junge Architekt über Italien nach München, und mit ihm kam das Rokoko.

Es ist schwer, mit der Persönlichkeit Max Emanuels ins reine zu kommen, denn es bleibt der Widerspruch barocken Menschentums. Neben aller Leichtlebigkeit steht immer wieder die bezeichnende Religiosität der Zeit. Der junge Max Emanuel wallfahrtet zu Fuß nach Altötting und der alte spielt den Einsiedler von der Magdalenenklause, sieht aber auch der Mätressenwirtschaft Karl Albrechts ruhig zu. Trotz blendender Erfolge muß ein Max Emanuel, für dessen Tatendrang Kurbayern viel zu klein erscheint, seine Tage in den engen Verhältnissen dieses ungeliebten Bauernlandes beschließen. Aber irgendwo lösen sich diese barocken Spannungen doch wieder auf in lauterer Schönheit: das Bild des alten Max Emanuel, wie er sich, auf Kissen gebettet, von seinen Gondolieren durch den blauen Herbst des Parks von Schleißheim rudern läßt...

Der Kaiser des Rokokos

Auch dem Kurfürsten Karl Albrecht lag vom Vater her die Großzügigkeit und der Ahnenstolz im Blut, aber es fehlte ihm Max Emanuels mitreißender Schwung und seine Härte im Nehmen. Liebenswürdig, leutselig, tändelnd, voll leichtem Esprit und leiser Schwermut, war Karl Albrecht ganz ein Mensch des Rokokos; alles, was über das rein Zeitgebundene hinausgreift und geschichtliche Größe ausmacht, fehlte ihm gänzlich. Trotzdem soll man in Karl Albrecht nicht nur den Lebemann und Verschwender sehen. Seine Kabinettssignate zählen immerhin nach Tausenden, und seine Anordnungen zum Sparen gingen bis herab zu dem kleinlichen Befehl an die Hofkammer, »fortan von den Kerzen die Stümpfeln sowohl beim Theater als den Musikanten jedesmal zurückzunehmen und zu weiterem Nutzen zu verwenden«. Erst als Karl Albrecht den Eindruck bekam, »daß alle Mühe, die man sich gab, doch nichts fruchtete«, ließ auch er die Zügel schleifen.

Karl Albrechts Regierungsantritt (1726) ist das Stichjahr für den heiteren Triumph des bayerischen Rokokos: statt Allongeperücke und barocker Wohlbeleibtheit kamen jetzt der Haarbeutel und die

Rokokograzie. Cuvilliés drängte den schwerblütigen Effner in den Hintergrund und schuf bereits nach dem Residenzbrand von 1729 die berühmte Folge der »Reichen Zimmer«; für die jagdlustige Kurfürstin Maria Amalie aber zauberte er im Park von Nymphenburg das silberblaue Wunder der Amalienburg hervor. Daneben zog Karl Albrecht George Desmarées an seinen Hof, der, aus französischer Familie in Schweden geboren, zu den besten Fürstenmalern der Zeit gehörte. Vor allem aber schlug die Karl-Albrecht-Zeit die Brücke von der Hofkunst hin zum Volk. Hatte noch Effner mit einem ganzen Stab ausländischer Maler, Bildhauer, Stukkateure und Kunstschlosser angefangen, so wuchsen nun immer mehr einheimische Kräfte nach. Aus ihrem Kreis kamen die großen Vermittler: Johann Baptist Zimmermann, der an der Amalienburg mitarbeitete und Cuvilliés' Anregungen an die Wessobrunner weitergab, oder der Effner-Schüler Johann Baptist Gunetzrhainer, der als Hofunterbaumeister die Verbindung zum Kreis um Johann Michael Fischer hielt. Draußen im Land hob jene große Bauwelle an, der erst der Pandurenkrieg die Zäsur setzte.

»Die Freundschaft und das gute Einverständnis mit Österreich pflegen, jedoch – absonderlich in Erwägung, daß das Haus Österreich nur in zwei Augen mehr besteht – solchergestalt, daß andere, auch auswärtige gute Freunde ... auf alle Weise beibehalten werden«, hatte Karl Albrecht die Grundgedanken seiner Außenpolitik angegeben. Doch um diese Linie zu halten, fehlte es im Kreis um den Kurfürsten an Persönlichkeiten vom Schlage eines Kaspar von Schmid; der Kanzler Unertl war saumselig und österreichhörig, der Feldmarschall Ignaz Felix von Törring-Jettenbach, der einflußreichste Mann am Hof, ehrgeizig und eitel und zu sehr Dilettant. Immerhin kam schon 1727 ein bayerisch-französischer Vertrag zustande, der dann 1738 erneut bekräftigt wurde; im selben Jahr schloß Törring seine Freundschaft mit dem Führer der französischen Kriegspartei, dem Marschall Belle-Isle. Gegen die Pragmatische Sanktion hatte Bayern schon 1731 Einspruch erhoben. Aber Karl Albrecht wollte sich mit Österreich das Spiel nicht verderben, und im Türkenkrieg von 1738/39 sprang er dem Kaiser mit allen marschfähigen Truppen bei. Natürlich ging das ganze Korps verloren.

Da starb 1740 Kaiser Karl VI., ohne männliche Nachkommen zu hinterlassen, und sofort erhob man bayerischerseits Anspruch auf die österreichischen Erblande. Man drechselte langatmige Rechtsdeduktionen und stützte sich dabei auf den Ehevertrag von 1546 und einen Testamentszusatz Kaiser Ferdinands I. von 1547, den man freilich nur im Auszug kannte. Tatsächlich stellte aber der Regensburger Vertrag nur ein Miterbenrecht sicher, und der Testamentszusatz, den man jetzt in Wien im Original präsentierte, sprach von einer bayerischen Erbfolge nicht beim Aussterben der männlichen, sondern erst beim Erlöschen der gesamten ehelichen Linie Kaiser Ferdinands. Ohne Geld und Soldaten mußte sich Karl Albrecht gegenüber der Erbin Maria Theresia mit papierenen Protesten und diplomatischen Vorstellungen begnügen. Und doch ging es für Bayern um eine Lebensfrage: man hatte eine letzte Möglichkeit, die alte Ostmark zurückzubekommen und Bayern auf Jahrhunderte hinaus eine europäische Machtstellung zu sichern. Die Kaiserkrone war damit unzertrennlich verbunden. Am 28. Mai 1741 brachte Karl Albrecht ein Bündnis mit Spanien unter Dach, ein paar Tage später versprach Friedrich der Große seine Hilfe bei der Kaiserwahl, im August fand unter dem Eindruck der preußischen Erfolge in Schlesien auch Frankreich den Bündnisfall für gegeben; dazu kamen Kursachsen und die verwandten Kurfürsten in Köln und der Pfalz.

Mit französischen und spanischen Hilfsgeldern brachte Karl Albrecht bis zum Herbst eine Armee auf die Beine und besetzte, von der Bevölkerung mehr gefördert als gehemmt, in raschem Zugriff ganz Oberösterreich. Der Weg nach Wien lag wieder einmal offen. Doch Frankreich mußte ein völliges Zerbrechen des Habsburgerstaates und damit ein Übergewicht Bayerns unter allen Umständen hintanhalten. Während die bayerischen Dragoner vom Riederberg aus schon den Stephansturm auftauchen sahen, und der Wiener Hof eilends nach Preßburg flüchtete, drängte der Marschall Belle-Isle zum Einschwenken gegen Böhmen. Noch im November fiel Prag, und die böhmischen Stände huldigten dem bayerischen Kurfürsten. Das neue Jahr brachte auch die Kaiserkrone.

In Mannheim hatte der Reichsmarschall Graf Pappenheim, umgeben von 24 Postillionen, dem Kurfürsten seine Wahl angezeigt, und am 12. Februar 1742 wurde Karl Albrecht in Frankfurt unter größter Prunkentfaltung zum Kaiser gekrönt. Aber schon kündigte sich der Umschwung an. Durch den Waffenstillstand mit Preußen hatte nämlich Maria Theresia wieder Luft bekommen und schob nun den Feldmarschall Khevenhüller mit seiner ganzen Armee gegen Bayern vor. Ein paar Tage nach der Kaiserwahl ritten bereits die Menzelhusaren durchs Isartor in München ein. Von seinem körperlichen Leiden gequält, von Sorgen gedrückt, hatte Karl Albrecht während der ganzen Krönungsfeierlichkeiten die lächelnde Miene bewahrt, doch aus seinem Tagebuch klingt es wie ein Aufschrei: »Meine Krönung ist gestern vor sich gegangen, mit einer Pracht und einem Jubel ohnegleichen, aber ich sah mich zur gleichen Zeit von Stein- und Gichtschmerzen angefallen. Krank, ohne Land, ohne Geld, kann ich mich wahrlich mit Job, dem Mann der Schmerzen, vergleichen...«

Die tapfere Unfähigkeit Törrings und der greisenhafte Starrsinn französischer Marschälle; ein ewiges Hin und Her, das aber den Druck der österreichischen Besatzung nur verstärken konnte; Greuel, wie man sie seit dem Schwedenkrieg nicht mehr erlebt hatte – das waren für Bayern jene Pandurenjahre von 1742 bis 1745, die uns heute noch in Dutzenden alter Geschichten und Votivbilder nachklingen. Erst als Friedrich der Große aus Besorgnis für sein neuerworbenes Schlesien mit Maria Theresia einen zweiten Krieg anfing, konnte der bayerische Feldmarschall Seckendorff den Gegenstoß wagen. Am 23. Oktober 1744 zog Karl Albrecht wieder in München ein – umjubelt von der Bevölkerung, aber ohne Aussicht, sich auf die Dauer halten zu können. Er war nur zum Sterben gekommen. In der einsamen Bitterkeit eines Mannes, der alle seine Hoffnungen und Pläne hatte scheitern sehen, erlag er am 20. Januar 1745 in der Residenz seinem alten Leiden, ganze 47 Jahre alt.

Der achtzehnjährige Max III. Josef versuchte zwar die Politik des Vaters noch einige Monate festzuhalten, aber als die Österreicher wieder angriffen, sah er sich gezwungen, am 22. April 1745 den Sonderfrieden von Füssen zu unterzeichnen. Er verzichtete auf die österreichischen Erblande, sagte dem Haus Habsburg-Lothringen für die künftige Kaiserwahl seine Stimme zu und erhielt dafür Kurbayern ungeschmälert zurück. Mit Füssen war der Traum von einer europäischen Stellung des bayerischen Kurstaates endgültig zerbrochen, und zurück blieb nur ein Ressentiment gegenüber aller Macht und politischen Konstruktion.

Der Vielgeliebte

Ein Mann von fast bürgerlichem Zuschnitt, weder außerordentlich begabt noch besonders willenskräftig, aber beseelt vom ehrlichsten Wollen – das war Max III. Josef, der letzte Kurfürst aus der altbayerischen Linie. Und wie sich schon in seiner Erziehung mit dem Jesuiten Daniel Stadler und dem Wolffianer Johann Adam Ickstatt die alte und die neue Zeit »auf Schrittlänge« begegnet waren, so suchte Max III. Josef auch während seiner ganzen Regierung zwischen Aufklärung und Kirchenbarock die Mitte zu halten. Leidenschaften gab es für ihn nur zwei: die Musik und die Jagd.

Die auswärtige Politik nach 1745 braucht uns kaum zu interessieren. Sie war schwächlich und unselbständig, ganz das Lavieren eines drittrangigen Staates, der stets das Mäntlein nach dem Wind hängen muß. Auch fehlte der große Antrieb, die wirkliche Gefahr, dic oft die Kräfte eines kleinen Staates ins ungeahnte wachsen läßt. Die preußischen Husaren sind auch im Siebenjährigen Krieg nur bis Franken gekommen.

Die Bedeutung Max' III. Josef liegt ganz bei der inneren Staatsarbeit, wo es darum ging, das schwer angeschlagene Land um jeden Preis wieder in die Höhe zu bringen. Die überkommene Staatsschuld von 32 Millionen Gulden mußte ja überallhin ihre Schatten werfen. Auch Max III. Josef versuchte es zunächst mit den üblichen Sparmaßnahmen und zog die Steuerschraube tüchtig an, wobei er im Hofkammerpräsidenten Maximilian von Berchem einen ebenso arbeitseifrigen wie rücksichtslosen Berater fand. Den Plan, auch Adel und Prälaten steuerlich stärker heranzuziehen, mußte man aber bald wieder fallenlassen; überhaupt blieb der Erfolg der Finanzreform recht mäßig. Dafür suchte man, mit einem Seitenblick auf das Steuersäckel, den Untertanen nach Kräften aufzuhelfen, und der Manufakturenfimmel der Zeit konnte sich dabei gründlich austoben, um das Land mit Leder und Baumwollzeug, Glas und Bleistiften, Spiegeln und Silberborten, glücklich zu machen. Doch von der Münchener Seidenraupenzucht oder von den Landstreichern, die man allerorts zusammenfing und in die Arbeitshäuser steckte, konnte sich höchstens ein absolutistischer Bürokrat viel Nutzen erhoffen.

Im Zuge der jungen Kameralwissenschaft wurde vor allem die Landwirtschaft gegängelt, und neben einer Papierflut leerer Verordnungen fiel hier manch wertvolle Anregung: die Flachskultur war auszudehnen, Kartoffeln und Klee mußten angebaut werden, Ödgründe und Möser sollten verschwinden. Aber all diese Kulturmandate fanden nicht einmal so viel Gehör wie ein Abenteurer, Beutelschneider und Scharlatan vom Schlage Johann Kaspar Thürriegels mit seinen spanischen Auswanderungsprojekten. In Burghausen wurde zwar vom Herrn von Hoppenbichl eine landwirtschaftliche Akademie aufgemacht, aber ihre Zeitschrift – der »Bayerisch-Ökonomische Hausvater« – brachte meistens nur aufgeklärte Schönrednereien, die kein Mensch ernst nehmen konnte.

Am versprechendsten waren noch die Reformen im Rechtswesen, wo der Staatskanzler Wiguleus Freiherr von Kreittmayr, der weitaus fähigste Kopf im Kreis um den Kurfürsten, seine berühmte Gesetzeskodifikation vornahm. 1751 erschien das neue Kriminalrecht, 1753 die Prozeßordnung, 1756 das Bayerische Landrecht. Das Gerichtsverfahren wurde entscheidend abgekürzt, aber im Strafmaß hielt Kreittmayr noch ganz an der barbarischen Strenge der alten Rechtsbücher fest. Und mochte sich Kreittmayr zehnmal zu den Theorien des Naturrechts bekennen, den Ausschlag gab für ihn der in scharfer juristischer Denkarbeit geläuterte gesunde Hausverstand. Voll schlagender Sprachkraft und drastischer Anschaulichkeit hat Kreittmayr zu seinem Landrecht auch einen grundlegenden Kommentar geschrieben.

Durch strenge Gesetze suchte man auch die wirtschaftliche Vormachtstellung der bayerischen Barockklöster zu brechen. Die Hauptscharfmacher waren dabei der Direktor des Geistlichen Rats, Peter von Osterwald, ein Konvertit aus dem Nassauischen, und sein Landsmann Ickstatt, der mittlerweile zum Direktor und Professor an der Ingolstädter Universität vorgerückt war. 1764 erschien das bayerische Amortisationsgesetz, das den kirchlichen Vermögenserwerb entscheidend einschränkte. Weitere Verordnungen gegen die Klöster folgten 1769. Sie sollten die Aufnahme von Novizen erschweren, die Strafgewalt der Klosterobern in enge Grenzen weisen und das Kirchenvermögen unter eine strenge Staatsaufsicht stellen.

Natürlich trug Ickstatt den Kampf der Geister auch in die Ingolstädter Hörsäle und setzte seinen Ehrgeiz darein, der bayerischen Landesuniversität ihr »altgotisches Gewand« auszuziehen. Die beiden Weishaupt, Vater und Sohn, und sein Schüler Johann Georg Lori waren die engsten Schildgenossen. Doch das alte gegenreformatorische Ingolstadt war stärker, und Lori mußte zuletzt um des Friedens willen sogar nach München versetzt werden. Immerhin war es ein Sieg der neuen Richtung, als der Kurfürst nun in München der Forschung freie Bahn gab und 1759, von Lori gedrängt, die Bayerische Akademie der Wissenschaften gründete. Sie wurde eine Pflanzstätte bayerischer Geschichtsarbeit: die von der Akademie selber herausgegebenen Bände der »Monumenta Boica« machten die Urkundenschätze des Landes zugänglich; der Lori nahestehende Hofbibliothekar Andreas Felix Oefele brachte mit den Folianten seiner »Rerum Boicarum scriptores« die alten Geschichtsschreiber heraus. Dazu trafen sich im Bannkreis der Münchener Akademie die jungen Brauseköpfe der Westenrieder und Bucher, Fronhofer und Zaupser, und suchte man mit den »Bayerischen Sammlungen und Auszügen zum Unterricht und Vergnügen« dem norddeutschen Frühklassizismus Bahn zu brechen.

Das nächste Ziel für den Akademiekreis aber blieb die Schulpolitik: der Kampf für die neuzeitliche Realschule und gegen das alte Jesuitengymnasium. Als dann 1773 der Jesuitenorden wirklich aufgehoben wurde, bot sich die große Möglichkeit, mit den sieben Millionen des Jesuitenfonds die bayerischen Schulen von Grund auf umzugestalten. Bei der eitlen Geschäftigkeit der Reformer blieb es aber bei einer Unzahl von Plänen. Höchstens, daß man Heinrich

Braun aus Trostberg nennen muß. Als Ex-Benediktiner von Tegernsee und Geistlicher Rat, seit 1777 auch Schuldirektor, trat er zäh für den deutschen Sprachunterricht und die allgemeine Volksschule ein und wurde zum geistigen Schöpfer des modernen bayerischen Schulwesens.

Wie überhaupt die Luft unter Max III. Josef auf einmal dünn und akademisch wurde, spürt man nirgends besser als in der Kunst. Cuvilliés ging 1753 mit seinem Sohn nach Paris und führte dann die Fassade der Theatinerkirche klassizierend zu Ende; daneben wurde, als Vorläuferin einer Kunstakademie, die öffentliche Zeichenschule gegründet, an der so ausgesprochene Spätmeister wie der Hofstatuarius Roman Anton Boos und der Hofmaler Franz Ignaz Oefele lehrten. Ein Mandat von 1770 verbot selbst für die Landkirchen die »ungereimten und lächerlichen Zieraten« und verlangte dafür eine »edle Simplizität«. Und doch fand dieses scheidende Rokoko noch eine wundervolle Verklärung im Nymphenburger Porzellan. 1747 hatte man bei der Hafnerstatt zu Neudeck ob der Au eine »Porcellaine-Fabrique« gegründet, 1761 sie nach Nymphenburg verlegt. Es war die einzige bayerische Manufaktur, die wirklich ging und sich neben Wien und Meißen behaupten konnte. Seit 1754 wirkte ja hier Franz Anton Bustelli – ein Modelleur voll spitzer Bewegung und sprühender Leichtigkeit der Einfälle, besessen vom Genius des Porzellans, der ihn Figuren schaffen ließ, die so vollendeter Ausdruck des Zeitstils sind wie nur noch die Gemälde eines Watteau.

Ein letztes Leuchten lag auch über der Münchener Hofmusik. Der Kurfürst war ein Freund der Kammermusik, ja versuchte sich selber im Komponieren, und auch seine Schwester Maria Antonia, die spätere Kurfürstin von Sachsen, schrieb Opernlibretti und ließ sich als Sängerin hören; dazu kam als dritter der Herzog Clemens, der Vetter des Kurfürsten und begeisterte Liebhaber italienischer Kunst und Literatur. So mußte Cuvilliés für die große Oper den vollendeten Bühnenraum des Residenztheaters schaffen, und gleichzeitig setzte man dem alten Hofkapellmeister mit Andrea Bernasconi einen zwar oberflächlichen und effekthascherischen, aber ungemein fruchtbaren Komponisten an die Seite. Und wenn die italienische Prunkoper gleichwohl bis in die Karl-Theodor-Zeit hinein (1787) den Ton angab, so brachte man immerhin auch Glucks »Orpheus und Eurydike« oder die Jugendschöpfungen Mozarts auf die Bühne. Im alten Opernhaus am Salvatorplatz aber suchte der Hofmusik- und Theaterintendant Josef Anton Graf von Seeau schon 1765 ein regelmäßiges deutsches Schauspiel einzurichten und gegen das eingewurzelte Barocktheater anzukämpfen.

Wie für Kaiser Josef II. sollte auch für Max III. Josef die Philosophie die Gesetzgeberin sein. Und doch schlug durch alle Vernünftelei immer wieder eine gewachsene, zuinnerst barocke Frömmigkeit. Auch er, der aufgeklärte Kurfürst, war wie seine Vorgänger Mitglied zahlreicher Bruderschaften, und das »Kuttengeld« für zukünftige Klosterbrüder ist ein stehender Ausdruck in den Rechnungen; die zwölf alten Männer, die nach frommem Brauch am Gründonnerstag zur »Fußwaschung« in die Residenz kommen durften, waren über die herzliche Aufnahme jedesmal hochbeglückt. Nie aber zeigte sich das Wesen des Kurfürsten in hellerem Licht, als in jenem Hungerjahr von 1770, wo Mißwachs, Kornwucher und verfehlte Handelsspekulationen eine schreckliche Not heraufbeschworen hatten. Max III. Josef legte überall selbst Hand an, ging mit ungewohnter Strenge gegen jeden Wucher vor, ließ in seinen Gehegen das Wild abschießen und für seine letzten Juwelen Getreide einkaufen.

Unerwartet, von hoch und niedrig aufrichtig betrauert, ist Max III. Josef 1777 gestorben, erst 53 Jahre alt. Mit ihm ging ein Herrscher, dem sein aufrichtiges Streben und seine beispielhafte Mildtätigkeit den Ehrentitel des »Vielgeliebten« eingetragen hatten. Noch Montgelas nannte ihn den besten und erleuchtetsten unter den bayerischen Fürsten: »le meilleur et le plus éclairé de ses princes.«

24. KAPITEL

STÄNDE UND VOLK

Wie man im absolutistischen Frankreich seit 1614 die Generalstände nicht mehr berufen hatte, so war auch in Bayern der Landtag von 1669 der letzte geblieben. Aber wenn der König von Frankreich seine Stände weitgehend ausschalten konnte, so blieb in Bayern nach wie vor die »Landschaftsverordnung« bestehen: acht Vertreter des Ritterstandes, dazu je vier Prälaten und Bürger, die das Steuerbewilligungsrecht handhabten. Lediglich die Oberpfalz war ohne Vertretung. Natürlich schauten diese Landschaftsverordneten stark auf die eigenen Standesinteressen, und wenn es not tat, hielten sie selbst dem Kurfürsten gegenüber mit der groben Wahrheit nicht hinter den Berg. Dazu kam, daß die Stände die Steuern auf eigene Rechnungsführung einheben und verwalten durften. Als es Max III. Josef versuchte, diese Rechnungsführung unter Staatsaufsicht zu stellen, und er den Bieraufschlag auch auf Adel und Prälaten ausdehnen wollte, antworteten die Stände sogar mit einer Klage beim Reichshofrat in Wien. So blieb für die Verteilung der Standsteuer der Schlüssel von 1669 bis ins ausgehende 18. Jahrhundert maßgebend: auf je 9000 Gulden des Adels trafen 24 000 der Bürger und 33 000 der Prälaten. Die allgemeine Landsteuer wurde auf die Grunduntertanen abgewälzt. Aber selbst Land- und Standsteuer zusammen konnten den bayerischen Staatshaushalt noch nicht einmal zur Hälfte abdecken.

Wägt man die Bedeutung der drei Stände gegeneinander ab, so gilt auch für das 18. Jahrhundert noch Aventins Wort, daß die Prälaten reicher seien und mehr vermöchten als die anderen zwei Stände zusammen. Kein Land des Reiches hatte so viele Klöster wie Altbayern, und Westenrieder konnte noch 1794 für den Prälatenstand seine 59 Klöster herzählen. Wenn dabei – vom politischen Eigenleben der bayerischen Hochstifte abgesehen – in der Landschaft nur die vier Prälatenorden der Benediktiner, Zisterzienser, Augustinerchorherren und Prämonstratenser sowie die Jesuiten vertreten waren, darf man doch auch die volksverbundenen Bettelklöster der Städte und die behäbigen Pfarrsitze des flachen Landes nicht geringschätzen. München allein zählte neunzehn Klöster, eine Stadt wie Landshut acht, und vom bischöflichen Freising spöttelten die Aufklärer ohnedies, daß, wer nicht habe läuten hören und keinen Pfaffen gesehen, überhaupt nicht dort gewesen sei. Dazu war mehr als die Hälfte von allem Grund und Boden kirchliches Obereigentum; daneben auch der Großteil des beweglichen Landvermögens. Natürlich machte man immer wieder Versuche, die erdrükkende Wirtschaftsmacht der großen Klöster abzuwürgen. Hatten schon Ferdinand Maria und Max Emanuel versucht, den kirchlichen Grunderwerb einzuschränken, so schob Karl Albrecht bereits 1741 die Hauptlast für die Armee den Klöstern zu und spielte mit dem Gedanken einer teilweisen Säkularisation der geistlichen Fürstentümer. Max III. Josef erließ die Gesetze von 1764 und 1769, Karl Theodor bürdete den Prälaten das Mittelschulwesen auf, Montgelas forderte ihnen 1800 das Kirchensilber ab. Trotzdem fanden die Auflösungskommissäre der Säkularisation fast überall solide Wirtschaftsverhältnisse vor: Viehställe und Traidböden waren gut versehen, Küche und Keller gepflegt, die Rechnungen stimmten, und sogar die Silberkammern waren wohlbestellt.

Wenn es auch Sache der Auffassung bleibt, hier das überschüssige Menschen- und Geldkapital auszuscheiden, so kann doch niemand bestreiten, daß gerade diese Klöster es waren, die der süddeutschen Barockkultur ihr Gepräge gaben. Diese gebreiteten Klostersitze blieben die Mittler hin zum Volk, die ein volles Stück barocker Kultur und Lebensfreude in den Werkeltag hineintrugen. Man glaubt heute noch das frohe Leuchten aller Augen zu sehen, wenn man in alten Kirchenrechnungen für festliche Aufzüge und Komödien, für Weihnachtskrippen und Heilige Gräber, Posten um Posten findet. Bodenständiger als die Jesuiten, vielleicht weniger aktiv, aber dafür dem Volke näher, wurden gerade die alten Orden zu den großen Bauherren des Landes, und die Entfaltung des bayerischen Barocks geht mit dem Wiederaufblühen des Benediktinerordens Hand in Hand. Erst die gewaltige Wirtschaftskraft ihrer Klöster ermöglichte es diesen baulustigen Prälaten, einem Johann Michael Fischer oder einem Dominik Zimmermann die volle Freiheit des

Gestaltens zu geben. Steingaden hat für die Wies allein 180000 Gulden hingelegt, Rott am Inn sich mit seiner berühmten Abteikirche fast ruiniert. Es war ein Sich-Verschwenden an die barocke Kunst.

Daß aber die Kraft dieser Barockabteien nicht unerschöpflich war, und es auch hier auf gute Wirtschaftsführung ankam, sehen wir an manchem Prälaten, der sein Kloster abhauste und mit Schimpf und Schande gehen mußte. Das klassische Beispiel ist Abt Innozenz Völkl von Weihenstephan, der gerne sein Spielchen machte, eine großzügige Reise in die böhmischen Bäder unternahm und in sieben Jahren runde 60000 Gulden durchbrachte. Bei diesem oder jenem Prälaten mochte sich eben das Menschlich-Allzumenschliche recht deutlich zeigen, so daß wir heute noch an den alten Übernamen einiges ablesen können: Martin Hazi, der »Jägermartl« von Fürstenfeld, war ein gewaltiger Nimrod, Gerhard Bartl, der »Kälberprälat« von Weihenstephan, ein Nur-Ökonom; den vorletzten Reichsprälaten von Neresheim, einen sackgroben, despotischen Schweizer, kannte man in ganz Oberdeutschland als den »Schwäbischen Soliman«. Daneben wieder Idealbilder von Zucht und Frömmigkeit, wie ein Innozenz Moser von Asbach und ein Maurus Xaverius Herbst von Plankstetten, oder so feine Gelehrtenköpfe, wie ein Anselm Desing von Ensdorf oder ein Franz Töpsl von Polling. Die überwiegende Mehrzahl aber bildeten jene unverwüstlichen Altbayern, die, gescheit und schaffensfreudig, bei aller Liebe zu Kunst und Wissenschaft, bei aller Frömmigkeit, doch mit beiden Füßen auf dem festen Erdboden standen. Ihnen schloß sich Geistliches und Weltliches, Diesseitiges und Jenseitiges zur Einheit eines wahrhaft barocken Weltbildes zusammen. Vielleicht dürfen wir Gregor Plaichshirn als einen für viele nennen: den kleinen Dorfener Wirtsbuben, der zum großen Rokoko-Prälaten von Tegernsee wurde, mit festlichem Prunk das Jahrtausend seines Klosters feierte und nach hartem Gang mit Niederaltaich seiner Abtei in ganz Bayern den Vorrang sicherte.

Gleich nach den Prälaten der Adel. Was er immer noch bedeutete, zeigt ein einziger Blick in Wenings berühmtes Kupferstichwerk, wo man immer wieder staunt über die vielen Schlösser und Edelsitze, die weitaus zahlreicher als heute das ganze Land übersäten. Der Adel gab in der Landschaftsverordnung den Ton an, sah eifersüchtig auf sein Vorrecht bei der Besetzung der Staats- und Kirchenämter, klammerte sich vor allem an eine ganze Reihe von Standesprivilegien. Der eigene Gerichtsstand, die Braugerechtsame, das Recht öffentliche Urkunden auszufertigen, sind nur einige davon. Wenn nach dem Hofkalender von 1750 in allen höheren Kollegien die Ritterbank vor den Gelehrten kam, von den Außenstellen nur ein einziges Pfleggericht in nichtadeligen Händen war, konnten die Aufklärer mit Recht höhnen, Hof, Regierung und Landschaft seien für die Edelleute nur Weinfässer, die sie nach Belieben anstächen, um sich daraus ihren Trunk zu holen.

Trotzdem war die wirtschaftliche Lage des Adels nicht zum besten und das Bild hatte sich gegenüber der Ferdinand-Maria-Zeit kaum verändert. Freilich wird man auch hier unterscheiden müssen zwischen den alten edelmannsfreien Familien, die seit Jahrhunderten dem bayerischen Boden verbunden waren, und den vielen hochgekommenen Kammerdienern, die sich erst während der Reichsvikariats-Monate vom Kurfürsten ihren Adelsbrief erkauft hatten. Für Sitz und Stimme in der Landschaft sollte grundsätzlich die Edelmannsfreiheit von 1557 Voraussetzung sein. Was guter bayerischer Adel war, wie die Seinsheim oder die Königsfeld, die Tattenbach oder die Closen, hatte sicher auch seinen Anteil am Werden barocker Kunst; die Grafen Tilly haben für den Oberpfälzer Barock sogar viel bedeutet. Für die Münchener Stadtpaläste des bayerischen Hochadels waren seit Zucalli alle führenden Hofkünstler tätig, und es entstanden gerade hier Kunstleistungen von höchstem Rang. Josef Effner baute dem Grafen Maximilian von Preysing das wienerisch-elegante Palais gegenüber der Residenz, François Cuvilliés der Gräfin Holnstein das Palais an der Promenadestraße, Johann Baptist Gunetzrhainer dem Feldmarschall Törring das einst so fürstliche Stadthaus an der Dienerstraße. Zuletzt reihte sich im Adelsviertel um Theatinerkloster und Residenz ein Stadtpalais ans andere.

Das flaueste Mittelmaß von den privilegierten Ständen hielt eigentlich der dritte Stand, der Bürgerstand. Im stadtfeindlichen

Wilhelm de Grof, Der silberne Prinz (XXIII)

Markus Friedrich Kleinert, Balthasar Neumann (XXIV)

Altbayern hatte das Bürgertum nie die Rolle gespielt wie in Franken oder Schwaben, und wenn es jetzt sogar den großen Reichsstädten an frischem Wind fehlte, wird man in Altbayern vergebens nach treibenden Kräften suchen. Die Zunftverfassung diente fast nur dazu, den eigenen Schlendrian zu stützen und unbequeme Tüchtigkeit niederzuhalten. Die gesessenen Bürger vererbten ihre Meisterstellen wie ein dingliches Recht oder gaben sie nur nach der üblichen Vettern- und Basenwirtschaft wieder aus. An der Zahl der Meister ließ die Zunft nicht rühren, und den Mehrbedarf der Bevölkerung deckten schwarzarbeitende Gesellen oder außerhalb der Zunft stehende »Pfuscher«. 1771 gab's etwa im Münchener Schuhmacherhandwerk mehr Pfuscher als zünftige Meister. Hatte das bayerische Tuchmachergewerbe noch 1688 seine 399 Meister und 740 Knappen gezählt, so waren es 1782 nur noch 99 Meister und 85 Knappen. Bei den Handelsleuten sah es ähnlich aus. Längst war der Großhandel des mittelalterlichen Süddeutschlands vom Ausland erdrosselt worden, und dem seefahrenden Frankreich hielt nirgends mehr ein Fugger oder ein Welser Stich. Überhaupt fehlten die großen Unternehmer und die großen Vermögen. Das Münchener Handelshaus Ruffin war der einzige Kapitalist im Land, und wenn man Geld aufnehmen mußte, wandte man sich an die Kirchen, die Klöster und Bruderschaften.

Trotzdem darf man die Dinge nicht zu sehr durch die Brille der Aufklärer sehen. Bei der Billigkeit aller Lebensbedürfnisse führte der sichere Bürger doch ein recht behagliches Leben, und die wohlbeleibten Bierbrauer mit der weißen Leinenschürze und dem besitzstolzen Hauswesen fielen sogar einem italienischen Reisenden auf. Dabei soll man den Kulturstand nicht gleich nach Bücherwissen und absolut-geistigen Leistungen messen, sondern lieber einmal hineinschauen in den ganzen Jahreskreis von frommer Sitte und altem Brauch, von bunten Festlichkeiten, echtem Volksschauspiel und wirklich gewachsener volksmäßiger Kunst. Da ist dann jenes Trautmannsche Kulturbild des alten Münchens mit seinen verwinkelten Häusern und Gassen, seinen überblühten Basteien und Zwingergärten, seinen malerischen Vorstädten und seinen knapp 37000 Einwohnern. Wenn es dunkelt, werden noch die Stadttore zugesperrt und die »Thurner bey St. Peter« blasen im Winter um acht Uhr, im Sommer um neun Uhr das Abendlied.

Und neben aller Krähwinkelei stand der große Aktivposten des bayerischen Kunsthandwerks, das unter dem Einfluß der Münchener Hofkunst einen ungeahnten Aufschwung nahm. Aber nicht nur, daß das kurfürstliche München tüchtige Kunstschmiede und Schneidkistler hatte, das benachbarte Augsburg eine Stadt der Goldschmiede und Kupferstecher war, noch im letzten Marktflecken draußen saßen Bildschnitzer und Wachsbossierer, Landmaurer und Plafondmaler, die sich sehen lassen konnten. Tölz verschickte seine Bauernkästen, Friedberg war eine Stadt der Uhrmacher, in Mittenwald ging mit Matthias Klotz das Geigenbauen an, geschnitzt wurde im ganzen Oberland von Berchtesgaden bis hinüber nach Rottenbuch. Im Bayerischen Wald malte man Hinterglasbilder, und zwischen Vilsbiburg und Landau lag die niederbayerische Hafnerstatt, deren »Kröninger Geschirr« von Kraxenträgern bis nach Welschtirol verhandelt wurde. Es gab immer noch Erdinger Wollhändler, die alljährlich nach Venedig reisten, und Rottaler Bauernburschen, die als Treidelreiter bis Ungarn hinunterkamen.

Zum Bürgerstand gehörte freilich nur, wer das Bürgerrecht besaß. Selbst in den Städten und Märkten galten die vielen Tagwerker und Altgesellen, Fuhrknechte und Bräugehilfen, die kleinen Leute schlechthin, als bloße »Beisassen«, die kein volles Bürgerrecht hatten und auch nur eine »Beisitzsteuer« zahlten. Die Kramer, Wirtsleute und Handwerker draußen auf dem Land hatten am Bürgerrecht überhaupt nicht teil; selbst ein Gewerbe wie die Kröninger Hafnerei erwuchs ganz aus bäuerlichem Untergrund. In Altbayern lebten immer noch über 70 Prozent der Bevölkerung fern von Stadt und Markt, schritten immer noch über 60 Prozent aller erwachsenen Männer hinter dem Pflug her, und wenn für irgendein Land, so gilt gerade für Altbayern Riehls Wort, daß bäuerliche Zustände studieren, Geschichte studieren heiße.

Der Bauernalltag des 18. Jahrhunderts unterschied sich dabei kaum von den Verhältnissen der Bauernkriegszeit, und immer noch beherrschte die Grundherrschaft das gesamte bäuerliche Leben. Um 1760 gehörte von hundert Höfen über die Hälfte der Kirche und den Klöstern, ein gutes Viertel dem Adel, fast der ganze Rest dem Landesherrn; nur etliche vier oder fünf waren freies Eigen. Freilich war diese bayerische Grundherrschaft kein ostelbisches Junkertum, denn nicht nur bei den vielen Klöstern sondern auch bei den weltlichen Grundherren hielt sich der »Hofbau« in Grenzen und fast das ganze Ackerland war an die Bauern ausgetan. Selbst die Törring oder Tattenbach waren nicht Großgrundbesitzer im heutigen Sinn, sondern nur Obereigentümer über ein rundes Tausend von Bauerngütern. Dabei waren aber die bayerischen Grundherren, ganz gleich, ob Edelmann oder Prälat, ihrem Bauernland viel fester verbunden als etwa der französische Seigneur. Sie hatten in ihren Hofmarken auch die niedere Gerichtsbarkeit und die untere Verwaltung, setzten die Schullehrer ein und schrieben die Steuern aus, beglaubigten alle Verträge mit ihrem Siegel, waren mit Rat und Tat zur Stelle, wenn es wirklich sein mußte.

Andererseits besaß der Bauer seinen Hof nur zu Erb- oder Leibrecht, Neu- oder Freistift, und was der Grundherr an Stiftgeldern und Traidgilten, Scharwerken und Spanndiensten, Handlöhnen und Leibgeldern verlangen durfte, war ein solch barockes Knäuel von Rechten, daß selbst die Hofgerichtsadvokaten nur die Perücken schütteln konnten. Und doch standen all diese Grundlasten zueinander im ganz bestimmten Wechselverhältnis. Während der Hofmarksbauer das Roßscharwerk zu leisten hatte, wurde es vielleicht dem einschichtigen Untertan in Geld angeschlagen; während der eine Bauer ein hohes Leibgeld zahlte, aber eine niedrige Gilt reichte, war's beim andern gerade umgekehrt. Freilich gab es auch zwischen den einzelnen Grundherrschaften beträchtliche Unterschiede. Weltliche Herren faßten meist schärfer zu als geistliche, aber auch bei den Klöstern konnte etwa das große Benediktbeuern seine Rechte viel laxer handhaben als das kleine St. Veit, wo man noch den letzten Besteuerungstitel ausnützen mußte, um es im Auftreten den großen Abteien gleichtun zu können. Überhaupt kam es viel darauf an, wie's der jeweilige Hofmarksrichter hielt: ob er ein Biedermann war oder bloß ein Beutelschneider und Sportelrechner.

Das eigentliche Bauernleben des 18. Jahrhunderts zeichnen uns erst die Austragsbriefe und Verlassenschaftsinventare, vor allem aber die Besitzveränderungsfälle, wie sie sich in den sogenannten »Briefprotokollen« niederschlugen. Wenn es auch hier landschaftliche Unterschiede gibt, so spiegeln sich doch meist recht bescheidene, mitunter sogar gedrückte Verhältnisse. Die Wirtschaftsführung war rückständig und altväterisch. Der Kleebau, das Kartoffelstecken, die Stallfütterung, das Kotgraben und Mergelführen, setzten sich erst mit dem Ende des Jahrhunderts allgemein durch. Dazu fehlte es überall an Bargeld, und wenn der Hofübernehmer mehrere Geschwister hinauszahlen mußte, blieb ihm kein anderer Ausweg als das Schuldenmachen. So schaute man beim Heiraten mit aller Bauernschlauheit auf Geld und Aussteuer und durfte darüber hinaus nicht mehr allzu wählerisch sein.

Besonders hart war das Los der nachgeborenen Söhne und Töchter, denn wer nicht ein Gut übernehmen oder eine Erbtochter heiraten konnte, mußte sein ganzes Leben Knecht bleiben. Freilich war die Lage der altbayerischen »Ehehalten« nicht schlecht, der soziale Unterschied gegenüber dem Dienstherrn kaum zu spüren, aber der alte oder kranke Dienstbote erhielt keinen Kreuzer Unterstützung, und noch 1781 war der Bauer in keiner Weise verpflichtet, den arbeitsunfähigen Knecht auch nur für ein paar Wochen in Haus und Pflege zu behalten. Dazu beherrschte die ganze bayerische Gesetzgebung eine geradezu kindische Angst vor dem Anwachsen der besitzlosen Leute, und man suchte den Dienstboten das Heiraten möglichst schwerzumachen. Meistens mußten sie sehen, daß sie in irgendeiner Hofmark als Tagwerker aufziehen durften. Sie saßen dann auf einem »Leerhäusl« mit vielleicht einem Baumgärtl und einem Krautäckerchen, und der Spitzname »Sterngucker« gab zum löchrigen Hüttendach auch noch den derben Bauernspott dazu.

Doch man war im 18. Jahrhundert genügsam und anspruchslos, nahm das Leben wie es kam, und teilte den Sonntag und die vielen Feiertage getreulich zwischen Kirche und Wirtshaus. Und trotz der Enge und Plackerei war der bayerische Bauer alles andere als verdumpft. Es gab so etwas wie ein Bauernbarock und ein Bauernrokoko, eine vollsaftige Dorfkultur überhaupt; in Schnurren, Späßen und Spinnstubengeschichten lebte sich die ganze Bildkraft altbayerischer Mundart aus, und das Volkslied hatte noch eine Frische und Ursprünglichkeit, die bis weit ins 19. Jahrhundert hinein weiterschwang. Aus Regierungsgutachten wissen wir, daß die meisten Landpfarrer dem Bauernstand entstammten, und wenn auch in den Klöstern das bürgerliche Element vorherrschte, so finden wir doch immer wieder Bauernbuben unter den Rokoko-Prälaten des Landes und auf den Lehrkanzeln der Ordenshochschulen und der Salzburger Universität. Ein Barockbildhauer wie der große Balthasar Permoser war auf dem Neumayr-Anwesen zu Kammer geboren, ein Freskomaler, wie Matthäus Günther am Peißenberg, und die beiden Hagenauer, die Spätbarockmeister des Rupertiwinkels, waren auf dem Amanhof in Straß daheim.

Unbeirrbar hielt die Barockzeit an den herkömmlichen Standesunterschieden fest, und mit starrem Sinn für Ordnung und Rang suchte der Höhergestellte keinen Verkehr mit dem Handwerker, dem Bauern oder dem Knecht. Und doch fühlten sich wieder alle Stände einbezogen in die große Gemeinschaft der einen Kirche, und man kann kein Bild barocken Lebens entwerfen, ohne nicht auch die spezifisch-katholische Religiosität dieses bayerischen 18. Jahrhunderts zu umreißen. Kurfürst Maximilian I. hatte ja Bayern ganz bewußt zum kernkatholischen Staat geprägt, und seine Nachfolger hielten an der ausschließlichen Katholizität des Landes unerbittlich fest.

Hof und Adel gingen voran, und das Volk tat es ihnen nach. Man darf nur an die Münchener Fronleichnamsprozession denken, die im Barock ihren Glanzpunkt erreichte: die ganze Stadt wetteiferte im Schmuck der Häuser, und nichts war für den »Prangertag« zu schade. »Habe ausgehängt im untern Balcon meinen großen Paul Veronese ...«, notierte sich etwa Graf Maximilian von Preysing 1738 ins Tagebuch. Die geistlichen Bruderschaften erreichten ihren Gipfel. Die Marienbruderschaft von Wessobrunn zählte allein schon 16000 eingeschriebene Mitglieder; der Michaelsbruderschaft von Berg am Laim verdanken wir eine unserer schönsten Rokoko-Kirchen überhaupt; die typisch bayerische Maria-Hilf-Bruderschaft eroberte sich von Passau aus das Donauland, von St. Peter in München aus Oberitalien.

Auffallend ist auch die ungewöhnlich große Zahl tiefreligiöser

Menschen aus allen Volksschichten. Der heiligmäßige Pfarrer Seidenbusch führte in Aufhausen, München und Wien die Oratorianer ein; der Weltpriester Bartholomäus Holzhauser gründete ein Institut für Geistliche mit gemeinsamer Lebensführung, das bald weit über Kurbayern hinausgriff (Bartholomäer); Maria Anna Lindmayr, die Tochter eines Münchener Hofbediensteten und demütige Karmelitin, war die große Barockmystikerin, ja im Sturmjahr 1704 die Sprecherin des ganzen Landes. Zur Religiosität des breiten Volkes geben dann ohnedies die vielen Wallfahrtskirchen mit ihren schlichten Votivtafeln und treuherzigen Wunderlegenden, ihren abgegriffenen Weichbrunnkesseln und dämmrigen Betwinkeln, einen ganz unmittelbaren Zugang. Allein von den Wallfahrten um München gehen Maria-Eich und Maria-Brunn, Grünsink, Harlaching und Ampermoching auf die Barockzeit zurück; die Verehrung des gegeißelten Heilandes in der Wies verbreitete sich vom Pfaffenwinkel bis in die Oberpfalz und ins Egerland. Freilich äußerte sich diese barocke Frömmigkeit oft in derb-sinnlichen Formen, trug sie ein gutes Stück Wunderglauben in sich, aber sie war echt und wahr – auch wenn es Aufklärer vom Schlage eines Nicolai befremden mochte, daß der Fuhrmann vor jedem Heiligenbild die Mütze zog oder der Stallknecht beim Zwölfeläuten an der Haberkiste niederkniete. Das Bayern des Barocks war nicht nur das Land großer Kirchen und gebreiteter Klöster sondern auch das Land der Feldkreuze und der Wegkapellen. Man konnte wirklich, wie es das schöne Buch von Matthäus Rader und Raphael Sadeler tat, von der »Bavaria sancta« sprechen – vom »geistlichen Bayern«.

25. KAPITEL

DIE BAYERISCHE BAROCKKULTUR

Von Zuccalli zu Zimmermann

Fürstliche Prunkfreude und tragende Katholizität, fremde Anregung und die Atmosphäre des eigenen Landes, europäischer Zeitgeist und die tastende Bereitschaft des bayerischen Geblüts – alles wirkte zusammen zum Werden barocker Kunst. Gerade dieser bayerische Barock, wie er weit über die bildende Kunst hinaus das ganze geistige Leben der Zeit beherrschte, schließt sich uns Heutigen immer mehr zum Gesamtbild einer süddeutschen Kultur, die in ihrer breiten Musikalität und ihrer augenfrohen Freude am Schauen durchaus gleichwertig neben der mehr vernunftbestimmten, wortgeprägten Kultur des deutschen Nordens stehen kann. Das Ausformen des bayerischen Barocks ist die große, bis auf unsere Tage nachwirkende Leistung der Zeit zwischen dem Dreißigjährigen Krieg und der Französischen Revolution.

Das bayerische Stichjahr für den endgültigen Sieg des Barocks ist der Baubeginn an der Münchener Theatinerkirche (1663). Die Schule der Theatinerkirche befruchtete die zaghaften Anfänge der einheimischen Stukkadorergruppen, und Zuccalli-Paliere, wie Antonio Riva und Lorenzo Sciasca, trugen den italienischen Barock hinaus aufs flache Land. Neben dem Münchener Hofbaumeister Enrico Zuccalli noch seine beiden Vettern Gaspare und Cristòforo, die viel in Südbayern tätig waren – man darf etwa nur an die Innklöster Au und Gars erinnern. Der eigentliche Kirchenbaumeister unter diesen »bayerischen Italienern« war aber der von Zuccalli viel angefeindete Giovanni Antonio Viscardi. Er stellte mit der Münchener Dreifaltigkeitskirche den epochemachenden Zentralbau hin, entwarf vor allem die Pläne für die stolze Abteikirche von Fürstenfeld, die mit ihrem Höhendrang und ihrem Zug zum Einheitsraum in die große Entwicklungskette bayerischer Barockarchitektur gehört.

Daneben bauten die Bischofsstädte im Südosten ihre Dome fertig:

Salzburg mit einer Schauseite, die in jeder Weise die große Form des Südens hält; Passau mit einem Raum, der nach Ausmaß und steiler Kühnheit in ganz Süddeutschland seinesgleichen sucht. Auch die wiedererstandenen Oberpfalzklöster gaben zu dieser Barock-Ouvertüre einen machtvollen Akkord, und ob Ensdorf oder Speinshart, Michelfeld oder Waldsassen – alle haben sie noch vor 1700 mit dem Bauen angefangen. In ihrem Bereich kam die oberbayerische Maurerfamilie der Dientzenhofer in die Höhe. Fünf Brüder waren es allein in der älteren Generation: Wolfgang als der erste Barockmeister der Oberpfalz; Georg, der die köstliche Kappel bei Waldsassen baute und mit der Bamberger Jesuitenkirche den Barock nach Franken hinübertrug; Christoph, der sich in Böhmen Bahn brach. Vor allen aber muß man Leonhard und Johann Dientzenhofer nennen, die beiden Schönbornschen Hofbaumeister von Bamberg und Kurmainz, die mit Kloster Banz und Schloß Pommersfelden schon ganz dem fränkischen Hochbarock gehören. Noch das Lebenswerk Balthasar Neumanns steht auf den Schultern eines Johann Dientzenhofer.

Die Maler und Bildschnitzer dieses 17. Jahrhunderts reichten freilich nur selten über das gute Handwerksmaß hinaus. Balthasar Permoser, den man als Plastiker noch über Schlüter stellen kann, ging zu August dem Starken nach Dresden; Johann Michael Rottmayr aus Laufen, der ganz in den leuchtenden Farben der Venezianer malte, starb als kaiserlicher Hofmaler in Wien. Nur im Bereich des Innviertels gab es einige ländliche Meister von Format: die Zürn in Burghausen, die Bendl in Pfarrkirchen, Thomas Schwanthaler in Ried, Meinrad Guggenbichler in Mondsee – barocke Gotiker voll ausfahrender Bewegung, in denen das Erbe Hans Leinbergers weiterschwang. Im Strahlbereich der Dientzenhofer erscheint das plastische Werk eines Elias Räntz, der, in Regensburg geboren, zum Hauptmeister des »Markgrafenbarocks« wurde. Wenn auch schwächer im Temperament, kam er mit dem Altar von Pilgramsreuth doch Permoser nahe.

Italiener waren den Bayern zu Lehrmeistern barocker Kunst geworden. Mit dem 18. Jahrhundert kamen dann schon Effner und Cuvilliés und begann die Blüte des Münchener Rokokos. Der Hof gab den Esprit und die Anregung, das Volk erst das blutwarme Leben. Schlichte Meister aus alten Handwerkerfamilien und hofgesessenen Bauerngeschlechtern führten die Salonfröhlichkeit der Franzosen hinüber zum gottseligen Jubel ihrer Rokokokirchen. Von 1720 etwa bis in die sechziger Jahre hinein – das war die eigentliche Zeit des bayerischen Rokokos, und in einer einzigen Bauwelle erwuchsen hier die wahrhaften Eigenschöpfungen bayerischer Kunst. Denn trotz Schleißheim oder der Amalienburg: nicht auf die Hofkunst kommt es an, sondern auf die des Volks, nicht auf die Schlösser, sondern auf die Kirchen. Das bayerische Rokoko ist weder Zopfstil noch Dekadenz, es ist einfach später Barock, wie auch die bayerische Gotik Spätgotik gewesen ist. Es ist Stammesart, die fremden Anregungen erst spät aufzugreifen, aber dann alle darin beschlossenen Möglichkeiten zur letzten Reife zu steigern.

Am Anfang des bayerischen Rokokos stehen die Brüder Asam. Der Vater hatte noch in biederer Landmeisterart seine Deckenbilder gemalt, der Abt von Tegernsee dann die beiden Söhne zur weiteren Ausbildung nach Rom geschickt, und voll von Eindrücken und Schaffensdrang waren sie 1714 nach Hause gekommen. In der Oberpfalz setzte ihr Werk ein; 1720 nahmen sie bereits die Innenausstattung von Aldersbach in die Hände, 1724 warfen sie dem Freisinger Dom das Barockgewand über und lieferten damit ihr Meisterstück. Und wenn man zehnmal weiß, daß Cosmas Damian Asam der große Malerarchitekt war und Egid Quirin der Bildhauer und Stukkateur: die beiden Brüder arbeiteten einander unvergleichlich in die Hände und ließen mit schrankenloser Schöpferkraft alle Künste ineinanderspielen. Sie kamen von der Malerei; Architekten waren sie erst in zweiter Linie, und sie bauten ihre Räume lieber aus Licht und Traum. In Altbayern allein mögen es gut dreißig Kirchen sein, in denen die Asam gearbeitet haben. Darunter sind Glanzleistungen, wie die Abteikirche von Osterhofen, der Ingolstädter Bürgersaal, die Ursulinenkirche in Straubing. Der Altar von Rohr, die Klosterkirche von Weltenburg, die Asamkirche in München, das sind dann ihre drei unwiederholbaren und ganz persönlichen Werke.

Neben den Asam steht schlicht und gerade, Maurer durch und

durch, Johann Michael Fischer. In Burglengenfeld in der Oberpfalz geboren, heiratete er nach Wanderjahren in Böhmen und Österreich ins Münchener Bauhandwerk hinein. Und Fischer fing an, wo Viscardi aufgehört hatte: er wurde der Meister, der in vergrübelten Grundrissen immer wieder den Einheitsraum des Spätbarocks suchte – den Raum voll innerer Spannung und gelöster Harmonie, voll klarer Schaubarkeit und vergleitender Musikalität. Im Bereich der niederbayerischen Klöster setzte mit dem Umbau von Niederaltaich, der Propsteikirche von Rinchnach und der Abteikirche von Osterhofen Fischers Aufstieg ein. Als ihn 1732 Propst Herkulan Karg nach Dießen rief, hatte er die reife Mittagshöhe seines Schaffens erreicht: Berg am Laim, Aufhausen, Ingolstädter Franziskanerkirche, Fürstenzell. Vor allem griff er aus dem bayerischen Binnenland weit ins Schwäbische hinaus: 1741 Zwiefalten, seit 1744 Ottobeuren, »einer der vornehmsten Kirchenbauten aller Zeiten in Deutschland« (Dehio). Die Abteikirche von Rott am Inn ist dann das reife Spätwerk des Meisters – in ihrer Verknüpfung von Zentralraum und Langhausbau die einzigartige Lösung des Gedankens, der Fischer sein ganzes Leben bewegt hatte. Und neben den großen Werken wieder so kleine Bauernkirchen wie Bichl bei Benediktbeuern oder Unering bei Starnberg. Der Grabstein in der Münchener Frauenkirche rühmt ja, daß Fischer nicht weniger als 32 Kirchen und 23 Klöster erbaut habe, »Gemüther aber viele hundert durch sein altteutsche und redliche Aufrichtigkeit«. Wir haben hier etwas von der innersten Gesinnung des größten süddeutschen Kirchenbaumeisters der Zeit.

Aus dem Wessobrunner Bereich, wo sich Bayerisches und Schwäbisches so unvergleichlich mischt, kam der dritte: Dominikus Zimmermann. Als Bürgermeister von Landsberg saß er zeitlebens weitab vom großen Strom, und sein Werk ist allerreinste volksmäßige Kunst in ihrer schönsten Vollendung. Er kommt immer wieder zum Wessobrunner Motiv des Säulenumgangs, ja löst ganze Wände auf in wiegende Säulenstellungen, musiziert mit den Fensterformen in wundervoller Freiheit. Kleine Kirchen wie Mödingen oder Buxheim, das bedeutende Steinhausen, die Frauenkirche in Günzburg, alles erscheint wie eine Vorstufe für die Wallfahrtskirche in der Wies, die der alte Mann dem Kloster Steingaden mitten in die Einsamkeit der Vorberge hineinbaute. Uns Heutigen ist die Wies Höhepunkt und Vollendung des bayerischen Rokokos überhaupt.

Wenig was sonst im Land gebaut wurde, kann sich neben dem Dreigestirn der Asam, Fischer und Zimmermann halten. Nur die mit Fischer versippten Gunetzrhainer schufen noch einige bedeutende Bauten: die Münchener Damenstiftskirche, Seligenthal in Landshut, die Karmeliterkirche in Reisach am Inn. Der Wessobrunner Josef Schmuzer dagegen, der für Ettal und Rottenbuch tätig war, gehört schon mehr zu den gescheiten Landmeistern, wie sie der bayerische Barock dutzendweise hervorbrachte. Die beiden Kogler, Vater und Sohn, haben allein in der Erdinger Gegend an die fünfzig große und kleine Barockbauten hingestellt. Und wer kennt schon Dorfkirchen wie Klimmach oder Berbling, Hörgersdorf oder Offenstetten, Bauernwallfahrten wie Weihenlinden oder Maria-Thalheim, Heuwinkel oder Herrgottsruh? In sie gehört das strotzende Dukatengold barocker Prunkaltäre und der andächtige Wandlungsjodler der alten Pastoralmessen.

Aus bayerisch-fränkischer Wurzel erwuchs das Werk des größten Architekten des 18. Jahrhunderts – das Werk Johann Balthasar Neumanns. In Eger geboren, gelernter Büchsenmacher und Feuerwerker, trat er 1712 in die fränkische Kreisartillerie ein, und es war für ihn nur noch ein Schritt zum Ingenieurhauptmann, Stückhauptmann und fürstbischöflichen Baudirektor. Seine Gesamtleistung ist kaum zu überschauen: Festungswerke, Kasernen, Zeughäuser, Brükken, Wasserwerke, Brunnen, Glas- und Spiegelfabriken; vor allem aber wuchs er als Baumeister der Würzburger Residenz empfangend und gebend in den ersten Rang europäischer Barockkunst hinein. Doch auch für Neumann lag der Schwerpunkt des Schaffens letztlich beim Kirchenbau, und die siebzig Kirchen, die in seinen Kunstbereich gehören, wären allein schon genug, das Lebenswerk eines Mannes bis zum Rande auszufüllen. Seit 1720 kann man dabei in geschlossener Linie verfolgen, wie bei Neumann der Gedanke der Wanddurchbrechung immer mehr ausreift, die Seitenschiffe immer mehr verkleinert werden, »bis die Wände zu zwei Schalen werden, von denen die innere die Lichtquelle verschleiert und die Lichtheit des Raumes in ein geheimnisvolles Lichtströmen verwandelt« (Feulner). Am Ende die späten Hauptwerke: die grandiose Kühnheit der Wallfahrtskirche von Vierzehnheiligen oder die »erschütternde Großartigkeit« der Abteikirche von Neresheim.

Mit dem frühen Rokoko kamen nicht zuletzt auch die vielen Ausstattungskünstler: die Maler, Bildhauer und Stukkateure, die sich ganz dem Architekten unterzuordnen hatten und dennoch Raum fanden für eine erstaunliche Freiheit des eigenen Schaffens. Waren bei den Bildhauern schon neben Egid Quirin Asam so tüchtige Meister gestanden wie Johann Georg Greiff und Joachim Dietrich, so begann dann 1735 mit Johann Baptist Straub die eigentliche Münchener Rokoko-Skulptur. Straub war ein tüchtiger Altarbauer, ein Meister der eleganten Bewegung, routiniert und gefällig. Um vieles bedeutender, Straub in jeder Hinsicht über, sein Schüler Ignaz Günther. Bei ihm kamen zur Straubschule noch die Anregungen von Mannheim, Salzburg und Wien, und seit 1755 sprühte er in zwei kurzen Jahrzehnten jene einzige Reihe von Werken heraus, die uns die reifste Offenbarung des bayerischen Rokokos sind. Bei Günther-Figuren spricht nicht so sehr das Antlitz, sondern noch mehr die ganze Gestalt: die vollendete Linienführung, der sinnliche Reiz des nach außen gewandten Gefühls, jenes unnachahmliche Ausgreifen, das den Raum selber zum Bild macht. Rott am Inn, Neustift bei Freising und Mallersdorf bei Landshut besitzen seine drei großen Hochaltäre; dazu kommen Einzelwerke, wie die Verkündigungsgruppe von Weyarn, die Immakulata von Attel oder die Pietà von Nenningen.

Für das Donauland steht Passau mit Josef Matthias Götz. Mit neunzehn Jahren hatte er sich beim Kloster St. Nikola niedergelassen, wurde er Bildhauer, Ingenieur und Architekt, fand er in niederbayerischen und österreichischen Stiften sein reiches Arbeitsfeld. Trug Götz noch mit dem Schwung der Asamgeneration vor, so wurde sein Nachfolger Josef Deutschmann, virtuos und elegant, zum Spätmeister des südostbayerischen Rokokos. Das Erbe der Innviertler Gotik aber lebte sich aus im Werk Wenzel Jorhans aus Griesbach: im Jubelsturm seiner Bauernheiligen, die mit gratigem Faltenwurf und blabbernden Mänteln auf den Podesten stehen. Sein Sohn Christian ging schon bei Straub in die Lehre und saß zeitlebens in Landshut. Er gehört zu unseren tüchtigsten Rokokomeistern. Im Eichstättischen hielten Josef Anton Breitenauer und Johann Jakob Berg die Linie, und in Augsburg war Egid Verhelst der bedeutendste Name.

Von barocker Raumphantasie getragen, bestimmt vom festlichen Klang des großen Deckenfreskos, ist auch die Malerei des 18. Jahrhunderts. Mit den zurückgerafften Vorhängen und niederschwebenden Engelschören, den tiefen Spielflächen und lebensvoll agierenden Figuren spiegelt sich in ihr die ganze Theaterwelt der Zeit. Vor allem sind es zwei Gruppen, die hier das bayerische Feld beherrschen: die Münchener und die Augsburger.

Die Münchener führt Cosmas Damian Asam, in den Anfängen noch stark von Rom her bestimmt, aber als Deckenmaler von einer Bravour, wie sie keiner mehr erreicht hat. Schüler von ihm sind die beiden Hallertauer Christian Thomas Scheffler und Felix Anton Scheffler, von denen der ältere in Schönbornschen Diensten bis Mainz und Trier kam, während der jüngere nach Schlesien ging. Der Zeitstil aber lief ins reife Rokoko hinüber. Zu wirksamster Dramatik zugespitzte Komposition, luftige Leichtigkeit der Form, schimmernd helle Farben – das ist dann Matthäus Günther, der seinerseits wieder die Verbindung zwischen den Münchenern und den Augsburgern herstellte. Und ob Amorbach oder Wilten, Indersdorf oder Rott am Inn, es gab kaum ein Jahr, wo Günther nicht einen größeren Freskenkreis geschaffen hätte.

In Augsburg selber war der Wolffschüler Johann Georg Bergmüller bei fünfzig Jahre Direktor der Stadtakademie, und zu ihm kam, wer immer in Süddeutschland das Malen lernen wollte. Unter Bergmüllers vielen Schülern, den Baumgartner und Magges, den Kuen und Göz, war ein wirkliches Genie, Johann Evangelist Holzer. Über seinem Leben liegt der Hauch Mozartscher Frühvollendung: ein großartiger Anlauf, eine Fülle von Zeichnungen, Skizzen und Plänen, die Fresken von Münsterschwarzach und St. Anton in Partenkirchen, mit 31 Jahren ein plötzlicher Tod zu Clemenswerth im Emsland. Außer den Münchenern und den Augsburgern kamen nur noch die großen Tiroler viel in Bayern herum: ein Johann Jakob Zeiller, ein Martin Knoller, ein Josef Schöpf.

Auch beim Stuck lockerte sich die italienische Schwere, verschwanden die tiefschattenden Gesimse und prallen Fruchtgewinde, und es siegten das bayerische Bandelwerk und die französische Rokoko-Muschel. Hauptträger der Entwicklung waren die »Stukkadorer« von Wessobrunn und ihr führender Kopf Johann Baptist Zimmermann, der Bruder des Baumeisters, der Hofkünstler und faustfertige Dekorateur. Dazu kamen die anderen Wessobrunner Künstlerfamilien: die Schmuzer, die Rauch, die Ybelher, die Zöpf, vor allem die Feichtmayr. Aus den paar Bauerndörfern ums Kloster, diesem Gaispoint und Haid und dem zwei Stunden entfernten Raisting, gingen an die tausend Meister hervor, und sie stukkierten von Versailles bis Warschau, von Schönbrunn bis Sanssouci.

Was sonst noch das Gipserhandwerk trieb, kann neben den Wessobrunnern nicht ins Gewicht fallen. Höchstens daß es in Niederbayern etliche Ausnahmen gab. Da war Matthäus Obermayer in Straubing, der Hauptmeister des Gäubodens und Schöpfer der geistvoll-verwilderten Altäre von Kloster Windberg; zu Kößlarn im Rottal saß Johann Baptist Modler, der »Meister in Zimmerart«, der mit dem Stuck der Passauer Residenz sein Hauptwerk schuf. In Obernberg am Inn aber stehen von Modler einige der schönsten Hausfassaden der Zeit: kapriziöses Zierwerk, das die Hauswände überrankt »wie eine Landlermelodie« (Karlinger).

Wortkunst, Musik, barocke Gelehrsamkeit

Es klingt sonderbar: am bayerischen Hof waren nicht nur Kunst und Musik italienisch, sondern auch die Literatur. Man hielt sich italienische Komödianten und verschrieb sich Hofdichter aus den ersten italienischen Adelshäusern. Aber vielleicht war ein Domenico Gisberti wirklich besser als Matthias Etenhueber, der »Hofpoet« unter Max III. Josef, der als armseliger Hungerleider in einer Dachkammer hoch überm Frauenplatz wohnte und seine Alexandriner und gereimten Bettelbriefe schockweise aus dem Ärmel schütteln mußte.

Daneben schwärmte während des ganzen Barocks eine Flut von Historien und Spielbüchern, Zeitgedichten und geistlichen Liedern. Freilich, in die Literaturgeschichte läßt sich höchstens Nürnberg zwängen, wo mitten unterm Dreißigjährigen Krieg das Dichterkränzchen des »Pegnesischen Blumenordens« aufgeblüht war. Georg Philipp Harsdörffer, Johannes Klaj und Siegmund Birken waren die gefeierten Namen: Männer, die in der romanischen Literatur wie in der bayerischen Jesuitendichtung zu Hause waren, weltgewandte Vielschreiber, Meister einer geradezu unglaublichen Lautmalerei, die bereits den ganzen Impressionismus vorwegzunehmen schien. Eine andere Gruppe, barockferner, aber doch in vielem mit den Nürnbergern verbunden, bildeten die österreichischen Lutheraner. Wolfgang Helmhard von Hohberg verzog 1664, der ewigen Reibereien mit der alten Kirche müde, ins protestantische Regensburg und schrieb hier seine Verserzählungen, vor allem aber sein schönes Werk über das adelige Landleben. 1682 kamen die zwei mächtigen Bände in Nürnberg heraus. In Nürnberg selber lebte Katharina Regina von Greiffenberg zu Seyssenegg, deren »Geistliche Sonette« zur besten deutschen Barockdichtung gehören. Die merkwürdigste Figur war aber Josef Schaitberger, der »arme Exulant« aus dem Salzburgischen, der mit weißem Halstuch und langen Haaren bei den Predigern von St. Lorenz und St. Sebald ein- und ausging, sich tagsüber als Holzhauer verdingte und nachts bei der Kerze eifernd-fromme Traktate verfaßte.

Im eigentlichen Altbayern dagegen war nicht so sehr der Wortbarock daheim als der des Bildes. Um bayerische Barockliteratur zu fassen, wird man ganz eigene Literaturgruppen bilden müssen, wie etwa Traktat, Wallfahrtsbuch, mystischer Text oder große Predigt. Derb, wirkungssicher, voll eindreschender Wucht, so können wir an Pater Abraham a Sancta Clara den Grundton bayerisch-barocker Kanzelberedsamkeit ablesen. Es war eine Art Himmel und Erde zu sehen, wie man sie »viele Menschenalter bei hundert bayerischen Landpfarrern hören konnte«. Wohl war Abraham a Sancta Clara im Schwäbischen auf die Welt gekommen, aber wie schon der Vater Theis Megerle aus Wasserburg am Inn stammte, der Onkel Kanonikus in Altötting war, so hatte auch er selber seine Lernjahre zu

Ingolstadt und Salzburg abgesessen. Von 1667 bis 1669 stand Abraham a Sancta Clara dann ausgerechnet in Taxa bei Odelzhausen auf der Feiertagskanzel, und für Taxa schrieb er das reizende Wallfahrtsbüchlein vom Gack-Gack der »wunderseltzamen Hennen« zu Maria Stern. In Landshut predigte der Kapuzinerpater Jordan Reisberger, in Weilheim der Pfarrer Selhamer, in Aufkirchen Pater Gelasius Hieber – und von Stunden im Umkreis liefen die Landleute zu.

Oder wenn wir ins bayerische Schwaben hinübergehen: hier saß in Gottmannshofen bei Wertingen der Hochwürdige Herr Johann Christoph Beer auf seiner entlegenen Bauernpfarre – ein Wiener Kind, Schüler der Dillinger Universität und der spanischen Barockmystiker, Traktatschreiber und Sonntagsprediger. Sein »Mercks Baur« von 1751 ist eine Fundgrube für die Kenntnis des barocken Bauernvolkes. In der Fuggerstadt Weißenhorn wurde der »schwäbische Aristophanes« Sebastian Sailer geboren, Prämonstratenser zu Obermarchtal, Bauernpfarrer und Bauernprediger zu Dieterskirchen.

Auch sonst hatte jedes größere Kloster ein paar tüchtige »Ordinari-Prediger«, und wenn man das Jubiläum eines Stiftes feierte oder einem Prälaten die Leichenrede hielt, holte man sich von weit her die besten Kanzelredner und brachte ihre Predigten hernach im Druck heraus. Gerade aus der Barockpredigt erwuchs ein Schriftbayerisch von so prächtigem Mundartklang, daß höchstens das 19. Jahrhundert darüber platte Witze machen konnte. Die Benediktiner von Kempten versuchten zwar schon um 1750 mit dem Leipziger Literaturpapst Gottsched in Fühlung zu kommen, aber erst der Schulreformer Heinrich Braun konnte dann in den siebziger Jahren dem »Meißener Deutsch« auch in Bayern Bahn brechen.

Die beherrschende Literaturform des süddeutschen Bildbarocks, dem bayerischen Wesen gemäß wie sonst keine mehr, blieb freilich das Theater – nur daß jetzt neben die Jesuitenbühne auch die Benediktiner traten. Und ob Heiligenlegende oder Lokalstück, Altes Testament oder Rokoko-Chinoiserie, dieses barocke »Theatrum mundi« umfaßte wirklich eine ganze Welt, und wie im Leben wechselten im selben Stück Freud und Leid, Weinen und Lachen, Held

 George Desmarées, Der Maler Franz Joachim Beich (XXV)

Eduard Heuß, Graf Montgelas (XXVI)

und Hanswurst einander ab. Alle geistlichen Städte des Landes hatten ihre großen Barockbühnen, tonangebend war aber das fürstbischöfliche Salzburg, wo Hirtenspiel und geistliche Musik schon immer daheimgewesen waren. Jedes Jahr zum Studienschluß im August führten die Studenten im Carabinieri-Saal der Residenz ihre »Endskomödie« auf, deren Abfassung dem jeweiligen Professor für Dichtkunst und Beredsamkeit zufiel. Gewiß, nicht jeder Pater, der recht und schlecht seine Endskomödie zusammenzimmerte, muß deswegen als Dichter gelten, aber zumindest vier Namen zeigen ein scharfumrissenes Profil: Simon Rettenpacher von Kremsmünster, einer der bedeutendsten Deutschen des 17. Jahrhunderts überhaupt; Otto Aicher von St. Veit, der Lehrer Abraham a Sancta Claras; Plazidus Seiz, der nachmals so berühmte Abt von Ettal; Marian Wimmer von Seeon, der Singspieldichter und Freund der Familie Mozart. Die Entwicklung lief dabei vom lateinisch geschriebenen Stück zum deutschen, zu eingelegten Zwischenspielen in Salzburger Mundart, zum immer stärkeren Betonen der Musik. Bis uns bei Wimmer der ganze Schlußchor entgegenjubelt:

»Jauchzet alle! Seid vergnügt,
Da die Jubellieder klingen.
Ruft Triumph! Die Liebe siegt!
Pauker, laß die Schlegel springen!«

Dieses Salzburger Benediktinertheater strahlte bis Ottobeuren, Kremsmünster und Ensdorf aus, verklärte sich im Passionsspiel von Oberammergau, für das Pater Ferdinand Rosner von Ettal um 1750 das neue Spielbuch schrieb. Und wie das Theaterblut im ganzen Volk fieberte, kann man daran sehen, daß bis zum Verbot unter Max III. Josef an die siebzig bayerische Orte »den Passion« aufführten, daß in Kiefersfelden bei Rosenheim die Hammerschmiedsgesellen ein eigenes Theater aufmachten, für die Laufener Schifferknechte das Theaterspielen geradezu der Winterverdienst war. Der Münchener Bürger wollte noch um 1790 von der deutschen Hofbühne des Grafen Seeau nichts wissen, sondern ging lieber ins Volkstheater beim Faberbräu, wo er seinen »Lipperl« sehen konnte und derber Witz und breites Lachen auf allen Bänken saßen. Noch 1787 konnte in Regensburg Emanuel Schikaneder seine großen Freilichtspiele herausbringen – derselbe Schikaneder, der dann das Textbuch zu Mozarts »Zauberflöte« schreiben sollte.

Dichtung und Musik klangen auf bayerischem Boden zusammen wie kaum anderswo. Und bei aller Liebe für Kunst und Wissenschaft: die bayerische Musikkultur gewann eine Tiefe und Breite, die alles andere in den Schatten stellte, und man spürte förmlich, wie das Land dalag mitten zwischen den Hochburgen europäischer Musik, mitten zwischen Italien und Böhmen. Fast jedes einigermaßen ansehnliche Kloster hatte im 17. oder 18. Jahrhundert einen Komponisten von Rang aufzuweisen, ja in Ottobeuren löste ein Mönchskomponist den andern ab, und in Andechs war's kaum anders. Und natürlich machte man überall die ganze Entwicklung mit, von der strengen Kontrapunktik der Palestrina-Schule zum konzertanten Stil des Barocks und zum Schnörkelwerk des Rokokos. Träger des musikalischen Fortschritts waren vor allem die Chorherrnstifte, aber auch die Benediktiner schickten ihre Patres zum Hofkapellmeister Kerll nach München oder zu Christoph Willibald Gluck nach Wien, der ja selber im eichstättischen Erasbach zu Hause war.

Wo ein Bewerber an der Klosterpforte klopfte, war die erste Frage, ob er doch ein guter Sänger sei oder ein Instrument spiele, und mit Recht konnte Abraham a Sancta Clara von den Benediktinerklöstern sagen: »Da jubiliert es, da geigt und pfeift es und der Himmel hängt voller Baßgeigen.« Mit Vorliebe führte man gerade die Kompositionen auf, die im eigenen Haus entstanden waren, und machte an hohen Feiertagen die Festmesse zum musikalischen Ereignis. Knaben mit schönen Stimmen wurden als »Singpueben« abgerichtet, der Schulmeister und der äbtliche Kammerdiener, ja wer nur irgend gut geigte oder posaunte, wurde herbeigeholt. Ins Volk aber strömte eine breite Musikkultur hinaus, die noch im letzten Bauernmenuett widerklang.

Brennpunkte der Musikpflege blieben freilich die Hofkapellen. Neben München standen die Bischofsstädte, die oft Komponisten von hoher Begabung aufzuweisen hatten, wie Freising einen Plazidus von Camerloher oder Passau einen Georg Muffat, der als der größte Orgelmeister Süddeutschlands gelten konnte. Vor allem glänzte Salzburg; denn wie Schwaben auf die bayerische Kunst, wirkte Salzburg auf die bayerische Musik: sie wurde noch rhythmischer. Als entscheidender Anstoß kann die Salzburger Domweihe von 1628 gelten, wo die 53stimmige Festmesse von Orazio Benevoli ganz Süddeutschland mit dem venezianisch-römischen Zeitstil vertraut machte. In der Kontrapunkt-Zeit nach dem Dreißigjährigen Krieg ist dann Abraham Megerle aus Wasserburg in der Salzachstadt tätig gewesen, ein Mann von knorrigem Eigenwuchs und ein ungemein fruchtbarer Tonsetzer, dessen Kirchenkompositionen allein an die tausend Nummern ausmachen. Diese überquellende Schöpferkraft ist überhaupt bezeichnend für die ganze Zeit: jeder Kapellmeister schrieb sich seine Stücke selber und hätte sich geschämt, immer nur Fremdes vorzuführen; für festliche Anlässe komponierte man die größten Instrumentalmessen, führte sie vielleicht ein paarmal auf und ließ sie dann liegen. Auch alle Nachfolger Megerles waren Komponisten, die sich sehen lassen konnten: Andreas Hofer, Franz Heinrich Biber, Johann Ernst Eberlin, Anton Kajetan Adlgasser. Als letzter steht in dieser Salzburger Reihe Leopold Anton Mozart aus Augsburg, der etwas steife Messen schrieb, eine treffliche Violinschule in Druck gab und unter Zuhilfenahme von Schwegelpfeife und Dudelsack, Händeklatschen und Hundegebell, die saftigsten Orchesterspäße präsentierte. Das Größte und menschlich Schönste an ihm ist aber, daß er später das eigene Schaffen und die eigene Laufbahn ganz zurücktreten ließ und nur noch ein Ziel kannte: seinem großen Sohn die Wege zu bahnen.

Wenn auch Wolfgang Amadeus Mozart auf Salzburg nicht gut zu sprechen war, letztlich ist sein Werk doch aus dem Salzburger und damit aus dem bayerischen Rokoko herausgewachsen. Voll kindlichem Staunen nahm der kleine Mozart in Salzburg die bunte Fülle von Welt und Theater auf; mit fünfeinhalb Jahren sang er zum erstenmal im Knabenchor der Endskomödie mit, mit zehn Jahren komponierte er dem Erzbischof Sigismund den ersten Teil eines Wimmerschen Singspieles; später wurde er salzburgischer Konzertmeister und Hoforganist. Freilich, Erzbischof Hieronymus von Colloredo war nicht mehr der milde Mann und große Theaterfreund wie Sigismund von Schrattenbach: er sonnte sich wohl im Ruhm, einen solch fähigen »Untertan« zu haben, knauserte aber um jeden Gulden und schurigelte Mozart wie einen hergelaufenen Kammerlakaien. Als Mozart 1782 seinen Dienst quittierte, war er wohl auch noch erstaunt.

Aber auch Kurfürst Max III. Josef hat den großen Glücksfall versäumt. »Ich tät' München gewiß Ehre machen«, hatte Mozart bei der Audienz gemeint. »Aber es ist halt keine Vakatur da«, war die Antwort gewesen. Immerhin hat Mozart zwei seiner Jugendwerke für den Münchener Hof geschrieben: 1775 »Die Gärtnerin aus Liebe«, wo bereits eine Fülle genialer Einfälle in der Partitur stehen; 1781 zum Fasching den »Idomeneo« – »das letzte große Werk aus Mozarts Salzburger Zeit, der Beginn seiner Meisterschaft und Vollendung« (Moser).

Wortkunst, Theater, eine Welle von Musik – das Bild barocker Geisteskultur rundet sich erst, wenn man auch die vielverrufene barocke Gelehrsamkeit danebenstellt. Die Landesuniversität hatte in der juristischen Fakultät immer noch bedeutende Männer, wie etwa die beiden Chlingensperg, Vater und Sohn, von denen der eine den Unterschied zwischen römischem und bayerischem Zivilrecht auseinanderlegte, der andere das grundlegende Werk über das bayerische Hofmarksrecht schrieb. Auch in Ingolstadt kämpfte man fürs kopernikanische Weltbild, für die neue Philosophie, fürs freie Experimentieren und selbst unter den Jesuiten gab es noch Köpfe wie Anton Mayr, den Theologen, Franz Schmalzgrueber, den Kirchenrechtler, Ignaz Kögler aus Landsberg, den Mathematiker und Astronomen. Als Kögler 1715 nach China ging, brachte er es in Peking zum Vorstand des mathematischen Tribunals und zum Mandarin der zweiten Klasse.

Freilich, der europäische Ruf des alten Ingolstadt war mittlerweile an die Salzburger Alma Benedictina übergegangen. Hier war das 17. Jahrhundert ein einziger Anstieg gewesen, das Türkenjahr 1683 ein Gipfel. Mehr Hörer hatten nur noch Leipzig und Wien. Gerade in Salzburg blühte ein reifer Herbst der Theologie des heiligen Thomas und ging es noch einmal um das große Problem des

Ineinandergreifens von göttlicher Gnade und menschlicher Freiheit. Paul Mezger aus Eichstätt, ein Mann, der in die deutsche Geistesgeschichte gehört, gab in spiegelklarer Sprache dieser »Salzburger Theologie« Name und Form. Die Juristenkanzel hatte in Cölestin Sfondrati, dem späteren Fürstabt von St. Gallen, einen Lehrer von europäischem Format; Otto Aicher von St. Veit aber las die Geschichte der römischen und deutschen Kaiser – für eine katholische Barockuniversität ein unerhörtes Ereignis. Erst gegen 1740 zankte man sich auch in Salzburg um die neue Aufklärungsphilosophie, um Leibniz, gesehen in der Abflachung von Christian Wolff.

Doch nun waren längst die einzelnen Klöster nachgerückt, und neben Salzburg spürte man hier vor allem die berühmte französische Benediktinerkongregation vom heiligen Maurus (»Mauriner«). Ihr Vorbild regte zur Gründung der »Bayerischen Benediktinerkongregation« von 1684 an und wurde wegweisend für das geistige Leben der einzelnen Abteien. In Tegernsee hielt man eine eigene Druckerei in Atem; die Benediktiner von Wessobrunn konnten nach Jahrzehnten fieberhafter Arbeit 1751 ihre heute noch gerühmte Bibelkonkordanz herausbringen. Zuvörderst aber stand das Studium der Geschichte, so daß Hieronymus und Bernhard Pez, die beiden Historiker von Kloster Melk, bei ihrer Archivreise durch die bayerischen Abteien des Lobes voll waren. Aus dem Konvent von Benediktbeuern aber kam Pater Karl Meichelbeck, der ehemalige Seilersbub von Oberdorf an der Wertach. Zur Jahrtausendfeier des heiligen Korbinian schrieb er dem Fürstbischof Eckher von Freising in zwei Bänden die Geschichte des Hochstiftes (1724–1729), zum Jubiläum seines eigenen Klosters die Chronik von Benediktbeuern. Von unglaublicher Arbeitskraft, urkundentreu, sicher im Urteil, glänzend in seinem Latein, war Meichelbeck der bedeutendste Geschichtsschreiber der Barockzeit in Süddeutschland. Wenn ihm auch Cölestin Leutner mit seiner Geschichte Wessobrunns (1753) am nächsten kam, erreicht hat ihn keiner mehr.

Das ganze Bild barocken Gelehrtentums haben wir in Anselm Desing, der, gleich tüchtig als Historiker und Geograph, Jurist und Mathematiker, in seiner Universalität fast an Leibniz erinnert. In Amberg geboren, war er seit 1718 Benediktiner in Ensdorf, dann

Professor in Freising und Salzburg, Rat des Kardinals Lamberg in Passau; seit 1761 Abt seines Heimatklosters. Dazwischen ging er Meichelbeck an die Hand, katalogisierte die alten Freisinger Handschriften, baute dem Abt von Kremsmünster die berühmte Sternwarte, machte eine Studienreise nach Rom, fand über allem noch die Zeit, 27 grundgelehrte Werke in Druck zu geben. Von Desing aus kommen wir auch zur Abgrenzung des eigentlich barocken Gelehrtentums. Wenn Desing das Gute in den Ideen der Aufklärung keineswegs verkannte, so war er doch weit entfernt, alles Neue kritiklos hinzunehmen, und er zog gegen die Wolffsche Methode genauso vom Leder wie gegen die Theorien des Montesquieu. Wohl durchforschte man alle Weiten der Welt, pries das Licht der Vernunft, aber man beugte sich doch wieder demutsvoll vor dem Unergründlichen der letzten Wahrheit. »Ratio sola sufficit ad errandum«, hat es Desing einmal formuliert: »Die Vernunft allein führt nur zum Irrtum...«

Und es ist wirklich so: wer heute noch etwas greifen will von dem, was Kultur heißt, der muß einmal durch die hellen Bibliothekssäle unserer alten Abteien gehen, wo sich barocke Kunst und barocke Gelehrsamkeit so wunderbar verklären. Ottobeuren, Metten, Amorbach, Waldsassen, Fürstenzell! In Tegernsee stand eine Bibliothek von 60000 Bänden, in Polling waren es 80000. Und nirgends war es bloß Prunk und Repräsentation, sondern überall ein lebendig weiterströmendes Erbe eigenständiger Kultur.

Vorstoß der Aufklärung

1722, als Gottsched noch immer in Königsberg saß und Lessing noch gar nicht geboren war, erschien in München das erste Heft des »Parnassus Boicus oder neu eröffneten Musenbergs« – einer Zeitschrift, die sich kein geringeres Ziel gesetzt hatte als die »Einführung und Beförderung der Wissenschaften und der Künste in den bayerischen Landen«. Drei Männer bestritten fast das ganze Blatt: Euseb Amort in Polling, der sich den Naturwissenschaften zuwandte; Agnellus Kandler in Regensburg, der die Landesgeschichte pflegte; Gelasius Hieber in München, der für die deutsche Sprache und Dichtung eine Lanze brach. Es war der erste Vorstoß einer gemäßigten Aufklärung gegen den herrschenden Barock. Aufklärung und Barock sind ja kein starres Nacheinander, sondern ein lebendiges Neben- und Ineinander. Dabei ist für die bayerische Aufklärung bezeichnend, daß sie nicht kirchenfeindlich war wie die englische oder französische, sondern daß sie geradezu getragen wurde von den großen Prälatenorden und im Kulturbereich der alten Klöster ihre weitesten Kreise zog. Es war eine ausgesprochen bayerische Aufklärung, die nicht revolutionärer Anstoß sein wollte, sondern stilles Weiterwachsen und innere Erneuerung.

Die Männer des »Parnassus Boicus« waren Augustinerchorherren und Augustinerbarfüßer, aber auch bei den Benediktinern spürte man den Zug der Zeit. Ulrich Staudigl von Andechs, Anselm Desing von Ensdorf, Fürstabt Johannes Kraus von St. Emmeram wetterten gegen den alten Trott der Schulphilosophie und suchten einer Erneuerung des »Hausstudiums« in den Klöstern Bahn zu brechen; auch in den Salzburger Hörsälen begann schon um 1740 der Siegeszug der deutschen Aufklärungsphilosophie. Diese neue Wissenschaftslehre der Leibniz und Wolff war ja nicht nur »modern«, sondern hatte auch selber viel vom Vernunftgemäßen der alten Scholastik an sich und ließ dem Offenbarungsglauben immer noch Raum. Und neben der neuen Philosophie rückten seit 1760 die Naturwissenschaften und die Mathematik in das geistige Blickfeld. Man beobachtete das Wetter und den Sternenhimmel, legte physikalische Kabinette an, trieb die Landeskultur vorwärts, konstruierte Feuerspritzen und setzte die ersten Blitzableiter auf die Türme. St. Emmeram in Regensburg, die große Pflegestätte der Naturwissenschaften und der orientalischen Sprachen, hatte mit Frobenius Forster und Cölestin Steiglehner Fürstäbte von europäischem Gelehrtenruf.

Und wie die Barockgelehrsamkeit in Anselm Desing, so können wir auch die kirchliche Aufklärung im Brennspiegel einer Persönlichkeit fassen: in dem bereits genannten Augustiner-Chorherrn Eusebius Amort. Er gehört in die Asam-Generation, ist 1692 auf der Bibermühle bei Tölz geboren und wirkt zeitlebens als Hausprofessor im Kloster Polling. Die Bayerische Akademie der Wissenschaften zählt ihn zu ihren Gründungsmitgliedern. Amort war ein ausgezeichneter Geograph und Astronom, ein seltener Bücherkenner, vor allem aber einer der ersten Theologen seiner Zeit. Auch er beförderte an die siebzig Werke zum Druck, aber er blieb immer der kühle, nüchterne Denker, war kritisch wie nur irgendein Mauriner jenseits des Rheins. Mehr Naturwissenschaft, mehr Quellenkunde, mehr Volksbildung, mehr Ernst und Tiefe in der Moral, wiederholte er immer wieder. Und wie Amort die vielgelesenen Visionen der spanischen Nonne Maria de Agreda einfach als »Weibermärchen« abtat, im Seligsprechungsprozeß der Kreszentia Höß von Kaufbeuren als überstrenger Kritiker auftrat, so wollte er auch die eine oder andere Äußerung barocker Religiosität beseitigt wissen, »daß die Gegner der Übernatur nicht gereizt würden...«

Am weitesten voran ging aber Salzburg, wo Erzbischof Hieronymus von Colloredo seit 1772 das Wesentliche und Nichtwesentliche der Religion auseinanderzulegen suchte und im Feuereifer des Bessermachens auch viel Gutes ausriß. Beeinflußt von den Gedankengängen des österreichischen Josefinismus, ging es in seinen Hirtenbriefen über Wallfahrten und Bruderschaften, Weihnachtskrippen und Wetterläuten, religiöse Volksschauspiele und überflüssige Feiertage. Auf die Lehrstühle der Universität kamen moderne Männer; die Presse erhielt großzügige Freiheit, und die »Oberdeutsche Literaturzeitung« konnte sich getrost neben den norddeutschen Blättern sehen lassen. Die führenden Köpfe waren Lorenz Hübner aus Donauwörth, der Professor und Stückeschreiber, und Josef Wißmayer aus Freising, der Schulmann und Kenner der italienischen Literatur. Den Zeitgenossen galt das Salzburger »Ländl« als Muster eines deutschen Kleinstaates.

Im Bannkreis einer gemäßigten Aufklärung standen auch die Männer, die uns bereits um Max III. Josef und die Münchener Akademie begegnet sind. Ludwig Fronhofer und Andreas Zaupser schrieben Oden und Lieder im Ton von Klopstock und Gleim, und mit Bucher und Westenrieder kamen zwei Klassiker des bayerischen Schrifttums. Anton Bucher, Sohn eines Münchener Wappenmalers, Schulinspektor, Jesuitenfresser, zuletzt Pfarrer von Engelbrechtsmünster in der Hallertau, war der große Zeitsatiriker und Sittenrichter, geistreich, aber auch frivol und zynisch, unübertroffen in der mundartgefärbten Kraft seiner Sprache. Lorenz Westenrieder aber, zuerst Gymnasiallehrer, dann Bücherzensor und Geistlicher Rat, war Buchers »Herzensfreund«. Ein kleines, quecksilbriges Männchen mit einer ungemein behenden Feder, helläugig, scharf im Urteil, schleuderte er eine solche Fülle von Flugschriften, Zeitungsartikeln, Reden und Lehrbüchern heraus, daß man ihn geradezu den »Volkslehrer seines Vaterlands« genannt hat. Dazu schrieb er empfindsame Erzählungen und gab mit den »Bayerischen Beiträgen zur schönen und nützlichen Literatur« eine moralische Wochenschrift heraus. Die Mitte seines Lebens und Schaffens aber waren bayerische Geschichte und Landeskunde. Westenrieder war der erste, der Geschichte nicht nur von den Fürsten her sah, sondern sie vom Volke aus begreifen wollte. So suchte er seine zweibändige bayerische Geschichte zu schreiben, so nimmt er uns bei der Hand und führt uns zum Starnberger See oder ins Dachauer Landgericht hinaus, ist er überhaupt ein liebevoller und gründlicher Schilderer bayerischer Art; seine Geschichte der Akademie aber, wahr und warm vom Leben durchpulst, ist in ihrem ersten Band heute noch ein echtes Zeitdokument.

Wem dies alles zu papieren ist, der kann das Vordringen der neuen Ideen auch an den Spätmeistern unseres Rokokos ablesen. Der letzte Glanz liegt hier auf dem Hofmaurermeister Leonhard Matthäus Gießl, dessen Werkreihe fast so ausgedehnt ist wie die Johann Michael Fischers, dem er überhaupt in vielem nahesteht. Aber alle seine Kirchen – Starnberg und St. Leonhard bei Dietramszell sind die besten – zeigen bereits die kühle Flächigkeit und harte Linienführung des beginnenden Klassizismus. Die Münchener Hofkunst konnte diese neue Richtung nur bestärken, und 1780 brachte Asbach im Rottal nach den Plänen des jüngeren Cuvilliés die letzte wirklich bedeutende Kirche unseres 18. Jahrhunderts unter Dach. Und genauso ist es bei der Plastik, wo bereits Günther und Straub in ihrem Spätwerk den Rokoko-Klassizismus spüren lassen, und Deutschmann wie Christian Jorhan sich von allen Raumekstasen Schritt für Schritt zurücktasten zum feierlichen Fallen der Gewänder und zur klassizistisch-geschlossenen Form. Die kirchliche Rokoko-Malerei klingt aus mit Christian Wink, Januarius Zick und den späten Tirolern: die Kompositionen werden übersichtlicher, klarer, auch dürftiger; die Leuchtkraft der Farbe bricht sich in einem harten Rot und einem metallischen Blau, in einem behauchten Grün, den dunklen Brauntönen der Niederländer. Und man war nicht mehr Mäzen, sondern gelehrter Sammler. Andreas Felix Oefele zog nicht nur die alten Geschichtsschreiber ans Licht, sondern trug auch die ersten Unterlagen für eine bayerische Kunstgeschichte zusammen.

Gleichwohl ging auch in Bayern das Vordringen des neuen Geistes nicht ohne Kampf. Es ist klar, daß sich der von allen Seiten angegriffene Jesuitenorden seiner Haut wehrte, oder daß sich die ältere, noch barocknähere Generation verzweifelt gegen das Neue sperrte. Bezeichnend, wie der alte Meichelbeck mit Euseb Amort eine literarische Fehde führte oder die Benediktiner von Wessobrunn gegen Amorts kühle Skepsis wütend anrannten. Man fühlte doch, trotz allem Verhaftetsein an den Geist der Zeit, die innere Gefahr, die in der platten Alltagsvernünftelei und dem billigen Schulmeister-Rationalismus lag. Es mußte ein warnendes Menetekel sein, wenn Pater Fruktuosus Scheidsach von Seeon das Wandlungsgeheimnis nach den neuen Philosophen erklären wollte, oder Pater Gregor Rothfischer, der gefeierte Hausgelehrte von St. Emmeram, 1751 zum Luthertum überging. Selbst Männer wie Bucher oder Zaupser wurden in ihrem maßlosen Kampf gegen den Jesuitenorden immer weiter nach links gedrängt, und zuletzt konnte auch die bayerische Bewegung mit Leuten wie Johann Pezzl enden. Im niederbayerischen Mallersdorf geboren, versuchte er es in Oberaltaich mit dem Geistlichwerden, sprang dann aus und landete zuletzt als Vorleser und Bibliothekar beim Fürsten Kaunitz in Wien. Sein Erziehungsroman »Faustin oder das philosophische Jahrhundert« ist eine traurige Zeitbilanz: Glaubenslosigkeit und Gleichgültigkeit, frivoles Witzeln und pietätlose Religionsspöttelei. Der Stil freilich ist brillant.

Von der guten, grundehrlichen Art der bayerischen Aufklärung ist bei Pezzl nicht mehr viel zu spüren. Wo hier die Abgrenzung lag, zeigt sich gerade bei Lorenz Westenrieder mit klarer Deutlichkeit. Auch der junge Westenrieder kämpfte gegen alles an, was er als geistigen Druck, als Spießer-Enge und Hemmnis wahrer Aufklärung empfand, aber als es dann unter Montgelas wirklich um die tragende Atmosphäre des Landes ging, legte er auf einmal für Klöster und Wallfahrten, Bruderschaften und Umzüge das Wort ein; er mahnte und beschwor, »nicht alles Herzliche, alles Huld, Trost und Liebe Verbreitende« zu verhöhnen und auszumerzen, ehe man Besseres an seine Stelle setzen könne.

Vor allem schieden sich die Geister an Kant und seiner neuen Philosophie, die nach Westenrieders Wort nur dazu angetan war, die Köpfe »bis zur Verrücktheit« zu verwirren. Einer der schärfsten Kant-Gegner war der Ingolstädter Ex-Jesuit und Hochschulprofessor Benedikt Stattler. Doch Stattler war alles andere als ein Mann von gestern und Lobredner des alten Schultrotts; er war ein selbständiger Denker und universaler Geist, dem selbst Kant nachrühmen mußte, daß er sich von Anfang bis Ende gleichbleibe und sich und ihn verstanden habe. Dabei war Stattler ehrlich bestrebt, der katholischen Theologie mit lebendigen, zeitnahen Begriffen neue Stoßkraft zu geben, und wie gerade von dieser bayerischen Aufklärung im guten Sinn die Linie in das neue Jahrhundert hinüberging, beweist Stattlers größter Schüler Johann Michael Sailer.

Und doch spürt man die Problematik der Aufklärung, ihre Zwiespältigkeit und Vielschichtigkeit, nur beim kleinen Kreis jener Menschen, die den geistigen Dingen lebten. Das Volk in seiner Breite, ja dieses ganze altbayerische Bauernland, stand immer noch im lebendigen Strom barocker Tradition. Während die kritischen Köpfe in den bayerischen Klosterkonventen um die vernunftgemäße Begründung der Religion rangen, während alle Hirtenbriefe und Fürstenmandate gegen Mißbrauch und Aberglauben donnerten, lief das Volk in hellen Scharen dem Vorarlberger Bauernpfarrer Johann Gaßner zu, der in Regensburg seine berühmten Wunderkuren und Teufelsbeschwörungen übte. Wenn Mensch oder Vieh krankten, wenn die Kühe rote Milch gaben oder die Rührkübel verhext waren, wandte man sich immer noch vertrauensvoll an den Benefiziaten von Mariabichl oder die Kapuziner von Traunstein, die mit geweihten Lukaszetteln und Hexenrauch, mit Benediktion und Exorzismus helfen mußten. Haben ja noch zu Ludwig Thomas

Bubenzeit die Franziskaner in der Hinterriß ihre Ablaßpfennige ausgeteilt oder den Viehsegen gespendet. Erzbischof Colloredos strenge Reformmandate wurden wohl von der Kanzel verlesen, aber kaum befolgt. Das altbayerische Wesen wehrte sich, als man ihm alles Warmherzige und Kindliche, alles Bunte und Bewegte, aus dem Leben verbannen wollte.

Es war in dieser Zeit des späten 18. Jahrhunderts, daß der berühmte Mühlhiasl von Apoig durch die Bauernstuben des Gäubodens und des Böhmerwaldes ging. Die aufgeklärten Prämonstratenser von Windberg jagten zwar den sonderlichen Mann kurzerhand zum Kloster hinaus, aber in den Dörfern und Einöden war er überall daheim und wohlgelitten. Und ob er im breiten Mühlwasser von Apoig die Buben mit dem Kahn spazierenfuhr oder von der Bergeshöh' aus über die Waldheimat hinschaute, überall fühlte er sich gedrängt, in seltsam bildhafter Sprache von den künftigen Zeiten zu reden. Im letzten aber gingen alle seine Prophezeiungen immer wieder auf dieselbe schlichte Bauernweisheit hinaus: daß es nicht gut enden könne und der »Bänk-Abräumer« nimmer weit sei, wenn man einmal gänzlich abfiele von Vätersitte und Väterbrauch. In der hintergründigen Gestalt des Mühlhiasl von Apoig verdichtet sich mitten in der Aufklärungszeit die beharrende Kraft des bayerischen Stammes zu symbolhafter Größe. Und was das lebendige Weiterwirken bis zum heutigen Tag anlangt, so kann sich kein einziges gedrucktes Buch der bayerischen Aufklärung mit dem gesprochenen Wort des Mühlhiasl messen.

26. KAPITEL

PFALZ-BAYERISCHES ZWISCHENSPIEL

Am 6. Februar 1761, auf der Reise heim nach München, erlag in der Philippsburg zu Ehrenbreitstein Kurfürst Clemens August von Köln seinem alten Herzleiden. Unter den fünf Wittelsbachern auf dem Kölner Erzstuhl war er, der Bruder Karl Albrechts, zweifellos die glänzendste Erscheinung gewesen: ein leidenschaftlicher Jäger und ein Kunstsammler von weltläufigem Geschmack, ein Freund der Musik und der rauschenden Feste. Er hatte in Bonn und Brühl seine Schlösser gebaut, einen François Cuvilliés und einen Balthasar Neumann, einen Johann Evangelist Holzer und Dutzende von Wessobrunnern in seine Kurlande geholt, über sein Erzstift und das Münsterland mit beiden Händen das reinste Rokoko ausgeschüttet. Man konnte es im Kölnischen noch lange hören:

»Bei Clemens August trug man Blau und Weiß,
da lebte man wie im Paradeis...«

Mit dem Tod des Kurfürsten wurde nach fast zweihundert Jahren der Kölner Erzstuhl wieder für einen Grafen aus altem Reichsadel frei, denn die altbayerischen Wittelsbacher hatten keinen Prinzen mehr, und die Linie Kaiser Ludwigs stand nur noch auf den zwei Augen des Münchener Kurfürsten. Als nun 1777 mit Max III. Josef, dem »Vielgeliebten«, die altbayerische Linie wirklich ausstarb, fielen die ganzen Kurlande an die wittelsbachischen Vettern von der Pfalz. Nach mehr als vierhundertjähriger Trennung wurden Bayern und die Pfalz wieder in einer Hand vereinigt.

Auch in der Pfalz war die alte Heidelberger Kurlinie bereits 1559 mit Ottheinrich, dem Sohn des Pfalzgrafen Rupprecht und der Elisabeth von Landshut, erloschen. Das Haus Simmern war gefolgt und mit ihm die großen Persönlichkeiten jener Reformationskurfürsten, die weit über die kleine Pfalz hinausgegriffen und bis zur Schlacht am Weißen Berg den deutschen Protestantismus geführt hatten. 1685 hatte dann das Aussterben der Linie Simmern und die Erbfolge der katholischen Neuburger den großen Reichskrieg mit Frankreich gebracht, in dem Ludwig XIV. durch seinen Barbarengeneral Mélac die ganze Pfalz hatte verwüsten lassen. Erst von diesen Neuburger Wittelsbachern hatte dann der junge Karl Theodor aus der Sulzbacher Seitenlinie die ganze Kurpfalz geerbt – derselbe Karl Theodor, der jetzt auch in Bayern die Nachfolge antrat.

Karl Theodor war schon in jungen Jahren nach Mannheim gekommen, hatte in Löwen und Leyden seine Studien gemacht und 1742 mit achtzehn Jahren die Regierung der pfälzischen Kurlande übernommen. Er war ganz Weltmann, von gewinnenden Formen, lässig und selbstsicher. Ein reichliches Jahrzehnt wechselte er Briefe mit Voltaire, fuhr öfters, seinen Horaz im Wagen, nach Italien hinunter, galt überhaupt als gebildeter und freisinniger Kopf. Für Mannheim tat er viel: er gründete eine Akademie der Wissenschaften, sammelte Bücher und Bilder, legte jenen Antikensaal an, der noch dem jungen Goethe ein »großes und durchs Leben wirksames« Schauen gab. Die Mannheimer Hofkapelle wurde mit Johann Stamitz eine der ersten Europas. Vizekapellmeister der Abbé Vogler: ein Würzburger von Goethes Jahrgang, ein Mann halb Genie, halb Taschenspieler, als Musiktheoretiker, Orgelvirtuos und Komponist selbst in Rom und Stockholm, Paris und Wien genannt. 1775 ging in Mannheim das erste deutsche Singspiel über die Bühne, und das Mannheimer Nationaltheater brachte seit 1782 die Jugenddramen Schillers heraus.

Und doch blieb bei Karl Theodor das meiste prunkende Außenseite. Ihm, dem absolutistischen Herrscher französischer Art, fehlte die rastlose Sorge um das Land und die Demut vor seinem Staat. Im Grunde war er ein kalter Menschenverächter. Seine Ehe mit einer vier Jahre älteren Base blieb kinderlos, und er tröstete sich dafür mit Tänzerinnen und Bürgerstöchtern, wobei er als zärtlicher Liebhaber gegenüber seinen Mätressen und Kindern zur linken Hand mit Geldsummen und Adelsbriefen keineswegs geizte. Das Beamtentum aber war ganz spätes 18. Jahrhundert: aufgeblasen, bestechlich, durch den Ämterschacher verdorben.

Die bayerische Erbschaft von 1777 erschien Karl Theodor als ein Unglück, und als er 1778 von Mannheim nach München übersiedeln mußte, war es ihm wie ein Zug in die Verbannung. Diesem neuen Kurfürsten klang noch zu sehr das weinselige, sorglose Lachen seiner Pfälzer im Ohr, als daß er die schwerfällige Bauernart der Altbayern hätte verstehen können. Dazu kamen politische Verwicklungen, denn auch Kaiser Josef II. erhob Erbansprüche auf Teile der altbayerischen Kurlande. Von Österreich eingeschüchtert und von vornherein nur halben Herzens bei der Sache, ging Karl Theodor nur zu bereitwillig auf den Vertrag vom 3. Januar 1778 ein: er gab den österreichischen Ansprüchen auf das Straubinger Ländchen nach und behielt es sich vor, zu einem späteren Zeitpunkt ganz Altbayern zu vertauschen. Der Kaiser wollte sich dafür um die natürlichen Kinder Karl Theodors annehmen.

Als die Österreicher nach Abschluß des Vertrages sofort ins Straubinger Ländchen einrückten und die Huldigung der Untertanen verlangten, ging eine Welle der Empörung durch ganz Kurbayern. Höchstens ein paar aufgeklärte Geister, die dem Kaiser zuneigten – sonst sah man sich verraten und verkauft, sah das Land zerstückelt, die eigene Staatlichkeit gefährdet. Im Brennpunkt des altbayerischen Widerstandes stand die Herzogin Maria Anna, die Witwe von Max Emanuels letztem Enkel, in deren Schlößchen draußen vor dem Neuhauser Tor alle Fäden zusammenliefen. Sie hielt die Verbindung mit den kurfürstlichen Räten Obermayr und Lori, suchte vor allem auf den Herzog Karl August von Zweibrükken einzuwirken, der beim Tod Karl Theodors der nächste Erbe war. Der Zweibrückener Vetter blieb freilich ein unsicherer Kantönler: der Riesenaufwand seines Hofes ging weit über die Finanzkraft seines Zwergstaates hinaus und seine »Politik« wurde immer durch die Großmacht bestimmt, die ihm jeweils die Schulden bezahlen konnte und wollte.

Doch diese bayerische Erbfolgefrage war wirklich imstande, die europäischen Kabinette in Bewegung zu bringen. Für Preußen wie für Frankreich war ja die bayerische Selbständigkeit mehr wert als ein paar gewonnene Provinzen, denn ein geschlossener bayerisch-österreichischer Staat hätte zur entscheidenden europäischen Großmacht werden müssen. Preußische Gesandtschaften und französische Subsidienverträge brachten so Karl August von Zweibrücken zu einem Protest beim Reichstag in Regensburg und zu einem Hilfsgesuch an Friedrich den Großen. Noch einmal schleppende Verhandlungen, dann begann der Herbstfeldzug in Böhmen, wegen seiner leeren Hin- und Hermärsche von den Preußen der »Kartoffelkrieg«, von den Österreichern nur der »Zwetschgenrummel« geheißen. Als aber auch Rußland mit dem Einmischen drohte, sah sich Josef II. im Frühjahr 1779 zum Nachgeben gezwungen und begnügte sich mit dem Innviertel. Für Bayern bedeutete auch dieser Friede von Teschen noch den Verlust von 38 Quadratmeilen prächtigen Bauernlandes mit den Städten Braunau und Schärding, den Märkten Mattighofen, Mauerkirchen und Ried. Es war die Heimat Wernher des Gärtners und Stephan Krumenauers, Georg Meindls und Thomas Schwanthalers...

Trotz Teschen blieb aber der Gedanke eines Ländertausches: Karl Theodor sollte für Altbayern die österreichischen Niederlande und den Königstitel erhalten. Es war wieder jenes bayerisch-belgische Tauschprojekt, das schon unter Max Emanuel aufgetaucht war. Für Karl Theodor mußte der Gedanke verlockend erscheinen, denn seine Länder, die altmodisch-buntscheckig von den Alpen bis zum Niederrhein verzettelt lagen, hätten sich um den Preis Altbayerns zum großen Rheinstaat gerundet: Belgien mit Brüssel, dazu die Kurpfalz, Jülich und Berg. 1784 schien Kaiser Josef durch Geheimverhandlungen mit Karl Theodor und Karl August kurz vorm Ziel, als wieder Frankreich und Preußen ihre Gegenminen auffliegen ließen. Friedrich der Große brachte 1785 »zur Aufrechterhaltung der deutschen Reichsverfassung« sogar einen eigenen Fürstenbund zusammen, dem die meisten weltlichen und geistlichen Reichsstände beitraten. Wenn aber das bayerisch-belgische Tauschprojekt 1788 endgültig abgeschrieben wurde, war daran weniger der deutsche Fürstenbund schuld, als vielmehr der offene Aufruhr in den österreichischen Niederlanden, der für Karl Theodor den Tausch nicht mehr ratsam erscheinen ließ.

Gerade diese Schacherpolitik mußte die bayerische Volksstimmung von vornherein gegen Karl Theodor einnehmen. Dazu kam der Haß gegen die vielen »Mannheimer« und »Überrheiner«, die jetzt alle Hofstellen eintaten und den Altbayern die schönsten Plätze wegnahmen. Man spürte es überall, wie diesem neuen Kurfürsten die Liebe zu Land und Leuten fehlte, und kreidete ihm dafür seine vielen menschlichen Schwächen, seine Günstlings- und Mätressenwirtschaft, um so stärker an. Der Unmut wurde noch gesteigert durch die Gründung der bayerischen Zunge des Malteserordens, für die Karl Theodor jene Millionen des Jesuitenfonds verschleuderte, die Max III. Josef für die Schulen bestimmt hatte. Der neue Ritterorden bedeutete dabei nur ein paar Versorgungsstellen für den Hofadel; Großprior wurde natürlich der Lieblingssohn des

Johann Nepomuk Ortlieb, Bischof Sailer (XXVII)

Kurfürsten, der Reichsgraf Karl August von Bretzenheim. Das Schulwesen aber wurde dafür den Prälaten aufgehalst.

Trotzdem war Karl Theodor so viel Kind seines Jahrhunderts, daß auch er den Reformfürsten zu spielen suchte. Wie unter Max III. Josef gab es eine Hochflut papierener Mandate. Aber Karl Theodor kümmerte sich kaum, ob seine Anordnungen überhaupt durchgeführt wurden: es genügte ihm, wenn er den Untertanen im »fortschrittlichen Geiste« um etliche Nasenlängen voraus war. Bahnbrechend blieb höchstens, was der Generalbaudirektor Adrian von Riedl für die landesherrlichen Straßen tat, oder die Neuordnung des bayerischen Forstwesens nach dem Pfälzer Vorbild. Seit 1790 wurde auch die Trockenlegung des Donaumooses energisch vorangetrieben, und man gewann hier wirklich neues Land: weite Ackerbreiten, birkengesäumte Landstraßen, langzeilige Kolonistendörfer wie Karlskron und Karlshuld.

Der Amerikaner Benjamin Thompson – Flügeladjutant Karl Theodors, pfalz-bayerischer General und späterer Reichsgraf von Rumford – suchte seit 1790 die Armee zu reorganisieren. Er führte dabei das schöne, aber unpraktische »Rumford-Kaskett« ein, den Vorläufer des bayerischen Raupenhelms. Daneben war Rumford ganz der menschenfreundliche »Gentlemanscholar« des 18. Jahrhunderts, der überall Suppenanstalten einrichtete, und mit seinen Arbeitshäusern Bettler und Tagdiebe der menschlichen Gesellschaft zurückgewinnen wollte. Vor allem regte er 1789 Karl Theodor zur Errichtung des »Englischen Gartens« an: nach Rumfords Plänen wurde im Norden des Hofgartens die versumpfte Hirschau trockengelegt und in eine neumodische Gartenanlage umgeschaffen, und bald pilgerte der Münchener am Sonntagnachmittag behäbigen Schritts hinaus zum Kleinhesseloher See, zum Aumeister oder zum Chinesischen Turm.

Nirgends spürte man aber die Mannheimer Art mehr als auf dem Theater und bei der Hofkapelle. Der Abbé Vogler siedelte für ein paar Jahre nach München über, und die italienische Prunkoper wurde nach und nach abgebaut. 1785 ging mit Mozarts »Entführung aus dem Serail« die erste deutsche Oper in Szene. Der Schaubühne des Grafen Seeau kam mit dem Direktor Marchand die ganze Erfahrung der Mannheimer zugute, und schon schuf sich das Theaterblut des Stammes seinen eigenen Spielplan: das bayerisch-patriotische Ritterstück. Den Auftakt gab Josef August von Törring mit »Kaspar dem Thorringer« und der vielbewunderten »Agnes Bernauerin«. Ein Heer von Nachtretern zog von Ludwig dem Strengen bis zum Landshuter Handel, von Ludmilla der Bognerin bis zu Heinz von Stain die ganze bayerische Historie ins Rampenlicht. Am tüchtigsten unter den Stückeschreibern, Törring über in der Bühnensicherheit, war der Rheinländer Franz Marius Babo. Sein »Otto von Wittelsbach« ging über alle deutschen Bühnen. Aber gerade dieses Schauspiel bewirkte 1781 ganz unvermittelt das Verbot der bayerischen Historienstücke, denn die kurfürstliche Regierung hatte wegen der Verherrlichung des Königsmordes von 1208 auf einmal helle Angst bekommen. Gleichwohl bestimmten die neuen Stücke die ganze bayerische Bühnenliteratur von München bis Wien, ja ein Mann wie der Kohlenbrenner Josef Schmalz aus Fügen im Zillertal griff noch nach 1800 zur Feder und schrieb für das Kiefersfeldener Bauerntheater an die 25 Ritterschauspiele zusammen.

Das kleinliche Theaterreskript von 1781 zeigt aber schon, wie der alternde Karl Theodor von seinen freisinnigen Ideen mehr und mehr abkam und sich in einen förmlichen Widerstreit gegen die Aufklärung hineinziehen ließ. Mit dem untrüglichen Gefühl seines alten Geschlechts spürte er, wie die neuen Gedankengänge auch seine Staatsallmacht untergruben und wie das Knistern im Gebälk auf die große Revolution hindeutete. Den unmittelbaren Anlaß zum Anziehen der Daumenschrauben gab freilich erst Adam Weishaupt mit seinem Illuminatenorden.

Weishaupt, der Jesuitengegner und Schützling des Schulreformers Ickstatt, war in Ingolstadt der Professor, den man gehört haben mußte: ein anregender Vielwisser, voll jugendlichem Schwung, herrschsüchtig und maßlos eitel. Die kleinste Alltagsbosheit erschien seinem aufgeblasenen Selbstgefühl gleich als planmäßiger Anschlag auf ihn, den Professor Weishaupt, den Helden des neuen Geistes. So suchte er zunächst Anschluß an die Freimaurerloge, und als er hier nicht gleich Meister vom Stuhl wurde, machte er seinen eigenen Geheimbund auf, eben den Illuminatenorden. »Mein Ziel ist, die Vernunft zur Geltung zu bringen«, erklärte Weishaupt so schön, als er 1776 unter den Ingolstädter Studenten mit dem Gimpelfang begann. Aber vielleicht wäre der Illuminatenorden nie in die Höhe gekommen, wenn ihm nicht der abenteuernde, weltkluge Baron Knigge, der Verfasser des geschwätzigen Buches »Über den Umgang mit Menschen«, beigetreten wäre. Knigge vermittelte die Beziehungen zu den Freimaurerlogen und nach Norddeutschland hinauf, und bald konnte man Grafen und Barone, Offiziere und Hofmeister, Kanoniker und Professoren, Apotheker und Literaten, Landrichter und Pfarrer, unter den Mitgliedern zählen – und das nicht nur in den pfalz-bayerischen Kurlanden. Weishaupt wog sich in Träumen von einem radikalen Umbruch in Staat und Kirche oder einer Weltherrschaft seines Geheimbundes. In seinen Briefen klingt es einmal auf wie Hohngelächter: »O Menschen! Zu was kann man euch bereden: Hätte nicht geglaubt, daß ich noch ein neuer Glaubensstifter werden sollte.«

Doch da trat 1784 Josef Utzschneider, der Sekretär der Herzogin Maria Anna, der ewigen Bespitzelei und Geheimniswirtschaft müde, aus dem Orden aus, und durch ihn ging Karl Theodor die erste Warnung zu. Es war gerade um die Zeit, als die Illuminaten auch auf das bayerisch-belgische Tauschprojekt Einfluß zu gewinnen suchten. Eine maßvolle Verordnung verbot alle geheimen Gesellschaften, während Weishaupt mit Krach von seinem Lehrstuhl abging.

Aber je mehr man nach Haussuchungen und Verhören die Illuminatenbewegung überblicken konnte, desto größer wurde die Aufregung der bayerischen Regierung. Man stand ja geradezu einem Staat im Staate gegenüber. Das Ende waren Sonderkommissionen und erbrochene Briefschaften, drakonische Strafsätze und kleinliche Illuminatenschnüffelei. Bücherzensur und Preßpolizei wurden in engstirnigster Weise gehandhabt. Man sperrte Kant und Fichte aus, verschrie Wieland als die reinste »Illuminatenlektüre«, wies mit den sechzig Bänden der »Teutschen Schaubühne« auch Kotzebue, Schiller und Schikaneder vor die Tore. Hätte der Kurfürst nicht selber eingegriffen, wäre sogar die Aufführung von Mozarts »Don Giovanni« für »alle Zeiten« verboten worden.

Dabei ist es schwer, sich von den Männern um den Kurfürsten ein richtiges Bild zu machen. Der Hofbibliothekar und Kabinettssekretär Lippert, als eine Art Gottseibeiuns verschrien, war ein tüchtiger, grundfleißiger Oberpfälzer, der Geistliche Rat und frühere Ingolstädter Professor Benedikt Stattler ein gerader, aufrechter Mann; am ehesten war noch Pater Ignaz Frank, der Beichtvater des Kurfürsten, der Typ des fuchsartigen Hofintriganten. Freilich, Frank und Stattler waren ehemalige Jesuiten, und auch Karl Theodor selber suchte durch Rückkehr zur strengen Kirchlichkeit die neue Entwicklung abzubremsen. »Nur Religion, nur Religion unterstütze Er mir!« konnte er einen hohen Beamten bei der Audienz anherrschen.

Auf einmal hielt Karl Theodor auch enge Verbindung mit Rom. Schon 1782 war Pius VI. auf der Rückreise von Wien fünf Tage in München zu Gast gewesen, und die Fahrt durch Kurbayern war für den Papst zum größten Triumph seines Lebens geworden; jetzt, 1785, konnte der Kurfürst mit der Errichtung einer ständigen Nuntiatur in München einen alten Wunsch der bayerischen Landesherren durchdrücken. Die Bischöfe freilich sahen ihre eigene Kirchenhoheit gefährdet, und es ergab sich das kuriose Spiel, daß man in Freising oder Salzburg aus reinem Trotz noch Jahre hindurch ein illuminatenfreundliches Gesicht zeigte und sich viel freisinniger gebärdete, als man eigentlich sein durfte. Die Münchener Spießer aber pilgerten alle Sonntage zum Schloßwirt nach Oberföhring hinaus, wo sie dann auf fürstbischöflich-freisingischem Boden waren, und ein so gefährliches Blatt wie die »Oberdeutsche Staatszeitung« nach Herzenslust durchstudieren konnten.

Gerade an diesem Föhringer Anekdötchen sieht man, wie eng die Karl-Theodor-Zeit bereits geworden war, und für sie, nicht für das eigentliche Barockjahrhundert, gilt die Phrase von der »geistigen Absperrung« Bayerns. Ein alternder Herrscher, der die fehlende Autorität durch Polizeidruck zu ersetzen suchte, ein Volk, das mit allem unzufrieden war, ein geistiges und staatliches Leben, dessen treibende Säfte zu stocken begannen – so ging Bayern in eine der schwersten Stunden seiner Geschichte hinein.

Bereits 1789 war ja in Paris die Revolution ausgebrochen, 1792 begannen Österreicher und Preußen ihre »Campagne« in Frankreich, und das nächste Jahr brachte den Beschluß des Reichskrieges und den Gegenstoß der französischen Revolutionsarmeen. Karl Theodor konnte in dem schnellen Hin- und Herspringen der Ereignisse nur eine klägliche Rolle spielen. Zwar mußte der geringste französische Erfolg die Rheinpfalz aufs äußerste gefährden, aber auch den deutschen Großmächten durfte man sich nicht in die Arme werfen, denn die enge Bindung zwischen Österreich und Preußen bedrohte die pfalz-bayerischen Lande ganz unmittelbar. Während jetzt Wien für sein Tauschprojekt freie Hand bekam, dachte Berlin an die niederrheinischen Herzogtümer. So suchte sich Karl Theodor aus allen Verwicklungen herauszuhalten, und seine Absperrtafeln mit der Aufschrift »Pfälzisch-neutrales Gebiet« konnten der Pfalz bis zum Winter 1793 Kriegsgeschrei und Plünderung ersparen.

Als aber Carnot sein berühmtes Massenaufgebot ins Feld stellte und die Franzosen gegen den Rhein vorstießen, war die pfalz-bayerische Neutralität nur mehr eine lächerliche Posse. Karl Theodor wurde zum widerwilligen, mißtrauischen Verbündeten der Österreicher. Eine verzweifelte Lage 1796: während die französischen Armeen ganz Süddeutschland überschwemmten, floh der Kurfürst nach Sachsen und schickte dem General Moreau die bayerische Landschaftsverordnung entgegen, die sich den Waffenstillstand von Pfaffenhofen erkaufte. Die Siege Erzherzog Karls bei Amberg und Würzburg ersparten dem Kurfürsten freilich die eigene Unterschrift, und 1797 machte der General Napoleon Buonaparte den Frieden von Campo Formio. Die Geheimklauseln sicherten Frankreich das linke Rheinufer, Österreich das Erzstift Salzburg und die Innlinie zu. Karl Theodor fehlte körperlich wie geistig die Spannkraft zu einem eigenen Entschluß, und als der Zweibrückener Hof auf ihn einzuwirken suchte, schloß er nur ein neues Bündnis mit Wien, das sein Land völlig den Österreichern auslieferte.

Die Stimmung im Volk hatte eine unerträgliche Spannung erreicht, als Karl Theodor am 12. Februar 1799 beim Kartenspiel plötzlich vom Schlag gerührt wurde. Wenige Tage später starb er. »Sogleich öffneten sich die Flügeltüren und die Kuriere und mit ihnen eine Menge anderer Leute stürzten in wildem Lauf heraus.

Niemand sprach etwas, aber man sah, was es war... Man läutete bei den Theatinern, und die ganze Stadt fing endlich an, frei zu atmen: denn jedermann beklagte sich dieser Tage, daß man vor innerer Unruhe und vor Furcht und Kummer, daß es wieder besser gehen könnte, nicht essen, nicht schlafen und nicht denken könne...«, notierte sich Lorenz Westenrieder ins Tagebuch.

SIEBENTES BUCH

Das neue Königreich

27. KAPITEL

KÖNIG MAX I. JOSEF

Bayern und Frankreich

Am 20. Februar 1799, als schon die ersten Abendschatten über den Gassen lagen, fuhr der neue Kurfürst Max Josef durchs Karlstor in München ein und stieg vor der Maxburg ab. Als zweiter Sohn eines nachgeborenen Prinzen von Zweibrücken-Birkenfeld hatte dieser Max Josef wohl nie daran gedacht, daß er je einen Thron besteigen würde. Ein guter Gesellschafter und tüchtiger Soldat, voll pfälzischer Tat- und Lebenslust, so war er schon in jungen Jahren in französische Kriegsdienste getreten, hatte in Straßburg ein Regiment Soldaten kommandiert und war bei Ausbruch der Revolution gerade noch rechtzeitig den Jakobinern entflohen. Seither lebte er in dem ländlichen Rohrbach an der Bergstraße – ein Privatmann zwischen Weinstöcken und Rosensträuchern, der höchstens an den verwandten Höfen etwas herumzetteln konnte. Daß er beim Tod seines Bruders Karl August 1795 das Herzogtum Zweibrücken geerbt hatte, konnte dabei kaum zählen, denn das ganze linke Rheinufer war schon seit 1793 in französischen Händen.

Aber auch in seinem neuen pfalz-bayerischen Kurstaat fand Max Josef nur düstere Verhältnisse vor: überall Schulden und leere Kassen, ein versimpeltes Beamtentum und etliche tausend zerlumpte Soldaten. Dazu stand ein neuer Krieg mit Frankreich vor der Tür. In Altbayern wie in Franken gingen französische Agenten durch die Wirtsstuben, und selbst in München gab es Leute, die von der süddeutschen Volksrepublik schwärmten und noch dem letzten Schrannenbauern ihre Flugschriften in die Joppentasche steckten. Trotzdem mußte gerade aus der Stickluft der Karl-Theodor-Zeit heraus dem neuen Kurfürsten die ganze Liebe und Hoffnung des Volkes entgegenströmen. Nichts ist hier bezeichnender als die Anekdote vom Kaltenegger-Bräu aus dem Karmelitergaßl, der sich bei der Einfahrt an den Kutschenschlag drängte und dem gutmütigen Max Josef vor lauter Freude beide Hände hinreckte: »No, Maxl, weilst nur grad da bist...«

Sollte aber Bayern unter den gewaltigen Erschütterungen der Zeit nicht zur bloßen Provinz heruntersinken, so mußte man vor allem suchen, wieder eigene Politik zu machen. Es galt, von dem verhängnisvollen Bündnis mit Österreich loszukommen und die bewaffnete Neutralität zu erlangen, wie es Preußen schon 1795 getan hatte. Vielleicht, daß man sogar den alten Frankreichkurs der Ferdinand-Maria-Zeit wieder aufgreifen sollte, denn ging es Österreich höchstens darum, Altbayern bequem in die Tasche zu stecken, so war für Frankreich die bayerische Eigenstaatlichkeit eine Lebensfrage. Beim neuen Kurfürsten kam zur Politik noch die eigene Herzensneigung dazu: er hatte in Paris und Straßburg die glücklichsten Tage seines Lebens gefunden, und es war keine billige Phrase, wenn er gleich beim ersten Empfang dem französischen Gesandten eingestand, daß seine Liebe immer noch dem Frankreich seiner Jugend gehöre. Ähnlich dachte man im ganzen Land, wo das politische Erbe eines Kaspar von Schmid noch genauso fortlebte wie die jahrhundertealten Kulturbindungen zum gallischen Westen.

Um aber diese Überlegungen und Gefühle hineinzuheben in den Bereich politischer Wirklichkeit, bedurfte es noch eines Staatsmannes vom Format des Freiherrn und späteren Grafen Maximilian von Montgelas. Die Montgelas sind alter französisch-savoyischer Adel. Johann Sigismund de Garnerin, Freiherr von Montgelas, war unter Max III. Josef in kurbayerische Dienste getreten und hatte es bis zum General gebracht; der Sohn Maximilian, 1759 in München geboren, hatte in Nancy, Straßburg und Ingolstadt studiert, war 1777 bayerischer Hofrat geworden, hatte aber unter Karl Theodor als Illuminat den Dienst quittieren müssen. Dann Jahre als Privatsekretär beim Herzog Karl August von Zweibrücken und dessen Bruder Max Josef. Mit dem neuen Kurfürsten kehrte jetzt auch Montgelas wieder nach München zurück, und schon am 16. Februar 1799 konnte er seine Ernennung zum »Wirklichen Geheimen Staats- und Konferenzminister« in Händen halten.

Als Montgelas sein neues Amt und damit die Leitung der gesamten bayerischen Politik übernahm, stand die zweite Koalition gegen Frankreich bereits schlagbereit im Feld, und auch für Bayern blieb keine andere Wahl, als voll Widerwillen mitzumarschieren. Die

Russen im Anrücken, dazu 120 000 Österreicher im Land: Montgelas hätte den Wahnwitz eines Glücksspielers haben müssen, wenn er jetzt noch die Fronten gewechselt hätte. Aber schon im Sommer 1800 gaben die Österreicher ganz Südbayern den Franzosen preis. Am 29. Juni rückte der General Moreau in München ein, und am 3. Dezember teilte man mit den Österreichern die Niederlage von Hohenlinden. Das neue Jahr brachte den Frieden von Lunéville und damit den endgültigen Verlust des linken Rheinufers. Alle erblichen Reichsfürsten, die dadurch außer Besitz gesetzt wurden, sollten »aus dem Schoße des Reiches« entschädigt werden – ein schwieriges Geschäft, zu dessen Abwicklung eine eigene »Reichsdeputation« eingesetzt wurde.

Während man aber in Wien schon wieder an bayerische Tauschpläne dachte, schloß Montgelas mit Frankreich den Vertrag vom 24. August 1801. Die Republik verbürgte dem Kurfürsten den Fortbesitz der rechtsrheinischen Gebiete und versprach reichlichen Ersatz für die verlorene Pfalz. Tatsächlich stand Frankreich zu seinem Wort, und beim Regensburger Reichsdeputationshauptschluß von 1803 gehörte Bayern zu den am meisten begünstigten Ländern. Die Fürstbistümer Würzburg und Bamberg, Augsburg und Freising; dreizehn Reichsabteien, darunter Ebrach, Kaisheim, Kempten, Roggenburg und Ottobeuren; fünfzehn Reichsstädte, darunter Kaufbeuren und Memmingen, Nördlingen und Dinkelsbühl, Rothenburg und Weißenburg, Windsheim und Schweinfurt: es war kein Abrunden des altbayerischen Kernlandes, sondern ein Hineinwachsen in die schwäbischen und fränkischen Gebiete. Lediglich Regensburg und das Fürstentum Aschaffenburg kamen an Karl Theodor von Dalberg, den frankreichfreundlichen Kurerzkanzler von Mainz, während aus Salzburg, Eichstätt, dem Passauer Ilzland und Berchtesgaden für den ehemaligen Großherzog Ferdinand von Toskana ein neues Kurfürstentum zusammengezimmert wurde. Nur die vielen kleinen Herren in Franken und Schwaben konnten, vom Kaiser gehalten, ihre Selbständigkeit noch über ein paar Jährlein hinüberretten.

Bayerns halbwegs freie Stellung zwischen Österreich und Frankreich wurde aber zur Unmöglichkeit, als sich 1805 die dritte Koalition herausbildete – diesmal freilich nicht mehr gegen das Frankreich der Revolution, sondern gegen das junge Kaiserreich Napoleons. Wollte Österreich dabei die Entscheidung in Italien suchen, so ging es Napoleon um Süddeutschland, um Bayern vor allem. Nicht nur, daß die 30000 Mann der neuen bayerischen Armee auch militärisch ins Gewicht fielen: man mußte die Österreicher am Inn fassen, ehe die Russen überhaupt dasein konnten. Drei Wochen nach Kriegsausbruch würde er bereits mit 200000 Mann in Bayern stehen, ließ Napoleon in München sagen.

Aber auch ein Montgelas konnte im Sommer 1805 die Schlagkraft Frankreichs nicht einmal annähernd abschätzen; dazu marschierten ringsum die Österreicher auf und klammerte sich der Kurfürst voll Seelenangst immer noch an seine bayerische Neutralität. Erst nach einer stürmischen Konferenz in Montgelas' Gartenhaus zu Bogenhausen stimmte Max Josef dem französischen Bündnisentwurf zu. Es war eine der folgenschwersten Entscheidungen der ganzen bayerischen Geschichte, und selbst Montgelas mußte mit banger Sorge an das Fiasko von 1704 oder 1742 denken. Nur daß diesmal der Kurfürst von vornherein nach Würzburg ging und auch die Armee in die fränkischen Provinzen auswich. Als am 27. September über den Mainhöhen die ersten französischen Hornsignale schmetterten, war es für den Kurfürsten wie für den Minister die Befreiung von einer zentnerschweren Last. Der Feldzug selber ging in einem Anlauf von Ulm bis Mähren hinein. »Wir sind wie eine Überschwemmung der Donau; wir kommen plötzlich, und wir verschwinden plötzlich«, konnte Napoleon scherzen, als er mit seinem Sechsspänner in München einfuhr. Am 2. Dezember fiel die Entscheidung: während die Bayern ein österreichisches Seitenkorps bei Iglau festhielten, gewann Napoleon die Dreikaiserschlacht von Austerlitz.

Die Verträge von Brünn und der Friede von Preßburg brachten reichen Landgewinn: im Süden ganz Tirol und Vorarlberg; im Westen die österreichisch-schwäbische Markgrafschaft Burgau, die Reichsstadt Augsburg und das Gebiet um Lindau; im Fränkischen das von Napoleon den Preußen abgetauschte Ansbach; dazu noch Eichstätt und das Passauer Ilzland. Leichten Herzens konnte man um diesen Preis das rheinische Berg abtreten; nur daß man den

Kurfürsten Ferdinand von Salzburg-Toskana mit Würzburg entschädigen mußte, fiel bitter.

Die Zeit packte die Geister wie ein Wirbelwind. Vor aller Augen erwuchs ein völlig neuer, kraftgeladener bayerischer Staat, verstraffte sich nach allen Seiten, so daß die Zeitgenossen nicht von ungefähr an den Ungarnsieger Arnulf und die königsgleiche Stellung der alten Bayernherzöge erinnert wurden. Bei Napoleons zweitem Aufenthalt in München gab es eine Welle der Hochstimmung, bekrönt von jenem Neujahrsmorgen 1806, da der Reichsherold unter Paukenwirbel und stürmischen Hochrufen die Erhebung Bayerns zum Königreich verkünden konnte. Daneben steht das menschlich-schöne Bild des ersten Gala-Empfanges in der Münchener Residenz mit einem König, der leutselig allen entgegendrängte: »Es freut mich, Euch zu sehen. Ich wünsche Euch allen ein gutes neues Jahr. Und wir bleiben die alten!«

Diese Januartage brachten auch die Vermählung der siebzehnjährigen Prinzessin Auguste mit Napoleons Stiefsohn Eugène Beauharnais, dem Vizekönig von Italien. Es war eine rein politische Heirat, von Napoleon seit Jahr und Tag gewünscht, zuletzt einfach gefordert. Max Josef wie die Prinzessin hatten sich lange dagegen gesträubt, aber während noch alles Komödie spielte, hatte Montgelas bereits den Ehevertrag gemacht. Und wider alles Erwarten ist die erzwungene Ehe sogar eine glückliche Ehe geworden!

Bedenklicher als diese Verhandlungen erschien dem Minister die Frage des Rheinbundes. Gewiß, es war der alte Gedanke eines Zusammengehens der deutschen Mittel- und Kleinstaaten, wie ihn erst 1778 der weimarische Legationsrat von Goethe wieder aufgegriffen hatte – nur daß jetzt der Bund eindeutig unter französischem Vorzeichen stand. Gleichzeitig ging es für Bayern auch um das Schicksal der kleinen Fürstentümer in Franken und Schwaben und um die Illergrenze gegen Württemberg. In Paris zähe Verhandlungen, bayerischerseits von Baron Cetto mit Ruhe und Umsicht geführt, der dann am 12. Juli 1806 als erster seinen Namen unter die Rheinbundakte setzte. Auch Frankreich könne drei Viertel Europas auf die Dauer nicht niederhalten, sondern müsse eher oder später auf seine natürlichen Grenzen zurückfallen: dann würde aber der

König den Anschluß an einen Bund nicht zu bereuen haben, der letztlich nur Werkzeug der Größe und Unabhängigkeit Bayerns gewesen sei. So Cettos eigene Rechtfertigung. Und tatsächlich hatte er weiter gesehen als der König und das Ministerium, denn es gelang Montgelas wirklich, jeden Ausbau der Bundesverfassung hintanzuhalten, während der neue Landzuwachs für immer blieb: die schwäbischen Besitzungen der Fugger mit Glött, Kirchheim, Babenhausen und Weißenhorn; im Ries das große Fürstentum Öttingen; in Franken die Fürstentümer Schwarzenberg und Hohenlohe-Schillingsfürst, die Grafschaften Castell und Pappenheim und die Reichsstadt Nürnberg; dazu eine Reihe kleiner und kleinster Herrschaften. Am 1. August ging der Regensburger Reichstag für immer auseinander und sechs Tage später legte Franz II. die deutsche Krone nieder – das Reich war nicht mehr.

»Deutschland in seiner tiefen Erniedrigung 1806« – unter diesem Titel flatterte jetzt von Nürnberg aus eine Flug- und Brandschrift ins Land und fiel überall auf günstigen Boden. Napoleon mußte ja jeden Tag mit dem Losschlagen Preußens rechnen und hatte deshalb den Marschall Berthier mit der ganzen Armee in Süddeutschland belassen, so daß die Quartierplackereien nicht mehr abzureißen schienen. Mochte auch der Marschall eisern auf Disziplin sehen, jetzt griff doch jeder nach einer Schrift, die den Haß gegen die Franzosen schürte. Der Verleger – es war der Nürnberger Buchhändler Philipp Jakob Palm – wurde aber bald aufgegriffen, nach Braunau gebracht, dort auf Befehl Napoleons standrechtlich erschossen. Den Namen des Verfassers nahm Palm mit ins Grab, und Napoleon hatte nur einen Märtyrer geschaffen. Doch Palms Schicksal blieb Episode. Im Herbst 1806 zogen auch die bayerischen Divisionen mit gegen Preußen, nahmen die schlesischen Festungen, warfen 1807 bei Pultusk am Narew die Russen zurück.

Ähnlich war die bayerische Haltung in der österreichischen Erhebung von 1809. Und doch war diesmal die Lage ernster als 1805: mit Graf Stadion und Erzherzog Karl hatten auch in Österreich Heer und Verwaltung frischen Schwung bekommen; dazu rechnete man mit Aufständen in Norddeutschland und in den neubayerischen Provinzen; selbst vom bayerischen Kronprinzen konnte der österreichische Gesandte temperamentvolle Ausbrüche gegen Napoleon nach Wien melden. Sicher war vor allem die Erhebung Tirols, wo die Lage ähnlich stand wie im Bayern von 1705, und Bauernwirte wie der Andrä Hofer aus dem Passeiertal oder der Peter Huber von Bruneck mit Wien bereits die Pläne abgekartet hatten.

Aber der klare, abwägende Blick, der einem Grafen Stadion oder dem Kronprinzen Ludwig so oft fehlte, war Montgelas in ganz anderem Maß zu eigen. »Nur in einem Anfall von Wahnsinn hätte sich ein Staat von der Größe Bayerns als Feind Frankreichs erklären können, das eben Preußen innerhalb zehn Tagen niedergeworfen hatte« (Doeberl). So ging von München aus Napoleon die erste Warnung zu, und die drei bayerischen Divisionen unter Wrede, Deroy und dem Kronprinzen standen längst kampfbereit, als die Österreicher über den Inn vorbrachen. Wieder wich man langsam gegen die Donau aus, und mochten die Österreicher zehnmal ihre tönenden Proklamationen verlesen – es blieb höchstens hier oder da ein behäbiger, biergenährter Altbayer stehen, die mißtrauische Bauernfrage auf den Lippen: »Ja, und nachat?«

Schon war Napoleon in Donauwörth angekommen und seine Persönlichkeit riß sie alle mit, Bayern, Württemberger, Franzosen, sogar den widerstrebenden Kronprinzen. Am 20. April dann, auf der Höhe über der Abens, war es Ludwig selber, der den bayerischen Offizieren die Ansprache des Kaisers zu verdeutschen hatte: »Bayern! Ihr kämpft heute allein gegen die Österreicher. Nicht ein einziger Franzose befindet sich in den ersten Reihen und ich setze mein ganzes Vertrauen in Eure Tapferkeit. Ich habe die Grenzen Eures Landes erweitert und sehe ein, daß ich noch nicht genug getan habe. In der Zukunft werde ich Euch so groß machen, daß Ihr meine Hilfe entbehren könnt ... Bayern! Dies ist der letzte Krieg, den Ihr gegen Eure Feinde werdet auszufechten haben; greift sie mit dem Bajonett an und vernichtet sie!« Während Erzherzog Karl schwerfällig herummanövrierte, warf sich Napoleon zwischen seine getrennten Korps. Abensberg, Landshut, Eggmühl, Regensburg – in fünf Tagen war der Aprilfeldzug entschieden und am 1. Mai ging's bereits über die Salzach nach Österreich hinein. Zwar siegte

Erzherzog Karl noch einmal bei Aspern und Eßling, aber am 5. und 6. Juli fielen bei Wagram die Würfel endgültig zugunsten Napoleons.

Anders stand die Lage in Tirol, wo der achtzigjährige General Kinkel mit seinen paar tausend Mann bereits am 12. April vor dem Volksaufstand die Waffen gestreckt hatte. Wohl waren dann Wrede und Deroy nach der Schlacht von Eggmühl bis Innsbruck durchgestoßen und schien das Land auch nach dem Abzug der Truppen ruhig zu bleiben, als auf Aspern hin erneut die Flamme emporschlug. Wenn jetzt die Tiroler und Vorarlberger bis Wolfratshausen und Memmingen streiften und man bayerischerseits Jäger, Forstleute und Isarwinkler Schützen aufbieten mußte, schlug immer wieder auf beiden Seiten jene stammesmäßige Rauflust und Verwegenheit durch, die sich sonst beim Schwärzen, Wildern und Streiten um die Almrechte zeigen mochte. Überhaupt wurde der Gebirgskrieg mit größter Erbitterung geführt: wie die Tiroler bayerische Soldaten bis aufs Hemd auszogen oder blindlings unter die Gefangenen schossen, brannten auch die Truppen bei ihren Strafexpeditionen die Häuser der Rebellen nieder oder knüpften kaisertreue Tiroler an den nächsten Bäumen auf. Selbst ein Biedermann wie Andreas Hofer verlor das innere Gleichgewicht und setzte, bestärkt von dem rotbärtig-fanatischen Kapuziner Joachim Haspinger, einen Kampf fort, der längst aussichtslos geworden war. Schon im Oktober hatte ja Kaiser Franz Frieden gemacht und Tirol preisgegeben. Mit dem ersten Schnee kamen dann, 50000 Mann stark, die Bayern und Franzosen angerückt, den letzten Widerstand auszutreten...

Ein Vertrag mit Frankreich, der Salzburg und Berchtesgaden, das Inn- und Hausruckviertel, Regensburg und Bayreuth, an das Königreich Bayern brachte, zog den Schlußstrich unter die Entwicklung seit 1803. Gegen eine Abtrennung Südtirols an Italien hatte Montgelas bis zuletzt angekämpft und wenigstens Brixen und Meran behaupten können. Nach drei siegreichen Kriegen stand Bayern auf der Höhe der Zeit, hatte die Armee den Gipfel ihrer Zahl und Leistungsfähigkeit erreicht. Aber man wollte endlich den Frieden, wollte ihn um so mehr, als die Ehe Napoleons mit Maria Luise von

Österreich dem bayerisch-französischen Bündnis die innere Notwendigkeit nahm, der drohende Krieg mit Zar Alexander das Land dem jeweiligen Sieger hoffnungslos ausliefern mußte.

So ging man 1812 voll Unbehagen in den russischen Feldzug hinein und ließ die geforderten 33 000 Bayern nur mit Widerwillen zur »Grande Armée« stoßen. Es gab einen beschwerlichen Anmarsch über Sachsen, Schlesien und Polen. Dann noch einmal bayerische Reiter, die mit Napoleon bis Moskau ritten, bayerische Infanteristen, die an der Düna eine russische Armee festhielten; Wrede, der beim Rückzug mit seinen letzten paar hundert Mann den Übergang über den Njemen deckte. An die 30 000 Landessöhne waren in Rußland geblieben: auf den Landstraßen erfroren oder in den Pesthöhlen der Lazarette gestorben, von den Kosaken verschleppt oder von den Einwohnern erschlagen. Schon schloß der preußische General Yorck mit den Russen die Konvention von Tauroggen und der große Umschwung begann sich abzuzeichnen.

Napoleon gestand den Rheinbundfürsten unterm 18. Januar 1813 die Niederlage ein; kündigte an, daß er bald mit einer neuen Armee über den Rhein gehen werde; bat um die Bereitstellung neuer Bundeskontingente. Aber für Montgelas ging es nicht um Frankreich, sondern um Bayern ganz allein. Wieder einmal sein berühmtes »ça se fera«: er zog die Ersatzarmee um Schwabing zusammen, hielt Napoleon wie die Verbündeten monatelang hin, hatte klar erkannt, daß es jetzt um die schwierigste aller diplomatischen Künste ging, nämlich um das rechtzeitige Abspringen. Zwischen einem König, der sich aus innerer Schwäche störrisch ans gegebene Wort klammerte, und einem Kronprinzen, der ungestüm zum Abfall drängte, suchte der Minister die überlegene Mitte. Er hielt dabei enge Fühlung mit Österreich, wo eben der Fürst Metternich vom Bündnis mit Frankreich schrittweise ins Lager der Verbündeten hinüberlenkte. Wohl standen sich wieder Bayern und Österreicher am Inn gegenüber, aber am 8. Oktober – also noch vor Leipzig! – brachten Montgelas und Wrede den Vertrag von Ried unter Dach: bewaffneter Anschluß an die Verbündeten, dafür Garantie des bayerischen Besitzstandes; eine etwaige Landabtrennung nur nach freier Vereinbarung und gegen eine gleichwertige im Gebietszusammenhang stehende Entschädigung. Die österreichische Donauarmee kam unter bayerisches Kommando.

Sofort begann Wrede den Quermarsch nach Mainfranken. Es galt, Württemberg und Baden mitzureißen, Napoleon in die Flanke zu kommen. Freilich war es sinnlos, wenn nach der Schlacht von Leipzig Wrede den Franzosen auch noch die Rückzugslinie abschneiden wollte: bei Hanau wurden seine 50000 Bayern und Österreicher von Napoleons alten Garden einfach zur Seite gerannt. Dafür brachte der Feldzug in Frankreich 1814 die glänzenden Siege bei Brienne, Arcis und Bar sur Aube, bestimmt von einem letzten Einsatz der bayerischen Truppen und der reiterischen Verwegenheit ihres Feldmarschalls.

Aber auch in München war der »böse französische Geist« mit einem Male entwichen. Vom Kronprinzen bis herab zum letzten Gymnasiasten regnete es tyrannenfresserische Verse, und selbst Rechnungsräte und Gerichtspräsidenten fingen zu exerzieren an. Und mochten sich Leute wie der Ritter von Lang bei diesem »brausenden Patriotismus in Schnauzbärten und himmelblauen Röcklein« vor Lachen kaum mehr halten können, es war doch die Hochstimmung der Befreiungskriege, die jetzt Alt- und Neubayern einander näherbrachte. Noch in Paris schloß Wrede mit Österreich jenen Vertrag, der Würzburg und Aschaffenburg gegen Tirol und Vorarlberg wieder einlöste und dem Wiener Hof den Vertausch Salzburgs zusagte.

Um Montgelas wurde es merkwürdig still. Umjubelt, umschwärmt stand einzig Wrede, der Feldmarschall, der Fürst, im vollen Licht, und er, nicht der Minister, ging als bayerischer Bevollmächtigter zum großen Kongreß nach Wien. Wrede mochte ein tüchtiger Soldat sein, aber auf dem Parkett machte er keine gute Figur. Über sein Säbelrasseln und Auf-den-Tisch-Hauen lachte ganz Wien, und statt sich Freunde zu suchen, setzte er sich zwischen alle Stühle. Wohl gelang es Wrede, die schwer errungene Souveränität in den Deutschen Bund hinüberzuretten, aber in der Gebietsfrage mußte er auf der ganzen Linie zurückweichen. Im Vertrag von 1816 kamen das Inn- und Hausruckviertel und das geliebte Salzburg wieder an Österreich, und bei Bayern blieben nur Berchtesgaden und das linke

Salzachufer. Die verlorenen Gebiete wurden mit ein paar fuldaischen und darmstädtischen Ämtern im heutigen Unterfranken, vor allem aber mit der Pfalz aufgewogen. Freilich deckte sich diese neue »Rheinpfalz« nur zum Teil mit der alten Kurpfalz der Karl-Theodor-Zeit. Nicht nur, daß die rechtsrheinische Pfalz um Mannheim und Heidelberg badisch blieb, es fehlte auch die Landbrücke von Miltenberg hinüber nach Speyer und damit ein Gebietszusammenhang im Sinn des Vertrages von Ried. Österreich stellte dafür das Erbrecht auf das badische Neckarland in Aussicht und verpflichtete sich, einstweilen jährlich 100 000 Gulden als »Kontiguitätsentschädigung« zu bezahlen. Selbst Montgelas konnte angesichts der verfahrenen Lage nur noch schnell dem Kronprinzen die Untersberger Marmorbrüche zuschreiben und bei Durchsicht der Personalakten alle »weniger befähigten Subjekte« nach Salzburg abschieben.

Als Montgelas 1813 zu den Verbündeten übergegangen war, hatte Bayern nach Österreich als die zweitstärkste deutsche Macht gelten können, mit einem Landgebiet, größer und zusammenhängender als das Preußens. Seither war es jäh abwärtsgegangen, und auf dem Wiener Kongreß hatte man sich kaum mehr neben Spanien, Portugal und Schweden halten können. Immerhin, auch das Bayern von 1816 blieb ein Land von europäischer Bedeutung und im Deutschen Bund der drittgrößte Staat überhaupt. Der Besitz der Pfalz bedeutete darüber hinaus die direkte Nachbarschaft mit Frankreich und den unmittelbaren Zugang zum Spielfeld der großen Politik. Und was heißt hier schon »undeutsch« und »frankophil«: gerade einem siebenjährigen Bündnis mit Frankreich verdankte schließlich Bayern seine deutsche Stellung, wie es sie bis 1870 hin behaupten konnte. Nicht von ungefähr hat ein französischer Historiker unser Bayern einmal die »bedeutsamste und dauerhafteste Gründung im napoleonischen Deutschland« genannt (Marcel Dunan).

Der moderne Staat

Augsburg, Oktober 1805, Napoleons Hauptquartier im Gasthof »Zu den drei Mohren«. Mitten zwischen fliegenden Estafetten und ausgebreiteten Generalstabskarten, voll steifer Würde, der reichsstädtische Senat. Begrüßungsansprache in zopfigem Französisch. Der Kaiser hört kurz zu, schneidet dann mit einer Handbewegung ab: »Meine Herren! Sie haben ein schlechtes Pflaster; ich muß Sie einem Fürsten geben!«

Augsburg war aber auch damals noch eine Stadt, die sich sehen lassen konnte; während im Werk seiner weltberühmten Kupferstecher und Schabkünstler das letzte Rokoko verblühte, regte sich bei den großen Bankiers und Kaufleuten bereits das moderne Unternehmertum, begannen in den Werkstätten und Kontoren die alten Quellen des Reichtums aufs neue zu sprudeln. Wenn man wirklich das »schlechte Pflaster« dieser oberdeutschen Reichsstädte sehen wollte, mußte man nach Nürnberg gehen, wo man bis über beide Ohren in Schulden steckte und in Kreissachen kaum mehr den bescheidensten Verpflichtungen nachkommen konnte. Wie ein Operettenintermezzo, als 1807 der Marktadjunkt Kißling und der Senator Tucher auf Gesandtschaft nach Paris gehen: sie logieren in einem fadenscheinigen Mietshaus über drei Stiegen hinauf und können kaum ihren Fiaker bezahlen, und wo die fürstlichen Gesandten mit goldenen Schnupftabaksdosen arbeiten, bleibt ihnen nur das Bittstellern und Antichambrieren. Dabei war Nürnberg mit seinen fast 30000 Einwohnern immer noch eine große Stadt. Die ganze Enge dieser altgotischen Reichsstädterei mochte man erst in einem Windsheim oder Weißenburg sehen, wo man keinen um- und keinen aufkommen ließ, wo man sich anhimmelte und anneidete, und es oberster Regierungsgrundsatz war, daß alles bleiben müßte, wie's schon Anno Tobak gewesen war.

Nirgends aber hat man sich über diese reichsstädtische Krähwinkelei mehr »verlustiert« als an den kleinen Höfen in Franken und Schwaben. Hier, wo Leben und Lieben noch ganz den zierlichen Menuettschritt des Rokokos hielten, konnte man sich über die lieben Nachbarn nur mehr ausschütten vor lauter Lachen. Dabei war aber auch die eigene Welt längst so eingeschnürt, daß selbst ein Fürst wie Kraft Ernst von Öttingen-Wallerstein nichts anderes zu tun fand, als streitsüchtigen Marktweibern höchsteigenhändig die Strafe festzusetzen oder sich mit dem Reichsprälaten von Neresheim in endlosen Prozessen herumzuschlagen. Über einem Reichsstadt-Schlendrian, der ebensooft drückend wie behaglich war, einem Duodez-Absolutismus, ebensooft versumpft wie aufgeklärt, mußte den »Untertanen« die große Flurbereinigung von 1803 und 1805/06 vorkommen wie ein notwendiges Übel. Das Bayerischwerden brachte hier wirklich ein neues Pflaster und frischen Wind.

Lediglich in den größeren Territorien stand es anders. Die Hohenzollerschen Fürstentümer Ansbach und Bayreuth etwa, seit 1769 in einer Hand vereinigt, seit 1791 an Preußen gefallen, hatten unter dem Freiherrn von Hardenberg einen straffen Ausbau ihrer inneren Verwaltung erlebt; dazu war man unter dem Schutz der preußischen Bajonette bis 1805 auch vor allen Kriegswirren sicher gewesen. Man hatte die veralteten Gewerbe- und Besitzbestimmungen aufgehoben, hatte einem Alexander von Humboldt die Oberaufsicht über die Bergwerke übertragen, hatte versucht, die Grenzen und Rechtsbereiche zu erweitern oder zu begradigen. Nur daß die Markgrafschaft trotz allem für Berlin kaum mehr sein konnte als eine Art süddeutscher Kolonie.

Bedeutender, ausschlaggebender waren so die geistlichen Fürstentümer, die oft über weites Land hin eine lachende Barockkultur versprüht hatten. Und Fürstbischöfe wie zu Würzburg und Bamberg ein Adam Friedrich von Seinsheim (1755–1779) oder ein Franz Ludwig von Erthal (1779–1795) hatten auch in der Wohlfahrtspflege und Landesverwaltung das Ihre getan. Hier im Mainland fiel selbst einem Montgelas auf, wie Adel und Geistlichkeit dem altbayerischen Staat gegenüber ein »entschiedenes Übelwollen« zur Schau trugen. Man spürte immer noch den Atem jener Zeit, da ein Fürstbischof Friedrich Karl von Schönborn dreißig Jahre lang Reichsvizekanzler gewesen war. Die Guttenberg und die Egloffstein, die Bibra und die Stauffenberg, die Thüngen und die Frankenstein, diese ganze fränkische Reichsritterschaft überhaupt, diente entweder dem Kaiser oder saß in den Domkapiteln – »Fürstenknecht« wollte man nicht sein.

Aber man soll dieses fränkische Widerstreben nicht überbetonen. Auch in Altbayern war man in Passau und Salzburg nicht minder reichs-habsburgisch gesinnt, ja als 1809 der Erzherzog Karl anrückte, öffnete gerade in Passau das Volk die Tore und hieß die

Österreicher mit Jubel willkommen. Wenn heute Kulturhistoriker und Volkskundler nur zu leicht geneigt sind, aus dem geschichtlich gewordenen »Bayern« ein rein stammbetontes »Baiern« herauszuschneiden, wird man demgegenüber ruhig unterstreichen dürfen, daß auch das Hineinwachsen Bayerns in die schwäbischen und fränkischen Provinzen mehr war als eine »bloß dynastische Zufälligkeit«. Man könnte an Augsburg und Nürnberg erinnern mit ihrem starken bajuwarischen Einschuß im breiten Volk; an Bamberg, das schon bei seiner Gründung aufs engste mit Altbayern verbunden war; an das Fürstbistum Eichstätt und seine uralte Mittlerrolle; an Geschlechter wie die jüngeren Babenberger oder die oberbayerischen Andechser. Wie auf dem alten Nordgau die Grenzen gegen Franken hin fließen, so greift auch das alte Herzogtum schon in der Stauferzeit über den Lech, ist Schwabegg seit 1268 bayerisch, Wemding seit 1467, Mindelheim seit 1617. Wie auf geistigem und kulturellem Gebiet schon immer die Fäden hin- und hergeschossen sind, konnte jedes Kapitel aufs neue zeigen. Von Würzburg nach Salzburg, von Kempten nach Waldsassen – es war der große Binnenraum süddeutscher Barockkultur, den der neue bayerische Staat ausfüllen sollte. Und was diese Länder voraushatten: daß man überall »den Quellen des natürlichen Lebens, dem mütterlichen Boden der menschlichen Dinge« noch näher saß als vielleicht anderswo.

Gewiß, für Montgelas und seine glasklare, verstandeskühle Politik mochten diese Dinge wenig zählen. Er sah nur den altväterischen Kurstaat der Karl-Theodor-Zeit mit seinem eingerosteten Kollegien- und Ständeregiment, daneben die barock verschnörkelte Welt von 83 neuerworbenen Ländern und Ländchen, die bald geistlich, bald weltlich, bald protestantisch, bald katholisch, bald republikanisch, bald monarchisch, ihm nur den Ruf abnötigten, daß das alte Reich eigentlich ein »Chaos« gewesen sei. Und hier gab es für Montgelas nur eines: ohne Rücksicht auf Bestehendes und Gewordenes, auf Recht und Herkommen, einzig aus der Vernunft heraus, den neuen Staat zu bauen. Schon in wenigen Jahren stand so eine Staatsorganisation, straff, zentralistisch, von strenger Gleichförmigkeit. An die Stelle der alten Kollegien waren die fünf Fachministerien des Innern, des Äußern, der Finanzen, der Justiz und des Krieges getreten; an die Stelle der alten Provinzen die neuen »Kreise« mit ihren »Generalkommissariaten«. Aus den Pfleggerichten wurden einheitliche »Landgerichte«, mit neuen Grenzen, ohne Rücksicht auf historische Zusammenhänge. Über allem stand dem Namen nach der König, tatsächlich aber Montgelas, der nicht nur »dirigierender Minister« war, sondern zuletzt drei Ministerien in eigener Person vereinigte (Äußeres, Inneres, Finanzen).

Das ganze Spinnwebennetz von Gnadenpflegen und Anwartschaften, von erblichen und käuflichen Ämtern, wurde mit eisernem Besen ausgekehrt und dafür ein neues Beamtentum geschaffen. Freilich ging das nicht über Nacht, und gerade die Mißgriffe in Tirol zeigen, wie diese Kreishauptleute und Generalkommissäre überall dort versagten, wo Montgelas mehr gebraucht hätte als nur rücksichtslose und übereifrige Werkzeuge. Aber wir sind heute noch stolz auf die große »Dienstespragmatik« von 1805, die für ein volles Jahrhundert die Grundlage des bayerischen Beamtentums bleiben konnte.

Erst von dieser inneren Staatsarbeit her merkt man, was die Rangerhöhung von 1806 tatsächlich bedeutete. Hatten die Kurfürsten ihre Hoheitsrechte kraft kaiserlicher Belehnung ausgeübt, so tat dies der König ganz aus eigenem Recht. Man brauchte keine Reichsgesetze mehr fürchten und keine Klage der Untertanen beim Kammergericht, man war souverän geworden. Jetzt erst hatte man den Ständen gegenüber freie Hand. Grundlegend wurde hier das Gesetz vom 8. Juni 1807, das alle ständischen Steuerprivilegien niederriß und der Landschaft das Recht der Steuerverwaltung nahm.

Den letzten Rest der Ständeverfassung beseitigte dann die »Konstitution« von 1808. Von Napoleon persönlich gewünscht, vom Vorbild der westfälischen Verfassung unmittelbar beeinflußt, war sie im Kern doch eine eigene Leistung. Zusammenfassung der bisherigen Reformarbeit und nachdrückliches Unterstreichen des öffentlich-rechtlichen Charakters des neuen Staates – das waren ihre Grundzüge. Zwischen Staatsschulden und fürstlichen Privatschulden, Staatsvermögen und fürstlichem Privatvermögen, wurde erstmals eine deutliche Trennungslinie gezogen, so daß der König mehr als Verwalter denn als Eigentümer der öffentlichen Einkünfte erschien. Die Ansprüche des Volkes auf Mitregierung drängte Montgelas freilich zurück. Nicht die politischen, die bürgerlichen Grundrechte der Konstitution von 1808 waren von entscheidender Bedeutung: die Gleichheit aller Untertanen vor dem Gericht, die gleiche Verpflichtung aller Staatsbürger zu den öffentlichen Lasten und zum Heeresdienst, der gleiche Zutritt zu allen Staatsämtern; die Sicherheit der Person und des Eigentums, die Gewissensfreiheit, die maßvolle Pressefreiheit, die Unabhängigkeit und Unabsetzbarkeit der Richter. Vom barocken Zopf blieben nur die Grundherrschaft und die Patrimonialgerichte; aber auch hier wurden die Auswüchse beschnitten.

Dazu kam eine Fülle von einzelnen Gesetzen, Verordnungen, Edikten. Man hob die Erblichkeit der Meisterstellen auf und strich aus den Zunftstatuten alles heraus, was dem Geist der neuen Zeit widersprach; man teilte die Gemeindegründe auf und ackerte ins Ödland hinein; in Großkarolinenfeld bei Rosenheim und Feldkirchen vor München, in Allershausen bei Freising und Brunnenreuth bei Ingolstadt siedelte man evangelische Kolonisten an. Mit dem Münchener Regulativ von 1805 und dem Judenedikt von 1813 wurde, trotz aller mitgeschleppten Vorbehalte, die Eingliederung der Israeliten als Staatsbürger wenigstens angebahnt.

Ein Generalmandat von 1799 rief die staatliche Brandversicherung ins Leben; mit der Verordnung vom 27. August 1807 führte Bayern als erstes Land der Welt die Pockenimpfung ein; 1812 wurde die Gendarmerie gegründet, 1813 Kreittmayrs Kriminalkodex durch das humanere Strafrecht von Anselm Feuerbach ersetzt. Daß erst Feuerbach die Folter abgeschafft habe, ist freilich ein billiges Ammenmärchen: hier ging es – genau wie bei der Aufhebung der Leibeigenschaft – nur darum, einen längst gegenstandslos gewordenen Paragraphen auch formell aufzuheben.

Kaum beachtet im Umbruch der Zeit war 1799 mit der protestantischen Kurfürstin Karoline auch eine neue Konfession in München eingefahren, und um den Kabinettsprediger Schmidt hatte sich ganz im stillen die erste evangelische Kirchengemeinde gebildet.

Schon am 10. November 1800, mitten im zweiten Koalitionskrieg, war dann das denkwürdige Dekret erschienen, das auch Nichtkatholiken die Möglichkeit gab, sich in Altbayern niederzulassen. Und mochte sich der Münchener Stadtmagistrat auch verzweifelt wehren, einen protestantischen Pfälzer Weinwirt als Bürger aufzunehmen, als 1803 die Reichsstädte in Schwaben und Franken bayerisch wurden, mußte das System der ausschließlichen Katholizität fallen. Der Schlußstrich war das Religionsedikt vom 10. Januar 1803: auch in Bayern standen die drei christlichen Bekenntnisse – Katholiken, Lutheraner, Reformierte – völlig gleichberechtigt nebeneinander.

Dieses selbe Jahr 1803 brachte aber auch den großen Klostersturm der Säkularisation und mit ihm das endgültige Zerbrechen der »Bavaria Sancta«. Gewiß, es gab zu viele Klöster im Land und ihr Reichtum war zu herausfordernd, wenn der Staat tagtäglich nach Geld und Einnahmen schrie und in immer neuen Kriegen ums Dasein zu würfeln hatte; dazu irrlichterte der Illuminatengeist und war auch in den Konventen selber nicht alles Gold. Aber einem Montgelas ging es nicht um die vielleicht berechtigte Teilsäkularisation, sondern um das radikale Hinwegfegen der Klöster überhaupt. 1802 kamen bereits die Bettelorden und die Oberpfalzklöster dran, 1803 auf Grund des Reichsdeputationshauptschlusses die Hochstifte und Prälatenklöster. Wenn jetzt so geschichtsstolze Abteien wie Niederaltaich oder Tegernsee, so blühende Stätten der Wissenschaft wie Ottobeuren oder Polling mit einem Schlag ausgelöscht wurden, war es eine Barbarei und ein Verbrechen an der bayerischen Kultur. Hier war auch Montgelas nicht der ruhig abwägende Staatsmann, sondern der alte Illuminat, rachsüchtig, grollend, unduldsam wie nur je ein Ketzerrichter.

Während man die Mönche mit schmalen Pensionen in die Welt hinausschickte, plünderte man ihre Kirchen und Klöster bis aufs letzte aus und brachte unter den Hammer, was nur irgend ging: Liegenschaften und Baulichkeiten, Hausrat und Fahrnis, Vorrat und Vieh, Kelche, Meßgewänder, Bischofsstäbe, Kirchenglocken, Grabmäler und Reliquienschreine. Das Massenangebot drückte alle Preise, und nicht der Staat machte das Geschäft, sondern der Grundstücksspekulant, der Handelsjude, der schuftige Beamte, der in die eigene Tasche wirtschaftete. Ein böhmischer Kattunfabrikant erstand das Kloster Fürstenfeld um 120459 Gulden, ein Generallandesdirektor das ganze Stift Dietramszell um den Pappenstiel von 32333 Gulden. Der einzige Gewinn des Staates lag in den eingezogenen Klosterwaldungen, die mit ihren rund 270000 Tagwerk geradezu den Grundpfeiler des »Staatsärars« bilden konnten.

Für die Klosterbibliotheken wurde unter der Leitung des Freiherrn Christoph von Aretin eine eigene »Bibliothekskommission« ins Leben gerufen, die wenigstens die wertvollsten Bücher, Handschriften und Wiegendrucke sicherstellen sollte. Gewiß, Aretin erfaßte auffallend rasch und mit bemerkenswerter Sachkenntnis, aber was waren drei, vier Männer gegenüber einer Flut von mindestens zwei Millionen Bänden! Man fand nicht einmal Zeit, alle Prälatenklöster aufzusuchen, geschweige denn die Bestände der Bettelklöster auszumustern. Ganze Bibliotheken wurden auf offene Leiterwagen geworfen und über grundschlechte Bauernstraßen nach München gefahren. Oder es kam der gestrenge Herr Landrichter, wählte voll aufgeblasener Gelehrsamkeit zwanzig Bände aus und verkaufte alles übrige zentnerweise an die Pappdeckelfabrikanten...

Nach dem Ausplündern kam das Kirchenzusperren und Gebäudeniederreißen. Wessobrunn und Fultenbach verschwanden fast vom Erdboden; die Klostergebäude von Kaisheim, Rebdorf, Ebrach und Niederschönenfeld wurden Zuchthäuser, die Franziskanerkirche in Regensburg und die Dominikanerkirche in Augsburg Schrannenhallen; ein Hauptwerk fränkischen Barocks wie die Abteikirche von Münsterschwarzach wurde kurzerhand auf Abbruch verkauft. Ein Ministerialreferent soll sogar beantragt haben, den Landshuter Martinsturm niederzulegen, während der Dom von Freising nur durch den Zufall gerettet wurde, daß ein französischer General darin eine Kirchenparade begehen wollte.

Es blieb nicht bei der Säkularisation der Stifte und Klöster allein, Montgelas traute sich auch zu, das ganze Land mit einem Federstrich von allen »öffentlichen, oft ungeschicklichen religiösen Vorstellungen« zu befreien. Für ihn war Religion nur Moral, die Kirche lediglich eine Polizeianstalt im Staate. Was weder Erzbischof Colloredo noch die Männer um Kurfürst Max III. Josef fertiggebracht hatten, wurde jetzt mit rücksichtsloser Strenge durchgedrückt. Man verbot den Palmesel und die Heiligen Gräber, verschob die Christmette auf die fünfte Morgenstunde, verlegte alle Kirchweihfeste auf einen gemeinsamen Tag, schlug die Feldkreuze um und riß die Wegkapellen nieder. Ähnlich ging der Kampf um die abgewürdigten Feiertage. Schon Kurfürst Max III. Josef hatte hier die ersten Schritte getan, Karl Theodor die Sache wieder ruhen lassen, bis jetzt das Mandat von 1772 in voller Strenge wiederholt wurde. Schon am Lichtmeßtag 1802 fanden die ersten Wirtshausrazzien statt, wo man die Bauern vom Bier weg in den Arrest holte und anderntags mit dem Strafzettel nach Hause schickte...

Das Ministerium wollte nicht sehen, wie der Bauer nach seiner ganzen Art und Arbeit mitteninne stand in dem jahrtausendalten Kreis des Wachs- und Kirchenjahres, wie dem Bauernknecht oder Handwerksgesellen die vielen Feiertage das sein mußten, was dem Herrn Landrichter sein Urlaub war. Gerade durch die Säkularisationen und Kirchenmaßnahmen wurden die Tiroler in den Aufstand von 1809 hineingetrieben. In Altbayern, Franken und Schwaben blieben die Bauern zwar ruhig, aber die vielen Bittgesuche, die, halb trotzig, halb in Seelennot, gerade um die Schonung ihrer Kapelle, um die Beibehaltung ihres Passionsspieles flehten, hätten Montgelas sagen müssen, wie das Volk an diesen Dingen hing. Nirgends mehr als hier spürte man das Harte, Kalte, Rechnerische aller Montgelasschen Reformen und den Polizeidruck, den sie brauchten, um sich durchzusetzen.

Neben den vielen Mißgriffen und persönlichen Unzulänglichkeiten muß man Montgelas freilich zugute halten, daß er diesen neuen bayerischen Staat nicht in einer satten, selbstzufriedenen Bürgerzeit aufzimmern konnte, sondern in sturmbewegten Kriegs- und Revolutionsjahren, die alle Maßstäbe und Ordnungen ins Wanken gebracht hatten. Was vom Alten wirklich gut und lebenskräftig war, ließ sich wohl zeitweilig unterdrücken, aber nicht auf die Dauer aussperren. Auch hier sprengte der Sturm oft nur morsche Äste ab. Und nur auf Montgelas' neuen Grundlagen ließ sich die große Aufgabe der Zeit lösen, ließen sich die altbayerischen, schwäbischen und fränkischen Provinzen zur Einheit des neuen Königreiches verschweißen. Vieles, was in Frankreich das Volk auf den Barrikaden erzwungen hatte, war in Bayern durch einen einfachen Federstrich dekretiert worden. Wir Heutigen könnten uns Bayern überhaupt nicht mehr denken ohne Montgelas und sein Werk. Es war, wenn auch nicht eine der »glücklichsten«, so doch eine der geglücktesten Revolutionen von oben, die es in der Geschichte gibt.

Der Geist der Montgelas-Zeit

Nicht nur die politische, auch die geistige Landkarte der Montgelas-Zeit kann man sich nicht bunt genug vorstellen, denn zu Altbayern und Schwaben, wo es ohnedies aussehen mochte wie nach dem Zusammenstoß zweier Heere, kam noch die ganze Vielfalt der fränkischen Lande. Etwa allein die Markgrafschaft, diese Insel kalvinistisch-klassizistischer Geistigkeit mitten im katholisch-barocken Süddeutschland! Da war Erlangen, das französisch aufgezopfte Städtchen voll »freundlicher Langeweile« (Dehio), das 1743 eine Universität erhalten hatte: Pflanzstätte des neuen Aufklärergeistes und sozusagen weltlich-protestantisches Gegenstück zum neu erblühenden Würzburg. In Ansbach dagegen hatte man schon immer auf »Literatur« gehalten. Johann Peter Uz, der Justizrat, Landrichter und Dichter des Rokokos, war ein Ansbacher gewesen; jetzt kam der Stückeschreiber und Theaterleiter Julius von Soden; aus Ansbacher Beamtenfamilie stammte nicht zuletzt auch Wilhelm Friedrich von Meyern, der österreichische Offizier und Mitschöpfer des Volksheeres von 1809, der Verfasser des Romans »Dya-Na-Sore« in dem der Geist von Adam Smith und Edmund Burke, Lessing und Herder lebte. Überhaupt war es einzig dieses protestantische Franken, das die direkte Verbindung mit dem Geist von Weimar fand: Karl Ludwig von Knebel, der Properz-Übersetzer und Schüler des Johann Peter Uz, wurde zu einem wichtigen Anreger im Kreis um die Herzogin Anna Amalie; der Kanzler Friedrich von Müller, in Kunreuth bei Forchheim geboren, war der Gesprächspartner des alten Goethe. Droben in Bayreuth aber lebte einer der Größten der Zeit und lief fast jeden Tag, den Pudel an der Seite und ein paar Flaschen Wein in der Rocktasche, zum Gasthaus der Frau Rollwenzel hinaus: Jean Paul Friedrich Richter.

Und diese ostfränkischen Käuze und Sonderlinge, wie sie Jean Paul zu Dutzenden erfand, schienen im alten Nürnberg lebendigen Schritts über die Gassen zu gehen. Bei Matthias Burger, dem Rosenbäcker am Stöpselgäßchen, der alle Kammern voll frommer Bücher hatte, tat sich nach Feierabend oder am Sonntagnachmittag ein sonderbarer Kreis zusammen – »schlichte Bäckergesellen, kunstfertige Meister, vornehmer Stadtadel, Gelehrte und Geistliche, Gottsucher und Weise im Herrn«. Man las aus den erbaulichen Schriften oder sprach sich aus über jenseitige Dinge. Selbst der junge Gotthilf Heinrich Schubert, romantischer Naturphilosoph und Lehrer an der neugegründeten Realschule, ging beim Rosenbäcker aus und ein. Die alten Überlieferungen aber zerbröckelten: der Meistergesang schlief ein, und die Reichsstadtuniversität, 1623 draußen in Altdorf gegründet und eigentlich nie richtig in die Höhe gekommen, wurde von Montgelas aufgehoben. Dafür zog jetzt die Romantik in die Stadt und legte ihren verklärenden Schimmer über Dächer und Türme. Schon 1793 waren Tieck und Wackenroder als Erlanger Rechtsstudenten nach Nürnberg gewallfahrtet, und in Wackenroders »Herzensergießungen« klingen die neuen Töne zum erstenmal an: »Nürnberg! du vormals weltberühmte Stadt! Wie gerne durchwanderte ich deine krummen Gassen; mit welcher kindlichen Liebe betrachtete ich deine altväterischen Häuser und Kirchen...«

Den vollsten Ton im Geläut fränkischer Landschaft gab das geistliche Bamberg – für die Romantiker die Stadt, wo man sich verzehren konnte an der Schönheit alter Kirchenmusik. Die Bamberger Akademie, erst 1773 zur regelrechten Universität ausgebaut, wurde zwar in der Säkularisation geschlossen, aber dafür blieb die medizinisch-chirurgische Schule, die von weitum die Studenten anzog. Hier spürte man von Jena herüber den Anhauch der neuen Geistigkeit, und Adalbert Friedrich Marcus wie Johann Andreas Röschlaub suchten von Schellings Naturphilosophie her die Brownsche Erregungstheorie fester zu untermauern. Es waren jene romantischen Ärzte, denen es nicht so sehr ums Sezieren und Mikroskopieren ging, sondern um die Gesamtanschauung – um die »Ideen«, wie man damals sagte. Für sie war die Medizin nicht exaktes Forschen, sondern praktische Philosophie, Einsicht in die letzten Zusammenhänge von Leib und Seele. In dieses Bamberg kam 1808 von Berlin her als Theaterkomponist und Kapellmeister eine der vieldeutigsten und bizarrsten Gestalten der Romantik: Ernst Theodor Amadeus Hoffmann. Und Hoffmann ließ alle Wellen der Stadt in sich schlagen: hörte gesungene Messen, ging bei der Fronleichnamsprozession mit, war bei den Kapuzinern zu Gast, verkehrte mit Marcus und den Irrenärzten von St. Getreu. Er komponierte droben auf der Altenburg seine Märchenoper »Undine« und schrieb Musikkritiken, die ihm unter der Hand zu Dichtungen wurden. 1810 übernahm dann der Österreicher Franz von Holbein die Bühnenleitung und brachte zusammen mit Hoffmann das alte Barocktheater wieder zu Ehren. In Bamberg spielte man Calderon...

In Würzburg dagegen war die Luft dünner, aufgeklärter. Man hatte seine »Gelehrten Anzeigen« und die Universität war für Kant. Stimmführer der Theologe Franz Berg und Matern Reuß, der Benediktiner von St. Stephan, den Kants »Kritik der reinen Vernunft« geradezu in die Knie gezwungen hatte: »Alles was ich bisher gelehrt, sehet als nichtig an, jetzt erst will ich euch wahre Philosophie lehren...« Und doch mußte gerade aus dem Kreis der Würzburger Kantianer der Mann kommen, der in Bayern als erster den katholischen Gegenstoß führen sollte: Gregor Zirkel, seit 1795 Professor an der Universität, seit 1802 Weihbischof. Zuinnerst abgestoßen vom Klostersturm der Säkularisation, fand er schrittweise den Weg zurück zur strengen Kirchlichkeit. In Briefwechsel und Gespräch suchte er die führenden Köpfe der süddeutschen Geistlichkeit zum Vortrupp kirchlicher Restauration zusammenzuschließen. Stark aufs Kirchenpolitische gerichtet, in enger Verbindung mit Rom, ging es diesen »Konföderierten« vor allem darum, von Literatur und Presse aus gegen Aufklärertum und Staatsallmacht den Stoß zu führen. Freilich sollte diese breite Wirkung auf die Zeitgenossen von allen Konföderierten nur einem beschieden sein: Rupert Kornmann, dem letzten Abt von Prüfening. Ein philosophischer Kopf durch und durch, als Geschichtsdenker voll Eigenwuchs, brachte er seine »Sibylle der Zeit« heraus – ein Buch, das selbst der bayerische Kronprinz »nicht bloß einmal« las.

Während so von den Städten aus bereits die neuen Ideen der Romantik und der kirchlichen Erneuerung ins Land schwirrten, war der »dirigierende Minister« in München nach Bildung und Gehabe so alt-französisch, als ob man noch im tiefsten 18. Jahrhundert stäke. Wir dürfen nur einmal nachlesen, wie uns der Ritter von Lang, Reichsarchivdirektor und Memoirenschreiber, das Bild des Grafen Montgelas zeichnet: »Er war ein Mann, wie ich mir einen Mazarin oder Richelieu denke... Ein stark gepuderter Kopf, hell von Verstande, sprühende Augen, eine lange, hervorstehende Nase, ein großer, etwas spöttischer Mund gaben ihm ein mephistophelisches Ansehen, obgleich die kurzen Beinkleider und die galamäßigen weißseidenen Strümpfe keinen Pferdefuß zu verstecken hatten. Kein Feind der sinnlichen Freuden und Genüsse, liebte er auch die Scherze und Gespräche der Tafel, weshalb er immer auch seine Gäste mit aus dem Künstler- und Gelehrtenstande wählte...« Ein Mann von Lebensart, dieser Montgelas, der gerne seinen Wieland las, auch wenn er sonst nur Französisch schrieb oder sprach. Und für ihn, den Sohn des »pädagogischen Säkulums«, hieß Kulturpolitik treiben zunächst die Aufklärung fördern und Schulhäuser bauen.

Seit Heinrich Braun stand eine Volksschule wohl auf dem Papier, aber die ehrgeizigen Pläne waren doch der bayerischen Wirklichkeit weit vorausgeeilt. Neben tüchtigen Stadt- und Klosterschulen gab's die erbärmlichsten Winkelschulen mit Schulhäusern, die so schlecht waren, daß sie einfielen, und Schulmeistern, die im Nebenberuf Mesner oder Totengräber, Musikanten oder Kürbenzäuner waren. Jetzt erst wurden, nach dem Vorbild von Würzburg und Bamberg, Lehrerseminarien errichtet, und das Jahr 1802 brachte den Beginn der öffentlichen Volksschule mit Schulzwang; 1803 kam die Feiertagsschule hinzu. Freilich, ganz über den Schatten der Vergangenheit konnte auch das neue Bayern nicht springen, und die Lokal- und Distriktsschulinspektoren wählte man aus dem geistlichen Stand. Es waren jene würdigen Pfarrherren, wie sie uns in Obernbergs »Reisen durch das Königreich Bayern« immer wieder begegnen: gescheit und aufgeklärt, Landwirte aus Lust und Neigung, ganz im Westenriederschen Sinn »Volkslehrer ihres Vaterlandes«.

Mit der Säkularisation waren auch die Mittelschulen an den Staat zurückgekommen, und es begann das schöne Spiel mit immer neuen Schulplänen. Von Salzburg zurückgeholt, brachte Wißmayr 1804 seinen Mittelschulplan heraus, der Latein- und Realschule zur Einheit zu verschmelzen suchte. Aber schon 1808 trat das Niethammersche »Normativ« an seine Stelle: in einer Zweiteilung wollte man jetzt Sach- und Sprachschule einander gleichstellen. Mit den Schulreformen wurde auch der Grund gelegt zum neuen Stand des Mittelschullehrers. Aber es brauchte Zeit, bis diese neuen Schulmänner an Tüchtigkeit und Kenntnissen das hatten, was bei den alten Lehrern aus dem Prälatenstand eine Selbstverständlichkeit gewesen war.

Eine wichtige Rolle in seinem Bildungsplan hatte Montgelas auch der Akademie der Wissenschaften zugedacht, die seit 1807 eine neue Ordnung erhielt. »Es wurden um dieselbe Zeit eine Menge Ausländer, fast lauter Protestanten, mit großer Besoldung zu Akademikern nach München berufen ...«, konnte Westenrieder in sein Tagebuch schreiben. Von Düsseldorf kam der neue Präsident der Akademie, Goethes Jugendfreund Friedrich Heinrich Jacobi: ein feiner Weltmann, mild, biegsam, als Philosoph mittwegs zwischen Aufklärung und neuem Geist. Daneben berief man die Württemberger Schelling und Niethammer, den Kriminalisten Anselm Feuerbach, holte sich aus Thüringen, »dem klassischen Lande des neuen Schulmeisters«, die Altphilologen und Altertumskenner Schlichtegroll, Jacobs und Thiersch. Gewiß, unter den neuen Akademikern waren Männer von Rang und Namen, aber für bayerische Leistung und bayerische Art fehlte ihnen jeder Blick. Sie kamen sich – um mit Thiersch zu sprechen – vor wie die alten »Heidenbekehrer« Rupert oder Korbinian und waren felsenfest überzeugt, daß sie erst berufen seien, die Bayern aus dem Sumpf zu ziehen. Bezeichnend, wie Niethammer einmal in einem Brief an Schelling losbricht: »Das dumme Pfaffenvolk in Bayern mag faul und dumm bleiben, wenn man's so haben will – zum Glück bedarf die Bildung ihr Asyl nicht mehr in Bayern zu suchen, wo man sie ohnehin nur hereingelockt zu haben scheint, um sie totzuschlagen.«

Josef Bernhardt, Johann Andreas Schmeller (XXIX)

Wer aber herangewachsen war im Kulturbereich des alten Bayern, seiner Klöster, seiner Hochschulen, seiner Bibliotheken, war empört, wie hier Land und Volk, Geschichte und Gesinnung mißhandelt, verächtlich gemacht, ins Lächerliche verzerrt wurden. Westenrieder zog vom Leder gegen die »unerträgliche Fadheit und Charakterlosigkeit so vieler der heutigen Gelehrten«, der Historiker Pallhausen schlug sich in ewigen Fehden mit den »Ausländern« herum, Christoph von Aretin wurde vom einstigen Klosterstürmer zum Wortführer der Einheimischen. Freilich waren sie lauter Altbayern, und wo die Fremden spitz und boshaft kamen, wurden sie grob.

Während man sich hier um den Eigenwert bayerischer Kultur streiten mußte, schwemmte in der Staatsbibliothek die Säkularisation die Bücherschätze eines ganzen Jahrtausends zusammen. Bald waren im ehemaligen Jesuitenkolleg an der Neuhauser Straße alle Säle, Gänge und Kammern bis zur Decke hinauf mit Büchern verstellt, und obwohl man drei- und vierfach hintereinanderreihte, blieben noch 200 000 Bände auf dem Dachboden liegen. Die Leitung der Akademie verschrieb sich etliche norddeutsche Bibliothekare, die dann hilflos vor einem Reichtum standen, der alle Türen und Tore sprengte. Doch während man lange redete, war bereits ein bayerischer Praktiker an der Arbeit, der unverdrossen und zielbewußt wenigstens die gut 400 000 Druckwerke in Ordnung brachte: Martin Schrettinger, der Exbenediktiner von Weißenohe.

Und man machte eine Entdeckung um die andere. Christoph von Aretin, der Kustos der Bibliothek, war ja nicht nur ein Preußenfresser sondern auch ein Durchforscher des bayerischen Buchdrucks und der bayerischen Literatur. Neben ihm standen Josef Scherer, der Orientfahrer und verkrachte Buchhändler, und Josef Docen, ein Osnabrücker aus bayerischer Familie, der völlig aufging im Pflegen, Sammeln und Sichten der alten Bücherbestände. Ihre schönste Frucht aber trug diese aufs Bayerische gerichtete Deutschkunde im Werk eines Johann Andreas Schmeller.

Schmeller war in Tirschenreuth in der Oberpfalz geboren und in Rimberg bei Pfaffenhofen aufgewachsen – ganz der kleine Kürbenzäunerssohn, der »unter Eichen und Buchen« seine Jugend verträumt hatte, in Scheyern ein paar Jahre in die Klosterschule gegangen und 1804 in die »weite Welt« gezogen war: nach Burgdorf zu Pestalozzi und als gemeiner Soldat hinab nach Spanien. Er war Lehrer in Madrid und Basel geworden und 1815 als bayerischer Jägeroffizier mit nach Frankreich marschiert. Nach dem Krieg lernte er Scherer kennen, und auf Antrag der Akademie erhielt er 1816 ein halbes Jahr Militärurlaub, »um während dieser Zeit an einem Wörterbuch der bayerischen Mundart zu arbeiten«. Und dieses Wörterbuch wurde für Schmeller zum Lebenswerk. Nach zehn Jahren konnte er den ersten Band vorlegen, nach zehn weiteren den vierten und letzten. Dabei mußte der stille, fast scheue Mann, der sich nirgends vordrängen wollte, noch alle sechs Monate um Urlaubsverlängerung betteln, bis er endlich 1824 Mitglied der Akademie, 1829 Docens Nachfolger an der Staatsbibliothek wurde. Nie war dabei für einen Schmeller das lexikographische »Gesottschneiden« Selbstzweck. Ihm war die Sprache das kostbare Gefäß für die Fülle des bayerischen Seins, und man kann sein Wörterbuch aufschlagen, wo man will, jede Seite strotzt von Wissen, Anschaulichkeit und Leben. Noch hinterm letzten Wort steht eben die ganze Persönlichkeit dieses prächtigen Altbayern, die wir nirgends deutlicher greifen als in einer schlichten Tagebuchnotiz von Weihnachten 1813/14: »Es war keine Bahn im Schnee – der nach zehn Jahren Wiederkehrende machte die ersten Fußtapfen. Am steilen Pfad, wo ich einst, geliehne Dichter lesend, gegangen war, stand ich wieder still. Ich ging nach Rimberg heim und statt in Ried oder Pfaffenhofen war ich in Tarragona, Madrid und Basel gewesen...«

Aufklärung und kritischer Idealismus, Neuhumanismus und Klassizismus, Romantik und Naturphilosophie, katholische Erneuerung und weiterlebender Barock – wer könnte den Geist der Montgelas-Zeit auf eine Formel bringen? Aber was in allen Schattierungen das Land abstreute, sammelt sich wie in einem Brennspiegel an der neuen Universität zu Landshut. Hatten schon die Gutachter der Ickstatt-Zeit gemeint, daß die Landeshochschule nicht in die Höhe kommen könne, solange Professoren und Studenten zwischen Soldatenhelmen und Jesuitenhüten spazierengehen müßten, so nahm Montgelas 1800 das Vorrücken der Franzosen zum willkommenen Anlaß, die Universität für immer nach Landshut zu verlegen. Und man sah, daß man aufgeklärte Herren auf die Lehrstühle brachte: etwa Josef Socher, den alten Illuminaten, Kant-Anhänger und »bayerischen Abbé Sieyès«, oder Georg Alois Dietl, den Pfarrer von Berg ob Landshut und »Schöngeist in der Soutane«. Abends aber traf man sich im trinkfesten Kreis des »Kränzchens von Landshut«, wo Nikolaus Thaddäus Gönner den Ton angab, ein Mann, der als Jurist ebenso tüchtig wie als Kollege neidisch war. 1807 kam dann noch Jakob Salat, unter all diesen Landshuter Aufklärern der zäheste und unangenehmste. Im Umgang von fader Süßlichkeit, war er der geborene Feinspinner und Herumhorcher, dabei schreibselig und von sprichwörtlichem Geiz.

Neben diesem Vortrupp der Aufklärung standen, besonders bei den Naturwissenschaftlern, einige ältere Herren, meist Ex-Jesuiten und Ex-Benediktiner, denen es nur um ihr Fach ging und die immer noch kindlich fromm ihren Rosenkranz beteten. Nennen wir nur Franz von Paula Schrank, den Botaniker und Verfasser der klassischen »Flora Monacensis«. Mit Röschlaub aber, den man 1802 von Bamberg berief, holte man sich die neue Naturphilosophie in die Stadt, während das Dillinger Freundeskleeblatt der Johann Michael Sailer, Patriz Zimmer und Josef Weber, von dem man sich so viel erwartet hatte, bald schroff gegen Socher und Salat stand. Ähnlich war es mit den »Ausländern«, die man für Landshut gewann. Friedrich Ast, in dessen Hand die klassische Sprachwissenschaft lag, hatte nicht umsonst bei Fichte und Schlegel gehört: er war Gelehrter und Dichter, vor allem ein Essayist von genialer Tiefe und Gedankenfülle. In seiner »Zeitschrift für Wissenschaft und Kunst« erschienen Dichtungen des jungen Eichendorff.

Man sprach auf einmal nicht mehr vom »Kränzchen«, sondern von jenem gastlichen Haus an der Neustadtecke, wo Savigny wohnte und Gundel Brentano als Hausfrau und Gattin die Gäste empfing. Karl von Savigny, seit 1808 an der Universität, führte von der Rechtswissenschaft her den Kampf gegen die Aufklärung. Für ihn entstand das Recht nicht aus der Willkür des Gesetzgebers, sondern aus den inneren, stillwirkenden Kräften von Geschichte und Volkstum. Und Savigny, dem reformierten Protestanten, ging in Landshut der Blick auf für die tragende Kraft bayerischen Landes:

»Das Beste, ja das einzig Gute, was von Anstalt und Einrichtung hier ist, liegt in den Resten der alten geistlichen Verfassung. Davon, ich meine von den eigentümlichen Verhältnissen der katholischen Geistlichkeit, ihrer Erziehung und Bildung, haben wir anderen gar keinen Begriff, und es ist etwas in seiner Art ebenso Vortreffliches und Herrliches als das ganz verschiedene Wesen unserer Universitäten...«

Bei Savignys verkehrte auch jener kleine Kreis von Studenten, dem es nicht genügte, wenn man wochenüber aufs Examen paukte und sonntags beim Bier saß oder sich am Gillmayerschlössel mit den Soldaten herumraufte. Es waren meist Mediziner, hochbegabte junge Leute mit schöngeistigen Interessen, die ihre Verse nur so aus dem Ärmel schüttelten. An ihrer Spitze der Oberpfälzer Johann Nepomuk Ringseis, der Assistent Röschlaubs und nachmals so berühmte Arzt. Eine Briefstelle gibt eine ganze Fülle von Stimmungen: »In heller Mondnacht auf Gräbern Flöte, Guitarre spielen, philosophieren, dichten, deklamieren – echt akademisch, Herr Bruder! Doch Geister zitieren?« Und zu den Medizinern traten einige Juristen: Südtiroler wie Salvotti und Di Pauli; Eduard von Schenk, der spätere Minister; Max Prokop von Freyberg-Eisenberg, der bayerische Historiker. Über Savignys Haus, wo immer wieder die Geschwister Brentano zu Gast weilten, knüpfte sich ganz von selber die Verbindung zum Heidelberger Romantikerkreis, zu den Brüdern Grimm in Kassel, zu den Brüdern Boisserée in Köln.

Trotzdem ist mit aller Deutlichkeit zu sagen, daß nicht die Romantik für diese Landshuter Jahrzehnte bestimmend wurde, sondern die große katholische Erneuerungsbewegung um Johann Michael Sailer. Wenn Savigny schon im Frühjahr 1810 dem Ruf nach Berlin folgte, die Studenten in Beruf und Leben auseinandergingen, Sailer blieb, bis man ihn 1821 als künftigen Bischof nach Regensburg holte. Und im Landshuter Sailerkreis wurde Wirklichkeit, was andernorts bloße Literatur geblieben war: der Aufbau einer geschlossenen Geisteskultur, gegründet auf ein tief innerlich erfaßtes Christentum.

1751 auf dem Schusterhäusel zu Aresing bei Schrobenhausen geboren, von der Vater- wie der Mutterseite her Bauernblut, war Sailer mit dem bayerischen Land verwachsen wie nur wenige. Hinter ihm lagen harte, demutsvolle Kämpfe und Brachjahre, als er 1800, ein reifer Mann auf der Mittagshöhe seines Lebens, nach Landshut kam. Und mit großem Herzen und überlegenem Geist sah Sailer auch das Gute, das außerhalb des eigenen Lagers heranreifte, und streckte jedem die Hand hin, bei dem er Verwandtes fühlte; er reiste nach Zürich zu Lavater, dem Prediger und Propheten, und stand mit Jacobi auf Freundesfuß. Während ihn die Aufklärer als Dunkelmann und verkappten Jesuiten ausschrien, galt er bei der Münchener Nuntiatur nur als mystischer Schwärmer und heimlicher Protestant. »Ich ließ aber weder das Geschrei links noch das Geschrei rechts mich anfechten und ging zwischen Irrtum und Lästerung in der Mitte am Pfade der Wahrheit hindurch...«, konnte Sailer am Ende seiner Landshuter Jahre sagen.

Sailer in Landshut – das war der gefeierte akademische Lehrer, der bis vom Rhein und der Schweiz her die Studenten anzog; das war der geborene Sprachmeister, der mit seiner Predigt und seinen rührend einfachen Büchern weit ins Volk hineingriff; das war vor allem der Priester und Seelenführer, den hoch und nieder in Stube und Beichtstuhl aufsuchte. Nirgends war ja Sailer größer als im »lieben, weisen Gespräch«, und was hier dankbare Schüler erzählen, ist so herzlich, echt und lauter, daß man versteht, wie sich den Zeitgenossen immer wieder ein Beiwort aufdrängte, wenn sie von Sailer sprachen: »der Edle« – »der edle Sailer«.

Was Sailer als Erzieher bedeutete, sieht man an den Menschen, die durch seine Hand gegangen sind und denen zeitlebens das Siegel seines Geistes blieb. Schwäbl könnte man nennen, seinen Nachfolger auf dem Bischofsstuhl von Regensburg; Georg Öttl, den Bischof von Eichstätt, und Melchior Diepenbrock, den Kardinal von Breslau; Andreas Buchner, den bayerischen Geschichtsschreiber, und Christoph von Schmid, den liebenswürdigen Jugendschriftsteller und Schulbenefiziaten von Thannhausen an der Mindel. Selbst in der Mitte des 19. Jahrhunderts leuchtet in den Münchener Theologen – auch wenn sie nicht mehr seine unmittelbaren Schüler waren – Sailers Geist in wunderbarer Klarheit auf: in Möhler etwa oder in Daniel Bonifaz Haneberg. Der letzte aus diesem Kreis, der Moraltheologe Magnus Jocham, erst 1893 zu Freising gestorben, ragt ohnedies noch fast in unsere Zeit herein.

Und neben den großen Namen wieder so schlichte Bauernpfarrer wie jener Simon Zollbrucker von Binabiburg, der noch als alter Mann, sooft er nach Landshut kam, mitten unter den Studenten im Hörsaal saß, oder jener Franz Seraph Häglsperger von Egglkofen, den die Leute heute noch den »heiligen Dechanten« heißen. Mit Priestern ihres Schlages strömte Sailers Geist bezwingend und formend auch ins breite Bauernland ein...

Sailer ist 1832 gestorben, im selben Jahr wie Goethe. Und nicht nur, daß Goethe und Sailer annähernd Altersgenossen waren, mit Lavater, Jacobi und den Brentanos überschneiden sich auch ihre Kreise. Dort das vornehm-blasierte Literaturstädtchen an der Ilm, hier das altbayerisch-behäbige Landshut – wieder einmal stehen zwei Sageformen deutscher Kultur nebeneinander. Und wenn wir unsere Maßstäbe nicht immer und überall von der Literatur her nehmen, darf es uns »eine angenehme Gleichgültigkeit sein, wer die besseren Verse konnte«. Allein an den Subskribenten-Listen für Goethes Werke kann man den Kulturstand eines Landes mitnichten ablesen; es zählt vielleicht genauso, wenn man in der Jachenau oder im Bayerischen Wald Sailers »Nachfolgung Christi« in der Schublade hatte. Und die »Landshuter Bewegung« ist auch der Ansatz zum geistigen München Ludwigs I.

Der »Vater Max«

Beim frühen 19. Jahrhundert ist man es gewöhnt, daß in jeder Darstellung äußere Politik und innerer Staatsausbau wie zwei getrennte Linien nebeneinander herlaufen. Und doch gibt dieses herkömmliche Schema nur die halbe Wahrheit und das halbe Leben. Ein Mann, derselbe Montgelas, umgreift ja beide Bereiche, hält hier wie dort die entscheidenden Ministerien, bringt Innen- und Außenpolitik auf den großen Generalnenner seines Systems. Doch mit den steigenden Jahren mußte sich gerade gegen dieses »System Montgelas« ein immer breiterer Widerstand zusammenfinden. Man warf dem Minister seine schlechte Finanzverwaltung vor, seine Organisationswut, seine »undeutsche« Politik überhaupt. Vor allem waren es zwei geistig-politische Strömungen, die ihm gefährlich werden mußten: der wiedererstarkende Katholizismus und die konstitutionelle Bewegung. Der Minister, der sich gegen ein Konkordat mit Rom genauso sträubte wie gegen den Erlaß einer ständischen Verfassung, stand beiden Richtungen im Weg. Als noch dazu das Jahr 1816 nur Mißwachs und Nässe brachte, gab auch das hungernde Volk dem Minister die Schuld, wenn jetzt der Scheffel Korn auf achtzig, der Scheffel Weizen auf hundert Gulden stieg.

Zum Wortführer dieser aufgestauten Widerstände machte sich der Kronprinz selber. Hatte das Verhältnis zwischen Ludwig und Montgelas schon immer etwas Frostiges gehabt, so war es in den kritischen Sommertagen von 1813 zum förmlichen Bruch gekommen. Ludwig und Montgelas – das waren nicht nur zwei politische Systeme sondern auch zwei Generationen. Hier der Kronprinz, jung, begabt, voller Pläne und voll Streben nach politischem Einfluß, dort der ergraute Staatsmann voll kühler Skepsis und abgründiger Menschenkenntnis. Nicht nur, daß der Minister trennend zwischen Vater und Sohn stand, in der Überlegenheit seiner Persönlichkeit und seines Werks mußte er auf alles nachwachsende Leben geradezu erdrückend wirken. Ehrgeizige Ratgeber und Einflüsterer, vorab der Feldmarschall Wrede, taten dabei alles, den Kronprinzen in seiner Haltung zu bestärken, ja seit Juli 1814 arbeitete Wrede ganz bewußt auf den Sturz des Ministers hin. Der wichtigste Bundesgenosse des Marschalls, dabei Pfälzer wie er selber, war der Staatsrat Georg Friedrich Zentner – ein Mann, der dem Minister alles verdankte und als dessen rechte Hand gelten konnte...

Wenn sich auch der König Montgelas gegenüber viel stärker behauptet hat, als man bisher annehmen wollte, er sich das ganze Heerwesen vorbehielt und es überhaupt für gut fand, mitunter »seinen Kopf aufzusetzen«, so wurde es ihm doch unendlich schwer, den alten Minister fallenzulassen. Erst von Wrede und dem Kronprinzen völlig überrumpelt, unterzeichnete er am Morgen des 2. Februar 1817 das Entlassungsdekret. Montgelas saß eben beim Frühstück, als er das Handbillett erhielt. Wäre er sofort zum König geeilt, hätte er wohl das ganze Intrigennetz zerreißen können, doch, ruhig und gelassen wie immer, hielt er es nicht der Mühe wert. So ging es noch am selben Tag ans Verteilen und Zerschneiden »der alten Löwenhaut«. Graf Alois von Rechberg erhielt das Ministerium des Äußeren, Graf Thürheim das des Innern, Freiherr Maximilian von Lerchenfeld das der Finanzen. Gewiß, auch die neuen Männer waren unter Montgelas groß geworden, Lerchenfeld stand dem alten Minister sogar persönlich nahe, aber sie bedeuteten doch einen neuen Kurs und ein Ausgleichen der Gegensätze.

Am 26. Februar 1818 konnten dann Minister und Staatsräte auf königliche Anordnung mit der Verfassungsarbeit beginnen. Grundlage der Beratungen war der Abänderungsentwurf zur Konstitution von 1808, den noch Montgelas hatte ausarbeiten lassen. Am 26. Mai 1818 konnte die Verfassung verkündet werden, und am Tag darauf leistete Max Josef bereits den Verfassungseid. Nun erst kamen zu den bürgerlichen Freiheiten auch die politischen dazu, und es gab wieder eine Ständeversammlung. Sie zerfiel in eine Kammer der Reichsräte und eine Kammer der Abgeordneten. In der ersten Kammer saßen die Prinzen des königlichen Hauses, die hohen Kronbeamten, die Häupter der ehemals reichsständischen fürstlichen und gräflichen Familien, die Spitzen beider Kirchen, die durch königliche Gnade ernannten lebenslänglichen oder erblichen Reichsräte; die zweite Kammer umschloß die Vertreter der Universitäten, des grundherrlichen Adels, der Geistlichkeit, der Städte und Märkte, der Landeigentümer. Dabei waren die Befugnisse der beiden Kammern viel weiter und eindeutiger als die der alten Landstände. Man bewilligte die Steuern, überprüfte den Staatshaushalt, wirkte bei der Gesetzgebung mit, hatte das Eingaben- und Beschwerderecht.

Mochte auch die Verfassung noch viele Schönheitsfehler haben, für die Zeitgenossen war sie doch ein Anstoß nach vorn und ein Unterpfand für das Fortschreiten zum Besseren. »Kein Land ist wohl jetzt in Europa, wo freier gesprochen, freier geschrieben, offener gehandelt wird als hier in Bayern«, jubelte selbst Anselm von Feuerbach, und Graf Franz Erwein von Schönborn schlug vor, die Bedeutung des Tages festzuhalten »durch ein weithin ragendes Denkmal an den sonnigen Ufern des Mains«. Nach dem Herzogtum Nassau und Goethes Sachsen-Weimar war jetzt Bayern der erste deutsche Staat von Bedeutung, der eine Verfassung bekommen hatte – gut dreißig Jahre vor Preußen, vierzig Jahre vor Österreich. Fast gleichzeitig mit der Verfassung kam das neue Gemeindeedikt heraus, das auch hier mit dem »Ministerialdespotismus« brach und eine gesunde Selbstverwaltung anbahnte.

Neben der Verfassung stand die Frage des bayerischen Konkordats und damit die Aussöhnung mit Rom. Unmittelbar nach Montgelas' Sturz hatte hier Kasimir von Häffelin, der alte Hofbischof der Karl-Theodor-Zeit und bayerische Gesandte bei der Kurie, die stockenden Verhandlungen neuerdings in Gang gebracht und schon am Fronleichnamstag 1817 das Konkordat unterzeichnet. Die Bischofsstühle, die seit der Säkularisation verwaist standen, die Domkapitel, die zum allmählichen Aussterben verurteilt schienen, wurden jetzt neu besetzt und mit den Erzbistümern München-Freising und Bamberg, den Suffraganbistümern Augsburg, Passau und Regensburg, Eichstätt, Würzburg und Speyer eine bayerische Landeskirche errichtet. Grundlegend dabei, daß es jetzt der König war, der »seine« Bischöfe ernannte. Freilich hatte Häffelin seine Instruktion in anderen Punkten weit überschritten, denn das Konkordat enthielt Bestimmungen, die nicht nur die ganze kirchenpolitische Gesetzgebung Montgelas' in Frage stellten sondern auch das alte Staatskirchenrecht von 1583.

Aber weder in München noch in Rom ging es um ein Würfeln mit Worten. Genausowenig wie der bayerische Staat von seinen Kirchenrechten und seiner Gleichstellung der Konfessionen abgehen durfte, konnte Rom seine Forderungen fallenlassen, wenngleich man auf beiden Seiten bereit war, einander Zugeständnisse zu machen. So nahm der König unter stillschweigendem Vorbehalt seiner landesherrlichen Rechte das Konkordat an, das zusammen mit dem Religionsedikt in die Verfassung überging. Widersprüche zwischen Religionsedikt und Konkordat besänftigte die Tegernseer Erklärung von 1821: der Verfassungseid der katholischen Staatsbürger beziehe sich nur auf die bürgerlichen Verhältnisse und mache sie zu nichts verbindlich, was den göttlichen Gesetzen oder den Kirchensatzungen entgegenstünde.

In ähnlicher Weise mußte der König auch die Protestanten beschwichtigen, die das Konkordat in nicht geringe Aufregung versetzt hatte. Die Kirchenräte, die Distriktsdekanate, die Städte, die Universität Erlangen – alle wandten sie sich mit Bittschriften und Eingaben an den König, als ob eine zweite Gegenreformation bevorstünde. So wurde in die Verfassung auch das sogenannte Protestantenedikt aufgenommen, das die Konsistorialverfassung einführte und für eine evangelische Landeskirche die Grundlagen schuf.

Überhaupt war es eine versöhnliche Nachsommerstimmung, die über den Spätjahren des Königs lag. Die Außenpolitik lenkte mehr und mehr hinüber zu einer herzlichen Freundschaft mit Österreich, und Jahrhunderte voller Rivalität schienen auf einmal wie versunken. »In Österreich noch etwas anderes als eine wohltätige und schützende Macht erblicken, hieße gegen alle Vernunft wie gegen unser klarstes Interesse kämpfen. Nur mit Österreich kann Bayern fortbestehen oder fallen...«, hat es Graf Rechberg ausgesprochen, der Leiter der bayerischen Außenpolitik und Freund des Fürsten Metternich. Genauso stand man aber auch aller Franzosenfresserei entgegen. Ja, der König, der seinen Schwiegersohn, den ritterlichen Eugène Beauharnais, 1817 zum Herzog von Leuchtenberg erhob, oder der Königin Hortense und dem Prinzen Louis Napoleon in Augsburg Zuflucht gewährte, galt in ganz Europa als »der letzte Beschützer der Napoleoniden«. Und während andernorts den Universitäten und der Presse gegenüber die »Karlsbader Beschlüsse« mit rücksichtsloser Schärfe durchgedrückt wurden, fuhr in Bayern der Ritter von Lang auf seine berühmten »Hammelburger Reisen«. Ganz Sachwalter der fränkischen Provinzen, voll schneidendem Spott, Geist vom Geiste Montgelas', schwang er über Generalkommissäre und Jesuiten, Bürokraten und protestantische Zeloten die Geißel seines Spottes. Man konnte ihm dafür nicht einmal den Mund verbieten, denn der König meinte nur, »Es ist wahr, es ist lauter dummes Zeug, aber lachen muß man doch!« und wollte weiterlesen und weiterlachen.

Was Max Josef dem ganzen Land wirklich war, kann man nur verstehen, wenn man sich an die Memoiren und Anekdoten hält. Ein König, der alle Tage um sechs Uhr aufstand und um zehn Uhr zu Bett eilte, für jeden zu sprechen war und es mit jedem gut meinte, nicht schwelgte und trank, aber derben Witz liebte, breites Lachen und handfeste Grobheiten – das mußte ein König nach bayerischem Herzen sein. Freilich, Max Josef kümmerte sich kaum, ob ihn spätere Historiker als Freund und Gönner von Kunst und Wissenschaft feiern mochten; er las wenig und kaufte höchstens dann und wann für sein geliebtes »Schloß Tegernsee« einen alten Holländer oder eine kleine Biedermeier-Landschaft. Wenn dabei der Ritter von Lang boshaft bemerkt, die Höflinge hätten alle Mühe gehabt, dem König durch Schwänke mit Stalldirnen und Schrannenbauern die Langeweile zu vertreiben, so verkennt er, was in Wirklichkeit ein Eingelebtsein in den bayerischen Alltag war. Der König fühlte ein inneres Behagen, wenn er auf dem Tölzer Roßmarkt oder der Münchener Getreideschranne den üblichen Bauerndiskurs führen durfte oder beim Kaltenbrunner zum Kuchelfenster hineinschreien konnte, ob die Knödel schon fertig seien. Dabei war er nicht inkognito, wie sonst Könige in den Anekdoten, sondern eine bekannte Persönlichkeit, eben der »Vater Max«. Zum Oktoberfest 1825 kehrte Max Josef von Tegernsee nach München zurück, erschien am 12. Oktober sogar auf dem Ball, den der russische Gesandte zum Namenstag des Königs gab. Doch ernster als sonst, brach er schon früh auf und fuhr still nach Nymphenburg hinaus. Am andern Tag fand man ihn tot im Bett, ein letztes Lächeln auf den Lippen.

28. KAPITEL

KÖNIG LUDWIG I.

Volk im Vormärz

»Es sind Geißhirten jahrelang auf den Almen herumgelegen, haben in den Himmel hineingeschaut und sich aus der blauen Luft eine Sehnsucht geholt, die sie hinunter in die Städte trieb und zu großen Künstlern werden ließ...« An dieses Wort Ludwig Thomas möchte man denken, wenn man bayerische Erfinderschicksale des frühen 19. Jahrhunderts nachliest. Da ist etwa Johann Mannhardt, der Kühbub von der Huteralm, der über die Uhrmacherwerkstatt von Gmund am Tegernsee ins München Ludwigs I. kam und ein Erfinder und Mechanikus wurde, den man selbst in Lissabon oder London nennen hörte. Ein Josef Fraunhofer aber mußte beim Spiegelmacher am Thiereckgaßl den Lehrjungen spielen, und die Wiese vorm Karlstor war das Gymnasium, wo er sich, Klügels Lehrbuch der Optik unterm Arm, sein Wissen holte. Dabei ist es derselbe Fraunhofer, der dann zum größten Optiker seiner Zeit wurde, und dem man es getrost auf den Grabstein schreiben konnte, daß er den Menschen »die Sterne näher gerückt« habe. Und wenn es nicht das ehrsame Handwerk war, dann war's der Einschlag des Künstlerischen, der dem bayerischen Erfindertum seinen Stempel aufdrückte. Alois Senefelder – zwar in Prag geboren, aber aus bayerisch-fränkischer Familie – hatte als Theaterdichter begonnen, bis er in der Suche nach einer billigen Art der Vervielfältigung auf den Steindruck kam. Franz Xaver Gabelsberger, der Erfinder der Kurzschrift, war der Sohn eines Münchener Hofblasinstrumentenmachers und hatte bis zur Säkularisation im Kloster Ottobeuren als Chorknabe gesungen.

Glasschliff, Steindruck, Kurzschrift, das waren die drei Großtaten bayerischer Erfinder. Dazu kam der Weltruhm der mechanischen Werkstätten von Mannhardt und Reichenbach oder Friedrich König, der Erfinder der Schnellpresse, mit seiner Fabrik im alten Kloster Oberzell bei Würzburg. Karl August Steinheil zog 1837 seine berühmte Telegraphenleitung von der Akademie hinaus zur Sternwarte in Bogenhausen. Grundlegend war auch die wissenschaftliche Erforschung des Brauprozesses: was bisher ein gemütliches, nach jahrhundertelanger Erfahrung geübtes Handwerk gewesen war, wurde jetzt zur hohen Kunst erhoben. Das Münchener Bier begann sich die Welt zu erobern, und bayerische Bräumeister gingen nach Dresden und Berlin, Stockholm und Athen.

Ein englisches oder belgisches Industriegebiet war aber Bayern noch lange nicht. Selten, daß einer mehr als zehn Leute beschäftigte, ja Betriebe mit hundert Arbeitern galten schon als Riesenunternehmen. So etwas sah man höchstens in Augsburg oder Nürnberg, in

München vielleicht seit 1837 Joseph Anton von Maffei draußen in der Hirschau sein Eisenwerk aufgemacht hatte. Überhaupt stand der neue König aller Industrialisierung entgegen, und er hatte eine innere Abneigung gegen die Fabriken, in denen »eine Menge Arbeiter sitzend eine Seele und Körper verkümmernde Lebensart führen«. Ohne menschenwürdige Wohn- und Arbeitsstätten, ohne Alters- und Invalidenversorgung, vom Unternehmer rücksichtslos ausgebeutet, war damals um die Zeit der schlesischen Weberaufstände der deutsche Arbeiter vielerorts nur der reine »Proletär«. Es ist verständlich, daß man in einem Bauernland wie Bayern in der Industrialisierung nur ein Anwachsen der besitzlosen Leute sah, und mit ihm die politische und soziale Gefahr. Noch zur Zeit Ludwigs I. sprach man gemeinhin fast nie von den »Arbeitern«, sondern höchstens von den Gesellen, den Ehehalten und Tagwerkern. Sie und die kleinen Gewerbetreibenden bildeten die Masse des »vierten Standes«, und sie waren es, die meuterten, wenn Montgelas die Feiertage abschaffte, und Krawall machten, als 1843 die Maß Bier von vier auf sechs Kreuzer stieg. Für eine breitere soziale Bewegung oder gar eine Politisierung der arbeitenden Klassen bot das Bayern des Vormärz keinen Ansatzpunkt.

Man lebte in weiten Landesteilen immer noch fern von allem Getriebe und Verkehr und kümmerte sich kaum, wie es aussehen mochte draußen in der Welt. Wer eine Reise tat, mußte sich dem Stellwagen anvertrauen, und auch der Warenverkehr ging mit dem Plachenwagen dahin; in den Posthaltereien hatte man oft seine zwanzig Rösser im Stall, und den Wirtshauseln standen die Hosensäcke weg vor lauter Trinkgeld. Auf Donau und Main schwammen die Frachtschiffe hinab, auf Isar und Lech wurde eifrig geflößt, selbst den Inn hinauf treidelte man noch die Schiffszüge mit Ungarnweizen bis ins Tirol hinein.

»Daß mit München die Donau verbunden werde, diese vermittels des Mains mit dem Rhein, daran liegt mir viel«, hatte Ludwig I. schon 1828 gefordert, und 1836 sollte der alte Wunschtraum einer Kanalverbindung zwischen Regnitz und Altmühl tatsächlich Wirklichkeit werden. Aber die Zeit war bereits darüber hinweggegangen. Als 1845 der »Ludwig-Donau-Main-Kanal« eröffnet wurde, gab es wohl einige Jahre voll emsigem Betrieb, aber dann trug die Eisenbahn den Sieg davon. 1835 war zwischen Nürnberg und Fürth auf deutschem Boden die erste Lokomotive gelaufen, und obwohl der König dem ganzen Bahnbau mit leiser Voreingenommenheit gegenüberstand, wurde im Landtag schon 1843 das Gesetz über die neue »Ludwig-Süd-Nord-Bahn« angenommen, die mit ihren 566 Kilometern Länge zwischen Lindau und Hof eine direkte Verbindung schaffen sollte. Die Strecke Augsburg–München war schon 1839/40 eröffnet worden. Aber es waren doch gemütliche Zeiten: die Lokomotive wurde mit Buchenscheitern geheizt, und die Eisenbahner waren angezogen wie die Rennburschen, die Wägen vierter Klasse hatten kein Dach, und von München bis Nannhofen brauchte man geschlagene anderthalb Stunden – auch wenn Ludwig Steub finden mochte, daß man nur so »dahinjagte« und Häuser und Bäume »pfeilschnell« vorüberflogen...

Quelle des Wohlstandes mußte in einem Lande, wo noch 1882 die Hälfte der Gesamtbevölkerung hinterm Pflug stand, der Schrannenbauer sein. Josef Utzschneider, Unternehmer, praktischer Volkswirt und Menschenfreund wie nur irgendeiner im 18. Jahrhundert, sprach es um 1840 deutlich aus: »Bayerns größter Reichtum liegt in seinem Grund und Boden. Die Kultur und verständige Bearbeitung desselben ist die Hauptaufgabe der bayerischen Nation.« Auch der neue König war sich – Hunderte von Signaten beweisen es! – voll bewußt, was der Bauernstand bedeutete, und mit Ackerbauschulen und Kreishilfskassen, Ausstellungen, Musterbetrieben, der Förderung von Obstbau und Pferdezucht hat auch Ludwig I. für die Landwirtschaft viel getan. Es war die Zeit, wo zur »Belebung des ländlichen Unternehmungsgeistes« die »Bayerische Hypotheken- und Wechsel-Bank« gegründet wurde, und drüben im Allgäu die Milch- und Käsewirtschaft ihren großen Aufschwung nahm.

Freilich, die Grundherrschaft bestand weiter und gab der bäuerlichen Wirtschaft eine Gebundenheit, in der alle Fortschrittler den Hemmschuh für die Landeskultur sahen. Wenn der Bauer immer noch seine Traidgilten an den Rentamtskasten abzuliefern hatte und selbst Münchener Universitätsprofessoren einen Teil ihrer Bezüge in Scheffel Korn erhielten, waren es Verhältnisse, die wirklich ans 18. Jahrhundert erinnerten. Und doch war es nicht zum Fenster hinausgeredet, wenn konservative Abgeordnete darauf hinwiesen, wie gerade die Gütergebundenheit gegen alle Hofzertrümmerung und ellenbogenfreie Schacherwirtschaft den festen Damm aufwerfe. Zumal in Altbayern war auch der Bauer davon überzeugt, daß es sein müsse, wie es schon zu Vaters und Großvaters Zeiten gewesen war, und wenn wirklich einmal der Herr Patrimonialrichter einem wüsten Wirtshausschreier ein Dutzend hinten aufzählen ließ, fand man es ganz in der Ordnung.

Draußen auf dem Land, wo die Aufklärung und die Montgelas'schen Reformen abgelaufen waren wie bloßes Wasser, lebte auch ein Stück Barock in saftgrüner Frische weiter. Posthöfe und Pfarrhäuser trugen immer noch einen Schuß barocker Maurerlust in sich, und die Lokalmeister malten ihre Porträts und Heiligenbilder ganz in der noblen Art des 18. Jahrhunderts; selbst die Rösser und »Mandl« der alten Krippenschnitzer waren noch voll Rokoko-Lebendigkeit, und das letzte Floß mit Tölzer Bauernkästen schwamm erst 1863 nach Landshut hinunter...

Und mochten auch die Klöster verschwunden sein, das Erbe ihrer Musikkultur lag wie ein letztes Leuchten über dem ganzen Voralpenland. Nicht klassisch groß, nicht himmelstürmend, aber verklärt von einem bäuerlichen Rokoko-Schimmer, schrieb der Lehrer Rochus Dedler, ein alter Klosterschüler von Rottenbuch, die Musik zur Oberammergauer Passion. Aus dem Barockwinkel von Eresing am Ammersee kam Kaspar Ett, der Organist bei der Münchener Michaelskirche. Er komponierte Messen und das berühmte »Attollite!« für den Karsamstag, begann die alten Meister wieder aufzuführen: Senfl und Orlando di Lasso, Caldara und Bernabei, Fux und Vogler. Für Bayern war es die Wiederbegegnung mit seiner großen Kirchenmusik! Selbst die Religiosität des breiten Volkes lebte sich noch ganz in barocken Formen aus. »Gseng's Gott« sagte die Kellnerin, wenn sie einem den Maßkrug hinstellte, und beim Betläuten verstummten alle Wirtshausgespräche und man betete laut den »Engel des Herrn«. »Mein Sohn Lenhart, der Bauer vom Büchel, und mein anderer Herr Sohn, der hochwürdige Herr Pfarrer von ...«, mochte auch jetzt noch ein alter Austrägler hinschreiben.

Der kraftgeladene Boden des bayerischen Landes bildete wieder seine natürlichen Schwerpunkte. Da war die leuteferne, entlegene Oberpfalz, in der Sailers Aussaat reife Früchte trug. »Wahrlich, jene von der Natur so stiefmütterlich behandelte Oberpfalz, in welcher großenteils nur Haber, Flachs und Kartoffeln reifen, ist durch ihre Gesinnung, durch ihre Treue ein schöner Edelstein in der Krone Bayerns!« konnte Eduard von Schenk 1832 an den König schreiben. Das Allgäu hingegen brachte im ganzen 19. Jahrhundert eine stolze Reihe verehrenswerter Priestergestalten hervor. Haneberg und Jocham könnte man nennen, die Theologen, Magnus Sattler, den Geschichtsschreiber und Prior auf dem Berg Andechs, Sebastian Kneipp, den heilkundigen Pfarrer von Wörishofen. Nirgends war der Pendelschlag gegen die seichte Aufklärungstheologie des späten 18. Jahrhunderts deutlicher zu spüren als auf dem Allgäuer Boden, wo sich um den Pfarrer Boos von Wiggensbach die berühmte »Erweckungsbewegung« sammelte. Neben Boos Johann Michael Feneberg, der prächtige Pfarrer von Seeg, oder so unruhige Querköpfe wie Johann Goßner und Ignaz Lindl – alles Leute, die in ihren Anfängen Freunde oder Schüler Sailers gewesen waren. Es war eine ganze Welle schwäbisch-eigenwilliger Gläubigkeit, nicht frei von Irrungen und Sektierertum, aber sicher mehr als bloße »Aftermystik«. Trotz aller Anfeindungen hat gerade Sailer zeitlebens daran festgehalten, daß die Sache des frommen Boos im Kern doch aus Gott gewesen sei.

Doch das Königreich des 19. Jahrhunderts war keineswegs mehr der bäuerlich festgefügte Block wie das alte Kurfürstentum. Stamm und Staat waren auf einmal zweierlei Dinge, und was man beim Oberpfälzer als altbayerisches Beharren ausdeuten kann, wird man beim Allgäuer als alamannischen Eifer für das Neue auslegen dürfen. Wenn in Altbayern und Schwaben die bäuerlichen Verhältnisse sich ziemlich gleichkamen, so herrschte dagegen in Franken der Klein- und Zwergbesitz vor, waren dort die Unterschiede zwischen Grundherren und Grundholden schroffer und betonter, die Spannungen stärker. Oder man darf nur ein Aschaffenburg, wo bis 1813 der Fürstprimas Dalberg regiert hatte und ein fränkisch-vornehmer Klassizismus das ganze Stadtbild prägte, gegen ein Landshut oder

Josef Bernhardt, Karl von Abel (XXXI)

Johann Georg Schreiner, Ludwig von der Pfordten (XXXII)

Ingolstadt halten. Auch in Rothenburg hatte man immer noch den alten Reichsadler in der Rumpelkammer und holte ihn 1848 ungeniert hervor…

Gegensätze lagen auch im Sprenkelwerk der neubayerischen Religionskarte: den 2,8 Millionen Katholiken standen etwa 1,2 Millionen Protestanten gegenüber; dazu kamen, meist in Franken und Schwaben, 60000 Israeliten. Dabei war es nicht mehr die milde Duldsamkeit der Aufklärung, die hinter den Konfessionen stand, sondern der härtere Geist der Restauration. Zwar später, aber deswegen nicht minder stark, wurde auch das evangelische Franken von der kirchlichen »Erweckung« erfaßt, und mit den 1830er Jahren begann die breite Wirksamkeit der Erlanger Theologen vom Schlag eines Adolf von Harleß oder Johannes Hofmann; 1837 zog Wilhelm Löhe in Neuendettelsau als Pfarrer auf und machte das kleine Bauerndorf zum Mittelpunkt der Liturgie, der Mission, der Diakonie. Man stand schroff in der Abwehr, wenn man hinter Maßnahmen der Regierung »Jesuitismus«, »Ultramontanismus« oder gar »altbayerischen Partikularismus« witterte.

Selbst wenn man sich in Franken zurückgesetzt und mißverstanden fühlte oder in Schwaben am altbayerischen Beamtentum nur »seine Kriecherei nach oben und seine Grobheit nach unten« sah, ein wirkliches Problem tat sich erst mit der Rheinpfalz auf. Aus 44 staatlichen Gebilden zusammengefügt, seit 1797 französische Provinz, erfüllt von französischen Einrichtungen und französischem Geist, bedeutete für die Pfalz das Jahr 1816 den Ruck vom großen Staat hinüber zum kleinen. Man war bayerisch geworden, weil man – wie Montgelas meinte – nicht mehr französisch sein konnte und die bayerische Herrschaft immer noch jeder anderen vorzog. Dabei war das Land selber städtisch, gewerbereich, in seiner sozialen Schichtung durchaus modern, mit einer Bevölkerung, die sich etwas zugute tat, als »aufgeklärt« zu gelten. Es war Zug um Zug ein Gegenstück zu den altbayerischen Provinzen. Selbst Montgelas ließ den Pfälzern ihr französisches Recht und ihre französische Verwaltung und stellte es als Grundsatz auf, daß »die Verhältnisse der Rheinlande von denen der übrigen Monarchie so wesentlich verschieden sind, daß sie mit derselben durchaus nicht zu einem Ganzen verschmolzen, sondern nur nach einer Art Kolonie behandelt werden können«.

Und doch war der schmale Wirtschaftsraum zwischen Rhein und Saar viel zu eng. Wenn die lebendige Verbindung mit Bayern fehlte, Frankreich die Pfälzer Waren aussperrte und ringsum Zollschranken den Handel einschnürten, war es nicht zu verwundern, daß in der Pfalz die Baumwollspinnereien und Kattunfabriken der Reihe nach zusammenkrachten. Mehr als anderswo war gerade im Rheinkreis der Vormärz eine Zeit gärender Unzufriedenheit, und die Pfälzer Abgeordneten im bayerischen Landtag, wie die Culmann und Schüler, Thinnes und Kolb, rühmten sich, das »Salz der Opposition« zu sein.

So grotesk es klingen mag: vom Staate her gesehen, konnte das Lebenswerk eines Ludwigs I. bloß fortsetzen, was Montgelas begonnen hatte. Nur daß die Ebenen jetzt verschoben waren, es nicht mehr um ein äußeres Verschmelzen der verschiedenen Landesteile ging, sondern um die innere Ausformung eines neubayerischen Staatsgedankens. Und wer hätte diese Aufgabe besser lösen können als ein König, der sich »dem sinnen- und kunstfrohen Altbayern so nah fühlte wie dem zungenfertigen, geistreichen Pfälzer, dem aufgeweckten, witzigen Franken wie dem reichbegabten, eigensinnigen Schwaben« (K. A. v. Müller). Voll Stolz auf die Vielfältigkeit des bayerischen Lebens, suchte er gerade von den »Historischen Vereinen« her die Kräfte aufzuschließen, die im Heimatboden lagen, und sie freizumachen für ein größeres bayerisches Vaterland. Montgelas-Bezeichnungen wie »Isarkreis«, »Rezatkreis«, »Oberdonaukreis« raschelten ab und es gab statt dessen wieder ein »Oberbayern« oder »Mittelfranken« oder »Schwaben«. Männer wie Franz Ludwig von Erthal oder Julius Echter, Albrecht Dürer oder Jakob Fugger wurden als Leitbilder auf die Denkmalssockel gestellt, und als die bayerische Ruhmeshalle über der Münchener Theresienwiese vollendet war, hielt auch ein ganzer Reigen edelster Frankengeister dort seinen Einzug.

Gewiß, Altbayern mit seiner beharrsamen, staatsprägenden Kraft gab auch dem Königreich des 19. Jahrhunderts Gesicht und Namen; das frische Blut und das Vorandrängen auf bisher ungebahnten Wegen gaben aber erst die neuen Provinzen. Erstaunlich, wie gerade Franken die führenden Staatsmänner stellte, darunter Minister von so scharfumrissenem Profil wie Ludwig von der Pfordten und Johann Lutz, oder im Vormärz Politiker von der geraden, staatstreuen Gesinnung eines Ignaz von Rudhardt oder eines Freiherrn von Rotenhan. Dazu kam eine Fülle tüchtiger Köpfe, die dem höheren Staatsdienst allein aus den protestantischen Pfarrhäusern Frankens zuwuchs. Immer wieder hat auch die Pfalz rechtsrheinische Beamte hinübergezogen, den Franken Eduard von Bomhard genauso wie den Altbayern Gustav von Lerchenfeld. Es war ein wechselseitiges Geben und Nehmen, ein mähliches Zusammenwachsen des ganzen weißblauen Landes.

Nur wer einmal dieses neue Bayern auf seine inneren Bruchstellen hin abgeleuchtet hat, wird der staatspolitischen Leistung des bayerischen Königtums gerecht werden können. Daß es hier im Südostwinkel des Reiches gelang, ein Stammesvolk in ein Staatsvolk umzuformen, ja daß dieser bayerische Staatsgedanke nicht Lesebuchphrase blieb, sondern blutvolles Leben wurde, bleibt eine Tat, die in der deutschen Geschichte des 19. Jahrhunderts einzig dasteht.

Romantischer Staat und Sailersches Christentum

Ludwig I., der neue König, war 1786 zu Straßburg geboren – zu einer Zeit also, da der Vater noch der kleine Pfalzgraf gewesen war und sein Régiment d'Alsace kommandiert hatte. Ludwig XVI. von Frankreich hatte den Paten gemacht und dem kleinen Prinzen ein französisches Oberstenpatent in die Wiege gelegt. Und doch standen über Ludwigs Knabenjahren düstere Schatten: 1789 die überstürzte Flucht aus Straßburg, dann wirre, kriegsgeschüttelte Exiljahre in Darmstadt, Mannheim, Rohrbach, Schwetzingen; 1796 der allzu frühe Tod der Mutter. Der Widerwille gegen Soldaten, Krieg und Franzosen blieb Ludwig fürs ganze Leben. »Wir waren hinter den Neckargärten längs dem Rhein hinabgegangen, als der Prinz anfing, von dem Kongreß zu Rastatt zu reden und sich etwas lebhaft gegen die Franzosen auszudrücken. Den 6. September äußerte mir der Prinz seinen so oft gemachten Wunsch, daß gegen die Franzosen gesieget und das linke Rheinufer wieder zurückerhalten werde«, konnte sich Ludwigs Erzieher, der Geistliche Rat Sambuga, schon 1798 ins Tagebuch schreiben. Überhaupt lag für den Erzieher das Wesen des Prinzen bald klar: aufbrausende Heftigkeit, ungewöhnliche Beharrlichkeit, ein glänzendes Gedächtnis, ein starker Zug zur Geschichte.

Und Sambuga, der Pfälzer italienischer Herkunft, mit seinem milden und doch tiefgläubigen Christentum, wurde für den jungen Prinzen geradezu bestimmend. Sein Vermächtnis war eine Staatsauffassung, im Kern noch ganz 18. Jahrhundert, wenn auch durchpulst von christlichem Geist. Wie der Hausvater die Familie, so sollte der König seine Untertanen regieren. Und von Sambuga führte die Linie weiter zu Johann Michael Sailer, den Ludwig in seinem Landshuter Universitätssommer von 1803 mit Begeisterung, ja Verehrung hörte. Während der Minister des Vaters Kirchen niederriß und Klöster zusperrte, las Sailer dem Sohn dreimal in der Woche ein Privatissimum über »Die Moral des Regenten in christlichen Maximen«.

Neben Sambuga und Sailer stand nur noch eine Begegnung von ähnlich weittragender Bedeutung, die mit Italien. 1805 der erste Frühling in Rom. Papst Pius VII. empfing den Prinzen mit Auszeichnung; Angelika Kauffmann malte ihn; in der spanischen Weinkneipe des Don Rafaele saß er im trinkfrohen Kreis der deutschrömischen Künstler. Oder dann der Bildhauer Antonio Canova und ein Werk wie seine »Schreitende Hebe«:

»Was für ein Zauber hält mich gefangen!
In mir ein wonnig nie gespürtes Regen,
Durchdrungen plötzlich von der Weihe Segen:
Der Sinn für Kunst war in mir aufgegangen ...«

Immer wieder, daß der Reisewagen des Kronprinzen und späteren Königs nach Italien hinunterrollte, mit Begleitern wie dem Doktor Ringseis oder dem Maler Dillis im Rücksitz. 1808 gewann sich Ludwig mit dem Würzburger Bildhauer Johann Martin Wagner seinen eigenen römischen Kunstagenten; auf dem Karneval von 1821 sah er zum erstenmal die strahlend junge Marchesa Florenzi; 1827 kaufte er sich an der Porta Pinciana die blumenüberschüttete Villa Malta und konnte jetzt als römischer Bürger gelten.

Derselbe Kronprinz frondierte aber auch gegen Montgelas' Frankreichpolitik; heiratete 1810 aus Trotz gegen Napoleon die Prinzessin Therese von Sachsen-Hildburghausen; errang sich als Gouverneur von Innsbruck und Salzburg das Vertrauen der Tiroler. 1815 griff er in die Verfassungsdebatte ein, und 1817 gelang ihm der große Schlag gegen Montgelas. Stieler hat uns damals den Kronprinzen gemalt: ein aufgeschossener Mann in der grünen Uniform von 1813, das rotblonde Haar in der Stirn, ein gebieterischer Zug um den Mund. Man spürt, wie alle Farben der Zeit ins Bild laufen, Christliches und Nationales, Hellenisches und Romantisches – ein Mann mit hundert Widersprüchen und doch eine geschlossene, kraftvolle Persönlichkeit. Höchstens, daß man bei Hof über diesen eigenwilligen Thronfolger, seine Schwerhörigkeit und seine sprudelnde Art, seine Kunstbegeisterung und seine holprigen Verse boshafte Witze machte.

Als Ludwig 1825 den Thron bestieg, war es, als ob ein lang verhaltener Tatendrang sich mit einem Mal gewaltsam Bahn bräche. Minister wurden verabschiedet, Sonderkommissionen tagten, Kabinettsbefehle jagten sich; eine neue Stadt begann aus dem Boden zu wachsen. Selbst der alte Goethe las mit Staunen, was aus München berichtet wurde, und er war verlegen, wie man »dieses merkwürdige, vielbewegliche Individuum auf dem Throne« deuten sollte. Und doch stand hinter allem ein festgefügter Plan, gab es in diesen ersten Regierungsjahren keine einzige Maßnahme von Bedeutung, deren Grundzüge nicht längst festgelegt waren. Was einst die Jugend von Landshut ersehnt und erträumt hatte, sollte jetzt in Staat und Verwaltung lebendige Gestalt annehmen. Aus der geistigen Bewegung war eine politische geworden.

Und Ludwig I. wollte wirklich König sein, kein Unterschreiber. Es erinnert an Kurfürst Maximilian, wie er von seinem Schreibtisch aus den ganzen Staatsapparat zu überschauen und zu lenken suchte, wie er sich um einen Alleebaum in der Dachauer Straße noch genauso kümmerte wie um das neue Schulhaus in Oberwittelsbach. Um halb fünf Uhr früh, wenn noch der ganze Max-Josef-Platz im Dunkeln lag, brannte in der Residenz bereits das Licht und saß der König schon über den Anträgen seiner Ministerien. Ein paar gedrängte Zeilen, mit fliegender Feder hingeschrieben, dazu Datum und Unterschrift, so setzte der König seine jeweilige Entscheidung an den Schluß der Aktenstücke. Es waren jene berühmten Signate, die bald in die Hunderte, ja in die Tausende gingen. »In Bayern regiert nicht der Minister, sondern es regiert der König und ich nehme, wie wohl jedem meiner Untertanen bekannt sein wird, von dem was geschieht, genaue Kenntnis...«, hat Ludwig seine Stellung umschrieben.

Wie einst Kurfürst Maximilian, übernahm auch Ludwig I. einen Staat, der praktisch auf der Gant stand. Beladen mit der erdrückenden Schuldenlast des alten Kurstaates, war man in die Napoleonkriege hineingegangen, hatte mit den neuen Provinzen neue Schulden übernommen, war für endlose Lieferungen und Militärleistungen nicht mit Geld, sondern mit Landvergrößerungen bezahlt worden. Als letzte Zuflucht waren die jüdischen »Hoffinanciers« geblieben, das Haus Seeligmann-Eichthal etwa, das allein von 1801 bis 1808 fast 8 Millionen Gulden aufgebracht hatte. Dabei war Montgelas alles andere als ein Finanzgenie gewesen, und auch sein Nachfolger Lerchenfeld hatte nicht den Mut zum Durchgreifen gefunden. Nicht einmal die Höhe der Staatsschulden stand genau fest. So wurde jetzt der energische Graf Armansperg – vom Volk bald der »Sparmansperg« geheißen – zum Finanz- und Innenminister ernannt, und in verblüffend kurzer Zeit war der Staatshaushalt abgeglichen. Immer wieder, daß auch der König selber die Haushaltspläne durchhechelte, nachrechnete, zusammenstrich. Überflüssige Pensionen und Beamtenstellen wurden eingezogen, vor allem der Militäretat rücksichtslos gekürzt – auch wenn Kompanien nur noch mit zwanzig Mann ausrückten und es bei der Artillerie überall an Bespannung fehlte. Und der König, der im schäbigen Rock auf die Straße ging und sich jeden Tag selbst rasierte, war auch der Mann, die eigene Hofwirtschaft in Ordnung zu bringen.

Die gesicherten Finanzen gaben die Grundlage, um Kultur- und Kirchenpolitik in großem Stil zu treiben. Unterm 1. Januar 1826 wurde Eduard von Schenk, der Dichter und Jurist, an die Spitze des Kirchen- und Schulrates gerufen. 1788 im wittelsbachischen Düsseldorf geboren, war Schenk schon früh nach München gekommen, war als Landshuter Rechtsstudent Savigny und Sailer nahegestanden und 1817 zur katholischen Kirche übergetreten. Der feinfühlige, vornehme Schenk stand den künstlerischen und kulturellen Plänen des Königs bald nahe wie sonst keiner mehr, und gerade eine Lieblingsidee Ludwigs wie die Wiederherstellung der bayerischen Klöster beansprucht im Briefwechsel zwischen König und Minister einen weiten Raum.

Die Wiederherstellung der Klöster! Wenn auch das Konkordat für Unterricht, Seelsorge und Krankenpflege das Aufleben einiger Klöster in Aussicht gestellt hatte, war doch alles liegengeblieben, bis Ludwig die Angelegenheit selber aufgriff. Ihm erschien es als Staatsaufgabe, anzuknüpfen am Alten und die Brücken wieder aufzubauen, die zurückführten zu den Anfängen bayerischen Lebens. Vor allem sollten die Benediktiner wiederkommen. Freilich, die Klostergebäude waren längst verkauft oder verfallen; von den bayerischen Ex-Benediktinern waren nur wenige geneigt, die Sicherheit ihrer Pfarrstellen und Professuren gegen eine ungewisse Zukunft einzutauschen; die liberalen Minister und Beamten aber suchten zu hintertreiben, wo sie konnten. »Schenk hat guten Willen, aber böser waltet bei vielen meiner Staatsdiener, ... aber denken sie mich zu ermüden, irren sie sehr. Beharrlichkeit ist ein Teil meines Wahlspruchs«, meinte der König zu Schenk. Armansperg, dem als bisherigen Wortführer der Liberalen für die Klosterpläne des Königs jedes Verständnis fehlte, mußte noch im Sommer 1827 das Innenministerium an Schenk abgeben, und auch sonst brach Ludwig alle Widerstände nieder.

Es gab einen monastischen Frühling, wie ihn das Land seit dem Hochmittelalter nicht mehr erlebt hatte. 1830 wurde Metten wiedererrichtet, 1838 Scheyern, später kamen Weltenburg und Schäftlarn; St. Bonifaz in München und St. Stephan in Augsburg konnten als völlige Neugründungen gelten. Von den Klöstern der Benediktinerinnen erhoben sich Frauenchiemsee und St. Walburg in Eichstätt zu neuer Blüte. Auch die Bettelorden kamen wieder. Und mochte Armansperg als Finanzminister zehnmal die Verwendung von Staatsmitteln für Klöster als »nicht verfassungsmäßig und gefährlich« zurückweisen, der König schrieb ihm nur sein »Ich will auch Kapuziner und Franziskaner!« an den Rand. Von Straßburg her wurde der Krankenpflegeorden der Barmherzigen Schwestern eingeführt, und im verkehrsentlegenen Neunburg vorm Wald gründete die ehrwürdige Mutter Gerhardinger den Orden der Armen Schulschwestern. Das Institut der Englischen Fräulein, schon in seinen Gründerjahren von Kurfürst Maximilian entscheidend gestützt, kam jetzt erst zu seiner weiten Wirksamkeit. Nur für die Jesuiten blieb Ludwig bei der schroffen Ablehnung: »Ich habe meine Benediktiner und für das Landvolk die Franziskaner und Kapuziner. Die Jesuiten sind gut für anderswo...« Auch in kirchlichen Verhältnissen jede Übertreibung meiden, die christliche Liebe nicht beiseite setzen, handeln im Geiste Sailers – so heißt es immer wieder in den Rundschreiben des Königs.

Gleichzeitig mit der Erneuerung des kirchlichen Lebens lief die Reform der höheren Schulen, bei der es darum ging, die Aufklärung auch aus den Klaßzimmern hinauszuwerfen. Tatsächlich blieb es aber bei jener »Tragödie des Neuhumanismus, der statt eine Lebensmacht zu werden zu einer Theorie des Unterrichts wurde« (Schnabel). Nach stürmischen Kommissionssitzungen drückte Thiersch seinen Lehrplan durch, zugeschnitten auf ein Bildungsziel von großartiger Einseitigkeit: nur Latein und Griechisch, dazu etwas Geschichte, Geographie und Mathematik. Schenk sah sich zwar gezwungen, etliche Lateinstunden wegzustreichen und dafür Deutsch einzusetzen, aber im großen und ganzen hatte doch die Sprachschule gesiegt, und der Neuhumanismus blieb für die bayerischen Gymnasien bestimmend bis herauf zum Ersten Weltkrieg.

Die schönste Frucht der gemeinsamen Kulturarbeit von König und Minister war aber der Aufbau der Münchener Universität. Mit den Spätjahren Max Josefs war die Landshuter Universität aufs flaueste Mittelmaß herabgesunken, waren die gefeierten Lehrer weggegangen und hatten sich die Studenten verlaufen. Wollte man neuen Auftrieb und frisches Leben, mußte man an einen Umzug nach München denken, wo die Querverbindung mit Akademie und

Sternwarte, Bibliothek, Archiv und Galerie der Universität eine ganz andere Weite geben konnte. Schon am 2. Mai 1826 unterzeichnete der König das Dekret, das die Verlegung verfügte. Und wieder sollte, wie einst 1800, die Universität mit der Verlegung auch ihr Gesicht wechseln. Jetzt siegte die romantische Geistigkeit, ging es um die Versöhnung und Durchdringung von Glauben und Wissen. Starre Aufklärer wie Köppen oder Salat ließ man in Landshut sitzen und holte dafür neue Männer auf die Lehrstühle. Immer wieder nahm Sailer auf die Berufungen Einfluß, daneben Ringseis, der neuernannte Professor der Medizin und Leibarzt des Königs.

Das eigentliche Gepräge gab die Naturphilosophie, in je zwei Gegenspielern vertreten – Friedrich Wilhelm Schelling und Franz Xaver Baader, Gotthilf Heinrich Schubert und Lorenz Oken. Schelling, dessen reife Mannesjahre ganz diesem neubayerischen Staat gehörten, konnte als Professor an der Universität, Leiter der wissenschaftlichen Staatssammlungen und Präsident der Akademie geradezu als Repräsentant des geistigen München gelten. Man drängte sich in seine Vorlesungen und war hingerissen von seinem Vortrag. Und während Schelling in München seine Philosophie der Offenbarung las, predigte Hegel in Berlin den Gedanken des allbestimmenden Staates mit seinem Willen zur Macht. »Im Grunde entsprach Schellings Lehre der geistigen Gesamthaltung Großbayerns nicht minder wie die Lehre Hegels dem aufsteigenden Großpreußen; jene in ihrer beharrsamen gläubigen Anschauung, diese mit ihrer aufwiegelnden vernünftelnden Gedanklichkeit« (Nadler).

War Schelling Schwabe, so war Baader, der philosophierende Oberstbergrat, ein geborener Münchener – bis heute der einzige Philosoph von Rang, den der bayerische Stamm hervorgebracht hat. Noch zuhause im Kirchenbarock und der altdeutsch-spanischen Mystik, suchte Baader sein inneres Wissen, mühsam genug, in die Sprache des deutschen Idealismus umzudenken, selbst wenn sein Philosophieren darüber zu einem einzigen großen Monolog wurde, abgerissen, dunkeldeutig, schwer und voll überstauter Begrifflichkeit. Wie Schelling meinte: »Ein von Natur aus unterirdischer Mensch, in dem das Wissen substantiell geworden ist wie in den

Metallen der Klang... Er erkennt nicht, sondern ist eine lebendige, stets bewegliche und vollständige Persönlichkeit des Erkennens.« Baaders Werk ist ein einziges, ungeheures Fragment geblieben, ein geniales Durcheinander von Aufsätzen, Streitschriften, Briefen, Notizen, Gesprächen, sein Denken aber ist durch das Jahrhundert weitergegangen wie ein machtvoller unterirdischer Strom...

In der Theologie selber standen die Sailer-Schüler auf den Lehrkanzeln. Dazu wurde von Tübingen Johann Adam Möhler geholt, der Wirtssohn aus dem Taubergrund, der unter den katholischen Theologen des 19. Jahrhunderts kaum seinesgleichen fand. Seine »Symbolik oder Darstellung der dogmatischen Gegensätze der Katholiken und Protestanten« ist ein einzigartiges Buch, durchweht vom Sprachatem der Romantik. Möhler starb früh, schon 1838. Aber inzwischen war längst der Stern des jungen Ignaz Döllinger aufgegangen. Döllingers Vater, der bekannte Würzburger Anatom, war ein nüchterner, sachlicher Mann, seine Mutter eine fromme, milde Frau, die stundenlang in der Kirche sitzen konnte, und für den frühreifen Knaben war es bald festgestanden, daß er einmal Pfarrer werden wollte. Der geistliche Stand war ihm dabei nur Mittel zum Zweck, zur Theologie. Seit 1826 Professor der Kirchengeschichte, schrieb Döllinger voll staunenswerter Belesenheit und eifernder Liebe an seiner »Geschichte der christlichen Kirche«. Als 1839 Rankes Reformationsgeschichte erschien, brach Döllinger seine Arbeit ab und wandte sich der deutschen Reformation zu, deren Entwicklung und Wirkung er an ihren eigenen Quellen herauszustellen suchte: mit seinem Werk stand das katholische Lutherbild des 19. Jahrhunderts.

Weit entfernt von Sailers milder Duldsamkeit, kam Döllinger dem Manne nahe, der damals als Vorstreiter des katholischen Deutschland gelten konnte: dem großen Görres. 1819 vor einem preußischen Haftbefehl nach Straßburg entflohen, hatte Josef Görres zum bayerischen Thronwechsel von 1825 ein flammendes Manifest in die Presse gegeben, und Ludwig I. hatte den Anruf verstanden und Görres zum Professor der Geschichte gemacht. Der Münchener Görres: das war nicht mehr der Koblenzer Jakobiner oder der Brandschreiber des »Rheinischen Merkur«, sondern der Verfasser der vier gewaltigen Bände über die »Christliche Mystik«. Doch was galt einem Görres schon Geschichtswissenschaft und kritische Quellenforschung? Ergriffen vom Geist der Fernen und Weiten, mußten Sage, Legende, Dichtung und Mythos ihm oft mehr bedeuten. Görres' innerste Kraft aber strömte in die Polemik hinein: wenn er – Türmer auf der Zinne der Zeit wie kaum ein zweiter – den Kölner Kirchenstreit aufgriff oder die Wallfahrt zum Heiligen Rock von Trier verteidigte, rief er wirklich die Geister zum Kampfe. In Görres' gastlichem Haus an der Schönfeldstraße verkehrten nicht nur Möhler und Döllinger, Baader und Brentano, sondern auch die führenden Köpfe des italienischen und französischen Katholizismus.

Zum eigentlichen Sprachrohr des Görres-Kreises wurde die Zeitschrift »Eos«, die in furiosen Manifesten der ganzen Zeit das Urteil sprach. Doch das Unternehmen ließ sich nicht halten. Erst 1838 konnte der junge Guido Görres zusammen mit Phillips und Jarcke die »Historisch-politischen Blätter« gründen, die, glänzend geschrieben und redigiert, die journalistische Tagesarbeit auf eine europäische Höhe hoben. Gerade mit den »Historisch-politischen Blättern« sollte das staats- und kirchenpolitische Wollen des Görres-Kreises den deutschen Katholizismus noch über zwei Menschenalter hin beeinflussen.

Was im München Ludwigs I. geschah, war nicht Stillstand, Rückschritt, Verneinung, sondern Neubau und Umgestaltung von innen heraus: es war der kühne Versuch, den starren Montgelas-Staat mit den neuen Kräften der Romantik und des Glaubens zu erfüllen und zu durchdringen. Während die Aufklärung immer stärker in die Breite ging und beim gebildeten Bürgertum immer mehr an Boden gewann, wurde sie im Bereich der christlichen Kirchen und im Kreis der Männer um den König und die Münchener Universität innerlich überwunden. Freilich, dieser romantische Staat Ludwigs I. forderte das Jahrhundert in die Schranken. Wenn auch Liberalismus und Demokratie, trotz Verfassung, trotz Landtag, zurückgedrängt wurden, ihre Flut stieg nur um so höher, staute sich, mußte zuletzt über alle Dämme schießen.

Außenpolitik am Promenadeplatz

König Ludwig I. brauchte nicht mehr in immer neuen Kriegen um den Fortbestand seines Landes kämpfen wie einst der Vater, und er hatte noch nicht den bayerischen Staatsgedanken gegen Bismarck zu verteidigen wie der Sohn und der Enkel. Für die große Politik lag das Bayern des Vormärz im toten Winkel. Es gab nur zwei Fragenkreise, die für die bayerische Außenpolitik bestimmend wurden: Griechenland und die badische Pfalz.

Die Griechenfrage zog ganz Europa in ihren Bann. Seit sich 1821 die Griechen gegen die Türkenherrschaft erhoben hatten, ging ja eine Woge des »Philhellenismus« durch die Länder, schlug sich nieder in Griechenvereinen und Griechenliedern, in Geldsammlungen für die Aufständischen und in diplomatischen Interventionen der Großmächte. Es war die Zeit, wo Chateaubriand das französische Griechenkomitee leitete, und sich Lord Byron im Fiebersumpf von Missolunghi den Tod holte. Hauptstütze des deutschen Philhellenismus war Bayern. Thiersch schrieb in der »Allgemeinen Zeitung« seine Griechenartikel und spielte den »Verbindungsphilologen« zwischen München und Athen; Ludwig I. griff mit romantischer Begeisterung die Sache der Griechen auf, sandte Geldsummen, schickte den Oberst Heideck mit bayerischen Offizieren nach Nauplia...

Dieser Philhellenismus wurde für Bayern sogar eine dynastische Angelegenheit. Als nämlich Griechenland 1830 die Freiheit erhielt und man für das neue Königreich einen Regenten brauchte, gelang es Thiersch, die Aufmerksamkeit der Großmächte auf Bayern zu lenken. Im Londoner Vertrag von 1832 verpflichteten sich England, Frankreich und Rußland, Ludwigs nachgeborenen Sohn, den Prinzen Otto, als König von Griechenland anzuerkennen, während Bayern auf Kosten Griechenlands ein Truppenkorps zu stellen hatte. Im Februar 1833 zog der junge, kaum siebzehnjährige Prinz Otto in Nauplia ein. Die Regierung sollte bis zu seiner Volljährigkeit von einer bayerischen Regentschaft geführt werden. Für Ludwig, bei dem sich idealer Gedankenflug und klarer Blick für das Nächstliegende seltsam durchdrangen, war Griechenland die große Möglichkeit, Bayern auf dem Umweg über Athen in den Kreis der europäischen Mächte einzuführen. Nicht nur, daß Ludwig vom Max-Josef-Platz aus auch Griechenland regierte: wenn sich die Gesandten Englands, Frankreichs und Rußlands immer wieder im Außenministerium am Promenadeplatz einfinden mußten, konnte der König glauben, daß er immer noch die Rolle eines Maximilian I. oder eines Max Emanuel spiele.

Unter flirrender Sonne ein weißgebranntes Felsenland, umschlossen von seidenblauem Meer; unsäglich verschmutzte Levante-Nester und verwanzte Quartiere; bayerische Infanteristen, die den Durst verfluchten und sich jeden Tag mit verlaustem Palikarengesindel herumschossen – das war der griechische Alltag. Dazu das Intrigenspiel der europäischen Großmächte, die Entschlußlosigkeit König Ottos, die rührenden Versuche der bayerischen Regentschaft, einem halbwilden Land die Errungenschaften westlicher Kultur aufzupfropfen. Wie der alte Montgelas sagte: in Griechenland werde es so lange gut gehen, als Geld und Bajonette vorhanden seien. Mit den steigenden Jahren ging naturgemäß der bayerische Einfluß mehr und mehr zurück, und 1862 mußte auch König Otto selber der Volksempörung weichen. Immerhin blieben den Griechen die Leistungen bayerischer Kulturarbeit und Verwaltung, vor allem die Landesuniversität in Athen. Die 1933000 Gulden, die Ludwig I. in das griechische Unternehmen hineingesteckt hatte, konnte freilich erst Bismarck 1878 beim Berliner Kongreß wieder zurückholen.

Hatte das griechische Unternehmen von vornherein etwas von einem Levante-Abenteuer an sich gehabt, so ging es dagegen mit dem badischen Gebietsstreit um eine Lebensfrage: um die Landbrücke zur Pfalz. Mit Großherzog Ludwig stand nämlich in Baden das regierende Haus nur noch auf zwei Augen, und in München, wo man sich auf den Vertrag von 1816 berufen konnte, durfte man den Erbanfall der rechtsrheinischen Pfalz erwarten. Für Baden blieben nur Winkelzüge. Ohne in München anzufragen, erließ man ein Hausgesetz, das der Seitenlinie der Grafen von Hochberg im ganzen Großherzogtum die Erbfolge sicherte, und gewann sich dafür die Zustimmung der europäischen Mächte, ja als 1830 der Großherzog wirklich starb, ging man über die bayerischen Ansprüche hinweg zur Tagesordnung über.

Ludwig I. hatte die Pfalzfrage gleich bei seinem Regierungsantritt mit Ungestüm aufgegriffen; für ihn, den Nachfahren und Erben der alten Pfalzgrafen bei Rhein, ging es mit Mannheim und Heidelberg nicht nur um Gebietszuwachs, sondern um das Land seiner eigenen Jugend. So suchte er seine Sache auf dem Boden der europäischen Kabinette auszufechten, gab Anweisung über Anweisung an seine Gesandten in Petersburg und Wien. 1827 näherte er sich sogar Frankreich, und in München ging schon das Gerücht, daß Montgelas wiederkomme. Daneben wurden zahlreiche Federn in Bewegung gesetzt, und bis herab zur Beamtenbestechung blieb kein Mittel unerprobt. Mit dem Gedanken an die Pfalz ging der König abends zu Bett und mit dem Gedanken an die Pfalz stand er morgens wieder auf.

Aber nicht die Rechtslage gab den Ausschlag, sondern die Tatsache, daß man Bayern die Erwerbungen unter Montgelas noch immer nicht vergeben und vergessen hatte. Während Rußland fest hinter Baden stand, Frankreich auf die europäische Lage Rücksicht nehmen mußte, tat Preußen alles, eine bayerische Militärlinie vom Fichtelgebirge zum unteren Neckar hintanzuhalten. Es blieb bei einer Militärstraße durch die badische Pfalz und den 100000 Gulden Kontiguitätsentschädigung, die Österreich bis 1918 weiterzahlte. Ein anderer Fürst als Ludwig I. hätte wohl von Franken und der Rheinpfalz her ein Armeekorps gegen Baden vorgeschoben und sich geholt, was ihm ohnedies zustand, aber die militärische Eroberung war noch nie Grundlinie bayerischer Politik gewesen.

Der badische Gebietsstreit wirkte immer wieder hemmend und fördernd auf die deutsche Zolleinigung zurück. Nachdem die Rheinbundstaaten schon in der Napoleonzeit, Preußen 1818 die Zollinie an die Landesgrenzen vorgeschoben hatten, ging es jetzt darum, die innerdeutschen Zollschranken überhaupt niederzureißen und das Bundesgebiet zur Wirtschaftseinheit zu machen. Schon 1819 war in Frankfurt der »Deutsche Handels- und Gewerbeverein« ins Leben getreten, und bayerische Kaufleute, wie Johann Jakob Schnell aus Nürnberg und Franz Miller aus Immenstadt, waren Wortführer der Zolleinigung geworden. Endlose Verhandlungen und Konferenzen brachten wenigstens einen großen Erfolg: den bayerisch-württembergischen Zollverein von 1828. Rückwirkungen auf Baden waren selbstverständlich. Doch nun begannen die Gegenstöße. Preußen schloß einen Zollverein mit Hessen und kontrollierte damit die bayerische Verbindung zum Rheinkreis, England und Österreich brachten einen mitteldeutschen Zollverein auf die Beine und legten damit von Hannover bis Sachsen eine Sperrlinie quer durch das Bundesgebiet.

Jetzt konnte es nur eines geben: den Zusammenschluß zwischen dem bayerisch-württembergischen und dem preußisch-hessischen Verein, um den mitteldeutschen auseinanderzusprengen. Wieder gingen von Bayern die ersten Schritte aus, und sie führten zu jenem großen deutschen Zollverein, der mit der Neujahrsnacht von 1833/34 die innerdeutschen Mautschranken für immer fallen ließ. Daß die Verhandlungen sich über Jahre hingezogen hatten, war freilich nicht die Schuld des bayerischen Königs gewesen. Während in Ludwig I. immer noch der Gedanke an das alte Reich lebte, ging es den Berliner Staatsmännern um die wirtschaftliche Vorherrschaft und die Macht, um Preußen allein.

Diese Zolleinigung war ein Schritt von kaum absehbarer Bedeutung. Sie war der Anstoß zur Industrialisierung, für Bayern darüberhinaus der Anfang zu einem Sich-Loslösen von der jahrtausendalten Wirtschaftsbindung zur Adria, zum Donauraum, zur Levante. Mit einem Mal sollten jetzt Hamburg und Bremen dem bayerischen Handel näher liegen als Triest oder Venedig. Ein so kluger und aufmerksamer Beobachter wie der französische Gesandte Baron de Bourgoing glaubte, es mit den Händen greifen zu können, wie unter seinen Augen ein gesamtdeutsches Nationalgefühl heranwuchs. »Die Idee einer deutschen Nationalität hat früher bei den Deutschen nicht bestanden; sie ist erst in unseren Tagen geschaffen worden, aber man folgt ihr nunmehr mit Feuereifer ...«, schrieb er nach Hause.

Ludwig I. erschien ihm dabei unter allen deutschen Fürsten als der betontest nationale. Und wenn dieser König, erfüllt von einem griechischen Schönheitsgefühl und der heißen Liebe zum alten

Deutschland, die Ehrenmäler der Walhalla und der Befreiungshalle auf die Waldhöhen seines Landes stellte, kann alles Witzeln die Lauterkeit dieser Gesinnung nicht trüben. Freilich, einem Ludwig ging es nicht um den Nationalstaat, wie er später kam, ihm war Deutschland eine geistige Wesenheit. Bei aller Bundestreue hat er seinen bayerischen Rechten nie etwas vergeben, denn er wollte »ein einiges, kein einheitliches Deutschland«. Oder wie er es mit einem berühmten, im Parteistreit des 19. Jahrhunderts immer wieder aufgegriffenen Wort aussprach: »Wir wollen Teutsche sein und Bayern bleiben.«

Die Kunststadt München

München – das war noch bis weit ins 19. Jahrhundert hinein die gemütliche, altbayerische Bauernstadt, wo sommers die Heuwägen übers Pflaster holperten und am »Grünen Baum« die Flößer anlegten, wo jeden Samstag auf dem Marienplatz Schranne gehalten wurde und vor allen Wirtshäusern die Botenfuhrwerke standen. Nur nach und nach, daß die Stadt ihren Festungsring sprengte und sich zwischen Hofgarten und Karlstor die Maxvorstadt auszubreiten begann. An die Stelle des heiter blühenden Rokokos aber trat die gerade Linie des Klassizismus, und statt Kirchen und Klöster baute man jetzt Kasernen und Fronfesten, Mietshäuser und Verwaltungsgebäude.

Die ersten entscheidenden Gestalter des neuen Münchens waren dabei Karl von Fischer und Friedrich Ludwig von Sckell. Der eine war als junger Architekt 1809 von Mannheim herübergekommen, der andere, bisher Hofgartenintendant Karl Theodors, war 1804 von Schwetzingen geholt worden. Ihr gemeinsames Werk war der große »Generallinienplan« von 1812. Was dabei Fischer als Architekt konnte, zeigt am besten der klingende Baukörper des Prinz-Karl-Palais am Englischen Garten oder der nach allen Seiten hin ausflutende Raum des Karolinenplatzes. Dieses neue München, das hier aus Straßen- und Wiesengründen wuchs, war eine helle, freie Gartenstadt, im Verhältnis von Baublock und Bepflanzung voll stiller Abgewogenheit.

Die große Form, der Zug ins Monumentale, kam erst mit Ludwig I. Jetzt ging es nicht mehr um biedermeierliches Behagen, sondern ein Herrscher voll Eigenwillen und Selbstbewußtsein prägte Straßen und Plätze von so großartiger Geschlossenheit, daß jedermann sehen konnte, wie hier noch einmal ein König baute. »Ich will aus München eine Stadt machen, die Teutschland so zur Ehre gereichen soll, daß keiner Teutschland kennt, wenn er nicht München gesehen hat.« Es war das stolze Programm eines Mannes, der noch den Mut hatte, jeden Tag im Thukydides zu lesen und zwischen lauter Fresken zu leben wie ein Nobile der italienischen Renaissance. Dabei ist grundsätzlich anzumerken, daß diese Baujahre Ludwigs eigentliche Regierungszeit weit übergreifen: wie schon der Kronprinz der Lokalbaukommission mit furiosem Temperament in die Zügel fuhr und Fischer seit 1815 mehr und mehr in den Hintergrund geschoben wurde, so baute man auch nach 1848 meist nur fertig, was längst begonnen und geplant war. Noch als alter Mann stieß Ludwig 1866 den Bau der Kirche von Giesing an und die Arbeiten führte dabei bereits derselbe Georg Dollmann, der für Ludwig II. die Pläne für Schloß Linderhof entwarf.

Die eigentlichen Architekten Ludwigs I. waren aber Leo Klenze und Friedrich Gärtner. Klenze, der Niedersachse, war schon früh zu König Jérôme nach Kassel berufen worden, hatte dann im Paris des Empire seine Lehrzeit beendet und hier 1815 den bayerischen Kronprinzen kennengelernt, der ihn an Montgelas weiterempfahl. Seit 1816 in München, Hofarchitekt und Chef der Obersten Baubehörde, fand Klenze mit dem Palais Leuchtenberg seinen eigenen Stil, ernst, schwer, herb. Es war eine schöpferische Auseinandersetzung mit der italienischen Renaissance, die ganz von selber über den äußeren Klassizismus hinaus zur inneren Klassik führen mußte.

In seinem großen Renaissance-Zug baute Klenze Festsaal- und Königsbau der Residenz, umschloß er den Odeonsplatz mit seinen Architekturblöcken, drängte er mit dem Geviert seiner Arkaden das Grün des Hofgartens von der Straßenzeile ab. Auch an dieser Straße selber – der Ludwigstraße, die als Via triumphalis die Linie der alten Schwabinger Landstraße aufnahm – stellte Klenze die ersten Wohnpaläste hin, bis dann Gärtner weiterbaute. Genauso bewährte sich Klenzes Art, römische Renaissance zu sehen, auch bei der Alten Pinakothek: Räume von Kirchengröße, wie man sie für Rubensbilder brauchte, und daneben wieder ganz intime Kabinette wurden so verbunden, daß in Raumfügung und Außenbau der Eindruck beglückender Harmonie entstand. Einer der schönsten Galeriebauten der Welt.

Ganz Klenzes eigenes Feld wurde der Königsplatz: 1815–30, voll schwärmerischer Liebe in den Verhältnissen, die Glyptothek; etwas matter, blutleerer, sozusagen zweite Hand, die Front des Ausstellungsgebäudes; 1854–60 als reifes Spätwerk die Propyläen. Dazu kamen die Ruhmeshalle über der Theresienwiese und die Walhalla bei Regensburg. Alles Bauten, die reinstes Griechisch sprechen! Nur einmal, daß der Meister, vom König gedrängt, von seiner großen Linie abwich: mit der Allerheiligen-Hofkirche. Vorbild die Pfalzkapelle von Palermo. Trotzdem wurde es der schönste Kirchenraum des Münchener 19. Jahrhunderts.

Die Allerheiligen-Hofkirche liegt eigentlich mehr auf der Linie Friedrich Gärtners, des Rheinfranken, der seit 1829 Klenze den Widerpart hielt. Gärtner war wendiger, romantischer, war der Architekt mit dem angeborenen Blick für große Baumassen. Er griff immer wieder die Formen italienischer Vorgotik auf, spannte weite Wandflächen, liebte den Ziegel, das Holz, das Bunte am Bau. Vor allem führte er die Ludwigstraße zu Ende, immer mächtiger, immer freier im Atem. Da ist die florentinisch-großartige Front der Staatsbibliothek, die Ludwigskirche mit ihren sperrigen Türmen, schließlich der südlich-pralle Platz vor der Universität mit den beiden römischen Fontänen. Immer vom König gedrängt, schloß Gärtner mit Glück ab: 1841–44 nach dem Vorbild der Loggia dei Lanzi die Feldherrnhalle; 1847–50 nach dem Konstantinsbogen in Rom das Siegestor.

Neben Klenze und Gärtner standen auch zwei Landessöhne, der Regensburger Georg Friedrich Ziebland und der Bamberger Josef Daniel Ohlmüller, beide Schüler Karl von Fischers. Ziebland, der eigentliche Nazarener unter den Münchener Architekten, führte nach frühchristlichen Vorbildern die Basilika von St. Bonifaz auf, während Ohlmüller, schlicht und fromm wie ein alter Meister, die gotische Kirche in der Au baute.

Klenze, Gärtner, Ohlmüller, Ziebland – auf den ersten Blick erscheint es wie ein krauses Nebeneinander von Stilen und Auffassungen, aber der Zeitgeist band doch alles zur Einheit zusammen, denn man ahmte die Stile nicht nach, sondern suchte sie mit innerem Leben zu erfüllen. Der »Historismus« im Sinne der Gelehrsamkeit des 19. Jahrhunderts kam in München erst mit König Max II. »Nicht Antike, Mittelalter und Renaissance sprechen so zu unseren Sinnen, sondern süddeutsche Romantik der zwanziger und dreißiger Jahre...« (Gustav Pauli).

Dieses neue München gab auch Platz für eine großzügige Denkmalskunst. Von Berthel Thorwaldsen das Reiterstandbild Maximilians I. auf dem Wittelsbacher Platz; von Christian Rauch Münchens schönstes Fürstendenkmal, König Max I. Josef vor der Residenz. Voll Ungeduld erwartet, kam dann 1826 der Altbayer Ludwig Schwanthaler, der das Erbe der Innviertler Barockmeister im Blut trug. Jung, gewandt, voll beispielloser Leichtigkeit des Schaffens, wurde er mit Ehren und Aufträgen überschüttet: die Giebelfelder für Glyptothek und Walhalla, die Friese und Reliefs für Königs- und Festsaalbau der Residenz, die Siegesgöttinnen für die Kelheimer Befreiungshalle, und Denkmäler, immer wieder Denkmäler. Die Bavaria auf der Theresienhöhe wurde Schwanthalers Hauptwerk. Ihr Guß galt zugleich als der große Triumph der Münchener Erzgießerei, die unter Johann Baptist Stiglmayer und Ferdinand Miller einen Aufschwung nahm, der die Zeitgenossen an die Tage der Gerhard und Krumpper erinnern mochte. Bezeichnend, wie beim Guß der Bavaria über der Hitze des glühenden Metalls das Dach des Gießhauses in Brand geriet, aber Miller nur einen Ruf hatte: »Laßt's brennen! Laßt's brennen! Der Guß ist geglückt«

Baukunst und Bildhauerei konnten aus einer unbewußt weitergetragenen Barocktradition heraus die große Form des ludovizianischen Münchens noch einmal mit Leben füllen, die Malerei aber zerbrach am Überspannen ihrer Kräfte – ein Geschehen, das in Persönlichkeit und Werk des Peter Cornelius seine Ausprägung findet. Im Kreis der deutsch-römischen Künstler hatte Ludwig I. Cornelius kennengelernt, hatte ihn 1819 nach München gezogen, ihn 1825 zum Akademiedirektor gemacht. Cornelius war einer der besten Zeichner seiner Zeit, ein Kartonentwerfer größten Stils, immer besessen von einer Aufgabe, der Erneuerung der monumentalen Freskenkunst. Herrisch, stolz, voll genialer Einseitigkeit, hat er den Weltruf der Münchener Akademie begründet. Sein Münchener Werk waren drei gewaltige Bilderkreise: die Ausmalung der Glyptothek, des Wandelgangs der Pinakothek, der Ludwigskirche. Mit den Fresken der Ludwigskirche suchte Cornelius nach dem Höchsten zu greifen, ja mit seinem Stirnfresko des Jüngsten Gerichts wollte er mit Michelangelo in Wettstreit treten. Und doch zeigte gerade die Ludwigskirche, wo Cornelius' Grenzen lagen. Nicht nur, daß bei ihm das Gedankliche zu sehr überwog, seine Farben zu kalt und flächig blieben, der zeichnerischen Art romantischer Malerei fehlte einfach der Mut zum großen Wurf, wie ihn im 18. Jahrhundert noch der letzte Plafondmaler bewiesen hatte. Man kann verstehen, wie es wegen der Ludwigskirche zum Bruch mit dem König kam, der plötzlich fand, daß Cornelius ja gar nicht »malen« konnte.

Sonst haben von den einst vielgerühmten Meistern dieser monumentalen Freskokunst nur ein paar standgehalten: Karl Rottmann mit seinen italienischen Landschaften in den Hofgartenarkaden oder Heinrich Maria Heß mit dem Bilderkreis der Allerheiligen-Hofkirche. Von den eigentlichen Cornelius-Schülern wandten sich gerade die zwei fähigsten vom Freskostil ab und kamen zu einer sprudelnden Romantik voll Poesie und Waldesrauschen: Moritz von Schwind und Eugen Napoleon Neureuther. Nachfolger Cornelius' an der Akademie aber wurde der vielgefeierte Wilhelm Kaulbach, ein Mundgerechtmacher der Kunst und der Typ der bloßen Scheingröße. Seine Historienbilder voll Leere und Theaterdonner sind heute längst vergessen, nur die flotte Frechheit seiner Satire ist geblieben: die Illustrationen zu »Reineke Fuchs«. Aber Kaulbach hat auch gesellschaftlich viel bedeutet, und jeden Sonntagabend kam bei ihm das ganze geistige München zusammen.

Bei einer Überschau der Münchener Malerei in der ersten Jahrhunderthälfte muß man sich eben klarmachen, daß die zeitlos bleibende Leistung nicht beim Kunstbetrieb der Akademie lag, sondern bei jenen schlichten Alt-Münchener Meistern, die mit biedermeierlicher Andacht zum Kleinen malten, was sich alltäglich den Augen aufdrängte. Da war Johann Georg Edlinger, der bürgerliche Bildnismaler, oder Albrecht Adam, der große Pferdeschilderer; da kamen Domenico Quaglio und Michael Neher mit ihren Münchener Stadtansichten. Max Josef Wagenbauer malte das Vieh auf den Almen und das Isartal bei Kloster Schäftlarn; selbst Johann Georg Dillis, der Galerie-Direktor und Berater des Königs in Gemäldesachen, war ein ausgezeichneter Landschafter, ein »Impressionist« mit den schimmernden Farben des alten Kirchenbarocks.

Ein Meister von großem Format war Wilhelm von Kobell, aus einer Pfälzer Familie, die unter Karl Theodor nach München gekommen war. Er malte in emailartigen Farben voll kühler Helligkeit, gab auch noch im kleinsten Bild eine Raumweite, die wie ein Stück Unendlichkeit wirkt. Selbst bei seinen berühmten Schlachtenbildern aus den Napoleon-Kriegen ist ihm die ruhige Klarheit des Vortrags, die feine Stimmung von Frühlicht oder mittägigem Sonnenglast wichtiger als aller Lärm und alle Fanfaren. Einmalig dann, wie auf seinen späten Landschaften die grenzenlos einsamen Gruppen von Bauern und Reitern fast silhouettenhaft starr vor weiten Horizonten stehen...

Kobell lehrte seit 1808 an der Akademie, mußte aber 1828 gehen, da mit einem Mal die Landschaftsklasse entbehrlich erschien. Für den Hochmut eines Cornelius waren all diese »Vedutisten« und »Bataillenmaler« nicht mehr als bloße »Kuhmelker«. An der Münchener Akademie wurden nur noch Kartons gezeichnet und Fresken entworfen. Wem dafür der Sinn fehlte, dem blieb nichts anderes übrig, als zu den Alt-Münchener Fachmalern zu gehen oder die Niederländer in der Pinakothek zu kopieren. Hier ging vor den Bildern eines Peter Paul Rubens dem Altbayern Eduard Schleich der Blick auf für das, was man seither »oberbayerische Stimmungslandschaft« heißt: sommerweites, feuchtglänzendes Land, das hinausschwimmt in alle Abstufungen der Ferne; Rösser, Heuwägen, werkende Bauernmenschen als Staffage eingestreut; vor allem aber silberdunstige Nachmittagswolken, die Licht und Schatten übers Land streuen oder warme Strahlenbündel herniedergießen. Ein »Pomposo«, wenn man den Eindruck musikalisch fassen möchte.

Neben Schleich müßte man eine Menge Namen nennen. Etwa

Anton Zwengauer mit der südlichen Melodie seiner Erntelandschaften oder Ernst Kaiser mit seinem türkisblauen Sommerhimmel. Der Pfälzer Heinrich Bürkel zog 1824 von Pirmasens herüber, um in der Pinakothek Wouwermann zu kopieren, und kam ganz von selber dazu, Gebirge und Volksleben, Bauern und Jäger mit dem kraftvollen Wirklichkeitssinn der alten Holländer zu sehen und zu schildern. Der liebenswürdigste und schrulligste unter diesen Münchener Meistern bleibt aber doch Carl Spitzweg, der Herr Provisor von der Königlichen Hofapotheke, der auf einmal von Mörser und Salbenkübel zur Staffelei hinüberwechselte. Es ist müßig, hier seine gemalten Anekdoten von Bücherwürmern und Kakteenzüchtern, Bettelmusikanten und Stadtsoldaten, Nähterinnen und Waschermadeln noch einmal herzuzählen. Nur soll man über aller Biedermeier-Spießigkeit nicht übersehen, wie fein diese Sachen gemalt sind und wie gerade Spitzweg es war, der 1851 mit Schleich nach Paris ging und die Anregungen der Schule von Barbizon nach Hause brachte. Wer Spitzweg ganz kennen möchte, muß seine späten Landschaften kennen, die zeigen, wie der Impressionismus und das »Paysage intime« auch in Süddeutschland in der Luft lagen.

Daß die Münchener selber, die über die Ludwigstraße ihre Witze machten und die Glyptothek nur das »narrische Kronprinzenhaus« nannten, ganz auf der Seite ihrer Fachmaler standen, ist für jeden, der die Stadt kennt, selbstverständlich. Nirgends konnte man das besser sehen, als bei den Ausstellungen des Kunstvereins, wo sich – wie Friedrich Pecht erzählt – »allsonntäglich ganz München versammelte und man Hunderte von Riegelhauben traf«. Die Altertumsfreunde aber, vor allem der ganze rhein- und mainfränkische Kreis um den Herrn Appellationsgerichtsrat Friedrich Hoffstadt, verkehrten in der »Gesellschaft zu den drei Schilden«, wo man zeichnete und malte, musizierte, sang, pokulierte, sammelte, was einem unterkam. Nicht umsonst ist ja der »Historische Verein von Oberbayern« eigentlicher Erbe der »Drei Schilde« geworden. Unter den Jungen aber waren hier Franz von Pocci, der Kasperltheater-Graf, und Hans Freiherr von Aufseß, der spätere Gründer des Germanischen Nationalmuseums in Nürnberg. Der Aschaffenburger Kaspar Braun dagegen schuf den Münchenern die köstlichen »Fliegenden Blätter«, die bis zum »Simplicissimus« und der »Jugend« den Ton angaben. Zu ihren Mitarbeitern gehörten Spitzweg und Schwind.

Trotzdem soll man die zwei Welten des vormärzlichen Münchens nicht gegeneinander ausspielen. Auch in der Kunstpflege gibt es gradmäßige Unterschiede – vom Bürger, der seinen Vereinsbeitrag zahlt, bis zum König, der eine neue Stadt baut. Bei allem Respekt vor dem noblen Können der Alt-Münchener Meister, die große Form der Ludwigstraße oder des Königsplatzes lag außerhalb ihres biedermeierlichen Bereiches. Und ein König, der allein aus seinem Privatvermögen 18 Millionen Gulden für die Kunst ausgab, durfte ruhig einmal sagen, daß in München eigentlich er selber die Kunst sei.

Dabei war Ludwig I. nicht nur ein Mäzen sondern auch ein Sammler vom Format der alten Kurfürsten. Es war ein europäisches Ereignis, wenn er schon als Kronprinz den Barbarinischen Faun erwerben konnte oder den Engländern für 20000 Skudi die Ägineten vor der Nase wegkaufte; der König vollends erstand für 240000 Gulden die berühmte Sammlung altdeutscher Meister der Brüder Boisserée oder fügte 1828 die altschwäbische Sammlung des Fürsten Öttingen-Wallerstein der Pinakothek ein.

Nichts aber spricht mehr für Ludwigs Kunstverständnis als 1846 die Gründung der »Neuen Pinakothek«, die das ganze malende München umfassen sollte. Und der alte Ludwig baute nicht nur die Propyläen fertig, sondern ging auch in den Kunstverein wie irgendein Bürger der Stadt. Nicht, daß der König seine hohe Auffassung von der Kunst verlassen hätte, aber je älter er wurde, desto weniger ging es ihm um Programme oder bloßen »Betrieb«. Es war, wie Hans Karlinger sagte, »ein Nachsommer mit all den goldenen Sonnenstäubchen auf dem Herbstlaub und all den versöhnlichen Blickweiten der Reife«.

Restauration und Revolution

Unter Karl Theodor hatte die Bücherzensur-Spezialkommission den Rotstift gehandhabt, daß selbst der Herr Zensur-Rat Westenrieder nur mehr von einem »Narrenkollegium« sprechen konnte;

unter Montgelas war es dann besser geworden, wenn auch der Minister fand, daß man den Journalschreibern tüchtig auf die Finger sehen müßte; jetzt aber, am 24. November 1825, ließ Ludwig I. für die Angelegenheiten der inneren Politik die Pressezensur überhaupt wegfallen. In Wien war man entsetzt, aber Ludwig antwortete auf die Vorstellung Metternichs in lakonischer Kürze: der König von Bayern sei nur Gott und der beschworenen Verfassung verantwortlich; da aber Kaiser Franz nicht der liebe Gott und Metternich gewiß nicht die Verfassung sei, möge dieser den Schluß selber ziehen.

Und 1827 auf dem ersten Landtag hörten es dann die Abgeordneten in die eigenen Ohren: »Nicht von Mängeln frei ist unsere Verfassung... Weise gibt uns sie selbst die Wege zur Verbesserung an. Viel Gutes ist bereits auf den früheren Landtagen geschehen, vieles bleibt noch zu tun...« Die Ankündigung von über dreißig neuen Gesetzesvorlagen konnte dabei dem Hause beweisen, daß es dem König nicht um Redensarten ging. Man kann verstehen, wie alle Fortschrittsmänner voll Erwartung auf Bayern sahen und den König rühmten als »den vorzüglichsten Beschützer echt liberaler Ideen in ganz Europa«.

Und doch folgte bald die Ernüchterung. Von den Gesetzesvorlagen konnte beim Widerstreben der Reichsratskammer nicht einmal ein Drittel durchgebracht werden, und die Pressefreiheit wurde bald zu einer Pressefrechheit ohne Maß. Von allen Seiten drückten die fremden Zeitungsschreiber nach Bayern herein wie in ein gelobtes Land, und die Zahl der Münchener Blätter war bald auf 25 angewachsen. Am ärgsten trieb es der »Humorist« Moritz Saphir, dem in Wien und Berlin das Pflaster so heiß geworden war, daß er nur noch in München seine Witzeleien an den Mann bringen konnte. Den ganzen Argwohn des Königs rief aber erst die Pariser Julirevolution wach, und ein harmloser Studentenkrawall zu Weihnachten 1830 bekam jetzt gleich ein politisches Vorzeichen.

Schon am 31. Januar 1831 brachte das Regierungsblatt eine königliche Verordnung, wonach die Tagespresse erneut unter Zensur gestellt werden sollte. Der Innenminister Schenk hatte gegengezeichnet. In Würzburg und Bamberg, in Nürnberg und Kempten, vor allem aber in der Pfalz, begann ein schreckliches Feldgeschrei, und auf dem Märzlandtag führten die Liberalen ihren Gegenstoß. Die Zensurverordnung wurde für verfassungswidrig erklärt, ja fünfzig Abgeordnete wollten gegen Schenk sogar die Ministeranklage erheben. Daß man über den Minister hinweg auf den König zielte, lag auf der Hand; Schenk nahm den Kampf auf, aber vornehm und von einer vielverspotteten »lyrischen Biegsamkeit«, war er nicht der Mann, einem aufsässigen Parlament die Spitze zu bieten. Schweren Herzens mußte der König Schenk preisgeben, die Zensurverordnung zurücknehmen, überhaupt auf der ganzen Linie zurückweichen. Dazu gab es wütende Attacken gegen die bayerische Kultur- und Kirchenpolitik, gegen die königliche Zivilliste, ja den förmlichen Antrag, die Bauarbeiten an der Pinakothek einzustellen, »weil Notwendigeres und Nützlicheres zu tun sei«.

Der Landtag von 1831 bedeutet in der Regierung Ludwigs I. den großen Einschnitt. Der weitgespannte Versuch, romantische Staatsauffassung und liberale Forderungen zu verknüpfen, war gescheitert, und im König erwachte jetzt der Starrsinn des wittelsbachischen Pfalzgrafen. Armansperg und Zentner mußten gehen, an den neuen Innenminister Fürst Ludwig von Öttingen-Wallerstein aber erging Weisung auf Weisung, jede eine Mahnung zum Durchgreifen. Der Minister galt zwar landauf, landab als »konservativ-liberal« und suchte zu dämpfen, wo er konnte, aber zuletzt schlugen ihm die radikalen Hitzköpfe in der Pfalz und in Franken seine Politik der Mitte einfach aus der Hand.

Ein strahlender Maitag 1832 brachte das Fest am Hambacher Schloßberg. Unter Glockenläuten und Böllerschießen strömten zu Fuß wie zu Wagen aus der ganzen Pfalz die Leute zusammen, angeblich um den Jahrestag der bayerischen Verfassung zu feiern, tatsächlich aber um einige Brandreden anzuhören. Siebenpfeiffer sprach, der Schneiderssohn aus dem Badischen und abgesetzte Landkommissär von Homburg, nach ihm Johann Wirth aus Hof, der Herausgeber der »Deutschen Tribüne«. »Ohne Beseitigung der Fürstenthrone gibt es kein Heil für unser Vaterland, kein Heil für Europa, kein Heil für die Menschheit ...«, hallte es über den Platz. Ähnlich in Franken das Fest im Schloßpark zu Gaibach.

Jetzt ließ aber auch Fürst Metternich alle Minen springen, und auf dem Frankfurter Bundestag und den Wiener Ministerkonferenzen kam es zur praktischen Erneuerung der Karlsbader Beschlüsse. Und hatte Ludwig I. als Kronprinz das »System Metternich« leidenschaftlich abgelehnt, so mußte er jetzt im Fürsten seinen eigenen Rückhalt sehen. Auch in Bayern wurden Zeitungen beschlagnahmt und Vereine bespitzelt, an der Würzburger Universität die liberalen Professoren gemaßregelt, der Feldmarschall Wrede mit einem Armeekorps nach der Pfalz geschickt. Den Hauptschreiern begegnete man mit Strafversetzungen und nicht immer gerechten Prozessen. Vor allem drückte Ludwig auf das Schulwesen und stellte den schlechtbezahlten Lehrerstand unter eine engbrüstige Staatskuratel. »Religiös-monarchische Reform« war das gängige Schlagwort, und im Briefwechsel zwischen dem König und Schenk ist immer wieder von »Thron und Altar« die Rede.

Auf den Fürsten Öttingen-Wallerstein, der in der Haushaltsdebatte von 1837 zu sehr den Ständen das Wort geredet hatte, folgte noch im November desselben Jahres das neue Ministerium Abel. Karl von Abel, als Sohn eines Kammergerichtsprokurators in Wetzlar geboren und seit 1810 im bayerischen Staatsdienst, konnte nach Herkommen und Bildungsgang einem alten Montgelas-Beamten gleichen, aber mit den steigenden Jahren hatte er sich mehr und mehr zu einem überzeugungstreuen, schroff nach außen betonten Katholizismus durchgerungen. Dazu war Abel einer der scharfsinnigsten Juristen, die je an der Spitze der bayerischen Verwaltung gestanden sind, überhaupt ein Mann von eiserner Energie, der seine Wünsche auch in der Kammer mit ungewohnter Festigkeit zu vertreten wußte.

Aber gerade der konfessionelle Zug des neuen Ministeriums riß verdeckte Gegensätze auf, stellte die Staatstreue der fränkisch-protestantischen Bevölkerung auf eine harte Probe, trieb schließlich das konservative Lager überhaupt auseinander. Das evangelische Oberkonsistorium durfte nicht schweigen, wenn der Ausbau der Diasporagemeinden überall gehemmt wurde und die Regierung den katholischen Volksteil einseitig bevorzugte, und selbst innerhalb der katholischen Kirche gab es Kreise, die Abels »scharf markiertes

Kirchentum« ablehnten. Daß man sich im liberalen Lager ganz als Opfer der »Pfaffenherrschaft« fühlte und für einen Minister, der zu Fuß nach Altötting wallfahrtete und jeden Morgen in der Herzogspitalkirche kniete, nur Haß und Hohn hatte, versteht sich von selbst.

Und doch hat es ein »System Abel« nie gegeben – nur daß Abel den König überall dort bestärkte, wo Öttingen-Wallerstein zu mäßigen gesucht hatte. Der König wie der Minister mochten dabei das Gefühl haben, daß es nicht um Halbheiten ging, sondern man mit dem Rücken gegen die Wand das Letzte verteidigen mußte. Es war ja die Zeit, wo preußische Dragoner den Erzbischof von Köln gefangen abführten und man von einem »Wendepunkt für die Kirche« sprach. Dazu begann der moderne Materialismus seinen radikalen Vorstoß gegen den Binnenkern christlicher Weltanschauung: 1835 brachte David Friedrich Strauß sein »Leben Jesu« heraus, 1841 Ludwig Andreas Feuerbach sein »Wesen des Christentums«. Ohne Blick für die Ansätze in Erlangen oder Neuendettelsau, glaubten der König wie sein Minister den Protestantismus in seinen Grundfesten erschüttert, und die katholische Kirche erschien ihnen als der einzige Damm gegen die auflösenden Tendenzen der Zeit. Über dem München der Görres und Döllinger lag die Kampfstimmung des alten gegenreformatorischen Ingolstadt.

Was besagt vor diesem weitgesteckten Hintergrund schon das übliche Schlagwort von der »dürren Reaktion«, das immer wieder von außen herangetragen wird, wenn sich irgendwo das bayerische Wesen um sein Eigenes wehrt! Auch die Jahre nach 1837 waren keine Zeit des bloßen Stillstandes, und die große Linie bayerischer Kulturpolitik lief ohne Knick weiter. Unter Abel erst kamen Köpfe wie der Orientalist Haneberg, der Kulturphilosoph Lasaulx, der Jurist Ernst von Moy an die Münchener Universität; auch Clemens Brentano weilte immer wieder in der Stadt, und 1840 feierte man das große Künstlerfest im Stil der Dürerzeit. Unter weitem Himmel atmete jenes abendumflossene München mit seinen »griechischen Giebelfeldern und gotischen Türmen«, das uns Gottfried Keller im »Grünen Heinrich« so unvergleichlich nachgezeichnet hat.

Fast wie eine Groteske erscheint es dann, daß ein Mann wie Karl von Abel ausgerechnet durch jene hergelaufene Tänzerin gestürzt werden konnte, die sich so klangvoll spanisch Señora Maria de los Dolores Porris y Montez nannte. Eine Abenteuerin von schwer bestimmbarer Abkunft, schön, gefährlich, hintergründig in ihren Verbindungen, so kam sie 1846 nach München und trat anfangs Oktober im Nationaltheater zum ersten Mal auf. Müßig, das Operettenintermezzo ihrer Audienz beim König nachzuerzählen oder aus Erinnerungsbüchern und Briefstücken allen Stadtklatsch zusammenzulesen. Letztlich ist diese Verirrung in Ludwigs Leben nur eine Szene, und man könnte die ganze Geschichte ruhig den Komödienschreibern überlassen, wenn die Montez nicht versucht hätte, auch politisch eine Rolle zu spielen. Geradezu kindisch in ihrem Haß gegen die »Jesuitenpartei«, auf der Straße von der kecken Unverschämtheit einer hochgekommenen Halbweltdame, glaubte sie Minister und hohe Staatsbeamte behandeln zu können, als ob sie ihre Kammerlakaien wären.

Man warnte den König, mahnte ihn, beschwor ihn; dazu legte ihm jeder Tag einen Stoß anonymer Briefe auf den Tisch. Aber gerade dieser breite Widerstand rief Ludwigs Königsgefühl wach, bestärkte ihn nur in seinem Willen, der vergötterten »Lola« das bayerische Indigenat zu verschaffen und sie zur Gräfin Landsfeld zu erheben. Nun ging auch Abel aus seiner Wartestellung heraus und warf die Kabinettsfrage auf: entweder Verweigerung des Indigenats oder Rücktritt des Ministeriums. Am 16. Februar 1847 hielt Abel bereits die Entlassung in Händen.

Das neue Ministerium – an seiner Spitze der Staatsrat von Maurer und der Freiherr von Zu Rhein – war liberal. Nach langer »Nacht« das »Ministerium der Morgenröte«! Und doch war gerade mit Abel der Mann gegangen, der vielleicht als einziger den Sturm hätte beschwören können. Von der Universität her kam der erste Anstoß: Professor Lasaulx stellte im akademischen Senat den Antrag, Abel für seine mannhafte Haltung die Hochachtung auszusprechen. Lasaulx verlor daraufhin den Lehrstuhl, ebenso die Mehrzahl der streng katholischen Professoren. Schon zogen ein paar hundert Studenten johlend und pfeifend der Tänzerin vors Haus, so daß erst das Militär die Straßen wieder freimachen konnte. Zuletzt bekam auch der König das Gefühl, daß das neue Ministerium nicht fest genug im Sattel sitze, und noch vor Jahresende trat das »Ministerium der Morgenröte« wieder ab. Es kam dafür das zweite Ministerium Öttingen-Wallerstein, das »Lola-Ministerium«, wie man verächtlich sagte.

Aber schon am 7. Februar 1848 ging der Aufruhr wieder los: Studentenkrawalle, Straßentumulte; die Montez konnte gerade noch in die Theatinerkirche flüchten. Die Universität wurde geschlossen, in der Neuhauser Straße versuchte es berittene Polizei mit dem Einhauen. Von der Bürgerschaft und den Reichsräten bestürmt, von der eigenen Familie gedrängt, von allen verlassen, wich der König schließlich doch zurück, verfügte die Wiedereröffnung der Universität und die sofortige Ausweisung der »Gräfin Landsfeld«. Und doch war es mehr ein persönliches Aufeinanderprallen der Gegensätze als die offene Revolution. Als der König sich voll Herrschergefühl unter die tobende Menge wagte, flogen auch jetzt noch die Hüte vom Kopf und stimmte man überall das »Heil, unserm König Heil« an...

Aber die Lola-Affäre war für die Drahtzieher der liberalen Bewegung nur der Vorwand gewesen. Sie standen nicht gegen den König wie die Münchener Bürgerschaft, sondern gegen das Königtum überhaupt, und als Ende Februar die Nachricht von der Pariser Revolution nach München kam, machte sich der lang zurückgestaute Druck gewaltsam Luft. Jetzt ging es um die »Märzforderungen«: Ministerverantwortlichkeit, Pressefreiheit, Wahlreform, Geschworenengerichte, Öffentlichkeit und Mündlichkeit der Rechtssprechung. Es gab auch in München zertrümmerte Polizeistationen und aufgeworfene Barrikaden, rote Fahnen und Bassermannsche Gestalten. Das gemäßigt-liberale Bürgertum focht bald gegen zwei Fronten: auf der einen Seite gegen den tollgewordenen Straßenpöbel, auf der anderen gegen einen König, dem man jedes Zugeständnis abpressen mußte. Erst am 6. März, vormittags elf Uhr, konnte der Ministerialrat Daxenberger eine königliche Proklamation verlesen, die die Märzforderungen genehmigte. Eine stürmische Beifallskundgebung vor der Residenz war das Ende der Münchener Revolution.

Noch aber knüpften die Radikalen ihre Verbindungen mit den Revoluzzern in Franken und in der Pfalz, und man wartete nur auf eine Gelegenheit, dem König und der Krone einen letzten Schlag zu versetzen. Tatsächlich flackerte am 16. März noch einmal das Gerücht auf, die Montez sei zurückgekehrt, und neue Straßenszenen zwangen Ludwig zur letzten und persönlichsten Demütigung: zur Zurücknahme des der »Gräfin Landsfeld« verliehenen Indigenats.

So war der König Schritt für Schritt zum Entschluß gedrängt worden, auch die Krone selber niederzulegen. Er schwankte nur wegen des Zeitpunktes, wollte nicht in der Not das Schiff verlassen. Der Freiherr von Rotenhan fand die erlösende Formel: wenn Ludwig dem am 6. März eingeschlagenen Weg nicht weiter folgen könne, sei es ritterlicher und würdiger, abzudanken. Der König ging sofort darauf ein. »Regieren konnte ich nicht mehr und einen Unterschreiber abgeben, wollte ich nicht«, hat er später gemeint. Wenn auch Ludwig die Ereignisse überschätzen mochte und die Abdankung vom rein Politischen gesehen »sein letzter und größter Fehler« war: der eigentliche Grund seines Handelns lag in der Tatsache, daß er sich hatte beugen müssen.

So brachte der März 1848 die berühmte Erklärung: »Bayern! Eine neue Richtung hat begonnen, eine andere als die in der Verfassungsurkunde enthaltene, in welcher Ich nun im 23. Jahre geherrscht. Ich lege die Krone nieder zugunsten Meines geliebten Sohnes, des Kronprinzen Maximilian. Treu der Verfassung regierte Ich; dem Wohl Meines Volkes war Mein Leben geweiht; als wenn Ich eines Freistaats Beamter gewesen, so gewissenhaft ging Ich mit dem Staatsgute, mit den Staatsgeldern um. Ich kann jedem offen in die Augen sehen. Und Meinen tiefgefühlten Dank allen, die Mir anhingen. Auch vom Throne herabgestiegen, schlägt glühend Mein Herz für Bayern, für Teutschland.«

In wenigen Sätzen hat man hier Ludwigs ganze Persönlichkeit, sein lauteres Wollen und seine ragende Größe, seine Selbstherrlichkeit und sein romantisches Pathos. Und es ist jeder Zoll ein König. Sein eigentliches Denkmal aber bleibt München, und über die zertrümmerte und zerbombte Stadt hinaus jenes geistige München

Ludwigs I., das – nach Josef Nadlers Wort – »ein Kulturgebilde von so runder Vollkommenheit war, wie die Deutschen nur wenige erlebten«.

29. KAPITEL

KÖNIG MAX II.

Deutsche Gänge

Schon 36 Jahre alt, auf norddeutschen Universitäten und weiten Reisen vielseitig gebildet, im Umgang voll Weltgewandtheit und Takt – so kam Max II. 1848 auf den bayerischen Thron. Ohne die leutselige, vollsaftige Art des Großvaters, ohne die sprühende Genialität Ludwigs I., war er der König mit der typischen Haltung des deutschen Gelehrten, ergriffen von einer wahren Leidenschaft des Lernens. »Wäre ich nicht in einer königlichen Wiege geboren, wäre ich am liebsten Professor geworden ...«, konnte er von sich sagen. Hatte Ludwig I. in Stunden innerer Einkehr zur Heiligen Schrift oder zur »Nachfolge Christi« gegriffen, so zog sich Max II. dafür in sein »Sanktuarium« zurück, wo rings an den Wänden die Büsten großer Männer standen und die Gemälde zwischen den Friesen auf die sieben Regententugenden deuteten.

Ganz Sohn seiner Zeit, litt Max II. zuinnerst an der Krankheit seines Jahrhunderts: dem Glauben, auf wissenschaftliche Weise alle Zweifel lösen zu können. Zaghaft und voll übertriebener Gewissenhaftigkeit, fiel es dem König unendlich schwer, einen letzten Entschluß zu fassen, und sein körperliches Leiden – er hatte seit den dreißiger Jahren mit nervösen Kopfschmerzen zu tun! – konnte diese Anlage nur noch fördern. Um stets die Mittellinie zu halten, war es Max II. gewöhnt, vor jeder wichtigen Entscheidung von allen Seiten Gutachten einzuholen. Der Liberale stand hier neben dem Konservativen, der Großdeutsche neben dem Kleindeutschen, der evangelische Konsistorialrat neben dem katholischen Bischof, Karl von Abel neben dem Fürsten Öttingen-Wallerstein. Der Kabinettssekretär aber, der die Gutachten vorzulegen hatte, wurde zu einer Persönlichkeit von nicht ganz durchsichtigem, aber unverkennbarem Einfluß. Seit 1. August 1849 hatte Franz Seraph Pfistermeister den Posten inne, der kleine Lehrerssohn von Amberg, der durch einen glücklich geführten Prozeß um die Dickelschwaige die Aufmerksamkeit des Königs erregt hatte. Den Ressortministern blieb nur die Klage über die wechselnden Ratgeber, die den König bald in dieser, bald in jener Richtung beeinflußten, ohne dafür vor dem Landtag eine Verantwortung zu tragen.

Und es waren wirre, bewegte Jahre, als Max II. die Zügel übernahm. Noch Ludwig I. hatte Öttingen-Wallerstein entlassen und dem liberalen »Märzministerium« des Freiherrn von Thon-Dittmer den Weg freigegeben; jetzt am 22. März trat auch schon der außerordentliche Landtag zusammen. Unter einem Sturm des Beifalls griff Max II. in seiner Thronrede die Forderungen des Tages auf: »In einen neuen Abschnitt unseres öffentlichen Lebens sind wir eingetreten. Der Geist, der Europa durchdringt, gebietet es. Nicht bloß Bayern, sondern Deutschland richtet das Auge auf die Beratungen, die bevorstehen. Männlicher Freimut möge sie bezeichnen, aber auch weise Mäßigung und Fernhaltung von auflösenden und zerstörenden Tendenzen. Das Ergebnis dieses Landtags bestimmt Bayerns Stellung in Deutschland. Lassen Sie uns voranleuchten allen seinen Stämmen! Unser Wahlspruch sei Freiheit und Gesetzmäßigkeit.«

Während in Wien und Berlin noch kaum die Schüsse verhallt waren, setzte in Bayern der Landtag die Märzforderungen in die Tat um, und in zwei Monaten waren alle wichtigen Reformgesetze durchgebracht. Wenn es auch in Bayern zunächst um die Fortbildung einer bereits bestehenden Verfassung ging, so beseitigte das neue Wahlrecht doch die alte Ständeordnung und machte die zweite Kammer zu einer wirklichen Volksvertretung. Künftig sollte, ohne Rücksicht auf Stand oder Grundbesitz, auf je 31 500 Bürger und Steuerzahler ein Abgeordneter kommen; das Gesetz über die Ministerverantwortlichkeit aber verlangte für alle königlichen Entschließungen die Gegenzeichnung des Ministers, der damit auch dem

DOVICUS II.
VARIAE. REX
CCCLXV

Prinzregent Luitpold und Ludwig III. im Gebirg (XXXIV)

Landtag verantwortlich war. Dazu bewilligte man Pressefreiheit, Versammlungsfreiheit, Vereinsfreiheit; die Verbesserung des Rechtswesens und die Trennung von Justiz und Verwaltung wurden wenigstens angebahnt.

Vor allem aber waren es zwei Maßnahmen, die tief und entscheidend ins Leben des kleinen Mannes eingriffen: die Aufhebung der Grundherrschaft und der Patrimonialgerichtsbarkeit. Hatte noch Montgelas den Adelshofmarken nicht beikommen können, so wurden jetzt alle Patrimonialgerichte des Landes, bei 800 an der Zahl, einfach dem Staat übertragen. Von den Grundlasten fiel ein Teil überhaupt weg; ein anderer wurde in Geld angeschlagen und in den jährlich fälligen »Bodenzins« umgewandelt. Von vornherein war dabei die Möglichkeit gegeben, den Bodenzins abzulösen, ja später (1872 bzw. 1898) konnte die zwangsweise Tilgung der Bodenzinse sogar gesetzlich festgelegt werden. Aus den Grundholden waren über Nacht Grundeigentümer geworden. Wie 1803 die Prälaten, so mußten jetzt die Edelleute ihre Privilegien preisgeben. Ob Rechtsbruch oder nicht, diese Frage stand zu einer Zeit, wo drüben im Odenwald und im Neckargrund schon die ersten Schlösser brannten, nicht mehr zur Debatte.

So hatte der Reformlandtag bereits wichtige Arbeit geleistet, die Krone selber ihre Stellung entscheidend gefestigt, als am 18. Mai 1848 in der Frankfurter Paulskirche das erste deutsche Parlament zusammentrat. Auch unter den 71 Abgeordneten, die Bayern nach Frankfurt schickte, waren scharfgeschnittene Köpfe: Professoren wie Döllinger oder Lasaulx, Sepp oder Fallmerayer, Pözl oder Haggenmüller; der fränkische Politiker Freiherr von Rotenhan; der gemacht bajuwarische Adolf von Zerzog; als ausgesprochen Radikaler der Advokat Titus von Bamberg. Und doch blieben in Frankfurt die Bayern stark im Hintergrund, fühlten sie sich – wie etwa Haggenmüller heim nach Kempten schrieb – abgestoßen von der Sucht, beständig Anträge zu stellen und Reden zu halten. Nur bei der Debatte um die Kirchenfrage trat der Görres-Kreis machtvoll hervor. Der große Eindruck war Döllinger mit »seinem gemäßigten und glatten Wort, seinem Witz und feinen Spott«.

Entscheidend wurde aber erst die Frage des neuen Reiches – ob großdeutsch oder kleindeutsch, ob mit oder ohne Österreich. Man konnte sich ein Reich ohne Wien und Prag überhaupt nicht denken, fand etwas Dürftiges und Dürres an dem Gedanken, ganz Deutschland in einen großpreußischen Militärstaat verwandelt zu sehen. Als es zur entscheidenden Abstimmung kam, waren es ganze 17 bayerische Abgeordnete, die für ein preußisches Erbkaisertum stimmten.

Während in Frankfurt die Rededuelle tobten, ging daheim eine nicht minder wichtige Umbildung vor sich: die Ausformung der politischen Parteien. Wie in Franken, in der Pfalz und im Allgäu überall die demokratischen Vereine aus dem Boden schossen, in Bamberg der »Fränkische Merkur« eines der radikalsten Blätter von ganz Deutschland war, so herrschte im konservativen Altbayern der »Verein für konstitutionelle Monarchie und religiöse Freiheit« und Zanders »Volksbote« galt landauf, landab als rechtes Leib- und Magenblatt. Hatten bisher Ständeordnung und Herkommen die Gruppierung bestimmt, so gab es auf dem neugewählten Landtag vom Januar 1849 bereits feste Fraktionen. Stärkste Partei war die demokratische Linke mit ihren 58 Abgeordneten. Sofort begann auch der Kampf um Annahme oder Ablehnung der Frankfurter Grundrechte und um die Kaiserfrage. Die Linke trug dabei keinerlei Bedenken, selbst die bayerische Eigenstaatlichkeit daranzugeben, um den konservativen Widerstand notfalls mit Reichshilfe niederbrechen zu können.

Doch jetzt schien auch der König entschlossen, den Gang mit Frankfurt und der eigenen Landtagsmehrheit zu wagen. War Max II. von Anfang an der Paulskirche nur mit halbem Herzen gegenübergestanden, so mußte er nun mehr und mehr erkennen, wie man in Frankfurt nicht einen gesunden Föderalismus anstrebte, sondern den deutschen Einheitsstaat. »Unser höchstseliger König Max I., der Minister Montgelas, alle damaligen Staatsminister würden sich im Grabe herumdrehen, wenn sie wüßten, auf welch schmähliche Weise die große hinterlassene Erbschaft des Königreichs Bayern in heutigen Tagen von einer demokratischen Volksversammlung in Fetzen geteilt und zerrissen wird ...«, konnte der bayerische Gesandte von Wien heimschreiben.

Für Max II. ging es hier nicht nur um sein wittelsbachisches Königtum, sondern um die europäische Kulturmission seines Staates überhaupt, die nicht denkbar war ohne Selbständigkeit. Schon im Herbst 1848 nahm der König mit bayerischen Paulskirchen-Abgeordneten Fühlung, suchte er die Verbindung mit den übrigen deutschen Staaten, vor allem mit Österreich, das eben die Aufstände in Italien und Böhmen niedergeworfen hatte und unter dem Fürsten Schwarzenberg bald wieder seinen alten Platz einnahm. Nun ging es Schlag auf Schlag: der Landtag wurde aufgehoben und auf den 15. Mai vertagt; am 18. April kam das neue Ministerium von der Pfordten; am 23. April ging die kategorische Erklärung nach Frankfurt, daß man bayerischerseits Reichsverfassung und Kaiserwahl nicht anerkenne. Die Pfalz antwortete mit offener Rebellion.

Während die Kreisregierung in Speyer jämmerlich versagte, die Pfälzer Garnisonen glatt überliefen, schien der Aufstand auch nach Franken überzuschlagen. Gustav Diezel, der württembergische Schullehrer, der Wortführer der bayerischen Linken und spätere Verfasser des haßverzerrten Schandbuches über »Baiern und die Revolution«, rief von Bamberg aus zum Umsturz auf. Wenn jetzt zum Abfall der Pfalz auch noch der Frankens und Schwabens kam, war das Lebenswerk eines Montgelas vernichtet, rang der bayerische Staat um seine Existenz. Doch Ministerpräsident von der Pfordten griff mit Kraft und Festigkeit durch: er deckte München ab und zog in Franken Militär zusammen, löste am 10. Juni den Landtag auf, ließ den Fürsten von Thurn und Taxis mit einem Armeekorps in die Pfalz einrücken. Wenn auch die Quellen undurchsichtig bleiben, so standen hinter dem Pfalzunternehmen zweifellos ausgreifende Pläne. Wie in der Pfalz, war auch in Baden die Revolution ausgebrochen, und man hatte jetzt die große Möglichkeit, die alte Kurpfalz heimzuholen. Aber nicht nur, daß Bayern für ein solches Unternehmen zu schwerfällig war, Max II. beging auch den Mißgriff, daß er Preußen um Waffenhilfe bat. Als Taxis mit seinen »Strafbayern« am Rhein erschien, waren ihm die Preußen längst zuvorgekommen. Immerhin stand der innenpolitische Sieg des neuen Ministeriums außer Zweifel, und die Neuwahlen vom Juli 1849 waren ein eindeutiger Ruck nach rechts.

Frankfurt hatte deutlich gezeigt, wie die deutsche Entwicklung auf den Einheitsstaat zutrieb, und die Frage war nur, wer führen sollte, Österreich oder Preußen. Die Frankfurter Kaiserkrone war von König Friedrich Wilhelm IV. wohl abgelehnt worden, aber dafür begann jetzt der große Versuch des Generals Josef Maria von Radowitz, nicht vom Volke, sondern von den Fürsten her das außerösterreichische Deutschland unter preußische Führung zu bringen – Ereignisse, die wir mit den Schlagworten »Preußische Union« und »Dreikönigsbündnis« umgreifen. Entscheidend für Preußen war dabei, daß man Österreich aus dem engeren Bund hinausdrängen, Bayern aber unbedingt hereinnehmen konnte.

Doch in München sah man die Dinge klar: nicht ein Preußen, das erst in das Reich hineinwachsen mußte, bot die Gewähr für die bayerische Selbständigkeit, sondern das konservative, raumgesättigte Österreich. Dazu kam der großdeutsche Idealismus König Max' II. und seines Ministers, die ein Ausscheiden Österreichs aus dem Deutschen Bund um keinen Preis hinnehmen wollten. In einer seiner berühmten Staatsreden legte Pfordten den bayerischen Standpunkt klar: »Die Donau zeigt uns, wohin die neuen Handelswege Deutschlands gehen müssen und könnten und von wo aus die Reichtümer Deutschlands kamen, die das Mittelalter durchzogen haben. Die Herrlichkeiten Augsburgs und Nürnbergs, die als Vermächtnis vergangener Jahrhunderte unsern Blick erfreuen und unser Herz erwärmen, sind redende Denkmäler, wo die Quellen des deutschen Handelsfleißes und Reichtums zu suchen sind... Mit allen Fasern des Herzens, mit allen Argumenten unseres Geistes wollen wir uns an Österreich klammern und es zwingen, daß es deutsch bleibe und deutscher werde als es bisher war!« Schon im September 1849 konnte Österreich den Frankfurter Bundestag wieder berufen, im November Preußen im Vertrag von Olmütz zum Zurückweichen zwingen.

Gewiß, man darf Ludwig von der Pfordten nicht mit Eck oder Montgelas vergleichen, aber mit ihm stand doch ein Mann am Ruder, der das Schicksal Bayerns bestimmte, wie seit langem kein Minister mehr. Als fränkisch-einfacher Landrichterssohn 1811 in Ried im Innviertel geboren, schon mit 23 Jahren Professor der Rechte in Würzburg, unter Abel gemaßregelt, schließlich Professor in Leipzig und sächsischer Märzminister, war auch er den Weg vom liberalen Hochschullehrer zum konservativen Minister gegangen. Ein gerader, aufrechter Charakter, in der Politik voll professoraler Gründlichkeit, besaß Pfordten das, was allein bei Max II. auf die Dauer wirken konnte: umfassende Bildung und echte Beredsamkeit. Und Pfordten schien auch der Mann zu sein, die politische Konzeption des Königs, die berühmte »Trias-Idee«, Wirklichkeit werden zu lassen.

Die Trias-Idee war der alte Gedanke eines Zusammenschlusses der deutschen Mittel- und Kleinstaaten, um, gleich weit entfernt von Österreich wie von Preußen, den Kurs einer mehr »reichischen«, europäischen Mitte zu steuern. Nicht umsonst hatten schon die Rheinbund-Diplomaten einer »Troisième Allemagne« das Wort geredet. Und wer sollte dieses »dritte Deutschland« führen, wenn nicht Bayern als der größte deutsche Mittelstaat, erfüllt von einer tausendjährigen Geschichte und einem stolzen Gefühl für die eigene Selbständigkeit? So begann ein letzter Versuch, von Bayern aus deutsche, ja europäische Politik zu machen. Die Jahre nach Olmütz, die Jahre des Krim-Kriegs und des aufsteigenden französischen Kaiserreichs, waren auch die Zeit der mittelstaatlichen Konferenzen und der entscheidenden Gänge um ein »drittes Deutschland«. Aber während Württemberg selber führen wollte, Baden wegen der Pfalzfrage verstimmt war, fehlte Bayern die Militärmacht und damit die Bündniskraft. Unerbittlich schritt eine neue Zeit über die letzten Ausschwingungen des alten Reiches hinweg.

Und bald hatte Pfordten gegen zwei Fronten zu fechten, denn schon fanden sich in München Männer zusammen, denen es nur darum ging, den bayerischen Staatsgedanken von innen aufzusprengen und der kleindeutsch-preußischen Lösung in die Hand zu arbeiten. Der Franke Karl Brater als führender Publizist, die beiden Schwaben Barth und Völk als Sprecher im Landtag, dazu norddeutsche Geschichtsprofessoren wie Sybel und Baumgarten – noch blieb's bei einem Kreis um die »Bayerische Wochenschrift«, aber es war doch der Ansatz zur späteren »Fortschrittspartei«. Und die Aufgabe lag klar: vom Feld der Innenpolitik her den Stoß gegen Pfordten zu führen.

»In bedauerlicher Weise hat der Sturm dieser Jahre am Stamme des Königtums gerüttelt und manchen Zweig und manches Blatt zu Boden geworfen. Sorge muß getragen werden, die Wunden zu heilen«, hatte Max II. schon 1850 geäußert, und seither ging sein Streben dahin, das eine oder andere Märzzugeständnis wieder rückgängig zu machen. Nicht umsonst taucht gerade Karl von Abel immer wieder als Gutachter und Berater des Königs auf. Und mochte sich Pfordten aus innerer Überzeugung dagegenstemmen, auch er konnte nicht verhindern, daß unter dem neuen Innenminister Reigersberg eine gewisse Reaktion einsetzte. Schon im Herbst 1858 warf Brater über die »Regierung und Volksvertretung in Bayern« eine wüste Kampfschrift heraus, und im nächsten Landtag saß eine tobende Opposition auf den Bänken. Das Land vor neuen Erschütterungen zu bewahren, bat jetzt Pfordten um die Entlassung, und nach schwerem inneren Ringen nahm der König sie an. »Ich will Frieden haben mit meinem Volke...«

Und doch war es nur ein Platztausch. Während Pfordten nach Frankfurt ging, übernahm der bisherige Bundestagsgesandte Freiherr von Schrenk das Ministerium; Pfordten aber blieb der wichtigste geheime Berater des Königs und bestimmte die bayerische Außenpolitik auf weite Strecken hin. Aber gerade unter den krisenhaften Erschütterungen der sechziger Jahre hat die bayerische Politik etwas Beklommenes. Es war ein ängstliches Vermittelnwollen und ein krampfhaftes Festhalten am Deutschen Bund, während in Preußen bereits Bismarck am Ruder war und auf Österreich und den Bund seine Schläge niederprasseln ließ. Schon glaubte auch Max II. zu erkennen, wie die Zeichen auf Sturm standen und die deutsche Entwicklung auf die Katastrophe zutrieb.

Im Winter 1863, als Max II., kränkelnd wie er war, gerade auf Erholung in Italien weilte, warf sich die Schleswig-Holstein-Krise auf. Österreich und Preußen nahmen einfach dem Bund die Zügel aus der Hand und gingen auf eigene Faust gegen Dänemark vor. Der König brach seinen römischen Aufenthalt sofort ab, kehrte nach München zurück, suchte sich einzuschalten. Wenn es Österreich und Preußen um den eigenen Vorteil ging, so ging es ihm und dem ganzen bayerischen Volk nur um die Gerechtigkeit. Schleswig-Holstein war weder preußisch noch dänisch, und wenn das Recht noch galt, mußte das Land dem Erbprinzen von Augustenburg zufallen! Es war eine Haltung voll ehrlicher Geradheit, aber eine schlechte Politik. Von den Großmächten unter Druck gesetzt, von einer Konferenz in die andere gehetzt, zehrte sich Max II. auf vor Sorge um die Zukunft. Wenn man heute bei Schleswig-Holstein das Recht beiseite schieben konnte, wer stand dann dafür, daß man es nicht morgen auch bei Bayern tat?

Hatte der König noch am Nachmittag des 9. März 1864 den österreichischen Sondergesandten Erzherzog Albrecht in längerer Audienz empfangen, so mußte schon abends der Intendant des Hoftheaters an die Rampe treten: »Seine Majestät der König ist schwer erkrankt; es findet deshalb keine Vorstellung statt.« Als am andern Tag gegen zwölf Uhr die Glocken der Frauenkirche anschlugen, wußte man es in ganz München, daß König Max II. für immer aus der Welt gegangen war.

Symposion

Ein Ausblick auf den Starnberger See und die Allgäuer Berge, der es schon dem alten Westenrieder angetan hatte, und hart am Ufersaum mit dickköpfigen Turmhauben und grünen Parkbäumen ein helles Sommerschlößchen – das ist Ammerland. Hier hat Graf Pocci gemalt und gezeichnet, geschrieben und komponiert, mit seinem »Lustigen Komödienbüchlein« den Kasperl Larifari zum neuen Leben erweckt. Unter drei bayerischen Königen hoher Kronbeamter, zuletzt Intendant der Hofmusik und Oberstkämmerer, blieb Franz von Pocci zeitlebens der liebenswürdige Künstler, der mit leichter Hand seine Bildgeschichten und Kinderreime heraussprühte oder das ganze geistige München in köstliche Karikaturen und Puppenkomödien bannte. Die lange, hagere Gestalt des Kasperl-Grafen kannte in München jedes Kind, und als man ihm 1876 zu St. Bonifaz den Trauergottesdienst hielt, »kamen ehrfürchtig auf den Fußspitzen, das Ränzchen auf dem Rücken, die Schultafel unterm Arm, durch beide Seitentüren Scharen von Knaben und Mädchen und wohnten bis zum Ende der Leichenfeier bei«.

Neben Pocci Franz von Kobell, der Neffe des Malers und Sohn des bayerischen Staatsrates, von Beruf Universitätsprofessor und als Gesteinsforscher einer der bedeutendsten bayerischen Gelehrten. Dieser Professor, der so berglerisch daherkam wie ein Oberförster von der Jachenau oder vom Königssee, dem das Pfälzische genauso im Mund lag wie das Oberbayerische, wurde zum Altmeister unserer Mundartdichtung. Wer denkt da nicht ans Büblein, das gern »außi möcht«, an den alten Sollacher z' Bayrischzell oder an die unvergleichliche Mundartnovelle vom Brandner-Kaspar und dem »Boandlkramer«! Und wie Kobell noch bis ins Alter hinein auf die Pürsch ging und an der »grünen Sach« seine Freude hatte, so drängte es ihn, mit seinem »Wildanger« eine Geschichte des bayerischen Waidwerks zu schreiben. Voll Naturzauber und schöpferischer Laune wurde es »eines der schönsten deutschen Bücher« überhaupt (Nadler).

Der tüchtigste unter den bayerischen Federmännern der Zeit war aber Ludwig Steub. Er war in Aichach geboren, ging als Regentschaftssekretär nach Griechenland, lebte dann in München als Vorstadtadvokat und Notar. Mit seinen »Drei Sommern in Tirol« entdeckte er Tirol als Reiseland, und seine »Wanderungen im bayerischen Gebirge« führten dieselbe Linie weiter; dazu ging er als Sprachforscher von innerer Neigung den alten rätischen Ortsnamen nach und wollte anderthalbtausend von ihnen der etruskischen Welt zuweisen. Auch in Steubs Novellenbänden stehen prächtige Stücke, und wenn er in der »Augsburger Allgemeinen« über bayerische Zustände schrieb, tat er es voll Geist und gefälligem Hohn. Daß Steub trotzdem nicht gelesen wurde, wie er es verdient hätte, soll man nicht seinen Landsleuten allein ankreiden: öfter als einmal hat er selber eine allzu scharfe Klinge geschlagen und an Dingen gerüttelt, die auch für ihn ein Stück Heimat sein mußten.

Wie Steub kam auch Friedrich Lentner, der viel zu früh verstorbene Münchener Buchhändlerssohn und Malerdichter, erst auf dem Umweg über Tirol zur bayerischen Volks- und Landeskunde. Daneben schrieb er seine Dorfgeschichten oder voll Weinlaune und Altertümelei die Historie des »Geschlosses ze Lebenberg im Etschland«. Keiner jedoch hat diesen Chronikstil besser gekonnt als

Franz Trautmann, der Alt-Münchener Stadtgeschichtenerzähler, der sich selber vorkam wie ein ausgegrabener Mönch aus dem 14. Jahrhundert. Hermann von Schmid aber, der Beamtensohn von Waizenkirchen, tätigte das Geschäft, das sich aus der Kunst der Lentner und Trautmann machen ließ. Mit seinen »Zwiderwurzen« und »Tatzelwürmern«, »Almenräuschen und Edelweißen« begründete er jene platte Volksstückschreiberei, die sich mitunter heute noch auf den Vereinsbühnen austobt: zwischen Pappdeckelkulissen auftrumpfendes Wildschützentum und leere Salontirolerei, schönfärberisch, weinerlich und verlogen.

Nicht als ob es im alten München an Begabung gefehlt hätte, aber man lebte noch so tief in der altbayerischen Art, daß einem das lebendige Sein über alles Reden ging. »Vormittags beim Bockfrühschoppen im Achazgarten zu sitzen, den Nachmittag in einem der Kaffeehäuser des Hofgartens zu verplaudern und den Abend auf einem der damals noch so prächtigen, aussichtsreichen Keller zuzubringen: das war in jener Zeit ein viel schöneres und poetischeres Tun als das Sitzen am Schreibtisch«, hat Max Haushofer einmal rückschauend gemeint. Und wirklich, was man »Literaturbetrieb« heißt, hat es in München vor der Jahrhundertwende kaum gegeben. Man sah auf den geistigen Gleichklang mit Wien, brachte Raimund und Nestroy auf die Hofbühne und klatschte begeistert Beifall, wenn Ferdinand Lang den »Staberl« spielte; bei den aufgeklärten Beamten gingen immer noch französische Bücher um, und René de Chateaubriand war entzückt, daß seine Werke sogar bei einem Bierbrauer in Waldmünchen auf dem Bücherbrett standen.

Erst mit Max II. kam ein Umspuren auf andere Geleise. Es war fast eine Ironie des Schicksals: derselbe König, der sich in seiner Außenpolitik entschieden gegen den kleindeutsch-preußischen Einheitsstaat stemmte, blieb in seiner Kulturpolitik der rückhaltlose Bewunderer des norddeutschen Geisteslebens. Hatte schon der alte Hormayr als Geschichtslehrer dem Knaben beigebracht, »daß Bayern in intellektueller Hinsicht weit zurückgeblieben sei hinter dem deutschen Norden«, so waren die Eindrücke auf den norddeutschen Universitäten für Max II. geradezu bestimmend geworden. Vor allem werden die Historiker – Friedrich Dahlmann in Göttingen und Leopold von Ranke in Berlin – in den Briefen des Kronprinzen immer wieder genannt. In Berlin hatte Max II. auch die Freundschaft mit Wilhelm Doenniges geschlossen, dem jungen Privatdozenten und Ranke-Schüler, den er dann bald zu sich nach München holte, daß er seine Studien leite und »für ihn und mit ihm« arbeite.

An die ganz anders geartete, warmherzige und barockbunte Kultur des deutschen Südens wurde jetzt die Meßlatte preußischer Historie angelegt, und man begann sich mit einem Male der eigenen Vergangenheit zu schämen. Für einen König, der die Kulturmission des bayerischen Staates so hoch auffaßte wie Max II., gab es nur eines: »Dem Geist alle Tore zu öffnen, daß Bayern nicht zurückstehe hinter der Entwicklung der Zeit«. Durch eine Fülle von Berufungen wurde die großdeutsche Kunststadt München die kleindeutsche Hauptstadt der Wissenschaft und der Bildungsdichtung.

Um den König sammelte sich der »Münchener Dichterkreis«. Emanuel Geibel, seit 1852 in München und ehrenhalber Professor für Literatur, konnte als Haupt des Kreises gelten. Und wie sich in Geibels geistreiche Vorlesungen das ganze vornehme München drängte, so galt er bei allen, die sich vom Geschrei der 48er-Dichtung abgestoßen fühlten, als der größte Lyriker der Zeit. Und ein Meister der Form war er zweifellos: glatt, geschliffen, gefällig, dazu der geborene Übersetzer und Anempfinder. Daß er nur das Gewöhnliche gewöhnlich aussprach und in Reime brachte, was ohnehin die Spatzen von den Dächern pfiffen, sprachen vor der Literaturrevolution der neunziger Jahre höchstens ein paar grobe Bajuwaren deutlich aus.

Auf Geibels Anregung wurde 1854 auch Paul Heyse nach München geholt, der in der Prosa ungefähr das war wie Geibel im Vers. Voll Schaffenskraft bis ins hohe Alter hinein, kann er auf dem umgrenzten Gebiet der deutschen Novelle als einer der größten Könner gelten. Zwei andere von den »Berufenen«, Friedrich Bodenstedt und Adolf Graf von Schack, sind dagegen mit ihren morgenländischen Büchern und Versen längst vergessen. Immerhin darf Bodenstedt als der erste große Vermittler der jungen russischen Literatur gelten; Graf Schack aber, einsam und stolz, war der Typ des Qualitätssammlers, der zu einer Zeit, wo alles wie besessen auf Kaulbach und Piloty starrte, für seine Privatgalerie Lenbach und Böcklin, Feuerbach und Marées beschäftigte, Bilder von Spitzweg, Schwind und Schleich kaufte. Der rührigste und am peinlichsten empfundene Norddeutsche in diesem Münchener Kreis blieb aber Franz Dingelstedt, der seit 1851 die Intendanz des Hoftheaters führte. Seine große Leistung war das »Gesamtgastspiel« zur Industrieausstellung von 1854, wo die Meisterwerke des deutschen Dramas in bisher unerhörter Besetzung und Zusammenfassung über die Bretter gingen.

Mit Bayern oder gar mit München hatte dieser ganze Dichterkreis kaum etwas zu tun. Trotzdem sollte man es Geibel nicht vergessen, daß er auch zwei bayerischen Dichtern den Weg in die Öffentlichkeit bahnte: Melchior Meyr, dem Bauerssohn von Ehringen und Verfasser der prächtigen »Geschichten aus dem Ries«, und Hermann Lingg, dem Lindauer Schwaben und bayerischen Militärarzt a. D. Bleibt Lingg in seinen gereimten Historien immer ein wenig à la Kaulbach, so erreicht er dafür im kleinen Stimmungsbild mitunter ein lyrisches Gewicht, wie es die ganze Geibelschule nicht hatte:

»Jeder Lufthauch ist versiegt
Auf dem tiefen, stillen Weiher,
Nur die Wasserrose wiegt
In der Dämmrung ihre Schleier.

Wolken hüllen Stern an Stern,
Alles ruhet schlummertrunken,
Nur ein Blitzstrahl leuchtet fern,
Sterbend ins Gebirg versunken.«

Freilich, der »Münchener Dichterkreis« war eine Sache des Hofes und der zugereisten Literaten; die Neuberufungen für die Universität aber griffen tief ins bayerische Leben. Es gab hier vor allem zwei Felder, die Max II. neu abzustecken suchte: die Naturwissenschaften und die Geschichte. Bei der Hoftafel in Schloß Berg gelang es dem König, Justus von Liebig, den großen Chemiker, für München zu gewinnen – eine entscheidende Tat, bei der Max II. vor allem an die bayerische Landwirtschaft gedacht haben mochte. Wenn es auch Liebig in München mehr um die Auswertung und Zusammenschau seiner bisherigen Ergebnisse zu tun war als um neue Erkenntnisse, seine »Mineralstofftheorie« und seine Lehre von der künstlichen Düngung mußten doch gerade einem Bauernland wie Bayern zugute kommen. Zu Liebig traten Nägeli, der Botaniker, und Jolly, der Physiker, Bischoff, der Anatom, und Siebold, der Zoologe.

Schon regte sich auch das bayerische Land selber, und es begann jene stolze Reihe Münchener Ärzte, die seither nicht mehr abgerissen ist. Karl Pfeufer aus Bamberg setzte der alten romantischen Auffassung klar und nüchtern die moderne Medizin entgegen; August Hauner, der kleine niederbayerische Bauernarzt, fing in einer Mietswohnung mit sechs Betten das erste Münchener Kinderspital an; Johann Nepomuk Nußbaum war der große Chirurg – »ein kühner und genialer Operateur, ein klinischer Lehrer von hinreißender Beredsamkeit, dabei human und von bestrickender Liebenswürdigkeit«. Max Pettenkofer aber, der als Bub im Donaumoos die Kühe gehütet hatte, wurde zum Begründer der wissenschaftlichen Hygiene und machte aus dem choleraverseuchten München eine gesunde Stadt.

Vertrat Liebig beim König die exakte Naturwissenschaft, so redete dafür Doenniges der Geschichte das Wort. Mochte in Berlin längst die historisch-kritische Schule Rankes das Feld beherrschen, in München sah man Geschichte immer noch in der weiten Zusammenschau der Romantik. Andreas Buchner gehörte noch zum Sailer-Kreis; Johann Nepomuk Sepp, Tölzer durch und durch, war der Schüler von Möhler und Görres; Konstantin von Höfler aus Memmingen hatte wohl bei Dahlmann gelernt und war ein bedeutender Historiker, behauptete aber bewußt den katholischen Standpunkt. Für Max II. konnte keiner von ihnen zählen: »Die Herren haben mehr Gesinnung und Ansicht als jene Detailbegründung, auf welche ich ausgehe...«

Ein fünfjähriger Streit um die Nachfolge des alten Görres endete schließlich mit der Berufung des Ranke-Schülers Heinrich Sybel. Gewiß, Sybel war ein Geschichtsforscher von Rang, der es wagen konnte, auch in München den Statthalter der historisch-kritischen Schule zu spielen. Seiner neugegründeten »Historischen Zeitschrift« stellte er es geradezu als Aufgabe, »die wahre Methode der historischen Forschung zu vertreten und Abweichungen davon zu kennzeichnen«. Aber letztlich war auch ihm die Geschichte eine Waffe im Kampf um das kleindeutsche Reich preußischer Prägung. Er verurteilte die kaiserliche Staatskunst des Mittelalters und meinte die Österreichpolitik der deutschen Mittelstaaten.

Sybels Nachfolger dann, Ranke-Schüler wie er, war Friedrich Wilhelm Giesebrecht, der Geschichtsschreiber der deutschen Kaiserzeit. Bezeichnend ist hier allein schon die Antrittsrede, wo er sich zum Schluß voll naivem Schulmeisterpatriotismus in die Brust warf: »Sie wissen, daß ich Preuße bin, und Sie wissen, daß ich Protestant bin...« Giesebrecht hat dann für ein Vierteljahrhundert das Historische Seminar geleitet, und durch seine Hand ist eine ganze Generation bayerischer Gymnasiallehrer gegangen. Auch Sigmund Riezler und Karl Theodor Heigel saßen unter seinen Schülern.

Zur Universität kam die »Historische Kommission«, 1858 im Rahmen der Akademie ins Leben gerufen und wahrhaft königlich mit Mitteln ausgestattet. Auf Rankes Vorschlag nahm sie eine ganze Reihe monumentaler Werke in Angriff, wie die »Jahrbücher des Deutschen Reiches«, die »Geschichte der Wissenschaften in Deutschland«, die »Chroniken der deutschen Städte«, die »Allgemeine deutsche Biographie« – alles bleibende Leistungen deutscher Geschichtswissenschaft. Daneben »Deutsche Reichstagsakten« seit König Wenzel, »Quellen und Erörterungen zur bayerischen und deutschen Geschichte«, acht Bände Hanse-Rezesse. Man trieb Reichsgeschichte, und zwar im großen Stil. Die eigene bayerische Vergangenheit aber verlor nach und nach an Gewicht und Wert. An ganzen Jahrhunderten süddeutscher Kulturgeschichte lief man achtlos vorüber, und aus dem warmen Bayernstolz auf Heimat und Fürsten war auf einmal ein dauerndes Sich-Entschuldigen-Müssen geworden.

Dennoch blieb das ehrliche Wollen eines Königs, dem die Pflege der Wissenschaft nicht eine Haushaltsfrage war, sondern persönliche Liebe und persönliches Opfer. Es gab Jahre, in denen Max II.

allein aus seiner Privattasche bis zu 96 000 Gulden für wissenschaftliche Zwecke ausgab. Hier kamen auch bayerische Themen zu Wort: Professor Sighart in Freising mußte die erste bayerische Kunstgeschichte schreiben und Hyazinth Holland die »Geschichte der altdeutschen Dichtkunst in Bayern«; Alexander Schöppner sammelte zum »Sagenbuch der Bayerischen Lande«. Vor allem aber wurde die Arbeit an der »Bavaria« vorangetrieben, jenem großen Sammelwerk, das die gesamte bayerische Volks- und Landeskunde umfassen sollte. Mit der »Bavaria« zu vergleichen war nur noch die Gründung des »Bayerischen Nationalmuseums« von 1855. Weit über ein Wittelsbacher Hausmuseum hinaus sollte die Sammlung die ganze Kultur- und Kunstentwicklung des Landes widerspiegeln. Die Anregung dazu war von einem großgesinnten Privatmann und Liebhaber ausgegangen: dem Baron Karl Maria von Aretin.

Zur Herausgabe der »Bavaria« hatte sich der König den Rheinhessen Wilhelm Heinrich Riehl geholt, eine seiner glücklichsten Berufungen überhaupt. Ob auf Wanderfahrt oder am Vortragspult, in der Redaktionsstube oder auf dem Lehrstuhl, überall war Riehl ein Mann von ungemein anregender Wirkung, und noch Ludwig Thoma konnte schwärmen »vom braven alten Riehl, der so behaglich zu erzählen versteht«. Die meisten Berufenen aber blickten voll Verachtung und Geringschätzung auf das bayerische Wesen herab. Die Einheimischen waren für sie nur die »Unwissenschaftlichen«, und der Katholizismus galt ihnen als halbes Heidentum; mußte man aber wirklich einmal loben, tat man es in der kargen Art eines Schulmeisters, der ohnedies alles zehnmal besser weiß. Dingelstedt stieß dem Faß den Boden aus, wenn er dem Journalisten Vogl auf offener Straße mit dem Spazierstock zu Leibe rückte oder im Theater einfach das Gaslicht abdrehen ließ, als die Münchener das Pfeifen anfingen. Dazu kam die hochpolitische Rolle von Doenniges und Sybel. Doenniges spielte beim König den geheimen Berater, beim preußischen Gesandten den Zwischenträger, versuchte sich in immer neuen Quertreibereien gegen das Ministerium von der Pfordten; Sybel aber hielt die Verbindung mit der Fortschrittspartei und sprach es offen aus, daß es für die deutsche Frage keine andere Lösung gebe als das Preußischwerden.

Hatten die Einheimischen den »Nordlichtern« gegenüber nur leise-ironisch Abstand gehalten, so mußte mit der Zeit doch der breite Widerstand des ganzen Landes erwachen. Es war wie einst unter Montgelas. Pfälzer und Franken führten den Altbayern in der Presse das Wort; dazu kam der »Münchener Punsch« als das große Witzblatt der Zeit, von Martin Schleich, dem ewigen Herumtreiber und Theaterstammgast, glänzend redigiert. Man wies mit allen Fingern darauf hin, wie die Landessöhne zurückgesetzt und »gehudelt« wurden, rechnete Liebig seine nicht gerade bescheidenen Guldenforderungen nach und betete mit dem Pfarrer Anton Freiherrn von Ow: »Führe uns nicht in Versuchung, sondern erlöse uns von dem Sybel, Amen!«

Vor allem kämpfte man um die Universität und wehrte sich gegen den neuen Wissenschaftsgeist, wie er von den meisten Berufenen vertreten wurde. Bei der Wahl vom Herbst 1855 konnte wirklich der siebzigjährige Ringseis als Rektor durchgedrückt werden, und seine Antrittsrede war der große Protest des alten romantischen München gegen eine Zeit, der alles Leben nur noch wie ein chemischer Prozeß erschien: »Seit man die Autorität des geoffenbarten Gottes verleugnet und die von der Vernunft geschnitzten Götzen auf den Altar stellt, seit die Naturwissenschaft ihre Befugnisse weit überschreitend sich zur Aftertheologie aufspreizt, seit der Zeit wurde jeder wahnwitzige Einfall als Resultat freiester Vernunftforschung und der tiefste Rückfall als der erhabenste Fortschritt gepriesen. Der autoritätslosen Lehre folgte die autoritätswidrige, der autoritätswidrigen Lehre die autoritätswidrige Praxis...« Nichts ist dabei bezeichnender, als daß etliche Tage nach der Rede daheim bei Ringseis auf einmal heftig an der Glocke gezogen wurde und der alte König Ludwig draußen stand: »Ich komme, um Ihnen meine Zustimmung zu Ihrer Rede auszusprechen, aber meine vollkommene Zustimmung, hören Sie, meine vollkommene!«

Und dieser bayerische Widerstand gewann über alle Parteiungen hinweg mehr und mehr an Boden. Pfordten konnte zuletzt mit offenem Visier gegen Doenniges vorgehen und dessen Beurlaubung erzwingen; Dingelstedt erhielt 1857 seine Entlassung; Sybel mußte 1861 nach Bonn gehen. Von den übrigen Berufenen konnten lediglich Paul Heyse und Wilhelm Heinrich Riehl in München heimisch werden.

Was aber immer wieder einen verklärenden Schimmer über den Parteienstreit jener Tage legt, ist die ruhige Vornehmheit und das lautere Streben des Königs selber. Die berühmten Abendkreise bei Max II., die »Symposien«, sind hier Symbol der Zeit: jede Woche in der »Grünen Galerie« der Residenz bei Bier, belegten Broten und Zigarren ein Kreis von Gelehrten, Künstlern und Dichtern; zwischen Liebig und Geibel der König, voll Takt und Zurückhaltung, voll Wissenseifer, mit stillem Vergnügen, wenn man elegant die Klingen kreuzte. Und ganz gleich, ob wir Riehl hören, der aus liebenswertem Erinnern die berühmte »Königsreise« von Lindau nach Berchtesgaden nachzeichnet, oder Döllinger, der in einer Akademierede voll stolzer Geradheit über Max II. und die Wissenschaft spricht – es bleibt das menschlich-schöne Bild eines Königs, der stets das Beste wollte und dessen Fehler eigentlich nur die »Schatten seiner Tugenden waren« (Doeberl).

30. KAPITEL

KÖNIG LUDWIG II.

Tragödie des Königtums

Unter dem Dröhnen des Trauersaluts und dem Schweigen der Menge ging am 14. März 1864 der Leichenzug König Max' II. durch die Straßen der Münchnerstadt: die Geistlichkeit in ihren golddurchwirkten Gewändern, die Gugelmänner mit ihren dunklen Mänteln, die Georgiritter, die Leibgarde der Hartschiere; schließlich, gefolgt von den Prinzen des wittelsbachischen Hauses, hoch und schlank, König Ludwig II. Es war das erste Mal, daß man den neuen König in der Öffentlichkeit sah, und doch eroberte er sich mit einem Schlag das ganze Land. »Bayerns jüngster und Bayerns schönster König«, jubelte man, und noch das alte Bauernweib vom

Georg von Vollmar als Offizier (XXXV)

Wilhelm Leibl, Die Staber-Anni von Berbling (XXXVI)

Starnberger See sprach es auf seine Art aus: »Insa Kini, der hat fei a schöns Gschau...«

Waren Vater und Großvater erst nach langen Kronprinzenjahren als reife Männer auf der Höhe ihrer Zeit zum Thron gekommen, so trat Ludwig II. mit achtzehn Jahren die Regierung an. Vorhergegangen waren ein paar dürftige Vorlesungen an der Universität, ein ziemlich zerfahrener Erziehungsgang, eine freudlose Jugend. Zu allem kam noch die erbliche Belastung von der Mutterseite her. Es war eine tiefe Tragik, die das Leben dieses strahlenden Menschen von vornherein überschattete. Für die Dynastie wie für das Land war Max II. viel zu früh gestorben.

Und doch machte der jugendliche König bei den ersten Audienzen den besten Eindruck. Ganz gleich, ob hier Paul Heyse erzählt oder der Minister Bomhard, der Schauspieler Possart oder der Komponist Cornelius, es bleibt immer dasselbe Bild: ein fesselndes Auge, eine klangvolle Stimme, ein scharfes Urteil, ein unnachahmliches Nebeneinander von stolzer Zurückhaltung und bezaubernder Liebenswürdigkeit. In der Politik aber führte Ludwig II. ganz die Linie des Vaters weiter. Er drang geradezu in Pfordten, nochmals das Ministerium zu übernehmen, und nach schwerem inneren Ringen schlug Pfordten ein, bestimmt durch die Jugend des Königs, die Erinnerung an Max II., die Liebe zum bayerischen Land.

Der frische Anstoß erlahmte aber bald, und während der alte Minister mit dem Rücken gegen die Wand um Land und Krone zu fechten hatte, verlor sich der junge König mehr und mehr in den Gedankenkreis Wagnerscher Musikdramen. Mit sechzehn Jahren hatte Ludwig II. erstmals den »Lohengrin« gesehen, bald darauf war ihm die erste Schrift des Meisters in die Hände gefallen, und seither hatte er alles von Wagner gelesen und wieder gelesen, die Textbücher Wagnerscher Werke in der Einsamkeit des Parks halb auswendig gelernt. Dabei war es weniger die Musik, die Ludwig II. anzog als vielmehr der Stoff. Mit den feierlichen Tongebärden Wagnerscher Gestalten wurden für ihn die Knabenträume von Schloß Hohenschwangau auf einmal zur greifbaren Wirklichkeit. Und Ludwig II. glaubte zu verstehen, wenn Wagner im Vorwort zum »Ring des Nibelungen« nach dem Fürsten rief, der zur Verwirklichung des Festspielplanes eine Stiftung gründen sollte, »die ihm einen unberechenbaren Einfluß auf den deutschen Kunstgeschmack, seinem Namen aber unvergänglichen Ruhm gewinnen müßte«. Noch im Mai 1864 ließ der König den Komponisten nach München holen.

Für Wagner, der, von seinen Wechselgläubigern verfolgt, ohne Geld und Hoffnung auf seinem Stuttgarter Hotelzimmer saß, war es die Rettung aus äußerster Not. »Sie wissen«, schreibt er an eine Freundin in der Schweiz, »daß mich der junge König von Bayern aufsuchen ließ. Heute wurde ich zu ihm geführt. Er ist leider so schön und geistvoll, seelenvoll und herrlich, daß ich fürchte, sein Leben müsse wie ein flüchtiger Göttertraum in dieser gemeinen Welt zerrinnen... Er will, ich soll immerdar bei ihm bleiben, arbeiten, ausruhen, meine Werke aufführen; er will mir alles geben, was ich dazu brauche... Ich soll mein unumschränkter Herr sein, nicht Kapellmeister, nichts als ich und sein Freund.«

Und Wagner konnte jetzt alle seine Freunde und Bundesgenossen nach München ziehen: Hans von Bülow, den großen Klaviervirtuosen und Dirigenten; Peter Cornelius, den liebenswürdigen Liederkomponisten; auch so zweifelhafte Gestalten wie den Dresdener Barrikadenkämpfer August Röckel oder den Artikelschreiber Ludwig Nohl. Gottfried Semper aber mußte dem König für das Wagner-Festspielhaus auf der Gasteighöhe die Pläne entwerfen.

Das eigentliche musikalische Ereignis brachte das Frühjahr 1865 mit der Uraufführung von »Tristan und Isolde« – einem Werk, das man in Wien nach 77 Proben zurückgestellt hatte. Bülow stand am Dirigentenpult, Schnorr von Carolsfeld sang den Tristan, wie er vielleicht nie mehr gesungen wurde. Das Unglaubliche gelang. Zitternd vor Erregung saß der König in der Loge, und in seinem Brief aus Schloß Berg klingt noch die ganze Stimmung nach: »Erhabener, göttlicher Freund! Kaum kann ich den morgigen Abend erwarten, so sehne ich mich nach der zweiten Vorstellung schon jetzt... Ich bin begeistert, ergriffen, entbrenne in Sehnsucht nach wiederholter Aufführung! Dies wunderhehre Werk, das uns Dein Geist erschuf, wer dürft' es sehen, wer es kennen, ohne selig sich zu preisen? Heil seinem Schöpfer, Anbetung ihm!«

Und doch war Wagner der kältere, ichsüchtigere. Ihm ging es auch um politischen Einfluß, persönlichen Luxus, und immer wieder um Geld. Franz Lachner, der beliebte Alt-Münchener Opernmeister, wurde auf die Seite geschoben, und wenn Leute wie Nohl offen von der »bayerischen Borniertheit und Münchener Musikbarbarei« redeten, sprachen sie nur aus, was der Meister insgeheim dachte. So war es nicht nur das ewige Münchnertum, das zuletzt gegen Wagner Front machte, sondern wirklich das ganze Land: Adel, Geistlichkeit, Königshaus, Staatsregierung. Dem Kabinettssekretär Pfistermeister konnte es nicht gleichgültig sein, wenn ein Drittel der Zivilliste für Wagners Zwecke aufging; auch Pfordtens beständiges Mahnen hat nichts mit Kunstbanausentum zu tun, sondern er hatte als Minister einfach dafür zu sorgen, daß der König vorab dem Staat gegenüber seine Pflicht erfüllte.

In völliger Verkennung der Lage suchte Wagner die Verbindung mit der Fortschrittspartei und ging zuletzt in der »Münchner Neuesten« offen gegen die Männer um den König vor. Nun griff Pfordten eisern durch. »Ew. Majestät stehen an einem Scheidewege und haben zu wählen zwischen der Liebe und Verehrung Ihres treuen Volkes und der ›Freundschaft‹ Richard Wagners«, heißt es in seinem Schreiben an den König. Für Ludwig II., der in dieser gewitterschwülen Zeit mehr denn je auf den Minister angewiesen war, gab es keine andere Wahl, als Wagner nahezulegen, er möge »auf einige Monate aus Bayern verreisen«.

»Bleich, mit verworrenen Zügen, das lange schlaffe Haar ganz grau schimmernd«, reiste Wagner am Morgen des 10. Dezember nach Triebschen bei Luzern ab. Immerhin, die Königsfreundschaft war ihm geblieben, und Ludwig II. konnte seine innere Abneigung gegen Pfordten und Pfistermeister, ja gegen ganz München, kaum unterdrücken. Man ging in den Krieg von 1866 hinein, während der König den Einsiedler von Schloß Berg spielte und sich auf der Roseninsel in Wagnerschen Mummereien gefiel. Pfordtens Urteil ist geradezu vernichtend: »Die Truppen gingen ins Feld und kamen zurück, ohne daß der König sie sah, und als ich mit dem Friedensvertrage aus Berlin zurückkam, war er im Gebirge... Nur mit Mühe erreichte ich es, daß der König mich in Berg empfing, um wenigstens den Schein zu wahren, als nehme er an den Lebensfragen für sein Land inneren Anteil.«

Aber im Grunde war es bei Ludwig II. mehr ein Nichtkönnen als ein Nichtwollen. Seine persönliche Tragödie hatte begonnen. Er kämpfte gegen sein Anderssein, trug sich mit dem Gedanken, die Krone niederzulegen, suchte immer wieder den Freundesrat Richard Wagners. Als nach Königgrätz und den ersten Gefechten an der Fränkischen Saale auch Ludwig II. der Ernst der Lage aufzuckte, war sein Brief an Wagner wie ein Aufschrei: »Gott gebe, daß Bayerns Selbständigkeit gewahrt werden kann. Wenn nicht, wenn die Vertretung nach außen verlorengeht, wenn Wir unter Preußens Hegemonie zu stehen kommen – dann fort, ein Schattenkönig ohne Macht will ich nicht sein! O Deutschland!«

Gerade die Niederlage von 1866 mußte aber Pfordtens feste Stellung ins Wanken bringen und den Ratschlägen Wagners doppeltes Gewicht geben. Im Oktober wich Pfistermeister der Wagner-Partei, zum Jahresende machte auch Pfordten dem »Preußengänger« Hohenlohe Platz. Von Wagner gedrängt, raffte sich der König im Spätherbst 1866 sogar zu einer Rundreise durch die vom Krieg gezeichneten fränkischen Provinzen auf. Es wurde die größte Triumphfahrt seines Lebens.

Mochte auch der König den Lärm des Marktes scheuen, er war immer noch sichtbares Staatsoberhaupt. Man sah ihn bei der Münchener Fronleichnamsprozession und bei der Oberammergauer Passion, beim Hofball, bei den barocken Festen des Hausritterordens vom heiligen Georg. Dazu kamen Reisen und Begegnungen mit ausländischen Fürstlichkeiten oder ein so strahlender Tag wie jener 22. Juni 1868, der die Uraufführung der »Meistersinger« brachte.

Aber in den Beziehungen zwischen Ludwig II. und Richard Wagner schälten sich doch immer mehr die düsteren Charakterseiten heraus: Mißtrauen und Herrscherbewußtsein beim König, Ichsucht und Überheblichkeit beim Komponisten. Um den »Ring des Nibelungen« kam es zu ernsten Zerwürfnissen, denn Wagner stellte wohl seine Forderungen an die Kabinettskasse, beharrte aber darauf, daß der »Ring« nur als Ganzes aufgeführt werden dürfe. Schließlich hat der König die Uraufführung der einzelnen Stücke einfach ertrotzt.

Und mochte sich auch das persönliche Verhältnis getrübt haben, der Schutzherr Wagners und seines Werkes ist Ludwig II. bis zuletzt geblieben. Für Wagners Bayreuther Festspielhaus zeichnete er allein 25 000 Taler, ja hätte er nicht ein größeres Darlehen vorgeschossen, wäre der Bau wohl nie unter Dach gekommen. 1876, bei der ersten Gesamtaufführung des Ringes, stand dann der König noch einmal neben Wagner, umjubelt als der Mitschöpfer des Werks.

Freilich, rein menschlich blieb dem König nur die tiefe Vereinsamung, und zu ihr kam der äußere Druck der politischen Verhältnisse. Der Krieg von 1870 war für Ludwig II. nicht »sein« Krieg, und das preußische Kaisertum von Versailles galt ihm nur als die »Capitis deminutio« – als eine Einschränkung seiner bayerischen Königsrechte. Ganz zum leutescheuen Menschenverächter und wirklichkeitsfremden Phantasten geworden, sank Ludwig II. immer tiefer in die eigenen Träume hinab. Neben die Welt Richard Wagners trat jetzt das französische 18. Jahrhundert. Die bayerische Gesandtschaft in Paris hatte alle Hände voll zu tun, die Bücherwünsche des Königs zu befriedigen, und die Münchener Hofbühne mußte vor dem König als einzigem Zuschauer Stücke aus der Zeit Ludwigs XIV. oder der Marie Antoinette spielen. Berühmt waren auch die nächtlichen Ausfahrten im Gebirg: Vorreiter in Stulpstiefeln und barocken Livreen, Heiducken mit Dreispitz und roten Fackeln, dann, wie ein Spuk aus dem Wald, die goldene Karosse mit ihren galoppierenden Schimmeln.

Daneben baute Ludwig II. seit 1868 an seinen Schlössern Neuschwanstein und Linderhof. Aber seine Bauten hatten nichts mehr von der herben Klarheit ludovizianischer Klassik, sondern waren ein merkwürdiges Ineinander von Architektur und Traum: Linderhof als zweites Rokoko und Nachklang der Parkschlößchen um Versailles; Neuschwanstein als romantische Felsenburg und Erinnerung an die Gralserzählung aus dem »Lohengrin«. Bei beiden Schlössern ist Georg Dollmann der leitende Architekt, während die Innenausstattung ein so genialer Dekorateur wie Julius Hoffmann in die Hände nimmt. Und kaum war Linderhof vollendet, als der König, für den das Bauen »das ganze Leben« war, auch schon auf Herrenchiemsee anfangen ließ. Auf der Insel vor den Bergen sollte ein bayerisches Versailles entstehen. Dollmann entwarf die Pläne, und trotz der erschöpften Kabinettskasse wurde der Bau fieberhaft vorangetrieben. Aber gerade Herrenchiemsee mit seiner märchenhaften Spiegelgalerie oder dem Prunk des Hellblauen Kabinetts kann ausweisen, wie dieses »Zweite Rokoko« an Ideenreichtum und skurriler Phantastik immer noch »Geist vom Geiste des bayerischen Rokoko zwischen 1750 und 1770 ist« (Kreisel).

1876 war bei Ludwigs Bruder, dem Prinzen Otto, der Wahnsinn offen ausgebrochen, und der König trug daran wie an einer Last. Er ließ sich jede Woche die Berichte der Irrenärzte vorlegen, und die Furcht vor dem Leiden konnte die eigene Erkrankung nur fördern. Seit den achtziger Jahren gewannen dann auch bei Ludwig II. die Wahnvorstellungen die Oberhand. Und doch erkannte der König das Los, dem er verfallen war, mit erschreckender Deutlichkeit und er suchte mit allem Willensaufwand zu verhindern, daß eine Kunde von seinem Zustand an die Außenwelt drang. Die Minister empfing er nicht mehr, und sein Anteil an den Staatsgeschäften fiel schließlich auf eine einzige Grundlinie zurück: auf die eifersüchtige Wahrung seiner Königsrechte, die er von der preußischen Politik genauso bedroht sah wie von der eigenen Landtagsmehrheit.

So wurde der Kabinettssekretär ganz von selber zum wichtigsten Mittelsmann zwischen König und Außenwelt. Er hatte als einziger ungehindert beim König Zutritt, und von den Anträgen der Ministerien bis herab zu den banalsten Kleinigkeiten ging alles durch seine Hand. Er war der einflußreichste Mann im Staat, aber überlastet mit Verantwortung und Arbeit und den Launen des Königs ausgesetzt wie sonst keiner. Was Wunder, daß seit Pfistermeister ein Kabinettssekretär den andern ablöste! Sie alle leisteten das Menschenmögliche, einen peinlichen Zustand zu verschleiern und das Land vor Erschütterungen zu bewahren. Es spricht für das bayerische Beamtentum Bände, daß sich trotz der außergewöhnlichen Verhältnisse nirgends Unfähigkeit oder Bestechung breitmachen konnte und man einfach seine Pflicht tat, ganz gleich, ob man Anerkennung fand oder nicht.

Erst die unhaltbaren Zustände bei der Kabinettskasse zwangen zum Aufdecken der Karten. Herrenchiemsee verschlang Millionen, und hatte der Finanzminister Riedel erst im Frühjahr 1884 eine Anleihe von siebeneinhalb Millionen vermittelt, so verlangte der König schon ein Jahr später weitere sechseinhalb Millionen. Ludwig II. hatte jeden Blick für die Wirklichkeit verloren. Er träumte von einem neuen Bergschloß Falkenstein oder gab einem seiner Chevaulegers den bündigen Befehl, nach München zu fahren und die sechs Millionen beizutreiben. Die ausländische Presse brachte Skandalberichte, und die Gläubiger drohten mit dem Auspfänden der Kabinettskasse... Dem Ministerium blieb keine andere Wahl, als zusammen mit dem Prinzen Luitpold als nächstem Erbberechtigten die Entmündigung des Königs einzuleiten. Man holte die Gutachten mehrerer Irrenärzte ein, verständigte die deutschen Höfe, und während in München die Proklamation der Regentschaft vorbereitet wurde, begab sich eine Staatskommission nach Neuschwanstein, die dem König die Absetzung überbringen sollte. Aber nicht nur, daß die Kommission sich schulbubenmäßig benahm, man hatte auch übersehen, den Bezirksamtmann von Füssen zu verständigen, und so wurden die hohen Herren trotz aller Proteste von Gendarmerie und Bauernfeuerwehr festgenommen. Erst eine zweite Abordnung konnte Ludwig II. nach Schloß Berg überführen.

Der König schien sich ruhig in die Lage zu fügen. Er ließ sich schon anderntags – es war der verregnete Pfingstsonntag des Jahres 1886 – von Professor Gudden, dem Direktor der Kreisirrenanstalt Oberbayern, zu einem Abendspaziergang abholen, und man sah die beiden Männer in ruhigem Gespräch in Richtung auf den See weggehen. Sie sind nie mehr zurückgekehrt. Nachts elf Uhr fand man dann die Leichen von Arzt und König im seichten Uferwasser. Was hier im einzelnen vorgegangen war, werden wir nie erfahren. Am wahrscheinlichsten bleibt die Vermutung, daß der König den Tod im Wasser suchte und den Arzt, der ihn zurückhalten wollte, mit ins Verderben riß. Die Tragödie Ludwigs II. war zu Ende gegangen.

Bayern und die Reichsgründung

Als im Dezember 1864 Ludwig von der Pfordten zum zweitenmal das Ministerium übernahm, galt er im ganzen Land als der einzige Mann, der das politische Erbe Max' II. fortführen und die Sache der Elbherzogtümer vielleicht doch noch retten konnte. Und Pfordten entfaltete wirklich eine unglaubliche Betriebsamkeit. Er suchte die Fühlung mit den übrigen Mittelstaaten, verhandelte mit Wien und Berlin, war wohl für Zugeständnisse an Preußen, aber bis zuletzt für die Erbfolge des Prinzen von Augustenburg. Doch die ganze Fülle vorsichtiger Diplomatenarbeit war umsonst, als Österreich und Preußen über den Deutschen Bund hinweg ihre eigene Zwischenlösung suchten und sich im Vertrag von Gastein in die Verwaltung der Herzogtümer teilten.

Pfordten war empört. Für ihn lag die Entschlossenheit Preußens wie die Schwäche Österreichs offen zutage, und für seine bayerische Politik blieb nur noch eine Möglichkeit: »Den Norden, der sich uns ohnehin nicht nähern will, an Preußen überlassen, Mittel- und Süddeutschland zu einigen und mit den europäischen Mächten, zumal Frankreich, gute Beziehungen pflegen.« Nicht mehr die Trias-Idee, sondern die Mainlinie!

Es waren Erwägungen, die irgendwie die ganze bayerische Haltung von 1866 bestimmten. Während Preußen ganz bewußt darauf hindrängte, den deutschen Dualismus mit den Waffen auszufechten, begannen – nach Pfordtens Wort – »auch die Mittelstaaten für Österreich wieder zu existieren«, und Bayern sah sich auf einmal von beiden Seiten umworben. Gerade Bismarck trug sich noch bis in den Juni 1866 hinein mit der Hoffnung, München von Wien trennen zu können. Dabei griff auch er den Gedanken der Mainlinie auf: Österreich aus dem Bund hinauswerfen, Preußen den Norden, Bayern den Süden.

Aber diesen Sprung über die Bundesverfassung konnte Pfordten nicht wagen. Für seinen großdeutschen Idealismus gab es als einzigen Standpunkt den des Rechts und als einzige Aufgabe die des ehrlichen Vermittlers. Daß er dabei noch zu Paragraphen und Grundsätzen stand, während man schon die Gewehre lud und die Batterien feuerbereit machte, war sein verhängnisvoller Fehler. Die Zeit schritt einfach über ihn hinweg.

Am 1. Juni 1866 überwies Österreich die Frage der Elbherzogtümer an den Bund, am 7. Juni rückten die Preußen in Holstein ein, am 14. Juni drückte Österreich die Bundesmobilmachung gegen Preußen durch. Man stand auf einmal mitten im Krieg. Nichts rächte sich jetzt mehr als die jahrzehntelange Vernachlässigung des Heerwesens. Die Mobilmachung ging viel zu langsam, und es fehlte überall an Offizieren; die bayerischen Infanteristen aber waren kaum mehr als »Bauernkerle, in die Uniform gesteckt«. Dabei sollten die Bayern mit gut 40000 Mann das VII. Bundeskorps bilden, die Württemberger, Badener und Hessen, ungefähr ebenso stark, das VIII. Den Oberbefehl erhielt Feldmarschall Prinz Karl, der Bruder König Ludwigs I. und Grandseigneur alten Stils, der schon 1814 an Wredens Seite kommandiert hatte. Minister und Feldmarschall übernahmen aus Pflichtgefühl eine Verantwortung, die sie eben aus Pflichtgefühl hätten ablehnen müssen.

Dem österreichischen Plan, das bayerische Korps nach Böhmen zu ziehen, verweigerte Pfordten freilich die Zustimmung: nicht nur, daß er die Armee nicht aus der Hand geben wollte, er mußte bei der unsicheren Haltung Frankreichs auch an die Pfalz denken. Aber man hätte wenigstens von Süddeutschland aus kräftig operieren sollen. Als das VII. Korps endlich den Vormarsch begann, war es bereits zu spät, und Prinz Karl erhielt schon in Meiningen die Nachricht von der Kapitulation der Hannoveraner bei Langensalza. Man hatte einen Stoß ins Leere geführt, und es blieb nur der schwierige Flankenmarsch nach Westen, um mit dem VIII. Bundeskorps Fühlung zu bekommen. Die preußische Mainarmee warf sich sofort zwischen beide Korps und suchte die Vereinigung zu verhindern. Der Mainfeldzug begann.

»Ich bitte Ew. K. Hoheit um jeden Preis anzugreifen und mir Nachrichten zukommen zu lassen. Anders kann ich die aufs äußerste erregte öffentliche Meinung nicht mehr beruhigen«, hatte Pfordten noch am 5. Juli wütend an Prinz Karl telegraphiert, und nun kam doch alles anders. Die beiden süddeutschen Korps machten dauernd falsche Bewegungen und gingen nie richtig zusammen, trauten sich unter dem Eindruck der Niederlage von Königgrätz nichts mehr zu riskieren. Es blieb bei einer Reihe von Gefechten an Fränkischer Saale, Tauber und Main, die man mit Anstand verlor – auch wenn sich bei Kissingen die bayerische Infanterie verbissen wehrte oder bei den Hettstädter Höfen Chevaulegers und Kürassiere noch in zwölfter Stunde eine verwegene Attacke ritten. Am 27. Juli beschossen die Preußen bereits den Marienberg bei Würzburg, und einen Tag später wurde der Waffenstillstand geschlossen, der mit dem 2. August in Kraft treten sollte. Was Wunder, daß die Preußen die Zeit kräftig nützten, Würzburg, Bayreuth und Nürnberg besetzten, bei Seybothenreuth noch am 29. Juli ein bayerisches Ersatzbataillon aufrieben.

Während Prinz Karl den preußischen Vormarsch zu hemmen suchte, war längst in Böhmen die Entscheidung gefallen und hatte wieder das Spiel der Diplomaten begonnen. Schon am 10. Juli war Pfordten über Paris her ein Angebot Bismarcks zugegangen: Sonderfrieden und Mainlinie. Doch man überhörte: »Bundesrecht und Ehre verbieten uns, ohne unsere Verbündeten über den Frieden zu verhandeln.« Als der bayerische Ministerpräsident aber am 22. Juli zu einer Besprechung in Wien eintraf, mußte er erfahren, daß Österreich bereits aus dem Krieg war und im preußischen Hauptquartier zu Nikolsburg die Verhandlungen begonnen hatten. Pfordten ließ sofort anspannen und jagte ohne Schein und Vollmacht auf abenteuerlicher Fahrt quer durch die preußischen Linien nach Nikolsburg. Bismarck war unangenehm überrascht, drohte, wollte Pfordten als Gefangenen behandelt wissen, ging aber zuletzt doch auf einen dreiwöchigen Waffenstillstand ein.

Noch einmal suchte sich die bayerische Politik auf eigene Füße zu stellen, und Anfang August ging der Freiherr Pergler von Perglas mit einem Handschreiben Ludwigs II. nach Paris, um sich wenigstens die Hilfe Napoleons III. zu sichern. Daß Frankreich selber bei Bismarck wegen der Pfalz vorgefühlt hatte, wußte man in München nicht. Napoleon wich Perglas aus. Erst als Bismarck in Paris abwinkte, war Frankreich entschlossen, Bayern das Wort zu reden.

Seit dem 9. August saßen ja von der Pfordten und Graf Bray-Steinburg in Berlin am Verhandlungstisch und wehrten sich verzweifelt um die Lebensfähigkeit des Landes. Bismarck spielte in Einzelverhandlungen einen süddeutschen Staat gegen den anderen aus, drückte vor allem auf Bayern, was er konnte. Allein die Gebietsforderungen in Franken und der Pfalz machten ein Fünftel des ganzen bayerischen Staatsgebietes aus. Als Pfordten von Gerechtigkeit sprach, schnitt ihm Bismarck das Wort ab: von Gerechtigkeit oder Billigkeit könne nach einem Krieg nicht die Rede sein, da handle es sich um Macht und Interesse. Erst als Frankreich auftrat, steckte Bismarck seine Pflöcke zurück. Bayern zahlte 30 Millionen Gulden Kriegsentschädigung, trat zwei fränkische Bezirksämter ab, schloß ein geheimes Schutz- und Trutzbündnis mit Preußen. Pfordten galt noch einmal als der Mann, der Bayern gerettet hatte.

Doch die Lage des Ministeriums war unhaltbar geworden. Die öffentliche Kritik, die zuerst nur gegen den Prinzen Karl angerannt war, richtete sich immer stärker gegen Pfordten selber, und von rechts und links angefeindet, vom König mit Gleichgültigkeit behandelt, bat Pfordten am 10. Dezember 1866 um die Entlassung. Mit dem Deutschen Bund schied auch der Minister, der sein leidenschaftlichster Vertreter gewesen war.

Und Wagner wußte dem König schon lange einen Nachfolger: den Fürsten Chlodwig zu Hohenlohe-Schillingsfürst. Hohenlohe war fränkischer Standesherr und Mitglied der Reichsratskammer, konnte aber nach Aufwachsen und Bildungsgang kaum als Bayer gelten. Wie er schon 1849 für das Dreikönigsbündnis gestimmt hatte, so war er jetzt rückhaltloser Preußengänger; dazu mochte in seinem innersten Herzen noch ein Stück des alten Standesherrengrolls von 1806 schlummern. Dem Fürsten ging es nicht um die bayerische Staatlichkeit, sondern um den engen Anschluß an Preußen.

Stärker als das Mißtrauen des Königs erwies sich aber der Widerstand des Volkes. Die Landtagswahlen von 1869 brachten den überraschenden Erfolg der neugegründeten »Bayerischen Patriotenpartei«, die dann im Februar 1870 den Rücktritt Hohenlohes erzwingen konnte. An seine Stelle trat Graf Otto von Bray-Steinburg, der Mitunterzeichner des Friedens von 1866.

Die Bray stammen aus Frankreich. François Gabriel Chevalier

de Bray war schon in jungen Jahren in bayerische Dienste getreten und neben Cetto und Gravenreuth einer der fähigsten Montgelas-Diplomaten gewesen; Graf Otto von Bray-Steinburg, der Sohn, war zwar auf livländischen Gütern herangewachsen, aber ganz zum Diener des bayerischen Staates geworden. Im Grundzug großdeutsch, österreichisch und katholisch, blieb er nach außen stets voll Zurückhaltung und kühler Sachlichkeit. Jetzt war er kaum ein paar Monate im Amt, als mitten unter die erregten Kammerdebatten des Sommers 1870 der Donnerschlag des Deutsch-Französischen Krieges fuhr.

Bray ist, nach seinem eigenen Wort, »nicht ohne allseitige Erwägung der Verhältnisse und nur schweren Herzens« in den Krieg hineingegangen, aber ein Ausweichen hat es auch für ihn nicht gegeben. Abgesehen davon, daß das geheime Schutz- und Trutzbündnis die Haltung Bayerns von vornherein festlegte, hätte man beim Neutralbleiben höchstens die Pfalz verloren. Ludwig II. kam zwar in der nächtlichen Audienz zu Schloß Berg dem Kabinettssekretär Eisenhart gegenüber immer wieder auf seine Friedenswünsche zurück, doch die Zwangsläufigkeit der Verhältnisse war auch ihm klar. Schon am Morgen des 16. Juli setzte er mit ruhiger Entschlossenheit seinen Namen unter den Mobilmachungsbefehl; zwei Tage später nahm er auch den Bündnisfall als gegeben an.

Am 19. Juli abends noch die Abstimmung im Landtag. Dr. Jörg, einer der ersten Köpfe der Patriotenpartei, führte das Ausschußreferat und sprach leidenschaftlich gegen den Krieg und für die bewaffnete Neutralität. Es gab erbitterte Rededuelle, und das ganze Haus stand unter dem Druck der Straße und der Radaustudenten auf den Tribünen, die jeden Phrasentrumpf bejohlten, jedes Wort der Mäßigung auspfiffen. Zuletzt erhob sich Professor Sepp, Patriotenpartei: »Ich wollte für bewaffnete Neutralität sprechen und habe mir Wort für Wort aufgezeichnet, um ja keinen Ausdruck zu improvisieren. Und jetzt komme ich mir vor wie der Prophet, der ausgezogen war, um zu fluchen, und er mußte segnen... Gestern konnte man noch an das Weh von 1866 denken, heute ist der Zorn gegen die Welschen bei allen deutschen Männern erwacht. Wir Bayern haben an der Leipziger Schlacht nicht teilgenommen, bei der neuen Nationalschlacht wollen wir dabei sein...« Es waren Sätze, gesprochen in jenem überheizten Pathos, das Sepps Vortrag oft unmöglich machte, aber auch Sätze, erfüllt vom Atem der Zeit. Und tatsächlich riß Sepp die halbe Patriotenpartei mit sich. Der Neutralitätsantrag fiel, und um halb drei Uhr früh wurde der Regierungsantrag mit 101 gegen 47 Stimmen angenommen.

Hatte man im Mainfeldzug unglücklich gekämpft, so brachte jetzt der Telegraph immer neue Siegesmeldungen: Weißenburg, Wörth, Sedan. Zum erstenmal seit 66 gewann man wieder das stolze Gefühl der eigenen Kraft, und man muß in alten Feldpostbriefen lesen oder in den siebziger Aufsätzen Karl Stielers blättern, wenn man die Volksstimmung jener Tage greifen möchte. Und doch waren es gerade diese gewonnenen Schlachten, die den bayerischen Staatsgedanken erschüttern sollten wie seit dem Teschener Frieden kein anderes Ereignis mehr. Schon im August drängten die norddeutschen Nationalliberalen auf die Lösung der »deutschen Frage« und begann das Kesseltreiben gegen die süddeutsche Eigenstaatlichkeit. Die bayerische Fortschrittspartei griff die neue Tonart sofort auf, und Blätter wie die »Augsburger Abendzeitung« oder die »Münchner Neuesten Nachrichten« überschlugen sich in ihren Forderungen: weg mit der Mainlinie, Eintritt in den Norddeutschen Bund, Einheitsstaat unter preußischer Führung. Bismarck hielt sich im Hintergrund, tat aber alles, das Feuerchen zu schüren.

Auch Bray hatte längst erkannt, daß es beim Anschluß an Preußen nicht mehr um ein Ob ging, sondern nur noch um ein Wie. Man mußte selber den ersten Schritt tun, um Bayern möglichst unversehrt ins neue Reich hinüberzuführen und dem Zentralismus von unten den Föderalismus von oben entgegenzusetzen. So kam es im September zu Vorbesprechungen in München, und am 20. Oktober reisten Graf Bray, Justizminister Lutz und Kriegsminister Pranckh als bayerische Bevollmächtigte nach Versailles ab.

Doch Bismarck und Bray standen sich auch diesmal mit unerwarteter Schroffheit gegenüber, und die Verhandlungen zogen sich über Wochen hin, ohne daß man zu Ergebnissen kam. Bismarck suchte wieder wie 1866 Bayern und Württemberg gegeneinander auszuspielen, während die preußischen Militärs schon an eine Entwaffnung der bayerischen Armee dachten und der Kronprinz Friedrich einfach mit zwei Armeekorps in Bayern einrücken wollte. Schließlich fand man doch eine Verständigungsgrundlage: Eintritt Bayerns in den Norddeutschen Bund, aber dafür bayerische Reservatrechte.

Für Bismarck war der bayerische Staatsgedanke immerhin eine politische Realität, und Bayern erschien ihm als »vielleicht das einzige deutsche Land, dem es durch materielle Bedeutung, durch die bestimmt ausgeprägte Stammeseigentümlichkeit und die Begabung seiner Herrscher gelungen ist, ein wirkliches und in sich selbst befriedigtes Nationalgefühl auszubilden«. Als die bayerischen Unterhändler am 23. November 1870 ihre Namen unter die Verträge setzten, war auch innerhalb des neuen Reiches die bayerische Sonderstellung geblieben: man behielt die eigene Post und Eisenbahn, eine beschränkte diplomatische Vertretung nach außen, die Militärhoheit im Frieden; die Gerichts- und Finanzhoheit blieb wenigstens in den Grundzügen erhalten.

In der gleichen Richtung wie die Versailler Verhandlungen liefen auch die Gespräche um die Kaiserfrage, denn Bismarck war viel daran gelegen, gerade Ludwig II. dahin zu bringen, daß er als erster deutscher Fürst dem König von Preußen die Kaiserkrone anbot. Bray hatte damit einen wichtigen Trumpf in die Hand bekommen: die bayerische Initiative in der Kaiserfrage, gewiß, aber dafür Reservatrechte. Aber wie Ludwig II. durch nichts zu bewegen war, selber nach Versailles zu gehen, so blieb er auch in der Kaiserfrage starr. Erst als Graf Bray mit zwei Telegrammen den König förmlich unter Druck setzte, lenkte Ludwig ein. Nur daß er, voll innerem Mißtrauen, noch den Oberststallmeister Graf Holnstein in eigener Mission zu Bismarck schickte. Das Ende war der berühmte Kaiserbrief, von Ludwig II. fast wörtlich nach Bismarcks Entwurf heruntergeschrieben und am 3. Dezember 1870 von Prinz Luitpold in Versailles überreicht. Wenn auch die Akten darüber schweigen, so hatte Holnstein doch zweifellos ganz bestimmte territoriale und finanzielle Zusagen mit nach Hause gebracht, die dem König seinen Entschluß wesentlich erleichtern mußten.

Als sich so gegen Ende des Jahres 1870 die Dinge immer klarer herausschälten, begann die bayerische Patriotenpartei ihren letzten

Vorstoß gegen die Kleindeutschen und das »schwarz-weiß-rote Kaisertum«. Aufgeblasene Überheblichkeit im Lager der Fortschrittspartei und ein wachsender Druck auf kirchlichem Gebiet hatten den Widerstand der Patrioten neuerdings wachgerufen. Dazu wirkte die Lage an der Front zurück, wo die Franzosen zum Entsatz von Paris die Loire-Armee aus dem Boden gestampft hatten, und man der drei- und vierfachen Übermacht lediglich das erste bayerische Armeekorps entgegenwarf. Zwischen 10. Oktober und 10. Dezember hatte General von der Tann mit seinen Bayern fast Übermenschliches zu leisten. Orleans wurde erstürmt, verloren, noch einmal erstürmt. Ganze Bataillone nur noch kompaniestark, die Soldaten barfuß, zerlumpt und völlig erschöpft, wurde das Korps um Weihnachten herum herausgezogen. Daheim Verlustlisten, Kriegergottesdienste, das Gespräch von Orleans in den Wirtshäusern und Bauernstuben. Es mußte wie ein Wahrwort klingen, wenn der Doktor Sigl im »Bayerischen Vaterland« die neue Kaiserkrone nur die vergrößerte preußische Pickelhaube nannte und schonungslos die Tagesbilanz zog: »Mehr Kriege, mehr Krüppel, mehr Totenlisten und mehr Steuerzettel...«

Angesichts dieses unangenehm scharfen Tones wollte Bismarck vollendete Tatsachen schaffen und die Annahme der Verträge durch den bayerischen Landtag gar nicht mehr abwarten. So erfolgte am 18. Januar 1871 die Kaiserproklamation im Spiegelsaal des Schlosses zu Versailles. »Welchen wehmütigen Eindruck«, schrieb Prinz Otto an Ludwig II., »machte es mir, unsere Bayern sich da vor dem Kaiser neigen zu sehen; ich war eben von Kindheit an so was nicht gewöhnt; mein Herz wollte zerspringen. Alles so kalt, so stolz, so glänzend, so prunkend und großtuerisch und herzlos und leer...«

Dem bayerischen Landtag schien nur eine schöne Geste zu bleiben: die nachträgliche Annahme der Verträge. Am 11. Januar hatte die Aussprache begonnen. Wieder führte Jörg das Referat und seine Rede war ein letzter Einsatz für die sterbende Selbständigkeit des Landes und ein einziges Nein. Es folgte eine zehntägige Redeschlacht mit den berühmt gewordenen Mahnworten der bayerischen Patrioten. »Wir können nicht, was Sie von uns verlangen. Berufen Sie sich an das Volk, es möge andere Hände schicken. Die unsrigen beben zurück, sie werden das Grab nicht graben, wie man es von uns verlangt!« hatte Jörg geschlossen.

Alle Erfolgsanbeter schrien Zeter und Mordio, und die Regierung war schon entschlossen, die Abstimmung wie 1870 unter dem Druck der Straße durchzuführen. Aber auch diesmal schwenkte zuletzt Professor Sepp nach Versailles ein und zog einen Teil der Partei mit, so daß die Regierung eine knappe Zweidrittelmehrheit bekam. Ein Widerstand, für den es eigentlich zu spät gewesen war, hatte sich an übermächtigen Umständen gebrochen. 48 bayerische Patrioten aber beharrten bei ihrem Nein.

Das Ministerium Lutz

Seit Montgelas gehörte das Aufgeklärt-Sein für alle Beamten, Studierten und Stadthonoratioren sozusagen zum guten Ton. Und die Lehrerschaft auf dem Land war schon deshalb liberal, damit sie ihre geistlichen Schulinspektoren ärgern konnte. Was Wunder, daß seit 1849 die gemäßigt-liberale Mittelpartei auch in Bayern das Feld beherrschte und als die Gruppe gelten durfte, die der Regierung am nächsten stand. Erst seit den sechziger Jahren verlor dieser großdeutsche Altliberalismus an Boden, und der Weg wurde frei für die Fortschrittspartei der Brater, Völk und Barth. Hier war man nicht gemäßigt, sondern entschieden liberal, kleindeutsch und preußenfreundlich.

Man kann verstehen, daß gerade die Fortschrittspartei das Ministerium Hohenlohe mit Freuden begrüßte und alle vorandrängenden Kräfte im Fürsten einen der Ihrigen sahen. Baron Völderndorff, seit 1867 Hohenlohes engster Mitarbeiter im Ministerium, hat die Arbeitsstimmung jener Jahre festgehalten: »Oft ging ich um sieben Uhr morgens in das Bureau und kehrte abends um zehn Uhr heim, ohne etwas anderes genossen zu haben als ein belegtes Brot und ein Glas Madeira. Aber es war doch die schönste Zeit meines Lebens...«

Hohenlohe: das hieß nicht nur Revision der Außenpolitik sondern auch eingreifende soziale Reformen. 1868 war das große Jahr. Die Verehelichung und der Erwerb des Heimatrechtes wurden we-

Georg Eisenberger, der »Hutzenauer« (XXXVII)

Franz Stuck, Selbstbildnis mit Frau Mary (XXXVIII)

sentlich erleichtert, die öffentliche Armen- und Krankenpflege durch Gesetz geregelt; vor allem aber kam eine neue Gewerbeordnung heraus, die den Zunftzwang endgültig beseitigte und die Gewerbefreiheit zur Regel machte. Auch im rechtsrheinischen Bayern fielen damit jahrhundertalte Wirtschaftsschranken. Gleichzeitig wurde die Armee nach preußischem Vorbild reorganisiert und die allgemeine Wehrpflicht rücksichtslos durchgeführt – selbst wenn man bei den Kontrollversammlungen Militär einsetzen mußte, und es in Traunstein zu einem richtigen Bauernkrawall kam. 1869 legte der Kultusminister Gresser noch den Entwurf eines neues Schulgesetzes vor, um auch die geistliche Schulaufsicht auf die Seite zu schieben.

Aber schon hatte sich jene »Patriotenpartei« gebildet, in der alle Ströme des bayerischen Widerstandes zusammenflossen: Stammesstolz, Preußenhaß, großdeutsche Verbitterung, Liebe zum Hergebrachten, kirchlicher Sinn. Gerade die alten gewachsenen Stände von Adel, Geistlichkeit und Bauerntum schlossen sich hier in einer Parteibewegung zusammen, die volkstümlich war wie keine mehr. Im katholischen Altbayern und in Unterfranken fanden die Patrioten ihren stärksten Rückhalt. Der führende Kopf war Josef Edmund Jörg, der Allgäuer Glaserssohn und Döllinger-Schüler, der seit 1852 die »Historisch-politischen Blätter« herausgab und seit 1866 als eigensinnig-trotziger Staatsarchivar auf der Landshuter Trausnitz saß. Beherrscht von den Weiten des alten Görres, lauter und selbstlos, voll bildhafter Sprachkraft, war Jörg »das Urbild eines Publizisten, der auch einer in entgegengesetzter Richtung gelenkten öffentlichen Meinung die Stirn zu bieten wußte« (Gollwitzer).

Und was die »Historisch-politischen Blätter« für den Gebildeten waren, das wurde das »Bayerische Vaterland« für den gemeinen Mann. Hier schrieb der Doktor Johann Baptist Sigl, niederbayerisch derb, als ob er noch daheim in Ascholtshausen säße, mit einer unvergleichlichen Fähigkeit, Personen und Dingen mundgerechte Beinamen anzuhängen. Dazu kamen in Volksversammlungen und Flugschriften so streitbare geistliche Herren wie der Pfarrer Westermayer von St. Peter oder der Bibliothekar Ruland von Würzburg, der Stadtpfarrer Mahr von Ebermannstadt oder der Stadtpfarrer Pfahler von Deggendorf. Nach erbittertem Wahlkampf wurde im Frühjahr 1869 der Liberalismus überall über den Haufen gerannt, und die Patriotenpartei zog mit der absoluten Mehrheit in den Landtag ein.

Unter den rückhaltlosen Angriffen von Landtag und Reichsratskammer blieb für Hohenlohe nur noch das Entlassungsgesuch. Er hatte sich zu eindeutig auf die Seite der Fortschrittspartei gestellt, als daß er sich jetzt hätte halten können. Sein Nachfolger Graf Bray wurde zwar von den Patrioten mit großer Erwartung begrüßt, stand aber schon nach wenigen Monaten mitten im Kammerstreit um die Heeresvorlage. Wieder führte Jörg den Vorstoß: »Nicht genug, daß wir unsere politische Abdankung vollzogen haben, sollen wir auch noch unsere Armee verdoppeln, unseren Staat in einen Militärstaat und Bayern in eine große Kaserne verwandeln, um die preußischen Prätentionen gegen alle Welt zu verteidigen.« Aber die Ereignisse von 1870 schlugen der Patriotenpartei den Sieg aus der Hand, und bei den entscheidenden Abstimmungen brach die Fraktion zweimal in der Mitte auseinander. Es war – nach Jörgs Wort – »die bayerische Kapitulation von Sedan«.

Über dem Deutsch-Französischen Krieg war auch jene andere Frage vorübergehend in den Hintergrund getreten, die seit 1868 die ganze katholische Welt in Atem hielt: die Auseinandersetzung um das Erste Vatikanische Konzil und das Dogma von der lehramtlichen Unfehlbarkeit des Papstes. Hatte Hohenlohe schon 1869 versucht, die europäischen Kabinette gegen das neue Dogma scharfzumachen, und war der Kultusminister Lutz schon im Sommer 1870 entschieden gegen die Verkündigung der Vatikanischen Beschlüsse aufgetreten, so mußte jetzt nach Kriegsende der Kirchenkonflikt offen losbrechen.

Eine entscheidende Stütze fand die Regierung dabei an Ignaz Döllinger. Wie es Döllinger schon als Knaben nicht so sehr um die Frömmigkeit, sondern um die Gelehrsamkeit gegangen war, so löste er sich als reifer Mann immer mehr von der alten strengkirchlichen Richtung und wurde vom Gläubigen zum Kritiker, vom Theologen zum liberalen Historiker. Seit 1863 war er einer der Wortführer gegen den wachsenden Absolutismus in der Lehre vom Papsttum, und er unterwarf sich auch nicht, als 1870 die päpstliche Unfehlbarkeit zum Dogma erhoben wurde. Rom antwortete mit der Exkommunikation. Gerade Döllingers Haltung wurde nun zum Ausgangspunkt der altkatholischen Bewegung, die unter den gebildeten Kreisen Münchens, aber auch im Allgäu und im Passauer Winkel wirklich Boden zu gewinnen schien. Aber Döllinger war kein Luther. Wie er sich von Anfang gegen den formellen Abfall von Rom ausgesprochen hatte, verschloß er sich auch der altkatholischen Kirchengemeinschaft. Er blieb ganz der kühle Gelehrte, der in der umfassenden Weite seines Wissens die Vereinigung der christlichen Bekenntnisse wollte, nicht ihre Trennung. Überhäuft mit äußeren Ehren, aber innerlich in einer tiefen, selbstgewählten Einsamkeit ist er 1890 gestorben.

Über dem Kirchenstreit war der strengkatholische Graf Bray schon im Juli 1871 zurückgetreten, und für Bayern konnte damit die liberale »Ära Lutz« beginnen. Johann Lutz stammte aus bescheidenen Verhältnissen. 1826 als Sohn eines Lehrers in Münnerstadt geboren, begabt und ehrgeizig, hatte er sich als junger Jurist vorangearbeitet und war unter Hohenlohe Justiz- und Kultusminister geworden; bei den Versailler Verhandlungen hatte er bereits eine hervorragende Rolle gespielt. Unter Brays Nachfolgern, dem Grafen Hegnenberg-Dux und dem Ritter von Pfretzschner, wurde er bald der eigentliche Kopf des Ministeriums; nach Pfretzschners Abgang übernahm Lutz mit dem Vorsitz im Ministerrat auch formell die Verantwortung für die bayerische Gesamtpolitik (1880). Durchdrungen von Staatsstolz und Pflichtgefühl, war Lutz der eifersüchtige Wächter der geschriebenen Gesetze, von denen er kein Jota preisgeben wollte. Nicht aus innerer Religionsfeindschaft stand er gegen das Unfehlbarkeitsdogma, sondern als der letzte Vertreter des bayerischen Staatskirchentums Montgelas'scher Prägung.

Im Oktober 1871 gab Lutz auf eine Anfrage im Landtag die Erklärung ab, daß die bayerische Regierung alle katholischen Staatsangehörigen, die das Unfehlbarkeitsdogma verneinten, gegen den »Mißbrauch der geistlichen Gewalt« schützen werde. Es war die offene Kampfansage. Um sich den Rücken zu decken, brachte Lutz schon zwei Monate später im deutschen Reichstag den »Kanzelparagraphen« durch, der die Handhabe bieten sollte, jeden Mißbrauch der Kanzel zu politischer Agitation strafrechtlich zu verfolgen. Dazu suchte man die Bekenntnisschule einzuengen, und die Schulsprengelverordnung von 1873 arbeitete bewußt auf die Gemeinschaftsschule hin.

Natürlich war diese schroffe, kulturkämpferische Innenpolitik nur möglich in starker Anlehnung an die Bismarcksche Reichspolitik. Lutz war erfüllt von der kleindeutschen Reichsgesinnung der Zeit, wenn er sich auch ihr gegenüber den nüchternen Juristenblick bewahrte. Er hielt sich bedingungslos an die Versailler Verträge und sah es als seine deutsche Aufgabe an, Bismarck die bayerische Flanke zu decken.

Noch aber stand die bayerische Patriotenpartei, und ein Mann wie Jörg, der sich vor keinem Erfolg und keinem Unrecht beugte, kämpfte auch nach 1870 weiter gegen »den epidemisch wirkenden Siegesrausch« und gegen den »Berg von Illusionen«. Im Reichstag gingen dabei die Patrioten Hand in Hand mit dem Zentrum, ja nach der Reichstagswahl von 1875 machten sie mit ihren 32 Abgeordneten das volle Drittel der Partei aus. »So glänzend meine Meinung von der hiesigen Bestialität auch war, so hat doch das Resultat von Impotenz, Dummheit und Niederträchtigkeit, was bei den Wahlen zutage getreten ist, alle meine Erwartungen hinter sich gelassen ...«, schrieb damals der preußische Gesandte so schön nach Hause.

Das Hauptkampffeld aber blieb der bayerische Landtag, wo die Patrioten immer wieder mit Lutz die Klingen kreuzten, und der Minister der Opposition höchstens durch seine »Wahlkreisgeometrie« eines auswischen konnte. Zweimal nun, daß dieses parlamentarische Spiel für Lutz zur ernsten Gefahr wurde: 1875, als sich der bayerische Gesandte in Dresden, Freiherr von Gaßer, gestützt auf seine Beziehungen zum württembergischen und sächsischen Hof, dem König für ein neues Ministerium empfahl, und 1879, als nach Bismarcks parteipolitischer Schwenkung der Freiherr von Franckenstein in den Vordergrund rückte. Georg Arbogast Freiherr von Franckenstein, der Schloßherr von Ullstadt in Mittelfranken und führende Zentrumspolitiker, galt ja dem »anderen Bayern« schon seit Jahren als der kommende Mann. Aber Lutz klebte zu sehr an seinem Ministerposten und fand auch immer wieder an Bismarck den Rückhalt. Als ein Ministerium Franckenstein in Sicht war, schreckte der Kanzler selbst vor Presseangriffen und massivem diplomatischen Druck nicht zurück.

Daß bei diesen Entscheidungen die Stimme des Königs praktisch ausfiel, überhaupt Ludwig II. nie den Mut fand, einen geplanten Schritt auch wirklich zu tun, gab der ganzen Entwicklung eine innere Tragik. Wenn es auf sein letztes Wort ankam, stellte sich Ludwig II. doch immer wieder hinter Lutz und sein Ministerium. Höchstens, daß er im Kirchenstreit zu vermitteln suchte. Aber hier war Lutz viel zu klug gewesen, um den bayerischen »Kulturkampf« auf eine letzte, unversöhnliche Spitze zu treiben. Seit 1881 lenkte er überhaupt ein: 1883 kam eine neue Schulsprengelverordnung, 1890 die Erklärung, daß die Regierung die Altkatholiken nur mehr als eine private Religionsgemeinschaft betrachten könne. Auch Lutz war immer weiter von seinen festgefügten Grundsätzen abgekommen und zum reinen »Realpolitiker« geworden.

Lutz hat seine innenpolitischen Gegner nicht niederwerfen können, aber er hat sie zermürbt. Die hoffnungslose Opposition über zwei Jahrzehnte hin brachte auch der Patriotenpartei schwere Verluste, denn der äußere Erfolg ist es, der dem Politiker die Massen zuführt. Es kam zu Absplitterungen und inneren Aufspaltungen; der Stoßtrupp der Unentwegten rannte bald auch gegen Jörg selber an, dem bei seiner europäischen Blickweite der Parteistreit noch nie Selbstzweck gewesen war. 1881 zog sich Jörg ganz auf seine Trausnitz zurück. Die Leitung der »Historisch-politischen Blätter« aber behielt er bis zuletzt – ganz der eigenwillige Seher, der von hoher Warte aus die »Zeitläufte« überschaute...

Der Landtagsmehrheit blieb freilich nur die Opposition um jeden Preis, und die Ereignisse von 1886 schienen noch einmal die Möglichkeit zu geben, das Ministerium Lutz aus den Angeln zu heben. Daß aber die Patrioten ausgerechnet die Königstragödie dazu benutzten, den neuen Vorstoß zu führen, ist ihnen selbst von aufrichtigen Freunden schwer angekreidet worden. Zumindest war es ein taktischer Mißgriff, denn man stieß damit nur den Prinzregenten vor den Kopf. So konnte es nicht wundernehmen, daß Luitpold das Entlassungsgesuch des Ministeriums unter anerkennenden

Worten ablehnte. Lutz blieb bis zuletzt. Erst als todkranker Mann kam er am 31. Mai 1890 um seinen Rücktritt ein, und wenige Monate später ist er gestorben, im selben Jahr, da auch die Ära Bismarck zu Ende ging.

31. KAPITEL

DIE REGENTSCHAFT

Des Königreiches Verweser

Wenn es schon – wie Josef Hofmiller einmal meinte – dem Altbayern ein Herzensbedürfnis ist, zu verehren, und zwar nicht nur Gott und seine Heiligen sondern auch den König, dann mußte gerade Ludwig II. in der Erinnerung des Oberlandes weiterleben wie selten ein Herrscher. Man erzählte von seinen Schlössern und seinen nächtlichen Ausfahrten; wie er hier einen Jäger, dort einen Holzer leutselig angeredet hatte; sang mit leiser Wehmut in den Stimmen das Neuschwanstein-Lied:

»Auf den Bergen wohnt die Freiheit,
Auf den Bergen ist es schön,
Wo des Königs Ludwigs Zweiten
Alle seine Schlösser stehn ...«

Das Volk wollte weder den Wahnsinn noch den Tod des Königs wahrhaben und hatte für seinen Nachfolger nur Argwohn und Verdächtigung.

Und doch war dem Prinzregenten Luitpold, dem schlichten alten Mann, an dem kein Falsch war, bei dem Verfahren gegen den Neffen nichts ferner gelegen als Machtstreben oder Geltungsbedürfnis. Er, der dritte Sohn Ludwigs I., der leidenschaftliche Jäger und alte Soldat, hatte die Aufgabe, die ihm jetzt das Schicksal stellte, wirklich nicht gesucht, aber er besaß so viel Pflichtgefühl, daß er in der Not sein Land nicht im Stich ließ. Trotz aller Anfeindungen und Verleumdungen kam dabei nie eine feierliche Beteuerung oder gar ein bitteres Wort über seine Lippen.

Ruhig und lebenserfahren, illusionslos, ein Mann, der nicht viel Geschichte studiert, aber dafür um so mehr erlebt hatte, so trat Luitpold die Regierung an. Ihm ging es nicht mehr um ungestümes Vorwärtsdrängen, sondern um die gleichmäßige Stetigkeit der inneren Entwicklung. Daß dabei der engere Beraterkreis um den jeweiligen Generaladjutanten seinen Einfluß ausspielte, liegt auf der Hand. Aber sonst nichts von Kabinettsbefehlen oder eigenmächtigen Eingriffen in die Staatsgeschäfte, von unliebsamen Überraschungen für Minister und Diplomaten, sondern ganz ein Regieren nach Geist und Buchstaben der Verfassung, das Luitpold als den »ersten wahrhaft konstitutionellen Herrscher Bayerns« erscheinen ließ.

Freilich, die Zeiten, wo man am Promenadeplatz Außenpolitik gemacht hatte, waren längst vorbei, und unter den acht oder zehn Gesandtschaftsposten, die Bayern noch zu vergeben hatte, waren nur zwei von wirklichem Gewicht: der bei der Kurie und der bei der Reichsregierung. »Außerordentlicher Gesandter und bevollmächtigter Minister« in Berlin war dabei seit 1880 Graf Hugo Lerchenfeld, ein kluger, weltgewandter Diplomat, ebenso reichstreu wie bayerisch, der es meisterhaft verstand, Bismarck zu nehmen und Mißhelligkeiten zwischen München und Berlin schon im Keim zu ersticken. Seit 1870 war aber auch das Land selber immer mehr in das Bismarckreich hineingewachsen. Man spürte den wirtschaftlichen Aufschwung und äußeren Glanz des jungen Kaiserreiches und fand in einer Zeit, die alle Größe in Zahlen zu fassen suchte, die eigene Vergangenheit beschränkt und klein. Die letzte Sinnerfüllung der bayerischen Geschichte, ja das Glück des Landes selber, schien beschlossen in einem vollen Sich-Einfügen in den kleindeutschen Nationalstaat und seine Kultur. Und ob Karl Theodor Heigel oder Sigmund Riezler, Franz Lenbach oder Karl Stieler, Michael Georg Conrad oder Josef Ruederer – deutsch wollte man sein! Auch der Regent selber war in Krieg und Frieden ein Stück dieses Weges gegangen. Er, der sich im Mainfeldzug nicht ohne Ehre geschlagen hatte, der 1869 gegen Hohenlohe gestimmt hatte und 1870 gegen den Kaiserbrief gewesen war, stand jetzt mit selbstverständlicher Bundestreue zum Reich.

Ebenso selbstverständlich betonte der Regent aber auch seine bayerische Eigenstellung, und von den vertragsgemäßen Sonderrechten gab er keinen Strich preis. Nehmen wir nur das »Allerhöchste Signat« zum Kaisermanöver von 1891: »Ich verfüge, daß die aus Anlaß der Anwesenheit Seiner Majestät des deutschen Kaisers stattfindende Beflaggung der Militärgebäude der Garnison München, sowie jene auf dem Paradefelde nur in den bayerischen Landesfarben zu erfolgen habe...« Und wenn es, wie 1898 mit dem Militärstrafverfahren, um bayerische Hoheitsrechte ging, konnte auch Luitpold Berlin ein klares Nein entgegensetzen. Prinz Ludwig, der spätere König, hat es dann 1896 beim Moskauer Krönungsbankett noch deutlicher ausgesprochen: »Wir sind keine Vasallen, keine Untertanen des deutschen Kaisers, sondern seine Verbündeten.«

Das entscheidende Feld der Prinzregentenzeit aber blieb die bayerische Innenpolitik. Mit Lutz war 1890 die Politik zweier Jahrzehnte zu Grabe getragen worden, und seine Nachfolger – der gemäßigt-liberale, kühl zurückhaltende Ministerpräsident Graf Crailsheim und sein gewandter Kultusminister Ludwig August von Müller – suchten den Frieden und die Versöhnung. Auch das Beamtenministerium des Freiherrn von Podewils, das 1903 auf das Ministerium Crailsheim folgte, hielt sich auf der Mittellinie. Bayern wurde mehr und mehr zum reinen Verwaltungsstaat, gekennzeichnet durch Stabilität des Systems, echte Volksverbundenheit und das, was man »süddeutsche Demokratie« nannte. Wer einmal Minister war und sich bewährte, blieb Jahrzehnte auf seinem Posten und wurde sozusagen zur festen Einrichtung. Der Innenminister Graf Feilitzsch etwa behielt sein Portefeuille 26 Jahre, der Finanzminister Emil von Riedel 30 Jahre. Es fehlte nicht an erstklassigen Fachleuten, sondern an wirklichen Staatsmännern: man war drauf und dran, über dem Nur-Verwalten das Regieren zu verlernen.

Seit den Kampfjahren unter Lutz hatte sich freilich auch das bayerische Parteigefüge entscheidend verschoben. Der alte Liberalismus der Völk und Barth, Marquardsen und Stauffenberg hatte seine Werbekraft längst verloren und mußte bei den Wahlen von 1899 selbst in der Pfalz eine volle Niederlage einstecken. Dafür saßen seit 1893 zwei neue Parteien im Landtag: die Sozialdemokraten und der Bauernbund.

Die Verbitterung über das dauernde Absinken der Vieh- und Getreidepreise, dazu der Unmut über die wachsenden Lasten für Heer, Marine und Sozialversicherungen waren Hauptantriebe der neuen Bauernbundbewegung, mit der die radikalen »Patrioten« wieder aufzuleben schienen. Der Doktor Johann Baptist Sigl und der Ruhpoldinger Waldbauer Georg Eisenberger, genannt der »Hutzenauer«, gaben zugkräftige Redner ab, und im niederbayerischen Ackerland um Pfarrkirchen, Landau und Straubing fand die neue Partei ihr Hauptgebiet. Der fränkische Bauernbund um den Freiherrn von Thüngen behielt dagegen eine mehr konservative Färbung.

Wichtiger war der Aufstieg der bayerischen Sozialdemokraten, die in Georg von Vollmar einen Parteiführer von hohen Graden fanden. Vollmar, der einstige bayerische Offizier und päpstliche Schlüsselsoldat, der radikale Schriftleiter und Sozialist von internationalen Beziehungen, hatte seit den späten achtziger Jahren mehr und mehr den Weg eines gemäßigten, aufbauenden, staatsbejahenden Sozialismus eingeschlagen. Alles andere als ein Parteidoktrinär, betonte er immer wieder, wie sich die bayerischen Verhältnisse von denen des übrigen Reiches unterschieden, so daß hier die Sozialdemokratie keine bloße Industriearbeitervertretung sein könne und wolle. »In Bayern existieren erheblich geringere Einkommensunterschiede als anderwärts, weniger Luxus, weniger Bettelarmut... Infolgedessen und infolge des ausgeprägten demokratischen Gefühls ist geringerer Klassenhaß, weniger gegenseitige Absperrung und Überhebung, aber Verkehr auf gleichem Fuße vorhanden. Hiermit hängen Charaktereigenschaften der Bajuwaren zusammen; bei ungebrochener Volkskraft Starrsinn, Steifnackigkeit, wenig Unternehmungsgeist und Profitgier, keine Spur von Unterwürfigkeit, Genußfreudigkeit, mäßige Arbeitslust. Hier regt sich noch ein kräftiges Bauernvolk ...«, schrieb er 1894 an den Parteihistoriker Franz Mehring. Und Vollmar war der Mann, der seinen

Standpunkt, daß »nicht jeder ein Preuße sein könne«, auch Bebel gegenüber zu behaupten wußte. Nur so war es möglich, daß die bayerische Sozialdemokratie erstaunlich an Boden gewann. 1893 zählte sie fünf Landtagsmandate, 1912 bereits dreißig.

Von Anfang an trat dabei die bayerische Sozialdemokratie für die Reform des Wahlrechts ein: gesetzliche Regelung der Wahlkreiseinteilung und Abschaffung der Wahlmänner. Man wählte nämlich immer noch in zwei Wahlgängen, und zwar so, daß zunächst eine »Urwahl« die »Wahlmänner« bestimmte, dann diese »Wahlmänner« den Abgeordneten... Als auch das Zentrum auf die Seite der Wahlreformer überschwenkte, konnte 1906 endlich das direkte Wahlrecht erzwungen werden. Aber selbstverständlich nur für die Männer, und gebunden daran, daß einer seit mindestens einem Jahr Steuer zahlte.

Doch ob neues Wahlrecht oder der Vorstoß von Sozialdemokratie und Bauernbund, nichts konnte die Machtstellung der alten Patriotenpartei erschüttern, die schon seit 1869 die absolute Landtagsmehrheit hielt. Nur daß man sich seit 1887 nicht mehr Patriotenpartei, sondern Zentrum nannte. Freilich, mit dem Namen hatten die Patrioten auch ihre grundsätzliche Reichsfeindschaft abgestreift und man stellte sich mehr auf den konfessionellen als den staatspolitischen Standpunkt; dazu verstärkte sich mit jedem Jahr der bürgerlich-demokratische Zug der Partei. Vor allem zwang das Auftreten des Bauernbundes auch das Zentrum zu einer aktiveren Bauernpolitik, und noch 1893 wurden in Niederbayern und Unterfranken die ersten Bauernvereine gegründet; 1906 hatte man bereits an die 100000 Mitglieder. Eigentlicher Organisator war der Doktor Georg Heim – eine bayerische Kraftnatur von seltenem Eigenwuchs, handfest in seiner Grobheit und ohne alle Leisetreterei, mit einem Wort, der geborene Bauernführer. Heim ging es dabei nicht um die Agitation, sondern um die praktische Arbeit. Die Landwirtschaftliche Zentralgenossenschaft mit ihren Lagerhäusern, die Bauernhochschule der »Regensburger Kurse«, eine Fülle karitativer Leistungen, das war sein stolzes Lebenswerk.

Dazu sprengte der bayerische Katholizismus unter rheinischer Führung auch auf geistigem Gebiet die alte Abwehrstellung der

Kulturkampfzeit. Schon Lutz hatte sich dazu bequemen müssen, mit dem Philosophen Georg von Hertling und dem Historiker Hermann Grauert zwei wissenschaftliche Vertreter des Katholizismus nach München zu holen; 1903 konnte Karl Muth die Monatsschrift »Hochland« gründen, die alle starken Kräfte des deutschen Katholizismus um sich sammelte. Auch das bayerische Zentrum wollte jetzt mehr sein als bloß »die Partei der kleinen Leute, der Bauern und Handwerker mit einigen wenigen intelligenten Führern« (Hertling), und man empfand es als Unglück, daß Bayern schon seit Menschengedenken ein liberales Ministerium hatte.

So sah sich die Regierung seit den neunziger Jahren mehr und mehr auf die Zentrumsstimmen angewiesen und mußte immer wieder Zugeständnisse machen. Noch lebte aber in den Männern der Ministerien die alte bayerische Beamtentradition. Man wich keinen Schritt zurück, wenn es um das Recht des Staates ging, und 1911 ließ es Podewils im Streit um den Verkehrsminister Frauendorfer auf die offene Machtprobe ankommen. Trotz Landtagsauflösung behielt aber das Zentrum die Oberhand, und dem Ministerium blieb nur der Rücktritt. Es war ein bisher unerhörter Schritt, als dann der Prinzregent 1912 mit dem Freiherrn von Hertling einen Parteiführer mit der Regierungsbildung beauftragte. Auch in Bayern begann sich die Entwicklung zum Parlamentarismus abzuzeichnen.

Natürlich haben die fünfundzwanzig glücklichen Jahre der Regentschaft auch für die innere Entwicklung des Landes viel bedeutet. Müßig, hier den alten Büchern nachzuschreiben, wie die Schienenlänge der bayerischen Eisenbahnen sich nahezu verdoppelte, der Postbetrieb verbessert wurde, 1900 das Bürgerliche Gesetzbuch eingeführt wurde, der Aufwand für die Volksschulen von 30 auf 50 Millionen Mark stieg, überhaupt im ganzen Land Schulen und Krankenhäuser gebaut wurden wie noch nie vorher. Es war eben eine Zeit der fortschreitenden Technisierung und Industrialisierung, eine Zeit, in der die Einwohnerzahl Münchens von 230000 auf fast 600000 stieg, die Nürnbergs von nicht ganz 100000 auf über 333000. Das kleine Selb im alten »Sechsämterland« wurde zum Mittelpunkt der deutschen Porzellanindustrie, und im ehemals reichsstädtischen Schweinfurt stiegen die Kugellager-Werke von Fichtel und Sachs zu einem Weltunternehmen auf. Der Ingenieur Karl Linde aus Berndorf in Oberfranken war der große Spezialist für Kältemaschinen, und Johann Siegmund Schuckert in Nürnberg brach der Elektro-Industrie die Bahn; 1892 konnte auch der Maschinenbauer Rudolf Diesel in Augsburg sein erstes Patent anmelden.

Entscheidender bleibt vielleicht, daß nach dem Stillstand unter Ludwig II. ein neuer Abschnitt bayerischer Kulturpolitik begann, nicht so königlich-groß wie unter Ludwig I., nicht so bildungsmäßig-einseitig wie unter Maximilian II., aber weitherzig und nicht kleinlich in den Mitteln. Symbol dafür die breite Avenue der Prinzregentenstraße mit Hubertusbrunnen, Museumsbau und Friedensdenkmal. Die Universitäten in München, Würzburg und Erlangen wurden ausgebaut, erhielten neue Kollegiengebäude und einen ganzen Kranz modernster Institute; mit dem Münchener Nationalmuseum, dem Deutschen Museum, dem Historischen Museum der Pfalz in Speyer erstanden die großen Museumsbauten. Der Ankaufsfonds der Staatsgemäldesammlung wurde bedeutend erhöht und 1909 der in kaiserliche Ungnade gefallene Hugo von Tschudi an ihre Spitze berufen. Und wenn den alten Galeriedirektor kein Mensch gekannt hatte, von dem neuen redete man auf allen Straßen: er machte die beiden Pinakotheken zu einem wirklichen Mittelpunkt des Kunstlebens und brachte München eine erlesene Sammlung moderner Franzosen zu, Hauptwerke von Monet und Manet, Renoir und Cézanne, Gauguin und van Gogh.

Für die Akademie der Wissenschaften hat 1909 ihr Präsident Karl Theodor Heigel den Summenstrich gezogen: »Niemals ist in der Akademie und für die Akademie intensiver gearbeitet worden als heute. Niemals haben sich die Institute und Sammlungen einer treueren Fürsorge der Staatsregierung und Volksvertretung erfreut.« Daneben wuchs seit 1904 auch Prinz Rupprecht, der Enkel Luitpolds und zukünftige Thronerbe, immer mehr in dieses geistige und künstlerische München hinein, und von seinem Palais am Odeonsplatz gingen bald die stärksten Anregungen aus.

Eigentlicher Repräsentant dieser bayerischen Kulturpflege blieb aber doch der Regent selber. Ganz Grandseigneur, in Lebenshaltung und Lebensstil voll ausgeprägtem Geschmack, zog er fast täglich Gelehrte und Künstler zur Tafel und hatte es gerne, wenn die Unterhaltung lebhaft wurde. Oder er machte schon früh am Morgen seine Atelierbesuche, beim großen Maestro genauso wie beim jungen, noch kaum »bekannten« Maler. Auf den Kunstausstellungen war Luitpold nicht nur Besucher sondern auch Käufer. Nie ist es ihm aber eingefallen, Kunst und Künstler irgendwie zu kommandieren. Er wollte sehen und lernen, und er war zu sehr mit der Kunst aufgewachsen, als daß er je unduldsam geworden wäre. Bezeichnenderweise hat gerade der junge Slevogt den Prinzregenten immer wieder gemalt.

Und was mehr sagt als dies alles: seine stille Arbeit und seine schlichte Art gewannen Luitpold mit den Jahren auch die Liebe des breiten Volkes. Den verwetterten Jägerhut auf dem Kopf, Bergschuhe an den Füßen, dazu die lederne Kniehose und die rauhe Lodenjoppe, so kannte man den Regenten im Allgäu und im Spessart, in Berchtesgaden und in der Vorderriß, und wenn er einen anredete, vergaß man schon nach wenigen Worten, daß eigentlich der Herrscher Bayerns vor einem stand. Jeder mußte fühlen, wie dieser alte Mann mit Land und Leuten, Berg und Wald eins geworden war. Und Luitpold wollte nicht König sein wie Ludwig II., sondern nur »des Königreiches Bayern Verweser«. So hat er, umjubelt von allen, 1911 seinen neunzigsten Geburtstag gefeiert, so ist er, betrauert von allen, 1912 hinübergegangen. Mit ihm ging auch jenes alte Bayern, über dem noch ein letzter Widerschein der ludovizianischen Zeit gelegen war.

München leuchtete ...

»Ich sah Menzel eines milden Sommerabends mit Lenbach in einer offenen Einspännerdroschke durch die Ludwigstraße fahren: die Don-Quijote-Figur Lenbachs neben dem kaum über den Rand des zurückgeklappten Verdecks herausragenden Gnom, beide riesige Hornbrillen auf den Nasen und riesige Schlapphüte auf den grotesken Köpfen ...«, ein barockes Bild, das uns hier Georg Fuchs in seinen Erinnerungen zeichnet, so barock, daß man es nicht leicht vergißt. Menzel und Lenbach, die »kleine Exzellenz« und der »Malerfürst« – es waren die zwei Männer, die im späten 19. Jahrhundert in Berlin wie in München die Kunst in Erbpacht hatten.

Natürlich ist es leicht, vom Heute her den Stoß gegen Lenbach zu führen. Aber man muß auch die Geschichte des kleinen Maurerbuben von Schrobenhausen kennen, der barfuß nach München lief, um die Bilder der Alten Pinakothek zu sehen; muß die kühnen Impressionen des Zwanzigjährigen kennen, der schon um 1860 den »Roten Schirm« im Erntefeld malte oder seine »Dorfstraße in Aresing«. Als ihn Graf Schack zum Kopieren von Tizian und Velázquez nach Rom und Madrid schickte, ging sein ursprüngliches Maltalent ganz auf im Streben nach der gepflegten Palette und dem goldbraunen Galerieton der alten Meister. Selbst Lenbachs berühmte Bildnisse sind dann, bei aller Feinheit des Psychologischen, oft nur geniale Inszenierung im Stil eines Murillo oder Rembrandt. Doch Lenbach war mehr als bloß der gesuchteste Bildnismaler seiner Zeit. Ganz altbayerische Kraftnatur, ein Temperament von dreinfahrender Ursprünglichkeit, residierte er in seiner Villa draußen vor den Propyläen wie ein Großer der italienischen Renaissance, unbestritten als Schiedsrichter in Sachen des Geschmacks und der Kunst.

Entscheidend war dabei Lenbachs enger Bund mit dem Architekten Gabriel Seidl, dem geborenen Münchener, der mit der besonnenen Renaissance seiner Villen oder dem Neubau des Nationalmuseums das Gesicht seiner Vaterstadt in hohem Maße bestimmte. Gerade am Nationalmuseum, das den malerischen Reiz einer in Jahrhunderten gewachsenen Baugruppe mit unglaublichem Einfühlungsvermögen nachzugestalten suchte, kann man ablesen, was »Seidlstil« hieß. Und nirgends hingen Lenbach-Bilder besser als in Seidlschen Innenräumen mit ihren schweren Eichenmöbeln, ihren rostroten Wandbezügen und dunklen Schnitzdecken.

Nicht die Architektur, die Malerei war eben die beherrschende Kunst der Zeit. Neben Lenbachs Atelier standen noch Adolf Lier und sein Schüler Josef Wenglein, mit denen die Landschaftskunst Eduard Schleichs verhallte. An der Akademie sammelte sich seit 1870 eine ganze Schule um den Franken Wilhelm Diez – alle großartige Zeichner wie der Meister selber, hervorragende Radierer, geborene Illustratoren. Da war Adolf Hölzel, der 1888 als erster ins Dachauer Hinterland ging; da kam Anton Hoffmann, der Schilderer des alten bayerischen Heeres; folgte der liebenswürdig-schrullige Hermann Stockmann. Als Enkel-Schüler der Radierer Peter Halm mit seiner Vorliebe fürs Rokoko. Selbst Adolf Oberländer, der große Humorist und geniale Zeichner der »Fliegenden Blätter«, stand dem Kreis um Diez nahe.

Einen wirklich Überlegenen ließ aber Lenbach nicht aufkommen, und mit seinem starren »Dös kann i net habn« ging er über Namen hinweg, die wir heute zu den ersten des Jahrhunderts rechnen müssen. Wilhelm Trübner konnte in München genausowenig Fuß fassen wie Hans von Marées, und auch für die großen Impressionisten wie Max Liebermann oder Lovis Corinth war München nur Durchgangsstation; selbst Max Slevogt, der in Landshut geboren und in Würzburg aufgewachsen war, bei Diez gelernt hatte, fand erst in Berlin sein eigentliches Feld. Wilhelm Leibl und Karl Haider aber, in denen sich das bayerische Wesen verkörperte wie nirgends mehr sonst im Malwerk der Zeit, wandten München den Rücken und wählten dafür die Einsamkeit oberbayerischer Gebirgsdörfer.

Leibl, in Köln geboren, aber bayerischen Stammes, war eigentlich von Gustave Courbet entdeckt worden, dem großen Wirklichkeitsschilderer unter den neueren Franzosen. Das Flüchtige der Erscheinung so zu malen, daß es lebt in allen seinen Teilen, daß es selbstverständlich lebt, ohne je die Mühe ahnen zu lassen, war Leibls Ziel. So entstanden draußen in Graßlfing bei Bruck, in Berbling oder Kutterling bei Aibling jene Bauernbilder, die in ihrer juwelenhaften Schönheit für die ganze europäische Malerei vor dem Impressionismus stehen. Karl Haider dagegen war viel altmeisterlicher, viel mehr der geistige Nachfahrer der Münchener Romantiker. Die zarte Beklommenheit der Frühlingslandschaft, die Märchenstille des Voralpenherbstes, den Ausblick über kühle Wiesenhänge und schwermütig dunkle Vorberge – so wie Haider hat das keiner mehr gemalt.

Und doch ließ sich die Jugend auf die Dauer von Lenbach nicht aussperren. Man wollte auch in München »modern« sein, wollte die Freilichtmalerei der großen Franzosen und die helle, aufgelockerte Farbigkeit des Impressionismus. Zum eigentlichen Wortführer wurde dabei Fritz von Uhde, der protestantisch-soziale Sachse, der sich als Maler in Paris und Holland die entscheidenden Eindrücke geholt hatte. 1893 dann, daß Uhde die Münchener »Sezession« gründete – eine »Sondergruppe«, wie der dem Parlamentsleben entnommene Name sagen möchte. Zu Uhde stießen seine Altersgenossen Heinrich Zügel und Hugo Freiherr von Habermann: der eine als monumentaler Tierschilderer, der andere als Maler geistvoller Frauenbildnisse. Doch man hatte in München zuviel gewachsene Tradition, als daß der Impressionismus das hätte werden können, was er in Berlin war, und für einen Landschafter wie Toni Stadler oder einen Meister des Porträts wie Leo Samberger bedeutete »Sezession« noch lange nicht dasselbe wie »Impressionismus«. Geradezu entscheidend war aber, daß Uhde und Habermann selber in Franz Stuck das Gegengewicht fanden. Er, der Müllerssohn von Tettenweis, war ganz Niederbayer, fest in der Handschrift, voll magischer Leuchtkraft in der Farbe. Wenn er seine übermütigen Faune oder ausgelassenen Dämonenweiber malte, hatte er einem Arnold Böcklin das angeborene Theaterblut seines Stammes voraus.

Wie in der Malerei, so konnte sich auch in der Plastik der Impressionismus nicht durchsetzen. Seit 1890 lebte ja Adolf Hildebrand in der Stadt, der größte deutsche Bildhauer der Zeit. Er hatte Jahre in Rom und Florenz verbracht, war der Schüler und Freund Marées' gewesen, stand für einen klaren, scharf auf den Umriß gestellten Stil klassischer Prägung, nicht für ein impressionistisches Verschatten der Linien. Römisch empfunden ist der breit hingelagerte Wittelsbacher Brunnen am Lenbachplatz; klassisch sein Denkmal des Prinzregenten, das den fürstlichen Waidmann im einfachen Mantel daherreiten läßt; ohne Beispiel der Hubertusbrunnen mit seiner abseitigen Stille und dem prächtigen Tierleib über dem ziehenden Wasser. Man kann sagen, daß seit 1900 in München keine Plastik mehr entstand, die sich nicht mit Hildebrand und seinem Werk auseinandergesetzt hätte.

Genauso wich auch in der Architektur die Altertümelei des Seidl-

Ludwig Thoma in seinem Haus auf der Tuften (XXXIX)

Richard Strauss und Clemens Krauss auf der Fahrt zum Salzburger Festspielhaus (XL)

stils der sachlichen Klarheit der neuen »Werkarchitektur«, und man wagte wieder das ehrliche Bekenntnis zu Material und Konstruktion. Theodor Fischer, der Baumeister draußen in Laim, ging voran. Er übernahm 1893 das neugegründete Stadtplanungsbüro und suchte im fast unübersichtlich gewordenen Bereich der städtischen Einzelbauten neue Bahnen zu eröffnen. Vor allem verdankt ihm München seine Isarbrücken mit der toskanischen Schönheit ihrer Bogenstellungen. In den Jahren vor dem ersten Weltkrieg erstand aber auch bereits ein Monumentalwerk des neuen Stils: German Bestelmeyers Erweiterungsbau der Universität.

Fast gleich mit der bildenden Kunst ging die Entwicklung der Literatur. Auch hier zunächst eine stille Zeit von eng umgrenztem Schönheitsempfinden und müder Patina, dann um 1890 der scharfe Gegenstoß der jungen Generation. Noch lebten Lingg und Schack in der Stadt, und Paul Heyses gastfreies Haus war ein Mittelpunkt des geistigen Münchens. Und immer noch liefen Fäden in die Zeit Max' II. zurück: bei Karl Stieler war es altbayerische Mundartdichtung wie bei Kobell, nur glatter in der Form; bei Heinrich Noë, dem klassischen Alpenschilderer, war es die Kunst der Lentner und Steub. Daneben schwärmte jene schönfärberische Familienblattschreiberei, wie sie seit Hermann von Schmid überall wohlgelesen und wohlgelitten war. Selbst Ludwig Ganghofer gehört in diese Bereiche, nur daß er, der Försterssohn von Kaufbeuren, unerschöpflich war in Geschichten, Schnurren, Anekdoten und besser erzählen konnte als die Schaching oder Achleitner.

Wirklich voran wiesen im München der achtziger Jahre nur zwei Lyriker, Heinrich von Reder und Martin Greif. Mit seinem weiten Schlapphut und dem wehenden Mantel war Reder, der alte Artillerieoberst und Ritter des Max-Josef-Ordens, ein Versschreiber von eigenem Wuchs: ungezwungen, frisch, keck, wie nur noch Liliencron. Martin Greif aber – eigentlich Friedrich Hermann Frey und als Sohn eines bayerischen Regierungsrates in Speyer geboren – hatte einen Ton, den man seit Mörike nicht mehr gehört hatte. Es gibt nichts leiser Hingesagtes, Durchfühlteres als seine kleinen Naturbilder, bei denen sich klarer Umriß der Gestalt, gelöste Stimmung und sinnlichste Lautkunst zur Einheit schließen:

»Nun störet die Ähren im Felde
Ein leiser Hauch,
Wenn eine sich beuget, so bebet
Die andre auch.

Es ist, als ahnten sie alle
Der Sichel Schnitt –
Die Blumen und fremden Halme
Erzittern mit.«

Zum bayerischen Schrifttum gehört aber auch die stille Arbeit im Dienst der bayerischen Geschichte und Landeskunde. Karl Theodor Heigel, seit 1885 Professor an der Universität, nationalliberal, beherrscht vom Bismarckschen Reichsgedanken, feilte seine hellen, geistvoll-beschwingten Essays zur bayerischen und deutschen Geschichte. Sigmund Riezler, der Münchener Kaufmannssohn und erste Inhaber des neugeschaffenen Lehrstuhls für Bayerische Geschichte, führte das monumentale Werk seiner »Geschichte Baierns« über acht Bände von der Landnahme bis zum Jahre 1726. Von mustergültiger Gründlichkeit, getönt vom Sprachklang bayerischen Lands, wurde es die beste deutsche Staatengeschichte überhaupt. Der dritte unter diesen bayerischen Historikern, der Oberpfälzer Michael Doeberl, ragt fast noch in unsere Zeit herein. Riezlers Werk übergreifend, eckiger, aber auch knapper und strenger, schrieb er seine »Entwicklungsgeschichte Bayerns«. Und hatte noch Doeberl für die Bewertung der bayerischen Kulturleistung seit der Reformation nur karges Lob gehabt, so standen mit Karl von Reinhardstoettner und Karl Trautmann bereits zwei Männer auf dem Plan, die mit dem »Jahrbuch für Münchener Geschichte« und den Bänden der »Bayerischen Bibliothek« nachdrücklich darauf hinwiesen, daß Bayern nicht zu seinem Schaden immer wieder die Anregungen der romanischen Welt aufgegriffen hatte.

Was echt und durchlebt war wie die Verse Martin Greifs oder das Werk der großen Historiker, blieb auch, als Michael Georg Conrad, der mainfränkische Bauerssohn, die Streitfahne des dichterischen Naturalismus erhob. Naturalismus: das hieß harter Zugriff auf die Wirklichkeit, auch auf die alltägliche, häßliche, banale Wirklichkeit, hieß Bekenntnis zum Werk und zur Kunstauffassung eines Emile Zola. 1885 brachte Conrad das erste Blatt seiner »Gesellschaft« heraus, einer »realistischen Wochenschrift für Literatur, Kunst und öffentliches Leben«, die sich bis 1902 hielt und von den Jungen fast jeden Namen brachte, der etwas zu sagen hatte. Selbst Vollmar war unter den Mitarbeitern.

Wenn sich auch der Naturalismus der Stammesart nicht freiweg aufpfropfen ließ, so gab er doch die Anregung zum Ausformen eines neuen Literaturstils. Da war Hanns von Gumppenberg, Spiritist, Philosoph, Theaterkritiker, der in immer neuen Ansätzen ums große Ideendrama rang, aber wohl weiterleben wird als ein Meister der Parodie. Köstlich, wenn er von Heine und Eichendorff bis herauf zu den Modernen das »Teutsche Dichterroß« in allen Gangarten vorreitet!

Josef Ruederer dagegen, der Urmünchner, auf dessen Wiege der Schatten des Alten Peter fiel, hielt die andere Grundlinie bayerischer Literatur: die böse, pfeifende Satire. So schrieb er seine »Fahnenweihe«, sein Lola-Montez-Stück »Die Morgenröte«, den Novellenband »Tragikomödien«. Oder etwa sein München-Buch von 1907: es ist auf jeder Seite voll grober Wahrheit, aber im Schlußkapitel steigt der Dichter auf den geliebten Frauenturm und breitet uns die Vaterstadt hin, wie sie in der Glut eines Oktoberabends so unvergleichlich vor der Alpenkette liegt. Ruederer, das ist der versetzte, grollende, im Grunde doch unendlich zärtliche Liebhaber.

Gerechtigkeitswille und Freude an literarischer Kirchweihrauferei, derbe Außenseite und innere Weichheit, zutiefst aber die heiße Liebe zur Heimat – alle Ströme bayerischen Wesens schienen sich zu sammeln in der Persönlichkeit Ludwig Thomas. Über Thoma, den Stückeschreiber und Simplicissimus-Mitarbeiter, Zeitsatiriker und Zeitrichter, mögen die Meinungen schwanken, aber bleiben wird seine Bauerndichtung: die Erzählungen im »Agricola« oder ein Roman von der Wucht des »Wittiber«. Wer aber Thoma wirklich kennen will, muß seine »Erinnerungen« lesen, seine Briefe, die Weihnachtslegende von der »Heiligen Nacht«. Auch Thoma ging seinen inneren Weg. »Ich schreite retro. Zum Großdeutschland von anno

48, wo man's träumte. Ich hülle mich immer mehr in Sehnsucht nach süddeutscher Kultur...«, hieß es bei ihm schon 1908, und je älter er wurde, desto mehr drängte es ihn, »aus übervollem Herzen zu sagen und hinzuschreiben«, was ihm sein Bayern war.

Spürte man bei Ludwig Thoma noch die Stadtnähe, die literarische Absicht, den Hintergrund der Moderne, so wuchs dagegen Lena Christ, das arme ledige »Dirndl« aus dem Hügelland um Glonn, ganz aus dem Gefühlskreis des Volkes heraus. 1912 erschienen ihre »Erinnerungen einer Überflüssigen«, ein Buch, das man in die Nähe von Strindbergs »Sohn einer Magd« rücken darf. Schon dem Roman »Matthias Bichler« konnte dann Josef Hofmiller prophezeien, daß er einst als klassisch gelten würde...

Josef Hofmiller – mit ihm ist auch der große Kritiker und Essayist genannt, in dem sich bayerische Bodenständigkeit und weltweiter Humanismus zur Einheit verbanden. Ob er den Meier Helmbrecht nachdichtet oder vom Altar in Rabenden erzählt, ob er über Würzburg schreibt oder San Gimignano, über Goethe oder Voltaire, immer steht ein genialer Selbstdenker dahinter und der Meister einer Sprache, die durchlebt ist vom unverbrauchten, sinnlich-reichen süddeutschen Mundartklang.

Weniger scharf als in Literatur und bildender Kunst drängte München bei der Musik voran. Am Konservatorium gab immer noch Joseph Rheinberger den Ton an: ein liebenswerter Meister, wohlklingend und klar in der Schreibart. Dabei war er der geborene Lehrer, der von überall her die Schüler anzog. Auch nach Rheinbergers Tod blieb das junge München bei einem »gemilderten Fortschritt« stehen, und Ludwig Thuille und Siegmund von Hausegger galten als die führenden Namen. Die Oper aber – es war die Zeit, wo Possart Generalintendant war und auf der Bogenhauser Höhe das neue Prinzregententheater emporstieg – brachte jeden Spätsommer prunkende Wagnerfestspiele. Der Wiener Felix Mottl war der gefeierte Hofkapellmeister und Festdirigent.

Von den modernen Komponisten konnte vor allem Hans Pfitzner an Boden gewinnen, und noch 1917 ging im Prinzregententheater die Uraufführung des »Palestrina« in Szene. Aber auch das eigene Erbe an musikalischer Schöpferkraft warf sich zu einem neuen

Höhepunkt auf. Namen wie Richard Strauss und Max Reger können dafür zeugen. Äußerlich zwei Gegensätze: Strauss, der sprühend feine Mozartdirigent, der geborene Münchener und Enkel Pschorrs, von der Figur und Haltung eines Erzherzogs; Reger, der schwerfällige Oberpfälzer und arme Schullehrerssohn, in der Erscheinung und im türmenden Barockzug seiner Orgelwerke wie ein Bauernchorregent. Und doch waren beide Meister von höchstem Rang – der eine der »impressionistische Abschließer der Wagnerschen Musikdramatik«, der andere von einer polyphonen Begabung, die an Bach erinnert. Doch das München der Jahrhundertwende besaß wohl die Kraft, Komponisten anzuziehen, aber nicht sie zu halten: Strauss ging 1898 nach Berlin, Reger 1907 nach Leipzig, Pfitzner 1908 nach Straßburg.

Von Franz Lenbach bis zu Max Reger – es ist eine Fülle von Namen, die sich hier auf wenigen Seiten zusammendrängt. Und war das München der bayerischen Könige schon immer der Sammelplatz aller schöpferischen Kräfte des Landes gewesen, so wurde es jetzt zu einem Treffpunkt der gärenden, suchenden, schaffenden Jugend aus aller Herren Ländern. Die Tore standen weit offen, und niemand wurde ausgesperrt. Es war die Zeit, wo Ibsen und Lenin, Stefan George und Rainer Maria Rilke, Frank Wedekind und Max Halbe, Thomas Mann und Otto Julius Bierbaum, Paul Klee und Wassily Kandinsky in München lebten, wo Schwabing seinen schillernden Ruf begründete. Schwabing, das behäbige Bauerndorf draußen vor dem Siegestor, hingelagert um das Nikolai-Kirchlein und das Biederstein-Schlößchen, wurde mit einem Male zu einem Stück Großstadt mit langweiligen Straßen und öden Mietskasernen, zu einem Bohème-Viertel mit Ateliers und Literatur-Cafés, Geniebetrieb, Malweibern und weltanschaulichen Radikalisten.

Aber der George-Kreis, das Café Stefanie, die Künstlervereinigung des »Blauen Reiters«, Alfred Walther Heymel mit dem Insel-Verlag, überhaupt ganz Schwabing mit seinem Nebeneinander von aufbauenden und zersetzenden Kräften, gehört doch nur von fernher in eine Geschichte bayerischen Lebens und bayerischer Kulturleistung. Wenn 1896 Albert Langen mit dem »Simplicissimus« das beste und kühnste Witzblatt Europas gründete oder 1909 Kandinsky das erste abstrakte Bild malte, kann man die Voraussetzungen dafür schwerlich in bayerischen Entwicklungsgrundlagen suchen. In einer Schwabinger Mietswohnung gewann schließlich um 1900 auch das Ideengebäude des Bolschewismus seine Gestalt, und dabei war diese russische Emigrantengruppe um Uljanow-Lenin nicht mehr und nicht weniger als einer der vielen Schwabinger »Kreise«.

Was man glaubte mit einer Handbewegung abtun zu können, war in Wirklichkeit ein Sturm und Drang, folgenschwererer und radikaler als jener am Ausgang des 18. Jahrhunderts. Gerade Schwabing hat sein gutes Teil dazu beigetragen, die bürgerliche Gesellschaftsordnung und die bayerische Monarchie von innen her auszuhöhlen. Freilich, noch lebte man mitten in jenem München der Prinzregenten-Zeit, das uns Thomas Mann in der Novelle »Gladius Dei« nachgezeichnet hat: »Die Kunst blüht, die Kunst ist an der Herrschaft; die Kunst streckt ihr rosenumwundenes Szepter über die Stadt hin und lächelt... München leuchtete.«

32. KAPITEL

KÖNIG LUDWIG III.

Frieden und Krieg

Ein schwerfälliger alter Herr mit langen Ziehharmonikahosen und schlecht gewickeltem Regenschirm, eigensinnig, jähzornig, aber hinter der altmodischen Brille ein Paar gütige Augen: so kannten die Münchener den Prinzen Ludwig, der jetzt 1912 das Erbe des Prinzregenten antrat. Das Grandseigneurhafte des Vaters fehlte ihm ebenso wie der Schwung des Sohnes; er war eine durchaus bürgerliche Erscheinung, einfach und von rührender Aufrichtigkeit. In seiner inneren Abneigung gegen alles Höfische und Zeremonielle hatte er nichts dagegen, wenn ihn ein Bauer nach alter Art mit »Du« anredete, und auch als König verging kaum eine Woche, ohne daß er sich mit ein paar Münchener Bürgern in einer Wirtschaft an der Türkenstraße zur Kegelpartie traf. »Wenn wir eine Reichsverfassung hätten, nach der der Kaiser vom Volk gewählt würde, und in der Vorschrift enthalten wäre, der Kaiser muß aus einem der regierenden Fürstenhäuser gewählt werden – ich gebe Ihnen mein Wort, Prinz Ludwig hätte die größte Aussicht, Deutscher Kaiser zu werden«, hatte selbst August Bebel einmal vor dem Reichstag gesagt.

Als ältester Sohn Luitpolds 1845 in München geboren, 1866 bei Helmstadt schwer verwundet, seit 1868 mit der Erzherzogin Maria Therese von Österreich-Este vermählt, kam Ludwig III. mit 67 Jahren zur Regierung. Und hatte man schon den Prinzregenten Luitpold immer gedrängt, die Krone anzunehmen, so erschien jetzt die Aufhebung der Regentschaft geradezu als Notwendigkeit. Nicht nur, daß König Otto, der Bruder Ludwigs II., zwischen Ärzten, Wärtern und Bediensteten hoffnungslos krank dahindämmerte, das Fortbestehen der Regentschaft würde auch für die Gesetzgebung und Verwaltung einen dauernden Hemmschuh bedeutet haben. Ludwig III. ist der Schritt nicht leicht geworden, aber ausschlaggebend war für ihn schließlich das Urteil seiner verfassungsgemäßen Berater: des Ministerpräsidenten Hertling und des Justizministers Thelemann. Bereits am 28. Oktober 1913 nahm die Kammer den Antrag auf Verfassungsänderung an, und anfangs November wurde Ludwig III. zum König ausgerufen. Und so beliebt Ludwig als Prinz gewesen war, jetzt nahm ihm das breite Volk den Griff nach der Krone des Vetters bitter übel.

Wenn irgendein bayerischer Herrscher, wäre aber vielleicht gerade Ludwig III. der Mann gewesen, das soziale Volkskönigtum der neuen Zeit zu verwirklichen. Gewiß, die Kunstliebe und das Kunstverständnis der Ahnen ging Ludwig III. gänzlich ab, aber dafür besaß er einen scharfen Blick für wirtschaftliche Fragen, sah er in Ackerbau und Handel, Industrie und Verkehr die Schlagadern des Landesreichtums. Schon 1891 war er in einer bedeutsamen Kammerrede für die Verbindung von Rhein und Donau eingetreten, überhaupt für die Schaffung einer großen mitteleuropäischen Wasserstraße, und über den Bayerischen Kanalverein hatte er jahrelang das Protektorat geführt. Und vor allem galt Ludwig III. als landwirtschaftliche Autorität: seit 1868 war er Ehrenpräsident des Landwirtschaftlichen Vereins, seit 1875 Herr von Sárvár in Ungarn und Besitzer des Mustergutes Leutstetten; noch 1903 kaufte er das Nachbargut Rieden dazu. Und ein König, der in Leutstetten überall selber dahinter war, noch abends mit der Lampe durch die Ställe ging, mußte sich ganz daheim fühlen, wenn er irgendwo eine landwirtschaftliche Ausstellung eröffnen und mit Kennermiene die Viehstände durchschreiten konnte. Das großstädtische Schimpfwort vom »Millibauer« war hier nicht nur bare Verständnislosigkeit, sondern geradezu »ein Angriff auf die ländliche Grundhaltung dieses Staates, dessen Herren auch immer die ersten Bauern ihres Volkes sein wollten« (Haushofer).

Augenfällig wurde auch der neue Zug in der Innenpolitik. War schon die Berufung Hertlings eine Rücksichtnahme des Prinzregenten auf den Thronfolger gewesen, so lenkte Ludwig III. immer mehr in eine betont kirchliche Richtung, und zum erstenmal seit 1847 hatte man wieder ein Ministerium mit stark katholisch-konservativer Färbung. Nicht mehr Berlin, die Gesandtschaft beim Heiligen Stuhl war jetzt der wichtigste Außenposten des Landes. Es war eine große Geste, als Papst Benedikt XV. das Fest der »Patrona Bavariae« einführte, oder mit Erzbischof Franz von Bettinger nach 125 Jahren wieder ein residierender bayerischer Bischof den Kardinalshut bekam. Als auch der Münchener Nuntius zum Kardinal erhoben wurde, durfte ihm Ludwig III. sogar im Namen des Papstes das Birett aufsetzen – ein Privileg, das den König von Bayern neben die katholischen Monarchen von Österreich-Ungarn und Spanien stellte.

Aber schon stand die Regierung Ludwigs III. im Schatten übermächtiger Ereignisse. Zwar gab es 1914 noch einen Fasching voll glänzender Hoffeste und Bälle, reiste der König noch im Sommer jubelnd begrüßt durch das ernteschwere Bauernland an der Rott, arbeitete das Münchener Künstlertheater an einer großen Festaufführung von Shakespeares »Sturm«, doch schon am 28. Juni fielen die Schüsse von Sarajewo, und am 1. August gab Berlin den Mobilmachungsbefehl – zwei Tage nach Petersburg. Der Weltkrieg war da. Und man ging auch in Bayern voll selbstverständlicher Siegeszuversicht in den Kampf hinein. »Niemand soll je sagen dürfen, Bayerns König habe auch nur einen Augenblick gezögert, die Treue zum Reich durch die Tat zu beweisen«, konnte Ludwig III. am zweiten Mobilmachungstag vom Wittelsbacher Palais herab den Massen zurufen.

Von den Ursachen des Weltkrieges, seinem Vorspiel und seinem Ausbruch haben wir nicht zu reden. Ebenso wäre es müßig, von den Waffentaten der bayerischen Regimenter zu erzählen, von der Ulanenattacke bei Lagarde etwa oder dem siegreichen Vorprellen in Lothringen, von Arras, der Lorettohöhe oder La Bassée, vom Sturm auf Wytschaete in Belgisch-Flandern, wo im frühen November 1914 die Kriegsfreiwilligen der 6. bayerischen Reservedivision zu Tausenden ins Feuer der Briten hineinliefen... Freilich, die Schlacht in Lothringen vom 20. August 1914 war das einzige Mal gewesen, wo die bayerische Armee als Ganzes und unter eigenem Oberbefehl zum Schlagen gekommen war. Schon im September kämpften die einzelnen Verbände an ganz verschiedenen Abschnitten, im Frühjahr 1915 rollte mit dem Korps Bothmer eine bayerische Abteilung in die Karpaten, zuletzt standen bayerische Einheiten an allen Fronten des großen Krieges. Eine Elite-Truppe bildete das neu aufgestellte Alpenkorps unter General Konrad Krafft von Dellmensingen, das im Mai 1915 an die offene Tiroler Front geworfen wurde, noch im Spätherbst den Stoß hinein in die serbischen Berge führte. Aber überall brach sich der frische Anlauf an übermächtigen Widerständen, und im selben Maße, wie die Westfront erstarrte und die Entente-Mächte ihre Hilfsquellen aufschließen konnten, mußten auch die deutschen Siegesaussichten dahinschwinden. Gerade Kronprinz Rupprecht – er stand vom ersten Kriegstag an als Befehlshaber einer Armee, dann einer Heeresgruppe im Westen – durchschaute die Lage in voller Klarheit, und gequält vom Verantwortungsgefühl für seine Soldaten, suchte er bei der Obersten Heeresleitung immer wieder auf den Frieden hinzudrängen. Gegenüber dem krampfhaften Zweckoptimismus der Militärs, die noch bis zum Sommer 1918 von einem deutschen Sieg träumten, war es ein Ringen voll innerer Schwere und letzter Hoffnungslosigkeit. Und nicht nur, daß kein Wort davon an die Außenwelt dringen durfte, in seiner Stellung als bayerischer Thronfolger konnte Rupprecht nicht einmal das Kommando hinwerfen.

Daheim führte indessen Ludwig III. die Regierung weiter, so gut es eben ging, stellte seine Schlösser für verwundete Soldaten zur Verfügung, zwang sich zu patriotischen Reden, zu Fahrten an die Front – zur Pflicht. Neben dem König stand als Ministerpräsident immer noch Graf Georg Hertling, jetzt ein Mann hoch in den Siebzigern, zwar im Reichstag von hohem Ansehen, aber doch mehr Rheinhesse als Bayer und für sein Amt eigentlich zu alt. So fehlte Bayern jeder Einfluß auf die Kriegspolitik des Reiches; mit dem deutschen Kaiser wurden zwar die üblichen Telegramme gewechselt, aber näherkommen konnten sich zwei so grundverschiedene Männer wie Wilhelm II. und Ludwig III. auch im Kriege nicht. »Man kann nicht mit ihm reden, er läßt keinen zu Wort kommen«, hat der König seine Meinung über den Kaiser zusammengefaßt.

Genausowenig konnte man sich aber entschließen, Gespräche weiterzuführen, die sich über Wien und Rom angebahnt hatten, ja der Friedensschritt Papst Benedikts XV. vom Juli 1917 war von vornherein zum Scheitern verurteilt, obwohl die bayerische Regierung ganz auf seiten des Münchener Nuntius Pacelli stand. Selbst als man den Grafen Hertling im Spätherbst 1917 als Reichskanzler nach Berlin holte, blieb es eine Verlegenheitslösung, nur gesucht, um das Zentrum bei der Stange zu halten und die Diktatur der Obersten Heeresleitung zu verschleiern... Der neue Ministerpräsident Otto Ritter von Dandl spielte zwar mit dem Gedanken eines festeren Auftretens, und vielleicht hätte das entschlossene Handeln den völligen Zusammenbruch wirklich verhindern können, aber um bei Ludwig III. durchzudringen, hätte Dandl mehr sein müssen als der tüchtige Jurist und ehemalige Kabinettssekretär, der er war. Längst gewöhnt, nur noch Befehle auszuführen, fand keiner den Mut, über den Schatten der Bismarckschen Reichsverfassung hinwegzuspringen. Das bayerische Königtum zehrte sich auf in einer falsch verstandenen Treue zum Reich.

Es ist merkwürdig: als bereits die 42-cm-Mörser dröhnten, erzählten die alten Veteranen noch von der Belagerung von Belfort, und als 1915 Italien in den Krieg eintrat, meinte Ludwig Thoma, jetzt sollten er und Ganghofer ein freiwilliges Schützenkorps aufstellen; der Referent des Innenministeriums hielt noch Ende 1914 die Rationierung des Brotgetreides für baren Unsinn, und der »Bayerische Frauenverein vom Roten Kreuz« begann seine Lazarettarbeit im Stil von 1869 und mit der 92jährigen Obersthofmeisterin als Präsidentin. Man führte einen Weltkrieg und dachte immer noch in den Vorstellungen des Bismarckreiches und den Maßstäben des Krieges von 1870/71. Dabei hatte das kleine Land auf der Höhe seiner Kraftentfaltung volle 25 Divisionen mit rund 900000 Mann unter Waffen! Und nicht nur, daß den annähernd 4000 Toten von 1870 jetzt fast 200000 gegenüberstanden, man spürte selbst in einem Bauernland wie Bayern die Auswirkungen der englischen Hungerblockade. Dazu seit dem Frühjahr 1915 eine schwerfällig anlaufende Zwangswirtschaft und ein beleidigt zögernder Ministerpräsident, der sich nicht entschließen konnte, einem Praktiker wie Dr. Georg Heim die Bahn freizugeben... Die Bauern fühlten sich schikaniert, die Städter schlecht versorgt, und schon im Frühjahr 1916 kam es in München zu einem ersten Lebensmittelkrawall.

Vor allem standen die zwei maßgeblichen Minister schroff gegeneinander: hier der Kriegsminister Kreß von Kressenstein, der sich die Forderungen der Münchener Arbeiterschaft zu eigen machte und auf einen konsequenten Kriegssozialismus drängte, dort der Innenminister Baron Soden-Fraunhofen, der immer wieder betonte, daß »bei den zu erlassenden Vorschriften Rücksicht zu nehmen sei, nicht bloß auf den Konsumenten, sondern ebenso auf die berechtigten Interessen des Produzenten«. Während das industriearme Bayern bei den großen Kriegsaufträgen ständig leer ausging, mußte man tatenlos zusehen, wie der Reichszentralismus mit jedem Monat wuchs und das Land wirtschaftlich bis aufs letzte ausgepreßt wurde. Wieder einmal erschien die Mainlinie als bayerische Verteidigungsstellung und der Kaiser als Symbol des Unglücks. »Ich habe 66 noch als denkender Mensch miterlebt«, konnte Soden erklären, »aber die Stimmung ist heute schlechter als 66«. Der König fand schließlich keinen anderen Ausweg, als beide Minister wegzuschicken, wenn auch mit der Nuance, daß Soden dabei den Grafenstand erhielt. Die neuen Männer – Brettreich als Innenminister und Hellingrath als Kriegsminister – mochten zwar schmiegsamer sein, aber gerade sie sollten in der Krise der Monarchie völlig versagen.

Noch schien der Burgfriede zu halten, den die Parteien unter dem Eindruck der Augusttage 1914 geschlossen hatten – jener Augusttage, die in den »Erinnerungen« des Historikers Karl Alexander von Müller genauso nachklingen wie in den Versen des Nürnberger Arbeiterdichters Karl Bröger. Selbst Georg von Vollmar wurde tief ergriffen von »der einigen und kraftvollen Haltung des Volkes«. Freilich, Vollmar war schon seit Jahren schwer leidend, stieg kaum noch von seinem »Haus Soiensaß« nach Kochel herunter, aber sein Nachfolger Erhard Auer führte die bayerische Sozialdemokratie auf derselben Linie weiter. Übrigens ein prächtiger Niederbayer, dieser Erhard Auer: breit, trinkfroh, voll persönlichem Mut, trotz seiner verdüsterten Jugend der »handfeste, jeder Phrase abholde Patriot«. Auer fing alle Vorstöße der radikalen Linken von vornherein ab, so daß diese »Unabhängigen Sozialdemokraten« in Bayern eine Splittergruppe blieben, beschränkt auf Oberfranken und das Hinterzimmer einer Münchener Bierwirtschaft, wo der Berliner Fabrikantensohn und Agitator Kurt Eisner seine »Diskussionsabende« abhielt. Eisner war ein glänzender Journalist und als Kunstkritiker der »Münchner Post« hatte er sich einen Namen gemacht, aber eitel und voll verstiegenem Idealismus, besaß er kaum etwas, was ihn dem bayerischen Wesen hätte näherbringen können. Man hielt ihn für einen der vielen »Schwabinger«, und es gab niemand, der ihn ernst genommen hätte, auch Auer nicht. Was die Mehrheitssozialisten beschäftigte, war eben nicht Eisners »revolutionäre Aktion«, sondern die Parlamentarisierung der nun einmal vorhandenen Monarchie. So kam es am 18. September 1917 zum Antrag Auer-Süßheim, der die Aufhebung der Reichsratskammer verlangte, die Ministerernennung auf Vorschlag des Landtags, die Abschaffung des Adels und seiner Privilegien, die Trennung von

Kirche und Staat. Die Begründung des Antrags war deutlich genug: »Ohne die tätige Mitarbeit der Massen kann kein Staat bestehen. Der moderne Staat kann wohl die Fürsten, aber nicht mehr die Massen entbehren...« Doch die angegriffene Reichsratskammer setzte sich leidenschaftlich zur Wehr, und auch die Zentrumsmehrheit und die Liberalen wollten vom Parlamentarismus nichts wissen. Erst in der Regierungserklärung vom 16. Oktober 1918 steht dann das vage Versprechen, man wolle mit den beiden Kammern erörtern, »in welcher Weise unter Berücksichtigung der bayerischen Verhältnisse Mitglieder der Volksvertretung zu Regierungsgeschäften herangezogen werden können«. Zwiespältig und unentschlossen, gaben die Ministerialbürokratie wie die bürgerlichen Parteien nur zögernd nach, wo sie von sich aus hätten handeln müssen...

Und immer stärker wirkte die Kriegslage auf die Heimat zurück. Als am 25. April 1918 die bayerischen Regimenter den Kemmelberg erstürmten, hatte die deutsche Frühjahrsoffensive ihren inneren Gipfel bereits überschritten. Es kam ein Sommer, der die Westfront zum Zerreißen anspannte, und mit dem frühen Herbst begann das langsame Zurückfallen auf die Siegfried-Stellung, die Hunding-Brunhild-Stellung, die Antwerpen-Maas-Stellung. Mitte September brach Bulgarien zusammen und damit die Bastion auf dem Balkan. Im Oktober kam Österreich-Ungarn ins Wanken. Das Münchener Generalkommando starrte voll Sorge auf die offenen Flanken gegen Böhmen und Tirol, raffte in aller Eile nochmals 20000 Mann für den Grenzschutz zusammen. Die 4. bayerische Infanteriedivision wurde aus Lothringen abgezogen und über Innsbruck bis zur Franzensfeste und an den Jaufenpaß vorgeschoben; das Alpenkorps, das soeben Belgrad geräumt hatte, sollte mit der Bahn herangeholt werden. Man rechnete mit den Italienern und den Tschechen, mit alliierten Luftangriffen auf bayerische Städte. Aber noch glaubte man in München wie in Spa überhören zu dürfen, als Kronprinz Rupprecht um das Kommando an der Alpenfront bat...

Wie gut, daß man inzwischen wenigstens mit dem Umbau der Verfassung ein Stück vorangekommen war! Unterm 2. November 1918 erging ein königlicher Erlaß, wonach künftig die von der Krone berufenen Minister zugleich das Vertrauen des Landtags besitzen müßten, und es war eine ausgemachte Sache, daß für die Nationalliberalen Casselmann, für die Fortschrittler Müller-Meiningen, für das Zentrum Held, für die Sozialdemokraten Auer in die neue Regierung eintreten würden. Der König wollte nur noch die formelle Zustimmung der Reichsratskammer einholen – und keiner seiner Berater ahnte, daß man mit diesem Spiel um die Ministersessel nicht nur die Zeit sondern auch die Massen verlieren konnte. Seit ein paar Wochen standen nämlich gerade in München die alten Sozialdemokraten in harter Abwehr gegen die »Unabhängigen«, die bei der Nachwahl am 17. November das Reichstagsmandat des zurückgetretenen Herrn von Vollmar eintun wollten. Der Gegner in den Redeschlachten war Kurt Eisner, der, seit dem Januarstreik in Haft, wegen dieser seiner Reichstagskandidatur freigelassen wurde und nun seine Agitation erstmals über das Vereinszimmer hinaustragen konnte. Die Schwabinger Bohème, die zusammengewürfelte Arbeiterschaft der neuen Krupp-Werke in Freimann, die radikalen Bauernbündler um die Brüder Gandorfer gaben eine breitere Anhängerschaft ab. Dazu kam die geschickt ausgegebene Parole von der »preußischen Kriegsverlängerung«. Gewiß, die erregten Massen auf den Straßen und in den Versammlungssälen wollten nicht die Republik, sondern den Frieden, Brot, eine bescheidene Sicherheit des Daseins, aber wenn der König nicht imstande war, das zu geben, wenn er zu schwach war, sich gegen Berlin durchzusetzen, dann mußte er fallen...

Inzwischen hatte aber auch in Berlin der Umschwung eingesetzt. Der neue Reichskanzler Prinz Max von Baden stand im Notenwechsel mit Präsident Wilson, und die deutsche Waffenstillstandsdelegation machte sich fertig zur Abreise nach Compiègne. Für München schien nur eine große Friedenskundgebung auf der Theresienwiese zu bleiben, zu der die beiden sozialistischen Parteien gemeinsam einluden. 7. November 1918. Der Innenminister glaubte der Stadt sicher zu sein, der Kriegsminister der Armee, Erhard Auer der Arbeiterschaft, und tatsächlich ging zunächst alles ruhig und diszipliniert. Bis beim Abrücken auf einmal Kurt Eisner die Kundgebung in die Hand bekam: ein wüster Menschenhaufe, der sich johlend durch die Straßen wälzte, mit roten Fahnen vor die Residenz zog, Kasernen und Proviantämter stürmte, Trambahn und Züge anhielt. Überall sinnlose Schießereien, hier und da auch der heisere Ruf »Nieder mit dem Millibauern!« Im Mathäser, der Haupteinkehr der Münchener Garnison, bildete sich unter Eisners Vorsitz ein Arbeiter- und Soldatenrat, der Bayern zur »demokratischen und sozialen Republik« erklärte. Noch in der Nacht wurden Generalkommando und Polizeipräsidium »erobert«; ein Unteroffizier besetzte mit einer Handvoll »Revoluzzern« den Landtag in der Prannerstraße. Zweifellos hätte – wie Doeberl meinte – ein einziges verlässiges Bataillon genügt, um der »Farce« ein Ende zu machen, aber die Regierung hatte völlig den Kopf verloren und stob beim ersten Anstoß in alle Winde auseinander. Selbst der Kriegsminister konnte nur auf eine preußische Division bei Landsberg verweisen, die er jetzt persönlich herbeiholen wollte. Das Bürgertum war längst so kriegsmüde und revolutionsgeduldig geworden, daß es die Ereignisse mit einem Achselzucken hinnahm. Erhard Auer, der sich bis zuletzt gegen »Gewalt und Gepolter« und gegen allen »republikanischen Aberglauben« ausgesprochen hatte, suchte noch in der Nacht zum 8. November mit den alten Machthabern in Fühlung zu kommen. Als er sich aber von der völligen Hilflosigkeit in den Ministerien überzeugt hatte, traten auch die Mehrheitssozialisten der provisorischen Regierung bei: jetzt galt es, das Ärgste zu verhüten und die entglittenen Massen wieder in die Hand zu bekommen.

Während sich alle, deren Pflicht es gewesen wäre, den greisen König wo nicht zu schützen, so doch richtig zu informieren, feige in die Winkel verkrochen, machte Ludwig III. wie immer seinen Spaziergang durch den Englischen Garten. Es war ein wehmütig-klarer, herbstblauer Tag, und der König dachte an alles andere als an eine Revolution. Da kam ein Arbeiter auf ihn zu: »Majestät, gengan S' hoam und bleibn S' in der Residenz, sonst passiert Ihner was ...« Der alte Herr war völlig überrumpelt, fühlte sich von allen Seiten bedroht und belogen. Er zögerte, schwankte, entschloß sich dann abends, vom eigenen Innenminister gedrängt, doch zur Flucht. Schloß Wildenwarth im Chiemgau, der Wildmeister am Hintersee,

Schloß Anif bei Salzburg waren die Stationen. In Anif erließ Ludwig III., von allen Seiten genötigt, am 13. November 1918 die Erklärung, daß er nicht mehr in der Lage sei, die Regierung fortzuführen und unter den gegebenen Verhältnissen Offiziere und Beamte von ihrem Treueid entbinde. Die Abdankung verweigerte er.

Nach einem Leben voll Arbeit für das bayerische Land blieb Ludwig III. nur noch das Exil. Erst der tote König kehrte 1921 nach München zurück – an einem regnerischen Novembertag voll dumpfen Glocken und wirbelnden Trommeln, mit Tausenden von Menschen, die schweigend an den Straßen standen.

ACHTES BUCH

Bayern im 20. Jahrhundert

33. KAPITEL

IN DER WEIMARER REPUBLIK

Es bleibt merkwürdig, daß ausgerechnet im konservativen Bayern die erste deutsche Krone gefallen ist. Aber vielleicht war nichts leichter zu treffen als dieser unorganisierte, rein gefühlsmäßige bayerische Konservativismus: schon auf den ersten Schlag brach die Münchener Zentrale zusammen, und für die Provinz genügten Telefon und Telegraph. Bezeichnend dafür Josef Hofmiller und sein »Revolutionstagebuch« vom 8. November 1918. »Als ich in meinem Gymnasium über die Treppe hinaufging, erzählte mir Hartlmeier von der 8. Klasse, sie hätten eine schreckliche Nacht hinter sich: das Generalkommando und der ›Bayerische Hof‹ seien gestürmt, an unserer Studienkirche sei ein Maschinengewehr aufgefahren gewesen... Im Lehrerzimmer erfuhr ich dann von den anderen Herren, daß in der Nacht die Unabhängigen sich der öffentlichen Gewalt bemächtigt haben; es scheinen alle Zeitungen in ihrer Hand zu sein. Die ›Neuesten Nachrichten‹ enthalten auf der ersten Seite einen von Kurt Eisner unterzeichneten Aufruf...«

So ist die Revolution von 1918 kein innerer Aufbruch gewesen, sondern nur ein geglückter Theatercoup, und ihr Ergebnis mußte über Jahre hin als bloßes Provisorium erscheinen. Eisner blieb auch als Ministerpräsident der weltfremde Literat, den höchstens sein Preußenhaß mit dem breiten Volk verband. Er suchte zwar eine konsequent-bayerische Friedenspolitik zu steuern, wollte die Sonderrechte der alten Monarchie auch gegen das sozialistische Berlin behaupten – und geriet doch zwischen sämtliche Stühle. Auf der einen Seite die sich langsam sammelnden Konservativen; auf der anderen die Sturmtrupps der Revolution, die nach dem »Kinderspiel« ihres 7. November mit jedem Tag radikaler wurden; die Mehrheitssozialisten aber als unversöhnliche Gegner im eigenen Kabinett. Die ersten freien Wahlen am 12. Januar 1919 brachten die völlige Niederlage der »Unabhängigen«, die von den 188 Sitzen ganze drei erringen konnten. Als am 21. Februar der neue Landtag zusammentrat, gab es für Eisner nur noch zwei Möglichkeiten: entweder Rücktritt oder Staatsstreich. In diesem Augenblick, auf dem Weg zum Landtagsgebäude, trafen Kurt Eisner die tödlichen Schüsse des Grafen Toni Arco, eines blutjungen Leutnants vom ehemaligen Infanterie-Leibregiment...

Wenn auch das Attentat vom 21. Februar eine Einzelaktion war, einfach der Leutnant Arco, der auszog, den »Tyrannen« Eisner zu töten wie einst Charlotte Corday den »Bürger« Marat – ohne Blutvergießen ließ sich die Sache nicht mehr bereinigen. Noch am selben Morgen die Schießerei im Bayerischen Landtag, bei der Erhard Auer schwer verwundet wurde, der Abgeordnete Osel und der Major Jahreis tot zusammenbrachen... Die bürgerlichen Parteien wichen, trotz ihrer Zweidrittelmehrheit, zurück soweit es irgend ging und drängten den bisherigen Kultusminister, den Pfälzer Johannes Hoffmann, das Präsidium der neuen, rein sozialistischen Regierung zu übernehmen. Hoffmann suchte den Radikalismus von links zu dämpfen, so gut er konnte, mußte jedoch schon wenige Wochen später mit Regierung und Landtag nach Nordbayern ausweichen, wo Würzburg und Bamberg, ja selbst die Industriestadt Nürnberg, einen gewissen Rückhalt bildeten. In München aber riefen die revolutionären Gruppen nach einer tumultuarischen Nachtsitzung im Wittelsbacher Palais am 7. April 1919 die Räterepublik aus.

Und zunächst erschien diese Räterepublik wie ein großes Sozial-Schwabing hier auf Erden: »Volksbeauftragte« wie die Literaten Gustav Landauer und Erich Mühsam oder der Student Ernst Toller gaben den Ton an; der böhmische Schlosser Paulukum wurde, weil er immerhin einiges von Lokomotiven verstand, Verkehrsminister; der neue Außenminister Dr. Lipp, der, nach Tollers eigenem Zeugnis, statt des Gesichts nur einen Vollbart hatte, schickte sein berühmt gewordenes Telegramm nach Moskau. »Jeder arbeitet, wie er es für gut hält«, erklärte Landauer. »Das Unterordnungsverhältnis wird aufgehoben, das juristische Denken hat hiermit aufgehört...« Aber bei der Unmöglichkeit, Nordbayern mitzureißen, dem zunehmenden Widerstand draußen auf dem flachen Land, den wachsenden Versorgungsschwierigkeiten der großen Stadt, schlug die Rätebewegung bald um in die bolschewistische Diktatur. An Stelle der Literaten traten russische Revolutionäre, wie der Max-Weber-

Schüler Eugen Leviné oder der Lenin-Anhänger Max Levien. Der 26jährige Matrose Eglhofer spielte laut und brutal den Stadtkommandanten, schrieb beim Geiselmord im Luitpold-Gymnasium das »Meine Zustimmung geb' ich« auf den Zettel mit dem Erschießungsbefehl...

Die Regierung in Bamberg ließ weder die Reichswehr noch das in Thüringen stehende bayerische Freikorps Epp heran. Nach den Schlappen von Freising und Dachau mußte man aber doch die Grenzen öffnen, und als über Ingolstadt und Augsburg her die »Weiße Armee« anrückte, stob die Räteregierung wie ein Spuk auseinander. Am 1./2. Mai 1919 die Einnahme Münchens durch die Preußen, Württemberger und Epp-Leute – ein schmutziger Straßenkampf mit roten Partisanen und Dachschützen, dem brutalen Durchgreifen der weißen Freikorps, die die Revolution buchstäblich mit dem Stiefelabsatz austraten.

Überhaupt schien es, als ob das Befehlen und Schießen auch das breite Land aus seiner Dumpfheit aufgeschreckt hätten. Man schrie nach »Ruhe und Ordnung«, tat sich zu den »Einwohnerwehren« zusammen, machte den Isener Forstrat Georg Escherich zum »Landeshauptmann« und damit zum ungekrönten König von Bayern. Es war die Zeit, wo Gustav Ritter von Kahr die Regierung Hoffmann ablöste und für den 26. September 1920 zum großen »Landesschießen« nach München einlud: Tausende von Wehrleuten auf dem Königsplatz, Gebirgsschützen aus dem Chiemgau und vom Tegernsee, weiß-blaue Fahnen selbst in den Vorstädten. Überall die alte, schon von Aventin gerühmte Freude am »Wehrtragen« und eine Parade, die zum Volksfest wurde!

Freilich, neben diesen letztlich unpolitischen, typisch-bayerischen Einwohnerwehren gab es noch eine andere Bewegung, die nicht durch Bauernschaft und Mittelstand bestimmt wurde, sondern durch den Radikalismus von rechts. Da waren die vielen Unzufriedenen im Land, Arbeitslose, abgedankte Soldaten und verbitterte Intellektuelle, norddeutsche Nationalisten, die in Bayern ihre Zuflucht gefunden hatten – Figuren wie General Ludendorff und Großadmiral Tirpitz, Kapitän Ehrhardt, die Hauptleute Göring und Röhm, der Schriftsteller Dietrich Eckart oder der Architekturstudent Alfred Rosenberg. Es waren lauter einzelne Gruppen und Grüppchen, alle betont »völkisch« und »vaterländisch«, und auf den ersten Blick schienen sie dasselbe zu wollen wie die bayerischen Konservativen und Monarchisten. Im Grunde aber ging es ihnen um die Gegenrevolution: um Bayern als »Ordnungszelle im Reich« und als Machtbasis für den Marsch auf das »rote Berlin«. Und eine solche rechtsradikale Gruppe, die nach und nach alle anderen aufsaugen sollte, war schließlich auch die »Nationalsozialistische Deutsche Arbeiterpartei« um Adolf Hitler aus der österreichischen Grenzstadt Braunau am Inn. Dabei konnte es Hitler und den anderen »Völkischen« nur recht sein, wenn die Reichsregierung im Sommer 1921 unter dem Druck der Siegermächte die Auflösung der bayerischen Einwohnerwehren erzwang: damit wurden die mittelständischen Massen noch weiter nach rechts gedrängt und die Spannungen zwischen München und Berlin nochmals verschärft und vertieft.

Der eigentliche Schwerpunkt der Politik hatte sich inzwischen längst vom innerbayerischen auf das innerdeutsche Feld verlagert. Schon 1918 war mit der Revolution auch das Problem der bayerischen Staatlichkeit wieder aufgetaucht, und hatte das Spiel um die neue Reichsverfassung begonnen. Die Frage war, ob die Verträge von 1870 als erloschen galten und man auf einem neuen Zusammenschluß der deutschen Einzelstaaten bestehen mußte, oder ob es um das Fortführen des Bismarckreiches ging und das Festhalten an den alten Reservatrechten. Ein Abweichen vom bayerischen Staatsgedanken war dabei für keine bayerische Regierung möglich, denn gerade mit dem Zusammenbruch des Reiches war der eigene Staatswille wieder machtvoll aufgelebt, und es gab sogar Gruppen im Land, die an den Zusammenschluß mit Deutsch-Österreich dachten oder an eine übergreifende »Union Alpine«...

Der erste Verfassungsentwurf von Professor Preuß zeigte aber, daß die neue deutsche Republik den Einheitsstaat suchte und einen Reichszentralismus weit über das Bismarcksche Vorbild hinaus. Am 6. Februar 1919 trat in Weimar die verfassunggebende Nationalversammlung zusammen. Schon am 25. März 1919 sah sich der Bayerische Landtag gezwungen, gegen das dauernde Zurückdrängen der Einzelstaaten seinen »entschiedenen Widerspruch« einzulegen.

Aber der Protest verhallte, und die Regierung Hoffmann, die auf einmal zu Bamberg im Exil saß und um Reichshilfe bitten mußte, hatte sich nur lächerlich gemacht. So stimmten zuletzt auch die bayerischen Abgeordneten für die Weimarer Verfassung und die Preisgabe der alten Sonderrechte. Die bayerischen Gesandtschaften in Stuttgart und Dresden, Wien und Bern, Petersburg, Rom und Paris wurden aufgehoben, Post, Eisenbahn und Militär dem Reich unterstellt, die bayerischen Rentämter in Finanzämter des Reiches umgewandelt. Die neue eigene Verfassung vom September 1919, die sogenannte »Bamberger Verfassung«, kam demgegenüber eigentlich zu spät. Als einziger Lichtblick erschien die Bewegung in Coburg, wo sich bei der Volksabstimmung vom 30. November 1919 das ganze ehemalige Herzogtum mit 26000 von rund 30000 Stimmen für den Anschluß an Bayern aussprach.

Erst mit dem endgültigen Niederwerfen des Räte-Regimes und dem Sich-Festigen der bürgerlich-konservativen Kräfte begann eine neue Welle des Widerstands gegen den Berliner Reichszentralismus. Vor allem ging es um den Artikel 48 der Weimarer Verfassung, der dem Reichspräsidenten die Möglichkeit gab, »zur Wiederherstellung der öffentlichen Sicherheit und Ordnung die nötigen Maßnahmen zu treffen, erforderlichenfalls mit Hilfe der bewaffneten Macht einzuschreiten«. Wenn Ereignisse wie der Kapp-Putsch oder der Rathenau-Mord, der Streit um die Einwohnerwehr oder der Ruhrkampf immer wieder scharfe Maßnahmen der Reichsregierung herausforderten, sah Bayern darin eine Verletzung seiner Hoheitsrechte und einen Eingriff in die eigene Polizeigewalt. So folgte von 1920 bis 1924 ein Verfassungskonflikt zwischen Bayern und Reich dem anderen.

Dieses gespannte Verhältnis zum Reich wirkte seinerseits wieder auf die bayerische Innenpolitik zurück. Zwar hatte man auch in München seit dem Sommer 1919 die gleiche Regierung von Sozialdemokraten, Zentrum und Demokratischer Volkspartei wie in Berlin, aber diese »Weimarer Koalition« mußte in Bayern beim ersten Verfassungskonflikt auseinanderbrechen. Das bayerische Zentrum hatte sich nicht zufällig schon im November 1918 zur »Bayerischen Volkspartei« umgebildet, sich im Januar 1920 auch im Reichstag zur eigenen Fraktion erklärt: man wollte die große christliche Sammelpartei sein, weiß-blau und föderalistisch wie die alten »Patrioten« von 1868. In Georg Heim hatte man den durchschlagenden Volksmann, in Heinrich Held den politischen Taktiker, und selbst Gegner von einst schwenkten herüber, wie der Freiherr von Pechmann als Wortführer des fränkischen Luthertums oder der Doktor Ludwig Thoma mit der Macht seiner Polemik im »Miesbacher Anzeiger«... Demgegenüber kamen die Sozialisten seit den Schüssen auf Erhard Auer immer mehr unter den Einfluß ihrer Berliner Regierungszentrale: sie hielten wohl im Landtag noch föderalistische Reden zum Fenster hinaus, im Reichstag aber standen sie zum unitaristischen Kurs der Gesamtpartei. Die Folge war, daß über dem Kapp-Putsch der Ministerpräsident Hoffmann und die Mehrheitssozialisten aus der Regierung hinausgedrängt wurden und sich dafür das Kabinett Kahr bildete, gestützt auf die Bayerische Volkspartei, die Demokraten und den Bauernbund.

Wenn auch die Landtagswahl vom Juni 1920 diesen Rechtsruck bestätigte, zu einer Beruhigung kam es nicht. Heim schreckte vor der Regierungsverantwortung zurück, sah lieber zu, wie sich drei vorgeschobene »bürgerliche« Ministerpräsidenten nacheinander verbrauchten: zunächst Gustav Ritter von Kahr, dann der Graf Hugo von Lerchenfeld-Köfering, der Neffe des ehemaligen Gesandten in Berlin; schließlich Eugen von Knilling, Exzellenz und Ex-Kultusminister von 1912–18. Selbst eine von der Volkspartei tolerierte Regierung konnte eben nicht gegen drei Seiten zugleich fechten – gegen den Reichszentralismus und gegen den Radikalismus von rechts und links. Vielleicht, daß Kahr, Regierungspräsident von Oberbayern und ganz Typ des alten Beamten, noch am meisten Profil und Festigkeit gezeigt hatte. Jedenfalls holte man ihn, als der Abbruch des Ruhrkampfes die Temperatur zur Siedehitze steigerte, wieder zurück und bestellte ihn am 26. September 1923 zum Generalstaatskommissar. Erfüllt vom Bismarckschen Reichsgedanken und einer unerschütterlichen Treue zum wittelsbachischen Haus, wollte Kahr den Ausnahmezustand benutzen, um alle »nationalen Kräfte« zusammenzufassen und die Monarchie zurückzuführen...

Vor diesem Hintergrund fand auch Hitler seine erste breitere

Anhängerschaft. Nicht, daß man seine Ideologie irgendwie aufgegriffen oder gar begriffen hätte, aber er konnte nun mit dem bayerisch-föderalistischen Wind segeln, in den Wirren von Ruhreinbruch, Inflation und Verfassungskonflikt den hungernden Massen Freiheit und Recht versprechen, Arbeit und Brot. Schon im Frühjahr 1923 fühlte sich Hitler stark genug, um der Münchener Regierung offenen Widerstand entgegenzusetzen. Dann kam sein Putsch im Stil der Jungtürken: es galt, Kahr zu überrennen, das Volk mitzureißen, hinein in den »Marsch auf Berlin«. Am Ende die bekannten Vorgänge in der Nacht vom 8. auf den 9. November 1923 und das scharfe Durchgreifen des Generalstaatskommissars, sobald er seine Bewegungsfreiheit wiedererlangt hatte. Der große Demonstrationszug durch die Straßen Münchens zerflatterte nach den ersten Schüssen der bayerischen Landespolizei an der Feldherrnhalle. Der Hitler-Prozeß, die Landsberger Festungshaft, das Auseinanderbrechen der NSDAP: für Bayern schien der Fall erledigt.

Aber auch die »Ära Kahr« ging mit dem Februar 1924 sang- und klanglos zu Ende, und im Sommer nahm mit Heinrich Held endlich die Bayerische Volkspartei selber die Zügel in die Hand. Gestützt auf einen Wählerblock, der noch gewachsenes Volk war und nicht zufällige Stimmung, konnte sich das Ministerium Held, während im Reich zehn Regierungen wechselten, behaupten bis hin zum Jahre 1933. Man glaubte in Politik und Wirtschaft eine erste Stabilisierung zu spüren, und auch in Kultur und Leben gab es so etwas wie eine bayerische Variante der »Goldenen zwanziger Jahre«.

Es war die Zeit, wo Adolf Feulner das bayerische Rokoko wiederentdeckte und der Kiem Pauli das oberbayerische Volkslied, eine machtvolle Heimatbewegung hinging über das ganze Land. Dominikus Böhm brach dem neuen Kirchenbau die Bahn; German Bestelmeyer gab der Profanarchitektur ihre ernste Würde zurück. Um Karl Becker-Gundahl und Karl Caspar sammelten sich die beiden großen Malschulen der Akademie, von zeichnerischer Monumentalität bestimmt die eine, von farbiger die andere. In der Skulptur bedeutete Josef Wackerle Kraft und Temperament des Oberlands; Bernhard Bleeker und Hermann Hahn aber stellten noch um 1930 ihre klassischen Rossebändiger vor den Erweiterungsbau der Technischen Hochschule. An der Akademie der Tonkunst lehrte seit 1921 Josef Haas aus Maihingen im Ries; seit 1924 lebte auch Richard Strauss in München und Garmisch.

Seit die Sturmvögel der Revolution nach Berlin gezogen waren, ein Bert Brecht aus Augsburg und ein Johannes R. Becher aus München, ein Ernst Toller, der in der Haft von Niederschönenfeld sein berühmtes »Schwalbenbuch« geschrieben hatte, seit dieser Zeit schlug auch die Stimme des eigenen Landes wieder durch die dichterische Prosa: mittelfränkisch-verspielt bei Jakob Wassermann, schwäbisch-herb bei Peter Dörfler, dinghaft und klar bei Hans Carossa. Karl Bröger hob das neue Nürnberg ins Gedicht, »Kamine und Essen, trotzig gereckt in den Wind«; Georg Britting sah, wie die Donau kam, »breit hergeflossen wie ein großer, silberner Fisch«. Bei Richard Billinger aber verband sich die übersteigerte Gebärde des Expressionismus mit der dunkel-strömenden Gewalt seiner Innviertler Bauernheimat:

»Donau, Lob! Und Lob des Wassers Brand!
Lob dir, wiesenduftend, ahnenheilig Bayernland!
Lob euch, Mann und Weib, von Kraft umschauert,
Ewig eurer Herzen Wollust dauert!«

Die drei Landesuniversitäten als Zentren des modernen Wissenschaftsbetriebs waren freilich längst über alles Stammesmäßig-Umhauste hinausgewachsen und hatten gerade in den zwanziger Jahren ihren selbstverständlichen Anteil an der internationalen Gelehrtenrepublik. Wenn wir nur einmal München hernehmen! Für die philosophische Fakultät stand der große Romanist und geniale Übersetzer Karl Voßler; für die Theologie Martin Grabmann, der Durchforscher der alten scholastischen »Summen«; bei den Nationalökonomen galt immer noch der Kathedersozialist Lujo Brentano als der glänzende Redner und Lehrer. Den Physiklehrstuhl, wie ihn bis 1920 Wilhelm Conrad Röntgen innegehabt hatte, vertrat der bahnbrechende Strahlenforscher Wilhelm Wien; bei den Chemikern war auf Adolf von Baeyer der Nobelpreisträger Richard Willstätter gefolgt. An den Universitätskliniken aber wirkten der

Chirurg Ferdinand Sauerbruch, der »königliche Arzt« Friedrich Müller, der Psychiater Oswald Bumke, der mit seinem »Lehrbuch der Geisteskrankheiten« ein Meisterwerk deutscher Sachprosa schrieb. Unter den medizinischen Fakultäten galt München in Deutschland »unbestritten als die erste«. Daneben die Technische Hochschule, die sich unter dem Rektorat des großen Mathematikers Walter von Dyck längst die Gleichstellung mit der Universität erkämpft hatte.

Selbst noch die Außenseiter in diesem vielbewegten geistigen München konnten so eigenwillige Denker sein wie der Geschichtsphilosoph Oswald Spengler, der seit 1911 in der Stadt lebte, oder baiwarische Kraftnaturen wie der Ingenieur Oskar von Miller, mit dessen Namen das Deutsche Museum und das neue Walchensee-Kraftwerk untrennbar verbunden waren. Schon mußte es aber auch wie ein Menetekel wirken, wenn Richard Willstätter 1924 seine Professur hinwarf, um gegen die antisemitische Berufungspolitik seiner Fakultät zu protestieren...

Nicht, als ob die Regierung Held bewußte Kulturpolitik getrieben hätte wie die Könige des 19. Jahrhunderts: man kümmerte sich um die Schulen und Universitäten und ließ im übrigen den Kräften freies Spiel. Im Vordergrund stand auch nach 1924 der Kampf gegen den Zentralismus von Weimar. Nur, daß er jetzt nicht mehr mit Ausnahmezuständen, Befehlsverweigerungen und Pressefeldzügen geführt wurde, sondern mit Regierungsdenkschriften und Anträgen auf Reichsreform. Man rannte an gegen die von Erzberger straff zentralisierte Finanzverwaltung, die die Länder aushöhlte und zu bloßen »Kostgängern des Reiches« machte. Dabei blieb der versprochene »Finanzausgleich« so unregelmäßig, daß der bayerische Staatshaushalt völlig aus der Balance kam; waren Treu und Glauben längst so erschüttert, daß man die Abschlagszahlungen für die bayerische Post und Eisenbahn beim Reichsgerichtshof in Leipzig einklagen mußte... Und es ging nicht bloß ums Geld allein, sondern noch mehr um den Wirtschaftsstil des alten Bayern selber, um jenes »Leben und leben lassen«, das hierzulande seit Jahrhunderten der oberste Grundsatz gewesen war. Held sah mit tiefer Sorge, wie der immer noch tragende Mittelstand in die Mühle der

Wirtschaftskrise geriet, wie sich auch in Bayern ein schroffes Nebeneinander von arm und reich abzuzeichnen begann.

Freilich, über der ganzen Entwicklung lagen die Schatten der Außenpolitik und des verlorenen Krieges. Während Bayern verzweifelt um den Ausgleich seines Staatshaushaltes rang, stand das Reich den Milliardenforderungen der Siegermächte gegenüber. Dawes-Plan, Locarno-Konferenz, Young-Plan, Hoover-Moratorium... Bei einer Schuldensumme von 36 Milliarden und Zahlungsverpflichtungen bis hin zum Jahr 1988 mußten die Verhandlungen in London oder Paris, Genf oder Lausanne, bis ins letzte Dorf zurückwirken. Man kann verstehen, wie die bayerische Regierung immer wieder auf die Außenpolitik Einfluß nehmen wollte, der bayerische Landtag ungeniert in die außenpolitische Debatte eintrat. Aber mit den Reservatrechten hatte Bayern auch den letzten Rest der alten Souveränität verloren, und Helds Stellung war noch schwächer als die von Hertling oder Dandl. Als einziger Eckpfeiler blieben die Beziehungen zur Kurie, und hier kam wenigstens das Konkordat von 1924 unter Dach: ein regelrechter Staatsvertrag, der heute noch genauso gilt wie das bayerische Gesandtschaftsrecht beim Heiligen Stuhl. Daneben stand Frankreich, das 1920 auf eigene Faust seine Gesandtschaft in München wiederbesetzt hatte. Aber das Frankreich der zwanziger Jahre war noch das Frankreich Poincarés und der traditionellen Rheinpolitik, und seit der Fuchs-Machhaus-Prozeß die Münchener Gesandtschaft als Agenten- und Separatisten-Zentrale erwiesen hatte, konnte kein bayerischer Ministerpräsident hier ein Anknüpfen wagen...

So blieb als einzige Bewegung in die Breite die bayerisch-monarchistische – eben der zähe Glaube eines Bauernlandes, daß die Krone genüge, um alles wieder recht zu machen. Sah doch jeder, wie dem Staat der König fehlte und die neuen Minister kamen und gingen wie die Pächter auf einem fremden Hof! Und es mußte doppelt zählen, wenn die alte Dynastie, nach einer langen Reihe bemerkenswerter Herrscher, jetzt in Kronprinz Rupprecht einen Prätendenten stellte, der politischen Weitblick, tätiges Kulturbewußtsein und echte Volksnähe in seltener Weise miteinander verband. Hatte Kronprinz Rupprecht schon 1918 von Brüssel aus gegen den Umsturz in München seine Verwahrung eingelegt, so konnte er beim Tod Ludwigs III. in ruhiger Würde erklären, daß nun er selber »eingetreten sei in die Rechte seines Vaters«. Um den Rosenheimer Obergeometer Rudolf Kanzler, dann um Erwein von Aretin und Ennoch von Guttenberg, bildete sich der »Bayerische Heimat- und Königsbund«, der auf seinen »Weiß-blauen Tagen« für einen mehr gefühlsbetonten als politisch organisierten Monarchismus warb. Es würde eines Tages alles von selber gehen... Aber wenn man auch, bis weit in den Kreis von Landtag und Regierung hinein, mit dem Königsgedanken spielte, den Staatsstreich durfte man von Held nicht erwarten. Und auch der Kronprinz hielt mit der Tat zurück. Er wollte gerufen werden, gebeten sein, sah die Krone nicht bei einer, sondern über allen Parteien. So ist die Monarchie seit dem November 1921 Jahre vor der Tür gestanden, aber hereingekommen ist sie nicht.

Und schon wurde die ganze Entwicklung bestimmt vom Hintreiben auf den großen Katarakt von 1933. Der »Schwarze Freitag« von 1929, die Weltwirtschaftskrise, steigende Arbeitslosigkeit im ganzen Reich, schreiende Not in Oberfranken und im Bayerischen Wald... Die Hitlerpartei, die bei den Landtagswahlen von 1928 ganze neun Sitze errungen hatte, kam auf dem Umweg über Thüringen und Berlin wieder zurück nach Bayern. Zwar behaupteten gerade die katholischen Provinzen auch jetzt noch eine erstaunliche Widerstandskraft, aber man hielt nur, stieß nicht mehr durch. Überall festgerannte Parteizäune, die eine Verständigung zwischen Christen und Sozialisten unmöglich machten, ein verschlissener Föderalismus, der längst an »gouvernementaler Austrocknung« litt (Schwend). Die Landtagswahlen von 1932 warfen den Bauernbund und die Deutschnationalen nieder, kosteten den Sozialisten schwere Verluste. Ergebnis: Volkspartei 45 Sitze, NSDAP 43 Sitze, Sozialdemokraten 20 Sitze. Für Held blieb nur noch der Ausweg des »geschäftsführenden Kabinetts«, ein Uniformverbot für die SA, der Versuch, eine eigene »Bayernwacht« zu mobilisieren.

Nach dem 30. Januar 1933, in zwölfter Stunde, der verwegene Plan des Volkspartei-Vorsitzenden Fritz Schäffer, der »braunen Diktatur« die Monarchie entgegenzusetzen. Der Kronprinz sollte zum Generalstaatskommissar ernannt werden, toleriert von den Sozialdemokraten, denen ein König Rupprecht immer noch lieber war als ein Kanzler Hitler. Doch man war weder der Straße noch der bayerischen Reichswehrdivision sicher, hatte den Mut zum Handeln genauso verloren wie 1918 die Minister des Königs. Zwar konnte die Bayerische Volkspartei auch noch in den Terror-Wahlen vom 5. März 1933 ihren Millionenblock behaupten, die Sozialdemokratie wenigstens ihren Wählerstamm, aber dafür marschierte am 9. März der Stabschef Röhm mit seiner SA am Marienplatz auf. Als Ministerpräsident Held auch jetzt noch die Abdankung verweigerte, setzte ein Telegramm aus Berlin den General Ritter von Epp zum Reichskommissar ein. Auf einmal überall Hakenkreuzfahnen, geplünderte Zeitungsredaktionen, marschierende Kolonnen und johlende Massen... Genau vierzehn Tage später wurde in Dachau das Konzentrationslager eröffnet.

34. KAPITEL

UNTER DER DIKTATUR

Seit dem 9. März 1933 hatte man auch in Bayern wieder die Revolution, diesmal die nationalsozialistische. Nur daß viele Leute zunächst kaum begriffen, was eigentlich vor sich ging. Man klammerte sich daran, daß in Berlin immer noch der Reichspräsident von Hindenburg im Amte war und daß der Reichsstatthalter Ritter von Epp wenigstens aus der alten Armee kam und einst das Infanterie-Leibregiment kommandiert hatte. Kleine Markthonoratioren draußen auf dem Land beschwerten sich bei den Kreisregierungen wegen der »Wahlbeeinflussung« durch die NSDAP, und Ministerpräsident Held bestand auf seinen verfassungsmäßigen Rechten, obwohl bereits der Hermann Esser aus Röhrmoos als Kommissar in seinem Vorzimmer saß. Erst am 15. März legte Held die Regierung nieder, verwahrte sich aber noch von der Schweiz aus schriftlich gegen alle Vorwürfe des Separatismus und der »Aufrichtung einer Mainlinie oder der Anlehnung der bayerischen Politik an einen außerdeutschen Staat«.

Es folgte das makabre Zwischenspiel der Regierung Siebert, in der die Staatskommissare bereits als Minister saßen, die Bayerische Volkspartei aber mit dem Grafen Quadt-Isny immer noch ein Ressort behaupten wollte. Ministerpräsident Siebert, vorher Oberbürgermeister von Lindau, Pfälzer, Parteigenosse, hatte sich als gelernter Jurist immerhin einen Rest von rechtsstaatlichem Denken bewahrt und versuchte, zusammen mit Epp, wenigstens einigermaßen paragraphenmäßig zu regieren. In Wirklichkeit aber war die Gewalt längst an den Stabschef Röhm und seine SA-Kommissare übergegangen. Berufsoffizier und Berufsrevolutionär, über Jahre hin nach Bolivien verschlagen, von Sittlichkeitsskandalen umwittert, als Chef hart und stur: ausgerechnet diesem Ernst Röhm hatte Hitler Bayern als eine Art Freiraum überlassen. Und Röhm wiederum wurde gedeckt vom neuen Innenminister Adolf Wagner, einem geborenen Lothringer und verkrachten Bergwerksdirektor aus der Oberpfalz, wurde abgestützt vom neuen Polizeipräsidenten Heinrich Himmler, der freilich auf leisen Sohlen selber zur Macht strebte. So ging seit dem 9. März 1933 eine wilde Verhaftungswelle über ganz Bayern hin, erfaßte nach reiner Willkür ehemalige Minister und Politiker, Geistliche, Juden, Publizisten, Kommunisten, Sozialisten, seit dem 26. Juni auch alle irgendwie wichtigen Männer der Bayerischen Volkspartei, vom Landtagsabgeordneten bis herab zum Bauernbürgermeister. Man hieß das alles »Schutzhaft«, und dahinter verbargen sich Hausdurchsuchungen, Mißhandlungen, unbefristetes Einsperren, im schlimmsten Fall das von Himmler und seiner SS betriebene Zwangsarbeitslager Dachau. Als der bayerische Monarchist Erwein Freiherr von Aretin am 7. November dort eingeliefert wurde, war er bereits der Häftling Nummer 4267. Wer wieder herauskam, hatte nur die Wahl zwischen der Emigration oder einem eisernen Schweigen. Nur so ist es zu begreifen, daß noch in diesem Jahr 1933 alle Parteien, außer der NSDAP, sich auflösen ließen oder sich selber auflösten wie die Bayerische Volkspartei.

Röhm wurde zwar bei seinem sogenannten »Putsch« vom 30. Juni 1934 erschossen, mit ihm eine Reihe höherer SA-Führer. Aber weil es so einfach ging, ermordeten die SS-Leute nebenbei auch alte Regime-Gegner wie Gustav Ritter von Kahr oder Fritz Gerlich, den Chefredakteur des Kampfblattes »Der gerade Weg«. Daß schon vorher mit dem »Gesetz zum Neuaufbau des Reiches« vom 30. Januar 1934 den Länderparlamenten der Todesstoß versetzt worden war und die Bayerische Staatsregierung nur noch als »Reichsmittelbehörde« gelten konnte, ging in der längst »gleichgeschalteten« Presse praktisch unter. Und kaum einer, der sich klarmachte, wie selbst der Verwaltungskörper »Bayern« von den Gauleitern der Partei rücksichtslos aufgesprengt wurde: vom Judenhetzer Julius Streicher in Nürnberg, der sich als »Frankenführer« aufspielte; von Hans Schemm in Bayreuth, der aus Oberfranken, der Oberpfalz und Niederbayern den »Gau Bayerische Ostmark« zusammenschusterte; von Josef Bürckel in Kaiserslautern, der mit seinem »Gau Saarpfalz« die Loslösung des alten Rheinkreises vorantrieb.

Letzten Endes sind freilich auch bei uns die Menschen in den Nazismus hineingestolpert, wie sie noch überall und zu allen Zeiten in die Diktatur hineingestolpert sind – schrittweise; ein lauter Haufe auf der Straße und eine mißtrauisch-zögernde Mehrheit daheim am Herd; mit vor- und zurückschlagenden Wellen, die Atempausen vortäuschten, wo es in Wirklichkeit in den Abgrund ging. Das Heer der Arbeitslosen verschwand binnen Jahr und Tag, und überall wurden Straßen gebaut, die Queralpenstraße, die Ostmarkstraße, die Reichsautobahn nach Salzburg – auch wenn das Ganze nur ein Teil der großen europäischen Umrüstung von der Dampflok auf das Auto war. Die Bauern sahen sich durch das »Umschuldungsverfahren« vor der Gant bewahrt und mit dem »Reichserbhofgesetz« aus den Wirtschaftszwängen herausgenommen – auch wenn dadurch die Technisierung und Rationalisierung der Landwirtschaft um Jahrzehnte verzögert wurde. 1936 dann, bei der Eröffnung der IV. Olympischen Winterspiele in Garmisch-Partenkirchen, stand der Diktator umjubelt vor den Gästen aus aller Welt, und Versailles schien für immer versunken. Man mußte es hinnehmen, wenn der Gauleiter selbst in einem Pfarrkirchen an der Rott über den Platz hinbrüllte: »Adolf Hitler, wir sind Dir verbunden im Leben und im Tod! Wir holen den Teufel aus der Hölle, wenn

Du uns den Auftrag gibst, denn wir wissen, Du hast Deutschland vom politischen Tod zum politischen Leben und damit zum Aufstieg gerufen. Wir grüßen Dich! Sieg Heil!«

Auch in der Kunst- und Kulturentwicklung hatte das Jahr 1933 mit seinen Zeitungsverboten, Bücherverbrennungen, Dienstentlassungen, Ausbürgerungen zunächst den großen Schock bedeutet. Um nur bei der Literatur zu bleiben: es waren aus München weggegangen Thomas Mann, Bruno Frank, Lion Feuchtwanger, aber auch so bayerisch getönte Erzähler wie Oskar Maria Graf, Anette Kolb oder Mechtilde Lichnowsky, die geborene Gräfin Arco-Zinneberg. Trotzdem war der Anhauch des Landes nicht ganz zurückzudrängen: seit 1935 kam Eugen Roth heraus mit seinen heiteren Versen und seiner schönen Prosa; 1936 ließ der Niederbayer Wilhelm Dieß seine »Stegreifgeschichten« erscheinen; für Franken standen Ernst Penzold und die Brüder Anton und Friedrich Schnack. Bei den Münchener Volkssängern gab es immer noch die Hintergründigkeit eines Karl Valentin und die bajuwarische Unverwüstlichkeit eines Weiß Ferdl. Bezeichnend dabei, daß der Name »Weiß Ferdl« zuletzt gerade für den gebeizten politischen Witz zu einer Art Gütezeichen werden konnte.

In der Musik stieß Werner Egk aus Auchsesheim bei Donauwörth durch, etwa mit einer Oper wie der »Zaubergeige« von 1935, und 1937 führte Carl Orff seine »Carmina Burana« erstmals auf. Und während das neue »Haus der deutschen Kunst« an der Prinzregentenstraße die offizielle Staatskunst präsentierte, arbeiteten daneben immer noch Maler wie Josef Achmann aus Regensburg, Max Unold aus Memmingen, Adolf Schinnerer aus Schwarzenbach an der Saale. Selbst gegen Thoraks Bildhaueratelier draußen in Baldham behaupteten sich die archaischen Akte eines Anton Hiller oder Toni Stadler, das Frühwerk Hans Wimmers, etwa mit den Porträtköpfen von Richard Billinger oder Karl Voßler.

Wie der Bewegungsraum aber enger wurde, nicht weiter, zeigt ein einziger Blick auf die Bände der Monatsschrift »Das Innere Reich«, 1934 von Paul Alverdes und Karl Benno von Mechow in München gegründet. Bereits im Oktober 1936 mußten sich Herausgeber und Verleger auf der ersten Seite öffentlich entschuldigen und erklären, daß ihnen eine Herabsetzung Friedrichs des Großen völlig ferne gelegen hätte. Und man konnte nicht einmal zwischendurch nach Österreich hinübergehen, denn die Grenze war gesperrt und nur gegen eine Gebühr von tausend Reichsmark passierbar. Jeder breitere Widerstand war eben bereits 1933/34 zerschlagen worden, und es blieb bei einigen geheimen Zellen, je nachdem militärisch, kommunistisch, sozialistisch eingefärbt. In Bayern auch monarchistisch. Ja, Kronprinz Rupprecht, der noch am 10. April 1933 bei Reichspräsident Hindenburg einen ernsten Protest eingelegt hatte, erschien vielen als letzter Repräsentant des eigenen Staatsgedankens. Die Gestapo antwortete natürlich auch dem alten Königshaus auf ihre Weise: mit Bespitzelung, Schikanen, Verhören, dann mit der Sippenhaft und der Verfolgung des Kronprinzen bis hinein ins italienische Exil.

So blieben als einzige Gegenkraft bis zuletzt die beiden christlichen Kirchen. Gewiß, sie hatten zunächst versucht, sich mit dem neuen Regime einigermaßen zu arrangieren. Aber als sie sehen mußten, daß es um die Konfessionsschule ging, die Jugendbewegung, das Alte Testament, die freie Religionsausübung, ja den Glauben in seinem festen Bestand, wurden sie wie von selber in die Abwehr hineingezwungen. Und sie hatten dabei ein anderes Gesetz als das der reinen Politik. Im alten Kardinal Michael von Faulhaber und im neugewählten evangelischen Landesbischof Hans Meiser fanden sich die beiden Männer, die über das Wort verfügten, Autorität hatten und auch taktisches Geschick. Denn es war ein schmutziger Krieg, der den Kirchen mehr abverlangte als bloß die Bereitschaft zum offenen Bekenntnis. Kardinal Faulhabers Adventspredigten »Judentum – Christentum – Germanentum« setzten schon 1933 ein weithin sichtbares Zeichen des Widerspruchs. 1934 dann schlug die Evangelische Landeskirche alle Einbruchsversuche des nazistischen »Reichsbischofs« Müller entschieden ab, ja eine Bauerndelegation aus den Dekanaten Ansbach, Rothenburg, Feuchtwangen und Uffenheim drang ungeniert bis zum Reichsstatthalter und zum Ministerpräsidenten vor. Noch im April 1941 gab es fast im ganzen Land heftige Tumulte, als der Gauleiter und Kultusminister Wagner die Kreuze aus den Schulen entfernen lassen wollte – Tumulte, bei denen die Frauen entschieden tapferer waren als die Männer.

Zum Fanal gesteigert hat sich dieser Widerstand allerdings nur zweimal: mit dem aufbegehrenden Wort des Jesuitenpaters und ehemaligen Feldpredigers Rupert Mayer und mit der Münchener Studentenrevolte der Geschwister Scholl, die vom christlichen Humanismus herkamen und vom Kreis um Professor Huber und Karl Muth. Aber Pater Rupert Mayer wurde schon 1939 ins Konzentrationslager Sachsenhausen gebracht und dann im Kloster Ettal »konfiniert«. Hans und Sophie Scholl, ihre Freunde und Hintermänner, Professor Huber nicht zuletzt, standen im Frühjahr 1943 vor dem »Volksgerichtshof« Roland Freislers, der insgesamt sechs Todesurteile fällte.

Der Ausgang des Krieges hat den Kirchen die »Endlösung« erspart, wie sie seit 1938 für die bayerischen Juden zur bitteren Wirklichkeit wurde, in München, in Nürnberg, in Fürth. Hatten sie 1933 allein als Kultusgemeinde an die 42 000 Mitglieder ausgemacht, so sollten sie dreißig Jahre später kaum noch 5 000 Menschen zählen...

Wie das System mit den militärischen Rückschlägen seit dem Kriegswinter 1941, dann den Bombenangriffen auch auf Süddeutschland, von Tag zu Tag brutaler wurde, zeigte die Handhabung der Macht durch das neue »Zentralministerium« des Gauleiters Giesler von 1942. In der Kanzlei Martin Bormanns großgeworden, vorher Gauleiter von Westfalen-Süd, vereinigte Giesler seit dem Ausscheiden Adolf Wagners und dem Tod Ludwig Sieberts sämtliche bayerischen Ministerien in einer Hand und suchte als »Reichsverteidigungskommissar« das Land bis zuletzt in der Front zu halten. Noch am 28. April 1945, als die Amerikaner bereits in Augsburg standen, scheiterte der Versuch der »Freiheitsaktion Bayern«, den verhaßten Gauleiter auszuheben. General Epp versagte kläglich, wo er als alter Soldat hätte handeln müssen; Hauptmann Gerngroß aber konnte mit seinen Leuten lediglich die Sender Freimann und Erding für ein paar Stunden wegnehmen. Immerhin, der Rundfunkaufruf der »Freiheitsaktion Bayern« löste im Oberland spontane Bürgerreaktionen aus, in Bad Wiessee etwa, in Penzberg, in Altötting. Sie alle fielen den Erschießungskommandos von SS,

Volkssturm und Werwolf zum Opfer. Wir haben, ganz am Schluß, noch einmal das Problem des Widerstandes in einer Diktatur: wie es für den einzelnen, mangelhaft informiert und ohne Einsicht und Übersicht über die tatsächlichen Verhältnisse, kaum mehr möglich ist, sich zu entscheiden, sich richtig zu entscheiden, Gesicht und Maske auseinanderzuhalten.

Am 30. April 1945 rückten die Voraustruppen der 7. US-Armee kampflos in München ein. In die zertrümmerte und zerbombte Stadt, die von ihren gut 800000 Einwohnern auf 480000 zurückgefallen war.

35. KAPITEL
EIN AUSBLICK

Im Frühjahr 1945 lag Bayern da wie dreihundert Jahre vorher am Ende des Dreißigjährigen Krieges. Zerstörte Brücken, Städte, Häuser zeigten, wie der Vorstoß der amerikanischen Panzer gegangen war und wo man sich sinnlos gewehrt hatte. Aber alle Spuren des unmittelbaren Kampfes bedeuteten kaum noch etwas, wenn man auf die im Luftkrieg zerstörten Städte schaute. Es ging hier um die großen Ballungsräume von Nürnberg, Augsburg und München, aber auch um Mittelstädte wie Aschaffenburg, Schweinfurt oder Bayreuth. Das heitere alte Würzburg war noch am 16. März 1945 durch einen Hagel englischer Brandbomben fast ausgelöscht worden. Als einziger Trost blieb, daß das bayerische Staatsgebiet, mit Ausnahme von Lindau und der Pfalz, noch im Zusammenhang stand und nicht in verschiedene Besatzungszonen zerrissen war. Freilich, eine Bayerische Staatsregierung gab es nur auf dem Papier, und daß es überhaupt weiterging, verdankte man dem Augenmaß braver Landräte und Bürgermeister, nicht zuletzt der Redlichkeit des einfachen Mannes trotz so vieler Jahre Krieg. Und ohne sich vorzudrängen, mußte jetzt Kardinal Faulhaber ganz von selber als der eigentliche Sprecher des Landes gelten. Er schlug den Amerikanern Fritz Schäffer als Ministerpräsidenten vor – den letzten Vorsitzenden der aufgelösten Volkspartei und Finanzminister von 1931 bis 1933.

Schäffer übernahm sein Amt am 28. Mai 1945, praktisch ohne Vollmacht, auf die Münchener Militärregierung angewiesen, überall von Sach- und Personalzwängen bedrängt. Als Angelpunkt erschien dabei die »Entnazifizierung«, wie sie die amerikanischen Zeitungsmacher und Umerzieher meinten. Und zwar bis hinab zum letzten »Mitläufer«, was allein im Staatsdienst die Überprüfung und teilweise Entlassung von etwa 470 000 nachgeordneten Beamten bedeutet hätte. Schäffer suchte abzubremsen, aber als General George S. Patton das Kommando verlor, der Oberbefehlshaber der 3. Armee in Bad Tölz, riß sein Sturz auch das erste bayerische Nachkriegskabinett in den Strudel mit.

Das amerikanische Hauptquartier in Frankfurt am Main setzte dafür noch am 28. September 1945 den Sozialdemokraten Wilhelm Hoegner als neuen Ministerpräsidenten ein. Gleichzeitig stellte General Eisenhower mit seiner Proklamation Nummer 2 Bayern auch offiziell als Staat wieder her und gab damit der Regierungsarbeit von vornherein eine breitere Basis. Hoegner, selber Jurist wie Schäffer, war in langen Zürcher Exiljahren zu einem leidenschaftlichen Föderalisten geworden, und was er wollte und dachte, hat er in einer seiner ersten Reden deutlich ausgesprochen: »Ein Deutsches Reich besteht heute kaum mehr, wohl aber wieder ein bayerischer Staat, den wir aufbauen müssen, bevor wir wieder an ein Reich denken können. Ich rede keinem Separatismus das Wort, davon bin ich weit entfernt; aber wir sollten es durch eine föderalistische Gliederung des Reiches, durch Bildung starker Länder, nach menschlichem Ermessen verhindern, daß je wieder Millionen von Deutschen auf Befehl eines Tyrannen sich bis ans Ende der Welt treiben lassen... Wir wissen nicht, was aus Deutschland wird; aber den bayerischen Staat wollen wir uns so einrichten, daß sich auch der ärmste bayerische Arbeiter und Bauer darin heimisch fühlen kann. Unser Verstand sagt aus vielerlei Gründen Deutschland, aber unser Herz gehört Bayern, unserem engeren Vaterland.«

Richtschnur für den ganzen Wiederaufbau sollte dabei eine neue bayerische Verfassung sein. Hoegner hatte noch im Exil mit dem St. Gallener Staatsrechtler Hans Nawiasky Gespräche geführt und einen ersten Entwurf ausgearbeitet. Jetzt gab es zunächst einen »Vorbereitenden Verfassungsausschuß«, dann, seit dem 30. Juni 1946, eine »Verfassunggebende Landesversammlung«. Ihre Sitze markierten das Ergebnis der ersten freien Wahlen nach dem Krieg: CSU 109, SPD 51, KPD 8, WAV 8 und FDP 4. Man tagte in der etwas gestelzten Jugendstil-Aula der Universität; Michael Horlacher schwang die Präsidentenglocke; die Galerien saßen voller Studenten, die das Kolleg geschwänzt hatten, um dafür eine Lektion in Demokratie zu nehmen. Vor allem ging es um die Frage des eigenen Staatspräsidenten, die mit 85 gegen 84 Stimmen abgewiesen wurde. Die SPD ließ dabei den Ministerpräsidenten allein vornestehen. Die CSU aber brach in zwei Flügel auseinander. Den altbayerisch-konservativen führte Alois Hundhammer, der noch von Dr. Heim und seinem Bauernverein herkam; den fränkisch-liberalen Josef Müller, der durch die Widerstandsbewegung um Admiral Canaris gegangen war.

Immerhin, es blieb eine Verfassung, die nicht von oben erlassen worden war wie die von 1818, nicht im Schatten von Weimar stand wie die von 1919, sondern den Neubau von unten suchte und das geschlossene System. Man hatte den Mut, sogar eine eigene zweite Kammer einzurichten, den Senat, nach Berufsständen gegliedert und mit dem Recht der Gesetzesprüfung und der Gesetzesinitiative. Und wenn auch sonst mancher Verfassungsartikel bis heute auf dem Papier geblieben ist, der Begriff des »Freistaates Bayern« gewann jetzt erst Leben, gerade auch in der Rückbesinnung auf die eigene Geschichte und die eigene Kulturaufgabe. Das Volk jedenfalls hat die Verfassung von 1946 mit überwältigender Mehrheit angenommen, bei den Wahlen zum ersten Landtag aber auch das Mandat für die CSU bestätigt. Wilhelm Hoegner trat am 16. Dezember 1946 zurück. Das neue Koalitionskabinett bildete Hans Ehard, der Kompromißkandidat der CSU und ehemalige Zweite Staatsanwalt des Hitler-Prozesses von 1923.

Aber noch herrschten die Verhältnisse der Stunde Null. Oder wie es Josef Müller rückschauend umschrieben hat: »Manches Ereignis war voll ernster Tragik, manches von reiner Komik, und beinahe alles von unvorstellbarer Primitivität.« Das alte Herzland Bayern war zum »Zonenrandgebiet« geworden, von Thüringen, Sachsen, der Tschechoslowakei, ja selbst von Österreich durch einen eisernen Vorhang abgeschlossen, mit begrenzten Reserven, die sich rasch aufzehrten. Als Ministerpräsident Ehard im Sommer 1947 eine gesamtdeutsche Ministerpräsidentenkonferenz zusammenzubringen suchte, stand die Versorgung kurz vor dem Ende, und im Hungerwinter 1947/48 fiel die Fettration auf ganze 75 Gramm pro Kopf und Monat zusammen. Und hatten schon die Kriegsjahre die schleichende Inflation bedeutet, so gab es jetzt nur noch den Schwarzmarkt, Hamsterfahrten und die »Zigarettenwährung«.

Noch weiter vorne aber stand für viele die Entnazifizierung, mit der Wilhelm Hoegner den entschlossenen Anfang gemacht hatte. Unter dem massiven Druck des Alliierten Kontrollrats in Berlin und ruckartig, so daß von den etwa 18000 Volksschullehrern über Nacht 10000 auf der Straße standen. Die Unzahl der »Fälle« aber spottete jeder Übersicht, und bis zur Wende der amerikanischen Besatzungspolitik im Herbst 1948 blieb es bei einem einzigen großen Durcheinander. Es gab landauf, landab nichts als endlose Fragebögen und beigelegte »Persilscheine«, Berufsverbote und sich gesundstoßende »Treuhänder«, Spruchkammerverfahren, Vermögenssperren, Internierungslager; dazu den Captain in der nächsten Kreisstadt, der munter dazwischenfuhr. Daß die eigene Staatsregierung das Ganze nicht so grimmig meinte, ließ sich höchstens daran ablesen, daß man die mißliebigen Minister auf das Entnazifizierungsressort abschob: unter Hoegner etwa den Kommunisten Heinrich Schmitt; unter Ehard den Rechtsanwalt Loritz, der die spektakuläre »Wirtschaftliche Aufbauvereinigung« gegründet hatte, die WAV.

Vor lauter Alltag merkte man es zunächst gar nicht, daß in zwei Jahren das innere Gefüge des Landes entscheidender verschoben wurde als sonst in zwei Jahrhunderten. Zunächst hatte der Krieg 300000 Evakuierte und Ostflüchtlinge im Land zurückgelassen, dazu mindestens ebensoviele Ausländer, Verschleppte, Zwangsarbeiter – »Displaced Persons«, wie es so schön hieß. Dann signalisierte

General Lucius D. Clay im Herbst 1945 die »Rückführung« aller Deutschen aus Polen, Ungarn und der Tschechoslowakei, und mit dem Frühjahr 1946 kamen tatsächlich die Ausgetriebenen zu Hunderttausenden über die Grenze, kaum das nötigste Marschgepäck an der Hand. Man mußte »Flüchtlingskommissare« einsetzen, das letzte Bett und Zimmer in Beschlag nehmen, gerade das flache Land und seine wenigen Arbeitsplätze mit Menschen überstauen. Insgesamt hat Bayern mit seinen knapp sieben Millionen Einwohnern bis 1950 nochmals an die zwei Millionen Menschen aufgenommen, und keineswegs nur lauter stammverwandte Böhmerwäldler oder vom alten Österreich geprägte Sudetendeutsche.

Bis 1950 hin bildete sich auch das neue Parteigefüge aus. Als erste wurden dabei SPD und KPD wieder zugelassen. Die Kommunisten hatten zwar zunächst das Wohlwollen der Besatzungsmacht, aber keine Chance, sich auf die Dauer halten zu können. Die SPD dagegen ließ den alten Kultur- und Klassenkampf mehr und mehr hinter sich und rang sich durch zu einer Partei des sozialen Fortschritts, die geschickt auf die allgemeine Gefühlsdemokratie des breiten Landes setzte. Auch die neugegründete »Christlich-Soziale Union« wollte mehr sein als bloß die wiedererstandene »Bayerische Volkspartei« – nämlich Sammelpunkt aller christlichen Kräfte, ohne Rücksicht auf die Konfession und auf die Nur-Konservativen. Daß es dabei bald offene, bald versteckte Flügelschlachten gab, liegt auf der Hand. Was sonst noch liberal war, sammelte sich in der »Freien Demokratischen Partei«, die in Mittelfranken den Schwerpunkt fand und in Thomas Dehler aus Lichtenfels ihren ersten Vorsitzenden.

Nichts aber war bezeichnender, als daß sich seit 1948 eine extrem-föderalistische Landespartei in raschem Anlauf ein Fünftel aller Wählerstimmen erobern konnte: die Bayernpartei. Mit ihr schienen die »Radikalen Patrioten« von 1868 wieder aufzuleben und der »Bauernbund« von 1893, kamen die Gefühle in die Politik: das bayerische Staats- und Lebensgefühl, das Widerstreben gegen den Frankfurter »Wirtschaftsrat«, die Abneigung gegen alles Fremde überhaupt. In Professor Baumgartner, dem Kleinbauerssohn von Sulzemoos hinterhalb Dachau, fand die Partei den unvergeßlichen

Volkstribun, der es sich offen zu sagen traute, daß der Entnazifizierung nun endlich die »Entbazifizierung« folgen müsse. Demgegenüber kam, von den Besatzungsmächten behindert, der »Bund der Heimatvertriebenen und Entrechteten« für Bayern fast zu spät. Gerade die Bayernpartei und die Vertriebenenpartei sollten ja in dem Maß an Werbekraft verlieren, in dem sich die Verhältnisse einpendelten und ein großer Einschmelzungs- und Aufbauprozeß das Land von innen heraus wandelte.

Entscheidend blieb aber auch für Bayern die neue amerikanische Außenpolitik und der Währungsschnitt von 1948. Arbeit und Anpacken bekamen über Nacht einen ganz neuen Sinn, und allein schon die Wirtschaftsentwicklung trieb zur Gründung einer übergeordneten »Bundesrepublik Deutschland«. Zunächst trat in Herrenchiemsee ein »Verfassungskonvent« der Länder zusammen, dann arbeitete der »Parlamentarische Rat« in Bonn das neue »Grundgesetz« aus. Die Bayern konnten zwar gerade noch einen Bundesrat im Sinn der alten Bismarckschen Reichsverfassung durchdrücken, aber beim Finanzausgleich und der Justizhoheit blieb der Föderalismus weitgehend auf der Strecke. So kam es um Annahme oder Ablehnung des Grundgesetzes im Bayerischen Landtag zu einer auf- und abwogenden Rednerschlacht, die an den Streit um die Verträge von 1870 erinnern konnte. Zum Schluß war eine Mehrheit von 101 Abgeordneten dagegen, 64 stimmten dafür, 9 paßten. Mit einem Zusatzantrag stellte Ministerpräsident Ehard freilich sicher, daß das Grundgesetz auch für Bayern gelten sollte, wenn es von den anderen Westzonenländern angenommen würde. Es war also ein kleines Ja und ein großes Nein.

Mit den Wahlen zum ersten Bundestag am 14. August 1949 sprang auch für Bayern die Szenerie aus der Naheinstellung auf den größeren Spielraum über. Gerade die Vollblutpolitiker wurden von Bonn unwiderstehlich angezogen, denn wie dort auch die Kabinette kamen und gingen, die Bayern stellten nicht bloß den Postminister wie einst in der Weimarer Republik. Trotzdem behielt die Politik im Münchener Maximilianeum auch nach 1949 etwas Temperamentvolles, Farbiges, ja Dramatisches. Bayern, das seine Gewichte umlegte – in der Parteientwicklung, in der Wirtschaftsstruktur, im

Aufbau der Gesellschaft. Gerade die Heimatvertriebenen, ihr Selbstbehauptungswille, ihre Eigeninitiative, ihre Arbeitskraft, gaben einen machtvollen Anstoß nach vorne. Bis hin zu eigenen Industriegemeinden wie Waldkraiburg, Traunreut oder Geretsried. Spätestens mit dem neuen Kabinett Seidel von 1957 mußte jedem klar werden, daß Bayern auch ein moderner Industriestaat sein wollte, nicht bloß die pittoreske Alpenrepublik der Bauern, Handwerker und kleinen Gewerbetreibenden. Eine breite Welle des Wohlstandes riß viel vom guten Alten mit sich fort, trug aber nicht zuletzt eine Kulturentwicklung, die die vielberufenen »Goldenen zwanziger Jahre« weit in den Schatten stellte.

Doch wie es nun auch weitergehen mag, geblieben ist ein Land, das die ganze Vielfalt von Landschaft und Volkstum ausspielt, immer noch etwas Festgefügtes hat und etwas Umhaustes. Noch regiert werden kann, ohne die durchgestanzte Schablone. Ein Land, das einem noch Raum zum Atmen läßt, und doch den Blick wieder fängt an nicht allzufernen Grenzen. Dazu mehr als tausend Jahre eigener Geschichte, die uns tragen und halten, uns die innere Ruhe geben und den stillen Auftrag.

Anhang

ZEITTAFEL

Vor der Landnahme

450 v. Chr.	La-Tène-Kultur: die Kelten
15 v. Chr.	Die Römer in Rätien und Norikum
179 n. Chr.	Ausbau Regensburgs
259/60	Der große Alamannensturm
482	Tod des heiligen Severin

Das bayerische Stammesherzogtum

480–520	Stammesbildung der Bayern
531	Die Franken am mittleren Main
um 590	Herzog Garibald gestorben
um 650	Südtirol bayerisch
739	Bonifatius errichtet die bayerische Kirchenprovinz
748–88	Herzog Tassilo III.
772	Der Sieg über die Alpenslaven
765–83	Arbeo von Freising
798	Salzburg Erzbistum
817–76	Ludwig der Deutsche

Die Zeit der Kaiser

907	Niederlage bei Preßburg: Ungarnnot
907–37	Herzog Arnulf
947	Das bayerische Stammesherzogtum an die Sachsen
955	Sieg auf dem Lechfeld: Zweite Welle bayerischer Ostkolonisation
975	Die Reform Bischof Wolfgangs
976	Kärnten eigenes Herzogtum – Die Babenberger in der Ostmark
1002	Herzog Heinrich IV., der Heilige, als Heinrich II. Römischer Kaiser
1007	Bistum Bamberg
um 1050	Der »Ruodlieb«
um 1060	Gründung Nürnbergs
1069	Wilhelm von St. Emmeram Abt von Hirsau
1070	Die Welfen Herzöge in Bayern
1156	Die Ostmark eigenes Herzogtum

1158	Otto von Freising gestorben – München Münzstätte und Salzniederlage
1180	Sturz Heinrichs des Löwen – Die Steiermark eigenes Herzogtum
1203–37	Bischof Ekbert von Bamberg: Dombau
um 1230	Walther von der Vogelweide gestorben

Das Werden des Fürstenstaates

1180	Otto von Wittelsbach Herzog von Bayern
1214	Die Pfalz bayerisch
1248	Aussterben der Andechser
1255	Erste Teilung Bayerns: Ober- und Niederbayern
1314–47	Kaiser Ludwig der Bayer
1329	Hausvertrag von Pavia: Trennung Bayern/Pfalz
1349	Zweite Teilung Bayerns
1363	Tirol an Habsburg
1392	Dritte Teilung Bayerns: Ingolstadt, Landshut, München
1413–47	Ludwig im Bart von Ingolstadt
1415	Die Zollern in der Mark Brandenburg
1426	Kaspar Ayndorffer Abt von Tegernsee
1432	Hans Stethaimer gestorben
1450–79	Ludwig der Reiche von Bayern-Landshut
1472	Universität Ingolstadt
1459–1525	Jakob Fugger der Reiche
1465–1508	Albrecht der Weise von Bayern-München
1506	Primogenitur-Gesetz: Unteilbarkeit der bayerischen Lande – Die »Junge Pfalz« um Neuburg
1528	Dürer gestorben
1534	Aventin gestorben

Das Zeitalter der Glaubensspaltung

1522	Erstes bayerisches Religionsmandat
1525	Der große Bauernkrieg in Franken und Schwaben
1533	Die Brandenburg-Nürnbergische Kirchenordnung
1549	Die ersten Jesuiten in Ingolstadt
1556	Orlando di Lasso in München
1573–1617	Julius Echter von Mespelbrunn
1583	Ernst von Bayern Erzbischof von Köln – 1. Bayerisches Konkordat – Baubeginn bei St. Michael in München
1597–1651	Maximilian I.

1604–1668	Jakob Balde
1609	Münchener Erstaufführung des »Cenodoxus« von Jakob Bidermann
1614	Xantener Erbvergleich: Jülich und Berg wittelsbachisch
1623	Maximilian I. Kurfürst – Salzburger Universität eröffnet
1628	Rückgewinnung der Oberpfalz
1632	Gustav Adolf in München

Das barocke Bayern

1663	Theatinerkirche und Nymphenburg
1669	Letzter Landtag in München
1679–1726	Kurfürst Max Emanuel
1705/06	Sendling und Aidenbach
1724–29	Meichelbecks »Historia Frisingensis«
1742	Kurfürst Karl Albrecht als Karl VII. Römischer Kaiser
1743	Universität Erlangen
1745	Friede von Füssen
1746–54	Die Wies-Kirche
1759	Bayerische Akademie der Wissenschaften
1777	Erlöschen der altbayerischen Kurlinie und Erbfolge Karl Theodors von der Pfalz
1779	Friede von Teschen: das Innviertel an Österreich
1779–95	Franz Ludwig von Erthal, Fürstbischof von Würzburg und Bamberg
1791	Ansbach-Bayreuth an Preußen

Das neue Königreich

1799–1825	König (bis 1806 Kurfürst) Max I. Josef
1800	Universität Ingolstadt nach Landshut verlegt
1803	Reichsdeputationshauptschluß: die Fürstbistümer Augsburg, Freising, Würzburg, Bamberg und die kleinen Reichsstädte zu Bayern – Große Säkularisation
1806	Bayern Königreich – Augsburg und Nürnberg bayerisch
1810	Bayreuth und Regensburg an Bayern
1813	Vertrag von Ried: Abspringen vom Bündnis mit Napoleon
1816	Münchener Vertrag: die Pfalz für Salzburg
1817	Graf Montgelas entlassen – 2. Bayerisches Konkordat
1818	Die erste bayerische Verfassung
1825–48	König Ludwig I.

1826	Die Universität nach München verlegt
1832	Prinz Otto König von Griechenland – Bischof Sailer gestorben
1835	Erste deutsche Eisenbahn: Nürnberg–Fürth
1848–64	König Max II.
1848	Aufhebung der adeligen Grundherrschaft und der Patrimonialgerichtsbarkeit
1858	Die »Historische Kommission« gegründet
1868	Technische Hochschule München
1864–86	König Ludwig II.
1866	Der Deutsche Krieg
1868	Uraufführung der »Meistersinger« – Bayerische Patriotenpartei
1870/71	Deutsch-Französischer Krieg – Reichsgründung; Versailler Verträge
1885	M. G. Conrad gründet die »Gesellschaft«
1886–1912	Prinzregent Luitpold
1893	Durchstoß der Münchener »Sezession« – Sozialdemokratie und Bauernbund im Landtag
1896	Albert Langen gründet den »Simplicissimus«

Das 20. Jahrhundert

1912–18	König (bis 1913 Prinzregent) Ludwig III.
1918	Novemberrevolution (7. 11.)
1919	Räterepublik – Zweite bayerische Verfassung
1921	Ludwig Thoma gestorben
1923	Kahr Generalstaatskommissar – Hitlerputsch
1924	3. Bayerisches Konkordat – Regierung Held – Walchensee-Kraftwerk vollendet
1932	Landtagswahl: BVP 45, NSDAP 43, SPD 20 Sitze
1933	»Machtübernahme« in Bayern (9. 3.)
1934	»Gesetz über den Neuaufbau des Reiches«: die Hoheitsrechte des Staates Bayern erlöschen
1943	»Die weiße Rose«: Münchener Studentenrevolte
1945	Eisenhower-Proklamation: Bayern als Staat wiederhergestellt (28. 9.) – 1. Kabinett Hoegner
1946	Die dritte bayerische Verfassung
1949	Bundesrepublik Deutschland: Freistaat Bayern wird Bundesland
1955	Kronprinz Rupprecht gestorben

REGENTENTAFELN

Die Tafeln sind in erster Linie Regententafeln, insofern sie die regierenden Häupter des Hauses Bayern und seiner beiden Hauptlinien, der pfälzischen und der bayerischen, vollständig zur Darstellung bringen. Nebenlinien sind nur berücksichtigt, soweit es nötig ist zum Verständnis der wichtigsten Landesteilungen im Herzogtum Bayern und des Zusammenhanges der Linien Simmern, Neuburg, Sulzbach und Zweibrücken-Birkenfeld, die in der Pfalz nacheinander zur Kurwürde gelangt sind. Außerdem sind Nebenlinien aufgeführt, wenn sie bzw. einzelne Angehörige des Hauses außerhalb der bayerischen und pfälzischen Stammlande zur Regierung gekommen sind, wie in Dänemark, Schweden und in den bedeutenderen geistlichen Fürstentümern in Bayern und am Rhein. Beim Königlichen Haus ist auf vollständige Darstellung der z. Z. lebenden männlichen Angehörigen und ihres Zusammenhanges Wert gelegt worden.

Zeichen und Abkürzungen

* = geboren; † = gestorben; ∞ = verheiratet mit
H. = Herzog; Kf. = Kurfürst; Pfg. = Pfalzgraf

Schrifttum

Ch. Haeutle, Genealogie des erlauchten Stammhauses Wittelsbach. München 1870.

W. K. Prinz von Isenburg, Stammtafeln zur Geschichte der europäischen Staaten. Berlin 1936.

F. Tyroller, Die Ahnen der Wittelsbacher. Beilage zum Jahresbericht des Wittelsbacher-Gymnasiums München für das Schuljahr 1950/51.

F.-J. Fürst zu Hohenlohe-Schillingsfürst, Genealogisches Handbuch des in Bayern immatrikulierten Adels. Band I. Schellenberg 1950.

H. F. v. Ehrenkrook, Genealogisches Handbuch der fürstlichen Häuser. 1. Band. Glücksburg 1951. – 7. Band. Limburg a. d. Lahn 1964.

DAS HAUS BAYERN

I. Von Markgraf Luitpold bis zu Herzog Otto I. (Nach der Hypothese von F. Tyroller)

I	II	III	IV	V
Markgraf Luitpold gefallen 907	Herzog Arnulf der Böse † 937	Herzog Eberhard vertrieben 938		
		Judith ∞ Herzog Heinrich I. † 955	Herzog Heinrich II. der Zänker † 955	Herzog Heinrich IV. deutscher König 1002, † 1024
		Berthold † 980	Heinrich von Schweinfurt † 1017	Heinrich I. Graf a. d. Pegnitz
	Herzog Berthold † 947	Herzog Heinrich III. † 989		

II. Von Herzog Otto I. bis zu Ludwig dem Bayern

IX	X	XI	XII
Otto I. H. v. Bayern 1180 † 1183 (Tafel I)	Ludwig I. der Kelheimer Herzog v. Bayern Pfalzgraf bei Rhein † 1231	Otto II. der Erlauchte Herzog v. Bayern Pfalzgraf bei Rhein † 1253	Ludwig II. der Strenge Herzog v. Oberbay. Pfalzgraf bei Rhein † 1294
			Heinrich XIII. Herzog v. Niederbayern † 1290
Otto VI. Pfalzgraf in Bayern † 1189 (Tafel I)	Otto † 1209 Mörder König Philipps		

VI

Otto I.
Graf v. Scheyern
† 1072

VII

Otto II.
† nach 1107

VIII

Otto IV.
Graf v. Wittelsbach
Pfalzgraf in Bayern
1121 † 1156

IX

Otto V. (I.)
Graf v. Wittelsbach
Pfalzgraf i. Bay. 1156
Herzog v. Bay. 1180
† 1183
(Tafel II)

Konrad
Erzbischof
von Salzburg
Kardinal
† 1200

Otto VI.
Pfalzgraf in Bayern
† 1189
(Tafel II)

XIII

Rudolf I.
der Stammler
(Tafel V)

Ludwig IV.
der Bayer
(Tafel III)

Otto III.
H. v. Niederbayern
† 1312

Ludwig III.
H. v. Niederbayern
† 1296

Stephan I.
H. v. Niederbayern
† 1310

XIV

Rudolfinische
pfälzische Linie

Ludovizianische
bayerische Linie

Heinrich XV.
der Natternberger
H. v. Niederbayern
† 1333

Heinrich XIV.
H. v. Niederbayern
† 1339

Otto IV.
H. v. Niederbayern
† 1334

XV

Johann I. das Kind
H. v. Niederbayern
† 1340

Die Bayerischen Wittelsbacher (Ludovizianische Linie)

III. Von Ludwig dem Bayern bis zu Herzog Wilhelm IV

XIII

Ludwig IV.
der Bayer
H. v. Oberbayern
1294, deutscher
König 1314,
römischer Kaiser
1328, † 1347
(Tafel II)

XIV

Ludwig V. der Brandenburger
Herzog v. Oberbayern
Kurfürst von Brandenburg
Graf v. Tirol
† 1361

Stephan II. mit der Hafte
Herzog v. Niederbayern † 1375

Ludwig VI. der Römer
Herzog v. Oberbayern
Kurfürst v. Brandenburg † 1365

Wilhelm I.
Herzog v. Bayern-Straubing
Graf v. Holland † 1388

Albrecht I.
Herzog v. Bayern-Straubing
Graf v. Holland † 1404

Otto V. der Faule
Kurfürst v. Brandenburg † 1379

XV

Meinhard, Herzog v. Oberbayern
† 1363

Stephan III. der Kneißl
Herzog v. Bayern-Ingolstadt 1413

Friedrich, Herzog v. Bayern-Landshut
† 1393

Johann II., Herzog v. Bayern-München
† 1397

Wilhelm II., Herzog v. Bayern-Straubing
Graf v. Holland † 1417

Johann III., Herzog v. Bayern-Straubing
Graf v. Holland † 1425

IV. Von Herzog Albrecht V. bis zu Kurfürst Max III. Josef

XIX

Wilhelm IV.
H. v. Bayern
† 1550
(Tafel III)

XX

Albrecht V.
H. v. Bayern
† 1579

XXI

Wilhelm V.
Herzog v. Bayern
1579–1597
† 1626

Ernst, Kurfürst
v. Köln
† 1612

Ferdinand
Herzog in Bayern
∞ Maria Pettenbeck

XXII

Maximilian I.
Kurfürst v. Bayern 1623 † 1651

Philipp Wilhelm, Bischof v. Regensburg
Kardinal

Ferdinand, Kurfürst v. Köln

Albrecht, Landgraf v. Leuchtenberg

Grafen von Wartenberg
erloschen 1736

XVI

Ludwig VII. im Bart
H. v. Bayern-Ingolstadt
† 1447

Heinrich XVI. d. Reiche
H. v. B.-Landsh. † 1450
erbt 1445 Ingolstadt

Wilhelm III.
H. v. Bayern-München
† 1435
Ernst, H. v. Bayern-
München † 1438

Jakobäa † 1436

XVII

Ludwig VIII.
d. Bucklet H. v. B.-
Ingolstadt † 1445

Ludwig IX. der Reiche
H. v. B.-Landshut
† 1479

Albrecht III.
H. v. B.-München
† 1460

XVIII

Georg der Reiche
Herzog v. Bayern-Landshut
† 1503

Johann IV., H. v. Bay.-Mün.
† 1463

Sigismund, H. v. Bay.-Mün.
† 1501

Albrecht IV. der Weise,
Herzog v. Bayern-München
erbt 1503 Landshut
† 1508

Christoph † 1493

Wolfgang
† 1514

Wilhelm IV.
H. v. Bayern
† 1550
(Tafel IV)
Ludwig X.
H. v. Bayern
† 1545

XXIII

Ferdinand Maria
Kf. v. Bayern † 1679

Maximilian Philipp
Regent 1679–80 † 1705

Maximilian Heinrich
Kurfürst v. Köln

Albrecht Sigismund
Bischof v. Freising
und Regensburg

XXIV

Maximilian II.
Emanuel
Kurfürst v. Bayern
† 1726

Josef Klemens
Kurfürst v. Köln

XXV

Josef Ferdinand
Prinz v. Asturien † 1699

Karl VII. Albrecht
Kurfürst v. Bayern, röm. Kaiser
1742 † 1745

Philipp Moritz
Bischof v. Paderborn u. Münster

Ferdinand Maria, H. in Bayern

Klemens August, Kurf. v. Köln
† 1761

Johann Theodor
Bischof v. Regensburg u. Freising
Kardinal

XXVI

Max III. Joseph
Kurfürst v.
Bayern † 1777

Klemens
H. in Bayern
† 1770

Die Pfälzischen Wittelsbacher (Rudolfinische Linie)

V. Von Rudolf dem Stammler bis zu Kurfürst Ottheinrich

XIII	XIV	XV	XVI	XVII
Rudolf I. d. Stammler, Pfalzgraf bei Rhein H. v. Oberbayern † 1319 (Tafel II)	Adolf Pfalzgraf † 1327			
	Rudolf II. Kurfürst † 1353			
	Rupprecht I. Kurfürst † 1390	Rupprecht II. Kurfürst † 1398	Rupprecht III. gen. Klem Kurfürst deutscher König † 1410	Ludwig III. Kurfürst † 1436
				Johann, Pfalzgraf v. Neumarkt
				Stephan, Pfalzgraf v. Simmern (Tafel VI)

VI. Die Kurfürsten von der Pfalz aus den Häusern Simmern, Neuburg, Sulzbach und Zweibrücken-Birkenfeld

XVII	XVIII	XIX	XX	XXI	XXII
Stefan Pfalzgraf v. Simmern (Tafel V)	Friedrich I. Herzog v. Simmern	Johann I. Herzog v. Simmern	Johann II. Herzog v. Simmern	Friedrich III. Kurfürst † 1576	Ludwig VI., Kurfürst † 1583
	Ludwig I. Pfalzgraf v. Zweibrücken	Alexander Pfalzgraf v. Zweibrücken	Ludwig II. Pfalzgraf v. Zweibrücken	Wolfgang Pfalzgraf v. Zweibrücken	Philipp Ludwig Herzog v. Neuburg
	Johann, Erzbischof v. Magdeburg				Johann I., Pfalzgraf v. Zweibrücken
					Karl I. Pfalzgraf v. Birkenfeld

XVIII

- Ludwig IV., Kurfürst † 1449
- Friedrich I. d. Siegreiche Kurfürst † 1476
- Rupprecht, Kurfürst v. Köln
- Christoph König v. Dänemark † 1448

XIX

- Philipp, Kurfürst † 1503
- Grafen und Fürsten v. Löwenstein-Wertheim

XX

- Ludwig V. Kurfürst † 1544
- Rupprecht, Pfg.
- Friedrich II. Kurfürst † 1556

XXI

- Ottheinrich Kurfürst † 1559

XXIII

- Friedrich IV., Kurfürst † 1610
- Wolfgang Wilhelm Herzog v. Neuburg
- August, Pfalzgraf v. Sulzbach
- Johann Kasimir Pfg. v. Kleeburg
- Christian I., Pfalzgraf v. Bischweiler

XXIV

- Friedrich V., Kf. König v. Böhmen † 1632
- Philipp Wilhelm Kurfürst † 1690
- Christian August Pfg. v. Sulzbach
- Karl X., König v. Schweden
- Christian II., Pfalzgraf v. Birkenfeld
- Johann Karl Pfalzgraf zu Gelnhausen

XXV

- Karl I. Ludwig, Kf. † 1685
- Johann Wilhelm, Kf. † 1716 Karl III., Philipp, Kf. † 1742
- Theodor Eustach Pfalzgraf v. Sulzbach
- Karl XI. König v. Schweden
- Christian III., Herzog v. Zweibrücken
- Johann Pfalzgraf zu Gelnhausen

XXVI

- Karl II., Kf. † 1685
- Joh. Christian, Pfg. v. Sulzbach
- Karl XII. König v. Schweden
- Christian IV. Herzog v. Zweibrücken
- Friedrich Michael
- Wilhelm H. in Bayern

XXVII

- Karl Theodor Kurfürst v. d. Pfalz 1742 v. Bayern 1777 † 1799
- Karl III. August Herzog v. Zweibrücken
- Max IV. (I.) Josef Kurfürst v. Pfalzbayern 1799 König v. Bayern 1806 † 1825 (Tafel VII)
- Herzöge in Bayern

VII. Die Könige von Bayern

XXVII – XXVIII – XXIX – XXX

- **XXVII:** Max I. Joseph Herzog v. Zweibrücken 1795, Kurfürst von Pfalzbayern 1799 König v. Bayern 1806 † 1825
  - **XXVIII:** Ludwig I. König von Bayern 1825–1848 † 1868
    - **XXIX:** Maximilian II. König v. Bayern 1848 † 1864
      - **XXX:** Ludwig II. König v. Bayern 1864 † 1886
      - **XXX:** Otto I. König v. Bayern 1886 † 1916
    - **XXIX:** Otto I. König v. Griechenland † 1867
    - **XXIX:** Luitpold Prinzregent 1886 † 1912
      - **XXX:** Ludwig III. König v. Bayern 1913–1918 † 1921
      - **XXX:** Prinz Leopold v. Bayern Generalfeldmarschall † 1930
      - **XXX:** Prinz Arnulf v. Bayern † 1907
    - **XXIX:** Prinz Adalbert v. Bayern † 1875
      - **XXX:** Prinz Ludwig Ferdinand v. Bayern † 1949
      - **XXX:** Prinz Alfons v. Bayern † 1933
  - **XXVIII:** Prinz Karl v. Bayern Feldmarschall † 1875

XXXI	XXXII	XXXIII	
Kronprinz Rupprecht v. Bayern † 1955	Erbprinz Luitpold v. Bayern † 1914 Herzog Albrecht v. Bayern * 1905 Prinz Heinrich v. Bayern † 1958	Prinz Franz v. Bayern * 1933 Prinz Max Emanuel v. Bayern * 1937	
Prinz Franz v. Bayern † 1957	Prinz Ludwig v. Bayern * 1913 Prinz Rasso v. Bayern * 1926	Prinz Luitpold v. Bayern * 1951 Prinz Franz Josef v. Bayern * 1957 Prinz Wolfgang v. Bayern * 1960 Prinz Christoph v. Bayern * 1962	
Prinz Georg v. Bayern Domherr v. St. Peter in Rom † 1943 Prinz Konrad v. Bayern † 1969	Prinz Eugen v. Bayern * 1925		
Prinz Heinrich v. Bayern gefallen 1916	Ludwig Alfons Infant v. Spanien * 1906 Joseph Eugen Infant v. Spanien * 1909		
Prinz Ferd. Maria v. Bayern Infant v. Spanien † 1958 Prinz Adalbert v. Bayern † 1970	Prinz Konstantin v. Bayern * 1920 † 1970 Prinz Alexander v. Bayern * 1923	Prinz Leopold v. Bayern * 1943 Prinz Adalbert v. Bayern * 1944	Prinz Manuel v. Bayern * 1973
Prinz Joseph Clemens v. Bayern * 1902			

LITERATURHINWEISE

Seit 1975 liegt Max Spindlers »Handbuch der bayerischen Geschichte« in vier Bänden abgeschlossen vor (s. u.). Dort werden im Anmerkungsapparat die Quellen und die Literatur zur gesamten bayerischen Geschichte laufend nachgewiesen, und zwar bis herab zum letzten Einzelaufsatz. Dazu kommt die summarische Zusammenstellung am Ende des ersten Bandes.

So hätte es wenig Sinn, hier die »Literaturhinweise« nach Art der älteren Auflagen dieser »Bayerischen Geschichte« zu wiederholen. Stehengeblieben sind also nur die sozusagen »klassischen« Titel, die dem Buch selber Leben und Farbe gegeben haben, oder alle jene neueren Werke, die ihrerseits wieder auf die einschlägige Literatur hinführen. Quellenausgaben und Memoiren werden nur dann angeführt, wenn sie als exemplarische Einzelbeispiele gelten können oder leicht zugänglich sind. Auf die weitgestreuten Essay-Sammlungen und die vielen neuen Bildbände wurde bewußt verzichtet.

1. Allgemeines

Gesamtdarstellungen und Zusammenfassungen:

Spindler Max, (Hrsg.), Handbuch der bayerischen Geschichte. 4 Bde. in 6 Büchern. München 1967–75.
Untergliederung:
Bd. I: Das alte Bayern. Das Stammesherzogtum bis zum Ausgang des 12. Jahrhunderts.
Bd. II: Das alte Bayern. Der Territorialstaat vom Ausgang des 12. Jahrhunderts bis zum Ausgang des 18. Jahrhunderts.
Bd. III (1 u. 2): Franken, Schwaben, Oberpfalz bis zum Ausgang des 18. Jahrhunderts.
Bd. IV (1 u. 2): Das neue Bayern 1800–1970.

Spindler Max / Diepolder Gertrud, Bayerischer Geschichtsatlas. München 1967 (Wichtig auch wegen der Erläuterungen zu den einzelnen Karten!).

Rall Hans, Zeittafeln zur Geschichte Bayerns und der mit Bayern verknüpften oder darin aufgegangenen Territorien. München 1974.

Riezler Siegmund, Geschichte Baierns. 8 Bde. (Bis 1726!). Gotha 1878 ff. Register von Josef Widemann. München 1932. Nachdruck Aalen 1964.

Doeberl Michael, Entwicklungsgeschichte Bayerns. 3 Bde. (Bis 1886!). München 1906 ff.

SCHROTT Ludwig, Herrscher Bayerns. Vom ersten Herzog bis zum letzten König. 3. Aufl., München 1974 (Eine gute und lesbare erste Hinführung!)
BOSL Karl, (Hrsg.), Handbuch der historischen Stätten Deutschlands: Bayern. 2. Aufl., Stuttgart 1965.
PETZET Michael, (Hrsg.), Bayern. Kunst und Kultur. Ausstellungskatalog. München 1972.

Geschichte einzelner Landesteile:

STEIN Friedrich, Geschichte Frankens. 2 Bde. Schweinfurt 1884 bzw. 1886. Nachdruck Aalen 1966.
RÖSSLER Hellmuth, Fränkischer Geist – Deutsches Schicksal. Ideen – Kräfte – Gestalten in Franken 1500–1800. Kulmbach 1953.
PFEIFFER Gerhard, (Hrsg.), Fränkische Lebensbilder. 7 Bde. Würzburg 1967 bis 1977.
PÖLNITZ Götz Frh. v. / ZORN Wolfgang, (Hrsg.), Lebensbilder aus dem Bayerischen Schwaben. 10 Bde. München bzw. Weißenhorn. 1952–1973.
BAUMANN Franz / ROTTENKOLBER Josef, Geschichte des Allgäus. 4 Bde. Kempten 1882–95 bzw. München 1938. Nachdruck Aalen 1971 ff.
KÖSTLER Josef, Geschichte des Waldes in Altbayern. München 1934.

Bayerische Kirchengeschichte:

BAUERREISS Romuald, Kirchengeschichte Bayerns. 7 Bde. (Bis 1803!). St. Ottilien bzw. Augsburg 1949–1970.
SCHWAIGER Georg, (Hrsg.), Bavaria Sancta. Zeugen christlichen Glaubens in Bayern. 3 Bde. Regensburg 1970–1973.
SIMON Matthias, Evangelische Kirchengeschichte Bayerns. 2. Aufl. Nürnberg 1952.
ROEPKE Claus-Jürgen, Die Protestanten in Bayern. München 1972.
HARTIG Michael, Die oberbayerischen Stifte. München 1935.
HARTIG Michael, Die niederbayerischen Stifte. München 1939.

Bayerische Heeresgeschichte:

Geschichte des bayerischen Heeres 1651–1914. Bearbeitet von Karl STAUDINGER, Oskar BEZZEL, Max LEYH, und Eugen v. FRAUENHOLZ. 8 Bde. München 1901–1935.

Bayerische Kunstgeschichte:

KARLINGER Hans / RITZ Josef Maria, Bayerische Kunstgeschichte. 2 Bde. 2. Aufl. München 1960–63.
SCHINDLER Herbert, Große bayerische Kunstgeschichte. 2 Bde. 2. Aufl. München 1967. (Auch als Studienausgabe, München 1976!).

Reitzenstein Alexander v. / Brunner Herbert, Reclams Kunstführer. Deutschland Bd. I: Bayern. 8. Aufl. Stuttgart 1974.

Bayerische Literaturgeschichte:

Dünninger Eberhard / Kiesselbach Dorothee, (Hrsg.), Bayerische Literaturgeschichte in ausgewählten Beispielen. 2 Bde. München 1965 bzw. 1967.
Nadler Josef, Literaturgeschichte der deutschen Stämme und Landschaften. 4 Bde. 3. Aufl. Regensburg 1929–1931.

Bayerische Musikgeschichte:

Münster Robert / Schmid Hans (Hrsg.), Musik in Bayern. Bayerische Musikgeschichte. Tutzing 1972.
Göthel Folker (Hrsg.), Musik in Bayern. Ausstellungskatalog Augsburg. Tutzing 1972.

2. *Zu den einzelnen Abschnitten*

I.–III. Buch: Von den Anfängen bis 1180

Birkner Ferdinand, Ur- und Vorzeit Bayerns. München 1936.
Moreau Jacques, Die Welt der Kelten. Stuttgart 1958.
Kellner Hans-Jörg, Die Römer in Bayern. 3. Aufl. München 1976.
Lotter Friedrich, Severinus von Noricum – Legende und Wirklichkeit. Stuttgart 1976.
Bieler Ludwig, Irland. Wegbereiter des Mittelalters. Freiburg und Olten 1961.
Reindel Kurt, Bayern im Mittelalter. München 1970.
Zibermayr Ignaz, Noricum, Baiern und Österreich. 2. Aufl. Horn 1956.
Schiffmann Konrad, Das Land ob der Enns. Eine altbaierische Landschaft in den Namen ihrer Siedlungen, Berge, Flüsse und Seen. München und Berlin 1922.
Beyerle Konrad (Hrsg.), Lex Baiuvariorum. Lichtdruckwiedergabe der Ingolstädter Handschrift des bayerischen Volksrechts. München 1926.
Bischoff, Bernhard (Hrsg.), Leben und Leiden des heiligen Emmeram. Lateinisch-deutsch. München 1953.
Otto von Freising, Chronik oder die Geschichte der zwei Staaten. Übersetzt von Adolf Schmidt. Darmstadt 1960 (Lateinisch und deutsch!).
Karlinger Hans, Romanische Steinplastik in Altbayern und Salzburg. Augsburg 1924.
Swarzenski Georg, Die Regensburger Buchmalerei des 10. und 11. Jahrhunderts. Leipzig 1901.

Boeckler Albert, Die Regensburg-Prüfeninger Buchmalerei des 12. und 13. Jahrhunderts. München 1924.

Baldass Peter v. / Buchowiecki Walther / Mrazek Wilhelm, Romanische Kunst in Österreich. Wien 1962.

IV. und V. Buch: Von 1180 bis 1648

Spindler Max, Die Anfänge des bayerischen Landesfürstentums. München 1937.

Rosenthal Eduard, Geschichte des Gerichtswesens und der Verwaltungsorganisation Baierns. 2 Bde. Würzburg 1889 bzw. 1906.

Schremmer Eckart, Die Wirtschaft Bayerns. Vom hohen Mittelalter bis zum Beginn der Industrialisierung. Bergbau-Gewerbe-Handel. München 1970.

Solleder Fridolin, München im Mittelalter. München und Berlin 1938. Nachdruck Aalen 1962.

Redlich Virgil, Tegernsee und die deutsche Geistesgeschichte im 15. Jahrhundert. München 1934.

Zorn Wolfgang, Augsburg. Geschichte einer deutschen Stadt. 2. Aufl. Augsburg 1972.

Pölnitz Götz Frh. v., Die Fugger. 2. Aufl. Frankfurt 1960.

Müller Theodor, Alte Bairische Bildhauer. Vom Erminoldmeister bis Hans Leinberger. München 1950.

Lill Georg, Hans Leinberger. München 1942.

Stange Alfred, Malerei der Donauschule. 2. Aufl. München 1971.

Panofsky Erwin, Das Leben und die Kunst Albrecht Dürers. München 1977.

Dirr Pius, Buchdruck und Schriftwesen im alten München. München 1929.

Mitterwieser Alois / Gebhard Torsten, Geschichte der Fronleichnamsprozession in Bayern. München 1949.

VI. Buch: Das barocke Bayern

Hubensteiner Benno, Vom Geist des Barock. Kultur und Frömmigkeit im alten Bayern. 2. Aufl. München 1978.

Wolf Georg Jakob, Das Kurfürstliche München. 1620–1800. Zeitgenössische Dokumente und Bilder. München 1930.

Glaser Hubert (Hrsg.), Kurfürst Max Emanuel. Bayern und Europa um 1700. Ausstellungskatalog. 2 Bde. München 1976.

Rall Hans, Kurbayern in der letzten Epoche der Reichsverfassung 1745–1801. München 1952.

Schmelzle Hans, Der Staatshaushalt des Herzogtums Bayern im 18. Jahrhundert. Stuttgart 1900.

Martin Franz, Salzburgs Fürsten in der Barockzeit 1587–1812. 3. Aufl. Salzburg 1966.

Domarus Max, Würzburger Kirchenfürsten aus dem Hause Schönborn. Wiesentheid 1951.

LINDNER August, Die Schriftsteller und die um Wissenschaft und Kunst verdienten Mitglieder des Benediktinerordens im heutigen Königreich Bayern vom Jahre 1750 bis zur Gegenwart. 2 Bde. Regensburg 1880.

GRASSL Hans, Aufbruch zur Romantik. Bayerns Beitrag zur deutschen Geistesgeschichte 1765–1785. München 1968.

HAUTTMANN Max, Geschichte der kirchlichen Baukunst in Bayern, Schwaben und Franken 1550–1780. 2. Aufl. München 1923.

FEULNER Adolf, Bayerisches Rokoko. München 1923.

LIEB Norbert, Barockkirchen zwischen Donau und Alpen. 4. Aufl. München 1976.

KUTSCHER Artur, Das Salzburger Barocktheater. München 1924.

SCHNEIDER Constantin, Geschichte der Musik in Salzburg. Salzburg 1935.

ZENGER Max, Geschichte der Münchener Oper. München 1923.

VII. Buch: Das neue Königreich

WOLF Georg Jakob, Ein Jahrhundert München 1800–1900. Zeitgenössische Bilder und Dokumente. 3. Aufl. Leipzig 1935.

ADALBERT Prinz von Bayern, Max I. Joseph von Bayern. Pfalzgraf, Kurfürst und König. München 1957.

WEIS Eberhard, Montgelas 1759–1799. Zwischen Revolution und Reform. München 1971.

MONTGELAS Maximilian Graf v., Denkwürdigkeiten. Im Auszug aus dem französischen Original übersetzt von Max Frhr. v. Freyberg-Eisenberg. Stuttgart 1887.

LANG Karl Heinrich Ritter v., Memoiren. 2 Bde. Braunschweig 1841.

FRAUENHOLZ Eugen v., (Hrsg.), Infanterist Deifl. Ein Tagebuch aus napoleonischer Zeit. München 1939.

RUF Paul, (Hrsg.), Johann Andreas Schmeller. Tagebücher 1801–52. 3 Bde. München 1954–57.

HELD Heinrich, Altbayerische Volkserziehung und Volksschule. 3 Bde. München 1926–28.

FUNK Philipp, Von der Aufklärung zur Romantik. Studien zur Vorgeschichte der Münchener Romantik. München 1925.

SCHIEL Hubert, Johann Michael Sailer. Bd. I: Leben und Persönlichkeit. Bd. II: Die Briefe. Regensburg 1948 bzw. 1952.

SCHWAIGER Georg, Die altbayerischen Bistümer Freising, Passau und Regensburg zwischen Säkularisation und Konkordat (1803–1817). München 1959.

SCHROTT Ludwig, Biedermeier in München. Dokumente einer schöpferischen Zeit. München 1963.

CORTI Egon Cesar Conte, Ludwig I. von Bayern. 7. Aufl. München 1979.

SEIDL Wolf, Bayern in Griechenland. Die Geschichte eines Abenteuers. 2. Aufl. München 1970.

FRANZ Eugen, Ludwig Freiherr von der Pfordten. München 1938.

Böhm Gottfried v., Ludwig II., König von Bayern. Sein Leben und seine Zeit. 2. Aufl. Berlin 1924.
Richter Werner, Ludwig II., König von Bayern. 9. Aufl. München 1979.
Kreisel Heinrich, Die Schlösser Ludwigs II. von Bayern. Darmstadt o. J.
Möckl Karl, Die Prinzregentenzeit. Gesellschaft und Politik. München und Wien 1972.
Lerchenfeld-Koefering Hugo Graf, Erinnerungen und Denkwürdigkeiten. 2. Aufl. Berlin 1935.
Jansen Reinhard, Georg von Vollmar. Eine politische Biographie. Düsseldorf 1958.
Sendtner Kurt, Rupprecht von Wittelsbach, Kronprinz von Bayern. München 1954.
Die Bayern im großen Kriege 1914–1918. Auf Grund der amtlichen Kriegsakten dargestellt. Hrsg. vom Bayerischen Kriegsarchiv. 2. Aufl. München 1923.
Karlinger Hans, München und die deutsche Kunst des 19. Jahrhunderts. 2. Aufl. München 1966.
Oldenbourg Rudolf / Uhde-Bernays Hermann, Die Münchener Malerei im 19. Jahrhundert. 2 Bde. München 1922 bzw. 1927.
Hederer Oswald, Leo von Klenze. Persönlichkeit und Werk. München 1964.
Hederer Oswald, Friedrich von Gärtner. Leben – Werk – Schüler. München 1976.
Thoma Ludwig, Erinnerungen. 1. Aufl. München 1919.
Fuchs Georg, Sturm und Drang in München um die Jahrhundertwende. München 1936.
Müller Karl Alexander v., Aus Gärten der Vergangenheit. Erinnerungen 1882 bis 1914. Stuttgart 1951.
Müller Karl Alexander v., Mars und Venus. Erinnerungen 1914–1919. Stuttgart 1954.

VIII. Buch: Bayern im 20. Jahrhundert

Mitchell Allan, Revolution in Bayern 1918/1919. Die Eisner-Regierung und die Räterepublik. München 1967.
Schwend Karl, Bayern zwischen Monarchie und Diktatur 1918–1933. München 1954.
Hofmann Hanns Hubert, Der Hitlerputsch. Krisenjahre deutscher Geschichte 1920 bis 1924. München 1961.
Volk Ludwig, Der bayerische Episkopat und der Nationalsozialismus 1930–1934. Mainz 1965.
Donohoe James, Hitler's Conservative Opponents in Bavaria 1930–1945. Leiden 1961.
Müller Karl Alexander v., Im Wandel einer Welt. Erinnerungen 1919–1932. München 1966.

HANFSTAENGL Ernst, Zwischen Weißem und Braunem Haus. Erinnerungen eines politischen Außenseiters. 2. Aufl. München 1970.
ARETIN Erwein v., Krone und Ketten. Erinnerungen eines bayerischen Edelmannes. München 1955.
HOEGNER Wilhelm, Der schwierige Außenseiter. Erinnerungen eines Abgeordneten, Emigranten und Ministerpräsidenten, 2. Aufl. Hof/Saale 1975.
MÜLLER Josef, Bis zur letzten Konsequenz. Ein Leben für Frieden und Freiheit. München 1975.
HOLLWECK Ludwig, Unser München. München im 20. Jahrhundert – Erinnerungen und Berichte, Bilder und Dokumente. München 1967.

ZU DEN BILDERN

Tafel I
Nach S. 48

Der Jupiter aus Boiodurum-Passau

Bronzestatuette des 3. Jahrhunderts n. Chr., gefunden 1908 im Bereich der Gärtnerei Sterk, Passau-Innstadt. Jetzt Oberhausmuseum.

Tafel II
Vor S. 49

Der Kärntner Herzogstuhl

Auf dem sogenannten »Zollfeld« an der Bundesstraße von Klagenfurt nach St. Veit an der Glan. »Ein aus römischen Werkstücken in urtümlicher Wucht errichteter Doppelthron. Auf dem Herzogstuhl leistete der neue Kärntner Herzog den Ständen den Eid, empfing die Huldigung, sprach Recht und vergab die Lehen« (Karl Ginhart). – Aus der Zeit der Loslösung des Herzogtums Kärnten von Bayern (976)? Lanzengitter von 1834.

Tafel III
Nach S. 64

Denkstein der Luitpoldinger-Herzöge Berthold († 943) und Heinrich († 989)

Niederaltaich, Abteikirche. Granit. Die lateinische Umschrift besagt, daß die beiden Herzöge dem Kloster den Wald »Osterawe« geschenkt haben. Datierung noch bei Dehio offen. Heute allgemein in die Zeit des Abtes Hermann (1242 bis 1273) verwiesen.

Tafel IV
Vor S. 65

Kaiser Heinrich II., der Heilige

Sakramentar aus Regensburg, entstanden zwischen 1002 und 1014, dann vom Kaiser seinem neugegründeten Bistum Bamberg geschenkt. Jetzt München, Bayer. Staatsbibliothek (Clm 4456) – »Das Bild verkörpert die Idee des Königtums, das seine Macht von Gott empfängt. Christus setzt Heinrich die Krone aufs Haupt, Engel reichen ihm Schwert und Lanze. Die Heiligen Ulrich und Emmeram ... stützen seine Arme wie Aaron und Hur diejenigen des Moses während der Schlacht gegen die Amalekiter« (Albert Boeckler).

Tafel V
Nach S. 96

Kaiser Friedrich Barbarossa und Bischof Otto von Freising

Skulptur vom romanischen Innenportal des Freisinger Doms. Nach 1160. Meister Liutprecht? – Der Bischof neben dem

Kaiser wird in der älteren Literatur gewöhnlich mit Albert von Harthausen identifiziert, dem Wiederhersteller des Doms nach dem großen Brand von 1159. Die Deutung als Otto von Freising bei Sigmund Benker, in: »Der Zwiebelturm« VI (1951) S. 255 ff.

Tafel VI
Vor S. 97

Herzog Ludwig der Kelheimer und Ludmilla von Bogen

Landshut, Kloster Seligenthal, Afrakapelle. Figuren von der Deckplatte des alten Stiftergrabes. Fichtenholz; Haare und Zierstücke aus Stuck. Um 1320. Fassung 19. Jahrhundert. – Der Rautenschild des Herzogs ist das ursprüngliche Wappen der Grafen von Bogen!

Tafel VII
Nach S. 112

Manessesche Liederhandschrift, Wolfram v. Eschenbach

Miniatur zwischen 1300 und 1340. Heidelberg, Universitätsbibliothek.

Tafel VIII
Vor S. 113

Der Kaiser-Ludwig-Stein

Deckplatte des alten Hochgrabs in der Münchener Frauenkirche. Um 1490. Umkreis des Erasmus Grasser, vielleicht Martin Kriechbaum aus Passau. Oben der thronende Kaiser, unten die Versöhnung zwischen Albrecht III. und seinem Vater Herzog Ernst nach dem gewaltsamen Tod der Agnes Bernauer. – Das Original ist wegen des machtvollen Überbaus von 1622 nur schwer zugänglich. Ein Gipsabguß von 1891 im Bayerischen Nationalmuseum.

Tafel IX
Nach S. 144

Hans Multscher, Herzog Ludwig im Bart

Modell zum Grabmal. Solnhofer Stein. Datiert 1435. Bayerisches Nationalmuseum, München. Der Herzog kniet auf einem Löwen und hält das Rautenbanner im Arm. Rechts oben der Gnadenstuhl. Die Musterung des Hintergrundes bringt Ludwigs »Liberei«: Strahlenmedaillons, abwechselnd besetzt mit dem gekrönten Hohlspiegel und dem Raben des heiligen Oswald. – Da Ludwig im Bart 1447 in der Haft von Burghausen gestorben ist und in Raitenhaslach begraben wurde, ist das für Ingolstadt geplante Grabmal freilich Entwurf geblieben.

Tafel X
Vor S. 145

Hans Stethaimer – Landshut, St. Martin
Porträtkopf vom Epitaph des Meisters an der Südwand der Kirche. Sandstein. Um 1430. Stethaimer – die Inschrift nennt ihn nur »Hanns Stainmezz«! – ist hier als guter Siebziger dargestellt.

Tafel XI
Nach S. 160

Hans Christoph von Pienzenau im Reiterharnisch von 1550
Bayerisches Nationalmuseum, München. – Nach altem Brauch hatte Hans Christoph von Pienzenau, Pfleger auf Wolfstein und Oberhaus, gestorben 1577, seinen Harnisch zur Pienzenauer Grablege bei der Pfarrkirche von Peterskirchen gestiftet. Die Rüstung – blauer Stahl mit vergoldeter Ätzung! – wurde dabei einer eigens geschnitzten Holzfigur angezogen. »Lässige Eleganz zeichnet dieses Stahlkleid aus, eher eines Fürsten als eines Edelmanns. Ein Unikum ist die den Harnisch tragende Holzpuppe mit dem realistisch ausgearbeiteten Gesicht ... Sie zeigt augenscheinlich, in welch locker gelöster Haltung der Harnisch dieser Zeit getragen werden wollte« (Erich Steingräber).

Tafel XII
Vor S. 161

Barthel Beham, Leonhard von Eck
Kupferstich von 1527. – Der Dargestellte ist, laut Aufschrift, 47 Jahre alt: für uns der einzige Verweis auf das Geburtsdatum des bedeutenden Staatsmannes.

Tafel XIII
Nach S. 192

Albrecht Dürer, Willibald Pirckheimer
Kupferstich von 1524. – Die lateinische Inschrift besagt: »Bildnis des Willibald Pirckheimer im 53. Lebensjahr. Man lebt durch den Geist fort, das übrige verfällt dem Tode«.

Tafel XIV
Vor S. 193

Hubert Gerhard, Herzog Wilhelm V.
Um 1590. Jetzt im Bayerischen Nationalmuseum, München.

Tafel XV
Nach S. 208

Anthonis van Dyck, Herzog Wolfgang Wilhelm von Neuburg
Ölbild 1629. München, Alte Pinakothek.

Tafel XVI
Vor S. 209

Niklas Prugger, Kurfürst Maximilian I. mit seinem Sohn Ferdinand Maria
Ölbild nach 1646. München, Bayerisches Nationalmuseum.

ders und Hausmalers Lukas Zais. Aus: Neufortgesetzter Parnassus Boicus oder Bayerischer Musenberg. Zweyte Versammlung. Augsburg 1736. Vor S. 35.

Tafel XXIII
Nach S. 288

Wilhelm de Grof, Der silberne Prinz von Altötting
Votivfigur des zehnjährigen Kurprinzen Max Josef, von seinem Vater Karl Albrecht 1737 in schwerer Krankheit verlobt. Altötting, Gnadenkapelle, Silber, getrieben. – Das volkstümliche Grundmotiv derartiger Verlöbnisse – Darstellung in Lebensgröße und eine Wachsmenge, gleich dem Körpergewicht! – ist hier ins Große gesteigert: zu »einem Meisterwerk höfischer Feinheit, unübertrefflich im Ausdruck chevaleresker Devotion« (Feulner).

Tafel XXIV
Vor S. 289

Markus Friedrich Kleinert, Balthasar Neumann
Der Dargestellte im Alter von vierzig Jahren, 1727, »Obristwachtmeister der Artillerie, Ingenieur und Architekt«. Ölbild aus Schloß Werneck, jetzt Mainfränkisches Museum, Würzburg.

Tafel XXV
Nach S. 304

George Desmarées, Der Maler Franz Joachim Beich
Ölbild von 1744. Bayerische Staatsgemäldesammlungen. Derzeit als Leihgabe im Germanischen Nationalmuseum, Nürnberg. Der Dargestellte ist 79 Jahre alt!

Tafel XXVI
Vor S. 305

Eduard Heuß, Graf Montgelas als Hubertusritter
Erst 1834! Nach dem Original auf Stein gezeichnet von Ignaz Fertig.

Tafel XXVII
Nach S. 320

Johann Nepomuk Ortlieb, Bischof Sailer
Ölbild im Besitz des Bischöflichen Ordinariats Regensburg. Jedenfalls erst nach 1822. Die Zuweisung an den Münchener Akademiker Ortlieb nach einer signierten Lithographie im Museum der Stadt Regensburg.

Tafel XXVIII
Vor S. 321

Der Geschichtsschreiber Lorenz Westenrieder
Ölbild im Bayerischen Nationalmuseum, München. Replik nach dem Original von Anton Hickel, 1779. Das Bild schreitet dem seit 1945 verschollenen Westenrieder-Porträt von Moritz Kellerhoven deutlich voraus.

NAMENREGISTER

B

C
(vgl. auch K)

F

G

H

I

L

M

N

O

T

U

V

W

SACHREGISTER

F

G

H

I

K

P

R

S

T

U

V

W

Z

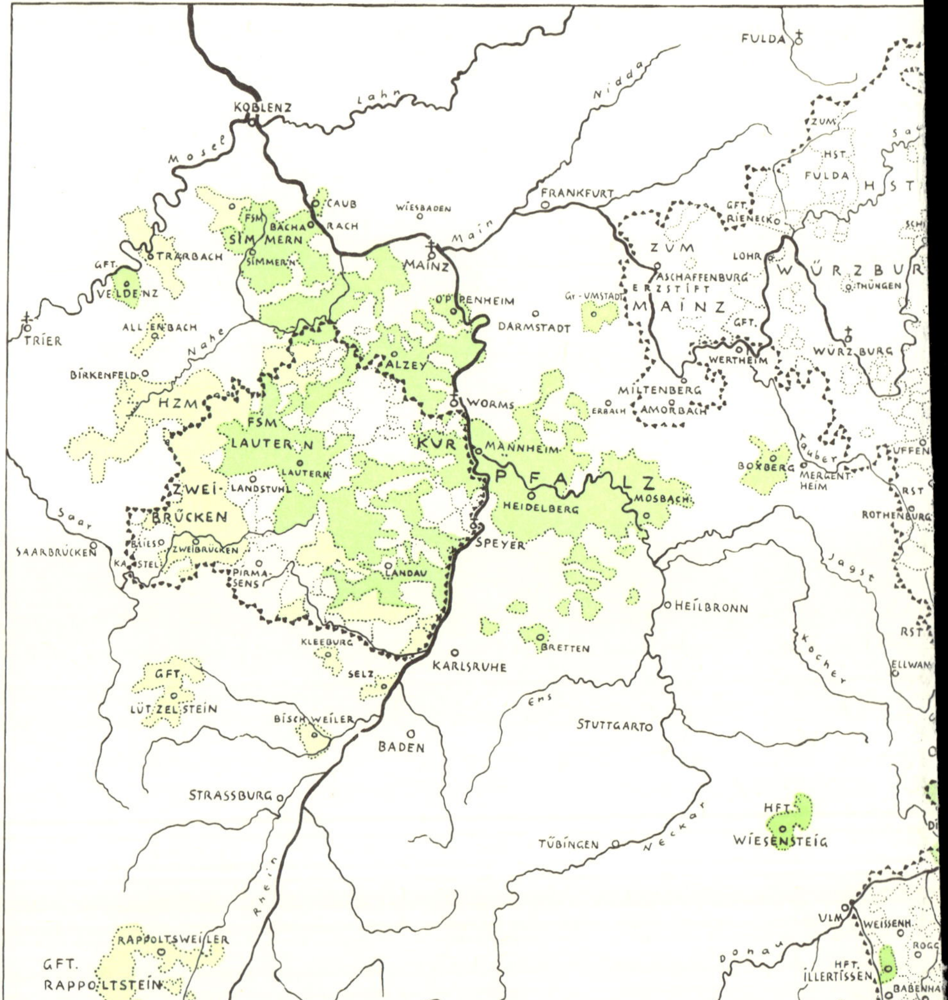
FULDA
KOBLENZ
Lahn
Nidda
Mosel
CAUB
BACHARACH
WIESBADEN
FRANKFURT
Main
FSM SIMMERN
SIMMERN
TRARBACH
GFT. VELDENZ
MAINZ
OPPENHEIM
DARMSTADT
ZUM ERZSTIFT MAINZ
ASCHAFFENBURG
LOHR
GFT. RIENECK
WÜRZBURG
THÜNGEN
HST. FULDA
TRIER
ALLENBACH
Nahe
BIRKENFELD
ALZEY
HZM
WORMS
MILTENBERG
AMORBACH
WERTHEIM
ERBACH
FSM LAUTERN
LAUTERN
KUR PFALZ
MANNHEIM
HEIDELBERG
MOSBACH
BOXBERG
MERGENTHEIM
Tauber
ZWEIBRÜCKEN
LANDSTUHL
Saar
SAARBRÜCKEN
BLIESCASTEL
ZWEIBRÜCKEN
PIRMASENS
SPEYER
LANDAU
ROTHENBURG
Jagst
HEILBRONN
Kocher
KLEEBURG
KARLSRUHE
BRETTEN
SELZ
GFT. LÜTZELSTEIN
BISCHWEILER
BADEN
Enz
STUTTGART
STRASSBURG
HFT. WIESENSTEIG
TÜBINGEN
Neckar
Rhein
ULM
WEISSENHORN
Donau
HFT. ILLERTISSEN
BABENHAUSEN
ILLEREICHEN
RAPPOLTSWEILER
GFT. RAPPOLTSTEIN
SIGMARINGEN
RST. MEMMINGEN
OTTOBEUREN
KEMPTEN
KONSTANZ
Boden See
RST. LINDAU
GFT. ROTHENFELS
Kurbayern
Kurpfalz, Neuburg und Sulzbach
Pfalz - Zweibrücken
HST = HOCHSTIFT
HZM = HERZOGTUM
RST = REICHSSTADT
MGFT = MARKGRAFSCHAFT
GFT = GRAFSCHAFT
HFT = HERRSCHAFT
Grenze des Königreichs Bayern
zugleich heutige bayerische Staatsgrenze rechts des Rheins
(seit 1920 mit Einschluss Coburgs)